张　涛　张志强　张龙海◎主　编

郭春修　郭俊胜◎分卷主编

沈阳出版社

图书在版编目（CIP）数据

沈阳通史. 现代卷 / 张涛，张志强，张龙海主编；郭春修，郭俊胜分卷主编. —沈阳：沈阳出版社，2015.5（2016.4重印）

ISBN 978-7-5441-6616-4

Ⅰ. ①沈… Ⅱ. ①张… ②张… ③张… ④郭… ⑤郭… Ⅲ. ①沈阳市—地方史—现代 Ⅳ. ①K293.11

中国版本图书馆CIP数据核字（2015）第106731号

出 版 者：沈阳出版社
（地址：沈阳市沈河区南翰林路10号 邮编：110011）
网 址：http://www.sycbs.com
印 刷 者：沈阳市第二市政建设工程公司印刷厂
发 行 者：沈阳出版社
幅面尺寸：185mm × 260mm
插 页：4
印 张：32.25
字 数：620千字
出版时间：2015年5月第1版
印刷时间：2016年4月第2次印刷
责任编辑：姚德军
责任审读：滕建民
封面设计：○翻译传媒-裴洁媛
版式设计：姿 兰
责任校对：仲 仁
责任监印：杨 旭

书 号：ISBN 978-7-5441-6616-4
定 价：110.00元

联系电话：024-24112447
E - mail：sy24112447@163.com

张作霖在沈阳现代史上占有重要的位置。图为任陆军27师师长时的张作霖

奉天基督教青年会，当年的进步青年经常在这里集会

1923年8月，奉天市政公所成立，专门承担领导市政建设和管理的职能，沈阳告别了军政一体的旧官僚管理体制

沈阳市首任市长曾有翼

1927年，沈阳10万人举行反日示威游行

东北大学始建于1923年4月。张氏父子不惜重金招聘名流学者，东北大学在教师待遇方面远远超过当时国内其他高校

东北大学奠基仪式合影

满洲医科大学

奉天纺纱厂是东北地区最早、最大的具有现代工业意义的民族棉纺企业。1931年1月，该厂产品获国民政府工商部国货展览会金质奖章、特等奖凭。图为奉天纺纱厂旧址

奉天纺纱厂车间

在张学良的积极扶持下，肇新窑业公司以实业救国为己任，挤垮了日资大华瓷厂，成为闻名国内外的中国第一家机器陶瓷制造企业。图为肇新窑业公司旧址

沈阳故宫文溯阁。在张学良等的努力下，文溯阁《四库全书》等重返沈阳故宫。此事当时被视为东三省文化界一大盛事

昭陵，1927 年春辟为北陵公园对外开放，成为当时市民最为喜爱的休闲娱乐场所

沈阳东塔机场。1921 年张作霖为了称雄东北，进而扩张关内，在沈阳建立了空军。至 1931 年，东北空军实力已居全国首位

民生汽车。响应张学良铸剑为犁的号召，辽宁迫击炮厂化兵工为民用，生产出了我国第一台载重汽车。此车曾于 1931 年 9 月 12 日在全国道路协会主办的上海市展览会上展出

奉天国际体育场是当时国内最为先进的体育场

1928年6月4日，北洋政府末代元首张作霖由京返奉，途经皇姑屯车站附近三洞桥时，被日军炸成重伤，不治身亡，史称皇姑屯事件。图为炸车现场

1929年2月4日，东北易帜后，张学良（前排右四）在奉天宣誓就任东北边防军司令长官

1930年10月，张学良在沈阳就任中华民国陆海空军副总司令

1931年9月19日，日军占领张学良官邸张氏帅府

“九一八”事变后，张学良组织并支持东北义勇军进行对日抗战。图为坚持抗日的东北义勇军

“九一八”事变后，领导义勇军抗日的沈阳警备司令黄显声

中共满洲省委旧址

1931年9月20日，日军将沈阳市改为奉天市，任命日本特务机关长土肥原贤二（前排中）为伪奉天市市长

日本侵略者在沦陷区大力推行奴化教育

东亚烟草株式会社奉天工场

1931年9月21日，东北爱国人士在北平组织了“东北民众抗日救国会”，张学良给予坚决支持，并资助30万元。图为救国会部分成员

东北民主联军的一支小分队向沈阳外围前进

1948年11月4日，在庆祝沈阳解放的群众大会上，东北人民政府主席林枫讲话

沈阳市民欢庆解放

总 序

沈阳是东北首位度最高的城市，是国务院公布的国家历史文化名城，是辽宁省省会，是国内外闻名的大都会。沈阳以其悠远的历史文化传统和丰富的文物古迹遗存蜚声海内外。沈阳以其厚重的装备制造业基础、发达的交通枢纽地位、硕大的城市规模和现代城市文化品位日臻成为国家级中心城市，成为具有国际影响力的特大城市。

沈阳远古的历史可上溯至十余万年前的旧石器时期，沈阳农业大学后山等地已经出土的较为丰富的实物证明这里是沈阳先民的活动遗址之一。特别是七千多年前的新乐文化遗址（属新石器时期）的数次发掘，出土了数量较多的半地穴式房屋居住址，出土了数量可观的磨制、打制石器，斧、刀、铲和陶制深腹罐、斜口器等，解读着当时固定聚落和生产、生活工具的特点。出土的炭化谷物、炭化果核、网坠等又反映出原始农业和渔猎采摘的经济形态。出土的玉器、煤精制品不仅反映出新乐人有了审美情趣的要求，而且反映出工艺水平的精湛。遗址中出土的鸟形头饰的木雕手杖或被解读为权力结构的象征——权杖或图腾符号，或被引申为太阳鸟。

数万年间，沈阳先民繁衍生息绵延不绝，选择浑河流域的广袤平原和小有起伏的漫坡台地作为栖息之地，不是偶然。四季分明的气候、较充足的日照和丰富的水源、肥沃的土地终于被开发为生产、生活的家园。新乐遗址的发掘展示着远古先民的社会文化形态；同时，新乐遗址已经被证明不是孤立的。新乐文化向东、向西绵延百里有余，是一个内涵丰富的新石器时期文化带的布局。

进入阶级社会，开启了沈阳历史的城市之门，汉设候城县是正式设制的开始，其后的辽金两代沈州、元代沈阳路、明代沈阳卫等都是沈阳历史发展的闪光点，不仅提供了现今城市名称的冠名元素，而且扩大了城市规模，改善着城市结构。契丹、女真、蒙古、汉族等民族的不断融合成为沈阳人口的地域特色，逾千年而不变的军城戍守文化成为城市文化的基本内涵。其后，后金迁都沈阳，清朝在这里奠基，满族共同体在这里诞生，新满文在这里创制，改沈阳为盛京，进入城市发展的辉煌时期。近三百年的有清一代给沈阳留下了故宫、福陵、昭陵等世界文化遗产。

古代的沈阳，自燕将秦开收复辽东即开始了中原政权直接管辖的历史。汉代候城县则是沈阳出现行政建制的开始，是中原文化成为沈阳城市主体文化的第一次。与候城相伴，在今沈阳行政区域内还出现过高显县（今沈阳苏家屯区沙河魏家楼子）和辽阳县（今沈阳辽中县茨榆坨偏堡子），这既是汉中央政权对今沈阳地区的重视，也是今沈阳地区社会经济发育度的证明。晋末，高句丽割据时期候城县被焚于战火，但设在今苏家屯地区的陈相屯塔山的盖牟州城依然是沈阳地区城市发展的延续。辽代设沈州是在汉设候城原址附近的重建，同时代设立的广州（今于洪区彰驿古城）、辽州（今新民辽滨塔）、集州（今苏家屯区奉集堡古城）、祺州（今康平小塔子古城）、双州（今沈北石佛寺）等，形成了今沈阳及周围的建城设制的高潮。可以说，辽代沈州提供了今沈阳二字的沈字之源，辽代是沈阳城市发展的重要时期。

辽金元各代，沈阳城市得到发展，城市地位由州、县之城发展成为路城，但多个少数民族发展沈阳城市的历史丰富了城市的民族元素，展示了游牧民族对沈阳城市农业传统的承继，展示了经济形态转变的基本规律。

明设沈阳卫，其仍然是军事戍守功能为主的城市。沈阳卫城不是汉设候城汉族文化的回归，而是中华文化形成过程中的地域新成果。明沈阳卫时期，城市经济已不断发展，成为马市、木市等贸易的中转站，城市手工业和酿造业的发展已然出现了工厂化倾向，城市功能已经悄然改变。

清代建都沈阳，顺治入关后其被尊为陪都。沈阳设过奉天府、立过承德县，但世间的城市称呼依然多为沈阳。立都的时间短，陪都的时间前后数百年间，沈阳仍然保有东北政治、军事、经济、文化中心的地位。在传续盛京驻防将军和盛京五部局机构的同时，亦有府、县机构的建立和施政。多级机构同处一城，满族、汉族等多民族和谐共处。努尔哈赤为沈阳从明卫城成为京城，成为东北第一城做出了政治设计和决断，可以说是沈阳城市地位跃升的城市之父。

民国之前，沈阳曾经历了庚子之役的沙俄军队劫掠，经历了日俄奉天会战，城市濒临毁灭。两次战争使近代工业之嚆矢——盛京机器局面目全非，使近代教育的先河——奉天大学堂一片荡然。经济凋弊，城垣崩塌，人民流离，苦不堪言。民国之后，日本侵略势力肢解城市布局，扭曲经济形态，并悍然发动“九一八”事变，城市沦陷，是东北历史最为黑暗的日本殖民统治的伪满时期。抗日战争胜利，沈阳光复，经过解放战争的辽沈战役，沈阳终于成为人民的城市。

民国之前，甚至可溯至清末新政，沈阳即开始了近代化的探索，办工厂、兴学校，实施政治改革。然而这些努力却遭到帝国主义列强的粗暴干涉，遭到侵略战争的洗劫。清末的盛京机器局、工艺局、八旗女工工厂、大东工业区，正在施行的惠工工业区、沈阳工业区，重要的辽宁迫击炮厂、华北机器厂、大亨铁工业、肇新、悦新等工厂无一例外都在“九一八”事变之后落入日本殖民者之手。沦陷期间，沈阳被改称奉天，有“铁西开拓地”，更有大北监狱（全国最大规模的监狱），亡国奴的历史成为沈阳城市之痛！

自新中国成立以来，在国家制度的安排下，经过“一五”大建设，沈阳的城市功能由工商消费性城市转化为工业生产型城市，在保有区域公路、铁路交通枢纽地位的同时，依然成为东北的政治、经济、文化中心。为数众多的援建项目和重点项目落地沈阳，恢复了大东工业区，完善了铁西工业区，发展了三台子等工业大项，沈阳的机械制造、成套设备制造、军工生产等成为城市的支柱产业，沈阳成为共和国的工业长子。沈阳机床、变压器、风动工具、泵阀及重型设备等成为品牌。经过“大跃进”的坎坷和“文化大革命”的浩劫，沈阳城市发展遭遇到困难和挫折，但塑料等新兴材料工业、无线电及微电子产业等仍然获得了创新发展，工业门类愈发齐全，大型冶矿设备的生产能力进一步提升，彰显着工业装备制造中心的城市特色。

沈阳的工业基地的地位是共和国赋予的，而成就工业基地的主体则是广大觉悟了的工人。主人翁地位的责任、翻身解放的喜悦造就了劳模精神，正是劳模精神鼓舞着沈阳完成了恢复、发展建设的任务，在支援全国解放战争、支援抗美援朝战争、支援三线建设等战略任务当中做出了杰出的贡献。

进入改革开放的新时期，沈阳经历了“东北现象”的阵痛，经历了徘徊和期待，经历了下岗的无奈，终于在环渤海经济圈建设、东北大振兴等机遇中理清了城市发展思路，确立了三大目标五大任务，在城市布局、产业结构、城市建设、环境建设、城市管理等诸方面都发生了革命性的变化。现在，城市城区的面积已是改革前的一倍量有余，浑南新区城市成熟度日渐成熟，其百余条街路上现代建筑云集，二十一世纪大厦、奥体中心等已成为城市地标。地铁通达，有轨电车运营，城市行政中心和公共文化设施中心即将投入使用。浑南不再是城市郊区，一跃而成为沈阳的核心城区。沈北新区有北部大学城，有数座高校的现代建筑群，古生物博物馆落户于沈阳师范大学，软件园、科技园等又迅速地改变着沈北新区的居民结构和产业结构，迅速提升着新区的人文素质和文化实力，提升着新区的社会经济综合实力。东部汽车产业园弥合了大东与沈北的区域结合部，正在形成最大的城市支柱产业集群。与此同时，一片片新的住宅区、商务楼宇、基础设施改造区不断崛起和完成，东部城区得到了外延发展和内涵的提升。铁西新区的设立不仅完成了城市工业的西迁，而且完成了老旧工业区的功能转换，形成了高标准、现代化的住宅和商务集中区。在新区的西部以全新的姿态集合了城市装备制造业的重要厂家，提供了标准厂房、动力供应和新设铁路专用线的方便，机床、变压器、鼓风、电缆、机车等大型企业经营条件进一步改善，造就了沈阳装备制造业的新形象。

沈阳装备制造业的发展经历了搬离旧铁西，建设新集聚区，实现全市主要同行业的大汇聚，经历了由工厂到公司的转变，经历了技术普及型向高精尖型的转变。自动化、数字化、成套化成为沈阳装备制造的技术特点。装备制造领域的全覆盖成为沈阳装备制造的高位势。

新时期，沈阳建成区扩大、布局合理、交通进步、四环内区分特色明显，各分区之间布局弥合，功能互补，产业结构调整愈发彰显生机，一个现代化大都市的形象正在形成。

当下，南高（高科技）、北新（新技术）、东汽（汽车及零部件）、西重（装备制造）的产业格局已经形成，和平、沈河的金融中心及现代服务业的功能日趋成熟，皇姑的人文优势和新兴服务业基础日益坚实，以此为内核，连同东陵、于洪的沈阳全域城市化进程已经开始，连同新民、辽中、法库、康平，连同大沈阳经济区内的其他城市，沈阳国家级中心城市的目标一定会实现。

沈阳的历史厚重丰富，仅以五卷本难以展述其全部。本部通史的主旨仅在力求“通”字不断线，力求“史”字应述尽述。特别是城市的发生、发展的根本动因是什么，基本脉络若何，有无规律可以探讨等，都是应予关注的。对沈阳而言，工业城市的基础缘于何时，其具有典型性和代表性的工业现象缘何解读，殖民地工业现象的历史批判、沈阳工业都会地位的确立等，都是应予特别关注的。限于水平，特别是在沈阳地域通史类的著作首次尝试中对上述各项尚难把握。来自若干单位的同仁也缺少更多的交流和切磋，有些遗憾只待将来弥补。

在《沈阳通史》完稿之际，有些如释重负，有多年夙愿即将实现的愉悦。但面对未来，面对城市历史研究的国内外大势，只能是积极而深入地继续下去，希冀以更多更新的成果为沈阳的文化建设稍尽绵薄。

张志强

2014年11月

前　言

本卷主要叙述五四运动到新中国成立前的沈阳历史。这是一段波澜壮阔的历史，走进去，读下去，你会回味无穷。

以五四运动为起点，是因为五四运动标志着中国民主革命开始进入由旧民主主义革命阶段向新民主主义革命阶段发展的历史性转折。这场爱国运动以空前的声势迅速波及全国，对沈阳（时称“奉天”）尤其是青年学生产生了深远的影响，各种新思想、新思潮的涌入给当时沈阳的政治、思想、文化带来了巨大的冲击，沈阳同全国一道进入了一个崭新的历史时期。

五四运动后，沈阳的历史地位得到了进一步的提高。奉系军阀张作霖依托沈阳这块宝地，由招安的清军小军官，一跃成为民国新贵，短短几年工夫升任东三省巡阅使，成为名至实归的东北王；再任蒙疆经略使，进而成为满蒙王；继任东三省保安总司令，成为中国最大的实力派军阀。他曾一度逐鹿中原，势力直达长江流域，控制半个中国。1927年6月就任中华民国陆海军大元帅，位及中华民国的国家元首，对中国政局产生了深远的影响。伴随着张作霖的崛起，沈阳的市政建设、军事工业、民族工商业、文化教育等在这一时期内都获得了长足的发展。

沈阳作为东北的政治、经济、文化中心，在奉系全力经营的同时，日本也野心勃勃地觊觎这里，不仅将其作为交通的中心地，并且作为工业、文化的中心地，开始对附属地进行经营。沈阳出现了早期奉天瓦斯作业所，附属地内部分居民生活开始煤气化；建成了最早的城市给水塔，部分城区建有下水工程，城市功能日益完备。

1923年8月，奉天市政公所正式成立。市政公所是近现代沈阳历史上第一个正规的市政领导机关，专门承担独立领导市政建设和管理职能。从此，沈阳告别了军政一体的旧官僚管理体制，市政建设与管理开始步入专业化、法制化、民主化的轨道。

沈阳市政的设立推动了沈阳公共基础事业、经济、教育、文化等各个方面的迅速发展，标志着在城市管理体制上已经基本完成了城市社会形态的转变，使沈阳逐步走向现代化。沈阳市政建设的起步和发展，促进了沈阳城市的发展，使沈阳由一座清代封建王朝的留都，逐步变成了近代东北的中心城市。

波诡云谲的沈阳现代史就此翻开……

《沈阳通史·现代卷》总共分为八章，记述了自五四运动到沈阳解放近三十年的历史进程。在这三十年中，沈阳作为近现代都会经历了社会转型、政局反复变动及经济的大起大落，“九一八”沈阳沦陷，甚至成为伪满洲国的一部分，其历史过程令人不胜唏嘘。总的来说，这一时期的沈阳经历了三个时期。

第一个时期：张作霖、张学良父子统治时期。这一时期沈阳的政局较为稳定，各项社会制度得到了较快的发展。张氏父子为增强其军事实力和经济实力，不断发展军事工业，大力扶持民族工商业，积极发展文化教育事业，重视体育卫生事业，在客观上推动了沈阳经济社会的现代化进程。沈阳作为一个现代化的东亚大都市地位得到确立。

第二个时期：伪满洲国时期。这一时期，在日本的殖民统治之下，虽然社会经济有所发展，但随着日本陷入战争的泥沼，对沈阳各方面摧残加深。与此同时，沈阳人民掀起了规模宏大、旷日持久的抗日战争，特别是在中国共产党领导下的抗日联军，进行了艰苦卓绝的武装斗争，坚持抗战十余载，消灭了大量的敌人，对抗日战争做出了巨大的贡献。

第三个时期：国共内战时期。在国民党统治时期，沈阳的各方面事业基本处于停滞阶段，有的甚至还在倒退。解放后，沈阳的社会经济进入了快速发展阶段。

具体说来《沈阳通史·现代卷》具有以下几个特点：

一、既重视历史发展过程的统一性，又重视差异性。沈阳是辽宁的沈阳，也是东北、中国的沈阳。撰写沈阳现代史必须将沈阳放入东北区域，甚至全国发展的过程中进行考察。只有这样才能更好地把握、理解沈阳在历史上的发展脉络。在历史发展的基本线索、社会性质和基本矛盾等主要问题上，我们与国内史学界的看法是一致的。沈阳发生的历史事件和全国的重大历史事件是相互响应、相互推动的。我们从全国的眼光去把握沈阳在民国时期的发展规律和发展特点，同时还注意沈阳的特殊性。从这一时期沈阳的实情来看，至少有两点应该特别注意：(1) 沈阳长期处于日本侵略者的势力范围下，深受日本帝国主义的影响；(2) 沈阳曾经有14年处于日本的殖民统治之下。把握住这两点对理解沈阳这一时期的特点尤为重要。

二、重视城市史、社会史、经济史、文化史领域的开拓。众所周知，以往中国的史书比较偏重于政治斗争史，对经济、社会、文化的研究很不够。这种状况使得课题单一没有活力，也缺少可读性。城市史理应对本城市的经济、社会、文化等各个方面做出全面的反映，突出本城市的特点，这样才能写出一部有水准的著作。《沈阳通史·现代卷》就较好地尊重了这一点，进而使读者看到一个全面而丰富的民国时期的沈阳。

三、客观、公正、不偏不倚，不回避问题。由于众所周知的原因，沈阳自日俄战争后即处于日本的势力范围之内。日本对沈阳社会、经济、文化各个方面的影响是毋庸置疑的。但这种影响长期被史学界简单地贴上压榨、剥削、侵略的标签。我们在撰写本卷的时候本着客观公正的原则，就日本对沈阳的影响做出了实事求是的记述。

四、继承了《史记》以来的优良传统，使史学著述更具趣味性、可读性。司马迁的《史记》既是史学巨著也是文学典范。其所记事件绘声绘色，所写人物栩栩如生，凡读之人，无不认为是一种享受，陶醉其间。我们虽难望其项背，也努力追随之，尽量撰写得生动、有趣，具有可读性。

最后特别要提到的是，本书吸收了学术界一些较新的研究成果，没有这些论著所提供的资料和文献，本书是难以完成的。谨此向前辈们表示诚恳的谢意。

目　录

第一章
五四运动时期的奉天

- 北京学生运动波及奉天省城
- 奉系军阀势力的扩大
- “联省自治”下的奉天省城
- “满铁附属地”的新扩张

1919年5月4日，具有划时代意义的伟大爱国运动——五四运动在北京爆发。以五四运动为起点，中国民主革命开始进入由旧民主主义革命阶段向新民主主义革命阶段发展的历史性转折。这场爱国运动以空前的声势迅速波及到全国，对奉天尤其是青年学生产生了深远的影响，各种新思想、新思潮的涌入同时给当时奉天的政治、思想、文化带来了巨大的冲击，奉天同全国一道进入了一个崭新的历史时期。

早在五四运动爆发前，奉天一批具有爱国民主思想的知识分子就把科学、民主及社会革命的思想带到了正处于张作霖奉系军阀统治之下，思想、文化相对闭塞及落后的奉天，并在一些青年学生和知识分子中间引起了强烈的思想震撼。

1919年5月4日，北京学生爱国运动爆发的消息传到奉天后，奉天教育界首先奋起响应。广大师生和爱国人士及普通市民举行了示威游行进行声援，并到奉天省长公署请愿。各校纷纷推举出代表，宣布成立奉天学生联合会。5月26日，奉天学生团发表《通告》。通告书中激励各校学生奋起斗争，积极号召奉天学界积极参加爱国运动。

五四运动爆发后，爱国的工商界人士也纷纷以实际行动声援北京爱国学生运动。奉天省议会、总商会、工务总会、农务总会、教育总会联合发出通电，声援北京学生，呼吁抵制日货，保护国土、维护主权。奉天的工人阶级也投入到了这场轰轰烈烈的爱国运动中来，奉天窑业、京奉铁路工人相继爆发了较大规模的罢工。

尽管奉天的爱国运动，在张作霖奉系军阀的武力镇压下最终被熄灭了，但却有力地推动了反帝反封建新思想的深入人心，特别是在广大青年知识分子中引起了强烈共鸣。以五四运动为起点，马克思主义、社会主义思想在奉天得到了进一步的传播，促进了以启明学社、“星期三会”“社会主义研究小组”为代表的学习马克思主义和研究社会主义的组织的建立，教育和培养了一批有志向的知识青年走上中国共产党所指引的革命道路。从而为中共奉天地方组织的建立奠定了重要的思想基础，并在组织上创造了必要的条件。

在五四运动这一重要历史时期和重要历史节点中，占据奉天统治地位的是以张作霖为首的奉系集团。自1911年辛亥革命爆发，张作霖以“率兵勤王”名义进入奉天后，逐步夺取了奉天的军政大权，实力与日俱增，政治野心日益膨胀，得陇望蜀，妄图将黑龙江、吉林两省纳入奉系的版图，从而将整个东北三省置于奉系的统治之下。

自1917年到1919年的两年间，张作霖先后插手黑龙江和吉林两省的军政事务，攫取东三省的统治权。1917年，张作霖借黑省出现以英顺、巴英额为一方，以许兰洲为另一方，两股对立的政治势力、政局动荡之际，插手黑省事务，武力平息了黑省的军界叛乱，将黑省纳入奉系版图。

张作霖把黑龙江省纳入奉系版图以后，又开始谋取吉林的地盘。早在谋取黑龙江之时，张作霖就开始策划驱逐吉林督军孟恩远。但此次行动却遭遇了中途流产。直至1919年春，已荣升为东三省巡阅使的张作霖认为驱逐孟恩远的时机已经成熟，一方面向中央政府请求宣布讨伐令。另一方面，编成吉林讨伐军，任命新任黑龙江督军孙烈臣为讨伐军总司令，分四路进兵吉林，迫使孟恩远向其求和，奉系军阀夺得了吉林省军、政大权。

至此，张作霖将奉系的势力扩张到整个东北三省，奉系取得了与关内直系、皖系两大派系相抗衡的地位，在北洋政府中形成了奉、直、皖三足鼎立的局面。

随着奉系军阀势力的发展，张作霖的政治野心也日益膨胀，他已不满足于统一东三省，而要染指中原，问鼎中央政权，从1918年2月间，奉军第一次入关起，张作霖从中获取了参与北京政治的机会，也标志着张作霖领导的奉系正式加入与各派军阀的角逐，直到他1928年被炸身亡，作为一派政治军阀始终处于中国政治斗争的漩涡之中。

1920年6月，张作霖以调停直皖战争的名义挥师入关，直奉两系共同打败皖系后，北京政权落入奉系和直系的共同掌握之下。北京政府于1921年5月30日以总统令正式发表“特派东三省巡阅使张作霖兼任蒙疆经略使，各该特区都统，均应归该经略使指挥节制”训令。自此，张作霖作为东三省巡阅使操纵吉林、黑龙江两督军，作为蒙疆经略使对热河、察哈尔、绥远三特区也掌握发号施令之权，事实上已成为满蒙之王。

奉系的急剧扩张，引起直系的强烈不满，奉、直两系矛盾迅速升格，并最终导致兵戎相见。1922年奉直两系爆发了第一次直奉大战。奉系张作霖在第一次直奉大战惨败的教训中汲取了深刻的教训，毅然宣布脱离中央政权，实行联省自治，励精图治，整军经武，实力大增。奉天的军事工业、民族工商业、文化在这一时期内都获得了长足的发展，也是奉天获得快速发展的难得时机和重要发展机遇期。

奉天作为东北的政治、经济、文化中心，在奉系全力经营的同时，日本也野心勃勃地觊觎这里。不仅将其作为交通中心，并且作为工业、文化中心，尽全力对“附属地”经营，集当时文化之精华努力建设奉天新市街。自1919年日本擅自将“奉天驿”及周围街道的名称全部改为日本街名以后，可以说“日本化”在奉天的推行日益加快。

奉天“满铁附属地”成为日本殖民主义深入中国内地不受中国管辖的“独立王国”，严重破坏了中国的主权。“满铁附属地”，成为日本势力在奉天急遽扩张的基地。与此同时，日资企业纷纷插足奉天并在西关、“十间房”“附属地”三个地区日益发展，对奉天的民族工商业发展构成极大的威胁。此外，日本还以铁路附属地为据点，通过开办学校等方式，实行文化侵略，灌输同化、奴化教育。

总之，在五四运动这一在中国历史上具有划时代意义的重要历史时期，奉天不仅经历着新民主主义革命新思想的冲击和洗礼，也经受着民国初年中国政坛风云的激荡与变换，也成为奉系与日本殖民者从各自立场出发，苦心经营的重镇，由此奠定了奉天在东北乃至全国重要的政治、经济、文化地位。

第一节　北京学生运动波及奉天省城

一、五四运动在奉天

五四运动爆发前，受新文化运动和俄国十月革命的影响，科学、民主及社会革命的思想吹进了军阀统治森严、文化落后、思想闭塞的奉天。一批具有爱国民主思想的知识分子，积极响应并宣传新文化、新思想。1919年声势浩大的反帝、反封建的五四爱国运动，更是点燃了奉天学生运动的熊熊烈火。

1919年5月4日，中国爆发了彻底反对帝国主义、反对封建主义的群众性爱国民主运动——五四运动。五四运动是在中华民族灾难空前深重的条件下，在俄国十月社会主义革命影响下发生的。它的直接原因是巴黎和会蛮横地拒绝我国提出的收回山东主权；取消各帝国主义国家在华特权，取消日本帝国主义同袁世凯签订的二十一条等正义要求。

1919年1月18日，第一次世界大战的战胜国在巴黎召开“和平会议”。北京北洋政府和广州军政府联合组成中国代表团，以战胜国身份参加和会，提出取消列强在华的各项特权，取消日本帝国主义与袁世凯订立的“二十一条”不平等条约，归还大战期间日本从德国手中夺去的山东各项权利等要求。巴黎和会在帝国主义列强操纵下，不但拒绝中国的要求，而且在对德合约上，明文规定把德国在山东的特权，全部转让给日本。懦弱的北洋政府竟准备在“合约”上签字，从而激起了中国人民的强烈反对。

5月1日，北京大学的一些学生获悉巴黎和会拒绝中国要求的消息。当天，学生代表就在北大西斋饭厅召开紧急会议，决定5月3日在北大法科大礼堂举行全体学生临时大会。

5月3日，北京大学学生举行大会，北京高等师范学校、法政专门、高等工业等学校也有代表参加。学生代表发言，情绪激昂，号召大家奋起救国。最后定出四条办法，其中就有第二天齐集天安门示威。

5月4日，北京三所高校的3 000多名学生代表冲破军警阻挠，云集天安门，他们打出“誓死夺回青岛”“收回山东权利”“拒绝在巴黎和会上签字”“废除二十一条”“抵制日货”“宁为玉碎，不为瓦全”“外争国权，内惩国贼”等口号，并且要求惩办交通总长曹汝霖、货币局总裁陆宗舆、驻日公使章宗祥，学生游行队伍行至曹宅，痛打了章宗祥，并火烧曹宅，引发“火烧赵家楼”事件。随后，军警进行镇压，并逮捕了学生代表32人。

北京学生的游行活动受到社会各界的广泛关注，并强烈抗议政府大肆逮捕学生，北洋军阀政府颁布严禁抗议公告，大总统徐世昌下令镇压。但是，各地学生团体和社会团体纷纷给与支持。由北京学生燃起的爱国热情和爱国激情之火迅速在全国各地蔓延，在全国各地学生纷纷响应，爱国热情空前高涨，各地纷纷组织成立了学生联合会。

五四运动爆发的消息传到当时的奉天，奉天教育界首先奋起响应。广大师生和爱国人士及普通市民举行了示威游行进行声援，并到奉天省长公署请愿。

学界的示威游行活动引起了奉天地方当局的强烈恐慌，他们当即采取高压政策，压制、打击学生运动，提出“严加防止学生罢课游行”，并规定：“所属学校学生、如有意外举动，准令军警查拿。”[①]奉天省公署于5月6日向全省各校发出训令，严密防范各校学生召开“五七”国耻纪念大会，提出“取缔学生集会”“限制学生请假”的要求，强调“学校方面有管理员之严查监视，官厅方面有警察宪兵之侦察巡逻”之责任。[②]5月7日，奉天省公署连续发出训令，要求警察厅、教育厅禁止学生声援和参加这一爱国行动。各大中学校接到奉天省公署的训令后，如临大敌，警察在校内外严加监视，学生几乎失去了自由。

尽管如此，奉天在校的各校学生也都陆续收到了其他省市尤其是京津学生

---

①《五四爱国运动资料》，科学出版社1959年版，第811页。

②《五四爱国运动资料》，科学出版社1959年版，第171页。

的大量信件和宣传品。他们从中了解到全国各地学生、青年和市民都已投入到这场反帝斗争中来。受全国空前高涨的爱国热情影响，奉天学生不顾当局的高压反对，相继开展爱国运动。奉天各中等以上学校的学生同京、津、沪等地学生密切联系，互为声援，他们组织报告会和街头讲演，扩大爱国宣传。

5月26日，奉天省立第一中学的学生接到京津等地各校寄来的许多传单，还有数封旅京奉天学生的来信，其中有许多鞭策、鼓励的语言，更加激发了学生的爱国热情，于是一中“全体学生慷慨激昂，互相联络”，决定发起组织成立奉天学生团体。

5月26日，奉天省立一中学生派代表与奉天各高校联络，组织建立了“奉天学生团”。发表《通告》，指出“青岛失，则山东亡；山东亡，则中国殆。千钧一发，其势岌岌。华侨请求，血洒海外，学团组织，魂起寰中。”“是以敝校同学，发起奉天学生团响应内地……贵校诸君，倘亦惠然肯来和衷共济乎？”[①]通告书中激励各校学生起来斗争的言词尤为激烈，犹如一团烈火，迅速烧遍了奉天省城各个学校，积极号召奉天学界积极参加爱国运动。为奉天全省开展五四运动起到了巨大的推动作用。在他们的影响下，省内的许多市县也都掀起了五四爱国运动的高潮。各地相继发生学生罢课、上街游行、散发传单、张贴标语等活动。

在奉天省立一中的倡导和鼓动下，各校都推举出代表于5月27日在汇文中学集会，宣布奉天学生联合会成立。随后，各校代表“假郊游之名，潜往城外”召开会议，讨论进行反帝斗争和成立奉天学生团事宜。

5月29日，学生不畏军警阻挠，在东关学校召开奉天学联第一次代表会议。会议决议的主要事项：一是要求政府力争收回青岛；二是提倡国货，抵制日货，并通过两项决议：“（甲）关于山东问题：联络奉省中等以上各校学生，和衷共济，力争山东问题；通电北京、天津、上海及其他各省之学生联合会，共力呼吁。电请政府惩办国贼，并向日本严重交涉；释放被捕学生。（乙）关于提倡国货问题：各会员要以身作则，并劝导各界一律采用国货；劝商工界筹备工厂，购办国货，停进日货等。”[②]并决定5月31日和6月1日召开全市学生大会。后因遭到军警阻挠和破坏，召开大会未能实现。

奉天学生的爱国行动，在各界群众中起到了良好的先锋和模范作用，促进了爱国运动在奉天地区的进一步发展。奉天学生的爱国行动对于唤起奉天乃至

---

①《五四爱国运动资料》，科学出版社1959年版，第171页。

② 中共沈阳市委党史研究室：《中共沈阳地方史》，中共党史出版社2001年版，第22页。

全省人民的爱国热情和英勇的革命斗争精神都起到了极大的促进作用。

五四运动爆发后，起来响应的不仅是学界，爱国的工商界人士也纷纷以实际行动声援北京爱国学生运动。5月8日，奉天省议会、总商会、工务总会、农务总会、教育总会联合发出通电，声援北京学生。通电指出："此次巴黎会议，日本恃强蔑理，要求将青岛由德交彼处理。此耗传来，举国惶骇。""唯查日本蓄志吞并，为时已久。设非政府及全国人民具有决心，一致抵御，莫克促其反省。"并敦促政府"察舆情，再行电令专使，坚持到底，勿稍妥却，以保国土，而维主权。"[①]通电还呼吁全国人民一致抵御日本的侵略企图，保护国土、维护主权。随后，奉天总商会秘密转发北京总商会"关于抵制日货的通知"，要求将奉天省内生产的国货种类、商标及商品样式报告奉天总商会，以便统一购销。[②]以此来抵制日货，支持和响应学生的爱国运动。

在五四运动中，奉天的工人阶级也投入到了这场轰轰烈烈的爱国运动中来，奉天窑业、京奉铁路工人相继爆发了较大规模的罢工，给日本资本家和封建军阀统治以沉重的打击。

二、奉天地方当局镇压学生运动

奉天学生的爱国行动，在各界群众中起到了先锋和模范作用，促进了爱国运动在奉天地区的进一步发展。同样引起了奉天地方当局的恐慌，张作霖曾特别下令奉天教育当局"核议取缔学生"，对学生采取的镇压措施是：（一）严行检查学生来往信件，如有涉及国事者，悉行扣留。（二）禁止学生披阅京津沪各地的报章。（三）取缔学生在校集会讨论一切事宜，并责成各校职员，严行监视，随时开导。（四）限制学生请假及各校学生之联络。（五）严行监视平素喜肇事学生，不使有意外举动。对外地来奉天进行爱国宣传的人则派军警迅速查拿。

5月8日，张作霖命令奉天省城各校校长严防学生罢课游行。5月9日，张作霖下令封锁外界消息，禁止外地报纸传入，并对邮件进行检查和扣留。并致电北京奉天同乡会："对奉天学生力为劝勉，不得随行附和。"

由于爱国运动的兴起，奉天地区抵制日货的运动日益高涨，对此，张作霖以"有碍邦交"为名，一再通令禁止。同时张作霖致电北京政府："此次青岛问

---

① 《五四爱国运动资料》，科学出版社1959年版，第171页。

② 沈阳市人民政府地方志编纂办公室：《沈阳市志》第一卷综合卷，沈阳出版社1989年版，第48页。

题，学生等受报纸之煽动，徒事责难友邦，采取越轨行动，似此徒加重友邦之恶感，无补时艰。”“窃维日本对华政策，自寺内内阁成立以来，已改变方针，力求亲善，征诸东三省近事，彰彰明甚。此次学生等在京畿地方，敢于白昼行暴，必将为一二野心家作为政争之具。彼等常以外交为借口，责政府以不可能之事。另方结托乱党，扰乱天下，其事固与俄国之过激党无异。如此，诚恐爱国者之为数愈众，亡国之祸亦愈速。请国家一面将青岛问题交涉经过，宣布中外，一面则对肇事之徒，严加惩处，以遏乱萌，而全邦交。”①当时全国各大城市都在响应五四运动，“独奉省当局严加取缔，并添派军警监视，各校学生行动不得自由。”②在镇压学生运动的同时，张作霖深怕“失去与日本的密切关系”。在他看来，在统一东三省的道路上，如果失去日本的帮助，就有失败的可能性，倘若失败，“那种痛苦势必将比死还难受”。所以他为取得日本好感，千方百计地压制奉天的反日爱国运动。对于学生强烈要求罢免的亲日派曹汝霖、陆宗舆和章宗祥三人，张作霖也致电挽留。对此，日本帝国主义深表感谢。日本关东厅长官林权助认为张作霖“能防患于未然”，曾“发电陈述谢忱，并嘱驻奉总领事向张使面谢”。③

5月14日，奉天省政府下令警察厅、教育厅，禁止学生运动。并针对全国上下一致的排斥日货风潮，特饬奉天总商会勿受影响，正常交易，同时分令教育会防止学生排斥日货。5月24日，张作霖再次通令各属严禁排斥日货之举动。5月29日，张作霖派史纪常为代表，邀请省城各学校校长开会，告知外交问题中央自有相当办法，请劝诫各校学生安心受业，禁止学生运动。5月30日，由于避免受北京学生团因青岛问题激发罢课风潮的影响，张作霖为严防类似事件在奉天再度发生，特令奉天省城所有中等以上学校夏季一律停止放假。

6月1日，徐世昌公布所谓青岛问题“真相”。其中除为北京政府关于山东问题历次丧权辱国之交涉极力狡辩外，并重申禁止散发传单、集众演说，令教育部及各省省长、省教育厅强迫全国罢课各校学生即日复课，并“切实查禁”联合会、义勇队等学生爱国团体。6月13日，张作霖令警察厅“转饬严加防范，以靖地方”。由于张作霖的武力镇压，最终奉天的学生运动被熄灭了。

五四运动是中国新民主主义革命的开端，具有划时代的意义，对奉天政治形势产生了较大的影响。尽管奉天的学生运动被镇压下去了，但这场运动对奉天

① 东亚同文会编，胡锡年译：《对华回忆录》，商务印书馆1964年版，第369页。
② 《五四爱国运动资料》，科学出版社1959年版，第862-863页。
③ 张伟、胡玉海：《沈阳三百年史》，辽宁大学出版社2004年版，第397页。

学生的思想产生了很大影响，为后来学生运动奠定了坚实的思想基础。五四运动后，反帝反封建的新思想开始渗入奉天，马克思主义的革命理论也随之传入奉天。

三、马克思主义在奉天的传播

1919年的五四爱国运动，有力地推动了反帝反封建新思想的深入人心，特别是在广大青年知识分子中引起了强烈共鸣。以五四运动为起点，奉天同全国一道进入了一个崭新的历史时期，为马克思主义思想在奉天的传播奠定了坚实的基础。

早在五四运动之前，有关俄国十月革命的文章就不时见诸于报端，在奉天的先进知识分子中间产生了很大影响。五四运动后，马克思主义、社会主义思想在奉天得到了进一步的传播。

马克思主义思想首先在奉天的青年学生和青年知识分子中产生了广泛的影响。在奉天第一高级工科中学有屈以诚（屈闾生）、李正蔚（李志园）、佟汝励（佟玉华）、徐仲航等；在奉天第一师范学校有学生周东郊（周畅春）、齐景龙（齐凌云）、邢培卿等；在奉天女子师范学校有张景珍（张光奇）、毕尚纯、德希幻、王福珍等；在奉天医专有高启福（高铁梅）、吴执中、白希清等；在奉天第三中学有郝克勇等；在教育界有省立第四小学教员李郁阶（李玉洁）、吴竹村（吴生白）、朱焕阶等；在银行界有高子升、何松亭、巩天民等；在基督教青年会有郭纲（郭尊三）、苏子元等。他们常常在一起读书，并畅谈思想，交流心得。他们各自所处的环境、走过的道路和进步的迟早虽有不同，但他们在俄国十月革命及五四运动的影响下，有一个共同的愿望，就是探索新鲜的事物，了解十月革命的真相和共产主义理论。他们为汲取新思想，到处寻找新书刊、参加讲演会，殷切地要求充实自己的头脑，改造那种灰暗、苦闷和使人趋于腐朽的生活环境。同时，社会交往的扩大也在开阔青年们的眼界和胸怀。[①]

马克思主义在奉天传播的最直接后果是促进了一批进步团体的建立。1922年，高崇民、赵锄非、洪敬民在奉天成立了“东三省民治俱进会”。此会因写反日文章曾被奉系当局政府解散。不久高崇民、梅佛光等人又组织“启明学社”。当时参加启明学社的还有阎宝航、陈日新、盛世才、钱公莱、杜重远等30多人。他们曾出版过《启明》旬刊，介绍十月革命，宣传各种新思想，它们都是当时具有一定影响的进步团体。

① 中共沈阳市委党史研究室：《中共沈阳地方史》，中共党史出版社2001年版，第24页。

1922年，在奉天大南门里顺城街奉天基督教青年会内形成的“星期三会”也是颇有影响的进步团体。参加该会的有青年会的干事阎宝航、郭纲、张蕴泠、朱延生，还有青年会的会员高子升、吴竹村、何松亭、巩天民等。阎宝航等利用每个星期三的晚上研究青年会会务的机会，聚在一起阅读书报、品评时政、漫谈新思想、研究新文化、讨论国家命运、以寻求新思想、新文化。形式上是提倡阅读国内新出版的白话文书刊，反对文言文。具体内容是：赞成新科学，反对旧礼教；赞成解放思想，反对封建迷信；赞成自由恋爱，反对宗法家庭；提倡民主，反对专制；提倡民族独立，反对异族统治；提倡新思想，反对旧道德。由此，青年会成为演讲、座谈、讨论青年人前途、人生、救国的自由园地。为了引导青年争民主、争自由、反对包办婚姻、男女平等、反对封建，“星期三会”经常举办有关的辩论会。本来青年会是主张不搞政治的，但在“星期三会”以及阎宝航等进步青年的带领下，逐步带有政治色彩，教育引导了一些不关心时事的青年，团结了一批有志于反帝反封建、拯救中华民族危亡的进步青年走上革命道路，为在青年中传播新文化和马克思主义思想产生了积极影响。

1923年，继“星期三会”之后，在基督教青年会内以苏子元为中心的一些青年，开始接触到有关马列主义的书刊。1922年末，青年会的郭纲到广州参加上海基督教青年会召开的各地青年会干事的财经会议，并到南京、开封、天津、北京等各市青年会进行短期参观学习。1923年初返回奉天时，郭纲带回一批马克思主义著作和宣传社会主义的书刊、杂志，其中有《共产党宣言》《列宁传》《苏维埃政权的成功与困难》《从阶级斗争到政权之路》和《社会主义史》以及《向导》《中国青年》等。郭纲在基督教青年会组织的各种外出学习中，接触到许多新书刊，如《向导》《中国青年》《唯物史观》《辩证法浅说》《列宁与甘地》《独秀文存》《胡适文存》《吴虞文录》等。这些书深深地吸引了他，使他成为五四运动之后的新文化的积极追随者。这些书籍对奉天一批最早接受进步思想的青年向着新民主主义方面转化发挥了很重要的作用。这批书刊经青年会文书苏子元整理后，首先发给“星期三会”的参与者阅读，继之建立起一个巡回书库，在一些青年学生中传阅这些书刊。[①]这样，“星期三会”成为学习马克思主义和研究社会主义的组织，奉天基督教青年会也成为当时奉天传播马克思主义的秘密据点。

① 中共沈阳市委党史研究室：《中共沈阳地方史》，中共党史出版社2001年版，第26-27页。

到1924年，继“星期三会”之后，又组成了以高子升为核心，有苏子元、郭纲、吴竹村、巩天民，何松亭、阎宝航等人参加的“社会主义研究小组”。在这个小组里，参与者除学习、研究社会主义理论外，还漫谈政治和社会问题，“寻求解决中国及社会问题的方法与出路”。这个小组经常在青年会或满洲银行高子升的宿舍进行座谈讨论。经过学习研究，他们的认识水平有了很大提高。同年秋，苏子元又将奉天各中等学校爱好新文学的学生组织在一起，成立了“文学研究会”。参加“文学研究会”的学生每星期日在青年会聚会。该会以研究文学为名，组织学生传阅革命刊物，主要阅读《向导》《中国青年》等党团刊物。这些书刊，是由中共地下党员韩乐然通过党组织从上海寄给苏子元的。这些刊物的广为传阅，使马克思主义在奉天的传播更加广泛，教育和培养一批有志向的知识青年走上中国共产党所指引的革命道路。文学研究会的一部分成员后来大多加入了中国共产党和中国共产主义青年团。

这时期有一些学校的进步学生也自发地组织了自已的团体，人们比以往更加关心政治和国家民族的大事。在奉天医专有学生的进步团体“白杨社”，由高启福、吴执中、白希清、孙广英、杨宜等人发起组织，负责人是高启福。该社以研究新文学和社会主义为活动内容。1925年以后，该社成员大多数加人了中国共产党和共产主义青年团。

1923年“二七”大罢工之后，以李大钊为首的中共北方区委派陈为人、李震瀛来奉天、大连等地进行革命活动，积极宣传马克思主义。在奉天的一些先进的知识分子还利用日本人创办的《盛京时报》，登载介绍苏俄十月革命和马列主义的文章、评论，以此宣传马克思主义和苏俄十月革命。

马克思主义的广泛传播，推动了奉天地区各进步团体的不断涌现，从而为中共奉天地方组织的建立奠定了重要的思想基础，并在组织上创造了必要的条件。

四、奉天工人运动的兴起

奉天地区工人运动的兴起，首先是从自发的经济斗争开始的。消极怠工、破坏机器、小规模罢工是奉天工人罢工的主要特点。由于劳动强度的严重超负、劳动环境的极度恶劣、劳动报酬过份低廉、军阀政府的盘剥，奉天的广大工人常年生活在死亡线上。为了求得最基本的生存条件，工人们不得不通过罢工来争取自身的经济利益。

1919年3月31日，奉天城大东门外奉天造币厂400余名工人为反对造币厂厂长单宝德无理扣发工人应得红利和劳动保护用品、延发工资，激起工人强烈不满举行罢工，强烈要求撤换厂长。《盛京时报》于4月2日至4月13日，对这次罢工进行连续报道，引起社会各界广泛关注。最后，经过11天的艰苦斗争，厂方慑于广大工人的空前团结而被迫答应工人代表提出的复工条件。4月上旬，财政部被迫将单宝德撤职。

1919年4月，奉天北关皮业工人，因收入过低，联络罢工，要求增加工资，在遭受业主以强硬手段对付后，工人为使罢工胜利，“由同业定为处罚条若干，通告遵守，有犯者即照处罚。”[①]奉天的工人罢工引起北洋政府的重视，他们命令奉天当局关注这一事件。1919年4月《盛京时报》等载北洋政府内务部对奉天省公署的训令称：“直鲁两省工人每年春季经过奉天赴北满及俄属沿海州工作者，为数甚伙。惟际此过激思想传播之时，改工人等又均缺乏教育，诚恐被过激党蛊惑，致酿风潮。务于该省工人来往过境时派人严查，如有去路不明、形迹可疑者，立即扣留严训，以防意外。”

由于日本帝国主义加重对东北的经济侵略而在奉天开设了众多的工厂，且日本资本家对中国工人的剥削和压迫更为残酷，因此奉天工人阶级的斗争矛头多是直接指向了掠夺成性的日本帝国主义。

1919年5月1日，日资奉天窑业株式会社砖厂的800多名临时工举行罢工，要求增加工资。同月，奉天窑业公司砖瓦厂第一和第四厂1 800名中国工人罢工，反对日人虐待，要求增加工资。坚持7天，厂方被迫解雇一批日本监督。[②]

五四运动爆发后，奉天的工人运动也出现了高潮，罢工斗争显著增加。6—7月奉天窑业、京奉铁路工人都先后举行罢工。[③]8月，奉天满铁附属地五百余名车夫为反对满铁乱征费用举行罢工。这一时期奉天工人罢工表现出规模扩大、斗争激烈、持续时间长、产业工人在斗争中的作用显著、影响突出，罢工胜利的比重较大。

1920年7月7日，奉天东亚火柴公司的100多名工人为增加工资罢工3天。1921年6月12日，日资奉天窑业株式会社铁西各窑场的1 500名工人为抗议日本资本家向中国工人转嫁其国内经济危机造成损失而降低中国工人工资，举行联合罢工。与此同时，大连窑业企业也与之呼应同时罢工。最后，经过4天的斗争，资方同意工人增加工资的条件后，工人于6月23日复工。《上海日报》还登载了这次罢工的消息：“南满铁道西奉天窑业会社，大陆窑业满洲窑业大连建材

① 《盛京时报》，1919年5月9日。
② 胡玉海、里蓉：《奉系军阀大事记》，辽宁民族出版社2005年版，第201页。
③ 李鸿文、张本政：《东北大事记》（下卷），吉林文史出版社1987年版，第517页。

会社，朝日炼瓦工场，松茂工业部土地建物株式会社，奉天窑业公益炼瓦场等各窑之会工，约计3 000余人，日前发生要求增加工资问题，密议既定，突于12日晨实行同盟罢工。向各该窑主要求增加工资，每丕1分，上等者增工资3元，下等者1元，否则决不开工。各窑厂以去岁受建筑停顿之影响，或者停工或者亏累，至今春才得以复苏之机会，工人之要求，各工厂终无具体的表示云。示无力应付，顾迄至今日。”[①]三个月后，由于日本资本家的诺言未能兑现，松茂工业部土地建物株式会社的窑业工人再次举行了大规模的罢工运动。

1922年7月，大连机械制作所奉天支店163名工人为要求增加工资罢工5天。同年8月，日资吉林火柴公司奉天支店的100余名工人为反对监工欺压工人举行为期3天的罢工。1923年6月，奉天铁西各窑业150余名工人为提高工资举行同盟罢工，并印发了罢工传单。

由此可见，奉天工人反抗资本家剥削的斗争带有反抗帝国主义民族压迫的明显特性。这一时期工人斗争的提点开始由无组织的零星、孤立罢工开始走向有组织、有规模的斗争。

随着革命形势的发展，全国的工人运动出现高潮。关内各地工人的英勇斗争给予奉天的工人阶级以极大的启发和鼓舞。同时，中国共产党的力量逐渐向奉天地区渗透，推动了奉天的工人运动。单就人数来说，当时在奉天地区开展工运工作的先进分子的力量还很弱小，但与全国工人运动的巨大影响结合在一起，则对于奉天地区工人运动的进一步壮大起到了重大的作用，为中共党组织在奉天的建立和发展奠定了坚实的阶级基础。

五、中国共产党在奉天的早期活动

在东北建立中国共产党的组织，是中共“一大”确定的在全国发展党组织工作的组成部分。在中共中央的指示和共产国际代表的建议下，以李大钊为书记的中共北京区委（1925年10月后改称为北方区委）和中国劳动组合书记部北方分部决定着手开展东北地区的工人运动和建党工作，并就这一问题进行了多次讨论和研究。[②]1921年11月，中共中央执行委员会在上海召开的全体会议所通过的报告中强调指出：“奉天以设法成立党的组织”。[③]

1921年冬，中共北京区委负责人之一、中国劳动组合书记部北方分部主任

① 《上海日报》，1921年6月23日。
② 罗章龙：《椿园载记》，东方出版社1989年版，第117页。
③ 《中国共产党组织资料》（二），转引自《党史研究》，1981年第3期。

罗章龙前往东北“考察工人运动自发状况，同时宣传阶级革命，筹备建党，尽可能地在一些重要的地方组织起工会组织”。1921年冬到1922年初，罗章龙来东北考察，作为东北筹备建党的第一步工作。罗章龙先后到了奉天、大连、哈尔滨等地。在奉天的皇姑屯，罗章龙到工人中走访、座谈，并组织工人补习学校，初步了解了工人的生活和斗争情况。①

在中国共产党的领导下，全国很快地掀起了工人运动的高潮。革命形势的迅速发展，给奉天的工人群众以很大鼓舞。1922年10月13日，京奉铁路唐山制造厂（下称唐山工厂）工人，在中共唐山地委书记邓培的直接领导下，进行了历时8天的全厂大罢工，取得了胜利。这次罢工的胜利，不仅推动了唐山地区工人运动的发展，而且直接影响了京奉铁路关外段的沟帮子、奉天皇姑屯等地工人斗争。为声援唐山工厂的罢工斗争，奉天皇姑屯铁路修车厂的工人曾同沟帮子、锦州等地的铁路工人，开展了资助罢工的募捐活动，显示了铁路工人的高度团结。

唐山工厂罢工斗争的胜利，使厂方十分恐惧。为了分化瓦解工人队伍，厂方利用皇姑屯铁路修车厂扩建之机，将一部分罢工积极分子由唐山调往奉天。其中王贺明、罗占先、朱志安等为中共党员。邓培因势利导，决定利用这一机会在皇姑屯铁路工厂中发展革命力量。在王贺明等人临行前，邓培曾秘密召集他们商讨对策，指示其在皇姑屯建立组织。1922年11月，中共党员罗占先、王贺明、朱志安等14人来到皇姑屯铁路机务段客货车修理厂组织工会，开展党的工作。年底，在唐山工厂职工会的影响和帮助下，皇姑屯修车厂建立了基层分会，并于1923年1月派代表赴唐山参加了京奉铁路总工会成立大会。之后，皇姑屯修车厂党小组秘密成立，共有党员4人，负责人为王贺明。党小组隶属京奉铁路总工会党团领导。

“二七”惨案后，全国工人运动转入低潮。在极端困难的形势下，修车厂党组织仍然坚持活动，经常到偏僻荒郊大窑（今沈阳市皇姑区太平庄）秘密召集会议，研究斗争策略，使革命力量保存下来，并得到发展和壮大，为日后奉天党组织的建立奠定了组织基础。

六、奉天人民声援收回旅大运动

为了抗议日本帝国主义霸占中国旅大的野蛮行径，1923年3月，中国人民在全国范围内掀起了大规模的收回旅大运动。

---

① 罗章龙：《我到东北考察工运》，《黑龙江党史资料》第4期，1985年版，第26页。

1898年3月27日，沙俄政府以武力迫使清政府签订了《旅大租地条约》。5月7日，又签订了《旅大租地续约》，条约规定租期为25年。1905年日俄战争后，日俄两国在美国的朴茨茅斯进行谈判。9月5日，正式签订《朴茨茅斯条约》。条约中擅自规定，将沙俄占据的中国“旅顺口、大连湾并其附近领土领海之租借权，以及关联的其他一切特权让给日本”。从此，旅大就成为日本帝国主义的租借地。1915年1月，日本政府又通过企图灭亡中国的二十一条提出延长租借旅大条款。消息传出后，全国各地群众立即举行游行示威，收回主权。1923年，旅大租借地已届期满，为了反对日本续租旅大，在奉天掀起了收回旅大的群众运动。1922年10月20日，金州民众首先集会，要求按期收回旅大。后来，金州民众还派出代表到奉天省议会请愿。10月28日，奉天省议会议员提出了如期收回旅大案。奉省议员还组织了“国民外交后援会”，督促政府对日积极交涉。1923年2月，旅大工人学生走上街头，张贴标语，散发传单，反对日本继续强占旅大。

奉天民间团体东三省民治促进会在奉天省议会提出了“收回旅大案”的同时率先发起了支持收回旅大的运动。1月16日，东三省民治俱进会奉天总会长高崇民发表关于收回旅大问题《告全国父老书》。3月17日，他还通电全国：“是旅大不收回，即广州湾、威海卫、九龙半岛等不能收回之先声也”“几多土地，借人蚕食，兴言及此，不寒而栗。”“顾此京政府，既不足恃，最后胜利，舍国民外交，其谁恃乎？”[①]同时，以杜重远为代表的29名奉省留日学生组成“收复旅大宣传队”，返回奉天宣传并赴北京请愿。东三省民治促进会奉天总会长高崇民听到这个消息后挺身而出，积极支持杜重远率队去北京请愿。奉天留日学生先去总统府、国务院、外交部请愿，接着举行记者招待会，在北京、天津的街头进行演说。他们还发表了《奉天留日学生收回旅大请愿团宣言书》，表示“决意牺牲学业，牺牲金钱，甚至牺牲我们的血泪”，[②]向同胞宣传爱国，宣传收回旅大。奉天青年学生的进步活动，从奉天一直发展到京、津地区，激怒了北洋军阀政府，决定予以镇压。但奉天当局迫于社会各界的强烈反对，未敢逮捕高崇民，只是将高崇民逐出省境。积极主张收回旅大的东三省民治促进会也因此被解散。

争取收回旅大租借地运动是东北民众的反日爱国运动，但是，由于日本的

① 天津《大公报》，1923年3月18日。
② 天津《大公报》，1923年3月18日。

强烈反对，加之张作霖“正有事中原，决不愿外交上自生枝节”[①]，没有实现收回旅大的目标。当时，奉系军阀正集中力量对直系军阀加紧备战，正需要日本从背后给予种种支持，故对反日运动加以限制，使其不能深入发展。

第二节 奉系军阀势力的扩大

一、奉系兼并黑、吉两省

奉系军阀张作霖取得奉天军政大权后，得陇望蜀，政治野心日益膨胀，妄图将黑龙江、吉林两省纳入奉系的版图，从而将整个东北三省置于奉系的统治之下。

张作霖向外扩张的第一个目标是黑龙江省。1917年6月，黑龙江政局处于动荡之中。是时，外交官出身的毕桂芳名义上虽担任黑省督军兼省长，但实权却掌握在黑省陆军第1师师长兼黑省军务帮办许兰洲手里。许兰洲已在黑省军界任职十多年，自恃手握兵权，飞扬跋息，曾先后将前三任黑龙江省首脑排挤走，大有夺取黑龙江之野心。为达到驱走毕桂芳的目的，许兰洲同黑省的两个旅长——英顺、巴英额等秘密策划了夺取帅印的步骤，即由英顺等人出面，以武力逼迫毕桂芳自动辞职，事成后由许兰洲任督军，英顺兼任镇守使，巴英额由旅长升任师长。毕桂芳在获悉许兰洲的态度之后，即于6月14日发表下野通电，将督军、省长职务“让给”许兰洲。

许兰洲在赶走毕桂芳后，违背事前分赃决议，并未任命巴英额为师长，却提升本师旅长任国栋为师长。对英顺、巴英额只说伺机再予以提拔。英顺和巴英额对许兰洲毁弃事前约定极为不满。于是英、巴二人赶到哈尔滨，请求取道哈尔滨回赴北京的毕桂芳，继续主持黑省督军和省长职务。毕未从，但同意由英、巴二人揭发许非法夺权之事实。22日，英顺和巴英额致电北京政府，指责许兰洲胁迫毕桂芳卸职，要求调走许兰洲，仍令毕桂芳督黑。翌日，英、巴发布文告，斥责“许兰洲去岁驱逐朱帅，今岁逼走毕督，未奉中央命令，擅权自代”，并说已电请中央及各省与许断绝关系[②]。27日，许兰洲发出布告，宣称英

---

① 王永江语，转见谢荫昌：《演仓年史》，第23页。
② 佟冬：《中国东北史》第六卷，吉林文史出版社2006年版，第39页。

顺“久蓄异志”，以宗社党为主旨，以毕督为傀儡，以巴氏为党羽，擅调军队，异帜独标等等，许表示要“誓灭此贼”。于是，以占据呼兰、海伦一带的英顺、巴英额为一方，以占据齐齐哈尔的许兰洲为另一方，黑省出现了两股对立的政治势力。

这种对峙的局势正好给觊觎黑省已久的张作霖提供了可乘之机。6月下旬，张作霖以调停为名派第27师54旅旅长孙烈臣驰赴黑省，表面上调停英、巴与许之争，实际上是观察各方动静，以便插手黑省事务。孙烈臣利用与英顺早年在东三省讲武堂同学的身份，先到呼兰与英顺见面，英顺送给孙烈臣一辆双套马车，请孙在张作霖面前替自己说好话，并表示“一切惟张之命是从”。然后，孙烈臣又到齐齐哈尔去见许兰洲。许兰洲与张作霖素有交往，驱走毕桂芳的主意就是张作霖给许兰洲出的，而且张作霖曾主动要借巨款给许用。此时的许兰洲面对岌岌可危的黑省形势，也向孙烈臣表示愿意“惟雨帅之命是从”。孙烈臣得到对峙双方均表示愿意服从张作霖的保证之后，即于7月下旬回到奉天，将情况报告给张作霖。张作霖立即致电北京政府段祺瑞，推荐其儿女亲家，时任北京陆军讲武堂堂长的鲍贵卿，接任黑龙江省督军兼省长。段祺瑞很快回电，接受张作霖的推荐。

1917年7月26日，段祺瑞任命鲍贵卿为黑省督军兼省长。赴任前，鲍贵卿先到奉天面见张作霖，张作霖表示负责保证鲍之就任。8月，鲍贵卿在张作霖所部的武装护送下，抵达齐齐哈尔就任。许兰洲对鲍之到任十分不满，曾一度想采取对待前几任督军的方式驱鲍离黑，但慑于张作霖的实力，始终未敢轻举妄动。张作霖察知许兰洲的意图后，征得段祺瑞同意，将许兰洲所部5营骑兵和3营步兵强行调往奉省，驻守在东丰、西丰两县，许从此成为奉系所部。许兰洲率领所部离开齐齐哈尔转到奉省不久，英顺、巴英额调派所部29营兵力齐集省城，逼迫鲍贵卿任命英顺兼任镇守使，提升巴英额为师长。同时煽动黑省军界反对奉军入境。张作霖闻报，立即以剿灭蒙匪为名命令吴俊升率29师一部北上赴黑，解除了英顺的旅长职务，并迫使巴英额辞职，彻底平息了黑省的军界叛乱，巩固了鲍贵卿的地位，黑省至此纳入奉系版图，成为了奉系军阀的地盘。

张作霖把黑龙江省纳入奉系版图以后，又开始谋取吉林的地盘。吉林督军孟恩远在吉林苦心经营十余年，其势力遍及全省，独霸一方，张作霖视其为奉系军阀在吉林扩张势力的最大障碍，早在谋取黑龙江之时，张作霖就开始策划驱逐孟恩远。

1917年7月1日，张勋在北京拥立废帝溥仪复辟。当时正住在北京的孟恩远，积极支持和参与策划了张勋的复辟活动。张勋复辟的当天即发布伪谕，任命孟恩远为吉林省巡抚。正在天津养病的孟恩远接到伪谕，除上折“谢恩”之外，还急派其副官长高联甲星夜赶回吉林，代他宣布接受“大清吉林巡抚”，改悬龙旗。于是，吉林全省到处呈现出悬挂黄龙旗和歌颂清朝复辟的景象。

张勋复辟宣告失败后，孟恩远摇身一变，电告吉林拥护共和。孟恩远如此表演使其在吉林声誉扫地，威信一落千丈。张作霖于是乘机唆使奉天众议员联合吉、黑两省众议员，掀起了一个驱逐孟恩远运动。他们以孟附逆复辟、滥用省库为词，要求北京政府罢免孟恩远。1917年10月18日北京政府下令免除孟恩远吉林督军职。同时调皖系健将田中玉到吉林任督军。

孟恩远接到革职令，十分不满，孟的亲信同僚更是担心一旦孟恩远离开吉林，个人地位难保，于是假借地方各界团体名义通电全国反对更换孟恩远，吁请北京政府收回成命。孟恩远的外甥、时任吉林督军署参谋长的高士傧带领吉林军官联名致电北京政府反对革除孟恩远之职，并表示如无正当理由则吉林宣布与中央脱离关系。同时，于吉林长春之间要冲集结重兵，以此进行威胁。10月22日，吉林宣告独立。

张作霖原本想在驱逐孟恩远后，仿效兼并黑龙江的做法，委派自己的亲信担任吉林督军，就此将奉系势力扩展到吉林，不料北京政府却任命与日本人关系“极为良好”的田中玉接任吉林督军。张作霖担心田中玉到职后，将成为他日后插足吉林，以及实现统一东三省的一大障碍。于是，便转而在北京政府和孟恩远之间，采取居中斡旋的态度，暗中支持孟恩远等人反对田中玉赴任。此时，在直系冯国璋的授意下，一些直系军阀联合了17个省的督军联名发表通电，借口牵涉国防外交，反对更换吉督。田中玉见此情形，唯恐卷入战乱，遂向段祺瑞婉辞吉督之职。段祺瑞鉴于上述情况，也恐怕强制行事将引起东三省大乱，于是不得不允许孟恩远延长督军任期，吉林也取消了独立，吉林易督一事就此作罢。

张作霖第一次策划的驱逐孟恩远行动虽然中途流产，但他始终没有放弃兼并吉林的野心。迫至1919年春，张作霖认为驱逐孟恩远的时机已经成熟。因为此时的张作霖已荣升为东三省巡阅使，这一职位为他夺取吉林，统一东三省提供了极为有利的条件和正当的理由。

1919年6月，张作霖利用孟恩远为保住吉林省地盘，增编吉林军队、扩军备战，增发纸币为口实，唆使吉林士绅何守仁等分别向北京和东三省巡阅使署控告孟恩远“纵兵殃民”八大罪状，并分派代表赴京赴奉，要求罢黜孟恩远。张作霖旋即以东三省巡阅使名义致公函给孟恩远，指责吉林省财政混乱，暗示孟恩远应自动辞职。孟恩远自恃有一个师五个旅的兵力，拒绝辞职。张作霖即向北京政府控告孟恩远招兵买马，致使吉省纸币贬值，民不聊生，请以奉军第27师师长孙烈臣取代孟恩远。

1919年7月6日，北京政府发表调令，调孟恩远到北京就任徒有虚名的“惠威将军”，调黑龙江督军鲍贵卿接任吉林督军，调孙烈臣继任黑龙江督军。命令发表后，孟恩远感到很突然，当然十分不满。高士傧等孟恩远亲信人等故伎重演，以边事重要为由，电请北京政府收回成命，并限四十八小时答复。孟恩远则发誓他决无私人权位之心，表示：“我若离开吉林，六十营兵士马上哗变起来，我所顾虑的就在此。若有半句虚言，异日必死于炮火之下！”实际上是以武力反抗，要挟北京政府。同时，高士傧等人将吉军从吉林、哈尔滨等地调集到长春、农安、伊通一带，准备一战。

张作霖见孟恩远拒不卸任，遂着手准备武力讨伐。张作霖一方面向中央政府请求宣布讨伐令。另一方面，编成吉林讨伐军，任命新任黑龙江督军孙烈臣为讨伐军总司令，分四路进兵吉林。并派28师55旅和29师58旅旅为游击队，在吉林南北两端骚扰和牵制吉军兵力。另外派黑龙江出动三个混成旅从背后牵制吉林军队。张作霖为缩小打击面、瓦解敌军，同时宣布“此次吉林之骚乱决非孟恩远之真意，乃高士傧强请孟恩远抗命之结果。”并向奉、吉、黑三省人民通电表示：“孟恩远为高士傧胁迫而用兵，扰乱地方，毒害人民，故大兴师旅，讨伐吉林”，其目的主要是为了除掉高士傧等二、三奸贼。与此同时，高士傧则把吉军从吉林、哈尔滨调到长春、农安等接近辽、吉两省交界地带，准备武力抵抗，高自称为“东北讨贼军”总司令，并发布了声讨张作霖的檄文。奉、吉双方剑拔弩张，战争一触即发。

正当两军对峙之时，日本挑起了“宽城子事件”。宽城子是长春的旧名。1919年7月14—16日，吉军孟星魁团约千余人由哈尔滨调赴农安，途经长春，暂在其北部二道沟宿营，宿营地接近头道沟日本南满铁路附属地。宿营地周围布有警戒线，禁止行人通过。19日下午1点半，日本铁路职员船津藤太郎企图强行通过警戒线，哨兵劝阻不听，扭打起来，船津身受轻伤。日本铁路守备队接到报告后，其队长相继派出全副武装的官兵六十余名，侵入中国军队宿营地，争论间，双方彼此开枪，造成人员伤亡。

冲突结束后，日方即从公主岭等地调兵增援，向中国方面施加军事压力。同时，向中国政府和吉林省当局提出种种无理要求。20日，驻长春日领森田宽藏、守备队军官高山公道迫使高士傧与之签订了《暂时维持治安办法六条》，规定驻长春的中国军警迅即撤离日本附属地三十华里之外，并特别申明须“至督军问题终了为止”。21日，日使小蟠西吉向中国政府提出警告。张作霖也暗中分化吉军，使旅长裴其勋、诚明等人站到了自己一边。同时，奉军从南、北、西三面加紧对吉军的包抄。22日，北京政府严责孟恩远抗命陈兵，并下令撤职查办高士傧，其一切事务委交张作霖承办，孟恩远其所督军事务，移交鲍贵卿。

孟恩远见大势已去，遂亲赴长春规劝高士傧罢兵求和。高士槟见大势已去，也只好停战。7月28日，孟恩远通过电话向张作霖求和。8月3日，鲍贵卿应张作霖之召到长春与孟恩远会晤，商定保证孟恩远及其亲信生命财产之安全，对高士傧也不咎既往。5日，鲍、孟二人偕抵吉林省城，交接了督军授印。10日，孟恩远离开吉林，返回故乡天津。高士傧、高俊峰也分赴上海、天津。奉系军阀夺得了吉林省军、政大权。

至此，奉系的势力扩张到整个东北三省，从此奉系取得了与关内直系、皖系两大派系相抗衡的地位，在北洋政府中形成了奉、直、皖三足鼎立的局面。

二、奉军第一次入关

张勋复辟失败后，由于对西南护法军的政策上出现“主战”和“主和”的分歧，时任北京政府国务总理的皖系段祺瑞主战对内实行“武力统一”，而时任总统的直系首领冯国璋主张与西南谈判，和平统一，直皖两系分歧与斗争逐步升级，形成愈演愈烈的局面。

1917年11月，冯国璋下令免去段祺瑞国务总理的职务。不甘心失败的段祺瑞于1918年初派心腹徐树铮以“接洽国防”为名，到奉天拉拢张作霖，鼓动奉军入关，以武力挟持直系及冯国璋。当时北京政府用借款向日本订购了一批军火，装有军火的商轮“武德号”正在秦皇岛卸货。徐树铮准备把这批军火作为见面礼送给张作霖，建议张作霖劫取这批军械。久欲扩军的张作霖，认为这是天赐良机，隧派奉天军械厂厂长丁超和27师53旅旅长张景惠前往秦皇岛劫械。

1918年2月12日，张景惠带兵两营、机关枪队一连，以南征军先遣队名义，进驻秦皇岛，并每日与直系所派接受军械人员花天酒地，打成一片。2月25日，奉军拦截了已装上军械，正欲开往北京的火车，强令站长将车头调转向东开往奉天。包括大炮、步枪、机关枪在内的近三万件新式武器被劫运到奉天。2月26日，段祺瑞假意电请张作霖交还军械。27日，张作霖在复电中说：“此次奉军请领军械，系奉元首讨伐明令，整饬军队，为政府之后盾。所练军队，无论对内对外，均属拥护中央，一旦编练成军，悉听政府驱策。运京留奉，宗旨无殊。盖全军均属国家，尚何器械之足计！”[①]（劫持这批军械后，张作霖立即招兵买马，用这批军械增编了7个混成旅和一个暂编第一师，这是奉系第一次大规模扩军）

秦皇岛劫械的第二天，徐树铮再次到奉，与张作霖订立密约。双方商定，如果奉军能入关“南征”，支持段祺瑞的“武力统一”政策，则许诺以总统选举时，选张作霖为副总统，张作霖欣然接受。[②]3月5日，奉军一部由天津开到廊坊，旋即开到北京丰台。3月12日，张作霖宣布在天津东军粮城设立关内奉军总司令部，张自任总司令，徐树铮以副司令名义代行总司令之职，负责指挥“南征”。3月16日，张作霖命令后续奉军入关，同时公开提出“组织段祺瑞内阁”“设立东三省巡阅使”等要求，声言如遭拒绝，立即付诸武力。3月23日，在奉军的武力威胁下，冯国璋终于屈服，再任段祺瑞为国务总理大臣。紧接着，驻扎在北京附近的奉军开始南下，以张景惠所部为先遣队，分别进驻河南、湖北、湖南、陕西等省，总兵力达5万多人。

然而，奉军的南下并非真正意义上的“南征”，张作霖只是想假借南下之机，一是炫耀奉军的武力，扩大奉军的影响；二是想借机索取军费，继续扩大实力。因此，奉军南下不久，张作霖就将三个师长召回。

自奉军首次入关后，1918年7月18日，张作霖再次率重兵进入天津和北京，第一次亲自参加督军团会议，以期在未来的选举中获得副总统或东三省巡阅使的职位。8、9月间，由安福系操纵的国会在选举总统、副总统时，由于直皖两系斗争激烈，段祺瑞未能当选总统，张作霖的副总统随之化为乌有，但北京政府于9月5日，特任张作霖为东三省巡阅使，作为奉军入关的回报以及今后防俄的需要。

1918年11月，张作霖以中俄边境紧张、政府对南下奉军无力提供军费和武器为借口断然撤军。奉军第一次入关，先后出动了7个旅，约5万余人，标志着奉军第一次参与全国事务，也使张作霖从中获取了参与北京政治的机会，为日后奉系统一东北和逐鹿中原创造了有利条件。

三、“调停”直皖之争

1918年10月10日，徐世昌在皖系的“拥戴”下就任大总统。段祺瑞以参战督办的身份，依靠手中掌握的“边防军”及其谋士徐树铮所控制的“安福国

---

① 陶菊隐：《北洋军阀统治时期史话》（中册），生活读书新知三联书店1983年版，第743页。

② 胡玉海、里蓉：《奉系军阀大事记》，辽宁民族出版社2005年版，第163页。

会”，把持北京政府的实权，扩展其势力。

1919年6月，北京政府将皖系的“参战军”更名为西北“边防军”，同时任命徐树铮为西北筹边使兼西北边防军总司令，授以节制内蒙、外蒙、新疆、陕西、甘肃各省军队的全权。面对皖系的迅速膨胀，引起了直系军阀曹锟、吴佩孚的不满，他们联合江苏、湖北、江西、河南督军，结成五省同盟联合对抗皖系。而奉系早已把蒙疆视为自己的势力范围。皖系势力在北方的急剧扩张，直接阻碍了奉系势力的扩张，同样引起张作霖的极度不满。于是，张作霖逐步改变了支持皖系的立场，转而率领奉、吉、黑三省督军同直系联合，组成八省督军反皖同盟。

1920年5月，直系吴佩孚带兵北上，进驻豫、直两省。奉军为了不影响皖系的注意，也三营五营地偷偷溜进关内。徐树铮急从库伦回到北京，调动皖军准备与直军开战。当时京畿一带，直、皖两系兵力不分上下，旗鼓相当。为摆脱战争危机，自6月7日起，徐世昌连发三次电报，邀请张作霖、曹锟和江苏督军李纯到京商讨解决时局的办法。6月18日，张作霖应徐世昌总统之电召，打着调停时局的招牌进入北京。

从6月20日起，张作霖两次拜会徐世昌，提出以挽留自己亲家靳云鹏内阁为唯一解决办法，主张撤换在内阁中捣乱的安福系三总长，即李恩浩（财政）、曾毓秀（交通）、朱深（司法）。徐世昌赞同张作霖的意见，请张作霖劝靳打消辞意。张作霖即先到棉花胡同靳宅，请靳销假复职，勿使“渔人得利”。然后，又到北京南郊团河段祺瑞别墅，请求段不要庇护徐树铮等人，支持靳内阁，以免发生“意外之事变”。6月22日，张作霖偕同苏、鄂、赣等省代表赴保定。当晚与曹锟、吴佩孚及直系各省代表开会讨论，议决五条：（一）靳复职；（二）内阁局部改组，撤换安福系三总长；（三）取消上海和议（北方总代表为安福系王揖唐），由中央与西南直接谈判；（四）解散安福系；（五）罢免徐树铮，边防军归陆军部直辖。

30日，张作霖将保定决议转报段祺瑞，段拒绝了所列条件，张当即向段表示谢绝调停。当晚，张作霖即到徐世昌处辞行，徐请张万勿出京。稍后，段祺瑞及安福系也托人挽留张，表示：“诸事尚有磋商之余地”。为此，张作霖答应再留五日。

鉴于直系及张作霖表面上都只要求“清君侧”，只反对段棋瑞左右之人，而对段本人仍示尊重，安福系即于7月1日开会决定，由段组阁。徐世昌暗中获悉消息后，当即与张作霖密商，并抢先一步，于7月2日发表了批准靳云鹏辞职的命令，同时将由周树模组阁的咨文送交众议院。此着一方面要阻止段祺瑞组阁，另一方面，也为下一步罢免徐树铮作准备。次日，张作霖与曹锟、李纯联名通电，宣布徐树铮“祸国殃民”等六大罪状，表示要“为国除奸，义无反顾”“扫清君侧，奠我神京”。7月4日，徐世昌发布命令，罢免徐树铮西北筹边使及西北边防军总司令职务。

张作霖在直皖战争爆发之前，打着调停时局的招牌，不辞鞍马劳顿，奔走于直皖之间，表面上以“和事佬”的姿态出现，扬言“在他眼内无所谓直系、皖系”，貌似公允，实际上处处偏袒直系，令皖系军官极为反感，尤其是徐树铮对张作霖更是耿耿于怀，暗中拟定了谋杀张作霖的计划。

7月5日，徐树铮佯作无事的样子拜访了张作霖，并以段祺瑞的名义，请张于7月7日到团河列席研究讨伐直系的会议，企图行刺张作霖。张不知徐的阴谋，遵约赴会。会议进行当中徐树铮以接电话的名义，将段叫出，向段谈及刺杀张作霖的计划。当段祺瑞面带不安之情返回座席时，一向机智过人的张作霖，“看出段祺瑞的神色异常”“直感有大祸临头”“遂借口出恭而偷偷溜走”“驰赴车站，连夜微服乘货车赴天津，幸免于难”。

至此，张作霖偏向直系的所谓“调停”结束了。

四、奉军入关“武装调停”直皖战争

7月9日，张作霖自团河脱险后返抵奉天，他马上召集诸将领举行军事会议，秘密商讨对策。张作霖先致电段祺瑞、徐世昌和曹锟，表示：“两派各坚持其主张，无互让融洽之望，调停之途殆绝，是以再度离京归奉。”随后他又以措辞激烈的电报，给徐世昌和段祺瑞，表示将以武力调停，出兵关内，7月11日，张作霖给段祺瑞的电报中说：“此次在京，备悉奸人百计害我三省。作霖忍无可忍，誓将亲率师旅，铲除此祸国之障碍，以解吾民之倒悬。”[①]

徐树铮为阻止张作霖率重兵人关援助曹锟，秘密派人携巨款，潜出关外，收买四方土匪，扰乱奉省治安，藉以牵制张作霖。但徐树铮所派之人，很快为张作霖捕获，这又给张作霖一个出兵关内，兴讨皖系的一个极好的借口。于是张作霖再次给段祺瑞发出电报：“于奉天捕获姚步瀛等形迹可疑分子13人，彼等携带12万元活动费由北京来奉天，据供认旨在图谋于土匪中间活动闹事。盖此事并非督办之本意，必是左右小人唆使而为者。余今率兵陆续进京，目的在清除督办左右之小人，至于督办乃余平素最尊敬之人，不敢有犯侵之意。”

① 胡玉海、里蓉：《奉系军阀大事记》，辽宁民族出版社2005年版，第228页。

张作霖同时致电曹锟："我辈骨肉至交，当此危急存亡关头，不能不竭力相助。"[①]11日，张作霖致电徐世昌谓："观察形势之结果，若有必要时，作霖可以自统军队入关，对于皖直双方实行武力调停。"[②]同日，张作霖以拥护总统徐世昌为名挥军入关。东三省巡阅使总参谋长兼27师师长张作相率27师步兵三营、炮兵27团两营先期入关，屯驻丰台、滦州等处。继其后奉军陆续西进。当时以军粮城为中心，集结于天津、北仓一带的奉军多达7万人。

奉军在进兵关内的同时，大肆增兵，扩充实力。7月18日，奉天督军公署公布742号训令、命各县招募队兵。为防敌党潜人捣乱，张作霖任命时任巡阅使卫队旅旅长的张学良为奉天省城戒严司令、以警务处处长王家勋为副司令，并拟定了13项戒严条例。

7月9日，段祺瑞亦在团河组成定国军总司令部，自任总司令，徐树铮为总参谋长，定国军各部分别开赴廊坊、长辛店、卢沟桥等地。同日，曹锟到天津誓师，所部称讨逆军，大本营设在天津，吴佩孚为前敌总司令。

7月12日，张作霖与曹锟、吴佩孚联名发表通电，声讨段祺瑞卖国，表示："似此专横谬妄，实为全国之公敌""惟有秣马厉兵，以靖国难"。[③]

14日，直皖战争爆发。战场分东、中、西三路，但双方的主力都集中在西路。初战时西路皖军攻势甚猛。头两日，双方激战，互有胜负，但皖军稍占优势，攻占了涿州和松林店，迫使直军退守高碑店。16日夜，大雨傍沱，吴佩孚派军从两侧包抄袭击，切断皖军退路，刚从河南赶来的奉军第1师第1旅邹芬部在正面加入助战，直军士气益壮，皖军腹背受敌，纷纷弃械逃走，17日夜，皖军西路总指挥段芝贵逃回北京。中路固安一带的皖军，也败退到南苑。

东路战场，徐树铮指挥皖军向杨村进攻。16日，直军在杨村车站架设大炮迎敌，日军迫使直军将该处所有大炮移走，并不准在铁路附近6里以内作战，致使直军第一道防线中央开了一道14公里宽的缺口，皖军乘隙冲入，直军只得节节后撤，退至北仓附近才稳住阵势。此时恰好有奉军工程兵一营赶来助战，直军士气大振，开始反攻。入关奉军27、28师的两个旅也到达天津附近，迅速加入直军战线，对皖作战。17日，直军夺回杨村，并直下廊坊，当晚徐树铮逃回北京。

直皖战争自14日起，在京津附近激战了四昼夜，至18日，战争基本结束。

① 陶菊隐：《北洋军阀统治时期史话》（第5册），三联书店1995年版，第162—163页。
② 胡玉海、里蓉：《奉系军阀大事记》，辽宁民族出版社2005年版，第228页。
③ 胡玉海、里蓉：《奉系军阀大事记》，辽宁民族出版社2005年版，第228页。

7月19日，段祺瑞被迫通电辞职，皖系失败。当时，直皖两军之实力，差别不大。奉军在直皖两军侧翼对皖军的威慑力量，比奉军在战场上的攻守战绩更大。

奉军在战场上虽出力不多，但在收拾战场时抢夺军械弹药却非常积极。徐树铮在北京东直门里的库房，几乎全为张作相所部接收。在西苑的皖军邹作华部炮兵，为汤玉麟部接收。皖军蒋斌的无线电一队，南苑飞机12架，都被奉军接收。据说，此战所获军用品“装车百辆运奉”。

奉军之助战，是直军取胜的重要原因之一。但张作霖为掩饰对直系的偏袒，竟假惺惺地于17日致电段祺瑞否认与其为敌，并为自己辩解称：“此次出师原为拥护元首、保卫商民。凡破坏和平害及国家者即为公敌，绝非仅对于合肥个人。”23日，张作霖再次致电段祺瑞表示：“此次兴戎，譬如子弟相争。切勿介怀”“作霖拟即日赴津代督办驱逐左右小人。”[①]27日，张作霖在天津与英国《泰晤士报》《华北明星报》《星期评论报》记者等举行会谈，仍宣称调兵入关乃与曹锟取同一之行动，即统一中国而已，来粉饰此次入关助直反皖之举。

1920年8月4日，张作霖以胜利者的姿态进入北京。5日，张作霖与曹锟一同晋见徐世昌，在徐世昌的主持下，召开了有张作霖、曹锟、靳云鹏参加的“四巨头”会议，商讨了关于奉直划分势力范围和保证机会均等事宜，并决定曹锟改任直、鲁、豫三省巡阅使，张作霖晋升为镇威上将军。此后，北京政权落入奉系和直系的共同掌握之下。

五、奉系势力扩大到蒙疆

自1920年7月4日，徐树铮被免去西北筹边使之后，张作霖就开始实施其吞并外蒙，将奉系势力延伸到与东北邻近的察哈尔、热河、绥远等地区的计划，以此实现其从“东北王”到“满蒙王”的政治野心。

外蒙古原来是中国领土的一部分，长期以来委任蒙古王公统治。1911年沙皇俄国趁清朝灭亡之际，策动外蒙古封建主宣布“独立”。1915年，中、俄、蒙三方缔结了《关于蒙古自治之三国协定》，协定中指出：外蒙古是中国领土的一部分；外蒙古承认中国宗主权；中国、俄国承认外蒙古自治权。

1914年第一次世界大战爆发后，由于俄国内政混乱，无暇顾及边疆地区，中国恢复了有名无实的宗主权。1919年6月，北京政府任命徐树铮为西北筹边使兼“边防军”总司令，授以节制内蒙古、新疆、陕西、甘肃各种军队的全

① 胡玉海、里蓉：《奉系军阀大事记》，辽宁民族出版社2005年版，第229–230页。

权，并可在西北地区设立银行，发行公债，创办垦牧公司，委以经营漠北的大权。素以精明强干著称的徐树铮，率兵远征库伦，外蒙古遂于1919年11月放弃“自治”，重归中国。

直皖战后，外蒙古封建主在当时盘踞中俄边界的白俄残匪唆使下，于1921年2月4日再次宣布“独立”，称大蒙帝国。以外蒙古政教中心活佛为首领，称大蒙帝国皇帝和蒙藏大教主，以蒙古土匪头目陶克陶胡为陆军大臣，以白俄大臣温格尔为参谋长掌握实权。当时驻防库伦的军队是徐树铮的旧部褚其样和高在田率领的一个混成旅，败退到张家口和恰克图南北一线。

张作霖多年来垂涎内外蒙古，渴望将其纳入自己的势力范围。当外蒙形势危急时，察哈尔都统王廷祯对出兵犹豫不决，张作霖闻讯急电北京政府，谓：“当此外蒙危急之际，如都统不出兵，则应派奉军出征”。接着强烈要求免除王廷祯之职，因事前张作霖和靳云鹏之间已有默契，因此于1920年9月21日以大总统名义免去王廷祯察哈尔都统和兼任第16师师长之职，特任张景惠为察哈尔都统兼任陆军第16师师长。

察哈尔特别行政区位于外蒙古南端，左右与热河、绥远两特区相接，首府为张家口，扼外蒙古咽喉，可谓边关重镇。张作霖的部下张景惠任察哈尔特区都统，仅是其染指蒙疆的第一步，其下一步还要利用蒙古问题进一步把热河和绥远两特区也纳入奉系版图之内，以便达到掌握满蒙实权之目的。为此，张作霖曾保举他的儿女亲家张勋出任察热绥巡阅使，奉军28师师长金纯出任热河都统。1921年2月，白俄恩琴匪军攻陷库伦，外蒙第二次宣布独立，北京政府令奉、黑两省出兵援助，张作霖以积欠军款为由不肯出兵，北京政府只好拨发军费200万元和开拔费100万元。张作霖打着征蒙的旗号，用这笔钱扩充了军队，成为继秦皇岛劫械后，奉军的第二次大规模扩军。其后在张作霖胁迫之下，徐世昌总统于1921年5月25日，在中南海怀仁堂召开的会议上，郑重宣布：“征蒙全局的用兵和指定指挥官全由张作霖负责。”张作霖即席就征蒙方案，作了一番慷慨激昂的征蒙演说：“外蒙乃中国之领土，今终为异族所占领，使中国国民蒙受奇耻大辱。保全国土军人有责，征蒙问题已再无讨论之必要，作霖即已从元首受命讨伐，不日即将率关东健儿为复外蒙而驰骋于漠北原野，如能从异族手中夺回蒙古战斗失利，作霖虽死于万里塞外，区区之身亦不足惜。如不幸，尚有曹锟、王占元二使，诸君当可安心，云云。”①

① 陈崇桥、胡玉海、胡毓铮：《从草莽英雄到大元帅——张作霖》，辽宁人民出版社1991年版，第131页。

北京政府于5月30日以总统令正式发表“特派东三省巡阅使张作霖兼任蒙疆经略使，各该特区都统，均应归该经略使指挥节制”训令。自此，张作霖的权力更大了，作为东三省巡阅使操纵吉林、黑龙江两督军，作为蒙疆经略使对热河、察哈尔、绥远三特区也掌握发号施令之权，事实上已成为满蒙之王。

7月5日，北京政府送来蒙疆经略使的印绶，6日发表了事先制定好的经略使署官制，任命了各级官员。

张作霖为出兵征蒙，曾先后两次从北京政府领取征蒙费500万元，增兵4个旅和取得蒙疆经略使头衔。但他根本未曾想过征蒙之事。张作霖本来没有征蒙之意，其所以接受征蒙之命，就是为了把三特区置于自己的势力之下。张作霖当时虽然名为蒙疆经略使，有节制指挥三特区都统的全权，但三特区除察哈尔外，热河、绥远两区并非奉系，绥远都统马福祥是经张作霖同意而任都统的，张作霖一心想除掉热河都统姜桂题，以便把东北三省和热河、察哈尔连接起来。于是张作霖一面命令汲金纯率第28师从锦州向热河推进，驱逐姜桂题，另一方面，张作霖又以辞职的手段向北京政府施以威胁。1921年9月10日，张作霖命参谋长乔汉章携带“蒙疆经略使”的辞呈和印章进京向靳云鹏总理一交，一言未发，转身返奉。当时北京政府毫无实力，张作霖这一招果然奏效，靳云鹏总理只好马上召开内阁会议，决定批准汲金纯为热河都统，姜桂题转任有职无权的陆军检阅使。至此，热河便归并奉系。

这样一来，东三省和热河、察哈尔便连接起来，绥远都统马福祥虽不是奉军嫡系，但奉系邹芬所部混成旅驻防陶林县，在奉军的威胁下，也只好俯首听命。至此，张作霖不但君临东北三省，而且兼辖热河、察哈尔、绥远三特区，已成为名副其实的“满蒙”之王，奉系势力进一步扩大。

六、第一次直奉战争

1920年奉系“武装调停”直皖战争之后，奉、直两派联合控制了北京政府。一时间，奉系由割据一隅的地方军阀，一跃而成为能够左右北京政权的政治势力。随着奉系势力的不断扩大，奉直双方矛盾日渐加剧，并最终引发了第一次直奉大战。

奉、直之间的矛盾早在直皖战争的后期已经显现。当时，直系将领对奉军坐享其成，大量掠夺皖系军备十分不满，“几欲动兵拦截奉军”。而且在处理其他善后问题时，也几乎都是张作霖的意见占了上风，张作霖对内阁的操纵甚至超过了直系。当时报界也载文指出：“溯自曹张入京，所有重大事件，概由作霖主持，故张为自动，而曹则被动，已尽人皆知。”[①]这自然引起直系的不满。此后，奉直对各自地盘的争夺也呈现愈演愈烈之势。

直皖战争后，奉直两系首先展开对安徽地盘的争夺。当时的安徽督军倪嗣冲病危，张作霖立刻保举他的儿女亲家张勋出任安徽督军一职，张作霖之举遭到了直系的强烈反对。1920年9月16日，在直系支持下，原徐海镇守使张文生升任安徽督军。1920年10月，江苏督军李纯自杀身亡，江苏督军的空缺又成为奉直争夺的焦点。张作霖向北京政府推荐张勋出任江苏督军之职，结果这一职位最终为直系将领齐燮元所得。这对于一直以来想把奉系触角伸到长江流域的张作霖又是一个沉重打击。1921年8月9日，一向为张作霖所不屑的吴佩孚被北京政府任命为两湖巡阅使，取得了与张作霖平起平坐的地位，而且其扩军占地的势头有增无减，更为张作霖所嫉恨。

在奉直两系的明争暗斗中，总理靳云鹏因与张作霖为儿女亲家，多数情况下对于奉系多有偏袒，但自从北京政府对吴佩孚的任命下达后，奉、靳之间的关系开始恶化。张作霖在交通系的怂恿下，于1921年12月14日到北京，向总统徐世昌建议改组内阁，迫使靳云鹏辞职，并支持成立了以梁士诒为总理的亲日内阁。

梁士诒上台后，对外大搞亲日卖国外交，对内秉承张作霖的旨意，从各方面打击直系，甚至扣发直系军饷。梁士诒的行为引起直系的强烈愤慨。从1922年1月到2月，吴佩孚连发数次通电，指控梁士诒内阁勾结日本，卖国媚外，并将矛头直指张作霖，他在通电中宣称：“其人既甘为梁氏主谋，即属全国之公敌，凡我国人，当共弃之。佩孚为民请命，敢效前驱。”[②]不甘示弱的张作霖也致电中央为梁辩解，并表示不惜“以流血为后盾”“万不能使已所拥护之人被斥去位。”双方电报战不断，矛盾达到极点。为对抗直系，张作霖采取远交近攻的策略，一方面积极备战，一方面为了“互为声援，以牵制吴氏”，广泛建立反直同盟，除与孙中山取得联系，达成共同对抗吴佩孚的6项协议外，并与皖系重修旧好，制订出合力倒直的计划。

1922年3月，张作霖召集部下商量应该怎样对待直系问题。当时奉系内部意见不统一。张景惠、张作相均不主张作战，张景惠认为奉军力量尚不能掌握北京全局，不如捧曹锟为首领，张作霖自居实力地位。但杨宇霆、张学良坚决主战，希望通过战争打败直系，张作霖也决心与直系一决雌雄。

---

① 《北京通信》《申报》，1920年8月28日。

② 陶菊隐：《北洋军阀统治时期史话》（中册），三联书店1983年版，第1115页。

从4月10日起，大批奉军相继进关，入关奉军以张作相为总指挥，以张宗昌为副总指挥，分两路进军，一路经热河入古北口而至北京，一路由山海关经绥中县而至天津。奉军入关后，第1师驻南苑，第16师驻西苑，第27师驻军粮城，第28师及第4、5、6、8混成旅，卫队旅等则向马厂、静海、沧县等处进扎。到4月12日，奉军各部均已到达指定地点。4月13日，奉军前锋到达德州，与此同时，奉军鲍德山旅进驻京西三家店地方，奉军顺利占领了京津一带重要地区。

奉军入关后，4月19日，张作霖发表通电，为自己的出师找出冠冕堂皇的理由，称：民国肇始以来，"兵戈水火，民不聊生，大好河山，自为分裂"，"窃谓统一无期，则国家永无宁日，障碍不除，则统一终属无期。是以简率师徒，入关屯驻，期以武力为统一后盾。凡有害民病民，结党营私，乱政干约，剽劫国帑者，均视为统一和平之障碍物。"① "作霖此举，悉本良心主宰，爱国热诚。只谋统一者为同志，破坏统一者为仇雠。"将矛头指向吴佩孚。同日，吴佩孚发表通电谴责奉军大举入关，实为践踏和平，表示愿意代表全国四万万人民请命，向大总统要求："奉军一律推出关外"，以谋永久和平。奉、直双方剑拔弩张，大战一触即发。

4月22日，张作霖下令成立奉天临时警备司令部，委任陈兴亚为奉天省城临时警备司令，王家勋、高金山为副司令。4月25日，宣布特设戒严司令部，公布了戒严令。4月28日张作霖亲赴军粮城自任镇威军总司令，布防军队。

当时，入关参加作战的奉军约为12.5万人。分为东、西两路：东路军分3个梯队，以张作相为总司令，总部设在军粮城，准备沿津浦路以西地区展开进攻。西路军以张景惠为总司令，设司令部于长辛店，其下亦设3个梯队，西路军进军方向沿京汉铁路及西侧向南推进。直系参战军大约10万人，大本营设在保定，由吴佩孚任总司令。下分三路：西路司令吴佩孚自兼；中路王承斌任司令；东路彭寿莘任司令。当时奉军的投入均大于直军，其中，奉军投入野炮150门，机关枪200挺；直军投入大炮只有100门，机关枪100挺。奉军投入的总兵力也比直军多出大约2万人。

4月28日，第一次直奉战争以直军的进攻宣告正式开始。最初几天。双方互有胜负，难分伯仲。战事开始一星期后，奉军西路战局首先发生重大变化。西路奉军总司令张景惠原本就是主和派，张作霖决定奉军入关作战后，他更是

① 陈崇桥、胡玉海、胡毓铮：《从草莽英雄到大元帅——张作霖》，辽宁大学出版社1991年版，第145页。

缺乏作战信心，东路各梯队已开到指定地点，西路才开始部署，直奉开战的第二天他本人才从北京到达长辛店。而直军在西路多是精锐之师，包括吴佩孚的第3师。战争进行到5月3日，无论是西路还是东路，奉直两军并无多大变化，奉军几乎扼守这所有原来的阵地。但奉军士兵“散漫开枪”，子弹和炮弹浪费颇多，供应已觉不足。自5月3日夜间开始，吴佩孚以大队直军猛攻西路奉军，直军增援部队亦冲到丰台，奉军腹背受敌，在危机时刻，原为直系的奉军第16师又出现临阵倒戈，张景惠闻讯后弃军而逃，导致西路奉军全线崩溃。

东路奉军闻听西路溃散，军心大乱。5月4日张作霖率参谋于国翰乘车亲自到落堡督战。但对于士气旺盛攻势凌厉的直军，以绿林班底扩充起来的奉军不堪一击，张作霖虽亲往督战也无济于事。张作相来不及与其他梯队联系，也未等军粮城总部下达指示，即匆忙下令撤退。部队在途中又溃不成军，并强征粮草，勒索钱财，无所不为。李景林的第三梯队在撤退中为占优势的直军所追击，颇有损失。唯独由郭松龄代理指挥（张学良已于5日先回滦州）的第二梯队有序而完整地撤回了滦州。张作霖见形势不利，便令奉军全线撤退。

6月中旬，张学良与郭松龄领导的三、八旅在临榆、抚宁一线与直军数倍追兵抗衡，粉碎了吴佩孚突破山海关，直捣关东的计划。直奉两军虽在山海关附近小有激战，但经美国传教士普赖德等人的斡旋，17日，奉军代表孙烈臣、张学良与直军代表王承斌、杨清臣在秦皇岛附近海面英舰克尔留号上签订了停战协定，两军以山海关为界，罢战言和，张学良、郭松龄率部返回奉天北大营，结束了第一次直奉战争。

第三节 “联省自治”下的奉天省城

一、张作霖宣布“东三省自治”

奉军在第一次直奉战争中失败后，北京政府为直系所掌控。总统徐世昌在吴佩孚的坚决要求下，于5月5日下令奉军退出关外，令云：“前以直隶、奉天等处军队移调近畿一带，迭经令饬分别撤退，乃延不遵行，竟至激成战斗。近数日来，枪炮之声不间昼夜，难民伤兵，络绎于道，闾阎震惊，生灵涂炭，兵凶战危，言之痛心。特再申令，着即严饬所部，停止攻击。奉天军队即日撤出关外，直隶各军亦应退回原驻各地点，均候中央命令，务各凛遵。此令。”

5月10日，北京政府下令裁撤东三省巡阅使和蒙疆经略使，免去张作霖本兼各职，听候查办；同时，任命吴俊升署理奉天督军，冯德麟署理黑龙江督军，袁金铠署理奉天省长，史纪常署理黑龙江省长，并云："蒙疆经略使一职，前经张作霖跌次恳辞兼任，现在张作霖业已免职，蒙疆经略使应即裁撤，所有蒙边一切事宜，即由国务院暨主管各部院妥筹办理。"

然而，这些任免令都没有发生效力，因为张作霖虽失掉了热河、察哈尔等地盘和势力，但奉军主力尚在，张的基地东三省也尚稳固，张对奉军和东三省的牢牢控制是张亲手多年经营的结果，不是北京政府的一纸空文所能改变得了的。被提升的吴俊升、冯德麟、袁金铠、史纪常心里十分明白这就是吴佩孚的诡计，所以坚决不肯接受委任，联名发出拒绝就职通电，指出："北庭乱命，免去张巡阅使本兼各职，并调任德麟等署理督军等语……德麟等对此乱命，拒不承认，合电奉闻。"12日，吉林省议会及奉天商会、教育会等团体亦通电否认罢免张作霖的"乱命"。

1922年5月12日，张作霖在滦州以奉军总司令的名义宣布"独立"，并发表对外宣言，"所有前清及民国时期所订各项条约，一概承认，此后如有交涉事件，请径行照会滦州本总司令行辕。自本月1日起，所有北京订立关于东三省、蒙古、热河、察哈尔之条约，未得本总司令允许者，概不承认"。

5月13日，张作霖致函南满铁路总公司，称："据三省省议会联合会文称，现在东三省一切政治已经宣布自为主张，所有吉长、四洮铁路及东三省境内已未办各路，均由本省人民长官自为处理。于5月1日以后，无论何人，有对于外人指定东省铁路权借款情事，本省概不承认等语。为此特行声明，应请查照为要。"为此，王永江特致电吉林代省长王树翰："奉帅谕，现在局势变更，所有吉长铁路收入款项应行截留，此后不能再行解送中央，请公派员前往该局强制执行。对于外人，可告以中央政府现落于强力范围之下，不能行使职权，自应由本省暂行截留云云。请公酌夺速办，务须办到，并盼示复为荷。"同一天，张作霖又致函南满邮务管理局："径启者：现在北京政府在强力范围之下，不能行使职权，所有三省邮务收入，除每月开支外，应请悉数拨至奉天省库，不能解至北京，是为至要。"

关于关税和盐款，张作霖也致奉吉黑三省海关监督及盐运使、榷运局电："现在北京政府在强力范围之下，不能行使职权，所有各关税款及盐款，除应扣付各国债款外，所有关余、盐余各款，均自本月起，一律解交奉天省库，不能拨交北京。该监督运使局长等，如敢通融擅拨，定照违令惩处。"

5月18日，奉天省城临时警备司令部颁布戒严公令16条，主要内容：禁止输出粮食、银元；禁止私藏私运武器；禁止造谣惑众；禁止深夜通行；检查邮件保护外国人；严禁泄露军事机密；严禁破坏铁路、军储仓库等；严禁扰乱治安等等。

5月19日，奉天省议会召开会议，仍公认张作霖为东三省巡阅使兼奉天督军、省长，并“推举”张作霖为东三省总司令，孙烈臣、吴俊升为副司令，并宣布东三省联省自治。20日，奉天商务总会、教育会、省议会、工务会、农务会召开联合会议，决定各举代表1人赴山海关敦促张作霖回奉天。22日晚，各代表启程赴山海关。

5月24日，张作相、丁超、李景林、阚朝玺等17人联名通电拥护张作霖实行东三省自治。5月26日，张作霖与孙烈臣、吴俊升联名通电，宣布自6月1日起东三省政务自主，并与西南及长江各省一致行动。

5月30日，张作霖返回奉天。6月1日，奉、吉、黑三省议会组成东三省议会联合会，8日，议会联合会“推举”张作霖为东三省保安总司令，孙烈臣、吴俊升为副司令，宣告“联省自治”，并打出了促进“民治”“军民分治”“省长由省议会选举”等旗号，借以掩盖封建军阀统治的实质。

7月15日，由35人组成的东三省保安总司令部正式成立，并任命王永江为代理奉天省长，魁升为吉林省长，史纪常为黑龙江省长。7月16日，张作霖对行政机构进行调整，将东三省巡阅使署与督军署合并，组成保安司令部，下设参谋处、军需处、军法处、军医处等7个处。从此，东北脱离了北京政府的控制，宣告东三省独立，实行联省自治。

9月23日，张作霖召开一次重要的奉天省军政要人会议，邀请段祺瑞的代表吴光新参加，会上讨论了一些重大问题，如划一军制问题；军民分治后，保安副司令与省长职权的划分问题；自治各省的联络问题；应付北京政府取消自治问题；东三省财政划一问题等等。对东三省的行政、军事、财政、教育等重大问题都有决策性的意向，确定了奉系重整旗鼓的大政方针。

二、奉系整军经武

在第一次直奉战争中，张作霖亲眼看到自己一手培养的老派绿林班底纪律涣散，不堪一击，而由张学良、郭松龄等新派领导的奉军，则表现出训练有素、富有战斗力的特点，不但在战争中“溃而不败”，而且成功地阻击了直军的进攻。这使他深感：“前此不学无术之军官，素乏教育之士卒，实不可靠”，若不严加整顿，实“难挽已倒之狂澜”。基于此，张作霖决心从延揽人才，录用学习军事的留学生和军官入手，对奉军进行严格的整顿和充实。并于1922年7月

24日，在奉天东华门外成立了“东三省陆军整理处”[①]作为整军经武的最高执行机构，委任孙烈臣为统监，张作相、姜登选为副监，张学良为参谋长，主办军队的整编、训练及人事的任用、升迁。东三省陆军整理处表面上是一个由奉系新、旧两派共同掌权的执行机构，而实际上，东三省陆军整理处的主要负责人是张学良、郭松龄和姜登选等人。

东三省陆军整理处的主要任务，除最高决策由统帅部直接决定外，“凡属部队的整编以及人事的部署和升迁”“一切日常有关整军经武的重大事情”，均由陆军整理处主办，制定和施行了一系列整军经武的措施：

1. 实行精兵主义。将奉、吉、黑三省军队不分畛域，整齐划一，实行统一番号、统一编制。番号都冠以“东三省陆军”，采用师旅制，除保留第1师、27师、29师外，取消奉军中原有的师级番号，改为旅制，将部队整编为27个旅，骑兵5个旅，每旅均以下辖3个团为标准。对炮兵，除将原来的炮兵扩编为两个独立的炮兵旅和1个主炮团外，同时将配属于各师、旅的炮兵团或炮兵营加以充实，确保每个步兵团有1个迫击炮连、1个机枪连。整编后的奉军全部兵力大约为25万人。

2. 整饬军纪，铲除陋习。针对在第一次直奉战争中不听指挥，临阵脱逃，贻误战机的各级军官采取相应的军法处置，不仅处决了鲍德山、张奎武两个旅长，而且对临阵退缩、或所部军纪较差的旅长予以撤职。对不听从命令、统一指挥，且多老弱的旅实行解散，在其他各旅实行内部裁员、汰弱留强，重新编旅或以新兵补充。重新整编后的部队严禁士兵吸食鸦片，规定如有发现，立即除名，并按纪律严惩不怠。

3. 严厉整饬军官。规定现有军官，凡无学历者必须分期进入东北陆军讲武堂学习。各部队实行严格的考试办法选拔军官，广收全国军事人才，破格提拔重用受过近代军事教育的军官。奉军各部队从1922年9月1日开始设班讲习，每日上课两小时，每个军事单位，均发给军事杂志和讲义，供军官阅读。所增补新兵，必须具有小学毕业或有普通常识之人。凡不识字者，均不招收。并在东北三省所有各军中推行识字教育。同时规定军人的年龄为17岁以上，40岁以下，身份不明，无保人者一律淘汰。

4. 实行军需独立。过去，奉军和全国各派军阀一样，“部队长官视军需部门为私有账房，予取予求，惟意所为。”他们任人唯亲。在整军经武中，陆军整理

① 沈阳市人民政府地方志办公室：《沈阳市志》第十四卷，沈阳出版社1999年版，第500页。

处把军队的军需也放在加强改革整顿之列。其后“军需业务独立，另成系统”，并明确规定军需“并非部队主官的私人账房”，各营购买军需品，应于月末记入新式账簿，并报请师旅部检查。按新规定的军需制度，凡各师或独立旅军需人员的任免均须由督军署军需处去审核推荐，由督军署的命令发表之，使军需另成一系统，以免部队任用私人。另决定以一个团为一个经理单位，军需集体办公。各营军需集中在团部，由一少校军官领导。下设上、中、下、少尉军需官各一名，同各连直接联系，营部不设军需官，实行军需独立。

5. 树立张学良、郭松龄所部为示范部队。这支队伍系第一次直奉战争中张学良、郭松龄指挥的三、八旅改编而成，称二、六旅，均驻奉天北大营，旅长分别为张学良和郭松龄。二、六旅在整编中，裁汰老弱，精选强壮年入伍，加强军事训练，成立军官教导队、军事教育班，使营以下军官、士兵均受到正规的军事教育、重新整编后的二、六旅，不但官兵经过严格挑选，而且枪械齐全，装备都是新式的，作为全军的示范部队，两旅的新式训练方法被广泛推广，从而提高了奉军的操练质量。

张作霖在积极整顿扩充陆军的同时，还花大力气扩大、创建空军和海军。

首先，张作霖将在直皖战争中缴获皖系的12架飞机全部送回奉天，于1921年1月正式设立航空处，委任乔庚云为处长，并在奉天东塔农业试验场空地上修建了飞机场，开始招收学员，训练飞行员。成为东北空军的开始。第一次直奉战争后，奉系张作霖对空军的建设投入了更多的心血。为扩建空军成立了东北航空处，由张学良出任东三省航空处总办。张学良主持航空处后，广延人才，添置飞机，设立航空学校，训练空军飞行员，并选派优秀者前往法国等欧洲航空学校受训。同时从德国等国购入一大批最新式飞机。到第二次直奉战争前，奉军已拥有飞机近百架，共编成飞龙、飞虎、飞鹏、飞鹰、飞豹等5个飞行大队，组成了空军司令部。至此奉军的空军，包括飞机、机场、维修工厂、机械设备、航空人员、地勤人员、机械人员，以至训练机构、教官等，已初具规模。

与空军相比，奉系在海军建设方面显得相对薄弱。在第一次直奉战争中，张作霖深感无海军控制海面的痛苦，决心建立海军，加强海防建设。任命沈鸿烈为航警处处长，负责海军筹建事宜。东北海军建设是由吉黑江防舰队开始的，当时已有“利济”“利捷”“利绥”“利川”和“江平”“江安”“江通”“江亨”等多艘江防军舰。沈鸿烈任处长后，约其同学20余人同到东北为奉系创办海军。沈鸿烈首先在葫芦岛设立了东三省航警学校，作为海军训练基地，训练海军军官。接着先后购买两艘商船和两艘日俄的旧舰。东北海军于1923年建军，由“镇海”“威海”“定海”“飞鹏”四舰组成。当时东北海防总指挥部设在奉天。

张作霖为加强军备，积极扩建兵工厂，招聘大批国内外兵工人才，从事军火生产，使奉军有了充分的军备补给来源。

奉系集团在采取上述一系列整军经武的措施的同时，积极吸纳、招揽军事人才。奉天当局为吸引人才，采取了不少行之有效的方法。当时奉系吸纳人才的方法一方面靠杨宇霆、张学良、韩麟春、姜登选和郭松龄为核心的奉系将领，凭着个人的同学、同乡等关系，一方面派人到关内招揽人才，并于"营口、绥中交通地点设招待所处以欢迎"来奉加入奉军的八方人才，并给予这些人优厚的待遇。奉天地处边陲，各项新知识人才异常缺乏，特别是航空、炮术、军需等方面的专门人才，但由于张作霖采取特殊的优惠政策，使得许多从国外回来的留学生和国内陆大、保定军校毕业的军官也纷纷涌来奉天，有力地弥补了奉军军事人才短缺的现象。与此同时，张作霖还积极扩建东北讲武堂，在为奉系培养人才方面，起到了重大作用。

奉系经过两年的整军经武，面貌为之一新，实力倍增，很快发展成为一支训练有素的部队，为张作霖再次挺进中原打下了坚实的基础。

三、改建东北讲武堂

张作霖作为奉系集团的首脑，深知"养兵之道当以教育为先，是军队之有无进步，应视教育之良否为衡。"[①]因此，他十分重视对军队的教育，注重军事人才的培养，主要表现在扩建、改建东北讲武堂。

东北讲武堂是东北地区历史最久，培养干部最多的一个军事教育机构。始建于1906年，由当时的盛京将军赵尔巽创办，初创时命名为"奉天讲武堂"，主要是轮流培训各巡防营和陆军各协的初级军官。1907年继任的东三省总督徐世昌，又将奉天讲武堂扩大，改为"东三省讲武堂"，地点在沈阳小东边门外（今沈阳老龙口酒厂东侧）。每期学习定为6个月。辛亥革命期间曾停办，1912年恢复，办至第三期后又停办。

1919年，鉴于"奉省地界强邻，国防重要"，奉军"冲锋对垒勇敢有余，决策指挥学术不足，一经更动，选拔维艰，实与军事进行不无滞碍"等状况，张作霖从国防和奉军建设两方面考虑，决定"仍在前讲武堂旧址设立奉天陆军讲武堂一处，按照从前办法，分期饬由陆、防各军选送现职军官，轮流入堂，分

① 《奉天省长公署》，第二一七九四卷。

科授课，次第毕业。之后仍各回原送机关，择优任用，以励向学。”[①]

重新恢复的讲武堂，定名为“东三省陆军讲武堂”，校址仍在原讲武堂旧址，招收的对象最初为奉军各部队的在职初级军官。从1919年恢复到1928年张作霖被炸身亡，讲武堂共办了8期，为奉系以及后来的东北军培养了大批军事人才和各级指挥员。

作为当时国内首屈一指的军事学校，东三省陆军讲武堂具有较为健全的组织机构、高水平的教师队伍，以及比较完整的学科编制和明确的办学方针。

东三省陆军讲武堂最初由张作相兼堂长，后改由张作霖自兼，一直到1928年。堂长之下设教育长一职，先后由熙洽、肖其煊、朱继先、张厚琬、鲍文樾、周濂等人担任。各科教官大部分是国内外陆军大学毕业或日本士官学校毕业的富有经验、学有造诣的优秀人才，因而东北讲武堂的教育质量迅速提高，很快成为与云南讲武堂、保定军官学校、黄埔军校并列的具有报考陆军大学资格的四所正式中等军事学校。

东三省陆军讲武堂设步、骑、炮、工、辎等5个专业，教学内容主要包括学科和术科两大部分，教材大部分采用保定军校和日本士官学校的课本。学科教学内容分两大项：一是六大教程（战术、兵器、地形、筑城、交通、军制），二是典范令（各兵科操典、射击教范、阵中勤务令、通讯教范、内务规则、陆军惩罚令等）以及马学、卫生学。术科教学内容亦分两大项，即制式教练和战术教练，其中包括操场教练、野外演习、技术、体操、劈刺、马术等。教练分制式教练、射击教练、筑城作业、通信作业等，演习即将所学理论在现场加以实际演练，包括战斗、行军、宿营及阵地彻底演习等。

东三省陆军讲武堂的校训为：“忠诚服从长官，努力尽忠尽职，不贪意外之财，不避分内之险”。张作霖对讲武堂十分重视，时常到校视察，并经常训导和勉励学员“潜心向学，勇猛精进，于所学各科加意研究”“严守军纪、服从命令、尽军人之天职”。

东三省陆军讲武堂1919年4月1日举行开学典礼，4月25日正式开学，张作霖亲自莅临并讲话。东三省陆军讲武堂第一批学员多是奉军在职出身团级以下的军官，共有200名。以熙洽为教育长，张旭昌为总队长，首批学员于1920年4月毕业，学制一年。东北军将领张学良、鲍毓麟、张廷枢均是第一批学员。正如军费开支一样，张作霖不断加大对讲武堂的投入，1919年投入经费为现大洋

① 《奉天省长公署》，第二一八一〇卷。

65 580元，1920年为现大洋108 057元，1921年为现大洋109 712元，1922年则达到现大洋146 765元，相当于当时全省初小全年的经费。

总之，由于奉天当局的特殊重视，当时形成了一个以东三省讲武堂为核心、包括各种兵科在内的全方位的军事教育系统。对提高奉军的素质，增强战斗力，起到了极大的促进作用。

四、奉系军事工业体系形成

奉系统治时期，为了适应军阀战争的需要，军事工业得到了很大的发展，奉系的军事工业是以军需生产、兵器制造两条线同时发展的，其军事工业的总体水平已跃居东方第一，形成了较为完备的军事工业体系。

1917年10月，位于小津桥的原清军军装厂被加以改造，增设设备、建厂房、聘请外国技师、外地匠人为奉军生产服装鞋帽、被装、炮衣等，成为沈阳最早使用机器从事军用被服生产的工厂。东三省军用被服厂是当时东北最大的机械化服装鞋帽生产厂。[①]1924年，张作霖又投资76万大洋对被服厂进行扩建，产量迅速增加，该厂由于生产能力的加大，也承接警服、校服等的生产项目。

1922年，奉天军需厂成立。该厂厂址选在奉天东关江浙会馆胡同，主要为安置伤残、复员奉军官兵，后在小东门外草仓胡同重建新厂，称粮秣厂。此后，粮秣厂又在什字街北设立了规模很大的粮库和草场库，成为奉军军用食品及军马草料的仓储和加工中心。他的建立为奉军改革后勤保障系统，实施事务长制度，实行军粮、食品、草料统一管理创造了条件。粮秣厂下设饼干厂、罐头厂、碾米厂、蒸米厂，该厂的设备全由外国引进，其生产的牛肉罐头、袋装饼干、高粱米、大米蒸米，均受到野战部队的欢迎。[②]

1923年，奉天设立东北军工厂，该厂工人仅限于安置奉军的伤残官兵，后以76万元在锦县设立两座分厂，以生产军用被服为主，产品还包括棉、单、夹等军衣、军帽、军鞋、雨衣、大氅等军用产品。1924年以后，该厂安装了美国进口设备，被服产量倍增。到1928年该厂共容纳伤残官兵3 000余人，厂内平时职工达到七八百人。[③]

奉系的军需生产既有规模的扩充，也有对当时同行业的民需指导作用。

---

① 《三五〇五工厂志稿·第一卷·沿革篇》，1985年，厂史志办编。

② 东北文化社：《东北年鉴》，1931年版，第271页。

③ 黑龙江省档案馆档案72—01—2910，第317-320页。

在兵器制造方面，原有的奉天军械厂在奉天小河沿，规模很小，设备十分简陋，只能进行部分枪械的修理和制造一些枪弹，且不敷使用，无法满足奉军的军需。

1919年春，张作霖亲自带领参谋长乔焕章、实业厅长谈保陛，到大东边门塔农业试验场勘查，认为该地2 700余亩可资利用。不久即明令宣布，农业实验场停办，将东塔以西约1 800余亩地划定为兵工厂基址。即东至东塔，西至大东边门，南至新开河，北至马路。厂址的路南将作为筹建宿舍住宅、俱乐部、兵工医院和学校等用地。

1919年秋，张作霖派原奉天军械厂厂长陶治平奉命负责主持省兵工厂的建厂筹备工作。陶治平首先成立工程处，除利用原奉天造币厂厂房旧址外，还另选大东边门外空地，着手建造火药厂、枪弹厂及枪厂厂房，并建设办公处所。为便于运输，又铺设了铁轨，修建了站台，使火车直通厂内。东三省兵工厂所需机器工具均由丹麦文德公司承办。为尽快投产，兵工厂多方组织技术人员，迅速安装。至1921年10月，东三省兵工厂已初具规模，开始生产，并正式命名为东三省兵工厂（通称奉天兵工厂）。

张作霖曾一度兼任东三省兵工厂督办，后委任陶治平为兵工厂总办，1923年陶去职，由日本士官学校毕业的韩麟春继任总办，兵工厂进一步加大扩建规模和速度，新增添炮弹厂、机器厂，并筹备发电厂。其机器多从日本购买，同时聘用日籍工程师担任设计、安装等技术工作。又增设了锅炉房、水塔、蒸汽、水道设备等，使兵工厂的面貌大为改观。

1924年，韩麟春转任他职，东三省兵工厂由督军署杨宇霆负责，杨兼任督办。杨任职后进行了大规模的扩建，先后建起炮厂、火具厂、铸造厂、制酸厂、木工所等，增加了设备，扩建了厂房，兵工厂较之初期扩大了数倍，厂房区域长达2.5公里，宽1公里。扩建后的东三省兵工厂规模宏大，设备精良，成为东方一流的兵工厂。

东三省兵工厂为大型综合军事工业企业，设有八厂：枪弹厂、枪厂、炮弹厂、炮厂、药厂、铸造厂、火具厂、兵器厂；四处：工务处、审检处、材料处、庶务处；两科：会计科、文牍科，还附设有钢厂、造币厂、发电厂、印刷厂、以及火药厂内的水压机所和化工所、兵工医院、兵工学校等17个单位。全厂的动力设备有：发电所、蒸汽所、水道所，其水电安装有新型大锅炉、蓄水库、滤水池；电力方面则有发电机4部，自供有余。铸造厂设炼钢熔炉，中级钢料已能自制。各种工具，如车床、铣床、刨床、钻盘、钳台等均能自制，即便复杂的机器亦能仿制，并具有各种检验仪器，精密灵敏，至于小型工具如样板桩模配件，各厂都可随时制造，无需外购。全厂装备之各种机器约在万台以上，可谓应有尽有，种类齐全。

东三省兵工厂设备完全实现了机械化和自动化。其生产制造能力也是非常巨大，如枪弹厂最早是在1919年秋向上海兵工厂定购制造的，至1920年4月1日正式开工制出成品，日产1万发，后又增加到10万发，生产制造的产品品种同样种类齐全，例如：炮厂，能制造3.7cm日式平射炮、7.5cm日式野炮、7.5cm日式山炮、7.5cm日式高射炮、7.5cm日式迫击炮、10cm奥式榴弹炮、10.5cm日式加农炮、24cm日式榴弹炮。炮弹厂，能生产克氏：7.5cm钢性榴弹、7.5cm山野炮榴散弹、10cm榴弹炮钢性榴弹、7.5cm山野炮钢性榴弹。枪厂，能生产13式7.9mm口径步枪、17式6.5mm口径轻机枪、13式7.9mm口径重机枪。枪弹厂能生产6.5mm枪弹和7.9mm枪弹。药厂能生产无烟火药、安全火药、黄色炸药等。

东三省兵工厂由于机器设备大多从国外进口，且种类繁多，机械化、自动化程度高，所以从厂房的设计到设备安装、调试、生产，都聘请了来自奥、德、日、俄、瑞典等国的技术人员。这些外籍人员对于东北军事工业的建设与发展起到了重要的作用。

东三省兵工厂建设基金达3亿银元以上，全厂职员多达1 000余人，生产工人最多达25 000人。东三省兵工厂规模之宏大、设备之完善，不止全国第一，日本人亦为之侧目，称中国“在奉天建造了号称东方第一的兵工厂。”

1922年，张作霖鉴于迫击炮是战争中的利器，具有极大的杀伤力，乃聘请英国人沙顿在北大营修械司旧址设厂，制造迫击炮。该厂占地50余亩，职工990人，内设炮厂、炮弹厂和装药厂。其生产出的第一批迫击炮在直奉战争中发挥了作用，成为奉军陆军炮的特色武器。迫击炮厂厂长李际春为制炮专家有“炮李”的戏称。奉天迫击炮厂生产的炮不仅具有相当大的威力，而且便于携带和使用，其生产规模为全国所罕见。1926年，东北迫击炮厂又设新厂一处，占地70余亩，生产15年式迫击炮及炮弹、炮车、装药车、炮驮鞍等。

1923年，张作霖又择地1 200亩筹建东北航空工厂。第二年即投入生产，能够制造的飞机部件逐渐增加至23种。机身、机翼、尾舵、螺旋桨、发动机零件，冷氮机、仪器、机枪转盘等均能制造或修理。该厂是东北能够生产航空器材的第一家工厂，为奉系建立空军发挥了作用。

为加快发展军事工业，不断保证奉系军队的装备需要，在张作霖的大力支持下，东三省兵工厂和奉天迫击炮厂均采取了一系列有利于发展生产的措施。首先为培养专门的技术人员，东三省兵工厂专门设立了兵工学校。将学员分为初中、高中、专门3部，采用三三制。即学员初中毕业后派到兵工厂充任三等技手，服务3年，高中毕业排到工厂的学员为练习生，可升至一等技手。专门部毕业等于大学毕业，直接任一等技手或技士。

其次军工企业重视产品质量，不断加强技术革新。韩麟春任东三省兵工厂总办时，带头进行武器革新，将旧式的七九步枪改造成既能防尘，射程精准，又火力威猛，被称之为“韩氏七九步枪”，俗称“韩麟春造”。枪弹厂生产的六五、七九式枪弹，原系日德两国制造，但内装火药压力不足，不能用于轻重机枪连续发射，后经技术人员反复研制，在改正了钢壳弹头公差后，可完全用于轻重机枪连续发射，而且经过不断的改进，东三省兵工厂生产的子弹，无论是机枪还是步枪子弹均可通用，技术革新的成果非常显著。

其三，军工企业坚持自主研发原材料，摆脱受控于日德的局面。奉天各军工企业起初所需要的原材料，因国内供应不足，多向日德等外国进口，导致一方面成本提高，另一方面又受制于人，不能保证正常生产。于是，它们便采取相应措施，在坚持采用国产原料的同时，走自主研发之路。如生产所用的煤采用张作霖所开发的八道壕煤矿产煤，枪厂使用的枪身钢、炮厂使用的炮身钢，均是经过东三省兵工厂之铸造厂反复研制、试练成功的，其质量和物理化学性能均合乎标准。

奉系军事工业体系的形成，进一步增加了奉系的军事实力，为奉军在与关内各军阀的角逐中提供了强有力的后盾和保障。

第四节　“满铁附属地”的新扩张

一、奉天“满铁附属地”的形成

“满铁附属地”是日俄战争结束后，日本继承、接收沙俄中东铁路长春以南至大连的铁路用地的权利而来。“附属地”是中东铁路用地的延续，是日本通过战争手段取自于沙俄占领者，在战争中蒙受巨大灾难的沈阳人民随即又被置于日本帝国主义奴役之下。

1906年8月1日，日本接管了沙俄控制的原中东铁路南满支线的大部分（长春至旅顺及其附线），并改称“南满铁路”。依日俄和约，在移交铁路的同时，沙俄所谓“铁路用地”和所有非法特权都转由日本继承。日本铁道兵“提理部”接管了原中东铁路盛京站及铁路，并对原属沙俄的“铁路用地”实施军管。日本将原来沙俄占据的“铁路用地”，非法改称“铁路附属地”，圈占“日本人商埠地”，设立所谓“日本租界”。日本宣称：在铁路沿线各站，圈定一定的地域，兴办饭馆、旅店，起建住宅、学校，规划市街，都是“满铁”出资或支持兴办的，所以可称为“满铁附属地”。而为“保护铁路”，日本人设警、驻军亦为必需。[①]

沙俄在奉天的“铁路用地”是以原中东铁路的盛京站（今沈阳站）为中心，东侧到东塔东，南到今北二马路，北部和西部有铁路为屏障。日本接管后又使这片非法强占的土地范围迅速扩大，其范围，西北及西界铁道；北部至今抚顺路；东部扩至今南京街、和平大街；南部则扩至今南一马路。在今京沈、哈大和沈阳站至皇姑屯铁路围成的三角地带，日本也圈占了相当面积的中国民地。尽管名称有别，但“铁路附属地”“日本人商埠”“十间房租界”都是联成的一个整体。[②]在“满铁附属地”内铁道用地108.3971平方米，市街用地430.4985平方米；十间房用地8.8149平方米，合计用地547.6205平方米，[③]“满铁附属地”的总面积已经超过了沈阳古城内的面积。“满铁附属地”的扩大，是以侵夺中国官民土地为先决条件的。“附属地”的圈定并非合法，数年之间，“满铁附属地”的面积较之沙俄占领时期扩大了几倍。所谓“铁路附属地”不光是铁路用地，还包括与铁路无关的市街用地、矿区用地、工业用地等。1906年日本政府的《三大臣秘铁第十四号命令书》中规定满铁有“在铁路附属地土地及家屋的经营”的规定。[④]

奉天作为东北的政治、经济、文化中心，“满铁”不仅将其作为交通的中心地，并且作为工业、文化的中心地使全力对附属地的经营。集当时文化之精华努力建设奉天新市街。

1905年3月10日，日俄两国在奉天会战中占领了奉天，当即设立了军政府。第二年又设置了总领事馆。之后，日本人的来去渐渐多起来。然而当时“附属地”并未形成市街。日本人主要在城内及小西关、十间房等地和中国人混合居住。1908年在附属地的中央建立了火车站、学校等，从此附属地的居住者渐渐增加了。

1910年，“满铁”投资30万元兴建的“奉天驿”开始使用。“奉天驿”成为

---

① 胡玉海：《沈阳三百年史》，辽宁大学出版社2004年版，第140—141页。
② 胡玉海：《沈阳三百年史》，辽宁大学出版社2004年版，第159页。
③ 日满史会：《满洲开发四十年史》（下卷），第428页。
④ 苏崇民：《满铁史》，中华书局1990年版，第370页。

奉天最大的火车站，随着它的开通，原“盛京站”、安奉轻便铁路“奉天站”均已撤废。

“奉天驿”建成以后，“满铁”加速其“附属地”新市街计划。原沈阳县大皇姑屯耕地一部、瓦房屯耕地一部、十里码头村及全部耕地、搅军屯耕地一部等都被“满铁”强行划入“附属地”范围。所谓新市街，是以“奉天驿”为中心，向东开辟三条干线（即今中华路、中山路、民主路），其中一条（今中华路）与“奉天驿”站前广场垂直、其余两条斜向放射。站前有南北向的大街，即今胜利大街，日本曾名以若松町）与之平行开辟十几条街路，其中今南京街，日本曾名以加茂町、富士町、荻町）为干线、今和平大街（日本曾名以信浓町、雪见町）、今七经街（日本曾名以敷岛町）为“附属地”与商埠地的东部分界。在今中华路（日本曾名以千代田通）以北有东西向的北一至北七等街路，以南有东西向的南一至南十二等街路，这呈几何状开辟的街道，连同西塔地区原“沙俄铁路附属地”街路和“南满铁路”西，今云峰、兴工街以东的几条街道共同组成了“附属地”的新地界。

“附属地”内街路纵横，自1919年日本擅自将“奉天驿”及周围的街道名称全部改为日本街名以后，可以说“日本化”在奉天的推行日益加快。但日本在奉天正式完成“附属地”发展是在1918年至1919年。1920年，“满铁”制定了扩大市街建设的计划，把铁西作为工业区，铁东作为商业区、住宅区。在中间设置了圆形广场，围绕广场设置了公共设施。1926年购买了东南方的邻接地172万平方米土地，作为住宅和商业地区，以后街市逐渐向南伸展。

奉天“附属地”内多数是日本人居住、经商、开公司、建工厂，但也有其他外国人和少量中国人居住。除日本人之外的所有“附属地”居民必须向“满铁”签据契约，声明一切都服从“满铁”管理，并交纳“管理费”。经商者还必须向附属地管理部门交纳税金。在教育、选举、司法等方面，中国人都倍受歧视。

日本把“铁路附属地”“完全解释为是日本的领土”。[①]“满铁附属地”成为日本殖民主义深入中国内地不受中国管辖的“独立王国”，严重破坏了中国的主权。

① 辽宁省档案馆藏：关东都督府参谋部：《日本在支那获得利权概况表》，《满铁档案》总体部，第2535号。

二、日本在“附属地”的殖民统治

日本在“铁路附属地”内非法建立独立于中国主权之外的殖民统治，非法的行使行政权，包括行政管理权、警察权、司法权、课税权、教育权。

“奉天军政署”是日本在沈阳设立的第一个公开的殖民管理机构，是对沈阳实行军事占领、军事统治的机构。在日俄战争中，日军占领沈阳的第五天，即1905年3月15日，所谓满洲军总司令部迁入沈阳（先设皇寺，日本侵略东北后迁往左公祠），同时以小山少佐为军政官成立了“奉天军政署”。奉天军政署作为日本驻奉天的殖民机构，无视中国的主权，擅自发出一系通告、政令，代行中国地方官职权，管理奉天的政治、经济、文化及一切社会活动。军政署不理会清政府的抗议，擅自使日本人居留奉天成为“合法”。

“军政署”于1906年7月21日撤销，取而代之行使职能的是“满铁奉天地方事务所”，它成立于1907年。“奉天地方事务所”成立后，即以“铁路用地”为基地，另设派出所管理新台子至沙河、苏家屯至姚千户屯、苏家屯至榆树台、孤家子三段铁路间的各个车站、营运及各“附属地”。几年之间，奉天“附属地”的面积由初期的108多万平方米，扩展为430余万平方米。日本人口数也从1907年的282户，907人，增加到15 726户，70 073人。

1909年7月，由于在奉天的日本人数和操业数都呈上升趋势，“满铁奉天出张所”成立，1917年改称地方事务所。“满铁奉天出张所”不仅管理铁路事务，而且握有行政、司法、教育、警察、乃至经营、驻军等多项权利。“满铁”奉天地方事务所实际上就是非法行使市政管理权的侵华机构。

“满铁”设立的“奉天地方法院”与事务所毗邻（今沈阳站对过、原沈铁分局址）、“警察署”（后以今市公安局址为新署）、“宪兵队”（后以今沈铁公安局和路局的一部分为队部）、消防队（今和平消防中队址）等也都相应建立。

1905年日俄战争结束后，日本夺取俄国在东北南部的特权，1906年，日本关东都督府（后改称关东厅）在南满铁路沿线“附属地”遍设“警察署”“警务署”，对附属地实行警察统治。“警察署”则借治外法权在商埠地和城关处理日侨之间的纠纷，并在日本人与中国人之间的纠纷中袒护日本人，粗暴侵犯中国主权。同年10月，日本又在奉天等地实行日本领事裁判权。

奉天铁路“附属地”的警务署设于西塔，后改称奉天警察署，在火车站和南七条等处先后设置9个派出所。日本总领事署警察署设于小西关，先后在十间房、小西关、大东区等地设5个派出所。1908年，日本总领事署并于奉天警察署。“九一八”事变后，东北沦为日本殖民地，1937年12月，将奉天警察署归入沈阳警察厅，改称“大和警察署”。[①]

1905年5月，“满铁”又在沈阳城内成立“奉天公所”，（即原市图书馆址），以办理“满铁”对奉外交事务为名，对东北地方政权和奉天各界进行特务活动。至此，连同1906年5月建立的日本驻奉总领事馆及以后建立的日本关东军驻奉天特务机关，日本侵略奉天的各种机构已经“健全”。

1909年4月，日本政府批准成立的“满铁独立守备队”派兵驻奉，在今沈阳铁路局原址兴建兵舍（也占据原“沙俄护路军”兵舍）由第二大队使用。“满铁独立守备队”在奉天不但占据了多处土地建营房、修工事，而且经常枪杀中国百姓，以行人为靶射杀取乐。后来，曾参与讨伐郭松龄反奉、三洞桥炸车、“九一八”事变等许多重大事件。这表明“独立守备队”是日本在东北推行殖民统治的重要军事支柱。

三、“十间房”商业区和“十间房租界”的出现

“十间房”位于奉天小西门，是日本最早在奉天开辟的商业区。起先部分来奉的日本人在这里建起了几栋简易的房舍，以经营水果、食品杂货，后来经过十余年间的经营，又陆续建起了寺庙、住宅和店铺，然而最多的还是妓院。日本人称这里为“新欢乐境”，中国人称这里为日本窑子街，历史上通称为“十间房”。“十间房”是日本“奉天军政署”期间打下的基础，也是日本在奉天扩大其经济侵略链条上的重要一环。

日俄战后，在今民族电影院和遂川街一带出现了十几幢简易房。这是一些日本人擅自开设的水果、食品杂货等，随之逐渐有大量的日本居民在此汇聚，逐渐以“十间房”称呼之，成为一个日本人在奉天最大的聚居点。

“十间房”地处商埠地北正界南缘，其西过西塔就是“铁路用地”，其东通往城内，而其北部是早经划定的商埠地，南部尚属沈阳县地。“十间房”处于十分优越的商业位置。随着经过这里的小西边门到“铁路用地”马路（今市府大及小西路）的修筑和马车铁道的开通，“十间房”日愈繁华起来。而且随着日本人的增多，“十间房”所占地域也不断扩大，其北向商埠地渗透，东、西、南三个方向则大量侵占和诱买、强买、强租中国居民的土地。

为处理日益增加的中日纠纷，中国地方当局多次与日本驻奉总领事馆交涉，但日方往往以维持日人生计为由，以侨民、居留民身份为掩护，拖延搪塞

① 沈阳市人民政府地方志办公室：《沈阳市志》第十四卷，沈阳出版社1999年版，第235页。

不予解决，置中国商民的正当要求于不顾。

沈阳县居民李席珍原在“十间房”一带拥有百余亩土地。日俄战争期间，为躲避战乱，李席珍出走黑龙江。当日俄战争后他返回奉天时，发现自己的土地，砖窑和成品已被破坏殆尽。原来日军占领奉天后，为扩大“十间房”占地，以“陆军省用地”为名强占了李席珍的土地。并在周围钉立起12根桩子，派兵看守。失去土地的李席珍报官请求收回原本属于他的土地。中国地方当局与日本驻奉天总领事馆多次交涉也未获解决。令人发指的是，最后日本驻奉总领事馆竟擅自将所占的土地卖给了日人儿玉右二等人。

在“十间房”地区，由于日本驻奉天总领事无理，一些商埠地和中国业主的土地被强占，甚至被辟为日本神社用地或建成日本军营。由于这种强占侵夺是零星和分批“十间房”与商埠地的搭界呈犬牙交错的不规则形状。“十间房”在北部、东部挤占了商埠地的规划区域，在南部和西部已与“满铁附属地”毗邻。

“十间房”的出现并无合法地位，但在日本驻奉天总领事馆的庇护下，实行先行强占，逐渐扩展形成了“十间房”日本商业区。日方不顾奉天地方当局的反对，又在这里强行设立警察派出所、邮政局所，实行行政管理。

1909年日本强迫中国与之签订的《奉天十间房租地章程》。日本不但恃强侵占土地，而且驱逐中国居民，谋求实现其谋占租界的设想。

“十间房租界”的形成，与“满铁道附属地”的扩张是同步进行的。不久，战后日本接受的那块原沙俄“铁路用地”也被改称“满铁永租地”。当然，中国当局并未收到分文地租，只是“满铁永租地”“十间房租界”“满铁附属地”连成一气，成为日本势力在奉天急遽扩张的基地。

四、大批日资企业涌进“附属地”

日俄战争前，奉天已有少量的日本商人，他们一部分分散在城内以食杂店等为生；一部分在西关什字街经营“料理店”“汤池”和妓院。战后，奉天军政署的设立为日商进入奉天提供了更加便利的条件。

截至1906年1月，在奉天的所谓日本旅行者有2 137人，其中大多数成为“居留民、侨民”。他们或来自日本国内，或由营口、新民等地迁移奉天，其中真正经营商业的仅有220人。日俄战后仅仅一年，日本人在奉天的经营业者已有145户，涉及旅店、饭馆、糖果等16种门类。当时比较大的商社有：久保洋行、寺内洋行、茂林洋行、九鬼洋行、三井洋行。与此同时，原来半公开的日本妓院也公开挂出招牌，成为日本在奉天的大宗“商业”。每次收费30钱的日本浴池“宝汤”号在大西什字街开业，且生意红火。

从奉天日商分布的地域看，日商主要集中在西关、“铁路附属地”和“十间房”地区。

西关是日商最早云集的地区。日资银行、饭店、照相馆、浴池、妓院等大多集中在这里。“奉天军政署”、日本驻奉总领事馆、日本“侨民会、居留民会”、医院等都设在这一带。清军名将左宝贵的故宅亦被日军“征用”，日本人还极度兴奋地在这里举行了“国旗揭扬”仪式。这里被视为日本人的天下。

“铁路附属地”是日本资本扩张较为集中的地区。整个地域由“满铁”经营自不待言。发电所、局、自来水等事业也陆续兴起。1906年11月，在今中山路上便建起一座百货店，后又改建成钢混框架结构的大厦。建筑物地上五层、地下一层，取名“七福屋”百货店、它是当时日商在奉天开设的最大的商店，也是奉天近代百货商店的首家。此后在今中山路（“浪速通”）、太原街（“春日町”和“青叶町”）逐渐形成商业中心，中华路（“千代田通”）“加茂町”（南京街）则有大大小小的日商银行、洋行、事务所及商店。

“附属地”内生意最兴隆的是妓院、烟馆。在“柳町”（今西塔附近）、“信浓町”（今和平大街北段）和今沈阳站南一、南二等地区到处可见日本人开设的鸦片烟馆、吗啡馆、还有出售大烟土、海洛因的毒品商店。“菊文贩店”“沈阳馆”等都是著名的日本妓院。除去妓院和烟馆外，“附属地”生意兴隆的还有军火商店，当时比较大的军火商店有：吉田商会、大正洋行、青木洋行、上田商会、吉川组、元田茂商会、敷岛洋行等，它们都是公开贩卖枪械子弹的商店。加上日本浪人与中国地痞相勾结，在日本军队和“满铁”的庇护下，“附属地”已成为蔽污纳垢的“黑窝”。

“十间房”是日本商业、企业比较集中的地区。该区曾有日商饭馆135家，仅艺妓和娼妓就达636人，被日本人称为“新欢乐境”。该地区曾也办过几家日商卷烟厂，但大多光景不长。其中较著名的是后来的大安和启东烟草公司（今沈阳卷烟厂的前身）。

日商在奉天兴办产业的开始是1906年开业的“东亚烟草会社分社”和“奉天满洲制粉会社”。1906年10月，日本人伊豫峰由营口来奉，在这一地区赁地、设厂，生产酱油。后来发展到拥有15万元起5 000平方米厂房，雇佣50余名工人，从事酱油调味品生产，成为奉天同行业中的大厂家。1907年，日本财团大仓组以中日合办名义，投入19万元成立了马拉铁道公司，1908年1月运营。日均客流量达7 000人，成为当时奉天的一景。“满铁”在奉天兴办的产业则起自1907年开办的“奉天铁道工厂”和“苏家屯铁道工厂”。1919年，由日本人投资在奉天兴建的奉天酱园，资金雄厚、设备最先进，年产酱油3500石。

日资企业纷纷插足奉天，并在西关、“十间房”“附属地”三个地区日益发展，对奉天的民族工商业发展是一个极大的威胁。

五、日本独资“南满三大工业”

日俄战争后，日本控制了东北南部的铁路运输，在奉天的经济势力迅速发展。1909年，奉天至安东（今丹东）的铁路由窄轨改为宽轨，并修建了鸭绿江大桥，使日本对中国的进出口物资大批从朝鲜出入，日本商人到奉天经商办企业者日益增多，在奉天的投资急遽增加。1916年至1919年，日本通过独资、合资等形式在奉天“附属地”开办了一些工厂，并被吹捧为沈阳近代工业的先躯，号称日资“南满三大工业”的是南满制糖株式会社、满蒙毛织株式会社、满蒙纤维株式会社，这三家企业被说成是奉天最早最大的工厂。

“南满制糖”（今沈阳化工研究院旧址），“满毛”（今沈阳一毛、二毛厂旧址）、“满纤”（今沈阳第二纺机厂旧址）都是利用第一次世界大战期间，欧美列强无暇东顾，而日本战胜沙俄不久而急于兴建的。办厂的目的很简单，或直接服务于“日本军需”、或服务于掠夺政策。

日本是资源严重缺乏的国家，在南洋产糖国多被欧洲列强控制的情况下，日本急欲解决军需糖料和国内食糖所需，于是开办南满制糖，以东北甜菜资源为原料榨糖。建厂时设想在取得主产品食糖的同时，开发副产品酒精，并进行燃料和炸药的应用研究。“满毛”的开办是因为大战期间澳毛来源中断，日本国内几乎没有羊毛生产，为解决军毯、军服呢料的供应，决定以内蒙古及东北的羊毛为原料生产毛织品，并计划以“满毛”的其他产品给日本出口创汇。

满蒙毛织株式会社开办的意义更加明确。东北盛产的大豆自从甲午战争以后就被日本运到国际市场上换汇，在日俄战后，东北大豆的被掠夺数量与日俱增，而大豆的包装品——麻袋却非常紧缺。进口因大战中断，国内又缺少麻类资源，而东北不但有丰富的麻类资源，更有廉价的劳动力。“满纤”也是在殖民者急于求成的冲动下建厂投产的。

这两家工厂名义上都与“满铁”有关，都设在“附属地”西部（今铁西光明路、兴工街、沈辽中路）。这三家工厂确是日本人在沈阳开办的较早、较大的工厂，但仍然比沈阳城中国自办的工厂较晚、较小。这三家工厂比奉天机械局晚了近20年，而它们的规模加到一起，也没有与之同期的奉天军械厂的规模大。从产品的复杂程度上说，更不待言，这三家都是劳动力密集型轻纺产品。它雇用的工人也主要是童工和女工。即或在相近的和同类工厂里比较，同时期的被服厂、纯益纺织公司等华资企业的机械化程度、生产规模与日资企业不相上下。[①]

回顾历史，南满制糖株式会社、满蒙毛织株式会社、满蒙纤维株式会社这三家企业也和其他日资企业一样，是利用特殊的历史条件，强行在沈阳开办的。至于说其最早、最大，那无异于是空谈。

到1929年日本在奉天开办的较大规模的工业企业有11家。另外，日本人在奉天开办的较大株式会社150家，总资本为4 568万日元。形成了从商业、工矿企业、交通运输业到金融、保险等各个领域，从城市到农村的庞大经济侵略网络。

六、横滨正金银行在奉天设立支行

为大肆垄断奉天经济，打击中国金融事业。奉天军政署在1905年9月10日发出通告，要求流通领域使用“日本军用票”。日本军用票共分10钱、50钱、1元、5元、10元数种。日军强迫以“军用票”一元与银洋一元等值通用。这种以纸币兑换掠夺的白银难以计数。

1899年，日本横滨正金银行在营口设立分行。1904年，横滨正金银行在奉天小西关开设支行。发行纸币，强行流通沈阳市面。

日本在中国开办银行，发行钞票的目的，不只是为了吸纳存款，壮大自己的资本，削弱中国的资本，而是要掌握中国的金融命脉。日本政府企图以该行统一东北货币，赋予它种种特殊的权利，它拥有发行银票和金票的发行权。1917年，日本政府批准横滨正金银行承担对中国政治借款的业务。

1913年，日本的另一家特殊银行机构——朝鲜银行在奉天设立支行。1917年，以天皇敕令规定流通在南满铁路沿线的金票全归朝鲜银行发行，过去由横滨正金银行经办的国库业务，同时移交朝鲜银行接管。[②]该行发行的兑换券（东北人称为“老头儿票”）发行量很大，遍于东北各地。到20年代末，横滨正金银行和朝鲜银行发行的银行券占东北整个货币流通的10%—20%。

日本政府赋予该行以银券发行权并掌管国库事务，正金银行发行的银券，被称为钞票，同时将军用票收回，用来兑换钞票。1912年以后，日本对东北贸易，入超很多，正金银行不容易集中货币兑换，于是将钞票改为汇兑券，使其成为不兑换的纸币。1913年，在原有银元兑换券基础上又增发金币兑换券，此券成为以后东北通用的货币，充斥于旅大租借地和附属地市场。1917年，日本

① 张志强：《沈阳城市史》，东北财经大学出版社1992年版，第172-173页。
② 吉林金融研究所：《伪满中央银行史料》，吉林人民出版社1984年版，第43页。

改变其在东北的金融机关，将金券发行权及国库事务并与1913年以后在东北推行业务的朝鲜银行管理，正金银行成为专门的汇业机关，其券除为资金流转和贸易上购买汇票外，不再具有流通的功能。

而此时的朝鲜银行由于业务的扩大，成为日本在东北的金融机关的中心。它发行的金券被称为“金票”，不仅在附属地内，而且在东北各地广泛流通，名为兑换券，实质与正金银行的不兑换纸币相同。上述两种日券，合计达95 833 000日元。日本在东北滥发如此大量的不可兑换金银的劣券，加之贸易入超，凡是流通之地的金银货币必流入日本国库，附属地的中国货币资本大量外流，严重削弱了东北的经济实力；两种日券充斥市场，必然导致金融秩序混乱，通货膨胀严重，物价提高，民不聊生；日本强制发行纸币，侵害了中国的财政权的行使，破坏了金融统一；金融资本的繁荣刺激了日本商人的投机，1918、1919年在附属地的日人企业迅速增长，但“泡沫经济”昙花一现，留给东北的是难以收拾的经济残局！不难看出，日本正是以附属地为其金融业扩张的基地，使日本通货在附属地流通并扩大到东北各地，同时吸收中国游资，确立起日本金融在东北的优势。根据日本的统计材料，在“九一八”事变前在各国对东北的投资额中，日本占有73.2%或76%，而日本这个投资额的90%以上是集中在旅大租界地和“满铁附属地”，不难想像附属地经济在整个东北经济中占有的中心地位及其巨大影响。

这些金融机构一方面使日本金融资本直接侵入东北，控制了东北的金融市场，扰乱和破坏了东北的金融秩序。同时，通过各种信贷业务获取了大量的利润，为日本经济势力侵入东北创造了便利条件。

七、日本在“附属地”开展奴化教育

文化侵略是日本帝国主义为了永远地控制东北，奴役东北人民而采取的一种带有极大欺骗性的侵略手段。日本以铁路附属地为据点，实行文化侵略，灌输同化、奴化教育。

日俄战争后，日本在东北的教育分为日本人教育和中国人教育两种，关于日本人教育有小学校、实业学校、中学校、高等女学、专门学校、大学校等，其课程特别注重中国问题，尤其是“满蒙”问题的研究。关于中国人的教育则有普通学校、公学校、中学校、实业学校、师范学校等，其主要科目为日语，禁止学生阅读中国历史、地理，而授以日本历史、地理。日本关东都督曾训示其属下：对中国人办学堂，除“授以普通知识外，特注重日本语的教授，以开导一般土人（指中国人），使之浴被我国德泽，信赖我国施政。”[①]《田中奏折》对于“满铁附属地”的教育目的表述得更加明确：“文化设施之第一要义是造成东三省人民永远亲日。”

“满铁附属地”小学校规则规定，教学要求除特殊规定者外，一律依据《小学校令》以及文部省令的规定执行。1900年修订的日本《小学校令》规定：“寻常小学校的教学科目为修身、国语、算术、国史地理、自然常识、图画、唱歌、体操、女生加设裁缝，根据当地具体情况可加设手工课。高等小学校的教学科目为修身、国语、算术、国史地理、自然常识、手工、唱歌、体操、实业（农业、工业、商业中的一种或数种），女生加设家事与剪裁。”“根据当地具体情况，除上述科目外，作为选修课可增设外国语及其他必要科目。日本关东厅1932年颁布的《小学校令施行规则》规定：“与道德教育和国民教育有关的事项要贯穿于所有学科的教学中。”从中可以看出，进行道德教育的“修身”课就要求按照《教育敕语》的根本精神，培养学生的道德品质，规范学生的行为举止。因此，不难理解“修身”课即是要求学生“忠君爱国”“扩恭敬”“扩义勇”等等。而在“国史”（日本历史）课中，更是着力于进行巩固“国体”、维护“皇统”的说教，强调“要把重点放在近代史上”，为明治维新以来“开阔万里海疆”的侵略邻国的元凶等歌功颂德，基于这种扭曲的道德观和历史观对学生进行所谓“日本精神”的培养，其教育的负面效果可想而知。

日本人在奉天开办的学校有：春日小学（今前进歌舞团处）、弥生小学（今省机械厅大院址）、平安小学（今沈铁一中址）、千穗小学（今市第101中学址）、浪速女校（今市第20中学址）、高加茂小学（今沈阳军区机关东邻）、千代田小学（今市育才学校）、朝日女校（今省人大机关址）、奉天高等小学校（今省委机关址）、奉天中学堂（今市第23中址）、奉天中学校（今和平大街小学址）、奉天商业学校（原医大三院址）、南满医科大学等。南满医科大学原名南满洲医学堂（即今中国医科大学校址），始建于1909年，1922年改为医科大学，“分为本科，预科，专门部，预备科，本科及专门部，修业年限四年，预科及预备科，各为一年。预备科注重日语，入预科或专门部之是为中国学生而设。”是“附属地”内唯一的一所高校。

日本在奉天设立的各类学校，其目的是为其统治奉天、“经营”东北培养人才，其所推行的奴化教育和殖民教育，对中国的教育构成了极大的威胁和破坏。

① 孙景悦：《张学良与辽宁教育》，香港同泽出版社1993年版，第40页。

八、奉天收回“附属地”教育权运动

日本在“满铁附属地”开办的各类学校带有强烈的殖民色彩，直接侵害了中国的教育权，理所当然地遭到了奉天各界有识之士的坚决反对。当时出面组织领导这一运动的最主要人物是奉天省教育厅厅长谢荫昌。为收回旁落于日本人手中的教育权，谢荫昌敢于与日本人抗争。1919年谢荫昌就任奉天省教育厅长不久就提出：“今南满铁道用地横贯我之中心，其所设附属公学，以日本语言文字编写历史地理，教育儿童，年号则用‘大正’，唱歌行礼则三呼天皇万岁，大日本帝国万岁之声响彻霄汉。我之昆季谓他人之父兄为父兄者，能不为之痛心疾首者乎！坐视我之子弟沦为外人而不思援手，十年二十载之后，其亡国灭种之政策日益深……，故奉省者教育上应着手从事者，即收回南满铁道用地国民教育权是也。”①

1923年，奉天省教育厅为了给收回教育权作准备工作，特将省视学等派到南满附属地，对南满中学堂、公学堂，日本人对中国青少年教育情况进行视察，并对学生思想状况进行调查，经过调查发现：“中国青少年在外国办的学校学习四、五年以后，就会忘掉了国家观念和中国的道德，只知重视个人生活（衣、食、住）和自己的生命果把这种教育普及于东三省，恐怕不用十年，东三省的一般青年不仅不知道什么是中国，甚至连自己是哪个民族。我们看到这种危险的现象，确实感到惊讶不已。”“奉天收回教育权委员会”，为揭露日本的文化侵略，曾发表专门文章指出：“日本对于我中国之侵略政策，我同胞早已了然于心，而且政策之最恶毒者，莫如文化侵略。我东三省人民受文化侵尤烈”。凡入日本主办学校的学生，“大半不知中华民国，曾往日本小学和初级中学之学生，大都称赞日本帝国而鄙薄中华民国，倘长此不设法补救，二十年后东三省不亡而自亡……”②正是这一情况，促使奉天教育界人士深感忧虑不安，因而反对日本人在中国办学，要求收回教育权的浪潮日益高涨起来。

当时在奉天掀起了“反对中国儿童在日本人的学校就读”，主张在“满铁附属地”设立中国自办学校，强烈要求收回教育权的高潮。《东三省民报》也载文支持收回“满铁附属地”教育权。日本侵略者鉴于奉省人民的反对，被迫答应日本在“满铁附属地”设立的公学堂及师范学校，不收中国学生，并允许中国在附属地设立小学。

---

① 齐红深：《东北地方教育史》，辽宁大学出版社1991年版，第242-243页。

② 蒋坚忍：《日本帝国主义侵略中国史》，汉口奋斗报社1930年版，第374-375页。

为收回旁落于日本人手中的教育权，谢荫昌敢于与日本人抗争。1924年4月1日，谢荫昌在欢迎日本全国教育视察团时，代表官方正式向日本提出收回教育权问题，他说："东三省东临帝国主义之日本，西临苏维埃主义之俄罗斯。两国主义之相背驰，奚啻千里，世界各国四周环境之变化离奇，莫过于中国之东三省。东三省人民处此环境，负教育之责者，惟有努力唤醒人民之自觉、自谋、自动、自决。深望与中国友好之日本，为东亚大局长治久安计，尊重中国自觉、自谋、自动、自决的精神，勿对于中国国民施以何等之作用，则中日两国人民之福也。""夫一国之国民教育，决不容他国人干与，乃世界公理。"①

奉天收回教育权的运动得到奉天省长公署的支持，在社会上也引起了强烈反响。4月22日，奉天省教育会召开临时会议，组织成立了奉天收回教育权委员会。奉天收回教育权委员会成立后，积极开展工作，并编印《收回教育权月刊》，每月发行2 000份以上。收回教育权运动很快在东三省开展起来。奉天省长王永江对全面收回"满铁行政区"教育权一事，"则采取默许或纵容的态度"。奉天收回教育权的运动，取得了一定的成效。从1925年以后，日本为招收中国人所办的学校没再增加，原设的学校也日渐萎缩。

张作霖对收回教育权问题，起初是持支持态度的。1924年夏天，直奉两派军阀重开内战的形势已经十分明，奉省当局为了争取获得日本援助不致受到影响，对收回教育权运动，转而采取压制的态度。对收回教育权最积极的谢荫昌被撤职。《东三省民报》上连载的长文《日本侵略满洲史》也被撤掉了。②至此，收回"满铁附属地"教育权的斗争便宣告失败了。尽管如此，收回教育权的热潮对焕发民族觉醒，激励人们的爱国主义精神，确实起到了重要作用。

---

① 孙景悦：《张学良与辽宁教育》，辽宁大学出版社1993年版，第42–43页。

② 胡玉海：《沈阳三百年史》，辽宁大学出版社2004版，第399–400页。

第二章 奉天设立市制

- 奉天市政公所成立
- 城市基础设施建设
- 城市经济扫描
- 城市文化教育事业新气象

民国初年，奉天城市建设依然由商业局、警察局、建筑局、公用局等多个部门负责，它们彼此之间并无隶属关系，所以，在工作过程中往往互相推诿和掣肘，根本无法适应奉天城市快速发展的现实需求。因此，组织专门的市政机关独立担当起领导市政的职能势在必行。

于是，奉天开始酝酿建立市制，进行市政改革。奉天市政改革最初追溯到清末“新政”所推出的地方自治，建立奉天自治局。但是奉天自治局仍是奉天省公署的办事机关，并不是独立的行政单位。民国建立后，城市体制改革继续进行，奉天成立地方自治研究所，研究城市自治管理及经济、交通、文化、教育的发展及市政建设等。

随着奉天人口的骤增，商埠地的发展，市政改革又被提上日程。1916年10月，奉天省公署提出创办省城（沈阳）市政的议案，但此议案当时未获通过。1919年，奉天省公署成立了政务厅第四科，管理省城街道、桥梁和土木建筑。1922年9月，奉天省公署成立市政厅。奉天省公署的积极推动为奉天设立市制，成立市政公所准备了充分条件。

1923年5月3日，奉天省公署批准成立奉天市政公所筹备处，为建立市制做前期筹备工作。1923年8月，奉天市政公所筹备处更名为奉天市政公所，隶属于奉天省长公署，奉天市制正式确立。

奉天市政公所是近代沈阳历史上第一个正规的市政领导机关，专门承担独立领导市政建设和管理职能，告别军政一体的旧官僚管理体系。奉天市政公所建立后，一是确立市政组织机构、规范运行程序、制定管理法规等，使市政工作有序运行，有法可依。二是积极开展市政工作。首先进行市政文明的宣传，文明宣传的形式主要以报刊为主，通过舆论宣传以提高市民的素质，让市民了解市政，关心市政；其次，颁布法规章程以强化市政管理效率，保证城市社会生活有序进行，使奉天市政建设与管理逐渐步入专业化、法制化、民主化的轨道。

1924年，奉天市政公所订立市政建设计划书。根据这一规划，奉天市开始实施市政建设，首先划分城市板块，划原沈阳县的城区及商埠地一带为市区，开始进行商埠地、工业区、商业区和居住区的规划。满铁附属地是奉天确立市制之前的城市的一个板块。奉天确立市制之后，围绕古城出现了大东新市区、惠工工业区、沈海工业区等城市新的板块。但奉天市的市制体制并不完善，其行政职能有限，进而揭示了奉天市的二元社会结构。奉天市的二元社会结构是沙俄、日本帝国主义强加给奉天的，奉天设市以后市政公所仍无权管理“满铁附属地”。二元社会结构的形成究其原因是中国在“满铁附属地”的主权丧失造成的，导致同一座中国城市，却分为两个统治区域，由不同国家的统治者进行管理，由此出现二元行政现象。

建市之初，奉天市面积仅为43.04平方公里，城市人口约30万人。市制确立后，奉天市政公所积极推动城市的公共基础事业以及城市的经济、文化、教育等方面发展。

首先，着手发展城市公共基础事业。城市基础设施是城市存在、运转和发展的物质基础，是城市经济和社会发展的重要前提，也是城市近代化的物质载体。奉天市老城区几乎没有正规意义的公共基础事业。为改变老城区的这一落后状况，奉天市开始进行大规模的城市基础设施建设，如建立电灯厂向市内供电；修建自来水房及水塔向市民供水；发展城市交通即建设有轨电车、开办汽车客运；建立官立、私立医院，发展城市医疗卫生事业等。

其次，进行城市经济的发展。经济建设是城市发展的关键性因素，只有城市经济不断发展，才会有更多的资金投入到城市建设中去，城市才能发展提升。经济建设和城市发展相辅相成，互相促进。为此，奉天市政公所加强东三省币制管理，整顿奉票毛荒；建立银行机构发展金融业，如建立东三省官银号、边业银行、奉天兴业银行等；发展奉天商埠地，改善商埠地环境，拓展城市发展空间；鼓励、保护民族工商业发展，涌现一批新兴工业，如“纯益缫丝厂”“八王寺汽水啤酒公司”“惠临火柴公司”“东兴色染纺织公司”“同昌牙粉行”“奉天纺纱厂”等；加速铁路发展步伐，尤其是奉海铁路的修建，打破了日俄对东北铁路的垄断；建立无线电监督处，成立奉天无线电台，打破帝国主义国家的对电信的垄断；从而促进了奉天城市经济的发展。

大力发展城市教育、文化事业。20年代，奉天市制确立后，当局鉴于教育的重要性，积极扶持和发展教育事业。中等教育、高等教育、专科教育在这一时期均得到了迅速的发展。公立、私立中学陆续被扶持建立起来，尤其是私立中学的建立，进一步完善了教育发展体系，当时的私立中学有奉天同泽中学、同泽女子中学、兴权中学等。高等教育在这一时期也得到的较大的发展，如东北大学、冯庸大学。除上述高等大学，还有其他一些进行专门人才培养的学校，如同泽新民储才馆、省立师范专科学校等。此外，其他各类文化事业也得到了保护与发展，如城市报业的发展；电影院、公园、广播电台等娱乐休闲场所、设施的建立等等，为城市文化的发展繁荣做出了一定的贡献。

总之，奉天市制的设立推动了奉天公共基础事业、经济、教育、文化等各个方面的迅速发展，标志着在城市管理体制上已经基本完成了城市社会形态的转变，使沈阳逐步走向近代化。奉天市政建设的起步和发展，促进了沈阳城市的发展，使沈阳由一座清代封建王朝的留都，逐步变成了近代东北的中心城市。

第一节　奉天市政公所成立

一、酝酿建立市制

沈阳的建城史虽有二千多年，但城市近代化还只是近百年来的事情。清太祖努尔哈赤1625年将都城由辽阳迁至沈阳。1634年，沈阳又改称盛京，成为东北地区政治、经济、军事、文化中心。1644年，清军入关迁都北京以后，盛京则成为陪都。顺治十四年（1657年）设置奉天府，管理盛京的民政事务。康熙三年（1664年）六月在城内设承德县，管辖省城边门以外的四周地区，省城内的事务由奉天府直接管理。光绪三十三年（1907年）奉天改行省，成为省会所在，户籍、治安、税收、工商业管理、文化教育等都是由省设机构管理。宣统三年（1911年）承德县撤销，由奉天府直辖，民国2年4月废除府制，一律以县直属于省，又先后改设奉天县、承德县，最后定名为沈阳县；但省城各项行政事务，仍由省署直接管理。虽然清盛京、奉天府、承德县都是治理沈阳的政治机构，但它们只是政治级别的差异和管理范围的大小的区别，而在职权界限上以沈阳城为专指范围的则还没有。因此，在对沈阳城实施管理的时候往往是政出多门，界限不清，多数情况下是奉天府行政较多，但京、县衙门也参与沈阳政务。

清末，社会风气渐开，奉天省城各项事业都有不同程度的发展，城市交通、工程建筑和一些公共事业逐渐兴起。于是，模仿欧美，建立市政，实行地方自治的想法应运而生。市政改革其端绪可追溯到清末“新政”所推行的地方自治。历史上中国的行政序列没有市的建制，1908年清廷颁布《城镇乡地方自治章程》，第一次以政府的名义明确了城市为一政治单位，规定府厅州治城厢为城，即今日之市。于是，奉天全省自治局改为奉天自治局，设立考订、调查两科，谘议局亦附于局内，[1]但自治局不同于谘议局，仍为府之办事机关。

民国建立后，关于城市体制改革的政府行为虽然断断续续，但一直没有停止过。设立地方自治局，“以为官辅民治之基础。”[2]继又设地方自治研究所，一为调查研究自治事项，二为造就自治管理人才。两者目的，显然在于不断发展，推动地方自治早日实现。地方自治的主要内容为兴办地方事业，发展地方实业、教育，编制地方法规，建立地方财政等。奉天府自治是以府治所在地沈阳为中心，研究城市自治管理及经济、交通、文化、教育的发展及市政建设等。

沈阳城作为一个专指的施政范围，是从警政开始的。1915年，北京颁布整顿全国警务大纲，沈阳亦成立全省警务处和省会警察厅。省会警察厅除职掌警政外，卫生、工程、调查、消防等事务亦一体掌管，不过这一切都专指省城一地，而且只限于八门八关。省会警察厅与此前的地方自治不同，只是地方警政的实施。

民国元年前后，沈阳城区不断拓展。以沈阳城站为中心的皇寺及后身新城区，不断开建的商埠地新城区，以及20世纪20年代初兴起的工厂及大东新城区，三区总面积已超过了原沈阳城关的区域面积。人口骤增，各项事业也亟待发展，建立市制已成必需。曾任商局总办的韩麟生说过：“治国之道非一，而内政其要也。内政之要非一，而市政其首也。”而且，以南站为中心的“满铁附属地”已成立“满铁奉天地方事务所”，非法执行行政、司法、警察、教育等权力。对在“附属地”内居住的中外居民统一征税，形成独立于中国行政之外的“二元社会结构”。

特别是在第一次直奉战争之后，张作霖主政时的东北，处于政治、经济、军事的发展时期。在沈阳建立市制，加速城市发展有了新的机遇。1923年，奉天财政结余850余万元[3]，是战后经济富裕的第一个年头。这时张作霖也开始支持和注意商埠地及沈阳整体的城市发展。

1916年10月，奉天省公署就曾提出创办省城（沈阳）市政的议案，但此议案当时未获通过。1919年，奉天省公署又成立了政务厅第四科，管理省城街道、桥梁和土木建筑。1922年9月，奉天省公署成立市政厅，地址设在总商会院内，拟建“楼房1所，内设厅长1人、科长4人、科员若干人，计分总务、工

---

① 徐世昌：《东三省政略》，谘议厅议案，民政案，第6885页。

② 东北文化社编印处：《东北年鉴》，东北文化社1931年版，第240页。

③《奉天省的财政》（上），第21—22页。毕万闻译：《张作霖在东北》，吉林文史出版社1988年版，第97页。

程、捐务、卫生四科，等待楼房告成即当正式成立”。[①]并对其组织形式和性质进行了如下设想：市政厅职员一部分政府委派，一部分民选产生。民选职员由各商号进行资本审核后，特划定省城16街为16处，每处选出代表若干人，然后选举市政厅之职员。[②]市政厅作为成立市自治的初级阶段，不作官衙性质。同时，派人调查资本家及执事人资格，为将来选举市议员之预备。如办有成，逐渐扩张民权完全归民自办。[③]而市政经费问题则是开办了市政有奖储蓄，于开付奖金外所得盈余即为办理市政厅之基金。[④]奉天省公署的积极推动为奉天设立市制，成立市政公所准备了充分条件。

民国12年（1923年）5月3日，奉天省公署批准成立奉天市政公所筹备处，为建立市制做前期筹备工作。曾有翼被任命为第一任市长，同时对市政公所以后工作做出了以下规划：组织市政机关之规定、市政工程之计划、卫生之组织、消防之组织、组织公共澡塘、与办社会慈善事业、设立公园、设立旅馆、市内路政、设立商场、添设公共游泳场、设立公共茶社、设立厕所、设立教育会、设义冢、市区之改正、市内模范区之计划、市内工业区之计划、设立肥料场。[⑤]1923年8月，奉天市政公所筹备处正式更名为奉天市政公所，隶属于奉天省长公署。1929年4月12日，改奉天市政公所为沈阳市政公所。1931年“九一八”事变后，市政公所被迫解体。

二、市政公所正式成立

1923年8月，奉天市政公所正式成立，划沈阳县城区及商埠地一带为市区，公所地址在沈河区西顺城街。沈阳首次出现市的建制，称谓为奉天市。市称奉天，应该说是有其历史因素的。清顺治14年设立奉天府，成为主要管理汉民族和其他旗民之外的一级行政机构。奉天府隶属于盛京将军衙门，但其下还有兴仁（后改抚顺）等县需要管理。承德县与奉天府同治一城，这种行政关系沿袭了几百年，故此，以府名奉天为市名是历史的延续。建市之初，已有沈阳县建制，一方面为了建市之后县的建制仍然保留，另一方面市的行政级别高于县，当时虽然已有奉天省，但出于历史和现实的考虑，城市名称定为奉天。所以，奉天市与沈阳县并存，同属奉天省管辖。

---

①《市政厅积极进行》，《盛京实报》1922年9月29日第4版。
②《市政厅票选职员》，《盛京时报》1922年12月29日第4版。
③《组织市政厅之准备》，《盛京时报》1922年12月29日第4版。
④《筹措市政厅基金》，《盛京时报》1922年12月20日第4版。
⑤《市政公所进行详志》，《盛京时报》1923年5月23日第4版。

奉天市政公所是沈阳近代正规的市政领导机关。奉天省公署也非常重视市政公所的建设和城市管理工作，为保证市政公所有效运行，制定了一系列组织制度、管理法规、操作规范等。市政公所成立后不久，奉天省公署批准了《市政所暂行新章》，对市政机构的性质、职权、责任以及机构编制、数额等以制度的形式以明确规定，市政的日常管理，由市政府各组成六课分职负责。市长在市政管理中居于统治地位，综理各事，并有协理、坐办等人辅佐市长。此外，分设六课，即总务课、财务课、工务课、卫生课、教育课、事业课。每课设置课长1人、课员4—5人、雇员若干人，分管课内各项事务，同时每课配置1名技师，4名技士，以解决专业技术方面问题。市报社、临时防疫处作为辅助机构。

各课的具体职能也有明确分工。总务课主要办理市政公所经费预决算和市选举事宜，同时保管文书和编制章程等。“市费之征收，市公产之管理，市公债之办理，关于省库补助金之收入及经理，全市行政经费预算之办理”等工作由财务课负责。工务课主要管理市政工程事项，如道路、桥梁、沟渠、水道、电车、公园及公共建筑物的建设和修理，还包括私人建筑物的取缔和街头树木种植与保护。卫生课主要职责为“街道及公共厕所之清除，公共市场、屠场、菜场、浴场之管理，戏园旅店妓馆及饮食营业之取缔，市民厕所之取缔，各种传染病院之设立及管理，医生及药房之取缔等公共卫生事项。”[①]教育课管理教育事务，事业课负责具有公用性质的各项事业。为规范税收，市政公所下设征收处，征收处分别由1名财务课课员，1名调查员和3名雇员组成，市长可以依据事务繁忙与否随时增减人数。征收处必须将每日所收款项分门别类登记账簿，在下班前将账簿连同款项送至财务课。[②]

奉天市政公所还陆续颁布了一系列法律章程，使各项工作有法可依。饮食卫生方面的法规包括《改订检验冰糕办法检查》、罐头及其他饮食品规则》；公共场所的法规包括《取缔理发营业规则》《取缔旅店营业卫生规则》《管理公厕规则》；医药方面的法规包括《公所管理医士暂行规则》《公所管理药商规则》等等。每一项法规都做出了详细的规定，如《取缔旅店营业卫生规则》中规定：营业者须设备厕所，但其位置不能与厨房相连接。厕所内必须时常撒布石灰乳、石油乳、石炭酸等杀菌药品来消毒灭菌。客房内必须设置痰筒、捕绳器、纱窗等。痰筒内并须注入杀菌药品，锅碗瓢盆等饮食器具在清洁后用纱网

① 《市政所暂行新章》，《盛京时报》1923年8月11日第4版。转引自王凤杰：《王永江与奉天省早期现代化研究》，吉林大学出版社2010年版，第177页。

② 辽宁省图书馆藏：《奉天市政公所章则汇编》，第30页。

或玻璃匣笼罩，尤其提出饮食原料品须贮藏于壁柜中，而一切有毒染色产品不能作为食品原料、厨房和客房内严禁出现苍蝇和臭虫。如有不符合上述标准，处以10元以下2元以上的罚金，连犯3次令停止其营业。[①]

此外，奉天市政公所在工作上为体现专业民主，规定市政决策都要经过市政会议厅在集体讨论后作出，不允许市长一人独断专行。市政公所例行性会议，每周召开一次，遇特殊情况可随时召开。时间定于每周三午后3点—5点，会议由市长主持。各课开会时提出议案，讨论由市议会通过的关于城市建设的各种议案，最终形成落实决议。并且奉天市政公所工作人员大多数是从归国留学生中选拔出来的。比如奉天市政公所事业课课长徐箴，留学日本攻读电专科，亲自设计了有轨电车线路及全部指挥系统，修建了从小西门到南满站的有轨电车。

建立市政公所意在为公，所以，市政公所的职能包括管理全市卫生、教育、文化事业，以及市政建设的开展及市容管理等。简言之，市政公所以奉天一切政务管理为宗旨。从城市形成的历程来说，建立一个统一的管理机构是必须的，是城市近代化的标志之一。

奉天市政公所成立后，积极开展各种活动。首先进行市政文明的宣传，以期提高市民的素质，宣传的形式主要以报刊为主。奉天市政公所创办奉天《市政公报》。《市政公报》以启迪市民之知识，促进市民责任义务和自觉协助市政进行为宗旨，每日出版一张，内容主要涉及论著、市政公所内各项议案、市政公所备告、市内大事记、市民论坛等。版面设计力求精美，以唤读者之观感，[②]从而获得更好的效果。奉天市政公所还通过其他报刊宣传市政文明，在其成立后的短短一年时间里，就在《盛京时报》连续发表了多篇市政建设的社评。例如在其《市民之训练》的社论中，作者针对许多市民缺乏文明素质提出："为市民者，尤须知道公共观念，大家爱护，大家享用。有了善良市民的好习惯，市政自然进步；有了公共厕所，不宜再向墙根便溺；有了尘芥箱，不宜再向街心倒土；有了公共观念，自然有自治的可能性。所以市民之训练，是极紧要的。"[③]通过这些报道或社论，广大市民了解市政，更加关心市政，珍惜市政建

---

① 辽宁省图书馆藏：《奉天市政公所章则汇编》（第二集），第121页。转引自王凤杰：《王永江与奉天省早期现代化研究》，吉林大学出版社2010年版，第121页。

②《市政报简章披露》，《盛京时报》1923年9月30日第4版。转引自王凤杰：《王永江与奉天省早期现代化研究》，吉林大学出版社2010年版，第174页。

③《市民之训练》，《盛京时报》1923年9月11日第4版。转引自王凤杰：《王永江与奉天省早期现代化研究》，吉林大学出版社2010年版，第175页。

设成果。

此外，奉天市政公所还组织全市警察上街游行，向公众散发传单，宣传交通安全，派遣演讲员到市内繁华地段讲演，很受市民欢迎。同时，奉天市政公所还先后颁布了一系列法规章程以强化市政管理效率，保证城市社会生活有序进行，包括有《建设万泉河公园章程》《街道、沟渠、桥梁及一切土木工程统一管理章程》《管理肥料章程》《卫生清洁法则》《电车长规则》《北陵公园售票暂行章程》《考核建筑技术人员办法》《限制载重车通行马路通告》《北陵暂行取缔办法》《管理三陵章程》《管理公厕章程》《规定路厕商户打扫道路暂行章程》《西北工业区限制建筑期间办法》《翻修马路施工办法》和《东三省兵工厂市政管理处暂行简章》等近百个章程。[①]用法规来规范城市管理，标志着奉天城市建设和管理已经进入了法制化时代。

建市之初，奉天市也和其他许多城市一样是有一个固定的地域作为市政公所管理范围的，即在城市范围之内由市政公所行使城市管理权限。最初的奉天市区是指原沈阳城的八门八关地区及商埠地。奉天市政公所成立后，为了方便管理，沈阳市共划分六个区。当时的区与现在的区没有太大的差别，都是市以下最大的城市区域性行政范围。不同的是仅以数字序号相区分各区，并以当时奉天省警察厅所属各警署管区范围的排序作为各区的序号，各区警察署长亦都被任命为区长。[②]

1923年9月10日公布了市内六区所辖范围及区长任命。其中一区所辖沈阳旧城区以内地区；二区所辖大、小东门到大、小东边门间地区；三区所辖大、小南门到大、小南边门间地区；四区所辖大、小西门到大、小西边门间地区；五区所辖大、小北门到大、小北边门间地区；六区所辖是商埠地，今天山路二、三段及老道口、惠工广场周围地区，这样古沈阳边墙以内及商埠地便是奉天市政公所的行政所辖。但沈阳设区并不是第一次。早在1914年，巡警总局改为省警察厅时就对省城警区进行过调整，设立了六个警察署及六个与之对应的警区。警区最早设立于1905年，当时设立七个巡警分局，但所辖范围与后来的六警署六警区及建市之初的六个行政区是完全一致的，不过是早年方城内设一、二两个分局的警区后来合二为一了。

奉天市政公所成立后，开始对城市进行整体布局、规划。1924年制定了市政建设计划书：首先，电车之敷设。第一期工程由大西门为起点，沿城墙根北

---

① 沈阳城建局：《沈阳城建志大事记 法规卷》，沈阳出版社1995年版，第757页。

② 辽宁省档案馆藏：《奉天市公署档》，《奉天市政公所委任令》，第三八二三卷。

修至西北转角，西折由太清宫后身西区，出边城，至沈阳车站，再由沈阳车站向西修至商埠界。连轨带路共宽9丈，从城墙起量，在界内的房屋一律拆除。电车车辆、轨道、电柱、电线、车库等工程采取投标包办的方法施行。其次，重点经营小河沿、风雨台、东北草仓、西北校场四大区。将风雨台（皮革区）、草仓（菜市）两地拟由市所筑房租赁于商人，小河沿之模范区、校场之工业区拟定为官筑私筑并行。[①]此后，奉天市基本上是根据这一规划蓝图发展建设的。

三、城市板块的分布

东北易帜后，根据1928年7月3日南京国民政府公布的《特别市组织法》和《市组织法》，正式将城市纳入国家行政序列，中国城市终于有了一个正式名份。于是，1929年3月1日，奉天省改为辽宁省；同年4月2日，奉天市改为沈阳市。市名更改，市县同名，即仍有沈阳县公署设置于城内。而且，市制与市政公所的职能亦有新的变化，市政公所的职能更加明确和完善，其管理事项包括：市财政及公债；管理和处理公共财产；城市街道、沟渠、桥梁建筑及其他土木工程事项；公共卫生及其他公共事项；城市户口调查及选举工作；市内教育风纪及慈善事业；城市交通、电力、煤气、自来水等其他公用事业；省政府委托办理事项等。[②]不久市政公所改称市政公署，李德新被任命为沈阳市第一任市长。

同时，市制的建立，促进了沈阳城市化发展步伐，市区逐步扩大，出现了新的城市板块。板块结构可以说是沈阳近代城市发展的一个突出特点。城市板块是指具有一定的地域性，有相对的封闭性，但依然是整个城市总体的一部分。随着城市的逐步发展这些板块也会逐渐消失，但它对城市的发展却有着不可忽视的作用。

在市制确立以前，城关地区边墙内已形成近似铜钱形状的中心板块。“满铁附属地”是沈阳另一个城市板块。1923年，奉天“附属地”面积达1 824 127坪，另外苏家屯507 437坪，浑河99 424坪，文官屯102 566坪，虎石台111 519坪，新城子99 143坪，榆树台28 771坪，吴家屯57 885坪，陈相屯50 695坪，姚千户屯32 003坪[③]。

---

①《本年度市政计划》，《盛京时报》1923年11月25日第4版。转引自王凤杰：《王永江与奉天省早期现代化研究》，吉林大学出版社2010年版，第182页。

② 东北文化社编印处：《东北年鉴》，东北文化社1931年版，第243页。

③（日）菊池秋四郎、中岛一郎：《奉天二十年史》，第143页。

商埠地是“附属地”之后的大规模的城市板块，其面积几乎与“附属地”相等。商埠地的两个中心，南市场、北市场，中间部分则是商埠地的行政管理机构、达官贵人的公馆、外资公司、银行、旅社和外国驻沈阳总领事馆的汇集之地。在北市场之北、南市场之南则有一些工厂建成。此外，商埠地内南北市场还设有戏院、影院、剧场等娱乐场所，承担着城市板块应该具有的社会文化功能。

商埠地内有独立的管理机构，但仍属奉天市的一部分，主要居住的是中国人。“附属地”则不同，虽然也有中国人居住，但政治上没有地位可言。“附属地”虽然客观上与奉天市区相邻，但它独立于奉天市之外，管辖权属于“满铁”。

在这三块之外，北大营是城外的又一个板块。市制确立后，环绕古城周围又陆续出现了几个较大的板块，现今已弥合于整个市区。

大东新市区是起步较早的新板块。1922年，随着东三省兵工厂的兴建，在其西部、南部圈购2 000多亩土地，建设工厂职工住宅、学校、医院、俱乐部、公园，形成了一片隶属于兵工厂管理，具有城市生活特点的新城区。工厂出资，建造供电、供水、排水的独立封闭的市政系统。长安街、奉天街、吉林街、黑龙江街等均“以砖石铺砌，夹道植榆槐以荫行人”。①

惠工工业区位于古城西北。②惠工广场是该区的中心，放射状发出的6条街路与其他十几条南北纵横的街路相交，将区内再分割出住宅、商业、学校、医院、公共设施等用地，其中仅工厂区即占地400余亩。③省公署制定工业区规划旨在繁荣工业。原齿轮厂、第二印染厂（电灯厂址）、工业橡胶厂、五三工厂等均位于当年工业区内。今沈阳新北站即位于当年工业区国民市场的北端。

古城西郊，越过商埠地、“附属地”也有一个新板块出现，即私立冯庸大学。今沈阳滑翔机制造厂及浑河小区的一部分即是当年这块地域的主体。1927年，冯庸以150万元建起一所大学，“忠”字楼，“仁”字楼，田径场、铁工厂、木工厂、印刷厂、发电厂、大学部、预科部、附中部一应俱全。④除水、电自给外，该校最大的特点是拥有自备飞机及自备飞机场，这在当时是国内大学所仅见的。

古城北部，最大的板块当属东北大学（今辽宁省政府）校园及附属工厂。

---

① 东北文化社编印处：《东北年鉴》，东北文化社1931年版，第145页。

② 辽宁省档案馆藏：《奉天省公署档》，第3840页。

③ 奉天市商工会议所：《奉天二十年志·商业》，第169页。

④ 政协沈阳市委员会文史资料研究委员会：《沈阳文史资料》（第9辑），1985年版，第78页。

1925年，东大新址在北陵前基本完成，占地达千亩。张学良曾出任东大校长，聘国内知名学者来校任教。汉卿南楼、汉卿北楼、岷源大楼、教授俱乐部、西新村、东新村、岷源路、海泉路、汉卿路、汉卿桥等等遍布校园，文学院、法学院、教育学院、理工学院等，使东北大学更加气势恢宏。

东大工厂分南、北、西三座大院，设机械、铁工、印刷等工厂，曾多次承修关内外铁路机车。

古城东北，沈海工业区板块是张氏父子主政时期重要的城市板块。辽宁省政府公布了沈海工业区发展规划，计划以今沈阳东站（初称奉海站）为依托，向西、向南占地3200多亩，[①]筹建沈海工业区。规划中的8条东西向大街笔直平行，今东北大马路、联合路、工农路等即是当年规划的走向。而11条南北向的街道与东西向的街路垂直相交。现今的洮昌、辽沈、东辽、北海等街道当时已部分开建。

沈海工业区南临祁家坟、三家窝棚，再南就是兵工厂，与大东新市区毗邻，与前面提到的几个城市板块共同组成了20年代沈阳的新市区。

在这一环绕板块之外，东大营、北陵机场及航空修造厂、塔湾农科高中、小河沿第一工科、男同泽中学等建筑群和规划区也是这一时期沈阳新拓展的城市点。后来有些直接与相近的市区弥合，有些则又发展成为新的城市板块。

奉天市政公所的建立标志着沈阳城市近代化的开始。市的建制首次出现改变了奉天原有的行政格局，市政管理职能更加明确和详细，有利于城市的管理与发展。市政公所的建立是确立市制的重要标志。随着市政公所的建立，沈阳向近代城市转化的速度不断加快。

四、有限行政及二元社会结构

市制确立以后，沈阳市区不断扩大，城市日益发展，不到10年的时间，已基本完成了向近代化城市的转化。它已完成了从消费城市向生产城市、向工商都会城市的过渡。

20年代，沈阳已拥有东起大东，西连古城内外，商埠地、惠工工业区、沈海工业区和“满铁附属地”等城市区域，是东北最大的城市。而且，随着铁路枢纽的形成，市内交通的建立，沈阳城市各板块的封闭性有所减弱，城市的整体性开始凸显。交通的发达对促进物资集散，人口大批量流动都奠定了物质

① 东北文化社编印处：《东北年鉴》，东北文化社1931年版，第426页。

基础。

20年代沈阳工业体系的建立把中国自办近代大工业和发展民族工业推向了较高的水平。沈阳的产业工人队伍迅速增加。铁路工人、机械工人、邮电工人、交通运输工人是沈阳工人阶级中新鲜血液。工人队伍的增加在生产发达的同时，意味着城市人口将急剧增加。

20年代，商业区域的扩大，金融事业的发达使沈阳增加了经济吸附能力。沈阳商业不再是“自我”生活资料的供给店，而且成为东北地区生活、生产资料的供销中心，在商店、银行、洋行频繁的业务往来中，沈阳作为东北中心城市的地位得以确立。

工业发达，商业繁荣，交通便利奠定了沈阳都会城市的地位。虽然沈阳设立市制无疑是时代进步的要求，但市制体制并不完善，行政职能有限。有限行政是指行政主体的行政强制弱化。奉天市政公所的有限行政主要体现在两方面：一、奉天市政公所隶属省公署，只是省公署在省会办理市政的机构，尚不具备独立的行政职能。市政公所的行政权力是有限的，从其职能就可以看出。建市初期，奉天市政公所职能范围较小，主要负责市政规划及建设，有轨电车厂，北陵、东陵公园，屠兽场等是市公所直管单位。而警察、税收、学校、卫生、工商管理等相对重要事务仍由省公署直接管理。二、市政公所管辖区域是有限的。建市之初，市政公所的行政区域仅限于边墙以内，而在日本“附属地”内市政公所是无权管理和干涉。日本“附属地”有以“地方事务所”为名的具有政府行政职能的管理机构。

当时的奉天市呈现出二元社会结构，这是沙俄、日本帝国主义强加给沈阳的。1905年日俄战争后，日军在对沈阳实行军事占领的同时，日军铁道兵“提理部”接管了原盛京站及铁路，并对“铁路用地”实施军管。“奉天军政署”则是日本在沈阳建立的第一个公开的殖民管理机构，也是日本在南满铁路附属地内设置的行政机关的先声。“奉天军政署”置清政府盛京将军等地方政权于不顾，擅自发出一系列通告、政令，代行中国地方官职权，管理沈阳的政治、经济、文化及一切社会活动。1906年8月1日，日本接管沙俄控制的南满铁路，并将“铁路用地”强扩为“铁路附属地”。日本还诡称继承俄国的权利，在铁路用地内有“绝对的排他的行政权”，乘机攫取了附属地内的行政管理权、设警权、驻军权、司法权、课税权、教育权等。由此，日本以“满铁”为代理人，建立国中国、城外城，加紧对东北渗透和控制，奉天作为东北地区的政治、经济、文化中心城市，受到日本侵略者特别重视。不仅其附属地在满铁附属地中占有特殊的地位，而且它是南满铁路和安奉铁路以及京奉铁路、奉海铁路的交叉点。因此日本决定重点发展“奉天附属地”，建设日本人市街。于是，1907年7月1日，“满铁”“奉天出张所”成立，后又改称“奉天地方事务所”。奉天地方事务所取代原“军政署”“居留民会”的职能。“事务所”实际上成为沈阳二元社会结构的日方首脑，“事务所”不仅管理铁路事务，举凡行政、司法、教育、警察、乃至经营、驻军各项权力无不加以攫取，“满铁”“奉天地方事务所”无异于“附属地”的政府机构。奉天地方政府无权干涉。所以，沈阳出现了两个行政机构，履行行政职权，形成了沈阳城市的二元行政结构。

奉天市的二元结构表明日本对中国主权的践踏。奉天市政公所无权管理“满铁附属地”，满铁附属地独立于中国的行政体系之外。“附属地”内多数是日本人居住、经商、建公司、开工厂，但也有其他外国人和少量中国人居住。除日本人之外的所有“附属地”居民必须向“满铁”签据契约，声明一切都服从“满铁”管理，并交纳“管理费”。经商者还必须向“附属地”管理部门交纳税金。尽管中国人也可以进入“附属地”，但在教育、选举、司法等方面，中国人都备受歧视。所以，二元行政不仅是对中国主权的践踏，也是对沈阳人民的极大侮辱。然而，随着沈阳市政公所的建立，沈阳市政建设日益进步，也促进了沈阳政治、经济、文化等各方面的发展。沈阳已不是封建王朝的首都，它已完成了从消费城市向生产城市，向工商都会城市的过渡。沈阳作为东北中心城市的地位得以确立。沈阳城市化的发展必然与奉天“附属地”之间进行市区间的交流，也必然对“附属地”城市经济有所冲击。

五、城市面积、人口及民族

沈阳设市之后，同时下设区。30年代实行新的市区制。解放前后，市名、区名、行政区划屡有变动，但整个城市中心未有移动，只是城市范围不断扩大。1948年11月2日，沈阳解放。3日，成立沈阳特别市政府。1949年5月1日，沈阳特别市政府改称沈阳市人民政府。

建市之初，奉天市面积仅为43.04平方公里。在市制确立以前，城关地区边墙内已形成近似铜钱形状的中心区域。“满铁附属地”是沈阳的另一个区域，商埠地也是正在发展的城市区域。在这三块之外，北大营占地颇广，起建于徐世昌督奉时期，是城外又一个较大区域。虽然城市已初具规模，但城市面积还是很小。

随着沈阳政治、经济的不断发展，沈阳城市区域面积也在不断拓展，环绕古城周围又陆续出现了几个较大的区域，现今已弥合于整个市区，如惠工工业区的形成。1923年市政公所筹备处建立之前一个月，即由省公署决定在原城区西北练兵场及毗邻北部建立惠工工业区。惠工广场是该区的中心，放射状的六条街道与其他十几条南北纵横的街路相交，将区内再分割出住宅、商业、学校、医院、公共设施等用地，其中工厂区即占地400余亩。[①]工业区是沈阳的新兴城区，隶属奉天市政公所，迅速成为城市总体的一部分。除此之外，还包括大东新市区、古城北部东北大学、古城西部冯庸大学以及沈海工业区等。市政建设的发展推进了城市区域的不断拓展，也由此形成了现今沈阳市区的雏形。

随着沈阳工、商业的迅速发展，带动了城市人口的迅速增加，包括自然增长和外来移民。建市之初，城市人口约30万人。人口的增长为城市发展提供了大量劳动力，加速了沈阳城市化的进程。辛亥革命后，沈阳成了奉系军阀统治东北的首府，民族工业发展迅速，外商也纷至沓来兴办工商企业。1926年至1929年，山东、河北等地先后发生了蝗灾、雹灾等自然灾害，加上地方军阀横征暴敛，盗匪四处横行，迫使当地人民成群结队地流向东北。1928年至1930年是关内向东北移民最盛的年代，当时东北人口年增长率为18‰，而留居沈阳的移民尚高于这个数字。这样，沈阳人口便骤升至约60万人。1931年至1945年，是沈阳人口增长速度最快的时期，共增加2倍多。这个时期，沈阳人口的出生率高于死亡率，自然增长率达8‰。同时，日本侵略者妄图永远侵占东北，大量的日本移民来到沈阳。朝鲜人、外国商人和关内居民也不断流向沈阳。从1931年到1941年，沈阳人口便由612 473人增加到1 130 180人，平均每年增加5.2万人。从1941年到1945年，人口竟激增到1 880 766人，平均每年增长18万人。从1945年到1948年，是沈阳人口锐减时期。日本投降后，战争创伤尚未修复，国民党又发动了内战，使工农业生产陷入瘫痪，商业凋零，物资短缺，物价暴涨，人民生活陷于绝境。为谋求生存，沈阳人口大量逆流，纷纷迁出。到1948年冬，沈阳人口已由1945年的1 880 766人锐减到992 155人。当时，人口的出生率与死亡率相近，处于相对停滞状态[②]。

沈阳是一个多民族聚居的城市。在长期的历史发展中，逐渐形成了以汉族为主体的、由多民族组成的聚居区。少数民族人数最多的是满族、朝鲜族、回族、锡伯族和蒙古族。

沈阳是满族的龙兴之地。1625年3月努尔哈赤迁都沈阳，沈阳成为努尔哈赤政权的中心，大批满族随之聚居沈阳，自此以后满族便在沈阳世代发展。沈

---

① 奉天市商工会议所：《奉天二十年志·商业》，第169页。

② 沈阳市人民政府地方志编纂办公室：《沈阳市志》第一卷综合卷，沈阳出版社1989年版，第427页。

阳满族形成主要包括六个方面：

一、1621年以前沈阳女真人的坐地户，即作为明朝臣民的女真人。

二、1625—1644年，随着努尔哈赤迁都沈阳，后又迁都北京而被留下驻防和守护陵寝的八旗满洲的官兵及家属。如沈阳在顺治元年，初设满洲镶黄等八旗，每旗兵各90名，铁匠4名，实有八佐领748人。

三、1678年奉旨移居盛京（沈阳）驻防的“新满洲”官兵及其家属。据史料记载：“康熙十七年（1678年），经议政大臣会议奏准，副都统职衔布克头等31佐领，移驻盛京地区，各给房屋地粮令其披甲种地，顶补当差。而迁入盛京（沈阳）的新满洲驻防官兵就有17佐领，甲兵550名。新满洲官员人等，迁家眷来者，不限人口。”

四、是清朝解决日益严重的八旗生计问题，有部分闲散宗室移居盛京（沈阳）。嘉庆十八年（1813年），清廷决定从京师移宗室70户于盛京（沈阳）。单独兴建居住区，并设官营里。嘉庆命盛京将军和宁和工部侍郎富俊，于盛京小东门外择地建房，文学、武庙、衙署戍楼咸备。总计80区，周以垣墉，聚族而居。原来，预计移居70户，实际移居的只有57户，男女大小共257名。称为“盛京宗室营”，沈阳俗称“高墙子”或“皇城”。

五、进驻北京后又拨还盛京（沈阳）充差的官兵及家眷。

六、近代从全国各地移居沈阳的满族。

沈阳的满族姓氏主要有：爱新觉罗氏、佟佳氏、瓜尔佳氏、富察氏、钮祜禄氏、马佳氏、齐佳氏、纳喇氏、董鄂氏、完彦氏、田佳氏、良佳氏等等。

沈阳的满族在努尔哈赤迁都沈阳后，王公、贵族、八旗官员占有大量土地，过着奢侈的生活。到18世纪中叶，随着汉族人民大量的迁入，沈阳满族人民的生活发生了深刻的变化，逐渐与汉族融合。民国时，满族人民受到歧视，许多人改名换姓，隐瞒民族成分。解放后，满族人民恢复了自己的民族成分，享有民族平等权利。

朝鲜族早在1882年，就有先人在沈阳活动。但大多数是19世纪末和20世纪初，从邻国朝鲜经过吉林和辽宁的其他市、县陆续迁至沈阳。19世纪中叶以后，由于当时朝鲜封建统治阶级的残酷剥削和压迫，特别是1869年朝鲜北部遭到饥荒，他们大批迁入中国东北定居。1901年日本帝国主义入侵朝鲜，迫使朝鲜人民又一次大批迁入中国。

沈阳的西塔是朝鲜族的经济、文化中心，闻名于国内外。1900年以前，地处沈阳古城边缘的西塔地区，只有一塔一庙一院，即西塔、喇嘛庙、煤场院。有几户汉族人家。1900年，从朝鲜平安北道宁城郡到中国经商的朝鲜商人安奉泰，第一个来此建房定居，安家落户。从此，朝鲜居民陆续迁移到西塔地区，居民点初具规模，成为中国的一个民族——朝鲜族。

沈阳的回族从元末明初开始，由全国各地陆续来此定居。据考证，早在元朝的至正十二年（1352年）沈阳就有回族定居。现今保存在沈阳故宫博物院中的“沈阳路都城隍庙碑”的碑阴，“沈阳路城隍庙功德官员题名记”中记载：“本庙营造……东至回回五哥……”一句，意思是在城隍庙院东邻回回人名为五哥的人家，碑文中所说的“沈阳路”是指沈阳城早年的名称，元朝初，成宗元贞二年（1296年）改“沈州”为“沈阳路”。碑文中的记载说明早在城隍庙建立之前，就有回族人家居住在此了。由此可见，沈阳的回族早在630多年前，就有了能够刻入石碑作为界籍，达到当时人们共认的回族居住点了。[①]

此后，多是山东、河北等地因灾害逃难或“手持龙照”被迁移出关往锦州、黑山、义县等地而来沈的；有经海上进大连、营口专程来沈的；也有大部分是从内蒙古、阜新、朝阳等市迁入沈阳。随着大批人口的迁入，沈阳回回营的回族人口日渐增多，姓氏主要有黑、洪、刘、沙、穆、白、马、代、回、冯、赵、杨、于等人家。

锡伯族是康熙年间迁到盛京（沈阳）的。清政府迁入北京后，盛京兵力空虚，加之八旗子弟日渐衰败，清康熙皇帝考虑到盛京地处要地，又是清王朝的“留都”，所以决定增加兵源，加强防务。于是，1699年至1701年间将骁勇善战的锡伯族从齐齐哈尔、伯都讷、吉林分批南迁到盛京。迁入盛京的锡伯族一部分驻守盛京；一部分被分散到盛京周边地区驻防。

迁入到盛京的锡伯族，被分散在城的四周驻防。大部分锡伯族在城北水草茂盛的低洼地落户，但在城南、城东、城西也有小部分锡伯族居住，故被称之为东、西、南、北达子营。锡伯族很快在沈阳发展起来，并在外攘关门外集资建立了锡伯族家庙太平寺。从此，锡伯族在盛京有了自己的公共场所，进行集会、祭典、娱乐等。

蒙古最初只是蒙古诸部落中的一个部落名称，后来成吉思汗统一蒙古诸部，逐渐融合形成一个新的共同体——蒙古族。蒙古族历史悠久，沈阳蒙古族的形成主要有以下几方面：

一、1227年，蒙古管辖辽西地区后开始进驻沈阳地区。这一时期蒙古族主要是以军屯、民屯的形式和军官、僚佐、侍卫以及工商、交通等事业的管理与

---

① 辽宁省政协学习宣传和文史委员会：《辽宁文史资料精粹（民族·华侨·社情）》，辽宁人民出版社，第138—139页。

参与者的身份定居沈阳的。

二、明朝建立后，蒙古统治者退居塞外。明代沈阳地区蒙古族主要成分是遗留民，归附民和驻牧于福余卫的兀良哈、喀尔喀、科尔沁蒙古人。

三、康平、法库两县境内原属蒙古科尔沁“宾、博、达”三王旗牧地。蒙古族王公贵族修建陵寝，派陵丁护陵守墓，形成村落，使康平、法库成为沈阳地区蒙古族集中的聚集区。

四、1616年努尔哈赤统一女真各部。1624年始建蒙古八旗，内喀尔喀巴约特部恩格德尔被编入正黄旗，其部众移牧于辽阳、沈阳一带。

五、1635年，后金确立蒙古八旗制度，八旗满洲内的蒙古人大多数改隶八旗蒙古。新民市法哈牛乡的巴图营子村、韩三家子村，山环村、王家岗子、赖花堡子、大柳屯乡上营子村、下营子村、张屯乡牛堡子村、南岭村、胡台乡东营子村等，多为八旗蒙古驻地。

六、早在努尔哈赤进攻辽沈前夕，蒙古诸部为逃避饥荒而来到辽沈一带，被明经略袁应泰安置在沈阳中卫城，成为此后努尔哈赤攻打沈阳城时的内应。这也是沈阳蒙古族的重要来源的一支。

七、努尔哈赤、皇太极时期，归附的蒙古人，有的成为贵族，大农奴主，包括蒙古贝勒、台吉等，有的成为牧民。散居沈阳地区的蒙古人有的被编入八旗（满洲）为蒙古牛录。

八、1692年，兴安岭巴尔虎部一支1200余人奉旨迁移盛京。这是沈阳地区蒙古族来源的另一支。

九、在满族对蒙古族采取结盟、联姻、优待等特殊政策的前提下，蒙古王公、台吉等上层人士迁居沈阳城或建府客居、迁居经商的人口也逐年增多。[①]

此外，沈阳还有的少数民族有：土家族、壮族、彝族、苗族、维吾尔族、藏族、达斡尔族、布依族、侗族、白族、黎族、畲族、瑶族、土族、高山族、羌族、鄂温克族、哈尼族、仡佬族、俄罗斯族、赫哲族、傣族、哈萨克族、仫佬族、鄂伦春族、水族、纳西族、珞巴族、毛南族、景颇族、撒拉族、柯尔克孜族、京族、拉祜族、塔吉克族、东乡族。

① 沈阳市民族事务委员会：《沈阳蒙古族志》，辽宁民族出版社2006年版，第33页。

第二节　城市基础设施建设

城市基础设施是城市存在、运转和发展的物质基础，是城市经济和社会发展的重要前提，也是城市近代化的物质载体。1923年奉天设立市制后，市政公所开始全面筹建城市电力、供水、交通等基础设施以及医院等公用事业，逐步完善了城市基础建设，并奠定了沈阳城市近代化的基础。

一、电力设施的建设

沈阳城市供电设施经过10多年的建设，在20年代已有很大发展，不仅城关及商埠地，而且连同新拓展的市区，包括城周沈阳县若干农村也用上了电灯。

沈阳城市电力建设筹建于1908年。4月27日东三省银元总局奉命停铸铜元，总办、郎中舒鸿贻鉴于原有工匠将无工作，机器设备废弃可惜，日本人又在铁路一带开始安设电灯，攫取中国资源，为此呈请创办电灯厂。经总督徐世昌批准并委舒鸿贻筹办，经费为沈平银12万两。在创办电灯厂期间，1908年6月21日，日本首先成立了“满铁奉天电灯营业所”。南满洲铁道株式会社奉天电灯营业所在奉天西塔临时发电所安装了一台120千伏三相交流发电机，开始向沈阳的日本“满铁”附属地送电。发电机是日本陆军占领旅顺时从沙俄手中夺得的。后来，由于其功率较小，被军港淘汰，经转手运至沈阳，旧物新用为“满铁”创利。当时营业所只有几百户用电，发电和用电量非常小，但却标志着沈阳从此有电了。“满铁”奉天电灯营业所的运营，不仅开创了沈阳有电的历史，同时激发了奉天当局加紧筹建自己的电灯厂的决心。

1909年，锡良总督委任祁祖彝为东三省银元总局总办，继续筹建电灯厂，并颁布《奏办奉天省电灯厂章程》。厂址设在大东边门内银元总局锅炉房南边的空地上，定名为东三省银元总局电灯厂。当时，电灯厂安装由上海慎昌洋行订购的美国奇异160千瓦发电机和德国的西门子300千瓦发电机各1组，于1909年10月5日开始发电。沈阳电力的诞生，不仅改善了城市市民的生活，而且为奉天路灯发展奠定了基础。1909年12月8日，安装在奉天城内商业区的电力路灯投入运行，为商业运营带来了便利，市民的夜生活也活跃起来。

1910年8月22日，东三省银元总局电灯厂奉令从银元总局划出，隶属于奉天省公署领导，改名为奉天省电灯厂。由于用户不断增加，营业范围日益扩大，奉天省电灯厂于1911年由美国奇异电机总厂订购500千瓦和350千瓦发电机各1组，350千瓦发电机专供夜间使用。1920年8月用户增多，电力不足，经厂长呈准向上海慎昌洋行订购1 500千瓦发电机1组，1922年12月又订购1台2 500千瓦发电机及其附属设备。1923年5月将350千瓦发电机调拨给洮南德记电灯厂。1923年装机总容量为4 660千瓦。由于用户增多，用电量急剧增长，厂内地方狭小，不敷应用，1926年经奉天省公署批准，在小北边门外筹建新厂1座，新设5 000千瓦发电机1组，1929年5月新厂电机房落成，10月7日新机开始发电，称为第一发电所。旧厂为第二发电所。新旧两厂设备总容量为9 660千瓦，为办厂初期的21倍。①

奉天电灯厂是发供电合一的企业，除两座发电厂外还设有营业所负责供电。“九一八”事变前，有变电所2座，安装9台变压器总容量为4 500千伏安；高压配电线路长82.06公里。从1914—1924年的10年收益中，年收益最高者达125 898元。东北沦陷后，日本接管了奉天电灯厂。1934年12月1日，“满电”奉天电业局成立，后改为奉天支店，均受日方统制。随后，其不断扩大供电业务，并新建浑河和东陵两座变电所，售电量由1.3亿千瓦时增加到3.35亿千瓦时。1945年，抗战胜利，而沈阳电源奇缺，多数用户被停止供电。1948年11月2日，沈阳解放，3日18时完全恢复供电。1949年，沈阳电业局成立，从此沈阳电力开始跨入新的历史时期。

二、供水设施的修建

沈阳的供水设施发展比较缓慢，初期城市供水设施都是由俄国和日本为满足其生产、生活需要修建的。

沈阳的自来水水源由市政水源和各单位的自备水源两部分组成，全部取自地下水。19世纪末，沙俄攫取东清铁路的筑路权后，在沈阳修建火车站，为解决铁路机车用水需要，在浑河北岸建成大口井1眼。1905年，日俄战争结束后，沙俄将南满铁路转让给日本，翌年，铁路用地改为“南满铁路附属地”。日本“满铁会社”于1909年至1911年在新设停车场的南面，建起一座高37米的给水塔，这就是沈阳最早的水塔。在距水塔486米的地方，建造了一个六角形，直径3.3米，深4米的木制水源井和一处临时泵房。这是日本人在沈阳最早修建的

① 沈阳电业局局志编辑委员会：《沈阳电业局志（1908—1985）》，辽宁艺术图片社，第93页。

自来水井。这个水井经过水塔，除供给机车用水外，剩余部分仅能供给站前出租房、办事处、旅社等。1912年4月，为发展生活用水，“满铁”在附属地南侧千代田公园（今中山公园）修建了一个深10米，直径4米的聚水井和容量450吨的水塔。1915年，日本“南满洲铁道株式会社”开始在“附属地”建设中山水源，建成中山水源的同时，首次铺设输配水管路7.4公里。随着水源数量的增加，至1935年底，输配水管网总长度发展到84.40公里，管径50毫米至500毫米，附设水门221个，消火栓180个。至1935年，先后建成中山、太原一、太原二、民生等水源4处，共有大口浅井6眼，容积1 200立方米的配水塔一座。

1934年，奉天市政公所建署建成万泉水源，向市东关、中街、南市、北市地区供水。1938年后又陆续建成北陵、百鸟、砂山、铁西等水源。1943年，旧沈阳供水事业发展到最高峰，全市共建成市政水源10处，日供水能力7万立方米。

沈阳的自来水供应始于1915年。日本“南满洲铁道株式会社”为满足在沈阳的日本人生活用水需要，在“附属地”内建成中山水源，同时建供水管网，日供水能力不足0.1万立方米。1923年至1935年，“附属地”内共建成水源4处，水井6眼，日供水能力2.6万立方米，铺设输配水管路84.4公里。供水设施由“南满洲铁道株式会社”经营管理，用户为铁路系统和“附属地”内的日本居民8.3万人。①

1933年，奉天市公署成立市自来水筹备处。从1934年开始，投资80万元，修建了万泉水源地（现市动物园内）。占地10 560平方米，建立水塔一座，水泥体圆形井四眼，电机，水泵三台套。1936年6月正式向南市、北市和中街等地的居民供水，出现了沈阳最早的市政给水塔和自来水水源地。

三、城市交通的发展

随着沈阳城市规模的扩大，城内公共交通系统开始逐步形成。沈阳市公共有轨电车交通是在1908年至1925年“马车铁道”的基础上发展起来的。1907年10月，清廷批准奉天商务总会与日本大仓组财团合资创办“中日商办马车铁道股份有限公司”，从事市内马车铁道载客运输，签约期为15年，到1922年10月14日，签约期满。随着奉天城市人口的激增和工商业的发展，“马车铁道”已经不能满足奉天市内交通运输的需求。于是，1922年，股份公司期满结束后，马

---

① 沈阳市人民政府地方志办公室：《沈阳市志》第二卷，城市建设，沈阳出版社1989年版，第395页。

车铁道客运业务以“附属地”马路湾为界，由中日两方分别经营。

与此同时，奉天商会准备筹资修建有轨电车。奉天建市以后，市政公所不顾日本大仓组财阀势力的阻扰，确定自办有轨电车。1924年1月14日，奉天省长公署特别会议决定奉天市有轨电车线路分期修建。第一期由西塔经小西边门、太清宫、小西城门至大西城门，全程4.5公里，并决定第一期工程分为由大西门至小西边门和由小西边门至西塔东西两段，东段首先施工。7月14日，开始动迁东段线路障碍，开辟马路、共拆除房屋一千三百余间，至9月中旬动迁工作基本结束。但因第二次直奉战争爆发，使整个工程中途停顿。1925年春才继续施工。10月初，东段有轨电车线路竣工，并从德国AEG公司购入四轮有轨电车8辆、发电机两台，在小西车库东侧建起了直流变电所。

1925年10月10日，成立奉天电车厂，有轨电车第一期工程东段正式通车运营。西段于11月5日竣工。奉天市第一期有轨电车线路全部建成并投入运营。至此，沈阳经营了18年的马铁终结，被有轨电车所代替。为庆祝有轨电车通车，1925年11月8日举行了通车典礼。奉天省长王永江到会祝贺并发表讲话，他提出：“今日为奉天市第一期电车举行通车礼式之期，中外人士济济，咸临盛举，本省长良用欣慰。奉垣自禹舜分州，迄于有清肇迹，经历祀祀，繁荣生聚，蔚成东北一大都会。……言政治者，当以交通为先，而言交通者，以无电车为憾。本省长早已计划及此，议有端倪。适民国十二年秋八月，奉天市政公所成立，住遂将原有议案，发交筹办。并拨给专款，督促进行。经岁两稔，始告成功。……此次开辟电车路，拆毁民房不下千数百间，虽经公平报价，而奉垣民智尚未尽开，与之乐成则可，与之开始盛难，与人兴讼，或不能免”。但是“全市交通脉络为之贯穿，王道康庄，行复见于今日，是则本省长所深望也。”①

有轨电车建成后，市政公所为有效保护车辆及设施，市政公所发布了《电车路线整理交通办法》，规定电车轨道左右各3尺以内为电车专用轨路，一切行人、车马无故不得通行；如果行人车马必须通过电车轨道时，按以下办法办理：向电车对行时，汽车、马车和自行车在电车前20丈以外即须避出轨道；行人及人力车在电车前十丈以外即须避出轨道；汽车、马车和自行车距电车10丈以内不得追随；电车静止时行人车马距电车前后3丈以内不得通过。在十字路口一切行人车马须先让电车行过然后通行；汽车、人力车、马车、自行车等在通

① 沈阳市公路·公共交通史编委会：《沈阳市公路·公共交通史》，沈阳出版社1992年版，第75页。

过十字路口以前，无论电车到否，均须特别缓行以防危险。[1]

市政公所还制定了《奉天市政公所电车车票票价规定》，将“全线路按距离分为各区，现以大西门至小西边门为一区；由小西边门至日本租界地为一区”；“车票分特等票与普通票两种，特等票1区1角5分，普通票1区5角……特等票3元，普通票2元，通车票1册30张，中等学校学生用1元5角，小学校学生用1元。”[2]并规定了违章乘车罚款的办法。

在奉天自办有轨电车运营以后，日本大仓财阀也加快了在“满铁附属地”内有轨电车的建设。1925年年末，由老道口至南站“奉天驿”间通车，线路长1.2公里，又从大连购入5辆旧车投入运营。

奉天市有轨电车的筹建、施工和通车的经营管理工作，一直是由市政公所事业课组织实施。1925年11月，市政公所委任电车厂厂长和职能负责人员。修建同时，日本驻奉天总领事馆出面干预，向奉天督军张作霖施加压力，张作霖责令奉天市政公所与日本财团大仓组协商中日电车联运事宜。1925年11月30日，中日双方达成协议。市长曾有翼和大仓组代表川本静夫签署了“电车联络运输契约书”和“电车联络运输契约书附带说明书”。契约书中规定：电车联络线路为由奉天省城小西边门至日本“南满铁路附属地”之“南满”车站区间；以附属地界限为界，以东至小西边门的设施由中方维修；以西至奉天站的设施由日方维修；联运所收入、支出、按双方营业线长度分配。

1926年6月16日，中日电车联络运输的有关事宜经双方议定，签署了“中日奉天电车联络运输事务所章程”。同时，中日奉天电车联络运输事务所正式成立，开展电车联运。当日，正式通车运营。

1930年，沈阳市政公所经辽宁省政府批准又开始筹建由太清宫至大北边门的有轨电车线路工程，10月正式开工，12月16日竣工。同时由德国购入四轮有轨电车一辆，玻璃水银整流器三台，于12月20日正式通车运营。此时，原由大西城门经太清宫、小西边门至西塔的线路称为本线，新建的太清宫至大北城门的线路称为支线。当时，电车厂经营的营业线路2条，全程3.1公里（不包括划归中日电车联运所的1.9公里），四轮有轨电车5辆（不包括划归中日电车联运所的车辆）员工127人。

1931年“九一八”事变前，沈阳市共建有有轨电车营运线路3条，总长度7公里。其中，由奉天电车厂经营的线路2条，长3.1公里；中日联运经营1条，

---

① 《市所定交通办法》，《盛京时报》1925年11月2日第4版。

② 沈阳城市建设管理局：《沈阳城建志（1388—1990）》，沈阳出版社1995年版，第27页。

长3.9公里。总共有有轨电车14辆，从事营运职工219人，日客运量1.65万人次。至此，有轨电车已成为奉天市区的主要交通工具。

在电车之外，公共汽车也成为市内的交通工具之一。在建设有轨电车的同时，奉天市政当局创办了奉天市汽车厂，这是奉天第一个官办的汽车运输企业。初创时期，奉天市汽车厂有1个修理厂、1个补带厂、3眼压水井、33间砖瓦平房。汽车厂最初拥有8辆客车，后来增至52辆，营运于马路湾至大东门和大北边门至北市场之间。1925年4月开始营业，在各主要站点都设有木质活动站房，如大北城门、小西边门、小西城门、北市场、马路湾等站房。对这些站房，由各段警察加以保护。

奉天市汽车厂管理比较规范，司机、车务员、修理工每年各发制服两套，春秋季各一套。汽车厂员工发有免费乘车证。由于工作任务不同，职工间的薪金差异很大。技士兼主任每月奉大洋120元，会计兼庶务60元，事务员40元，文牍员40元，雇员25元，技术员80元，司机50元，车务员30元，检查员40元，修理工30元，差役12元。可见，员工的收入在当时社会属于较高水平。汽车厂管理严格，如员工工作怠慢给予记过罚薪，车务员私带客人给予斥责惩罚，司机在车上吸烟记大过两次。在乘车费用方面，汽车厂根据不同社会群体，给予不同待遇，如发给军官、稽查、宪兵、差役、警察、行政官员免费证；发给学生定期乘车证，以一个月为限，期满缴销再行续购。凭借这种乘车证价格，学生可以享受8折优惠。[①]

汽车厂初期营业状况良好。开业当年仅经营8个月就收入10.6万元，盈余1.4万元。第二年总收入54.7元，盈余4.3万元。第三年盈余7800元。但一方面由于奉票不断贬值，另一方面汽车配件和汽油都依赖进口，汽车厂逐渐入不敷出，1928年5月暂行停办。[②]

尽管在20年代沈阳已开始步入都会行列，但城市交通工具的构成仍是多种多样的。传统的人力车，马车还大量存在，甚至成为客货运输的主体。城市私用汽车毕竟还是少数。截至1924年底，城内及商埠地有私用载客马车133台，公用载客与马车280台，营业运货马车1319台，自用人力车850台，营业用人力车8 428台，另有私用小汽车64台，营业用小汽车37台，货运汽车1 968台。在“满铁附属地”有营业载客与马车47台；自用人力车30台；另有私用小汽车38

① 王凤杰：《王永江与奉天省早期现代化研究》，吉林大学出版社2010年版，第120页。

② 沈阳市公路·公共交通史编委会：《沈阳市公路·公共交通史》，沈阳出版社1992年版，第70页。

台，汽车1340台。[①]

另外，作为城市交通事业的特殊部门——邮电事业在20年代也有了新的发展。

1925年，全省各县先后建成官办商办的地方电话局35处，初步形成了电话网络。1930年11月，沈阳电话局已有自动电话2 405户，全局容量可达3 500户，这样的市话规模在当时是东北城市中最大的。

邮政储蓄事业自1919年12月1日在沈阳开办以来，20年代已发展到营口、安东（丹东）、锦州、辽阳、铁岭、开原、新民、本溪、抚顺、海城、盖平等地。位于一纬路（今市府大路）的东三省邮务管理局大厦成为东北邮电事业的中心。设在沈阳的东北电信学校也为后续人才的培养发挥了重要作用。

20年代，沈阳是东北城市市内交通最发达的城市，这种发达的市区交通有助于沈阳城市的整合作用。同样，沈阳的邮电事业也处于较高的水平，对东北、对全国都发生着较大的影响。

四、医疗机构的建立

鸦片战争以前，沈阳没有一处公共卫生设施，卫生管理更无从谈起。1905年奉天巡警总局成立，内设卫生科，兼管省城卫生事宜，开始管理防疫、清道及稽核医院等事项。这是沈阳首次设置的卫生行政机构。1912年，沈阳卫生行政管理仍沿袭清制，巡警总局改称省会警察厅，兼管卫生事项。

1923年，奉天市政公所成立，卫生事项由警察厅移交市政公所管理。市政公所下设卫生科，主要职责是制定全市卫生规划及部署防疫任务，具体执行管理仍由警察厅及各警察署负责。直到1945年前，沈阳市的卫生工作都是由警、政双重管理。

同时，奉天市政公所也开始制定发展医院的规划，并筹资创建了官立医院东北陆军医院、奉天公立医院以及私立际清、雨辰、吉祥、大东、远东等中小型医院约20余处。各医院经费来源及隶属关系较为复杂，东北陆军医院隶属司令长官公署；奉天公立医院是全市医疗中心，归省长公署直接管辖；私立医院、个体医社归警察厅管辖；盛京施医院、南满医大附属医院、日本赤十字会病院等归英、日等国经营。此外，还有社会团体及企业经办的医院，如同善堂医院、东三省兵厂医院等，则由各经营团体自行管理。

---

① （日）菊池秋四郎、中岛一郎：《奉天二十年史》，第66页。

东北陆军医院，1924年3月建成。同年9月改为镇威军后方总医院，1925年11月后改为镇威军后方第一医院。1928年9月改为东北陆军医院。院址设在沈阳小东边门外，该院有病房35单位，每单位有病床40张，内外科手术室、化验室等一应俱全，平时也为人民治病。[①]

该院设院长1人，下有医务部，掌管病室14个；事务部辖文牍、副官、军需三处。医官共11人，计上校主任3人，中校主任1人，少校医官4人，上尉军医30人，少校医药官1人，上尉司药2人。职员有少校文牍、副官、庶务各1人，少校军需，一二等军需各1人，上尉副官1人，中尉卫兵长1人，录事5人。士兵工役共80人。

医院设有内外科、皮肤科、眼科、耳科、鼻喉科、X光线科、手术室、检查室和预诊室。陆军医院对于患者入院时，经值日医官检查，认为符合住院条件，即按其伤病情形，酌情派归各科内治疗。每日供给战时给养（大米面粉等）；官，菜金3角；兵，1角；倘重病患者，不思饮食，即以牛奶代之。倘因病故，由院备棺掩埋义地，并通知其原队属以病故日期。如伤病痊愈者，给予退院证书、乘车证，饬归原属服务。如因伤病而成残疾者，由院呈请恤金再函送军工厂习艺。

伤病种类：因战事或剿匪负伤者占60%，其他各类疾病占40%。

医院常年经费，国币74 223元，不足时随时请加。[②]

奉天公立医院是全市医疗中心，归省长公署直接管辖，始建于1923年12月。在奉天公立医院开院典礼上，王永江省长出席并发表了讲话："今日公立医院已告成立。个人所以提倡公立之理由，非为官家之无款举办也，诚以官办事业，每难收良好效果。是以联合同意赞助诸君，醵金组织斯院，聘任妥员如阮（振铎）院长，委其个人尽其所能而经营之，以免种种之掣肘。故料斯院之款虽少，而得以自由经营。""将来定当较其他医院之成绩为善。此则望于职员之努力经营者一也。次则医生不仅以能医为尚，对于病人，须以慈祥恺悌之本心，亲切之面目而待遇之。若夫普通医士，行动倨傲，以自显其声明，置病人之苦痛于不顾，是直市侩之行，何有于仁心仁术。故办理医院，半须经费，半赖办法。此望医士诸君之注意者又一也。医术一道，奥妙无穷……。今有斯院，庶足为医学研究之机关，而有所昌明。此责望于医员诸君者三也。又赞助员诸君，热心捐款，襄成斯举，盖即以共同的施医施药之意，初无利益收回之见，

① 吴柏湘：《张作霖与日本关系微妙》，《传记文学》第四十四卷，第6期。
② 东北文化社编印处：《东北年鉴》，东北文化社1931年版，第287页。

介存于其间。今日斯院成立，尚称有规模有秩序。来日之发展，虽赖当事者之经营，亦待社会各界之援助，是以更望赞助员以迄各界诸君重视之，维护之，庶今日共同手造之卫生机关，将来益臻于发展。”这篇讲话把创院的宗旨和发展方向阐明的很清楚。

奉天公立医院设在同善堂所属的善缘寺旧址（小西边门外商埠公园后）。医院建在东院，设有挂号处、内科诊断室、外科诊断室、手术室、妇女科诊疗室、药局、X光线室、试验室、眼科治疗室等。设置整齐有序。办公处及职员宿舍，安置在后院的旧房间内。病室设于西院，共有一、二、三等病房3处。全部可容纳病人30人。虽然病房由旧房改造，但是采光取暖，十分完备。

医院开办后，王永江担任医院名誉总裁，南满医科大学毕业的阮振铎担任院长。院内除有一名院长，管理全院事务，其次分医务、药务、事务三部。医务部分为四组：即内科小儿科、外科皮肤科、花柳科、耳鼻咽喉科、产科、妇科、眼科。大部分医务人员来自鞍山满铁医院，其余都是南满医科大学毕业的优秀生。医院开办伊始，所收病人主要为“由警察证明确为丙等以下之贫户和旅中乏资、无亲无依之病者。”①奉天公立医院经营状况良好，从1923年12月至1924年10月，“出入相抵小有余剩。”盈余资金一部分作为奖励基金，一部分则扩充设备所用，剩下则作为医院发展基金。此医院原为省属第一公立医院。1929年改为沈阳市立医院。

盛京施医院也是沈阳主要医院之一。盛京施医院是在中国由封建社会沦为半殖民地半封建社会时期的产物。封建落后的中国，已成为各帝国主义国家进行侵略和宰割的主要对象。帝国主义侵略、宰割中国有多种方式，有炮火的武装侵略、商品倾销的经济入侵，还有通过办学校、办医院的方式，以达到传教目的，进行文化、思想上的渗透。盛京施医院就是奉行这一目的建立起来的。

盛京施医院创建人是英国传教士医生司督阁。司督阁在苏格兰教会国外宣道总部的支持下于1883年春天来到奉天，开始创办盛京施医院。盛京施医院从一开始，就采取了所谓的“施医”与“布教”相结合的方针，他们的具体做法是：一方面对于就诊的病人，只收挂号费，不收医药和治疗费用，以此来吸引和接近群众；另一方面则利用挂号和候诊的时间，向病人传教。因此，在医院的候诊室里，经常有牧师和传教士，向就诊者讲述《圣经》或进行基督教义的宣传。司督阁本人也经常向医院的医护人员讲：“我们要用基督的心，来为人类

① 《奉天公立医院成立参观记》，《盛京时报》1923年12月18日第4版。

服务。”

在人们对西医有了认识以后，特别是施医院只收挂号费，不收医疗费，来院就医的人日益增多。1887年夏季大雨，冲垮了施医院的房舍，秋季司督阁又买下东邻房舍，经修缮作为医院。这个新医院设男病床50张，女病床15张，建手术室一间，可以作较大的手术。新医院成立后，就诊的人数大大增加，病房常满，门诊人数每天100多人次。随着业务的发展，司督阁感到有就地培训中国医务人员的必要。1892年，司阁便招收8个青年，一面工作，一面学习，用带徒弟的方式对他们进行医务培训。后来，这批学生中有王宗承、刘玉人在盛京施医院多年，为司的主要助手。其中王宗承于1913年被张作霖请去作奉军军医主持人，才离开了这个医院。

盛京施医院尽管以传教为最终目的，但在行医治病，特别是在东北战乱和发生鼠疫期间，施医院却曾发挥了救死扶伤的作用。

1894年7月，中日甲午战争爆发，由关内和内蒙古开往前线的部队，大多数路过奉天省城。这些军队下来的伤兵，也多送到盛京施医院就医。1904年2月，日俄战争爆发，处在两军交战地带的居民，无法忍受战争的蹂躏，纷纷逃亡他乡，当时流入奉天城内的难民达9万多人。奉天将军增祺为安置难民，成立了有司督阁参加的难民救济会，除政府组织安置难民外，施医院和教会还住有难民万余人，当难民中发生天花、麻疹等疫病后，司督阁又筹划建立四个临时传染病院，多数医务人员都由施医院调派。这次救济难民工作，直到1905年4月，日俄战争北移，难民还乡，才告结束。

1910年年末，发现有人死于鼠疫后，新任总督锡良便召司督阁共策。于是成立了防疫委员会，建立了防疫院、隔离站、检查站、掩埋队等，比较迅速地建立了防疫组织时，在施医院工作的有三位外国医生，“三人进行具体，督阁负防疫总责，”每天到处视察并指导工作。嘉克森负责皇姑屯车站特别防疫站的检查工作。防疫站的工作十分辛苦，火车运行时间不准，来往乘客又多，进入奉天和南下关内的乘客，都需要经过他的检查才能放行。由于不断接触病人，嘉克森终于染上鼠疫，仅一天时间就病死了。鉴于嘉克森医生在防疫工作中的突出表现，锡良为其母发了慰唁，送慰唁费一万元。

1892年，施医院又在男医院的北部，筹建了女施医院，苏格兰教会另派两位女医生，负责女医院的医疗工作。1900年，义和团打奉天，将男女施医院烧毁。1903年、1907年女、男施医院重建。盛京施医院重建费用除1902年所得“庚款”，另一半由奉天商会等各界捐助。1914年，张作霖捐赠1台X线诊断机，施医院开始应用放射线诊断技术。1916年，女医院增设产院。到1930年，施医院共有男、女、产3个医院和内、外等10个科室。有医师40余人，护士60余人，药剂师10余人。

第三节　城市经济扫描

经济建设是城市发展的关键性因素，只有城市经济不断发展，才会有更多的资金投入到城市建设中去，城市才能发展提升。经济建设和城市发展相辅相成，互相促进。由此，为加快城市经济建设，奉天市政公所加强币制管理、整顿金融；发展奉天商埠地；鼓励民族工商业发展；加速铁路建设等等。

一、整理币制及金融

奉系统治时期，东三省的货币种类纷繁复杂。当时之人在著作中描述："东三省之币制混乱于不可名状，有以银为本位者，有以金为本位者，有以个人信用为本位者，有以纸币为本位者。其流通之钞票，有为中央银行所发行者，有为地方银行所发行者，有各省市所发者，有私人银号所发者，有各炉户所发者，纷然杂陈，莫衷一是。"①币制的繁杂造成沈阳金融市场的混乱。新式银行兴起后，发行以银元为本位的纸币通行市面；民初奉省继续流通奉小洋票。受辛亥革命影响，南方银价上涨，沈阳出现银纸差价，商民极力收存实银，而日本浪人借机挑起奉小洋挤兑风潮，妄图推到我国币制，扩张金融势力。张作霖采取限制兑换，改革币制，行政镇压等手段，均未奏效。1917年实行大洋本位制，东三省银号发行"一二大洋汇兑券"（不兑换纸币），至此持续6年之久的挤兑风潮稍有平息。然而，挤兑风潮过后，又因第一次直奉战争导致沈阳财政金融出现逆转，奉票价格波动加剧，出现了奉票毛荒。奉票毛荒主要指汇兑券发行过多，加之奉军在军事上连连失利，价格大幅下跌。每奉小洋1.5元才能兑换现大洋1元。第二次直奉战争后，连年内战，消耗特大，结果除增加税收、借外债外，就用大量增发纸币的办法，掠夺民财，筹集军费，弥补亏空。奉系在无准备金的条件下，印刷大量不兑换的"奉票""官帖"，用以购买人民的财物，公开向人民掠夺。奉票的发行额逐年增加。1928年1月，竟达到13亿元的高

① 连浚造：《东三省经济实况揽要》，（台北）传记文学出版社1971年版，第313页。

潮，较1916年增加86倍多。奉票如此滥发的结果，造成奉票价格急遽贬值。货币毛荒，造成货币价值跌落情况十分严重。跌落率与增发率的关系，最初是增发率大于跌落率，最后增发过多则跌落率大于增发率。故愈增发而愈不够用。结果奉票发行愈多，而贬值愈快，其下降率竟超过增发率。奉票的毛荒、金融秩序的混乱严重影响了沈阳经济的发展。

为提高奉票币值，稳定金融秩序，1923年秋，奉天当局制定东三省金融整理办法10条，但因奉省政治形势演变并未实行。1924年6月19日，奉天省长公署鉴于币制发行的混乱，东三省官银号、奉天兴业银行、东三省银行三行鼎立形势，对奉票的巩固颇为不利。而东三省银行成立后币制并未统一，所议金融整理提案有的未能实现，遂决定将三行合并组成新的东三省官银号。同年7月15日，三行正式合并，总号设在奉天省城官银号旧址，三行号得各地分支机构一律改为东三省官银号的分支机构。1925年12月初，奉省当局又召集由各银行号、储蓄会负责人、总商会正副会长、金融维持会委员参加的金融整理大会，商讨应对奉票毛荒问题。会议决定如下：1. 命令各银行、官银号准备充足现大洋随时应付兑换，以巩固金融。2. 各银行停止发行大、小洋币，防止价格跌落。3. 各民间银行、钱庄，除经营存贷款和汇兑业务外，不得经营其他业务。4. 各储蓄会不得依赖外国银行救济，违者勒令停业。5. 命令各银行对遭灾地区实行低利贷款。

同年5月，奉天省长公署为金融整理发行公债5 000万元，并严令官银号于两星期之内，将贷出款项如数收回，以减少通货的数目。8月，张作霖又采取杀一儆百的手段，打击和严惩从事银钱投机者，维持奉票价格的稳定。

第一次世界大战爆发后，帝国主义无暇东顾，沈阳民族工商业得到较快地发展，商业日益繁荣，交通四通八达，已成为东北的经济中心；经济的发展，使金融活动领域扩大，吸引着金融资本家在沈开设银行。20世纪20年代，是沈阳新式银行发展的极盛时期，至1931年，外埠银行来沈设立分支机构者6家，本地新开设银行10家，储蓄会6家[①]。其中影响较大者如下：

东三省官银号，原称奉天官银号，1905年创建，创设初期以办理存款、信用放贷、抵押放款等业务为主。1924年，东三省整顿金融组织，谋求统一币制，将东三省官银号、东三省银行和奉天兴业银行合并，组成新的东三省官银号。官银号规模扩大，资本额增至奉大洋2 000万元。东三省官银号改组后，业

① 中国人民银行沈阳市分行、沈阳市金融学会：《沈阳金融志》，1989年版，第4页。

务不断扩大，组织机构相应健全。1926年，第五次修订章程时，总号设督办1人，由奉天财政厅长兼任，设总办1人，会办3人，均由省政府委任。总号设业务部，稽核，文书两处和司库。业务部设总经理1人、副经理2人，办理一切号务。东三省官银号在各地设有分支机构达80处，在关内有天津、北京、上海3处，其余均在东北三省各城市，以奉天省为最多。改组后的东三省官银号，性质和业务也随之发生重大变化，包括代理省库、发行纸币、汇兑业务、买卖生金银、存贷款业务、买卖粮食、投资经营等多种业务。"九一八"事变后，东三省官银号被查封，1931年10月15日又在日军的控制下重新开业，后被伪满洲中央银行吞并，共经营26年。

边业银行是当时沈阳的第二家规模较大的华资银行。该行成立于1919年下半年，第二次直奉战争后，由张作霖接办。张作霖接办的边业银行于1925年4月10日在天津开始营业，设总行于天津。总行设总裁、总理、协理各1人。总裁为彭贤，总理为姜德春，协理为梁文彬。边业银行在1925年4月开业时，资本总额定为1 000万元，实收520万元，另外还有5万元虚股。该行资本实系张作霖独家投资，为张家私家银行，仅名义上为官商合办。

边业银行天津总行成立后，即先后在北京、济南、上海、张家口、奉天、哈尔滨等地设立分行。1926年7月1日，奉天分行正式改为总行，同时天津总行改为分行。总行迁移沈阳后，又在东北各大中城市设立分支机构多处，总计达29处。

边业银行于1925年发行哈大洋票1 070万元；于1926年5月开始发行拾元、伍元和壹元券，发行额为1 250万元；10月发行新纸币300万元；1928年5月发行现大洋票；1930年发行壹元、伍元、拾元、伍拾元券和壹角、贰角及伍角券，发行额为800万元。

边业银行的业务，除享有发行钞票特权外，其他业务与一般商业银行相同。银行收益所得，主要是依靠雄厚的资历，发行的钞票，以在各种放款上的利息收入较多。此外，在汇兑调拨款上收入汇费、手续费以及兼营土特产等。1926年，全行收益为40万元。1929—1931年，"九一八"事变前，纯利润最高额达到300万元左右。

奉天兴业银行，原是奉天农业银行。奉天农业银行设立于1912年。因宣统年间奉天省许多地区遭受水灾，特别是新民、锦州、辽中、台安、开原、盘山6县受灾严重，农民财产损失很大，故拟设农业银行。该行总行设在奉天省城，受灾的6县均设支行，天津、上海和省内其他各县也设有分支行等27处，办理普通银行业务。

1913年，奉天省议会决议奉天农业银行改组为奉天兴业银行，资本130万元。1914年5月27日，该行进行募资，其中官资50万元，民资53万元，实行官商合办。12月20日，发行小洋票690万元。1916年10月30日，由于该行部正当贷款和滥发纸币造成的业务混乱，奉天省公署勒令该行停止营业。12月3日，奉天省公署重新确定该行的营业方针，即以奉天、吉林、黑龙江为第一营业区。1917年7月8日，孙百斛任总办。8月1日，发行伍元、拾元、伍拾元汇票券。10月6日，发行四厘债券4 300万元。12月，发行小银元票80.99万元。1919年，发行哈小洋票84万元，汇兑券200万元。1920年将农业小洋票49.5万元回收销毁。1922年，将汇兑券200万元回收销毁。1924年，奉天兴业银行合并于东三省官银号。

中国银行奉天分行，中国银行前身为大清银行，1907年进入东北，首先在奉天、营口、安东、大连、盖平、铁岭等设立分支行，办理借款、放款和汇兑以及其他一般银行业务。1912年2月5日，大清银行改称中国银行。

大清银行改称中国银行后，在长春设立分行，统一管理东三省各分支行。1914年至1916年间，在辽源、新民、洮南设立支行，又在公主岭、西丰、辽阳、法库设立汇兑所。该行发行小洋票、汇兑券、现大洋票及大洋票。1912年，将奉天支行改为分行，专营奉天省内业务，于6月2日正式开业。奉天分行发行现大洋票、哈大洋票、汇兑券及小洋票等4种纸币。1913年6月21日，奉天行政公署对设立中国银行奉天分行有关事宜发出通令。1919年4月20日，奉天分行正式发行汇兑券性质的大洋票。1925年12月，奉天分行发行奉大洋票4 556.5万元。1929年，发行奉小洋票720.8万余元，回收额为622.7万余元。

交通银行奉天分行，1907年，清政府邮传部在北京创办交通银行，旨在经营铁路、电信、邮政、航运的各种款项。该行为官商合办，享有国家银行特权，有代理国库、发行兑换券特权。1908年，交通银行在营口设立分行，后又相继在奉天、长春、哈尔滨、黑河、吉林、齐齐哈尔、开原、四平、大连等地设立分支机构。

1910年4月，交通银行奉天分行设立，1912年开始发行纸币。发行的面额有：拾元券5万元、伍元券10万元、壹元券30万元、伍角券3万元、壹角券2万元，合计发行50万元。旧纸币流通量在奉天及其他地方市面总额合计31.47万元。1913年又发行新纸币，对原发行的银两票及银元票加以回收。1919年4月20日，奉天分行正式发行汇兑券性质的大洋票。1925年，奉天分行发行奉大洋票5 263.8万元。

1929年5月，为整理币制、整理金融，辽宁省政府决定以东三省官银号、边业银行、中国银行、交通银行共同组成四行号联合准备库，以兑换券办理币制整顿业务，取得了一定的成果。

此外，沈阳的银行还有东三省银行奉天分行、奉天商业银行、奉天公济平市钱号、奉天世合公银行、浙江兴业银行、黑龙江官银号奉天分号、奉天储蓄会、银行公会、沈阳储蓄会、奉天大同银行、奉天东北银行辽宁汇华银行、奉天林业银行、济东银行、辽宁民生银行、热河省兴业银行奉天分行、中国国货银行等。这些银行也从事存放款业务，从事商储、内外贸和部分产业，也在外地开设分支机构。这些银行的总资本额在建行之初即已达到2 000多万元。[①]它们对沈阳城市经济的影响、对东北金融经济的影响是显而易见的。

虽然沈阳金融业在20世纪20年代兴起并发展，但一直未能摆脱帝国主义特别是日本帝国主义的控制和压迫。日本帝国主义为摆脱本国经济危机，加强对东北的经济侵略，沈阳成为其侵略中心，日本朝鲜银行、日本正金银行、日本正隆银行、满洲殖产银行等陆续进驻沈阳。“九一八”事变前，日本人已在沈阳开设银行5家，金融株式会社9家，钱庄、银号47家；西方银行在沈设立分支机构的有英国汇丰银行、美国花旗银行、法国法亚银行。这些外国银行凭借雄厚的资本，依恃不平等条约庇护，长期左右沈阳金融市场。

二、发展奉天商埠地

1861年，帝国主义强迫清廷继牛庄后再辟营口为商埠，强行打开了东北地区的大门，外国商品开始源源流人奉天。1903年，美、日两国依据他们与清政府签订的《通商行船续约》，进一步迫使清廷在东北地区增辟奉天、安东（今丹东)、大东沟为商埠，要求“自行”筹建。1905年9月，日俄两个帝国主义国家无视中国领土主权，签订《朴茨茅斯和约》，沙俄将辽东半岛租借权以及长春至旅顺铁路及其有关的一切权益转让给日本。同年12月，日本与清政府签订《中日会议东三省事宜条约》，强迫清政府承认从沙俄手中夺走的沙俄原在中国东北南部所攫取的全部权益。此后，日本将沙俄在奉天强占的“铁路用地”改为“满铁附属地”。在《中日会议东三省事宜条约》规定的开埠16处中，第一个就是奉天。其时，适逢日、俄交战于奉天，故开埠一事，延至光绪三十二年(1906年）才着手进行。

1906年初，奉天将军赵尔巽按条约规定开埠奉天省城商埠地，奉天省当局

① 文史资料委员会:《沈阳文史资料》(第13辑)，1987年版，第168页。

在大西边门外设立了清查房地局，具体办理商埠地地界、收买土地和民房等事宜。

奉天商埠地划定在省城门外。被划在商埠地区域内的东西南北起止各段，均设有明显的界牌标志。分为正界、副界、预备界3种。正界区域：东起打西边城，西至满铁附属地，南起十一纬路，北至黄寺大街，总面积为21.3平方公里。副界区域由十一纬路向南，在今南市场一带。预备界区域由今南市场再向南移，在今市传染病院和和平区砂山地区一带①。

1908年，奉天清查房地局，将商埠地内的房屋、土地收买完毕，共动用白银5万两，所需用的资金全由奉天省公署财政厅垫支。奉天商埠局还在商埠地内设有会丈局，派出专员经办外国商人租用土地、房屋的各项事务。1909年，清政府交涉司指令将奉天会丈局改为奉天开埠局，直接按照交涉司的命令处理开埠的一切事务。1914年，奉天省公署接管奉天开埠局，商埠地内的一切行政事务由奉天开埠局直接报省，由省公署审查指示办理。1916年2月，奉天开埠局撤销，成立筹备处。不久，又将筹备处改为商埠局。商埠局除管理商埠地区域内的商务事项外，还设有公立造砖厂和一些附属机构。共有砖窑7处、瓦窑4处，砖瓦场地总面积166亩。

奉天商埠地开放后，专设外国人居留地。美、日、英、法、德、俄、意大利、波兰、澳大利亚等国总领事馆或领事馆，都集中在这里。各国商民，亦“争相租用”来建厂开店。在商埠地区域内，各国商人开办的商店、洋行共有141户，其中，由日本人开办的103户，由朝鲜人开办的26户，由美国人开办的6户，由德国人开办的2户，由法国人开办的2户，由英国人开办的1户，由俄国人开办的1户。较大的商号有：三畲公司、北合洋行、英美烟草公司、德士古洋行、亚细亚火油公司、松茂洋行、慎昌洋行、德茂洋行、协丰洋行、大安烟公司、三井洋行、中法实业银行等②。由于商埠地多是外国人和外商的缘故，因此，它的街道名称也与城内的街路名称不同，大多采用经、纬来命名，其中南北向的街路称街，东西向的街路称路，南北向的街道以某经街命名，东西向的街路以某纬路来命名，具有较强的西式色彩。

奉天商埠地与外埠不同，属于自行开放，隶属于奉天省公署设局管理，但由于“凡外商所运土货，亦不能纳税”，所以在奉天商埠地内，出现了“外商逾发达，中商逾退步”的现象。到1916年，因“埠地势当冲衢，日臻繁荣”，外资

① 沈阳市人民政府地方志办公室：《沈阳市志》第九卷，沈阳出版社1999年版，第31页。
② 沈阳市人民政府地方志办公室：《沈阳市志》第九卷，沈阳出版社1999年版，第32页。

企业已具相当规模，洋货充斥市场。有鉴于此，张作霖决心在商埠地中，辟建南、北市场，使之与城内繁华中街互为鼎足之势，遥相呼应，构成与“附属地”、商埠地外商抗衡的格局，激励民族工商业发展。

1919年初，张作霖令奉天省长王永江督办，在商埠地南部辟建市场，称为“南市场”。消息传出，殷商巨贾趋之若鹜，竞相抢购宝地做生意，市场迅速形成规模。南市场位于今五经街以东、十一纬路以南、三经街以西、十三纬路以北的方圆里，总占地面积0.53平方公里。市场辟建工程，由商埠局工程科长何毅夫具体负责实施。他遵照张作霖、吴俊升等人意图，以中国传统的八卦图像为参照，以一座青砖建造的、半圆形两层圈楼为中心，当做太极图；再按八卦的乾、坎、艮、震、巽、离、坤、兑部位，修筑8条辐射街路，分别叫乾元路、艮永路、巽从路、坤后路、坎生路、震东路、离明路、兑金路。这8条路旁，再以温、良、恭、俭、让、刚、健、笃、实、辉、生、廉12字为系列，相应取8路中的第二个字搭配，合成12条里巷的名称，纵横交错在市场内，方便进出。在东南方进口处，高竖一座坚实的铁牌楼，牌楼的铁质拱门上，横嵌“南市场”三个大字。市场内小本商户居多，且以服务业、饮食业为主。这里有当时著名的东北大戏院)，商埠大舞台；有曾享盛誉奉天的商埠楼、鹿鸣春、新德馨和厚得福4家饭店，还有众多的小吃店；有服务周到的第一池和星罗棋布的丝房、杂货铺、鲜果店、照相馆……其中规模较大的商家有（英商）老晋隆洋行、公兴五金行等。

随着市场迅速发展，色情行业也渐次蔓延开来，涌现出为数众多的妓院和设有“女招待”的大烟馆，妓院多、烟馆多、赌场多是南市场的特点。在圈楼附近就有28家之多，较为出名的东有花铃、群乐书馆，南有蒲湘、万顺书馆，西有月华，长乐书馆，北有金红，新华书馆；还有桃源、金华阁、万丛花、龙凤等。色情业蔓延，使社会状况日趋复杂，许多富商巨贾、纨绔子弟、警匪兵痞、流氓地赖都在此吃喝玩乐、作奸犯科、斗殴闹事；穷苦百姓为挣扎求生，也混杂其间摆摊叫卖、要棒弄棍、剃头修脚……这里生活最悲惨的是那些油头粉面、强欢卖笑的妓女们。南市场成了富人的“天堂”，穷人的“地狱”。

1920年春，奉省当局又在商埠地北部，辟建北市场，延续到1921年末才陆续建成。北市场的大致方位，东至老北站、南到市府大路、西邻南京街、北抵皇寺大街，总面积0.47平方公里。这一带，既有外国领事馆、中外商会、奉天纺纱厂等，也汇集了大量小商小贩，是个五行八作俱全，商客游人熙攘的闹市。据记载，这个地区“到1927年，已发展到40个行业，包括商业、饮食、服务、修理业等1 369户，总资本奉洋352万元”，其中有“大中型京洋杂货商号

67户，当铺2户，金店2户，钱庄10户，诊所、药房25户，钟表业17户；下杂货业121户，米面铺44户，酒店油坊17户，肉菜铺72户，澡塘5户，戏院茶社10户，其他行业977户”[①]。

当时较大的商场有北市、民生、公和、中原4家。北市商场是1922年由10多家小商贩组成，生意红火，3年后便扩大场地、装修店容，颇具规模，但1929年，失火烧毁了。业主们再度集资，重整旗鼓经营，到1939年已拥有业者110户，营业房300多间，其规模居全市各商场前茅。民生商场由20来户业者组成，因地点偏僻、资金不足、竞争力弱，勉强维持到1939年便倒闭了。公和商场是1937年由130多家小本业户组成，经销低档“大路”货，一般百姓常去光顾，营业尚佳。中原商场是1939年由工商大户王拂尘牵头联络59户业主合资兴办的，不久便发展到100多户，营业颇具规模，名闻全城。此外，较大的商号还有大顺永、大德祥、鸿兴隆、鸿增祥、天兴源、义丰长、东升祥、瑞林祥等。这些商店多经营绸缎布匹、服装鞋帽、日用百货、金银首饰、香花礼烛之类。北市场有大小饭店120多家，以会宾楼、品香斋、三合盛、四兴隆较有名气。全市著名的3家大戏院——中山大戏院、大观茶园、共益舞台，都设在这里；还有云阁、保安等影院。被人称道的四海升平、玉明等茶社，也设在这里。小有名气的商家还有广生堂、宝和堂、万芝堂、益寿堂等药房；东金华、聚宝兴、广顺、爱华等金店；登瀛泉、第一泉、天河池等浴池。散布在平康里、宜春里、永宜里一带的，是令人触目惊心的180多家妓院。混杂这一带街头巷尾的，有耍枪棒卖膏药的、算命卜卦的、摆摊设赌的、拉洋片捏糖人的、叫卖小吃大碗茶的，可谓五花八门，无所不有。北市场成了一块地地道道的杂巴地。

南北两个市场的辟建，使商埠地由正界区域逐步扩展到副界区域。1921年6月，商埠局同奉天警务处协议，在商埠地内设立商埠警察局，办理由商埠局直接管理区域内的一切警察行政事务。

1923年，奉天确立市制后，商埠局总办韩麟生认为商埠地“埠政荒芜，百废待举，而经费拮据，设施维艰，乃先募集10余万金，增修经路若干条，纬路若干条，土路若干条，三角公园一座。”而且在今十四纬路南筑起东西向水坝数里，以防今南运河等洪水内浸。商埠地的基础市政设施从1927年起又得到新的改善。

在商埠地，依据财力，分年度改建道路，铺装下水道等，市政建设循序

① 沈阳市人民政府地方志办公室：《沈阳市志》第九卷，沈阳出版社1999年版，第33页。

渐进。

1923年，翻修三纬路、五纬路、十一纬路、十二经路、二十三经路，实现石子铺装或石块拼装，十一纬路是干线。

1924年，新筑南一经路、南二经路、南三经路及东纬路，十二纬路、十三纬路、十四纬路的东段，甄化里小经路、政善里小纬路、术艺里小纬路的各东段，以上各路还是沙土路面。同时，新筑公立医院门前小纬路、三纬路西段、十八经路南段均改装石块路。

1925年，新筑南四、南五纬路等15条经纬各路段为沙土路，共长1657.4丈；翻修五纬、十一纬路、一经、三经路为石块砌筑路。

1926年，改善六纬、九纬、二十六纬、二十七纬路，四经、十九经路为石块砌筑路。翻修华兴广场，改修其周围的乾元、艮水、巽从、坤厚、坎生、震东、离明、兑金各路为石块砌筑路。

1927年，翻修一纬路、十一纬路、二十三经路为石块砌筑路。一纬、五纬、十一纬和三经路又改修为部分柏油路。市场南路中段、南五经、南六经路、政善里中段、十三纬路西段等为新辟沙土路。[①]

几年间，商埠地的蓝图逐渐成为现实。在其发展的顺序上大体上是由北向南，由东向西。期间，街路质量的变化则是先沙土路，再石子路，石块砌筑路，最后成为柏油路。但在商埠地未曾发生拆屋拓路的情况。因为规划在先，建设在后。

在改造商埠地街路的同时，商埠地还建设了两处广场。位于南市场的华兴广场，直圆形，占地一亩多，是八卦路的交会点和辐射源。位于今辽宁日报社对面的那块三角形绿地则辟为街心公园式广场。二经街、三经街、五纬路交会出这块三角地，有2.8亩。先被日本人租用，后又转手给英国人沙敦。出于设立市街公园为路人提供休憩之所的考虑，经省公署批准，由商埠局出面收回此地，并辟为沈阳第一座欧洲风格的街心公园。园内修甬路、建喷泉、造假山、砌花坛、植树种草……周围设低矮铁栏，是闹中取静的好去处。

配合街路新筑和改造，奉天市开始建设城市排污下水道，变原街路两旁的明沟为地下暗沟道。1924年，从小河沿上游到大南边门建设第一下水分道，从惠工到大西门外建设第二下水分道。两道在大西边门外汇合再通往干道排入浑河。在第二下水分道上，由小西门向大西门外又建一条分道，在山东会馆处汇

① 张志强：《沈阳城市史》，东北财经出版社1993年版，第195页。

入第二分道。这两套排水分道有助于城关、惠工及商埠部分地区排污状况的改善，共耗资5.9万元。[①]

1926年，商埠地重修浩然明沟、二纬路暗沟，并决定在埠内各重要马路埋设水泥下水管道，大口径者有3尺，小口径者有1.5尺，共长8 000多丈；在小马路埋设缸管下水道，口径有1.5尺和0.8尺，总长5 000多丈。1928年，为保护商埠地不被水浸，从3月起动工，历时6个月在今南运河北岸筑起了一条防水坝，东起今青年大街，西至今哈大铁路。该土坝以南七经路为中心分为东西两段，西段坝顶宽5米，高4.8米，全长1 938.5米；东段坝顶宽4米，高4.3米，全长3 364米。[②]

1929年沈阳市政公所将商埠局迁至城内市政公所内办公，商埠局局长由沈阳市市长兼任。

沈阳商埠地的开辟和发展是奉天城市发展史上的一件大事，是奉天迈入近代化的开端。

三、民族工业蓬勃发展

20世纪20年代，东北人民反抗日本侵略运动日益高涨，提倡国货、兴办实业、抵制日货的活动风起云涌，一些民族资本家纷纷投身实业，在以张作霖为首的奉系集团的大力扶植下，奉天涌现了一批新兴工业，“纯益缫丝厂”“八王寺汽水啤酒公司”“惠临火柴公司”“东兴色染纺织公司”“同昌牙粉行”“奉天纺纱厂”等企业先后诞生，号称一时之盛，也使奉天成为东北最大的工业城市。

1918年9月，纯益缫丝公司在大北关钦差府胡同成立，占地47亩，拥有资金25万元。两年后，纯益缫丝公司扩大生产，设置肯奈尔式脚踏缫丝机400架，织机150架，开始生产花素绌和纯丝。该厂工艺先进、质量上乘，竞争力超过了进口货。当时的三名技师都是国内外专门学校毕业的，但160名工人却都是男子，并无缫丝女工。1922年又增资22万元，并陆续在海城、安东（今丹东）等地建立分厂和收丝处，扩大了生产规模。1927年又改为官办。

1920年8月，北京朝阳门里的双合胜啤酒厂朱寿臣从北京来奉天，租用奉天八王寺清泉井西面3亩多香火地，建起奉天八王寺汽水厂。1922年初，由张惠霖、金哲忱、沈宜清、高荣久、王枢垣、善泽民等人，又租用八王寺前香火地52亩，筹集资金大洋32万元，于当年3月5日，在奉天市工商部门注册，建

---

① （日）菊池秋四郎、中岛一郎：《奉天二十年史》，第183页。

② 张志强：《沈阳城市史》，东北财经出版社1993年版，第196页。

立起奉天八王寺汽水、啤酒、酱油股份有限公司，并于11月进行投产。

该公司建筑面积约7 000平方米，其中只有酿造啤酒车间是一栋楼房，用机器生产，有4条生产线，公司职工约200余人，年生产能力为汽水10多万箱（每箱48瓶）、啤酒10万箱（每箱48瓶）、酱油1 000万斤。

当时，日本饮料大量涌人中国市场，对中国进行经济掠夺。奉天八王寺饮料公司是新兴的民族工业，因其产品质量好，受到广大群众的欢迎，起到了抵制日货的作用。该厂为了唤醒人民群众，提倡国货，发展中国工业，广泛征集商标图案，最后采用“金铎”为汽水、啤酒商标，目的在于唤起民众，警觉帝国主义入侵和渗透，具有较深远的政治意义。

1922年1月，张惠霖在沈阳创办惠临火柴公司。张惠霖又名张志良，原为奉天督军署监印官。他因不忍见民族工业遭外商排挤，决心创办实业，与外商抗衡。为此，他以“纯粹华商为限”，招募6 000股，集资60万元，在奉天小西边门外黄寺附近，租地建厂，创办了“惠霖火柴股份有限公司”。同年12月10日，惠霖公司向沈阳县公司申报注册，正式投产。惠霖公司主要生产“麒麟”牌红头火柴和“双鹤”牌黑头火柴。改公司产品一经上市，就以质优价廉受到国人欢迎，生意十分红火。致使日商的火柴销量江河日下。日资“东亚磷寸会社”和“奉天磷寸会社”曾一度联手挤兑惠霖公司，但终因火柴质量和价格原因败给惠霖公司，被迫于1924年7月宣告倒闭。由惠霖公司出资18万元将其收买。并把原日商厂址作为总厂，把惠霖原址作为分厂，扩大生产规模，达到日产100箱投入市场，从而进一步扩大了惠临火柴公司的生产能力。除营口外，是当时东北地区火柴主要生产厂家。惠临公司成为奉省火柴生产的骨干厂，产品覆盖东北。使进口火柴从1921年的48 564箱锐减到1925年的945箱，基本把日本火柴挤出了奉天市场。

1921年2月，爱国实业家刘凯平在城内东升染房胡同租用6间房，创办了“同昌行”牙粉厂，专门生产销售老“火车头”牌牙粉。

刘凯平为辽宁省义县人，1913年3月到沈阳，在西华门外租两间土房，以贩卖咸菜为生。他看到当时洋货充斥市场，甚至连牙粉都是外国货，就决心从事牙粉制造。他钻研有关工艺书籍，学习牙粉的制造方法，终于研制成功。他积极投身提倡国货、抵制日货的洪流之中。但苦于没有资金，他思忖再三，最后向其舅父借到奉票200元，于1914年开始做牙粉，产品取名为“地球牌”。由于当时国货为老百姓所乐用，因此地球牌牙粉一经问世，销路甚好，开业两年获利甚多。为了扩大再生产，1921年春，遂将工厂迁至城内。

同昌行生产的“老火车头牌”牙粉是奉天最早的名牌国货。在封面商标两旁印有“提倡国货”四个醒目红字。火车头象征着前进，有日新月异之意。年产量达4万多打铁盒或纸袋，全部向外批发。在沈的批发商店有春发长、元隆久、福顺隆、同塔利等，同时省内各县均有批销。

同昌行是在提倡国货、抵制日货运动中发展起来的。当时日本工业品大量向东北场倾销，天林、狮子、司毛卡等牌号日本牙粉每年在辽宁市场批售10万打。刘凯平以比日货物美价廉一倍老火车头牌牙粉大量销售辽宁各地，日本牙粉则转而受到冷落，给日商以很大打击。

1924年9月，东兴色染纺织公司建立。该公司由留日高工色染科毕业生陈楚才等人发起，集资5万元，占地30亩，在沈阳小东边门外建立。该公司机器全部由日本购进，为东北地区首家采用新式机器染色的工厂，产品质量优，信誉高，销路广，因而发展极为迅速。后又增资16万元，1928年以24万元资本改组东兴纺织厂。1930年在西关设分厂。1931年，总资本达50万元，有机器400台，职工近千人，是东北地区民族工业中颇有影响的企业之一。

上述几家民族工业是当时奉天具有代表性的著名的民族资本大厂，他们大多与奉系上层有较深的交往，因而他们的产业发展较快。奉天除这些规模较大的民族工业外，当时的工厂数量占全省的34.7%，资金占14.3%。[①]其中规模较大的是奉天纺纱厂、大亨铁工厂、皇姑屯铁路修车厂。

奉天纺纱厂是在张作霖的提倡下由王永江支持筹备的。创建于1919年。当时正值第一次世界大战刚刚结束，各国民生凋敝，实业萧条，产品供不应求，纱布尤甚，靠消费进口纱布的奉天民众热盼能有物美价廉的国货。王永江据此根据张作霖的授意决定采用官商合办的方法创立奉天纺纱厂。

1920年6月，奉天纺纱厂购进纺机1万锭，织机100台，9月开始招募商股。10月勘址定厂于小西边门外十间房北商埠地界内。1921年2月，奉天纺纱厂启用关防，佟兆元出任厂长。此后，筹备事宜由省财政厅交归厂里直接负责办理。

1922年10月，委派孙祖昌继任总理职务。此后，工程逐渐告竣，机器设备亦全部到齐，开始招募工匠和学徒，安装设备，积极进行调试。

1923年3月，奉天纺纱厂召集商股股东大会，选定韩冈岑为协理。7月16日，开机试生产。10月1日，正式开工生产。奉天纺纱厂额定资本为奉大洋450万，股份额定为4.5万股，每股作为奉大洋100元，以商民投资之数为商股，其

① 张福全：《辽宁近代经济史》，中国财政经济出版社1988年版，第124页。

余为官股。官股2.5万股，由奉天省财政厅支出250万股；商股2万股，计200万元。至1925年底，奉天纺纱厂商股为21 117股，股款为奉大洋211.17万元。其中东三省官银号为3 389股，33.89万元；中国银行1 328股，13.28万元；交通银行1128股，11.28万元；奉天储蓄会528股，5.28万元；奉天总商会1 097股，10.97万元；东边实业银行545股，5.45万元；沈阳县767股，7.67万元；辽阳县1 289股，12.89万元。①

奉天纺纱厂组织结构比较完备，设董事11人，监察5人，总理1人。以现有官商股之比例，官股内派董事6人，监察3人，内1人为常驻监察人；商股内选举董事5人，监察2人。总理由官股董事内指定，协理由商股董事内互选。该厂组织力求简单，以期提高办事效率。在总理、协理之下设秘书、稽核各1人，并设商务、工务两大处。商务处设工务长1人，下设纺绩、机织、电气、机械、考工5科及工人管理室、医药室、工账房、物料库。

奉天纺纱厂总占地面积280亩，下设有：

纺织工厂：厂房共计510间，为防寒防暑，采用锯齿形一层建筑，顶窗向北，光线充足。内分纺、织两厂，纺厂分钢丝、并条、粗纱、细纱、摇纱、成包、染色各部；织厂分准备、力织、整理、打包、针织各部。

清花厂：厂房共计96间，在纺织厂西北侧，分地上地下两层，地上为清花工作之用，地下为尘垢蓄积之所。厂房北侧有尘筒，与地下相连，一切尘垢均由地下直达尘筒。为防止火灾，该厂采用钢筋水泥建筑，并与其他厂房不相连通。

电气锅炉房：电汽房与锅炉房左右并立，西为电汽房，系两层，厂房甚高，光线充足。锅炉房内部宽大，有锅炉两座，与房后大烟筒相连。

花纱栈：花纱栈共8座，每座10间，可容棉花10万公斤，全部用砖砌，地脚用木板，以防潮湿，上有气孔，以流通空气。

机修厂：机修厂共11间。系一层砖砌，内分木工、锻工、铸工、机修各部，纺织工厂机器均有机修厂维修。

此外，还有办公处、暖气锅炉房、水塔、水井、职员宿舍、职员家属宿舍、职员俱乐部、工人宿舍、工人俱乐部、医药室、调养室、职业学校等建筑设施。

奉天纺纱厂重视专门人才，特聘留学欧美、日本及中国高级学校专门人才

---

① 奉天纺纱厂档案，“商股股数目表”。转引自马尚斌：《奉系经济》，辽海出版社2000年版，第48页。

为各厂技师，主持纺织及机修事务。在工务员方面，曾招甲种工业学校毕业生30名，先后送至天津各厂实习，回厂后量才使用。在筹备期又招徒工100余人，亦送至天津各厂学习3个月，以掌握基本的操作技能。工人分工匠、徒工、女工及夫役4种。按1930年5月底的统计，共有1 862名。其中工匠857名，徒工547名，女工218名，夫役240名。

奉天纺纱厂的所有机器均由慎昌洋行从美国名厂定购。计有纺机250台、纺锭2万只，电机1 000启罗瓦特，织袜机5架等。

该厂在初创时期考虑到一半大众的消费，所生产的品种大多为32支以下的坎布、花其布、打连步、细平布等。其生产原料，纺纱以穰棉为原料，织布、织袜及合股染色以面纱为原料。由于该厂所需原料甚多，故在辽阳设有办事处。辽阳为产棉地区，产量高，成色优，另外其原料也从省内外的优质产棉区购进，以此保证产品质量。该厂产品棉纱、棉布、色纱、线袜等受到市场的欢迎。但奉天纺纱厂开工初期，棉花价与纱价发生倒挂，一捆纺纱须赔30元，因此经营惨淡，举步维艰。纺纱厂为走出困局，开始进行整顿。工厂内部组织全部改革，将工厂分营业、会计、议事、司检4部，各部设部长1人，部员根据事务繁简确定人数。工厂内设置调查员和监视员各4人，负责考查练习生的成绩，并按照优劣分配具体工作任务。经过整顿，奉天纺纱厂状况出现好转，扭亏为盈。

奉天纺纱厂促进了商业的发展。纱厂所产纱布仅批发不零售，省城内代卖之商号达50余家，外城各商业繁盛之地也有专门商家代卖。纺纱厂要求各代卖商号必须先找可靠铺保，写明取货最高额，在此额内随时任意取货，取货后限30日交款，所有买卖损益概归各商号自己负担，厂方不负责任。然而，因奉天纺纱厂制品精良，质地坚固，销路日广。

1924年，杨宇霆等出资160万元，在东关占地177亩，设立大亨铁工厂。全厂分车工、钳工、木工、焊工、锻工、铸工等6个部，机器80余台，另有锅炉3台、熔炉5台、铁炉8台，汽锤及起重机8台，钢钳百余台。可从事铸管、铁路车辆、铁桥、暖气片、锅炉、起重机等生产。其附设酸素车间，日产20桶。开工初期有工人600余名，即今沈阳矿山机器厂前身，是当时著名的机械工厂。

1925年，皇姑屯铁路修车厂（原沈阳机车车辆厂前身）开建，1928年8月投产，初期投资77.1万元。有机械145台，工人1 000余名。后增加投资，共设南北两厂，有南机械、北机械、货车一、货车二、机车、起重机等车间，工人3 000余人。“九一八”事变前，共修机车66台，客车129辆，货车1 149辆，是当时京奉铁路的重要工厂。

民族工业出现投资设厂的高潮所带来的直接后果是促进了奉天民族工业的发展与繁荣，对民族资本主义的发展亦起到了极大的促进作用，为日后奉天成为全国的工业城市创造了有利条件。同时，沈阳产业工人急剧增加也在改变着市民心态，改变着市民社会结构，对沈阳工业经济地位的提升起到积极作用。

四、城市商业日益活跃

建市以后，沈阳的城市商业愈发繁荣了。有城就有市，有市即有商，这是中国乃至世界普遍的发展规律。沈阳自汉代设候城，商业经济也同时萌芽，但两千年来，由于沈阳始终处于农业文明与游猎民族的激烈撞击点上，城池浮沉多有起落，其经济形态的变化也变幻无定。只有清太宗时期，沈阳商业作为首都城市经济的一部分，获得了比较充分的发展。清代二百年，沈阳城市商业经济的范围已波及全东北，已经成为物资集散的中心，有了固定的城市商业区域，有了简单的商业管理机构。辛亥革命后，沈阳商业持续发展，不仅是东北商业的中枢，也促进沈阳自身城市发展的动力。城市商业与城市发展相互促进，城市建设的兴起给商业经济繁荣提供了机遇。

沈阳地区的商业不仅有了大规模的发展，而且日益活跃，先后形成了中街、太原街、北市场等规模较大的商业街区。商业街区各种商铺林立，1924年共有各类商号4 040户，其中为民国年间设立者达3344户；其他零星杂商共有2 558户，其中民国年间设立者达2 122户[①]。许多老字号经久不衰，新字号纷纷设立，进一步促进了商业贸易的繁荣。

建立市制当年，奉天市政公所曾宣布布告，在太清宫至小西边门开辟有轨电车，两侧商铺民房一律拆除后重建门市，并相应发放地号统一管理。在新市街计划中也提出对原西门脸一带旧商业区、热闹地的改造。西门脸主要是指大西至小西城门中间的那一段。随着市政公所新市街改造的规划，一部分店铺在新街路两侧新建二三层中西结合式的楼宇继续营业，另一部分则集中到一处新建的商业小区——第一商场。

1926年，奉天第一商场挂牌营业。商场主要包括清真北寺以东的圈房商场和以后在其东邻兴建的“兴游园”。

奉天商场的成立是建市以后商界的一件盛事。商场平面呈“井”字型，把

① 马尚斌：《奉系经济》，辽海出版社2000年版，第176页。

原来零散在西门脸等处的行、床、店、铺集合一处，容布匹、鞋帽、成衣、杂货为一统。商场间店铺各设栅板，多取兴、广、德、发、盛、源、昌、福、和、祥等字号，店内多是栏柜一条、货架三面、条凳几条。

兴游园的平面犹如一具车轮，其间茶馆、杂耍棚、小吃店辐辏交错、分割相间。随着奉天第一商场的营业、电车路的兴修，在今西顺城街、市府大路广宜街至长信局又出现了新的商业繁荣。

中街是沈阳最繁华的商业街，从清盛京时代起即是沈阳的商业中心。清初，城区进行扩建，将原来的“十”字型两条街改筑为“井”字型4条街，即今沈阳路、中街路、朝阳街、正阳街。当时，中街称四平街，东西两侧建有钟、鼓二楼。街长579.3米，宽11.7米。

街容店貌却极不相称，街道狭窄，商号交错林立，车水马龙，十分拥挤。随着商业贸易的不断发展需要，中街商业区开始不断向四外伸延扩展。1927年，奉天市政公所作出拓宽城内中街、拆除钟、鼓二楼的决定。要求街路从3.5丈拓为4.4丈。路两旁的南北店铺一律后退1.1丈，号召新建楼宇或修饰门面。大街两侧辟出人行道。这些决定使中街商业区的面貌进一步变化，向着近代商业都市经济的门槛又迈出重要的一步。同义和的三层楼、利民商场二层楼，吉顺丝房的五层大楼，萃华金店总号三层楼，吉顺隆丝房的五层大楼等大厦接踵而起，中街旧商业区的主体建筑、商店分布、街道规划都是在这时确定的。中街改建以后，连同今正阳、朝阳街及西顺城、小西路、第一商场等组成沈阳最大的城市商业区。随着沈阳商业贸易的迅速发展，商业经营方式也发生了演变，由传统的经营方式向近代经营方式上转变，“老天合”商号便是沈阳首家新型百货商店。“老天合”是中街最早的商号。清康熙十五年（1676）前后，由山东黄县人单文利和单文兴兄弟二人在中街路南租房数间创办。最初名“天合利，为手工丝作坊。康熙二十年（1681）单文利买下原址地皮，修建了门市房，进而发展到经营推销洋广杂化的“丝房”，从以手工业为主的丝作坊发展成为以商业经营为主的百货商店，便把“天合利丝作坊”商号改称为“天合利丝房”。日俄战争时商店被洗劫一空，在各地分号的资助下复业改称“老天合丝房”。“老天合”营业分三部分：后院大楼是总店，经营布匹绸缎，称为“老天合丝房”；东院称为“老天合源记”，专门经营杂货；临街老式三层门市楼房，称“老天合辅记”，营业项目与总店一样。这三处门市在内部是一个整体，一本总账，由一个经理全权负责。“老天合”兴旺时期，上下柜伙计共有248人。1924年在老天合胡同的后院“天合利”老房址，改建一座沈城最早的经营百货的楼房，尔后中街的“吉顺丝房”、“兴顺丝房”也步其后尘相继盖楼。在东北的一些市县，设有分号20余处，成为驰誉沈阳的大百货商店。“老天合“是依靠地主、王府、军阀、政客和中上层知识界而发展起来的企业。

1931年“九一八”事变后，生意骤然下降，甚至陷于难以维持的局面。1942年，后院大楼即告关闭，只剩下前面的“老天合辅记”勉强维持。1945年日本投降时，“老天合”的雇员纷纷离去，股东们将房产分批分段卖出。煊赫一时的“老天合”，在日伪的摧残下，烟消云散了。

萃华金店也是沈阳当时具有代表性的私营企业。它在掌握金银行情、制造与销售首饰方面，可称是金银业中具有特长的大商号。此外，萃华作为一个金银业的大商号，超越经营范围倒卖金条，是自1926年以后被重视起来的。大量借贷除用于原料储备外，即全用在金条的周转上，亦买亦卖，从中牟利。“九一八”事变前，萃华6处营业店一直处于兴旺年代，每年获利达10万元现大洋。其中营业情况最好的是哈尔滨分号，沈阳分号次之，安东县的略有盈余。哈尔滨市分号营业额高主要因该市靠近产金地带，金沙收购量多，市内同业只六七家。萃华分号在该市每日营业额仅首饰一项平均一天即达哈大洋8 000元。东北沦陷后，萃华金店逐渐萎缩，直至被迫解体。

为了适应沈阳城市商业的新发展，1924年沈阳商会调整，改16个分会为6个，扩大各分会区域，改所属水会为消防队，在原府尹衙门建筑商会办公楼。张志良、丁广文、梁景芳等成为沈阳商界著名人物。

随着市制的建立，沈阳城市商业的发展愈发繁荣的同时，也加快了外资商业在商埠地、铁路附属地的经济扩张。

商埠地的北市场、南市场的商业繁荣已经起步，但外资商家的发展进入全盛时期。礼和、雅利、福华、天利、原太、华惠、木床、西门子、世昌、东大、魏德、雷虎、罗古洛、马古斯、三德生等15家德国洋行、公司从事建材、机械、染料、药品等商品经营；老晋隆、怡和、亚细亚、仁记等24家英国公司经营机械、石油和染料等行业；慎昌、美孚等19家美国洋行、秋林等13家俄国商行及捷克的斯克达、奥地利的百禄、丹麦的文德、挪威的福康，还有法国的3家洋行等[①]都在沈阳商界占有相当的经销份额。在沈阳建市、城市经济有新发展的时期，外商获得了空前的商业利益。

同时，日本也不甘落后，在其独霸的“满铁附属地”是日商对沈阳进行经营扩张的大本营。在今中山路、太原街、中华路、民主路等地日本商号鳞次栉

① 沈阳市志通讯杂志社：《沈阳市志通讯》，1983年第2期，第9页。

比，原和平商场、中兴旧址的联营、今和平副食等商业店铺多数是那时开业的。

日商的特点是单体规模并不很大，但群体能量不小，在“服务满铁社员”的名义下，日本商家把更多的精力对准沈阳城的中国市民，对准广大的东北销售市场。

“附属地”南站一带华资商业也有几家，天聚东、悦来栈等屈指可数，而这几家也多因是与军阀政府多有瓜葛才得以发展的。

20年代是沈阳市制诞生的年代，作为近代都市的一个基本存活条件，商业经济的新发展有利于城市的近代化。

沈阳在东北商业中心的经济地位得以恢复并愈加发展了。

五、铁路建设快速发展

沈阳在建市以前已经成为东北铁路交通的南部枢纽，有“南满”铁路、京奉铁路、安奉铁路、苏抚铁路在这里交汇，是东北最大的客货运输中心。但是“东北铁路，殆全非我有，交通之权，为外人操纵。”[①]东北铁路几乎都是由沙俄、日本两列强所把持，为了改变这种屈辱的境况，东北民众不断抵制列强在东北强行筑路。

1920年，张作霖利用俄国国内战争的机会，要求收回中东路权。成立新的董事会，由中国督办担任董事长，并陆续收回中东路的军警权、司法权、邮政权。组织哈尔滨特别市政管理局，派驻护路军，撤销原地亩处等，从而打破了俄国独霸中东路的一统天下。

在这期间，东北自筑铁路的呼声也很高，张作霖也采用了王永江的东北铁路大计划，并责其多次与日本交涉，历时两年未获外交结果，于1924年秋便决定自行建造一条由奉天到今吉林省海龙的铁路——奉海铁路。

奉海铁路是东北第一条官商合办铁路，拟投资两千万元，官资一千万由奉省财政厅拨给，商资一千万由商民认股。为了建设奉海铁路，1925年5月14日，成立了官商合办的奉海铁路股份有限公司。奉海铁路干支线营业里程总长337.1公里[②]，干线自奉天经海龙县至朝阳镇（今辉南）263.5公里；支线自梅河口以北的沙河口（今莲河）至西安县城73.6公里。沈阳至海龙干线247公里，用时2年零3个月，梅西支线用半年时间。

奉海铁路投资2 000万元奉大洋，共发20万股，每股100元，只允许中国人

① 东北文化社编印处：《东北年鉴》，东北文化社1931年版，第373页。
② 辽宁省档案馆藏：《奉天省公署档案》，第3958号。

认股。作为官股，东三省官银号、中国银行、交通银行、东北银行、东边实业银行、商业银行、黑龙江官银号、公济平市钱号共认1 000万元。作为商股，张作霖等奉系上层及辽宁工商界及各地各种储蓄会[①]亦认1 000万元。

奉海铁路，北连吉海，南接北宁铁路和南满铁路，沿途经过沈阳、抚顺、清原、海龙、东丰、西安（今辽源）6县，还有山城镇和朝阳镇（今辉南）两个商业中心市场。海龙在清代曾为府治，辖柳河、东丰、西丰、辉南各县，是物产丰饶的地区。奉海路通车后大宗物资顺路南下沈阳、营口，改变了西至开原经“南满”路南下的渠道，这不啻对日本侵略东北经济的计划是一巨大的牵制和打击。

奉海铁路创办之初即决定不用外人，不借外债，“日人虽百计利诱要挟，思图破坏，或谋参与其事，然当局毅然不为所动。”[②]奉海铁路地势险峻，工程艰巨，全线除需建设279座桥涵外，还要凿通老虎岭、西岭山两座隧道。筑路之初，日本人视为儿戏，非笑于旁，及至路成又咂舌惊叹！筑路者开通了490米长的隧道之后使全线提前九个月竣工，表现了建筑迅速、用费节省，表现了筑路能力超乎想象。

奉海铁路开辟了东北自办国有铁路的新纪元，创造了中国铁路建设史上光辉的篇章。奉海铁路的建成打破了外国对东北铁路的垄断，奉海铁路通车使沈阳的铁路网趋于合理，填补了东北方向无铁路的空白。特别是奉海铁路与京奉铁路连轨以后，使东北东部与关内的联系更加紧密，促进了东北东部的社会发展和经济开发促进了关内外的物资交流，对京奉铁路的经济效益起到了极大的促进作用。

同样，奉海铁路起点站在沈阳，以其为依托出现了新的奉海工业区城市板块，以奉海铁路为干线的铁路支线把兵工厂、大亨铁工厂、造币厂、迫击炮厂、粮秣厂等连成一线，从而推动了沈阳工业的近代化，为现今沈阳东部工业区打下了坚实的基础。当奉海站（今沈阳东站）崛起于大北边门外时，沈阳真正有了一个建筑辉煌的国有铁路的车站。

1929年，奉海路改称沈海路。其建筑以来的经济效益是值得称道的。1926年每平均营业公里收入为79元，1929年即提高到319元，1926年总计进款

---

① 张伟、胡玉海：《沈阳三百年史》，辽宁大学出版社2004年版，第337页。

② 东北文化社编印处：《东北年鉴》，东北文化社1931年版，第426页。

235 899 000元，1929年即提高到520 634 700元。[①]奉海铁路是保卫国产路权的体现，是20年代东北铁路上的大事情，是对沈阳城市发展起了积极作用的铁路。

六、无线电事业取得进步

电信事业对于国防建设和经济发展具有十分重要的作用，东北地方当局十分重视电信事业的建设，尤其是无线电事业取得了长足的进步。

日本帝国主义长期侵犯东北电信主权，垄断东北电信事业。早在1904年日俄战争期间，日本军队就为战争需要，大肆抢夺东北电报交通机关，并擅自添设电报及电话线路。战后，日本通过与清政府签订《中日电约》和《满洲陆线办法合同》等不平等条约，进一步攫取东北的电信权利。如1908年10月12日签订的《中日电约》，虽规定“日本未经中国允许不在租界外安设电线、电报，但倘他国有所举办，当按利益均沾之条办理”。并规定“中国政府允借给日本铁路境内之各商埠通至铁路境内各一到两条电线，全归日本使用”[②]。在1908年11月7日签订的《满洲陆线办法合同》中规定：“中国将安东、牛庄、辽阳、奉天、铁岭、长春六处电局与各该处铁路境内之日本电局接通。以便中、日电局互传往来电报。”[③]此后，日本以南满铁路为依托，远远超出条约之规定，越界立杆架线，在延吉、龙井、珲春、头道沟等处擅设电报局所，擅自将营口日本电话公司与旅顺、大连、新民、奉天、抚顺、辽阳等处彼此接通长途电话，擅自收转中文电报等等。同时，由于东北地区的中国电报干线主要设于南满铁路沿线附近，中国电信工人平时查线维修，经常受到日本守备队的无理阻挠和干涉，甚至毒打、残害乃至射杀中国电信工人的事件也屡屡发生。

东北的电信事业在日本帝国主义的践踏下已成支离破碎的残败局面，无论军政还是商业电报通信都难以得到有效保障，不但影响东北军政事务的正常进行，而且不利于东北民族经济的发展。鉴于有线通信的种种复杂局面，东北地方当局决定从加强东北地区无线电通讯入手，建立自己的无线电通讯网，以打破日本对东北电信事业的垄断局面，挽回东北的电信利权。

1922年，张作霖下令成立东北无线电监督处。1923年，在张学良的积极主张和大力支持下，一批留学生和无线电工程技术人员来到东北，经张作霖批

---

① 东北文化社编印处：《东北年鉴》，《沈海铁路历年营业收入比较表》，东北文化社1931年版，第428页。

② 朱汉国：《中国近代国耻全录》，山西人民出版社1933年版，第247页。

③ 朱汉国：《中国近代国耻全录》，山西人民出版社1933年版，第247页。

准，开始筹建东北无线电总台（原名奉天无线电分台）。最初台址设于沈阳故宫院内，装设简易发报机，“只与东北各大埠，如长春、哈尔滨、营口、卜奎（即齐齐哈尔）等处通信，传递官报”。

与此同时，国际电信业务也开始起步。1924年2月，在故宫院内装设了一部完备的收发报机，可直接收到欧美各国官商电报和国内新闻，称为世界通讯处。并与德国柏林无线电海外交通社定有单方通讯合同，凡欧洲拍来中国之电报，均能接收代送。并可收到世界各国发布的电讯新闻，随时送交官府和各报馆，使东北官商各界人士及时了解世界时事，大开眼界。这是中国与欧美使用无线电台直接通信之开端。而且对东北的社会经济发展起到了积极的作用。

国内电信业务也加速发展。1924年秋，在沈阳建设国内通讯发报台，此为长波电台，主要从事国内远距离通讯业务，北至哈尔滨，西北达新疆，南到海南岛，均可直接通报。除拍发官电外，还逐渐兼营商报，商报数量日益增多，营业也日益发达，并在长春、哈尔滨、齐齐哈尔、营口相继装机建台。1927年，沈阳又建立短波电台。至此，沈阳的无线电台事业初具规模。

奉天无线电台的开办，打破了日本的垄断，而国际电信业务的开办，打破了英国、丹麦两大电信公司的垄断地位。到1928年，奉天无线电通信事业的规模已居全国之首。凡欧美各国拍往中国之官商报，已不再由上述英国、丹麦两大电信公司接收代转，而由沈阳台接收代转。同时，国内各城市包括京、津、沪、汉各地拍往国外的电报，也多由沈阳台代为拍发。张学良主政东北后，加速了无线电通讯事业的建设，撤消了东北无线电监督处，将东北全区无线电改为总台制，以沈阳为总台，由东北无线电总台管辖全区无线电各分台，由无线电专家陈先舟任总台长。1931年，将东北电报、电话和无线电各自分立的局面统一起来，设立东北电信管理处，这在中国电信业发展史上也是个创举。东北电信管理处成立后，一方面积极建设无线电通讯网，一方面整修电报、电话线路，并对经营管理方面也大加整顿，使东北电信交通局面为之一新。

第四节　城市文化教育事业新气象

一、教育事业的新发展

20年代，奉天市制确立后，当局鉴于教育的重要性，积极扶持和发展教育事业。公立、私立学校陆续被扶持建立起来，中等教育、高等教育、专科教育在这一时期得到了迅速的发展。

1. 中等教育的发展

1924年以后，奉天的中等教育有了较大的发展，公立、私立中学数量逐年增加，质量也有显著提高。

新建的主要高中包括：1924年3月在大东关建立的省立第二工科高中；1926年9月在大南关建立的东北大学附中；1927年8月在西塔湾建立的省立第一农业高中。主要初中包括：1927年2月在小南关建立的省立第二初中；1927年7月在大西关建立的省立师专附中（初中）；1929年7月在大南关建立的省立第一初中；同年在大东门建立的省立第一女工职业附中。

公立中学开办费及日常经费均由官方财政负担，即省立中学经费由省库拨发。但由于政府财力有限，公立中等学校虽然有较大的发展，但也受到经费制约。为此，1919年9月奉天省教育厅正式成立后，制订了提倡私立学校办学简章11条，要求私立办学经费，采取民办公助的形式，由办学者本人捐款或者负责筹募款项。为了鼓励个人捐款和私人办学，还制订了褒奖制度，对办学有贡献的分别授予勋章、匾额、褒奖等，以示表彰。此后，私人办学之风迅速兴起，除私立小学外，私立中学逐渐增多。

私立学校的增多，无疑促进了教育事业的发展，但也出现了一些弊端。诸如“私立学校逐渐增多，设校招生多未经教育厅核准立案，随时张贴广告。迨学额招足，而校内设备、课程均不按定章办理，所以学生费用又无一定之限制，以致学生与本校时生胶葛”。“此种学校名虽办学，实为渔利，若不从严取缔，于社会秩序大有妨碍”。针对这种情况，省厅制定了取缔私立学校招生办法四条：一、各项私立学校，非呈经本厅立案者，不准擅行招生。二、私立学校招收学生，须先期将招生简章送厅核准后，始得张贴广告。三、嗣后如再有擅行招生者，一经查觉除饬警解散外，并应将所收学生费用分别发还。四、附属各地设立之私立学校，所有招生广告，不准于“附属地”以外随意张贴，并照会该管机关取缔，以示限制。这些措施的实施，使私立学校得以整顿，从而步入正轨。

按照《私立学校章程》，辽宁省教育厅对开办的私立学校进行严格的考察审核，符合标准的才准予立案。当时，经过整顿，在奉天正式立案的私立学校有奉天同泽中学、同泽女子中学、兴权中学等等。

奉天同泽中学　1925年夏，奉天同泽中学由张学良、郭松龄发起创立，张学良出资60万元作为学校经费。创办初期没有校舍，暂借东山嘴子军营作为临时校舍。聘请郭松龄的秘书齐士英为校长，筹备一切办学事宜。7月招生，8月5日开学，设初中二级。

1925年7月，张学良与郭松龄联名呈请奉天省代理省长王永江，将北陵东北大学校址西郊之120亩邻地拨作校舍基地，建筑教室、宿舍以及体育场、校园等。此呈很快得到省长公署的批复，并立即派人同齐士英一起前往勘验。11月23日，郭松龄率部倒戈反奉，同泽中学校长齐士英、教务长阚驻臣等人因与郭松龄有交往而自动离职，校舍筹建工作搁置下来，学校也提前放假。1926年1月，张学良重新组建同泽中学，聘请李静澄为校长，同时组织董事会，自任董事长，聘请杨宇霆、莫德惠、韩麟春、刘尚清、祁彦树、彭相亭、张惠霖、鲍志一等奉系上层人士为董事，校舍临时设在小西关孙堂胡同一家大宅院内。1926年3月，张学良重新呈请执照建筑校舍，校址设在小河沿，7月校舍落成，8月开始招生，招收初中一年级学生二组，每组50人，补习班学生一组50人，专招收男生。初中一年级入学考试科目有国文、算术、智慧测验、英文；补习班入学考试科目没有英文，其他科目相同。

1928年，张学良又拨巨款扩建教室、实验室、图书馆、阅览室、礼堂、科学馆等设施，扩招学生二级。

为保证教学质量，学校不惜重金聘请高素质的教师。这些教师均为高等院校毕业，有北京大学、南开大学、北京高师、沈阳高师、北京工大、山西大学等。学校不但重视学生课本知识的学习，而且注重课外知识的涉猎。为丰富学生的社会知识和体验社会生活，每年除安排踏青游园外，还组织学生到外地参观，如抚顺、大连、北京、天津等地，使学生开阔视野，增加知识面，激发爱国热情。而且还组织学生开展文化活动，举行各种运动会，鼓励学生参加竞赛。张学良还经常和学生们共同参加活动。1930年元旦，他组织东北大学、男女同泽中学的学生在北陵别墅举行联欢大会，共庆新年，鼓励学生刻苦学习，锻炼身体，热爱国家，反对帝国主义。1931年夏天，同泽中学又招收2个班，加补习班，学校共有高中6级，初中6级，补习班2级，共14级，学生428人。

奉天同泽中学开办后，受到省教育厅的高度重视，给予充分肯定。据1931年省督学报告称："该校校舍固定，经费充足（常年经费112 800元，按月由军需处支领），设备完善（标本仪器共860件、图书2 500种、游戏器具大致具备），学生成绩多半优良，校风纯正，诚为私立学校不可多得者"。

同泽女子中学　1927年10月，张学良创办同泽女子中学。张学良在谈及办同泽女子中学的宗旨时，曾写了这样一段文字："尝慨吾国旧俗，女子惟议酒食，习缝纫，而不读书。其读者，又惟学刺绣，工词章，而鲜实用。今学校制度，盖因时而制宜，诸生能循序而深造焉，则可以强国而保种，宁独一人一家之计而已。”

学校校址最初设在大西门沈阳县胡同之公余俱乐部、军署稽查处及军务处仓库管理部三处房舍。1928年3月正式开学，考取学生80人，分为初中、补习两个班。聘请刘尚清、韩寅阶、李静澄、张雅君、石佐升等为董事，张学良自任董事长。聘请毕业于英国爱丁堡大学的王捷迁为校长。

1928年，由于学生不断增加，学校规模需要扩大，张学良又出资修建了三座新校舍，学校暂迁至大南关艾家胡同。1930年新校舍落成，学校全部迁回。

同泽女子中学学制为四年，有一年为补习班。补习班由市内高小毕业生中择优考取，学习校外初一的课程，招考初一时，由补习班成绩合格者升级到初一。所设科目高中有国文、生物、物理、化学、数学、公民、家事、体育、图画、音乐、手工；初中有国文、数学、化学、物理、历史、地理、生理卫生、博物等。学校师资力量雄厚，不仅学识渊博，而且各有专长，教学经验丰富，教法灵活。学校提倡不读死书，教学民主，反对注入，强调启发，注意课外阅读。

学校的组织机构，董事会为最高机关，聘任校长统辖全校事宜。在校长领导下设三个课：教务课内分总务、注册、成绩、统计、图书仪器、出版等股；训育课内分训导、勤务股；总务课内分庶务、会计、文牍、缮印股。图书室有监护人一名，卫生室有护士一名。学校的经费开支，由张学良供给。到1930年10月，同泽女子中学发展已比较完备，有高中一、二、三各一级，补习班一级，共有学生近400人。

兴权中学　1928年9月，由吴泰勋创办，其父吴俊升，字兴权，曾任奉军第29师师长、黑龙江督军兼省长。1928年6月4日，在皇姑屯事件中被炸死。吴泰勋为悼念先父，遵其遗嘱，独立捐资创办了私立中学兴权中学。

1929年正式开学，招收初中3个班，因校舍尚未建成，暂借小河沿附近校舍上课。吴泰勋自任校长，韦焕章担任副校长兼校务，刘魁担任训育主任。1929年10月，所建新校舍先后落成，全校共有学生8个班级，411人，补习班一级65人，教职员27人。学校下设训务课、教务课、事务课、各课内分若干股。另外创办了3所小学，兴权第一小学在昌图、兴权第二小学在双辽，兴权第三小学在通辽，共有小学生500余人，均附属兴权中学。

2. 高等大学的建立

20年代，高等教育在这一时期得到了全面的发展，具有现代化水平的东北大学、冯庸大学就是在这一时期相继建立。

东北大学是奉系统治时期具有现代化水平的正规高等学府，它的建立使奉天的教育水平和教育体系日趋提高和完善，对东三省乃至全国高等教育均产生了重大影响。

首先提出设立东北综合性大学的是奉天省议会议员郑英澜，他早在1916年就提出“整顿学务以储人才建议案”，其中包括建议设立东北三省大学。1919年，奉天省议会议员李树滋再次在省议会上提出在省城设立大学。此后，奉天省长王永江多次向张作霖建议：“欲使东北富强，必须发扬文治，广罗人才，兴办大学教育，培养专门人才”。奉天省教育厅厅长谢荫昌也积极倡议创办东北大学，他向张作霖建议：“东西洋各国所以号称文明，主要在于学术发达”“欲使东北富强，不受外人侵略，必须兴办大学教育，培养各方面人才。”

张作霖对于筹建大学的建议非常重视。1921年12月5日，他在接见来奉考察的美国教育家孟禄时，在谈到了开辟富源，应造就些科学人才时，张作霖说：“凡是国家若想富强，哪有不重视教育与实业会成功的呢！我们现在这几天正讨论成立东北大学问题。并且也计划派送留洋的学生。”[①]第一次向外界透露出创办东北大学的消息。

1922年8月，张作霖在奉天省长公署设立大学筹备委员会，聘请奉天教育界名流李树滋、范先炬、佟兆元、林成秀、关海清、谢荫昌、王镜寰、莫贵恒、恩格、吴家象、汪兆磻、王之吉为委员。改沈阳高师为理工科，改沈阳文学专门学校为文法科12月2日，奉天省长公署发布委任令，东北大学筹备工作正式启动。

奉天当局对东北大学的创办十分重视，特别是省长王永江给与筹建工作以全力支持。1923年3月，拨奉洋1 000元给筹备处，作为经费，6月又续拨奉洋5 000元作为筹备费。东北大学筹建期间仅修缮费，奉天公署就投入达奉洋24 000元。

由于东北大学筹建之初，借用文专和高师的旧校舍，空间狭小，不利于学校的长远发展，为此校方呈请奉天省公署，拨地另建校舍。1923年4月16日，王永江令沈阳县将昭陵东南陵堡子村以西的500余亩地买下，拨归东大理、工、农三科同时建新校舍。

1923年4月19日，奉天省公署颁发“东北大学之印”，4月26日正式启用，东北大学宣告成立，在原文学专门学校旧址开办文法科大学，在高等师范学校

① 沈阳文史馆：《沈阳历史大事本末》（下），辽宁人民出版社2002年版，第528页。

旧址开办理工科大学，奉天省省长王永江出任校长。留美教育硕士王兆礡为文法科学长，留德工学博士赵厚达为理工科学长，京师大学堂毕业的吴家象为总务长。王永江出任校长后，坚持他一向的严谨作风，聘名师、招学生、购设备，学校顺利起步。

东北大学“以研究高深学术，培养专门人才，应社会之需要，谋文化之发展”为办学宗旨。1923年7月，东北大学第一次招生，收取文、法、理预科3个班、工科预科3个班，共310人，同年9月开学。当时尚有高师在校生40人，文专在校生130人，两校学生均附于学校上课，于10月24日正式举行开学典礼。由王永江题写的“知行合一”四字作为学校的校训，刻匾悬挂于礼堂大厅。当时的学制是预科2年、本科4年。东北大学从1923—1931年共招九届学生。按照现代大学的格局设立了理、工、农、商、文、法等较为齐全的学科，并拥有图书馆、各种实验室以及现代化的东北大学校办工厂，这是当时国内同类大学所不具备的。其教学内容多涉及在当时较为前沿、较为实用的学科。为完善教育，东北大学还做出了选派留学生出国学习的规定，部分高材生以公费的形式被送往美、英、德、日等国留学。

东大筹建之初，为了提高学校的教学质量和知名度，不惜重金选聘人才来校任教。凡应聘的教授除正常的高薪外，还可以得到由文化教育基金会补贴的一笔数字可观的津贴，并规定：“凡大学教授等薪金，一律用银元发给，并不许拖欠。”每位教授不仅有自己的宽敞宿舍，日常生活用品甚至佣人，完全由校方免费供给。

东北大学的校务以奉天省署为主管机关，经费来源一律由奉天省库划拨，从1923年筹建开始，经费投入呈逐年上升的趋势，学生人均经费达奉洋800元。经费的投入在全国58所大学中位居第四。虽然由于战争的影响削减各种经费，但东大基本上没受影响。奉天当局对东大的重视程度由此可见一斑。

东北大学是当时国内设备最好、教学质量最佳、教师薪水最高的高等学府。日本学者称赞说：东北大学“其实验室设备确数第一流”“比较日本在满洲设立的高等教育远为高超”。东北大学的建立和发展为奉天及东北培养造就了一批栋梁之才，起到了与当时日本在奉天实行的殖民教育相抗衡的作用。

冯庸大学是由冯庸创办的一所大学。冯庸，奉天省军务帮办冯德麟之子，毕业于东三省讲武堂，曾任少校参谋、中校参谋处长、少将航空司令、装甲车司令等军职。1925年，受阎宝航等人的影响，决心走工业救国的道路，脱离军界，在奉天小西边门外与张学良等人合资开办了冶铁工厂，并在厂内附设大冶工科学校一所。

冯德麟去世后，冯庸清理家产，立志“工业救国”，开办大学，为国家培养人才。1927年春，由冯庸本人出资150万元，开始在沈阳铁西汪家河子冯家原有的土地上筹建校舍，10月10日宣布冯庸大学成立，同时将大冶工厂和大冶工科学校迁入大学校内。学校建有“忠”“仁”二楼，中间为礼堂。两楼走廊与礼堂相接，内设教室、实验室、图书室、办公室等。原大冶工厂改作学校的实习工厂，另外在校内还设有原动力厂、材料强弱试验厂、电气试验厂、机械试验厂、发电厂，作为学生实习场所。校内还设有体育场、游泳池、滑冰场、各类球场和体操设备。距主楼较远的地方，还修有小型飞机场，备有飞机1架，又另订购1架，供工科学生教学之用。

学校组织机构设有秘书处、教务处、训育处、总务处，由秘书长和各处主任分管，校长由冯庸自任，主持全面校务，1930年聘请王扶洲为副校长。

学校创办伊始，共招收学生5个班，180人，分大学部、中学部和小学部。大学部为本科，中学部为高中，小学部为初中，学制均为3年。1929年根据教育部私立大学的规定，将大学部的学制改为4年。最初本科仅设工科，且只有机械学一个系。1930年，工科添设了土木科，另外添设法科政治系、法律系、理科化学系、数学系、文科教育国学系。这时，冯庸大学已由工科大学变成了综合性大学。后来，各科重新改组，扩充为理工学院、法学院、教育学院，学生最多时达600余人，教职员69人，并招收女生。[①]在学生待遇方面，前两年实行大学部学生全部免费，中学部免半费，小学部自费。学校教师质量也很高，许多教授都是留学美国及其他一些国家的专家学者，又聘请东北大学的教授在这里兼课。

冯庸大学最具特色的是实行军事教育和强调体育锻炼。学校每周不少于6小时的军事训练，学习军事操典、筑垒教范和阵中勤务令，进行操场和野外教练，要求学生毕业时均能熟悉班、排、连教练，并能胜任其职。同时，体育锻炼与军事训练相结合，体育课列为必修课。

此外，冯庸大学以爱国家、雪国耻、抗外敌为思想教育宗旨。“新青年，爱国家热泪涟涟。痛列强，旧恨新仇，耻共载天”。冯庸所作的冯庸大学校歌、冯庸教育主义歌、新青年歌、冯庸同学歌、冯庸义勇军歌等，其歌词内容，无不慷慨激昂，充满激情，强烈激发着学生们的爱国热情。1929年因中东路事件，中苏发生军事冲突，冯庸曾率领全校220名学生，组成抗俄义勇军，开赴满洲里

① 孙景悦、董慧云、张秀春：《张学良与辽宁教育》，香港同泽出版社1993年版，第135页。

参与战地任务。1931年“九一八”事变后，冯庸大学转移到北京，由张学良拨给西直门里崇元观5号前陆军大学校址，重新复课。1933年学校解散，多数学生转入东北大学继续学习。

奉天高等教育的新发展不仅使奉省高等教育提高到一个新的水平，而且使奉省的教育体系更加完善。

3. 专门高等学校的建立

20年代，奉天的高等教育，除上述外，还有其他一些进行专门的教育的学校，如培养各种高等专门人才的同泽新民储才馆、省立师范专科学校相继建立。

1927年，张学良为培养各类军政人才，报请张作霖同意后，在北京东城府学胡同段祺瑞故居，创办了同泽新民储才馆。该馆以培养地方行政人员和军用文官为宗旨。

招生对象是国内外各大学及高等专门学校修业法律、政治、经济学科3年以上的青年，学习6个月后，到各个行政官署见习3个月，在根据考核成绩，分别推荐到地方行政机关或军队任职。

1927年9月，第一批学员开始在北京、奉天两地进行招录，报名者达千余人。10月，进行了为期两天的录取考试，考试科目有国文、英文、宪法、刑法、商法、国际法、政治学、经济学和中外史地等。通过考试择优录取了60名正式学员。12月同泽新民储才馆正式开学。张学良兼任监督、韩麟春任馆长、朱光沐认教育长，负责日常工作，馆内下设文书、总务、教练三个股。

1928年6月，张作霖退出北京，同泽新民储才馆迁到奉天城内通天街临近帅府的西辕门处。第一期学员学习期满，经过实习，一部分被选派当县长，或到东北军各旅任军法处长等职，还有一部分到东北交通委员会和北宁铁路局工作。

同泽新民储才馆迁回奉天后，除原有吏治班外，又增设了警察班。1929年，为培养司法人才，根据东北法学研究会两次上书张学良和最高法院东北分院院长孔昭焱的要求，经东北政务委员会决议，又成立了司法班。1929年8月11日，司法班章程公布，开始招生，报考资格需是专门以上学校，修习法政学三年以上，领有毕业证书者，并照法官初试办法进行入学考试。考试科目有：国文、法学通论、民法、刑法、商法、国际公法、国际私法、行政法等十一门。平均分数在70分以上者为合格学员，并须觅荐任官以上二人出具保证书，录取学员111人。

同泽新民储才馆司法班由孔昭焱兼任教育长，学习期限一年半毕业。学习科目有：民事法则及判例、商事法规及判例、破产法规及判例、刑法及判例、刑事特别法规及判例、民事诉讼法及判例、刑事诉讼法及判例、证据法学、法医学、犯罪心理学、民事审判实务、日语日文及假法庭实习等共21科。聘请法学专家担任讲师。1931年2月学习期满，举行毕业考试，由南京政府司法、考试两院会派河北高等法院院长胡祥麟前来主试，有109人成绩合格，由东北政务委员会分派东北各省区法院，或由东北边防军司令长官公署分派各军师旅团任职。

省立师范专科学校，原为沈阳高等师范学校，专业培养中等师资而设。后来沈阳高等师范归入东北大学后，各县中等学校师资来源短缺，日益严重。为此，奉天省教育会于1925年6月向奉天省长公署呈请："……从速筹办师范专修科一处，分办英文、数理、国文、史地等科，以裕师资"。经过一年多的磋商筹办，1927年2月，省立师范专科学校在奉天省城小南关设立。招收高级中学和师范毕业生2班，教职员9人，常年经费为24 608元。

二、各类文化事业的发展

1. 城市报业的发展

奉天是清代所谓"龙兴圣地"，一直处于严密封建统治之下，外界消息闭塞，群众文化素质落后，近代城市报业起步较晚，一直没有自己的报纸。直到清光绪三十三年（1907年）才有第一张报纸《东三省日报》，此为"奉天有报馆之始"。因《东三省日报》鲜明主张共和，很快被查封。民国成立后，奉省全省出版的报纸曾达十六、七家之多，这一时期的报纸分官办，民办，党派办和日本人办等4种类型。这几种报纸由于性质不同，其主张、言论、态度也就各不相同。地方机关报和法团办的报纸（如《奉天公报》、《东三省公报》），是以维护地方治安和自身利益为宗旨；革命党人办的报纸（如《大中公报》），是为宣传共和思想，号召大众起来推翻满清封建王朝；私人张子岐办的《醒时白话报》，是受新文化运动思潮影响的产物；而日本人办的报纸（如《盛京时报》），名义上是开通民智，联络中日邦交，实则是以文化侵略为目的，包藏蓄谋并吞并东北的野心[①]。但后来由于报纸条例与出版法公布后，报纸出版大受影响。

直到1926年以后，奉天报业才又开始兴盛起来。这时期报纸的内容版式也有新的改进；新闻来源增多，内容更加扩大，时新性有所增强，各种新闻文体也越来越多；副刊普遍新加了刊名和刊头，文学副刊中不乏革命文学之作；版

① 沈阳市人民政府地方志编纂办公室：《沈阳市志》第十三卷，沈阳出版社，第121页。

式打破了单栏设题排文的固定模式，按照新闻价值破栏制题；报社印刷设备有所改进，印刷质量有所提高[①]。

而且，这一时期沈阳先后成立了《报联通讯社》《世界通讯社》等。这些通讯社的成立，结束了中国报社剪外报的局面。

20年代是沈阳报界较活跃的时期，其中比较有知名度的报纸有：《醒时报》《东三省公报》《东三省民报》《新民晚报》等。

《醒时报》创刊于1909年2月11日，即《醒时白话报》，民国后1912年改名为《醒时报》。这是回民张兆麟以家庭成员为主所办的报纸。社址在大西和小南之间的工夫市。张自任社长，经理为张友兰，编辑为张友竹，另有一名记者。在东北三省各大城市均设有分销处。《醒时报》以“改良社会，开通民智，提倡教育，振兴实业”为宗旨，每天出版两大张，日销近7 000份。

《东三省公报》是在《奉天公报》基础上于1912年2月18日创刊出版，社址在大北门外。日出两大张。此报原为奉天省议会主办。后改为王光列自办。王光烈主张稳健办报，以宣传民众公意，维持东三省治安为宗旨。每日约出8 000份。1933年4月停刊。

《东三省民报》创刊于1921年，被认为是民国初年“东北报界最精彩者”。这个报馆最初是由国民党人张梦九所创办，张梦九自任社长兼总编辑。该报以宣传三民主义为主要内容，副刊也发表一些进步文章。张梦九病逝后，该报即由奉系当局接管，社址在沈阳大南门里文庙胡同，由东三省民治促进会主办。社长几易人选，最初是宋大章，后改赵锄非，又易罗廷栋，1929年又换了国家主义派的陈渊泉，“九一八”事变前，由张学良推荐，社长又更为赵雨时。报社以宣传军事政治、启发民智、提倡道德为宗旨，日刊两大张，每周一副刊出《沈水画报》一张。

《东三省民报》的印刷设备比较齐全，内部装有无线电收音机和京津长途专线电话。1924年以后，该报不断地揭露日本侵华罪行，反对卖国的二十一条。1929年11月，就日本人在柳条湖村惨杀华人案和日本人办的神原农村阻挠东北大学修桥的事件，进行了针锋相对的报道。

“九一八”事变后，日伪当局开始对沈阳报界进行控制，使日益兴起的新闻事业发生了急剧的畸形变化。《东三省民报》虽然坚持出版，并提出“沉着、冷静、不屈服”的口号。但后来，赵欣伯秉承日本的旨意，以私人名义占据了

---

① 佟冬：《中国东北史》修订版，第六卷，吉林文史出版社，第302页。

《东三省民报》，改出《民报》，委派亲信魏成哉任社长，篡改了报纸方向，为侵略者唱颂歌。

《新民晚报》于1928年9月创办，是张学良主要针对《盛京时报》的造谣与挑拨所办。办报者仅有3人，即社长赵雨时，主编王乙之（即王益知），编辑许之平。《新民晚报》一改当时各报白天编排，重要新闻失去时间性的缺点，当天编排，旁晚卖，消息迅速，深受读者欢迎。该报为沈阳有晚报之开始。

2. 《四库全书》再现沈阳

奉天当局为保护历史文化典籍做出了不小的贡献。1925年，原藏于沈阳故宫文溯阁的中国古代最大的一部丛书《四库全书》，经过奉天当局的积极协调全部运回沈阳。

清乾隆三十七年（1772），高宗下诏向全国各地征集前人所著的“经、史、子、集”，决定编纂一部《四库全书》，并派永瑢、纪昀等360人设馆编修。历时10年，于乾隆四十七年（1782）完成。全书收编从古代到当时的著作共3 503种，79 327卷，分装成36 300册。成书后，又派人缮写7套，分藏于7阁中。《四库全书》内容极为广泛，在一定程度上起到了保存和整理文献的作用。但乾隆帝编纂目的在于宣扬有利于清王朝统治和封建礼教的图书，对不利于封建统治的著作，多实施抽毁或窜改，以至排斥不录，并加禁毁。但不管怎么说，这无疑是继明朝《永乐大典》之后的又一部巨型文化丛书。

沈阳是清廷发祥之地，乾隆皇帝为“不忘祖宗创业之艰，示子孙守文之模”，以收溯涧求本之效，乃决定在沈阳建阁藏书，名为“文溯阁”。乾隆四十八年（1783），“文溯阁”于沈阳故宫内建成，清廷派人押运全书及御制的文溯阁匾额来沈，藏书一套于阁中。

1915年袁世凯任命段芝贵为镇安上将军，督理奉天军务兼理吉林、黑龙江军队。段到任不久，即将文溯阁《四库全书》运至北京，用以献媚于袁。1924年奉系军阀张作霖在第二次直奉战争中取胜，开始控制北京政府。奉省有识之士冯广民便想利用张作霖控制北京政府之机将书索回。

1925年6月，奉省教育会长冯广民即给省长王永江写信，要求政府出面向北京索书。他在信中写道：“省长钧鉴：敬禀者，前奉天文溯阁所藏《四库全书》，于民国三年被段将军运至京师。载籍无存，雅非东省士林之福。溯此书搜罗海内古今典籍，蔚为大观，实我国文化上之渊，得未曾有之巨制也。惟运失所，卷峡散忘，则补缀维艰，至为可虑。素仰钧座珍重古物，诱启人文。恭恳卓裁向政府磋商。倘能璧还东省，重整旧观，加意保存，以全国粹，则我省长裨益东省教育功德无量矣。素此敬瑾钧安。”

文溯阁《四库全书》不仅有重要的历史价值，而且索书一旦成功，在东北地方文化史上将产生极大影响。因此，王永江对冯广民的建议极为重视，7月18日，迅速将此事向张作霖报告，请其支持。他在报告中强调“此书全国只有三部，无处购买，历代文化所管，不可不取回也。”同时又同在北京的总参议杨宇霆、莫德惠等人联系，要其在政府中周旋，促成此书早日返奉。张作霖接此电函后，当日下午即致电北京政府商办此事。与此同时，杨宇霆、莫德惠也都按照王永江的委托在京频繁活动，串联内务部总长任可澄、教育部总长章士钊，请其在内阁会议上表决此案。7月20日，北京政府召开内阁会议，讨论并通过了文溯阁《四库全书》归还奉天一事。

1925年8月8日《四库全书》运回奉天。但因当时文溯阁已残破不堪，又被挪为他用。所以，省署做出决定：一、文溯阁在修缮前，《四库全书》应暂时移到文庙中贮藏。二、明令文溯阁永远作为珍藏《四库全书》之所及图书馆，尽早将其修复。三、组成《四库全书》保管委员会，即日起成立，全权管理此书。随后，《四库全书》由省署移至文庙大成殿，配备人员严加守护。1926年11月，文溯阁主体竣工，《四库全书》从文庙移回阁内，至此书阁合一，文溯阁《四库全书》回到了原来的地方。

虽然《四库全书》返回沈阳，但因历经战乱，致残缺72卷，1926年将缺帙部分钞录补齐，使之完整珍藏于世。张学良对此非常重视。1928年12月，决定设奉天文溯阁《四库全书》校印馆，张学良为总裁，并拨款20万作为开办费，拟重新校印《四库全书》。张学良曾为此发出《致世界各国电》和《致全国各界电》。在《致世界各国电》中，张学良指出：“世界学者所震惊，独一无二，最伟大、最完备之《四库全书》……现已着手印行，公之世界矣。论此书之伟大，则全部36 275册，计220万页……论此书之完备，则自中国始有文字以后，至清代乾隆四十七年（1782）以前，中间包括5 000余年所有历史、民族、社会、政治制度、宗教、天象、地舆、物产、文艺、哲理、美术、医算、农工、商矿及百家杂学等，一无所遗，内容丰富无可比拟。”电文最后还说：“今学良等为发展东方文化，使世界学者便于研究起见，深知此书印行之必不可缓。”[①] 后因“九一八”事变，日本侵占东北，张学良的校印计划没有实现。1949年，这套《四库全书》由辽宁省图书馆保管。60年代，又运往甘肃图书馆收藏。

---

① 辽宁省档案馆：《奉系军阀档案史料汇编》（第7册），江苏古籍出版社、香港地平线出版社1990年版，第702页。

3. 北陵公园对外开放

城市公园是城市文化的载体之一，20年代沈阳的公园数量、质量在东北名列前茅。继奉天公园、万泉公园建立后，昭陵又辟为北陵公园，成为规模最大，独具古典皇家陵园风格的公园。1925年，清代设立的三陵衙门，即负责新宾永陵、盛京福陵（今东陵）、昭陵（今北陵）的祭祀和保护的机构被最后撤销，三陵统归省属接收。为丰富奉天市民的文化生活，改善生活环境，1927年，经奉天市政公所申请，省政府批准，此前一直被视为皇家禁地的昭陵，辟为公园对游人开放，并划归奉天市政公所管理。时任市长李德新认为："以北陵为公园有相当设置，始得尽园林之胜。是以实行之际，除修筑马路、建筑桥梁外围中尚须有相当之点缀，必当拟计一定妥善之管理规划。[①]并拟定了北陵公园十年发展计划，售票暂行办法、禁止损失园物暂行办法，许可摊床、茶社暂行办法等。

1929年，沈阳市长李德新又提出将北陵公园辟建为"伟大公园"的建议，并就此正式向省政府主席翟文选、东北边防军司令长官张学良递交请示函。3月28日，李德新禀司令长官及辽宁省主席翟文选，论述了建设北陵公园的原因及前景："以新开河以北北陵公园以南地势优异，风景绝佳，实具近代各国盛倡之田园都市形态，如能竭力经营，设施完竣，其为东北市区模范可操左券，查市内万泉河与西公园，以及商埠公园现正积极整顿，然无论如何整顿，必远不如北陵公园之具天然风景也，试就树株一项言之，已非其他公园所能望其项背，他如北陵古蹟，中外人士来游东北者必以先观为快，且莫不以名胜许之，近闻京奉铁路局有直达北陵添修支线之议，是则该处之发展定有一日千里之势，""关于伟大公园之建设以时代论以地位论实为当务之急，……如能提交会议付诸公决，尤为至感"。

司令长官张学良4月6日以信回复："法权（李德新）市长史鉴：来呈及附图均悉，筹建北陵伟大公园既辟游观之地，且开实业之源，用意深远，其益实多，惟兹事体大，筹费兴工恐非一蹴所能企及，究须如何计划，有无窒碍应即呈请省政府核议以期妥善，此復并问刻安。"此事经过几轮磋商以及前期论证，最终未能实施。

至此，沈阳建市以后已完善了小河沿公园，建设了商埠地街心花园，新辟了北陵公园，从而在质量上超过了商埠地的外籍私人花园和"附属地"日式公园，也促进了整个城市的环境改善和园林绿化。

① 辽宁省档案馆藏：《奉天省公署档》，第3748号。

4. 电影院进驻沈阳

电影院这种文化设施的建立标志着沈阳城市文化事业的进步与发展，同时，电影的放映给沈阳市民带来了一种新的娱乐方式，受到了当时沈阳市民的欢迎，也引起了中外电影商人对沈阳电影市场的争夺。电影于清末传入沈阳，1907年1月23日，《盛京时报》以“活动影戏可观”为题，登载电影在沈阳第一次出现的消息。当时电影放映并没有固定的地点，只是在城内各处进行流动性的露天放映。从1912年开始，电影陆续进入城内的会仙茶园、第一楼、庆丰茶园等一些室内场所放映。后来，日本人在“满铁附属地”内陆续修建几座可容纳一二百人的小型电影院，观众均席地而坐观看电影。奉天设立市制后，专业电影院陆续在奉天建立，逐渐形成一个城市电影放映市场。

1924年1月17日，裴誉亭与法商兰比利斯租赁会仙茶园，开设“中法电影公司”（称兰比利斯电影院），是沈阳市第一家面向中国人的电影院[①]。该影院设观众席600个，上映中外影片，主要为“中法烟草公司”服务，除在电影海报上刊登香烟广告外，还用该公司烟盒兑换电影票等方式吸引观众，扩大其烟草生意。

东北电影院（今辽宁人民艺术剧场），是奉天省城最早的电影院之一。该影院前身原是商人孟亚新于1921年兴建的带转台的新式剧场，名为奉天大舞台。该建筑为砖木结构，高三层，建筑面积2 997平方米，可容纳观众1 300人，是当时南市的标志性建筑。 1927年，商人李相三将其承租经营，开始上映中国和外国电影。“九一八”事变后，由于社会动荡不安，该影院濒于倒闭，时演时停。1935年伪满政府下令废除一切东北字样，东北电影院被迫易名为东安电影院，影剧兼营。1941年，东省实业株式会社在日本势力的支持下，掌握了东安电影院的房产权，将李相三逐出，转租给日本人山本熊太郎，更名为“国际剧场”。“抗战”胜利后，由李相三、李冠群经营，将“国际剧场”更名为上海大戏院。[②]当时，它与南京电影院、大光明合称为沈阳三大影剧院。

5. 无线广播电台创立

沈阳的电信广播事业长期受到日本帝国主义的垄断和干涉，他们不仅大肆攫取沈阳的电信利权，而且无理阻扰电信工人的工作，以至于沈阳的电信广播

---

① 辽宁省地方志编纂委员会办公室：《辽宁省志·文化志》，辽宁科学技术出版社1999年版，第319页。

② 沈阳市人民政府地方志编纂办公室：《沈阳市志》第十三卷，沈阳出版社1990年版，第107页。

事业支离破碎，无论军政还是商业电报通信都难以得到有效保障，不但影响东北军政事务的正常运行，而且不利于东北民族经济的发展。所以，为了抵制日本帝国主义侵犯电信主权的行为，建立自己的通信网络，发展民族电信广播产业，奉天当局决定着手发展自己的无线电广播事业，挽回电信利权。

1922年，张作霖下令成立东北无线电监督处。同时，成立了一个陆军整理处，在陆军整理处设立了以张宣（字樱生，湖南人，日本士官学校毕业）为处长的工务处，负责东北三省的无线电通信网和无线广播电台的建设。1923年，一批留学生和无线电工程技术人员来到东北，经张作霖批准，开始在沈阳故宫附近建立了奉天无线电总台，将原来设在哈尔滨的无线电总台改为分台。3月17日，奉天当局又设置了东北无线电长途电话监督处，张宣任监督，统筹管理东北无线电事业。张宣上任后，便计划在奉天设立一座广播无线电台。为此，东北无线电长途电话监督处着手进行了两件事：一是培训无线电广播专门人才，二是购置广播无线器材。1923年5月，设在奉天大北关的无线电传习所开始招生。1924年8月，无线电传习所改称“东三省无线电学校”，校址改定在奉天小北边门外。1925年下半年，东三省无线电学校改名为“东三省无线电专门学校”，相当于现在的大学专科学院。连续三次更改学校名称，提升学校等级，充分表示了奉奉天当局对培养无线电及无线广播的技术和管理人才的重视。与此同时，他们向国外招标选购广播器材。1926年初，在人才、技术、设施等条件基本具备的前提下，张宣监督呈递报告，建议筹建奉天无线电广播电台。在张学良的大力支持下，经研究商讨，张作霖采纳了张宣的意见，决定由政府拨款在奉天筹建广播电台。奉天无线广播电台的台址选定在商贾云集的马路湾，经过一年多时间的施工，于翌年冬竣工。1927年，奉天广播电台在马路湾正式创立。该台使用法国巴黎电气公司制造的发射机，发射功率2千瓦、波长425米，覆盖面积600平方公里，同年10月开始试播。试播成功后，1928年1月1日，正式开始播音。这座广播电台开始收受国内外一些节目，并开展报告时间、气象、商情、新闻和播送音乐、戏曲等业务[①]。据调查，1928年10月，当时奉天有收音机只有820台。为此，奉天省长公署曾下令各道尹、县知事购买少量收听器，供官府使用。

奉天无线广播电台的创建是我国历史上第4座公办广播电台，它已成为东北政令传播及政治、经济、文化的宣传中心。在外国资本、中国私人资本和军阀

① 陈先舟：《九一八事变前东北无线电建设和通信状况》，《辽宁文史资料选辑》（第3辑），辽宁人民出版社1963年版，第7页。

政府相继在中国建立无线广播电台，尤其是日本侵略者在东北境内大肆开展对中国电信主权的侵略活动的历史关头，以张作霖、张学良父子为代表的奉系军阀政府创建“奉天广播无线电台”，不仅促进了中国民族电信广播技术与世界的同步发展，推动了中国电信广播人才教育事业的普及和提高。而且，对于抵御日本帝国主义电信主权侵略具有重要意义。历史证明：作为东北政令传播中枢的奉天广播无线电台，在维护国家统一，反对日本帝国主义侵略的斗争中，做了大量的宣传鼓动工作。同时，在普及文化、传播商情等方面也起到一定的作用。1927年秋，中国报学史家戈公振即在试播阶段的奉天无线广播电台做过爱国主义演讲；1928年12月29日，张学良将军为国家统一，在奉天无线广播电台向中外播发了“东北易帜”的通电；此后不久，中国国民革命军第四集团军军长白崇禧也在该台做了反对日本帝国主义侵略东北的演讲。

1928年“东北易帜”后，奉天无线广播电台改称沈阳广播电台，归东北无线电长途电话监督处管辖，1929年冬改归交通委员会直辖，1930年5月由东北无线电总台接管。1931年“九一八”事变后，沈阳广播电台停播。①

（六）宗教文化的传播

沈阳这座多民族聚居的大都市，宗教文化的底蕴非常深厚。多民族、多文化形成了沈阳的多宗教。奉系时期，沈阳有佛教、道教、伊斯兰教、天主教、基督教等多种宗教。民国时期，各教纷纷在沈阳建立、完善宗教机构及附属设施，借以对宗教的传播。

民国初年，由于当局致力于佛教的再兴，以及奉系时期张作霖、张作相等人皆提倡佛教，故此佛教在奉天一度兴盛，佛教场所不断兴建。1912年，中国佛教总会奉天支部成立。1916年，沈阳市有佛教寺庙67处。1921年、1925年，沈阳又先后成立了两个研究佛教经典的学术团体——佛学会。②

随着佛教的不断发展，佛事活动也渐渐频繁起来。如1920年奉天万寿寺坛长、方丈明善和尚设坛传戒，各处受戒僧侣二百余人，其中比丘尼数十人。僧众为直鲁奉吉黑五省，经费总额约需四五万元。1927年沈阳小河沿新建三教合一的灵刹莲花寺，参禅拜圣盛况空前，东省教徒更是认为此寺是东北地区的最有影响力的寺院。

这一时期，佛教虽对沈阳社会各方面均有影响，但它不能适应沈阳政治、

① 沈阳市人民政府地方志编纂办公室：《沈阳市志》第十三卷，沈阳出版社1990年版，第152页。

② 沈阳市政协学习宣传文史委员会、沈阳市宗教事务局：《沈阳宗教》，沈阳出版社，第6页。

经济急剧发展的变化，加之受到五四等革命运动的冲击，总的来说呈下降趋势。

道教是中国汉民族固有的宗教，在唐代传入辽宁。沈阳是东北地区道教活动的中心。道教注重现世的福、寿、禄，认为这些是神灵所赐，只要人们行善则可得到。道教迎合了百姓的现实理想追求，故此也有些发展。至1916年，沈阳道教宫观有34处，其中著名的宫观有太清宫、关岳庙、玉皇庙、斗姆宫等。

伊斯兰教是7世纪阿拉伯半岛麦加人穆罕默德所创立的一种宗教。19世纪至20世纪初，在安奉线、北满及东北其他各地传播，清真寺普遍建立起来。信奉伊斯兰教的只有回族。回族由中原迁徙东北之初，由于人口少，财力有限，仅建有民宅式的草房、平房清真寺，供少数人礼拜和沐浴。清康熙元年（1662年），沈阳兴建了第一座清真寺——南清真寺。民国初年，随着回族增加，经济好转，沈阳城乡又建起10余座清真寺。1921年沈阳成立了奉天清真教会。

基督教在中国专指基督教的新派。1872年，英国苏格兰基督教长老会宣教士罗约翰牧师来沈阳赁堂布教，成立东关基督长老会，这是基督教传入沈阳之始。1900年，义和团运动对奉天基督教进行了打击。民国建立后，奉天的基督教会“鉴于旧时民教不合，因疑生阻”[①]，而采取了新的对策，创立了中华奉天自立基督教会，各城关复设福音堂，各县城镇又设分会组织。这些组织，信教者可参加，不信教者也可参加，所谓“不分民教”。主要活动内容为每礼拜日开会演讲，以“促进道德观念”。

奉天基督教青年会是宗教团体，是基督教的一种社会教育机构，和专门从事传教的教会有所不同。1912年，普莱德在奉天大南门里创立了奉天中华基督教青年会。20年代，奉天基督教青年会得到了全面的发展。青年会教徒可参加，非教徒也可参加。该会设立德、智、体、群四部。“以英文夜校开门，以提倡体育起家”。以“非以役人，乃役于人”的资产阶级思想解放的色彩和“人格救国”暗中支持反对日本的口号，吸引了在沈的大专和师范学校的学生，并赢得了张学良的大力支持。此外，1924年，罗马教廷将法国巴黎外方传教会管辖的南满教区改为奉天教区，天主教神学院、修女院等纷纷设立。

① 佟冬：《中国东北史》修订版，第六卷，吉林文史出版社，第340页。

第三章
第二次直奉战争前后的奉天

- 反直同盟的建立
- 第二次直奉战争
- 奉军势力进入江南
- 郭松龄倒戈反奉
- 动荡的奉天
- 中共奉天地方组织的建立及革命斗争形势的发展

第一次直奉战争后，为了反直，奉张一面励精图治、整军经武，一面主动与广东孙中山和退居天津的皖系段祺瑞及其实力派人物卢永祥进行联系。各派政治主张虽不同，但在反对直系上却是一致的。因此，很快组成奉、粤、皖三方反直三角同盟。期间，孙中山曾特派汪精卫为代表六次专程赴奉天，同张作霖进行秘密会谈。双方在一同出兵，采取南北夹击，一举打败直系的问题上，意见得到统一。孙中山的公子孙科、卢永祥的公子卢小嘉也都受命来到奉天，张作霖亦派出长子张学良负责接待，南北新闻界所热议的三公子会谈即指此。此外，奉张还在经济上给予孙中山、卢永祥以援助。除组织反直三角同盟，张作霖还利用直系内部矛盾，暗中联系直系将领冯玉祥，从内部分化瓦解。

一切准备就绪，奉张利用江浙战争之机，以声援浙督卢永祥为名，派出六路大军入关，在山海关、九门口一线向直军发起强大攻势，拉开第二次直奉战争的序幕。正当双方激战，奉军取得优势之际，冯玉祥遵照与奉张的约定，临阵倒戈，发动北京政变，囚禁直系首领曹锟，直接将直系推入战败的深渊。

取得胜利的奉张置其“奉军不入关”的诺言于不顾，把大批奉军开入关内，并以此为后盾插手北京政权。他进京后的第一件事，就是把段祺瑞捧上了“中华民国临时总执政”的宝座，之后，按照既定方针，抑制孙中山和排挤冯玉祥。1925年3月，孙中山病逝，冯玉祥也以退为进，前往京西天台山休养。奉张如愿掌控了北京政权。这之后，奉张以实力为后盾，先后控制了直隶、山东、江苏、安徽和上海等省市，奉系的势力范围空前扩展，几乎囊括了全国将近三分之一的富庶之地，进入鼎盛时期。

但是，奉张的大肆扩张，对占领地区人民横征暴敛，搜刮无度，镇压反帝运动，从而掀起了全国范围的反奉运动，孙传芳以浙、闽、苏、皖、赣五省联军总司令的名义通电讨奉，吴佩孚也自称十四省联军总司令，响应孙的反奉战争。外忧之际，奉系重要将领郭松龄于滦州起兵反奉，一路势如破竹，直逼奉天。郭的反奉行动，使张大惊失色，在张学良斡旋失败后，立即部署军事防线，任命张学良为前线总指挥。在日本关东军的武力支持下，同郭松龄在巨流河决战，并取得决定性胜利，郭松龄夫妇兵败被害。

郭松龄反奉期间，奉天城内陷入一片恐慌。奉系将领在反奉军队取得战争优势之时，亦多与其联络以求自保。为此，郭松龄被杀害后，奉系内部就如何对待参与反奉及与郭松龄取得联系人员产生分歧。在张作相等老将的力主之下，张作霖对这些人不与追究，从而保护了一批重要军事将领，维护了奉系军事集团的稳定。

第二次直奉战争奉军获胜，奉张集团以奉天为根据地，乘势而进，挥师南下，战端屡开，消耗了大量财力和人力。为满足庞大的军费需求，奉张无节制地大量印发纸币。滥发纸币带来了通货膨胀，货币贬值，物价飞涨，民生日下的恶果。郭松龄反奉又使这一局面雪上加霜。受其重创，奉张的财政日困，奉天金融陷入严重危机。为此，张作霖在奉天召开整顿金融善后会议，后又召集各银号及经营钱业的店号负责人训话，查抄天合盛银号。但张作霖的这一系列镇压措施，并没有将奉票挤兑和投机倒把之风刹住，奉天经济依然没有好转。

面对奉天的经济危机，省长王永江亦痛心不已。自第一次直奉战争后，他即提出主张“奉省应速改方针，发展民治，缩小军备，导中国裁兵统一之先声，固三省长治久安之大计”，并大刀阔斧进行改革。但这些所取得的成果，在奉张的穷兵黩武政策面前，几乎毁于一旦。在多次苦劝张作霖息兵以保境安民未果的情况下，王永江辞职归隐故乡。

1925年五卅惨案的发生，激起了全国范围的反帝斗争浪潮。奉天的广大青年学生和社会各界，在中共代表任国祯、苏子元、陶梁、吴晓天等人的领导下，掀起了声势浩大的声援上海五卅惨案的六十爱国运动。奉天六十反帝爱国运动，在整个东北地区产生巨大震动，尤其是对教育界、知识界的影响更为深远，对奉天中共地方组织的诞生起到了重大的促进作用。

在领导奉天反帝爱国斗争过程中，中共代表任国祯、吴晓天等人在奉天地区筹备暑期学校，宣传马列主义理论，培养进步分子，推动建党工作的开展，并于1925年9月成立了中共奉天支部。1926年9月，中共奉天支部改为中共奉天特别支部，隶属关系也由中共北方区委移交中共中央直接领导。在党员人数大大增加的情况下，其基层党组织也得到健全，先后成立了奉天医专党小组，银行党小组、学校党小组。

在国共建立统一战线政策指导下，奉天共产党员与国民党员共同组建了国民党奉天省党部，共产党员和共青团员以个人身份加入国民党，奉天国共两党革命统一战线秘密建立起来，并共同开展奉天地区的反帝反封建斗争，给奉系军阀以有力的打击。

在中国共产党领导下，奉天工人运动也出现新的局面，有了新的发展。不仅在次数上更加频繁，在规模上也急剧扩大，斗争方式由各个工厂的独立行动向着厂际间或整个行业联合罢工的方向发展，其诉求也由增加工资、改善待遇，上升到更高的政治要求。

第一节 反直同盟的建立

一、奉粤信使往来不断

第一次直奉战争后，张作霖整军经武，奉系实力大为增加；同时他发展了实业和农业经济，使得粮饷、军械十分充足。而此时的直系曹锟以重金贿买议员，当选总统。吴佩孚也坐镇洛阳，推行武力统一政策，把势力扩展到长江流域，支持陆荣廷、陈炯明、沈鸿英反对孙中山，妄图颠覆孙中山的革命政权，公开镇压京汉铁路工人运动，制造“二七”惨案，遭到全国人民的一致声讨。针对直系人心丧失，日益孤立的形势，张作霖积极与广东的孙中山和退居天津的段祺瑞以及浙江的卢永祥进行联系，确立奉直皖反直三角同盟，以形成对直军的包围之势。张作霖的这一想法与孙中山不谋而和。

孙中山先生在革命生涯中屡受挫折，尤其被滇、桂两省军阀逼得进退维谷，在革命实践中，醒悟到单靠薄弱的革命力量是不能成功的，有必要抛开主义之争，寻找同盟者，才能实现北伐的长远大计。为此，提出了联合段祺瑞和张作霖的战略思想。据老同盟会会员宁武回忆，早在1919年秋，孙中山就电召宁武赴上海，向他交代革命任务：“我们要把握时机，取得政权，擒贼擒王，首先必须打倒北洋直系军阀。因此，我打算即回广东，重组政府，亲率大军北伐。另一方面，我们要分化北方军阀，利用直系和皖系的利害冲突，联络段祺瑞，特别是关外的实力派张作霖，三方合作声讨曹（锟）、吴（佩孚）。”孙中山向宁武交代任务：“你是东北人，派你回去做张作霖的工作。”①

由此可见，早在第一次直奉战争之前，孙中山已经开始实施同张作霖合作的计划了。1920年秋，宁武先后两次晤见张作霖。第一次晤谈，宁武提到孙中山已经同段祺瑞相约合作，共同对付曹、吴，张作霖直率地说：“这件事我也知道。我是带兵的，老粗，不懂政治。不过，我很不明白：孙中山是开国元勋，著书立说，革命党怎么能跟这路人（指段）合到一块？”宁武笼统地回答道：“不论什么人，只要肯革命，孙先生是都可以合作的。”在宁武离津前一天，张

① 辽宁省政协学习宣传和文史委员会：《辽宁文史资料精萃》，《张作霖·奉系军事集团》，辽宁人民出版社1999年版，第243页。

作霖又接见了他。据宁武猜测，可能张作霖同他的幕僚已经“计议过了”。张作霖“仅含糊地表示，他已经考虑过了，可以试试看”。不久，张作霖派其少将副官张亚东带问候信，同宁武一起去见孙中山。这次是孙中山和张作霖的初次联系，带有一定的试探性质。孙中山先生并没有具体表示，只写了封简单的回信，交张亚东复命。第二次晤谈，是在张作霖位于北京的顺承王府。这一次，张作霖明确表示：“孙先生是开国元勋，谋国有办法，我想派人去向他请教一切。”[①]

随后，张作霖派代表李梦庚（字绍白），携带密电南下桂林会见孙中山，公开洽商联合反直。李梦庚途经上海时，向南方驻沪代表杨庶堪表示：“张意甚决”，望孙中山迅速出师北伐[②]；孙中山亦致电上海伍朝枢、朱庆澜赴奉天“报聘”，进一步联络。此行被中外报界称为“极南极北携手解决时局之先声”[③]。此后，张作霖又先后派出熟悉广东情况的姜登选、韩麟春、沈鸿烈、杨宇霆、杨毓珣等人去桂林、广州和上海拜会孙中山先生。其中姜登选是奉系与南方联系的中心人物。姜登选，字超六，河北冀县人，1881年生。早岁留学日本。日本陆军士官学校五期工兵科毕业。1912年，任保定陆军军官学校教官。1913年，朱庆澜任黑龙江将军时，他任参谋长。后来，朱庆澜任广东省长，他也同去。还跟朱庆澜一起到过四川和云南。因此，姜登选结交广泛，特别是他同广东很熟。自然，奉系同孙中山的联系就落在了他的肩上。[④]姜登选曾两次派人去见谭延闿，谭延闿派人回访。然后，再以张作霖的名义，派人回访孙中山。1922年2月曾派李梦庚去广州会见孙中山。同年9月，又派韩麟春去广州正式拜会孙中山。孙中山对联合奉张抱有很大的诚意，先后两次派汪精卫到奉天拜见张作霖父子，商议讨吴大计。汪精卫，名兆铭，号精卫，浙江山阴人，1883年生。1905年，加入中国同盟会，以后追随孙中山筹建革命组织。1910年，谋炸摄政王载沣，事泄被捕，判终身监禁。1911年，辛亥革命后被释出狱，继续从事革命活动。1922年9月，汪精卫带着孙中山先生给张作霖父子的信来到奉天。

孙中山在《复张学良函》中写道：“所论奉省暂持冷静态度，以俟时机，实为特识。”孙中山称赞奉系卧薪尝胆，待机而动的态度，提出联合军事行动计

---

① 辽宁省政协学习宣传和文史委员会：《辽宁文史资料精萃》，《张作霖·奉系军事集团》，辽宁人民出版社1999年版，第244页。

②《杨庶堪致孙中山电》（1922年1月30日）。罗家伦主编、黄季陆增订：《国父年谱》，中国国民党中央委员会党史史料编纂委员会，1969年增订本，第860页。

③《华字日报》（香港），1922年3月23日。

④ 中国人民政治协商会议全国委员会文史资料研究委员会：《文史资料选辑合订本》第十八卷，第51辑，中国文史出版社1999年版，第6–7页。

划，“文顷致书尊公，述此后军事进行，仍宜由西南发难，据险与敌相持，使彼欲进不得，欲退不可，然后尊公以大兵直捣北京，略定津保，以覆其巢穴，绝其归路，敌必可灭，正与高明之见，不谋而合。望力持定见，他日运筹决胜，可为预期也。”[①]

在《复张作霖函》，首先谈及张作霖先后派出的三位联络员吴自堂、李香斋、韩芳辰所带的“手书”均收见了。其次，强调联合反直的重要性：“国事至此，非有确定之方针，坚固之结合，不足以资进行。曾与自堂司令详加讨论，对于所拟方略，极为一致，复经卢督办子嘉参加意见与以赞成，尚希卓见定夺为荷。”[②]

张作霖对孙中山的特使汪精卫非常重视，他说：“我想隆重地招待他们一下，表示重视孙中山的代表，做给日本小鬼看看。”[③]10月2日，张作霖在大帅府内举行盛大欢迎宴会。席间，张作霖表示当与孙、段同心协力，第一步以驱除吴佩孚及曹锟为目的，第二步再谋新中国之建设。汪精卫此行所负的重要使命之一，就是与奉系讨论孙、段、张三派反直军事政治计划。关于军事，孙中山在致张作霖的信中提出了南北配合、夹击直系的战略构想，这也是第一次直奉战争前双方就有的战略配合思路：“今后破敌之策，仍须西南先发，与敌相持。公之大任，在于迅取北京津保，使敌失所凭依，然后出重兵以蹑其后，则敌将不战而自溃。此为共同动作之必要枢纽，所望睿虑及之。”[④]关于政治，即讨伐曹、吴胜利后，如何召开国民会议，解决国家的统一和建设的问题。张作霖的态度是，打垮曹、吴什么都好说，既不明白表示赞同国民会议，也不表示反对。

据当时日本人方面的消息记载，汪精卫向日本记者发表谈话，对奉天之行极为满意：“余此次来奉之经历，虽不便多言，但孙、张两人间之联络，则确以达到相当程度。”“由此观之，吾人之努力究不归空，即以东三省而论，不日亦当实现自治民生主义无疑。而奉张等亦颇倾听吾人之主张，联络能日见成就，其原因即在于是云云。”[⑤]汪精卫高谈“自治”正是适应当时张作霖宣布东三省

---

① 政协沈阳市委员会文史资料研究委员会：《沈阳文史资料·张作霖史料专辑》（内部发行），第12辑，第116页。

② 政协沈阳市委员会文史资料研究委员会：《沈阳文史资料·张作霖史料专辑》（内部发行），第12辑，第115页。

③ 辽宁省政协学习宣传和文史委员会：《辽宁文史资料精萃》，《张作霖·奉系军事集团》，辽宁人民出版社1999年版，第249页。

④ 政协沈阳市委员会文史资料研究委员会：《沈阳文史资料·张作霖史料专辑》（内部发行），第12辑，第115页。

⑤ 古蒋孙：《甲子内乱始末纪实》，《近代稗海》（第5辑），第218页。转引自徐立亭：《张作霖大传》，哈尔滨出版社1994年版，第267页

“联省自治”的需要。

孙中山与张作霖的来往引起曹锟的注意。为打破张、孙联盟，曹提出与张作霖和谈，并拟以副总统的职位来拉拢张。得知这一动向，孙中山立即派汪精卫第二次赴奉。“汪氏此次来奉之任务，似为直、奉和议问题代陈孙文之意见而来，大意须以张作霖恢复东三省巡阅使之职，并许奉军入关为条件，直派如不允此条件，则断不应允议和。”①

1924年初夏，孙中山又派伍朝枢来到东北与张作霖联络。伍朝枢，字梯云，广东新会人，早年赴美就学，回国以后任广东劳工局及农工实业局委员，又赴英国留学。1912年回国，历任湖北省外交特派员、北京政府参议员、总统府顾问、外交部顾问、国务院顾问。1918年任广州军政府外交次长兼总务厅长。1923年任广东大元帅府外交部长。伍朝枢赴奉，说明张作霖联合孙中山已经进入高层次官员的来往阶段。

二、对粤系的支援

在财政上，从这一时期起，奉方也开始给粤方以援助。在获悉孙中山因陈炯明叛变而自广州退避上海后，张作霖即找到宁武，请其代表去探望孙先生，并请孙中山到东北来住。宁武赴上海转达了张作霖的邀请，孙中山婉言谢绝。但提出，可否向张作霖商贷一笔款子。张听后，为表示在“患难中交朋友”，毫不犹豫决定送给孙中山10万元作为生活费用。此笔款项于9月中旬，张作霖派李香斋、韩麟春等人赴沪晋见孙中山时，由韩代表张作霖赠送孙中山。9月22日，孙中山在《复宁武函》中写道：“九月十日函悉，韩君到沪，相见甚欢。又得雨公送二万，甚谢!”②为什么只有两万呢？据说，此笔款项被韩麟春扣去8万元，只给孙两万元。张作霖得知后，痛骂了韩麟春，并说：“凭我张某人只送孙先生这点钱？不成话，赶快再补8万!”

1922年9月，孙中山在写给张作霖的信中提出“诸军所需维持补充等费，竭蹶应付，拮据殊甚，未悉公能有以助之否”③，请求张作霖予以援助。此后，孙中山又多次吁请奉方援助。1923年1月，孙中山再次致电张作霖，“申请援

---

① 古蓨孙：《甲子内乱始末纪实》，《近代稗海》（第5辑），第218页。转引自徐立亭：《张作霖大传》，哈尔滨出版社1994年版，第268页。

② 孙文：《孙中山全集》第六卷，中华书局1986年版，第557页。

③ 政协沈阳市委员会文史资料研究委员会：《沈阳文史资料·张作霖史料专辑》（内部发行），第12辑，第115页。

助”[①]；1月28日，孙中山致函张作霖，感谢他的“惠助”。信中谈及广东局势“安而复危，定而复乱，破坏之恶，至堪发指。”又揭露吴佩孚在南方扩张地盘：“力图长江，未尝稍懈，援闽图浙，野心凌踔。”孙中山再次向张作霖的援助致谢。“词之缕缕，唯执事立决而惠助之，感且无量。”[②]5月，孙中山派汪精卫北上，令其“力向雨公（张作霖）商助”[③]一笔军费，至少需要七十万元。经协商，张作霖同意资助粤军回粤军费50万元，后又陆续补助几十万元。张作霖还令沈鸿烈率镇海舰把60万银元及12门山炮，若干迫击炮、机枪，步枪等一批军火运到广东[④]，送给孙中山。

同年11月25日，孙中山派广东军政府的财政部长叶恭绰到奉天，专函张作霖对于支持平息吴佩孚唆使的陈炯明叛乱，表示感谢。该信全文如下：

“雨亭总司令大鉴：

自去年陈炯明听吴佩孚唆使叛乱于后方，致我北伐之师中道挫折，因而致奉天师旅亦不克扫荡燕云，擒斩国贼，良用为撼。失败而后，只身到沪，犹奋我赤手空拳与吴贼决斗。一年以来，屡蒙我公资助，得以收拾余烬，由闽回师；又得滇军赴义，川民逐吴，遂将国贼在西南之势力，陆续扑灭；而广州根本之地，得以复还。此皆公之大力所玉成也。惟自得广州之后，残破之余，元气一时难复，而财政之困，日以迫人，以致不能速于扫荡，竟使叛逆尚得负隅东江，为患至今。而吴佩孚、齐燮元近日济以大帮饷弹，逆贼乃得倾巢来犯，旬日以来，石龙不守，广州危机。本月十八、十九两日，我军为背城之战，幸将士用命，将敌人主力完全击破，广州得转危为安，从此广东内部平定可期，而北伐计划亦可从此施行矣。故特派叶誉虎前来领教一切，并详报各情，到时幸赐接洽为盼。并候大安。

孙文

民国十二年十一月二十五日”[⑤]

---

① 政协沈阳市委员会文史资料研究委员会：《沈阳文史资料·张作霖史料专辑》（内部发行），第12辑，第118页。

② 政协沈阳市委员会文史资料研究委员会：《沈阳文史资料·张作霖史料专辑》（内部发行），第12辑，第118页。

③ 政协沈阳市委员会文史资料研究委员会：《沈阳文史资料·张作霖史料专辑》（内部发行），第12辑，第122页。

④ 冯庸：《真诚的张雨帅》，《传记文学》第三十一卷第4期。

⑤ 政协沈阳市委员会文史资料研究委员会：《沈阳文史资料·张作霖史料专辑》（内部发行），第12辑，第123页。

由此可见，张作霖多次给孙中山以经济上的支援，以使他能从南方进攻曹锟、吴佩孚。

三、联合皖系段祺瑞

至于张作霖和段祺瑞商讨联合讨直，则最早可追溯到直皖战争之后。其时，奉系主张对皖系从宽处理，并暗中与皖系建立了联系。在张作霖的保护之下，“皖派虽倒，而段氏本人仍能安居于北京府学胡同不动”。第一次直奉战争后，段祺瑞退居天津，张、段之间即信使不绝于途，一直在计议如何反对曹、吴的问题，其中最主要的信使即段祺瑞的内弟吴光新。吴光新，字自堂，安徽合肥人，毕业于日本陆军士官学校炮兵科，曾任北洋第三镇炮兵营管带、第二军军部参议、长江上游总司令、四川查办使等职务。他奔走于津、沪、奉之间。

1923年12月间，“吴光新（段祺瑞内弟）在奉与张作霖会晤之后，转由上海来津，连日在段祺瑞邸中开重要的秘密会议，随将决定之重要任务秘密携往上海去矣。”[①]吴光新到上海，又与卢永祥的代表范毓灵前往奉天。“孙文、张作霖两人之间，则有吴光新常往上海互通声气”。[②]1924年1月23日，吴光新、范毓灵拜会张作霖。他们共同商议东南联合对待直系的方略，以及由奉协助浙江大炮10尊、机关枪20架、附属子弹10万发等事。另外，奉张还向皖段提供大量款项，以便用来收买、分化直系的军队。据段的一个亲信披露：1923年9月，奉张通过杨宇霆送给段正金银行汇票一张，为银元80万元；同年7月从奉张处取回大洋40万元的正金汇票一张；1924年3月，又取回票面200万元日本金票汇票一张，合现大洋102万元。[③]

段祺瑞公开承认接受张作霖的经济援助，对外国记者说：中秋节时分，“颇受经济之窘迫，幸获奉天绥远之援助，始得勉强过节”。[④]1924年3月13日是段祺瑞60岁寿辰，张作霖特意派代表到天津祝寿，以示联络。

段祺瑞的实力派人物是浙江督军卢永祥。卢永祥，字子嘉，山东济宁人，北洋武备学堂毕业。他随袁世凯在直隶由队官升到第三镇统领官，后历第十师师长，驻防吴淞、兼淞沪护军副使，后为正使。“沪使权力之伟，直一督军而兼

---

① 中国第二历史档案馆：《北洋政府大总统档案》。

② 古蓨孙：《甲子内乱始末纪实》，《近代稗海》（第5辑），第222页。

③ 于立言：《张作霖通过段祺瑞瓦解直系的内幕》，见杜春和等编《北洋军阀史料选辑》（下），中国社会科学出版社1981年版，第134页。

④ 天津：《大公报》，1923年10月24日。

省长者”。1919年，署理浙江督军，仍兼护军使。卢永祥是举足轻重的皖系将领，“在北洋军人中，年龄和历史均居前辈地位”。汪精卫奉孙中山命到天津拜访段祺瑞，“段嘱以后一切，与浙卢接洽。”[①]张作霖在派遣韩麟春去上海会见孙中山的同时，也派姜登选、杨毓珣联络卢永祥，与他议定在政治上互相呼应，在军事上订立攻守同盟，并约定“在打倒曹吴之后，即拥段上台”[②]。从此以后，卢永祥代表段祺瑞、汪精卫代表孙中山、奉系张作霖也派代表韩麟春到浙江会谈。世人所称“三角同盟”即产生于此时。

在孙、段、张彼此互相联系的基础上，后来孙中山派其子孙科、卢永祥派其子卢小嘉先后来到奉天，张作霖也派出张学良与他们应酬，这就是当时南北新闻媒体盛传的“三公子会议”。随之南北信使往还，函电不断，协调军事行动，并拟定在打倒直系曹、吴之后，召开南北统一会议，选孙、段为正副总统。

孙、段、张三角同盟结成以后，先从政治上抵制曹锟、吴佩孚控制的北京政府，反对曹锟贿选总统。曹锟要当选总统，须要国会进行选举。按照《大总统选举法》，总统选举必须有全数议员的三分之二才有效。当时众、参两院议员870人，580人出席方为有效。因此，孙、段、张和直系在拉拢议员方面展开了激烈的斗争。为了阻止曹锟当选总统，动员议员南下，孙中山派参议刘成禺到北京邀请议员南下。卢永祥也有电报请他们到上海继续进行制宪工作。据姚震于1923年6月22日给杨宇霆的信中称：南下议员已有二百四五十人，要能争取南下300人，国会开会就达不到法定人数，议员南下费用奉方支付300万元，卢永祥支付100万元。国会议员离京，第一站到天津，设有办事处，由国民党议员杨永泰负责，接待南下议员，发给每人车船费500元，迄9月15日止，到天津领旅费的503人，到上海报到的385人。

但曹锟以每张选票5000元之高价收买议员，引得南下议员纷纷回京，孙、段、张阻止曹锟贿选没有成功。之后，孙、段、张代表与各省代表在上海举行联席会议，通电反对曹锟贿选。

实际，这个被共产国际和苏联抨击为“邪恶的联盟”的三角联盟的各方，无论孙中山、段祺瑞、张作霖以及卢永祥都在相互利用，完全是利害关系的联

---

① 吴虬：《北洋派之起源及其崩溃》，《近代稗海》（第6辑），第246页。转引自徐立亭：《张作霖大传》，哈尔滨出版社1994年版，第272页。

② 邓汉祥：《我所了解的段祺瑞》，中国人民政治协商会议全国委员会文史资料研究委员会：《文史资料选辑合订本》第八卷，第26辑，中国文史出版社1999年版，第110页。

合，奉系的要员王永江就直言不讳地说："无论段也，卢也，孙也，皆不过骗我们之钱而又要我们而已，毫无可以依赖之处。"[1]但是，奉、直、皖三角同盟的建立，标志着奉系远交近攻策略的成功。张作霖利用这个联盟，在政治上孤立了直系军阀，在军事上建立了"攻守同盟"，形成南北夹攻直系的局势，为第二次直奉战争奉军的胜利奠定了不可估量的基础。对张作霖这一政治远见，王永江亦不得不赞其"仍不失为有识之伟人"[2]。

四、密联冯玉祥

成功建立了反直的"三角同盟"后，为了成功从内部瓦解直系，张作霖还不断派人入关同直系将领冯玉祥进行秘密联络。冯玉祥，字焕章，安徽巢县人。1882年生，1913年任陆军第7师步兵14旅旅长。1921年任第11师师长，同年升任陕西督军，次年5月又改任河南督军，10月调任陆军检阅使。1923年5月，兼任西北边防督办，11月授将军府扬武上将军。

第一次直奉战争时，他痛恨"媚日祸国"的张作霖，主动请缨，率兵参加了直系对奉系的战争。因为冯玉祥作战有功，吴佩孚不得不任命他为河南督军。但此后不久即被吴佩孚抢去地盘，任命为有职无权的陆军检阅使，调往北京南苑驻扎。为削减冯玉祥的兵力，吴只准他带一师人马北上，对火车车皮和经费严加限制，冯采取轻装前进办法，将一师三旅人马全部武进北京驻扎在南苑，一驻就是两年。

冯玉祥知道："吴佩孚此次将我调职，其用意即要置我们于绝境，使我们即不饿死，亦会瓦解"。冯玉祥绝不会坐以待毙。利用驻扎南苑的时间，他抓紧整顿队伍，提升官兵素质，打造一支战斗力极强的劲旅，形成以自己为核心的军事集团。

鉴于冯玉祥与吴佩孚的矛盾，张作霖将他列为拉拢对象，主动派人联系冯玉祥。

1923年春，张作霖派出司令部参谋处科长傅兴沛，与冯玉祥的秘书长刘骥以私人身份往来，试探双方的立场。冯玉祥并没有过多表示，只是嘱咐傅兴沛不要在北京久待，因为北京耳目太多。虽然冯玉祥没有明确表态，但张作霖从冯玉祥的态度中已经看到了希望。

以后进行实际联系的是张作霖的亲信副官马炳南与冯玉祥的交际处长张树声。冯玉祥在20镇任步兵连长时，张树声任骑兵连长，马炳南任团书记官，他

① 辽宁省档案馆：《奉系军阀密信》，中华书局1985年版，第15页。
② 辽宁省档案馆：《奉系军阀密信》，中华书局1985年版，第58页。

们早就相识。而且，冯玉祥和马炳南又都是基督徒，关系更进一步。所以，最初两人交往时，是以私人身份往来。张树声有意无意地向马炳南透露，“冯的处境极为苦闷，颇有与奉军联系之意”。得知这一重大消息，马炳南立即赶回奉天，把他与张树声密谈的情况汇报给了张作霖，张作霖立即派马炳南返回北京，与冯玉祥暗中联系。

此时恰逢冯玉祥要举行婚礼。马炳南就以公开的身份，代表张学良前去祝贺。在结婚典礼进行完毕，嘉宾们都散去后，张树声带领马炳南单独进见了冯玉祥。马炳南借机把张氏父子愿与冯玉祥合作的口信，说了出来。冯玉祥听后，亲切地笑着说：“你在两大之间（意指他与张作霖），要好好负责。”[①]这是冯玉祥的公开表态，表明愿与奉张合作。从那以后，通过马炳南、郭瀛洲的往来，由奉军秘密接济冯军一些军事上的补给。并经安福系要人贾德耀之手，以200万元日币赠冯。以后，双方的联系始终未断。

此间，孙中山也在做冯玉祥的工作。

其实，早在1920年，冯玉祥驻扎在汉口时，孙中山就曾派他的秘书徐谦持亲笔信到汉口看望他，表示希望“加强合作，一致从事革命工作”。对孙中山的知遇之恩，自然感激不尽。这让他对南方革命军多了一层好感，加深了认识和了解。冯玉祥在滦州起义时，就同南方的革命力量发生关系，以后又结识了许多国民党人士。耳濡目染，对孙中山领导的国民革命逐渐加深了认识，并心向往之。特别是他读了孙中山的建国大纲之后，思想更发生了很大变化。

1923年，孙中山派人将联合张作霖、段祺瑞的情况，告知冯玉祥，并催促冯早日发动倒直行动。冯玉祥明确表态：目前直系兵力数倍于我，如冒险盲动，必遭失败。待时机到来，我一定有所举动，请将此意转达中山先生。

1924年秋，曹锟和吴佩孚密谋出兵东北，张作霖派马炳南秘密来到北京探听冯玉祥的动向，冯玉祥派出参谋长刘骥代见。不料，刘骥竟称冯部行动，一切听命中央。马愕然，不知所以，急切中匆促答以中央乱命，何必听从。辞出后，即反会见情形告以张树声。张树声告以实情：刘骥说的不是真心话，让他放心。同时密告他：吴佩孚拟派冯玉祥率部出古北口，经承德、东蒙绕击奉军后路，并以黑龙江省主席许冯。但冯已决心接受张绍曾的“全军为上策”的秘密建议，不拟与奉军作战云云，请奉军万勿入关，并嘱马立即回奉报告，于两星期内回信，在此期限内冯军当按兵不动。张绍曾时任北京政府的国务总理兼

① 马炳南：《二次直奉战前张作霖与冯玉祥的拉拢》，中国人民政治协商会议全国委员会文史资料研究委员会：《文史资料选辑合订本》第一卷，第4辑，中国文史出版社1999年版，第49页。

陆军总长，是冯玉祥的老上级。辛亥革命时，张绍曾为二十镇统制，冯玉祥任该镇八十标第三营营长，曾一同酝酿革命，参加讨伐复辟之役。张绍曾为冯策划甚多。因此，冯玉祥称，张绍曾对他“有极好的印象”。如此，张绍曾才给冯玉祥出谋划策。

马炳南负有重命，不敢耽搁。他急赴天津搭轮转大连回奉天向张作霖报告，并遵张作霖命，报告杨宇霆。杨当即书信两封，一致张绍曾，一致靳云鹏。还有张作霖致冯玉祥信函一封。并告马炳南急速进京，面呈三信。马炳南到京时，已逾三日，冯军先头部队也开往承德，冯玉祥本人也进驻古北口。

马炳南在面投两信后，急赴古北口，将张作霖的信面交冯玉祥。张信大意是：只要冯倒戈相向，“推倒了曹、吴，他们的目的便已达到，决不再向关内进兵”①。冯玉祥阅后，很为满意。当即用一张东昌旧毛头纸，书写了一个很大的“成”字。并与张作霖约定：如两军队相遇，均向天空鸣枪；冯军缠红布白日光臂章，奉军缠黑布白日光臂章，以便识别。至此，张冯协议完全成功。

第二节　第二次直奉战争

一、支援浙督卢永祥

第二次直奉战争前，作为序曲，爆发了江浙战争。江浙战争的爆发，是由于两个焦点问题。

一是争夺上海的控制权。上海本来属于江苏地盘，但长期以来，一直被卢永祥控制。江苏督办齐燮元虽然兼苏皖赣巡阅使，却不能染指上海。齐燮元，字抚万，直隶宁河人，清末秀才，曾就学于日本陆军士官学校，1913年以后，历任第六师第十二旅旅长，江西省署参谋长，江苏省署参谋长，军务帮办，1921年9月，江苏督军李纯死后，继任江苏督军。1923年11月，兼任苏皖赣巡阅使，同年授予宁武上将军。对于上海这块富庶之地，齐燮元早已垂涎三尺。为不战而夺取上海，齐多次向吴佩孚提出以江西、福建、安徽和江苏等省督办名义联名致电卢永祥，要他撤出上海，却遭到卢的拒绝。江浙之战，不可避免。

---

① 马炳南：《二次直奉战争前张作霖与冯玉祥的拉拢》，中国人民政治协商会议全国委员会文史资料研究委员会：《文史资料选辑合订本》第一卷，第4辑，中国文史出版社1999年版，第49页。

二是对卢永祥扩军的恐惧。1924年，卢永祥接纳了闽军臧致平和杨化昭部，他们由赣入浙。而这两支部队，是被直系军阀从闽地赶出来的。卢永祥将接纳的这批部队，改编为浙江边防军四个师一个混成旅，拥有1万余人。曹锟、吴佩孚对卢永祥收容臧、杨残部大为恼火，认为浙沪收容臧、杨，含有窥伺苏皖赣三省的企图。吴佩孚要齐燮元和孙传芳用武力解决浙沪问题。孙传芳，字馨远，山东泰安人，日本陆军士官学校毕业，回国后在王占元第二师先后任营长、步兵团长、旅长，1917年升任湖北省暂编第一师师长，孙颇受王的信任，得以施展才干。1920年接任第二师师长，1921年湘鄂战争，王占元被迫下野。孙传芳投靠吴佩孚，被任命为长江上游警备总司令兼第二师师长。1923年初，吴佩孚任命孙为援闽总司令，进军福建，1923年3月任为福建军务督理。军务帮办兼陆军第十二师长周荫人的部下对孙不满，认为孙传芳夺了他们的地盘。孙也感到了这种威胁，当吴佩孚通知他参加进兵浙沪，认为这是千载难逢的良机，便让出福建，留给周荫人，全力侵浙，开辟新地盘。当然，曹、吴命令齐燮元、孙传芳向浙沪兴师问罪，其真正原因是卢、张合作，联合西南反直，故而先解决浙沪问题，再以迅雷不及掩耳之势对付奉系，以达到各个击破的目的。

1924年9月3日，由于以上两个原因，江浙战争爆发。卢永祥发表讨曹通电，并传檄西南各省请其共同出兵讨伐曹、吴。江浙问题直接关系到反直三角同盟的命运。因此，张作霖不能袖手旁观。早在江浙战争爆发前，卢永祥曾派其子卢小嘉赴奉天。张作霖亲自接待，并询问江浙两军布战情况。卢小嘉回答苏浙双方箭在弦上，战事即将爆发，同时向张作霖提出几项援助：1. 贷给款项；2. 供给军械；3. 借用飞机。张作霖一一首肯，并表示：我方必当出以相当协助，断无坐视之理。9月4日，张作霖又派副官长杨毓珣到杭州送给卢永祥300万元作为浙沪联军的军饷。

战争爆发的第二天，即9月4日，张作霖即于奉天召开旅长以上的将领军事会议，讨论是否参战事宜。奉系内部起初对是否立即对直开战，意见不一，老派吉林督军张作相、黑龙江督军吴俊升等人主张静等江浙战争解决后再定行止，可进可退；新派张学良、杨宇霆等人则认为直系“既有事东南，不暇兼顾，急宜乘虚入关，响应浙江督军卢永祥，以为声援，此千载一时之机，万不可失”[①]。张作霖赞成新派主张，发表通电，痛斥直系，声援浙卢。电文谓：

① 李剑农：《戊戌以后三十年中国政治史》，中华书局1965年版，第362页。

“国人苦兵祸久矣。年来川、湘、粤十室九空，益以本年旱涝为灾，又延至十余省之广，哀鸿遍地，惨不忍闻。此在稍有人心者，如何悲悯哀矜，力谋挽救。乃吴、曹包藏祸心，益张毒焰，不特对于被灾省分略无矜恤之念。且更以兵戈惨祸横施之于完善之区。士绅之呼吁无闻，外交之责言不恤，是何肺肝，言之痛心。当风潮发生之初，作霖屡向彼方切进忠告之词，劝其以人民为重，复方颇以和平为念，方谓其悔祸于真诚，乃墨沈未干，兵锋已及，顷接杭州卢总司令江日通电，是戎首之责已有所归，即声讨之师不容或缓。夫曹、吴罪恶山积，悉数难终，姑举其荦荦大者言之；贿买议员，豢养牙爪，以窃大位，以祸邻疆。人民所希望者自治也，则百方破坏之，全国所祷企者和平也，则一意蹂躏之。甚至自身前以奥债负人，而德票则不惜公然承认，外人方以兴学盼我，而庚款则施其攘夺私。卖国丧权，穷兵黩武，语其罪状，早为天下所不容。徒以频年民困已深，不忍使地方重遭兵，偶存投鼠忌器之念，遂益启舐糠及米之心。流毒既深，舆情共愤。作霖为国家计，为人民计，仗义誓重，义无可辞。谨率三军，扫除民贼，去全国和平之障碍，挽人民垂绝之生机。在同人声气投合者，固当深表同情；即彼方夙受挤排者，亦可共知觉悟。师行所至，廛市无惊，但期元凶伏诛，绝不株连旁及，天日在上，实鉴斯言。敬布悃忱，伏希公察。”①

张作霖还派出使者向卢永祥表示一定入关相助，并汇款300万元支援卢永祥的军队②。

同时，孙中山也于9月4日召开筹备北伐会议，决定滇、桂、湘、赣、豫、山、陕军全部参加北伐，并迁移大本营于韶关，设留守府于广州，由胡汉民代大元帅并兼广东省长，以谭延闿为北伐军总司令。9月5日，孙中山复卢永祥称：“闻捷甚喜。此间日内有精练而熟于战斗之飞机师四个由欧到粤。如尊处需此项人才，可先派来应用，信其必能收大效果。如何？候复。”③

至此，反直三角同盟开始统一军事行动。但卢永祥由于腹背受敌、寡不敌众、孤立无援，很快失败。10月13日，卢永祥通电下野，撤出杭州。孙传芳由福建率军进入浙江，抢占地盘，收编了约有5师人马。

---

① 郭春修：《张作霖书信文电集》，万卷出版公司2013年版，第590页。
② 徐立亭：《张作霖大传》，哈尔滨出版社1994年版，第275页。
③ 孙文：《孙中山全集》第十一卷，中华书局1986年版，第14页。

二、奉军入关

江浙战争爆发后，张作霖就组织人马，准备入关。他把准备入关作战的25万奉军编为六个军，仍以“镇威军”之名号，自任总司令，杨宇霆任总参谋。

所属六军的情况大体如下：第一军副军长是“个性急躁，不谋而动”的韩麟春，“配之以临事三思而行，以沉静克制著称的姜登选军长”；第二军副军长是“性极粗暴，临事鲁莽”的张宗昌，“配之以聪明细致，做事谨慎的李景林军长”；第三军副军长是“年轻有为，但贪功心切，轻敌思想浓厚，用兵有时孤注一掷，不问效果”的郭松龄，“配之以与其关系密切，尚能说服其人者张学良军长”；第四军军长张作相，副军长汲金纯；第五军军长则是“能力平庸，无所作为的惟命是从者”吴俊升，副军长为阚朝玺；第六军军长许兰洲，副军长吴光新。[①]

根据各军的实力和军官配置情况，张作霖做出相应战略部署：兵分山海关、热河两大战场，东线山海关为主战场，西线热河为辅战场。奉系海防舰队与优势空军配合陆军作战。第一、三军是奉军的精锐部队，在山海关、九门口一线担任主攻任务，准备在此给予敌军以决定性打击，该联军配属空军两个队；第二军进攻热河南路，由朝阳至凌源与绥中互相策应，袭击平泉，扼守喜峰口要隘，再谋进取时机；第四军驻兴城、绥中一带作为总预备队；第五军进攻热河北路，由西拉木伦河东岸进军开鲁、赤峰一线，出承德，兼向热河出击，连接平泉；第六军以骑兵为主，协同第二、五军，进朝阳、赤峰之线，出建平、平泉之线，威胁直军侧背。

此后，张作霖又致电曹锟，试图说明此战端绝非奉系挑起：“今年天灾流行，饥民遍野，弟尝进言讨浙之不可，足下亦有力主和平之回答；然墨迹未干，战令已发，同时又进兵奉天，扣留山海关列车，杜绝交通，是果何意者？足下近年为吴佩孚之傀儡，致招民怨……弟本拟再行遣使前来，徒以列车之交通已断，不克入京。因此将由飞机以问足下之起居，枕戈以待最后之回答。”[②]此电亦可看作是张作霖向曹锟发出的最后通牒。

曹锟获悉奉军向热河、山海关进发，军情十万火急，即数次电召吴佩孚火速入京共商对策，主持对奉的作战任务。9月17日，吴佩孚由洛阳来到北京。当晚，曹锟举行盛大欢迎宴会，并任命吴为陆海军大元帅。18日，吴佩孚在中

---

① 孙景悦、郭建平：《奉系军阀风云纪实》，辽宁大学出版社2000年版，第183页。

② 郭春修：《张作霖书信文电集》，万卷出版公司2013年版，第586页。

南海四照堂点将，组成“讨逆军”总司令部，自任总司令，出兵20万，分为三路，以彭寿莘为第1军总司令，率直军主力布阵于山海关、九门口一线作主攻部署；以王怀庆为第2军总司令，担任热河北线南线，出喜峰口向朝阳，直捣奉军之背；以冯玉祥为第3军总司令，担任热河北线，出古北口攻开鲁，向东三省心脏地带推进；此外还有10路援军，以张福来为总司令。除此之外，吴佩孚还任命杜锡珪为海军总司令、温树德为副司令，向辽东海湾活动。空军组成4队：第一队驻北戴河，第二队驻滦县，第三队驻朝阳，第四队驻航空处。合计飞机70余架。

布置完毕，吴佩孚向各国记者吹嘘：“我出兵二十万，两个月内一定可以平定奉天，张作霖下台后，他的儿子张学良可以派遣出洋留学。所有外国人在东三省和南满铁路的权力，我们都予以尊重。”①

自1924年9月15日至11月3日的第二次直奉战争的规模是空前的，是包括陆海空在内的立体战。双方的总兵力在55万人以上，实际投入的也有35万人。

三、战事经过

由于双方备战形势渐紧，自9月13日起，京奉铁路全线断绝，奉军开始向朝阳、山海关方面进发。9月15日，奉军先发制人，向朝阳、山海关进军，奉军李景林第二军第二十三旅李爽恺部在义州、九官、台门与直系毅军米振标部四营接战，从而拉开直、奉双方军事交锋的序幕。

奉军发动前，直军的第一军已开进榆关中立区，这一路是直军的主力，对方张学良、姜登选也是奉军的主力。奉直两军接触前，吴佩孚派温树德率渤海舰队两度由秦皇岛进攻葫芦岛，奉军也派沈鸿烈率领东北海军加强沿海防务。奉军的飞机队优于直军，曾在榆关及秦皇岛投弹破坏直军阵地。奉军的飞机每天都去北京上空散发传单揭露曹锟贿选丑闻，声讨直军的罪行。奉军第二、五两军于9月15日分两路进攻热河。热河都统米振标部毅军和前来增援的王怀庆部第13师，是三路直军中兵力最弱的一支。至22日奉军接连占领开鲁、朝阳，并向赤峰、凌源进攻。18日榆关正面战场发生接触，战斗非常激烈。奉军虽有飞机助战，又有极猛烈炮火，却始终无法突破直军防线。防守在九门口的直军旅长冯玉荣自杀，防守出现漏洞，张学良命令郭松龄率部从山海关去九门口协助姜登选、韩麟春。姜、郭两人发生口角，郭松龄赌气率部返回山海关，张学

① 陶菊隐：《武夫当国：北洋军阀时期史话》（第4册），海南出版社2006年版，第291页。

良得知，单骑追郭，力劝郭松龄率部重返九门口。直军侦察只发现了郭率部回山海关，以为奉军派大部队增援山海关，也将九门口的部队派往山海关增强防守。结果郭军连夜突袭九门口得手，一鼓作气又攻下了石门寨，直军陷于被动，奉军占领滦州，截断直军退路，又攻占山海关，使直军的主力大部分被包围在山海关和秦皇岛之间，只有束手被奉军俘虏。仅在山海关一仗，被俘直军就达3万余人。

正当直奉双方鏖战之时，直军内部发生了冯玉祥倒戈事件。战争刚刚打响，张作霖即派出奉方防守热河的将领李景林（其与冯素有交往）前往会见，同时，张还给冯300万军费。冯当即对奉张代表表示："我已经和北京方面几位将领有所接洽，只要你们的队伍不进关，我们的计划必能顺利进行，推倒曹、吴，是不成问题的！"[①]10月9日，张作霖在给卢永祥的电报中，即指出："彼方内部将有反戈之举。"[②]确认冯的态度后，张作霖令李景林改取守势，勿再进攻，并将进攻赤峰的部队，大部抽调到山海关方面，加重直军的压力，从而撼动了直军战线的全局。

10月23日，正值直奉两军在山海关附近激战，吴佩孚亲自督战接二连三受挫之际，参战的直系讨逆军第三路军总司令冯玉祥与任直系援军第二路司令、陕军第一师师长胡景翼及任北京警备副司令孙岳倒戈回京。首先派兵接管全城防务，占领了京内外各重要据点和交通、通讯机关，包围了总统府，将贿选总统曹锟囚禁在中南海延庆楼，并强迫曹锟下令前线停战。此即震惊中外的"北京政变"。

冯玉祥倒戈的消息传至前线，直奉战局急转直下。10月24日凌晨，张作霖获悉冯玉祥倒戈后，立即命令奉军各部乘胜猛攻。郭松龄部乘胜追击，迅战秦皇岛，截其退路，使直军主力被围，除少数重要将领由海路乘船逃回天津外，全部被俘。奉军在山海关附近缴获枪械三四万支和大批准备军用物资。正在山海关视察督战的吴佩孚在得知内变消息时，首尾难顾，立即率其第3师及第26师各部约七八千人自山海关回援北京，并急电萧耀南、齐燮元、孙传芳、李济臣调集湖北、江浙、河南等省直军迅速北上，会师讨冯。张宗昌、李景林部乘势全面追击，直趋滦州车站，切断直军退路。

吴佩孚不甘心失败，又设临时司令部于新车站，集中残兵败将在北仓、杨村、军粮城等地准备再战。但北上援吴的直军先后受阻，齐燮元、孙传芳所部

---

① 冯玉祥：《我的生活》（下），北方文艺出版社2010年版，第400页。
② 徐立亭：《张作霖大传》，哈尔滨出版社1994年版，第281页。

在山东因鲁督郑士琦宣布武装中立而受阻，陕豫鄂援吴军在河北石家庄被阎锡山派兵缴械，这样，吴佩孚的讨冯计划又成泡影。11月2日，冯玉祥的国民军先后和胡景翼所部向杨村步步进逼，并占领杨村、北仓。3日，又追击吴军至天津郊外，将其缴械，并占领天津。同日，奉军攻下芦台，并占领军粮城。吴佩孚在奉军和国民军的夹击之下走投无路，只好率领其嫡系第三师残部两千余人，溃退塘沽，登“华甲轮”浮海南逃。其余参战直军均被奉、冯两军收降。从9月15日至11月3日，第二次直奉战争共打了48天，以直军主力全部覆灭和吴佩孚狼狈逃遁为结局。

此次直奉大战，奉军获得全胜。直军的大批武器被奉军缴获，大批军事人才被张作霖吸纳。奉军各部借以争相扩编。至1925年奉军扩编成18个师，到5月又扩编2个师。共有东北陆军20个师，另增编步兵11个旅，3个骑兵旅和两个补充旅，拥有新式飞机270余架。奉系总兵力已达50余万人。

四、奉张掌控北京政权

第二次直奉战争结束后，奉军即以武力为后盾，再次插手北京政权。为夺取中央大权，实现其独霸全国的野心，张作霖所做的第一件事就是将段祺瑞推举上“中华民国临时总执政”的宝座。

张作霖原以为北京方面能推举他为最高统帅，没料到冯玉祥等人政变后，即推举段祺瑞出山主持政局。张作霖目的很难达到，权衡利弊，他决定拥段上台。之所以选择段祺瑞，是因为在打败直系后，北方政局能与张作霖相抗衡的只有冯玉祥的国民军了。国民军发动政变控制了北京，就在未来的国奉之争中占尽先机。张作霖要想夺取对北京的控制权，只有请出一位资历、声望都在冯玉祥之上、超然于国奉双方之外的人物从中协调，以暂时维持国奉之间的这种均势，此人非段祺瑞莫属。再者，段祺瑞手中并无兵权，便于张作霖控制。

10月26日，张作霖在会见记者团时提出：“北京政府之收拾，当令段老当之。余将取消东三省之独立，与冯玉祥共同辅佐段老，目下正与冯氏继续协议。”①10月30日，张又公开通电请段祺瑞“担任联军统帅名义，就近主持。凡我友军，均请随时加入，同赞大计”。

段祺瑞早有此意，但在没得到实力派人物张作霖公开表示之前，未敢轻举妄动。此番张作霖公开通电表示支持，他乃于11月初几次电召张作霖、冯玉祥

① 无聊子：《北京政变记》，荣孟源、章伯锋：《近代稗海》（第5辑），四川人民出版社1985年版，第386页。

二人速速来津，共商国事。接到赴天津开会的电报后，杨宇霆和姜登选等人向他请示如何应付段祺瑞、冯玉祥的问题。张作霖说："你们放心，我会要这一套。比不得军事非通过他们不可，要这一套我比你们高明，你们可再不用管了。"[①]他准备在天津会议上与冯玉祥争夺地盘、向段祺瑞讨价还价。

11月10日，张作霖置其"不向关内进兵"的允诺于不顾，以胜利者的姿态，威风凛凛地从滦州乘火车抵达天津。此前奉军两个师已先行到津驻扎。

11月11日，段祺瑞宴请冯玉祥、张作霖。席间，在段祺瑞首先致辞后，张作霖发言公开对冯玉祥表示轻视，他说："军人保卫国家是分内事，芝老夸奖，自觉惭愧……不过咱们收买的人，不能与起义的人相提并论。"[②]随后，张作霖未等宴会终席即借故离去，宴会遂不欢而散。事后，段祺瑞对冯玉祥百般劝解，他才去曹家花园拜会张作霖，双方勉强讨论了时局问题，天津会议开始了。

11月12日，段祺瑞、冯玉祥、张作霖在天津开会。张作霖主张继续用兵，彻底铲除直系残余势力，进而实现由奉系控制全国的局面。段祺瑞则欲将直系收归已用，以确立其在北洋系唯一最高领袖地位，因此不同意张作霖的主张，而力主用政治手段解决江浙等省。他表示："对于长江问题，苟各地长官能竭诚赞助统一，不为吴助，极不愿为已甚。"[③]另一方面，段祺瑞已对他过去所鼓吹的"武力统一"失去信心。他在1923年7月就曾说过："曹（锟）、张（作霖）、吴（佩孚）皆我提拔出来，我扶植彼等长大，后均打起我来。我因感于培养武力政策，结果本来如此，我今觉悟。"[④]所以，段祺瑞对张作霖提出的武力统一长江流域的主张坚决反对。于是，会议做出决定：（1）国民军沿京汉线向河南发展，奉系在津浦线进至德州为止；（2）对东南不用兵；（3）对吴佩孚准其和平下野，不下通缉命令；（4）召集全国善后会议，讨论组织政府和一切善后问题。[⑤]

张作霖不好坚持自己的意见，但背后意见就多了。他说自己决不争夺地盘地位，但是一定要替"嘉帅"（卢永祥）出一口恶气，本人愿意派一部分奉军受"嘉帅"指挥，南下讨伐齐燮元，将来由"嘉帅"继任江苏督理。为了征得段祺

---

① 何柱国：《孙、段、张联合推倒曹吴的经过》，中国人民政治协商会议全国委员会文史资料研究委员会：《文史资料选辑合订本》第十八卷，第51辑，中国文史出版社1999年版。

② 徐立亭：《张作霖大传》，哈尔滨出版社1994年版，第289页。

③《大公报》，1924年11月14日。

④《申报》，1923年7月3日。

⑤ 陶菊隐：《武夫当国：北洋军阀统治时期史话》（第4册），海南出版社2006年版，第299页。

瑞的支持，张作霖又推荐吴光新继任安徽督理。[①]卢永祥是皖系的主要人物，吴光新又是段祺瑞的内弟，张作霖保举的都是皖系人物，这似乎与己无关。张作霖还答应军费全部由他负责代筹。张此举终于使段动心。

11月14日，天津会议改变了先前的决议，"咸谓长江形势紧迫，非敦请合肥先行入京主持国政，不足以号召。但合肥此际出山系维持暂局，而正式政府成立尚属需时，当此过渡之时，究应以何项名称统率一切，不可不加以斟酌。原有之统帅、大元帅等名称，均系军事时代所用，不能概括国政范围，且与和平主旨不合，万难适用。讨论三小时之久，当议决公推合肥以中华民国临时执政名义，统率一切。"会议还决议，由卢永祥率领张宗昌、吴光新两部奉军进攻江苏，但不侵入浙江；由国民军负责扫荡河南，但不侵入湖北。由此，张作霖达到了自己的政治目的，那就是既推举段祺瑞上台，又消除"对南方不用兵"的决议。

11月15日，张作霖、卢永祥、冯玉祥、胡景翼、孙岳联名通电，推戴段祺瑞出任中华民国临时执政。

段祺瑞、冯玉祥、张作霖三巨头在天津会议上经过十多天的讨价还价，终于在拥段出山主政及国、奉间地盘划分等问题上达成了妥协。段祺瑞如愿以偿地实现了东山再起的夙愿。张作霖虽未达到其"欲乘战胜余威，扩充地盘，伸张实力"之目的，但其将热河收归已有的要求，却得到满足。经过会商，决定将原热河都统米振标调任河南军务帮办，改任奉系将领阚朝玺为热河都统。"张如愿以偿，天津会议遂告终焉"[②]。

张作霖要做的第二件事就是全力排挤冯玉祥，夺取直隶地盘。冯玉祥倒戈反吴，一个重要的原因就是对吴佩孚抢夺其地盘，限制其发展的不满。倒戈之后，他的最大愿望就是能够得到较大的地盘，借以发展他的实力，同时不希望奉军进入关内，以便保持他在北方的势力范围。但张作霖置战前"奉军不入关"的诺言于不顾，撕毁了协议，挥军入关，而且自恃兵多势大，对冯步步进逼。据当时任奉军上校参谋长的何柱国回忆："南下的事情搁浅之后，紧接着就是段、张、冯争夺直隶的地盘，先是冯与协同冯倒戈的原直隶督军王承斌分别在天津附近收编吴部残军，意欲保持这一地盘。这是我们奉军所绝对不能容许的。"第二次直奉战争刚刚结束，其军队即开始进入天津，大肆收编直军残部。张宗昌、李景林分别收编了4个旅的兵力，当与冯玉祥同时倒戈的王承斌到天津收编原属于他的二十三师残部时，奉军李景林派兵前来，"先将王部缴了械，然

---

① 张正忠：《东北王——张作霖》，黑龙江人民出版社1997年版，第321页。

② 冯玉祥：《冯玉祥自传》，军事科学出版社1988年版，第74–75页。

后迫之出走”[①]。紧接着，驻天津的冯军也被奉军缴械收编。李景林又假天津各团体推戴的名义，自任直隶保安司令，至此，冯军在天津的势力被奉军夺去。

段祺瑞手中并无兵权，如失去国奉两大势力的支撑，段的执政府也将成为空中楼阁，立见崩坍。为了稳定政局，他一方面竭力挽留，一方面极力调和国奉矛盾，为其“合理”分配地盘。“决定自津浦沿线一带以至长江下游地区，主要为张作霖的范围，所以任命李景林为直隶督办，张宗昌为苏、皖、鲁三省剿匪总司令。而以京绥线及京汉线方面给冯玉祥，所以任命孙岳为豫、陕、甘三省剿匪司令，胡景翼为河南督办军务善后事宜，张之江为察哈尔都统，李鸣钟为绥远都统，并特任冯玉祥为西北屯垦督办”。[②]

但此后，张作霖并未放弃努力，他一面继续与国民军抢占地盘，一面在权力上架空冯玉祥。张作霖的多方排挤让冯一度非常消沉，正如他此后在《我的生活》一书中所说：“局面急转直下，演变至此，糊糊涂涂混下去，岂不是为马贼、强盗当伙计？如此一想，不由得我对新局面万分消极。”

11月24日，在段祺瑞入京就任临时执政的当天，张作霖又以与段面商大计为名入京，并令李景林率万余人先行开进北京，又令奉军第一、二军进驻丰台、马厂，威逼京畿。面对奉军这咄咄逼人的态势，冯玉祥采取以退为进的策略，于当天宣布下野，解除兵权，声明“所有部下军队，如何编制之处，完全听命于国家”[③]。12月9日，冯又致电段祺瑞，宣布取消国民军名义，自行解除总司令职务。冯玉祥在国奉冲突一触即发之际断然宣布下野，实是为向世人表明心迹，从而使奉系无词再弄兵京畿，对国民军苦苦相逼。张作霖一方面是惟恐再对国民军临以兵威会引火上身，背上穷兵黩武、破坏和平的骂名；另一方面他也不能让冯独享“纯为国家人民谋和平”的美名，因此，12月2日，他出人意料地从北京回到天津，把开进北京的奉军，除拨充执政府卫队的一部分外，全部撤走，并扬言关内奉军全部撤回关外，同时向全国通电表示：“此次政府入选，不参加奉籍一员，都门首善，不驻奉省一兵。业经通令将镇威将军名义及战斗组织一并取消，沿（津浦）线驻兵准备分批撤回原防。”[④]12月5日，

---

① 古蓨孙：《乙丑军阀变乱纪实》，荣孟源、章伯锋：《近代稗海》（第5辑），四川人民出版社1985年版，第482页。

② 东亚同文会：《对华回忆录》，商务印书馆1959年版，第384页。

③ 中国第二历史档案馆：《中华民国史档案资料汇编》，第3辑《军事》，江苏古籍出版社1991年版，第310页。

④ 陶菊隐：《武夫当国：北洋军阀统治时期史话》（第5册），海南出版社2006年版，第16页。

他再度发表通电，宣布自即日起“自行解除东三省巡阅使之职”[①]，并且向段祺瑞建议，裁撤巡阅使、督理各职，各省暂留军事长官一人办理军事善后事宜。

段祺瑞巧妙地处理了冯玉祥和张作霖的辞职问题。12月10日，他下令准许张作霖解除东三省巡阅使的职务，派张作霖、张作相、吴俊升分别担任奉天、吉林、黑龙江三省军务督办，三省军事仍归镇威上将军张作霖指挥节制。1925年1月3日，他又下令裁撤陆军检阅使一职，命冯玉祥专任西北边防督办，成为实权人物。1月7日，段祺瑞又任命张作霖督办东北边防屯垦事宜，与冯玉祥的西北边防督办相对称。这样，张作霖占据东北，向南沿津浦路为奉系发展方向。冯玉祥占据西北，向南沿京汉路为冯系发展方向。两人的势力范围明确了，双方矛盾暂时缓解。

张作霖所做的第三件事，即竭力抑制孙中山先生贯彻革命的主张。冯玉祥北京政变后，即邀请孙中山北上共商国是，“解决历年南北纠纷，以求彻底改革”[②]。接着段祺瑞、张作霖也去电欢迎孙北上。冯玉祥确有与国民党携手之意，而张、段毫无请孙主政之心。奉方坚持“收拾时局，舍上元（指段祺瑞）外，别无其人”[③]。

11月4日，孙中山分别复电冯玉祥、张作霖，数日后轻装北上。孙中山对军阀的本质并未认清，对北方形势过于乐观，他于11月8日对日本记者说：“余与张、段间之意见，现已大致相同，余当与段、张提携，解决国是。”

11月13日，孙中山开始北上，一路宣传自己对目前时局的主张，并于12月4日抵达天津。当天下午，他即偕随员赴曹家花园访问张作霖。双方谈到直奉战后政局的问题，“张氏首先发言曰，先生对于现在时局之取舍，合肥（段祺瑞）能当此任否？孙答，现在除合肥外，实无第一者可当此任，今后可全委诸合肥办理，张又问，先生预定滞留北京为期几日？孙答，一俟时局稳定，即作欧美之游。”[④]当时报载谈话时态度极为吻合，双方谈得非常圆满。

由于租界不准武装队伍通过，张作霖不敢轻车简行，所以迟迟未能亲自回访孙中山。孙中山就派柏文蔚与张作霖联系。张对柏非常客气，见面直呼大哥。在谈话中，张作霖对柏文蔚说：“孙先生不应该联苏联共。”张作霖只是在

---

①中国第二历史档案馆：《中华民国史档案资料汇编》，第3辑《军事》，江苏古籍出版社1991年版，第315页。

② 孙文：《孙中山全集》第十一卷，中华书局1986年版，第252页。

③《杨宇霆致姚震信稿》（1924年10月），辽宁省档案馆：《奉系军阀密电》，中华书局1987年版，第195页。

④ 孙文：《孙中山全集》第十一卷，中华书局1986年版，第451页。

表面上对孙中山很尊敬，但是没有向柏文蔚提出切实的合作办法。柏向孙汇报了情况，孙中山说："北方政治空气不佳，已看清段、张、曹全不可靠，仍应由广东谋发展。"[①]

5日，张作霖回访孙中山，张在谈话中劝告孙中山，不要反对外国人，因为外国人是不好惹的，而各国公使非常反对联俄联共政策，希望孙中山放弃这个政策，他愿代表孙中山疏通外国感情，并说这件事包在我张作霖身上，一定可以成功。[②]另据叶恭绰回忆，张在12月4日即向孙中山表示："我是粗人，坦白言之，我是捧人的，我今天能捧姓段的，就可以捧姓孙的，惟我只反对共产，如果共产实行，虽流血所不辞"。由此可见，孙中山与张作霖在天津的两次会谈，虽表面至为融洽，但张作霖的反苏反共态度与孙中山之联俄联共政策截然相反，与孙中山北上宗旨亦完全背离。

这种政治上的对立及认识上的反差，使两人在政治上的合作成为不可能。作为北京事变后北方力量最大、对政局发展起举足轻重作用的张作霖对孙中山不予支持，就注定了孙中山北上的目的难以实现。此后，张作霖为了真正达到限制国民会议召开的目的，又伙同段祺瑞等人提出了"外崇国信"与"召开善后会议"两项主张，以同孙中山的"废除不平等条约"和"召开国民会议"两项主张针锋相对。这两条主张的实质，就是要继续维护帝国主义在华既得利益，继续维护封建军阀的专制统治。1925年2月1日，不顾孙中山等人的强烈反对，"善后会议"如期召开。这是一次典型的权力分配会议，各派大小军阀依靠自己背后帝国主义国家的支持，在会议上争权夺利近两个月，结果不欢而散。

由于张作霖等人的背信弃义，早已积劳成疾的孙中山于3月12日病逝于北京。在孙中山辞世前后，备受张作霖排挤的冯玉祥亦离开北京，前往京西天台山"休养"。纵观这一时期，北方已无人能同张作霖的力量抗衡，这样，北京政权实际上就落入奉系军阀手中。

---

① 柏文蔚：《五十年经历》，《近代史资料》，1979年第三期。

② 葛培林：《孙中山与张作霖在天津的会谈》，天津市文史研究馆：《津门史缀》，上海书店出版社1992年版，第87页。

第三节 奉军势力进入江南

一、邢士廉部进入上海

奉系通过第二次直奉战争要达到的目的，除了夺取中央政权外，首要目标就是取代直系在长江流域的势力范围。然而，直系依然将长江流域作为负隅顽抗的根据地。

上海日文《日日新闻》曾于1924年11月9日以《论段、张、冯的外交战》一文评论当时北方政局，认为三方在暂时联合中虽各有怀抱，但以奉系野心最大，认为“张作霖之目的，在于歼灭直系势力，不与吴佩孚再起之余地，其所惧者为吴纠合长江之势力”，而依恃吴佩孚的支持曾发起苏皖赣陕鲁五省联防，并在江浙战争中谋取上海地盘的齐燮元是奉系势力南下最主要的障碍。

12月1日，张作霖在北京召集奉系将领张宗昌、卢永祥开会，主张从速对长江各省用兵。随后，又在天津再次开会讨论解决齐燮元问题，决请段祺瑞先下令免齐燮元职，如遭反抗，即令奉军派兵解决，并推张宗昌以津浦路警备司令名义先行率部由天津南下。

为避免奉军自由行动而使威信受损，12月11日段祺瑞下令免去齐燮元江苏督军之职，以江苏省长韩国钧暂兼督办江苏军务善后事宜，特派卢永祥为苏皖宣抚使，卢原在直隶的职任以李景林暂行署理。奉军由此取得直隶地盘。12日，由张作霖主持，在天津曹家花园制订了对江苏的用兵计划，决定由卢永祥率兵南下，张宗昌担任前锋，会同张允明和皖军进攻江苏，联合江西切断江苏和湖北的联合，并由胡景翼出兵杨山、铜山，以作响应。

但是，齐燮元的免职并不意味着奉系如愿以偿，首先是齐燮元并未离开南京，也未交出兵权，而是将其直接统率的第六师调往镇江、无锡一带，准备必要时退出南京而以镇江为抵抗奉军的第一线；而江苏大将陈调元单独发表通电，反对卢永祥带兵南来。于是张作霖、段祺瑞指使山东督办郑士琦计诱镇守徐州的苏军将领陈调元。23日，郑士琦电召陈调元到济南密商对付奉军的问题。不料陈一到济南，就为张宗昌所挟持。24日，陈调元同张宗昌一起到天津晋见了张作霖，被迫在两个电报上签字：一个表示服从中央，欢迎卢宣抚使南下；一个劝齐燮元解除兵权离开南京，否则本人愿为前驱，首先带兵南下。

12月26日，张作霖在天津召开军事会议，决定让陈调元回徐州布置一切，随后由卢永祥带领奉军一旅到南京就职。会后，立即行动。当日，张宗昌部顺利通过徐州，直趋浦口。齐燮元见大势已去，乃于27日离开南京，乘船赴沪。28日，张宗昌部褚玉璞旅抵达浦口。29日，张宗昌率兵抵徐州。至此，到达徐州的奉军已达2万人。同时，卢永祥旧部第十师长郑俊彦也率部由江北宿迁驻地开赴南京。1925年1月5日，张宗昌经蚌埠抵达浦口。原拟随卢永祥南下而编定的三军，因齐燮元已去，改为张宗昌的第一军，有步兵5旅2梯团、骑兵1团、工兵2团、辎重1团。10日，卢永祥进入南京。

奉军开到浦口之际，浙江督军孙传芳深有唇亡齿寒之忧，认为奉系侵入江苏后，下一步必会图谋浙江，乃于1月5日通电，反对奉军南下，坚决抵抗奉军的进攻。同时，与避入上海租界的齐燮元组织江浙联军，并夺回上海。

齐、孙的行动引起奉系的极大不满。此时由姜登选、张宗昌率领的奉军已到南京一带，他们准备以武力攻进上海，驱逐齐、孙的江浙联军。消息传到上海，上海总商会担心上海成为奉、皖军阀和江浙联军的战场，强烈呼吁双方罢兵，并要求上海不驻军，不设军职，将该地兵工厂移设他处；而且因驻沪英、美、德、日、意诸国领事以战事发生，分电本国政府，要求速调军舰来沪及长江各要口，于是从12日起已有外舰陆续抵上海及长江一带。

张作霖得知这一消息，表示接受上海总商会的意见。他还与段祺瑞协商，以北京政府的名义任命卢永祥为江苏督办，任命孙传芳督办浙江军务善后事宜、周荫人督办福建军务善后事宜，以示此次卢永祥、张宗昌南下只针对齐燮元，并无侵入浙江、福建之意，从而达到孤立齐燮元的目的。

至此，孙传芳因为上海不驻兵，自己的地位获得保障，遂不愿再与奉军为敌，乃弃齐燮元于不顾，置身事外。13日，张宗昌指挥奉军由浦口渡江，17日开始进攻齐燮元的军队，18日占领镇江、丹阳，19日占领常州。孙传芳本来派有军队到无锡协同作战，22日忽将该军撤回。25日，他电请段政府制止卢永祥向宜兴一带进兵，并将卢及奉军调出江苏，他愿意联合苏、皖、赣、闽等省一致拥护中央。到此他的态度更加明显，已经置同盟都于不顾，抽身而退。26日，奉军分三路进攻，齐军大败，死伤千余人，被俘亦有三四千之数。齐燮元见大势已去，遂由苏州前线逃往上海。1月28日，齐燮元在上海宣布下野，其部队交由孙传芳接收，他乘轮船东渡海外。

1925年1月27日，奉军进入无锡。28日，奉军先头部队抵达上海。29日，张宗昌又率部1.5万人抵沪后便以“宣抚军第一军军长”名义分派军队收缴齐燮元溃军枪械。此时上海的孙传芳部队尚未撤走，暂退松江、莘庄一带，造成两军相峙于沪南的局面。上海民众惟恐双方再战，以各公团名义致电北京临时执政府，请令双方撤兵。在上海各团体的奔走调停之下，约定浙、奉两军划分沪南、闸北两个区域，彼此互不侵犯，一俟秩序恢复，双方即行撤兵。卢永祥、张宗昌都派代表到杭州，向孙传芳表示了撤兵的态度。从1月28日到31日，卢永祥、孙传芳、张作霖先后发表通电，表示互不侵犯之意。31日，陆军总长吴光新到达上海，与张宗昌及孙传芳所派全权代表王金钰举行会议，商定孙军退往松江，奉军退往昆山。2月3日，孙传芳亲至上海，与张宗昌签定新的江浙和约。5日，孙军全部从上海撤退，但奉军并未兑现张作霖向上海总商会做出的关于“现在军事已告结束，一俟布置就绪，所有奉军，均即一律退出”的承诺，仍然滞留在上海。

奉军进入上海后，不仅军纪很差，而且还在南市、闸北一带公开贩卖烟土，引起上海人民的极大愤慨，不久正值“五卅惨案”发生，于是张学良以维持秩序为名，于6月13日乘机率2000人进驻上海，并应外国人的要求，入租界布防，这实际上是对废弃江浙和约中关于“上海永不驻兵”这一规定的试探。21日，张作霖见各方并无强烈反响，遂将张学良调回，另由姜登选部邢士廉率大部奉军来沪驻扎，次日即宣告淞沪戒严，委邢士廉为戒严司令，禁止一切爱国活动，对这一地区实行严密控制①，于是淞沪又成为奉系的势力范围。

二、杨宇霆、姜登选分任苏、皖督军

抢占上海之后，奉军的下一个目标就是谋取山东。因山东毗邻天津，为南北要冲，所以在段祺瑞上台前，张作霖即有此打算。此时的山东督军郑士琦为皖人，也曾属皖系，时任第五师师长，帮办山东军务，在鲁多年，重兵在握，利用1923年临城劫车案发生后原山东督军田中玉被迫辞职之机上台。向对控制北京政权的直系军阀心存不满，尤其对以直鲁豫巡阅使身份干预山东军政的吴佩孚暗中抵制。在第二次直奉战争中，吴佩孚任命郑为直鲁海疆防御总司令，但郑对吴要求其增援的命令只是消极应付，屯兵观变。因此，山东地方在第二次直奉战争中既未损失一丝一毫，又利用调兵遣将之机加强了布防。北京政变发生后，郑士琦乘机以“保境安民”为借口，于1924年11月1日通电宣布山东“中立”②，表示超然事外，并以此为由，以炸断铁路的方式阻止吴佩孚溃军假道山东，切断了直军从陆地南逃之路。

---

①《五卅运动与奉系军阀》，《向导》，第120期。

②《申报》，1924年11月7日。

郑士琦拒直系于境外不久，又面临奉系的威胁。11月11日，张作霖趁段祺瑞尚未上任临时执政之机，抢先实施图谋山东的计划，首先部署6个混成旅约3万人分驻津浦路北段，企图以帮助卢永祥为名，占领山东，并拟将山东督军郑士琦排挤至安徽，而以奉系大将张宗昌继任。当天，奉系前锋部队已达泊头镇。张作霖之所以为非嫡系将领张宗昌谋取山东督军一职，一是要以占领山东打开南下通道，二是要为在第二次直奉战争中立下汗马功劳的部将酬功，以为安抚。

1924年11月14日，段、张、冯三方针对齐燮元领衔通电长江各省独立，在天津召开紧急会议，划京奉路廊坊至奉天及津浦路归奉军布防，“拟由奉军沿津浦路入鲁、皖攻苏；廊坊至北京及京绥、京汉两路归国民军，由国民军沿京汉路入豫扫荡吴之残部”[①]。在张宗昌部由津浦线南下占领德州后，山东督军郑士琦见奉军来意不善，仍以“山东中立”为借口再次拒绝奉军假道，并且拆毁铁路准备抵抗。奉军被迫于11月16日退回沧州，但奉系并未甘心就此放弃山东。

12月，张宗昌随卢永祥南下，帮助卢赶走了齐燮元，夺得江苏地盘。在回奉天参加军事会议后，于1925年3月19日回抵南京，将所部移调徐州，想取得山东地盘。张作霖明白，占领山东是奉军经营长江中下游的关键，否则津浦线中断，奉军在直隶与江浙间终将难以联络。“善后会议”期间，张作霖借“鲁人治鲁”的口号和津浦线划作奉系势力范围的成约，向段祺瑞提出张宗昌督鲁的要求。郑士琦当然不愿让位，指使鲁军将领通电反对更换本省长官。但张作霖对山东地盘志在必得，不断向段祺瑞施加压力，奉系代表每每以不出席会议欲使“善后会议”流产相要挟，迫使段祺瑞向奉系妥协。而此时安徽正发生驱督风潮，皖系要将、安徽督办兼省长王揖唐的地位难于维持，段祺瑞遂于1925年4月24日调山东督办郑士琦为安徽督办，王揖唐专任安徽省长，而以张宗昌继任山东督办，姜登选为苏皖鲁剿匪总司令[②]。

张宗昌对进入鲁地早已迫不及待，5月3日，其所属各部即开始由徐州一带北上：褚玉璞旅进驻兖州，并令该旅一部移驻济宁；许琨、方振武、钟震国等旅进驻济南；程国瑞旅进驻禹城一带，毕庶澄旅进驻胶济路潍县、坊子一带。而且不等郑士琦离开山东，便于7日在济南接任山东督办。他对原山东的军队进

---

① 中国社科院近代史研究所中华民国史研究室：《中华民国史资料丛稿·大事记》（第10辑），中华书局1986年版，第205页。

② 吴廷燮：《合肥执政年谱初稿》，来新夏：《中国近代史资料丛刊·北洋军阀》（5），上海人民出版社1993年版，第170页。

行改编或遣散，总共改编原山东军队2.8万人，加之随其开入山东的5个旅和2个梯队约6.5万人[1]，他利用这10来万人的军队完全控制了山东地盘。

此际，张作霖却由保荐姜登选为苏皖鲁三省剿匪总司令改为保其为安徽督办，为下一步侵占安徽地盘作好准备。此举遭到段祺瑞的极力反对。

张作霖发现自己的意愿难以实现，关键是北京政府的段祺瑞在阻挠，他认为只有奉军控制了北京，才能实现其扩张政策。于是，他又一次召集军事会议，决定加派大批奉军入关，分驻京奉、京津、津浦各线，天津到北京一线由张学良统率，天津至德州一线由李景林统率，德州到徐州一线由张宗昌统率，徐州至浦口一线由姜登选统率。对此，冯玉祥于5月9日召集国民军第一军团以上军官开会，竭力主张以忍让精神对待奉军，但不退出南苑，以免奉军全部控制北京。但事情的发展并不以冯的意志为转移，张作霖为尽快控制中央政权及京畿旗人圈占的“旗产”，于14日要求派军队进驻京畿，冯军无奈，允将京郊的北苑、西苑让出，由奉军接防；随后，又有两旅奉军开进关内，旋经滦州驻扎在京畿一带，并由张学良统率。从21日起，奉军在京奉线、津浦线上扣车运兵，兵车络绎于途，源源开进关内。北京冯军大部向宣化、张家口、平地泉等地撤走。28日，张作霖通电入关，亲往天津塘沽巡视奉军，且于30日亲抵天津。此次奉军大举入关，看似对付国民军，实则为对东南施加压力，并趁势控制沪、苏、皖。

6月2日至4日，张作霖在天津曹家花园召开军事会议，讨论夺取中央政权、财权和向长江地区扩充势力的问题。会议决定向段祺瑞提出苏、皖两省地盘的要求，把长江地区作为奉系的势力范围。张作霖还要求段祺瑞调江苏督办卢永祥为陆军总长，保荐已任江苏省长的奉军秘书长郑谦兼任江苏督办，姜登选任安徽督办，韩麟春继任苏皖鲁剿匪总司令。

此际，“五卅惨案”的对外交涉已使段祺瑞难予应付，奉张又于天津会议后提出种种要求，使段甚为被动。6月6日，段派梁鸿志、曾毓隽等赴津面晤张作霖，敦请其入京共商国是，张却顾左右而言他，称希予奉军“财政援助”，并谓“不日回奉”[2]。这样一来，使段既感无助，又更须抓住皖系旧部，倚为后盾。既然山东地盘已被奉系夺走，段祺瑞当然不会再将皖系仅有的江苏、安徽两省地盘拱手让给奉系，因此在任命皖督的问题上与张作霖进行了一场暗斗。他先

① 文公直：《最近三十年中国军事史》下编，上海太平洋书店1930年版，第71-72页。

② 中国社科院近代史研究所中华民国史研究室：《中华民国史资料丛稿·大事记》（第11辑），中华书局1978年版，第99页。

是督促郑士琦尽快到安徽就任督办，但郑士琦因其部队已被张宗昌或收编、或解散，不敢只身赴任。段祺瑞在无奈之下，令郑士琦到任前，由原安福系骨干王揖唐办理安徽军事，可王也不安于位，因皖军跋扈，不听指挥，甚至将其逼回北京，致使安徽督办、省长职位均告空缺。到此地步，段祺瑞仍然不肯放弃安徽，不同意张作霖保荐姜登选出任安徽督办。18日，段祺瑞准免王揖唐安徽省长职，令已属于皖系的京师警察总监吴炳湘为安徽省长，在郑士琦未到任之前兼署督办安徽军务善后事宜。7月9日，安徽方面有皖北镇守使兼第四混成旅旅长高世读、皖南镇守使兼第三混成旅旅长王普等通电推举倪道娘为皖军总司令，拒绝吴炳湘到任。段祺瑞对此非常震怒，催促吴炳湘赶快到蚌埠就职。安徽方面终于不敢公然以武力对抗临时执政府，吴炳湘得以入主安徽。

奉军增兵上海后，浙江督办孙传芳大起恐慌，急派第四师谢鸿勋部回驻松江，江浙形势又一次紧张起来，奉系提出松江属于江苏范围，要求孙传芳退兵；孙传芳则要求奉系履行撤兵条约，退出上海。奉系既已控制上海，当然不会轻易退出，而且还要从段祺瑞手中捞回江苏、安徽两省地盘。

卢永祥自被安置江苏督办一职后，本想恢复势力，有所作为，不料处处遭到奉军的压制。此时段祺瑞、张作霖矛盾加剧，卢永祥乃于7月13日北上，欲调和段张关系。但张作霖一心要拿下苏、皖两省地盘，卢永祥力所难及，干脆向段祺瑞提出辞职。8月3日，段祺瑞只好向张作霖妥协，接受卢永祥的辞职要求，令属奉系的江苏省长郑谦兼任江苏督办。到29日，段祺瑞完全屈服于张作霖的压力，发表杨宇霆为江苏军务督办，姜登选为安徽军务督办。奉系至此取得江苏、安徽两省地盘，其势力在津浦线上连成一片。

三、全国反奉运动的兴起

至1925年，奉系势力发展到空前规模，在华北：张作霖拥段抑冯，控制京、津、直、鲁；在华中：进兵苏皖，占据长江下游。当时中国三分之一的富庶地区，均在张作霖掌握之中。以至张作霖洋洋自得不可一世：某日他曾对一个即将赴上海“接任”的旅长说：“你们快去接事去吧”，“三五年内，我不打人（指发动战争），绝没人敢打我”[①]。

以张作霖为首的奉系军阀在扩大势力范围的同时，对人民横征暴敛，搜刮

① 刘翼飞：《杨宇霆督苏被逐记》，中国人民政治协商会议全国委员会文史资料研究委员会：《文史资料选辑合订本》第十二卷，第35辑，中国文史出版社1999年版，第113页。

无度，并疯狂镇压人民的反帝斗争。5月30日上海爆发了“五卅”运动。这一由英、日帝国主义屠杀上海工人、学生而引起的反帝风暴，顿时席卷全国，掀起了中国革命的新高潮。正当帝国主义镇压、破坏群众反帝运动的时候，6月19日，张作霖命奉军开进上海，任邢士廉为上海警备司令，派人“秘密接见英国领事”[①]，几天后，上海便陷入白色恐怖之中。6月30日，上海工、学、商各界为被帝国主义屠杀的烈士举行公祭时，奉军立即前往制止；7月23日，奉军强行封闭了上海工学商联合会（上海人民反帝统一战线组织）、海员工会和洋务职员工会。8月12日，奉军又指使打手，围攻上海总工会，打伤职员八人，并通缉主持工会的共产党员。9月19日，当时被称为“全国反帝先锋”的上海总工会，终于被奉军查封了。

张作霖不仅镇压上海人民的反帝运动，凡奉军所到之处，人民反帝斗争均遭摧残：

在山东：奉系重将张宗昌，制造“青岛惨案”，“封闭胶济路总工会，……逮捕工人领袖，枪毙工会职员王伦（李慰农）及表同情于工人的《公民报》记者胡信之”；同时“钳制舆论”“禁止一切集会”。张宗昌蛮横地对记者说；“你们报上登载的消息，只许说我好，不许说我坏，如有哪个说我坏，我就以军法从事”[②]。

在天津：张的部下李景林，为帮助日本资本家镇压工人运动，“派出军队警察五六千人围攻工人，死伤数百，接着还逮捕工会及学生会的领袖，严刑拷打，惨无人道”[③]。

在东北：张作霖对反帝运动防范更严。“在吉林，禁止游行集会，公然不准抵制日货；在奉天甚至禁止学生阅报，每所学校都派军警把守”[④]。

张作霖在“五卅”运动中的所作所为，正如当年共产党主办的《战士》周报所说那样：“五卅反帝国主义的民族革命高潮，是奉系军阀受英、日帝国主义唆使而镇压下去的”“奉系军阀在五卅运动中实际上起了很大的汉奸作用”。

奉系军阀除镇压反帝运动之外，又到处扰害人民。奉军所到之处，横行不法，动辄打骂。坐车不付钱，看戏不起票等蛮横行为，司空见惯。“妈拉巴子是免票，后脑勺子是护照”，这句讥讽奉军的“民谣”，是众所周知的。因而“江

---

①《五卅惨案与奉系军阀》，《向导》120期。
②《张宗昌统治下的山东》，《向导》131期。
③《全国被压迫阶级在中国共产党旗帜下联合起来》，《向导》126期。
④《全国被压迫阶级在中国共产党旗帜下联合起来》，《向导》126期。

浙人民一听到‘奉鲁军南下’五字，个个头痛，人人反对”。邢士廉一到上海，“就派兵强抓了一个女伶……他的部下……‘效而尤之’……弄得上海妇女胆颤心惊”。

奉系军阀的反革命暴行及其反动势力的扩张，激起了广大群众的愤恨，在1925年下半年，一个全国规模的反奉运动掀起了。

中国共产党是人民反奉运动的积极领导者和组织者，为揭露奉张的反革命罪行，党的《向导》周报发表了一系列的声讨檄文。1925年7月10日，中国共产党中央与共青团中央联合发表宣言指出：“帝国主义者一方面从外部侵略压迫中国，同时必定利用军阀。……去年秋天的北京政变以前，他们利用吴佩孚作工具，如今他们又挑着张作霖了。张作霖因得日本的援助取得了半个中国，今后又加上英国援助……所以他毫不踌躇的以武力镇压从奉天到上海的民众爱国运动，出卖祖国，以博得英日帝国主义者之欢心！”[①]党的机关报指出：“奉张是现在第一有力军阀，也是第一反动军阀”“中国国民运动眼前的死敌，在外是英日帝国主义，在内是奉天军阀。”[②]党号召全国人民：“推翻帝国主义的奴才奉系军阀！”“万众一心、不断前进，对帝国主义、奉系军阀作斗争”[③]。

在党的领导下，10月12日，上海召开了数万人的群众大会，反对帝国主义与张（作霖）段（祺瑞）合谋的“关税会议”（此会是帝国主义为抵制中国人民要求“关税自主”和拉拢军阀而召开的）。会上广大群众高呼反对帝国主义，要求关税自主；反对奉张封闭工会和民众团体，要求集会结社和罢工的自由。10月26日，北京群众也举行了反对“关税会议”的游行。11月28日，北京工会、学生会发起大示威运动，揭起“首都革命”大旗，齐集神武门前，高呼“打倒段政府”“打倒奉系军阀”“废除不平等条约”等口号，会后举行声势浩大的示威游行。继之，上海、北京都举行了“反奉倒段”大会。从京、沪开始的反奉运动，迅速扩展于各地，南京、开封、长沙、汉口等地都举行了示威游行。12月10日，党根据形势的发展，提出了“武装平民，打倒奉系军阀，废除不平等条约，建立平民的革命统一政府”的总口号。这一口号集中反映了群众的革命要求，推动反奉运动的发展。

1925年6月3日，奉天的英美烟草公司的工人举行罢工，声援上海工人反帝斗争。第二天，奉天制麻公司工人起而响应。6月7日，奉天学生联合会在省城

① 《向导》121期，《中国共产党中国共产主义青年团宣言》。
② 《向导》124期，《此次运动中的帝国主义和军阀》。
③ 《向导》131期，《中国共产党为总工会被封告工友》。

成立，发表宣言及《泣告东三省同胞书》揭露帝国主义和奉系军阀的罪行。6月9日，张作霖等奉系首脑致电段祺瑞，要求“严厉主持”沪案。同一天，他电令地方官宪严厉制止学生的“越轨”行动。奉天省议会等团体负责人也开会，要求北京政府妥善解决沪案，对学生运动则要严加禁止。奉天省长王永江召集东三省宪兵司令等人开会，决定勒令各大、中学校一律停课，学生全部放假回家。奉系军阀千方百计镇压人民的反帝爱国运动。

在全国反帝反奉运动高涨的形势下，浙江军务督办孙传芳借助五卅运动后的反奉声势，发动了讨奉战争。

1925年9月下旬，杨宇霆、姜登选分别在南京、蚌埠就任江苏督办、安徽督办。他们两人以奉系要人而坐镇东南，虽然声称不带师旅，以示和平，但奉系势力的迅速南下，不仅使与之毗邻的省份惴惴不安，其欲席卷东南的野心亦令东南各省军阀个个自危。尤其是浙江督军孙传芳，深感处境危险，地位难保，与奉军一战在所难免，乃于1925年10月15日，以浙、闽、苏、皖、赣五省联军总司令的名义通电讨奉，16日，孙军攻入上海，逼奉军将领邢士廉退职，并将邢部未及逃走的300人解除了武装。

是时，福建的周荫仁、江西的方本仁、江苏的陈调元、汉口的萧耀南等齐起响应，宣布“响应浙军，会师宁镇，驱逐奉军”①；吴佩孚于20日自称十四省“讨逆军”总司令，响应上海的反奉战争。北方的冯玉祥，虽未有所举动，但其反奉的企图是不言而喻的。

三面被围的奉军，仓皇失措，杨宇霆“计无所出，尽搜括中国银行所有现款”②，从南京坐压道车逃命。南京的奉军第八师全师被俘。在蚌埠的姜登选，也被迫出境，将军队撤往徐州。这样，孙传芳发动的反奉战争，不过五天时间便把奉军驱出苏、皖。在这次战争中，奉军只有一个旅长，率其部下从上海撤退中进行过几小时的抵抗，后来化装为僧侣隐于寺庙；在江南的两师奉军大部被俘。

张作霖的关内奉军处于节节败退的不利形势，孙传芳乘胜追击，于11月8日进至徐州。这时他看到吴佩孚等并未来攻，才停止对奉军的追击而回到杭州。从此孙传芳以闽、浙、赣、苏、皖五省联军总司令的头衔，统治长江下游五省，形成直系军阀的一支独立势力。

---

① 《民国日报》，1925年10月18日。

② 邢赞亭：《孙传芳驱奉》，中国人民政治协商会议全国委员会文史资料研究委员会：《文史资料选辑合订本》第二卷，第8辑，中国文史出版社1999年版，第120页。

杨宇霆跑回奉天后，张作霖召开了最高军事会议。会议决定：张宗昌和姜登选的部队在徐州防御；驻守河北的李景林、张学良、郭松龄的部队和热河阚朝玺的部队，对付冯玉祥的国民军。这时奉军与冯军的关系日益紧张，开入关内的奉军达四十万，津浦线北段和京津线的北仓和廊房之间都布满了奉军。当时张作霖表面上发表和平通电，并与冯玉祥信使往来，表示“只要有一线的和平希望，也不能不委曲求全”；但实际上，张作霖正派松井顾问赴日本请求援助[1]，并将奉军一部派进三河，近逼北京。

但张作霖一时还不敢急于进攻国民军，因为奉系内部郭松龄和李景林正在抵制张的计划。在这种形势下，张、冯之间暂时妥协，于11月15日，签订了“和平条约”八条。规定：在北京成立两军办事处；国民军从北京撤退；奉军从三河撤退；奉军将河北的保定、大名让给冯军。此条约订立不足十日，奉军内部即起激变。

第四节　郭松龄倒戈反奉

一、奉系内部的矛盾和斗争

在全国反奉运动高涨之际，奉系军阀内部再起波澜，拥有重兵的奉系重臣郭松龄于1925年11月下旬，在滦州倒戈反奉。

郭松龄，字茂宸，早年入奉天陆军将弁学堂学习，后于1913年考入北京中国陆军大学学习，毕业后任北京讲武堂教官。1917年，受南方革命形势的感召，郭松龄只身南下投奔广州军政府，任粤赣湘边防督办参谋、广东省警卫军营长，后转任韶关讲武堂教官。1918年护法运动失败后，郭松龄重返奉天，并在东三省陆军讲武堂任战术教官。其时，适逢张学良在讲武堂炮兵科学习，遂成师友之谊。张学良有感于郭之至诚，且知人善任，对郭特别赏识，二人之间相知相谅，关系甚笃。张学良从讲武堂毕业，即推荐郭任参谋长兼第二团团长，从此专心训练新军。直皖战争期间，郭松龄在天津小站，以一个团的兵力击溃皖军两个旅。战后，受张学良所托，赴吉林、黑龙江两省扫除匪患，迅速

① 东亚同文会：《对华回忆录》，商务印书馆1959年版，第286页。

安定了地方，从此声名鹊起，不仅为张学良所倚重，也赢得了张作霖的信任。

第一次直奉战争，奉系全线大败，惟有郭松龄指挥的三八旅在临榆抚宁一线与直军数倍追兵抗衡，粉碎了吴佩孚突破山海关直捣关东的计划，为张作霖立下战功。

第一次直奉战争中奉系大败而归，张作霖整军经武，改革军事，一批新派人物得到重用。由于张作霖的用人政策发生变化，所以奉系内部新派与旧派之间、新派中士官派与陆大派之间的矛盾也逐渐暴露出来。奉系旧派自然以张作霖为领袖，以张作相、张景惠、汤玉麟、吴俊升等与张作霖一起起家的老伙伴为骨干，他们分别掌握着东三省的军政实权。奉系新派都是军校出身的军事将领，新派之中又分为士官派和陆大派。士官派均系日本士官学校毕业生，如杨宇霆、姜登选、韩麟春、常荫槐、于珍、邢士廉、臧士毅、熙洽、何柱国等；他们以杨宇霆为中心，深受张作霖的信任和倚重。陆大派多系中国陆军大学、保定军官学校、奉天陆军将弁学堂、东三省陆军讲武堂的毕业生，如郭松龄、刘伟、魏益三、范浦江、刘振东等；他们以郭松龄为首脑，深受张学良信赖和重用。士官派多系奉军上层，权势较大；陆大派则遍及奉军各个阶层，实力雄厚。各派之间争权夺利形成对立局面，大有水火不相容之势。

第二次直奉战争时，张作霖将奉军编为六个军，张学良与郭松龄为第3军正副军长，成为奉军主力，在山海关、九门口的主要战场上，郭松龄身先士卒，英勇善战，在各军的配合下击败了直军，俘虏了大批直军，缴获了直军步枪3、4万支，机枪2000余挺，大炮200余门。[①]为奉军的胜利立下了汗马功劳，成为奉军中举足轻重的人物。此次战后，奉系版图扩大，论功行赏，先是第二军军长李景林打到天津后按兵不动却得以督直，继则副军长张宗昌打到山东后高喊“鲁人治鲁”而督鲁。后来，奉军南下占领江苏、安徽后，张作霖又让杨宇霆、姜登选先后做了江苏和安徽督办。至此，无论奉系旧派和士官派几乎人人都有一省地盘，惟独郭松龄未获实际利益。他施展抱负的愿望未能得到满足，对张作霖和杨宇霆的愤恨之情，不能自抑，从而埋下了反奉的隐患。

1925年10月6日，郭松龄作为奉系张作霖的代表赴日本观秋操，同去的国民军冯玉祥的代表是韩复榘。郭松龄早期曾参加过辛亥革命，后又受到“五卅”运动的影响，对张作霖、杨宇霆穷兵黩武镇压革命运动，残害革命者的暴行甚为不满，而对倾向革命的冯玉祥有一定的好感。在日观操期间获悉奉军在

---

① 张德良、周毅：《东北军史》，辽宁大学出版社1987年版，第60-61页。

江浙惨败，又听说张作霖与日本订密约攻打国民军的消息，极为愤恨，在与韩复榘的谈话中乃提到："连年军阀混乱，争城掠地，杀人盈野，国家元气，断伤殆尽，老百姓无法生活，强邻虎视眈眈，正在伺机而动，张作霖为了个人的权力，不顾一切，出卖国家。这种割肉饲虎、引狼入室的干法，无论如何我是不能苟同的。我是个军人，以身许国，不是个人的走狗，我不能昧着良心从乱命。他若打国民军，我就打他。"[①]郭松龄趁此机会向韩表达了亲冯反张的意愿。韩复榘11月5日回到绥远包头后，立即向冯玉祥报告了郭松龄的谈话，冯玉祥大为兴奋，立即派韩复集折返天津，向郭松龄转达冯玉祥欢迎合作的诚意。

11月19日，郭松龄派其亲信李坚白与郭大鸣来到包头。他们带着郭松龄的亲笔信，提出合作密约的初步意见。双方经过磋商，于11月22日，郭松龄与冯玉祥订立了"郭冯密约"，密约原件如下：

"甲（指冯）乙（指郭）系同志结合，为达到左列革命目的，公订条约如下：

（一）排除军阀专横，永远消灭战祸。

（二）实行民主政治，改善劳工生活及待遇。

（三）实行强迫普及教育。

（四）开发边疆，保存国土。

1. 直隶、热河均归丙（按：指李景林）治理。甲为贯彻和平主张，对热河决不攻取。保大京汉线，甲军随意驻扎，但直隶全部收入（保大在内）均归丙军，甲军决不侵夺。山东听其自然变化，但黄河以北各县，由丙军驻扎，收入亦归山东。天津海口，甲军自由出入之。

2. 乙为开发东三省，经营东北部内蒙古，使国民生活愉快，消除隐患，拥护中央，促进国家统一起见，改造东三省政府。前项改造事业，甲以诚意赞助之，并牵制反对方面。

3. 乙诚意赞助甲开发西北，必要时亦以实力援助之。

（五）以后两军，犯左列条件之一者，此约无效：

1. 为攘夺权利，向内地各省战争。

2. 为达前项战争目的，订立卖国条约，向外国借款。

3. 引用外国兵力，残杀本国同胞。

（六）中央政府之组织及施政方针，以不妨碍开发西北及断送国家权利为

① 吴锡祺：《冯玉祥、郭松龄联合反对张作霖的经过》，中国人民政治协商会议全国委员会文史资料研究委员会：《文史资料选辑合订本》第十二卷，第35辑，中国文史出版社1999年版。

限，悉依国民公意，甲乙两军竭诚拥护，决不干涉及掣肘。

（七）此约签字后，即发生效力。[①]

在郭冯密约签订之前，郭冯之间曾多次派人往返联系，他们之间的联系，“据闻系由冯氏之妻（李德全）与郭氏之妻（韩淑秀）相为缘引”[②]。因为李德全与韩淑秀同是燕京大学同学，过从较密，通过她们进行联系是很方便的。

二、郭松龄滦州起兵

孙传芳发动江浙战争，前后不过十天，便把奉军全部赶出苏、皖两省。面对如此溃败，张作霖并没有改弦易辙，罢兵息争，而是执意要把战争打下去，发誓“报仇雪耻”，夺回失去的江南地盘。10月25日，张作霖在奉天召开最高军事会议，进行军事部署，并电召到日本观操的郭松龄迅速返奉，主持军事。1925年10月24日，郭松龄从日本返回沈阳后，即刻奉命去天津布置军事。去天津前，悄悄地对他的参谋长魏益三表示：“我主张巩固国防，开发东北，最反对为少数人去争督军。试想这样谁受害？还不是东北人吗？”表露了他对张作霖、杨宇霆的强烈不满。

郭松龄想要阻止这场战争，而张学良却委以重任让他参加战争。为攻打冯玉祥国民军，奉军将第八、第九、第十三军联合组成第三方面军，以张学良为军团长，以杨宇霆的士官同学于珍为副军团长。于珍兼第八军军长，韩麟春为第九军军长，郭松龄为第十军军长。整个第三方面军的编组工作，统由郭松龄负责。他调动部队，撤换军官，紧张地布置一切。外人都见郭松龄大摆阵势，却不知他在暗中紧张地进行着反奉军事准备。

11月13日，张学良率奉军谈判代表抵天津，与国民军代表和平谈判，同时召集郭松龄、李景林等高级将领举行会议，传达张作霖进攻国民军的密令。郭松龄直接表示了反对意见。会后，张学良试图说服郭松龄。郭松龄气愤地对张学良说：“东北的事情叫老杨这帮人弄坏了。这次江苏失败，把东北军断送三个师，使奉军声誉扫地。败了回来又包围老将，再叫我们去卖命，给他们打地盘子。打下来的地盘子，又得被留学生抢去，这个炮头我是不再充当了。”张学良无言以应。郭松龄还强调说：“关外一片沃土，可以经营开发，不可在关内抢夺

---

① 吴锡祺：《冯玉祥、郭松龄联合反对张作霖的经过》，中国人民政治协商会议全国委员会文史资料研究委员会：《文史资料选辑合订本》第十二卷，第35辑，中国文史出版社1999年版，第172—173页。

② 李剑农：《戊戌以后三十年中国政治史》，中华书局1965年版，第610页。

地盘，以致引起战争。”他说这是他和李景林两个人的意见，希望转达上将军复加考虑。并明确提出：“如不得请，只好回军关外兵谏不辞。”要张作霖停止战争，对如此重大问题，张学良无权表态，只好回奉天向张作霖报告一切。临行前，张学良劝告郭松龄不要轻举妄动。

为发动兵谏，郭松龄于11月19日在天津举行紧急会议。郭首先出示张作霖召他回奉的电文，然后当场讲述不满意奉天方面的所作所为，说不应该为争夺关内地盘替少数人谋取地位，使广大人民遭殃，郭悲愤激昂，以致痛哭流涕。与会各将领都纷纷表示：“军长有所驱遣，我辈敬谨唯命，反奉之举乃定。”一场反奉战争，在郭松龄的策划下，正在紧锣密鼓地准备着。

张学良返回奉天后，劝父亲罢兵言和，遭到强烈反对。张作霖随即下令，让郭松龄所部集中滦州，回奉听候命令。郭松龄意识到自己的反奉行动已被张作霖察觉，故提前行动，于11月22日在直隶滦州断然发出主和拒战、倒戈反奉的电报，要求张作霖下野，严惩主战罪魁杨宇霆，并拥戴张学良主政，彻底改造东三省。主张奉军与国民军停战议和，不参加国内战争。宣布施政纲领：屯垦边境，巩固国防，整顿金融，割除苛税；大张民权，实行文治；优待劳工，节制资本；兴办学校，普及教育；开发矿藏，四邻和睦。以达“更张省政，总制辽疆……三省富强，四邻和睦”[①]之境。

倒戈反奉通电发出后，郭松龄即于当夜在滦州召开军事会议，布置军事行动。郭松龄在讲话中再次表明其起兵的目的，是由于历年来战争耗财巨万，致使东北民穷财尽，钱法日益毛荒。去年与曹、吴之战，是我们为保土安民，故不得已而为之；此次之战，师出无名，徒为姜、杨争地盘，为上将军谋总统。这种兵连祸结，为少数人谋利益、争地盘而空耗国帑，徒增困扰。此次班师回奉，纯为清除乱源，改革东北政治，不事内争，而以休养生息为目的[②]。随后即请与会军官自愿签名反奉，与会将领大多表示赞同郭的主张，并在预先准备好的花名册上签字，但师长赵恩臻、高维岳、齐恩铭、裴春生和旅长以下军官30余人不肯附和，郭当场将其扣留，派人押送至天津，交李景林看管。其时，适逢姜登选经过滦州，郭当场将其扣留，并于26日将其枪决。郭之杀姜行动，颇不策略，因姜在奉军中，“为人尚较平和”，杀之不利于对其他将领的争取和

---

① 《滦州郭松龄致各省电》，章伯锋：《北洋军阀》（五），武汉出版社1990年版，第282–284页。

② 姜明文：《对郭松龄夫妇的回忆》，辽宁省政协学习宣传和文史委员会：《辽宁文史资料精萃》，《张作霖·奉系军事集团》，辽宁人民出版社1999年版，第340–341页。

联合。

11月23日，郭松龄的部队即向山海关进发。在郭军大举进攻的形势下，奉军自感缺乏抗拒能力，遂决定向山海关外撤退，退到锦西连山一线设防阻击郭军。11月27日郭军进占山海关，29日占领绥中，沿途未遭任何抵抗。

郭松龄倒戈反奉的通电发布后，冯玉祥立即予以响应。24日召集军事会议后，25日冯便发布讨张檄文，痛斥张作霖为一己利益不顾国家安危和人民死活，而一味征战的罪行，敦促其“及身引退”，称：“现举国救亡，矢集一身，自宜引咎自责，以谢国人”“以三省政权，完全还之于国民”。[①]通电发出后，冯立即派宋哲元出喜峰口，向承德、热河进军。除此之外，冯玉祥还赠送给郭松龄反奉军队大量罐头食品，资助了现款20万元。

郭松龄反奉之初，张作霖并未讨伐，而是命张学良“内抚郭氏”。张学良此际也是情绪复杂，在给王永江、张作霖电报中表达了自责之意：“学良一无知人之明；二无用人之能；三无辅佐上将军之才；四无调和诸同僚之技，无颜再见关东父老及祖宗坟茔，抛妻弃子终身不养矣。倘有回天之日，必有后会之时，乞老父安康保重，勿过焦虑。天理人心，必有公判。学良已在启程，拟到秦（皇岛）侦察，一放闷气后再禀行踪。”[②]26日，张学良抵达秦皇岛后，乃派人送信给郭松龄。信中说：“承兄厚意，拥良上台，隆谊足感。惟良对于朋友之义，尚不能背，安肯见利忘义，背叛乃父。故兄之所谓统驭三省，经营东北者，我兄自为犹可耳，良虽万死，不敢承命，致成千秋忤逆之名。君子爱人以德，我兄知我，必不以此相逼。兄举兵之心，弟所洞亮。果能即此停止军事，均可提出磋商，不难解决。至兄一切善后，弟当誓死负责，绝无危险。”[③]张学良此信乃公开表明态度，拒绝与郭合作。

对此，郭松龄不以为然，两次复信表明态度：“龄于奉省情势，知之甚悉，宵小禁严，互相倾轧，已为我东三省造成不良之局。此不但于公无益，即于三省前途亦非佳兆也……龄仍为公事业计，为东三省幸福计，以为此时尚不能即死。现在已知不能回奉，故拼将此身，仍以效忠于公为职志。已约束部下，分途前进，以清君侧，而驱群小，另造三省之新局面。成则公之事业，败则龄之末局。”[④]在给张学良的第二封信里，郭松龄在力陈其班师反奉的六条原因后劝

---

① 《冯玉祥劝奉张下野电》，《国闻周报》，第二卷第47期。

② 毕万闻：《张学良文集》第1册，新华出版社1991年版，第14页。

③ 《张学良冒险疏通郭氏》，《申报》，1925年12月7日。

④ 辽宁省政协学习宣传和文史委员会：《辽宁文史资料精萃》，《张作霖·奉系军事集团》，辽宁人民出版社1999年版，第260页。

告张学良说："我公对上将军，固应忠孝兼尽。然孝道莫大于贻亲以安，导亲于义。若徒以服从为孝，而长其骄盈侈大之心，是陷亲于不义，委亲于至危，实非圣人无违之义。且尽孝应尽己力所能，不应以数十万官兵生命，东三省国民膏血。我公明达，当思及此。至忠之界说，现今国体共和，主权在民，故吾辈之忠，应忠于国家人民。即狭而言之，亦当忠于地方乡里，决非忠于一人。即松龄之于公，非不感频年知遇之恩，念数载相从之谊，然而为吾东省，为吾国家，则不得不忍痛割舍……总之，松龄愿公为新世界之伟人，不愿公为旧时代之枭雄；愿公为平民所讴歌，不愿公为政客所崇拜。龄临书心痛，涕泪沾襟，暂时相违，终当相聚。徽天之福，大事定后，仍请我公回奉主持一切。设不幸失败，自认駑下，不图恢复，甘愿为农夫以残世。"[①]至此，张学良与郭松龄由于政治态度不同，遂分道扬镳，各行其是。

11月30日，郭松龄发表通电，接受冯玉祥的委任，任东北国民军总司令，然后任命宋九龄为前敌总指挥，邹作华为总部参议长，并"将原有之第4、第6、第7、第10、第12师及炮兵第1、2两旅，（约7万军队）改编为五个军，……称东北国民军"[②]，不再用张学良的名义发号施令。至此，张作霖下达讨郭命令，在"讨逆电"中指出，"郭松龄与左派提携，欲使中国赤化，为苏俄所用，实为东三省之公敌。为东三省计，为民国计，非讨伐不可。"[③]并以80万元现大洋捉拿郭的活口，提头来献者悬赏洋十万元，以示"讨伐"郭松龄的决心。

12月1日，郭军司令部移驻绥中。奉军第五方面军团由山海关安全撤出后，退到连山一带，利用第二次直奉战争时奉军修筑的野堡式阵地部署阻击。汲金纯部部署在左翼，由铁道两侧至海边的白马石一线；于琛澄、李杜、季桂林旅和黑龙江梁忠甲旅部署在右翼，占领铁道北至筑篱山、二道沟一线；这时张作相已从奉天赶回前线，设司令部于老官堡，负责阻击战的指挥。张学良则在锦州指挥作战。

12月3日，郭军先头部队即刘伟的第二军到达连山后，没有进行侦察就决定由铁路附近以中央突破的方式进行独立攻击。由于奉军工事坚固，易守难攻，刘部进攻未能成功，只得采取对峙态势，等待援军。当晚，刘部先锋富双英团突然投降奉军。此时在锦州指挥作战的张学良责令富双英在前线招降郭

---

① 《郭松龄在昌黎致张学良书》，《北京日报》，1925年12月1日。

② 王铁汉：《东北军事史略》，（台北）传记文学出版社1982年版，第60页。

③ 《张作霖发布讨伐令》，天津《益世报》，1925年11月30日。

军，致使郭军又有好几个营投降奉军，郭军的进攻因此受到很大的挫折。

12月5日，郭军第三军到达连山。在召开军事会议确定作战方略后，立即组织进攻。第二军布置于铁路及其以南到海滨地区，第三军展开于铁道以北地区。奉军左翼汲金纯部防守不甚坚强。郭军采取迂回方式，夜间派两个团从海滨海面（11月下旬已经结冰）迂回至连山阵地背后，6日拂晓前后发动进攻，奉军白马石防线立即崩溃，纷纷向东溃退。郭军乘势向奉军右翼猛攻，吉林军也不得不放弃连山阵地，经虹螺岘向义县方向退却。12月7日，郭军进占锦州。

郭军连山大捷的消息传到奉天，全城为之大震，商店闭门，文武官员纷纷逃避。奉天城内谣言频传，人心惶惶，一片混乱。奉系军阀内部出现了叛离迹象，有的畏缩不前，暗中与郭军联络表示愿意合作；有的按兵不动，观望形势变化；有的意志消沉，不愿意为张作霖集团卖命，离开战场。张的高级官员也寝食不安，“问卜扶乩”。他们“白天在城里混，夜晚跑到日本站旅馆去躲藏”，以求活命。“有些大的商号，如吉顺丝房、老天合、洪顺号、萃华金店、鸿兴金店和各银行等，都把贵重物品、钱款等收藏起来，暂停营业”。一般老百姓因连年内战，生活不安定，希望能过上好日子，都表示欢迎郭军[①]。当时奉军为了与郭军作出识别，每个官兵都发有一块黄布围在脖子上。对此，老百姓纷纷议论说：“奉军黄到脖子了”，意谓奉军即将垮台。

郭松龄举兵反奉，张作霖原指望在连山——锦州一役打败郭军。不料，面对郭军的猛烈攻击，张作相指挥的吉、热军队，连一天都未顶住，即溃败下来。得知郭军攻入锦州的战报，张作霖惊恐万状，不知所措。此时此刻的张作霖“真可以说犹如风中残烛”。[②]他“整天躺在小炕上抽大烟，他抽一会儿烟，又起来在屋内来回走，口口声声骂小六子混蛋，骂一阵又回到炕上去抽大烟。他废寝忘食，坐卧不安，精神已经错乱，对于一切事情，都不过问了。”危在旦夕的张作霖，一面将一笔为数270万元的现款存到满铁奉天公所镰田弥助处；一面“命令东三省官银号总办彭贤，军需处长栾贵田为他提出公款800万元”，准备作逃亡经费。同时，将自己家私细软，用几十辆军用大卡车运往日本站保存，并准备必要时焚烧大帅府。在这种形势下，张作霖认为自己已无力抵抗，“决定按郭松龄要求而下野”。甚至令王永江召集各法团负责人开会，当众表示，“大势已去，决计下野”。张作霖还请日本驻奉天总领事吉田茂转达郭松

① 辽宁省政协学习宣传和文史委员会：《辽宁文史资料精萃》，《张作霖·奉系军事集团》，辽宁人民出版社1999年版，第310页。

② 猪木正道：《吉田茂传》，上海译文出版社1983年版，第291页。

龄，愿意“和平交出”政权，要求郭松龄暂缓前进。当时，张作霖已将他的专用汽车准备好了，整天停在帅府二门以内，准备一旦风声紧急，即逃离奉天。[①]杨宇霆劝他说：“你老此时走太早，老郭打到新民再走也不迟，锦州还在咱们手里，前边尚有不少队伍啦，你老忙什么?”这时张学良也进劝说：“你老在奉天坐镇，我去前方布防，把郭军引到兴隆店，候各路援军到齐，一战可把郭军歼灭。”张作霖回答说：“好！我再要想走，就不是你爸爸。”张学良应声答道：“我若顶不住郭松龄，就不是你老的儿子。”[②]

三、日本的干涉

郭松龄反奉，最担心的是日本的干涉。因为长期以来，日本在东三省扶植张作霖，不断扩大其在东三省的政治、军事、经济势力和影响。而郭松龄此次举兵，旨在推翻张作霖，势必影响日本在东三省的利益。所以，郭在举事之后，即多次与日本朝野进行联系，目的是期望日本保持“善意的中立”。11月26日，郭致电包括日本驻华公使在内的外国驻华使团，声称：“敝军此次为求永久和平，班师沈阳，清除内乱，改造政局，所有东省外人生命财产，完全保护，聘用外人，均依约继续，决不撤换。从前中外条约，继续遵守，想为贵公使所赞同。惟此次兵变期内，东省官吏与外人互结之约，敝军概不承认，更希电达贵国，取中立态度，毋以军械及一切便利军事之行为，资助任何方面。”[③] 12月1日，郭松龄又专门致电日本驻华公使芳泽，表明政见，希望日本保持中立，不要支持张作霖，以减轻自己的压力。电文强调：“请转达贵国政府，通饬所部官吏严守中立，不得有供给金钱、军械及一切便利军事之行为，致伤两国亲善之友谊，而失贵国公正之态度，且启敝国军民对贵国之疑虑”。并再次重申“凡两国条约上的权利，一律尊重”。[④]12月8日，郭松龄的外交代表殷汝耕秘密到大连，与关东厅、南满铁道株式会社各方面接洽，向日本方面说明：“一切有效条约，悉予尊重，已如连日郭军长声明那样。”他向日本方面表示，对于二十一条，“我个人相信郭军长取得东北，迟早可能实现日本的希望。”[⑤]这虽只是殷的个人表态，但亦说明郭松龄为争取日本“严守中立”而展开外交活动。

---

① 陈崇桥、胡玉海：《从草莽英雄到大元帅——张作霖》，辽宁人民出版社1991年版，第217页。

② 周大文：《郭松龄反奉时的张氏父子》，辽宁省政协文史办存，未刊稿。

③《时报》，1925年12月11日。

④《时报》，1925年12月11日。

⑤ 王子衡：《日本与郭松龄倒戈的失败》，中国人民政治协商会议吉林省委员会文史资料委员会：《吉林文史资料选辑》（第4辑），吉林人民出版社1983年版，第181页。

在郭松龄宣布“班师反奉”的第三天，日本关东军司令白川义则即派关东军参谋浦澄江中佐到昌黎会见郭松龄，极力劝郭改变反意。他提出在郭发动军事行动之际，日本方面将发出各种警告，望郭不要违犯，[①]并暗示日本将要出兵干涉。11月27日日本开始向奉天调兵。

从郭松龄倒戈，直到事件结束，日本驻奉天总领事吉田茂向外务省共拍发了50通电报，写了4封机密公函。通过这些电报吉田茂不断反映战事进展的详情，屡次提出本人的建议和请求。吉田茂判断：“既然郭松龄称张作霖为卖国贼，那么郭松龄一旦爬到东三省实权人物这一地位，日本对满洲的政策必然一筹莫展。”据此，他建议日本政府“维持张作霖势力”，必须在这个“紧急关头”“援助如今陷入困境的张作霖”。[②]

郭松龄倒戈后，日本南满铁路公司的日本人也忧心忡忡。12月2日，社长安广伴一郎致电币原外务大臣说：“恐怕郭松龄将军的反叛，……在东三省能够成功，那么按照他以及他同类的口号，取消不平等条约，东三省就会失落并被排他性的赤色运动所独占，就会发展成为一个没有满铁和关东厅的自主区。”他请求日本政府立即做出反应，进行干涉，以避免出现这一局面。满铁理事松冈洋右担心战乱威胁到满铁的巨大经济利益，也主张援张排郭。

12月4日，日本内阁会议专门讨论了中国时局问题。陆军大臣宇垣认为，郭松龄班师攻奉，“其结果大概对奉天不利，或将以张作霖之失败而告终，对日本必有不少不便及不利之处”，因而提出日本应采取的对策是：“目前可尽力采取各种手段，以保护南满铁道沿线日本国民之生命财产。”外务大臣币原则主张：“先出以声明作为手段，尽快通过殷汝耕方面对郭表示，日本确实守严不干涉主义，并警告郭，如其敢有反对日本在满洲权益之言行，则必将刺激日本之舆论，将惹起重大后果。”经过讨论，总理大臣得出如下结论：“此际日本需要采取最慎重之态度，不仅对满洲，对中国各方面之影响都应予以充分考虑。有必要通过殷（按：指殷汝耕），警告郭军。”[③]在12月5日晚九时对吉田的电报中，币原再次强调：关于中国目前时局，帝国政府一贯采取绝对不干涉主义，迄今仍无变更。

由此可见，基于郭松龄已表态保证日本在满洲的权益，且对张作霖在东北

---

①（日）村正和著，张锦堂、任松译：《守田福松“三谏”郭松龄》，政协沈阳市委员会文史资料研究委员会：《沈阳文史资料》（内部发行），第19辑，第155页。

② 猪木正道：《吉田茂传》，上海译文出版社1983年版，第293–294页、296页。

③《关于中国时局谈话之概要》，章伯锋：《北洋军阀》（五），武汉出版社1990年版，第290–292页.

地区的统治地位前景难卜及避免引起外交干涉等因，日本政府决定在保证日本利益不受到威胁的前提下先保持中立，以观望时局的进一步发展。为此，日本关东军司令官对张、郭两军提出警告，声称日本“对邻国之动乱，严守绝对不干涉态度；对中国国内一党一派之兴废，亦决无干预之意”，但是必须保障日本“在此之特殊地位及权利”，否则必将“执行必要之措施”[①]。

就在东京方面关注事态发展之时，郭军在连山锦西一线全面获胜，进占锦州，战局的急剧进展使日本政府的不干涉主义很快就发生了转变。日本当权人物开始在一个新的角度上重新思考东北问题，得出的结论是：尽管张作霖令人厌恶，但尚未有人能替代其在东三省的位置，对日本来说，张作霖当权毕竟比其他人好些。但援助张作霖是有条件的。于是，12月7日晚，关东军司令长官白川派其参谋长斋藤和三浦中佐秘密抵奉，两人通过张作霖的顾问町野武马，邀张作霖到附属地沈阳旅馆见面。张作霖届时前往，斋藤对张说：“即便郭军进抵新民，关东军若通知他们，……中国军队不得在南满铁路附近作战，到必要时，关东军还可出兵阻击，他们是无法进入省城的。”[②]张作霖闻此大为振奋，斋藤便以此为诱饵，随即二人密商援张击郭条件，即签订密约5条[③]。其密约的主旨意思为：

（1）日人在东三省和内蒙古东部享有商租权，即与当地中国人一样有居住和经营工商业的权利；

（2）将“间岛地区”（延吉、珲春、和龙、汪清4县）行政权移让日本；

（3）延长吉敦铁路，使之与图们江以东的朝鲜铁路接轨（即完成吉会路）；

（4）准许日本在洮昌道各县开设领事馆；

（5）以上四项的详细实施办法，另由日中外交机关共同协商决定[④]。

上述日方提出的要求，有的是日本于1915年提出的“二十一条”中的内容，有的是复杂的铁路交涉问题，长期以来，日方总力求兑现之，但由于张作霖的变相抵制，始终未果。

张作霖为了赢得日本的支持，不惜出卖国家和民族的利益，在关东军司令官白川义则的代表事先准备好的草约上签了字。而日本的交换条件则是：日本

---

① 《币原大臣致芳泽公使电转发关东军司令官对张郭军之警告》，章伯锋：《北洋军阀》（五），武汉出版社1990年版，第294页。

② 佟冬：《中国东北史》第六卷，吉林文史出版社，1998年版，第108页。

③ 胡玉海、里蓉：《奉系军阀大事记》，辽宁民族出版社2005年版，第400页。

④ 罗靖寰：《我所知道的张作霖的对日外交》，天津市文史资料研究委员会：《天津文史资料选辑》（第2辑），天津人民出版社1979年版，第26-29页。

关东军对郭松龄发出警告，警告郭军不得在满铁沿线20里内落下一枚炮弹（实际上就是阻挡郭松龄军队开进奉天省城），并在必要时，日本关东军可出兵保护张作霖和担当维持奉天省城的治安。此外日本还同意满铁火车不载运郭军，并在“满铁附属地”内（指沈阳日本车站而言）或日本租界地内（指旅顺、大连而言）提供给张作霖等要人的避难场所等等[①]。签约之后，张作霖还曾派奉天省长王永江前往日本驻沈阳总领事馆向吉田总领事表达谢意。

此后，日本在“中立”旗号的掩饰下给予张作霖以援助。12月7日，关东军向张、郭两军发出“警告”，禁止在南满沿线30里内（后改为20里）作战[②]。关东军司令白川冠冕堂皇地说：“铁道附属地即我守备区域内自不待言，即或在其附近因战斗以及骚乱而损害帝国的重大的权益，或在有波及危害之虞时，作为军人是不能漠然置之的，相信时下交战的两军应能尊重帝国这种特殊的地位。假如处在上述危险迫近的情况下，本司令官则不得不采取必要的措施。鉴于目前两军的战事或许有危及我守备区域附近的趋势，本人向交战双方司令官提出上述问题以唤起注意，相信这是最迫切的要务。”[③]这一警告虽是对两军发出，貌似公允，但在郭军处于进攻状态，而张已失去信心准备下野的情况下，其偏袒作用是明显的。吉田茂在8日发给币原的电报说“张取消下野的决心，表示全力奋战”即是明证。关东军在发出警告的同时，完成了第二次向奉天集结兵力的部署：日驻屯军第10师团司令部由辽阳移驻奉天省城，同时还把第六十三步兵联队，旅顺炮兵一队，公主岭骑兵一队，以及附近的守备队调进奉天，归该师团指挥，准备参加镇压郭军的战争。一时间，奉天省城变成了日军横行的天下。据民国日报记者报道：日兵到奉天已有一万人，皆穿中国服装，缠白布袖章，上书“宪兵”二字为区别。[④]日本帝国主义完全撕掉了伪装中立的假面具。

阻止郭军进驻营口，是日本第二个较大的干涉行动。郭松龄占领锦州后，遂派出一支约1 000人的队伍向营口进发，目的是以该地为出发点北进，配合锦州方面主力部队，两路逼攻奉天省城。13日晨，郭的作战分队抵达辽河岸边的河北站，驻营的奉军闻风而逃，郭军进入营口，张作霖陷入困境。关键时刻，关东军司令官白川主动采取了阻止郭军进城的措施，营口日军奉白川之命向郭

① 罗靖寰：《我所知道的张作霖对日外交》，天津市文史资料研究委员会：《天津文史资料选辑》（第2辑），天津人民出版社1979年版，第26—30页。

② 胡玉海、里蓉：《奉系军阀大事记》，辽宁民族出版社2005年版，第401页。

③（日）江口圭一：《郭松龄与日本帝国主义》，《国外中国近代史研究》，第17辑。

④《民国日报》，1925年12月14日。

军发出禁令：郭军不许进入营口；撤退至南满铁路线30公里以外；不准过辽河。郭军被迫退往田家庄[1]。这样，营口便由日本替张作霖保有，从而阻遏并限制了郭军别动队的攻势[2]。与此同时，关东军又开始第三次向奉天集结兵力。郭军"前线部队已到达巨流河两岸，离奉天只差一步"，但是"如想入奉天城，就得越过南满洲铁路"。在此紧要关头，再次向张郭两军发出警告，称"对在南满铁路附属地两侧以及离该铁路最终点约二十华里以内，禁止两军之直接战斗行为"，甚至"还要以武力阻止郭军进入这些地区"[3]。南满铁路南起大连北至长春，其附属地两侧20华里以内不准郭军进入，这条铁路无异成为保护张作霖的靠背，使郭军无法进入奉天。由于日方的强烈阻拦，郭军不得不退却。这样，郭松龄只得放弃了两路进逼奉天的军事计划。从此，"郭军只能沿着建在砌道上的一条中国铁路前进，而这条铁路在广阔的沙质的荒原上穿过。军队在那里找不到食物和躲避风雪的地方。并且知道，即便他们此举成功也是无用的。因为攻占目标奉天省城在日军密集防线背后，被封锁了"[4]。

更为严重的是，日本以"缺员补充"为名，向奉天大举发兵，将驻朝鲜龙山之日军约4 000人调驻奉天增援张作霖；16日，日本以维持秩序、保护侨民为借口，在"满铁附属地"以外派驻宪兵与警察官；18日，关东军司令部移驻奉天省城，坐镇指挥日军助张；19日，增派满洲援张之日军全部抵奉天，总司令为斋藤义夫少将。日军代张作霖守卫奉天省城，张作霖的卫队悉数开赴前线。步兵、骑兵、野战炮兵、山炮兵、工兵和通信队齐上阵。同时，日兵乔装张军，向郭军左翼侧攻击[5]。不仅如此，关东军还给奉军"从弹药补充到作战指导等不少帮助"。张作霖的日本军事顾问町野武马更是"不离张的左右，每每以奇计威胁郭军"[6]。被称为黄慕将军的张作霖军事顾问荒木五郎预备少尉，率14名日本炮兵参加奉军，操纵15厘米的重炮。此外，还有日本人直接指挥奉军作战。在后来决战的关键时刻，一支抄袭郭军后路的黑龙江骑兵部队，就是由吴俊升的日籍顾问率领的。不仅如此，"涂着太阳标志的飞机还轰炸了新民府的郭

---

① 胡玉海、里蓉：《奉系军阀大事记》，辽宁民族出版社2005年版，第401页。

② 辽宁省政协学习宣传和文史委员会：《辽宁文史资料精萃》，《张作霖·奉系军事集团》，辽宁人民出版社，1999年版，第265页。

③《关东军司令官向张、郭两军发出的第二次警告》，章伯锋：《北洋军阀》（五），武汉出版社1990年版，第297–298页。

④（英）加文·麦柯马克著、毕万闻译：《张作霖在东北》，吉林文史出版社1988年版，第206页。

⑤ 胡玉海、里蓉：《奉系军阀大事记》，辽宁民族出版社2005年版，第402页。

⑥（日）斋藤良卫：《张作霖之死》，《会津短期大学学报》，1955年5号。

军司令部”[1]。日本对奉张的这种支持，给郭军的行动造成严重阻碍，从而对战局的发展产生了重要影响。

四、巨流河之战

巨流河之战是郭奉之间的决定性战役，也可称作是决战，但在战前，形势已发生了变化。

郭军12月5日占领锦州后，没有立即挥师东进，而是休整了三天。之后，即按下列部署东进。中央纵队：第一、第二、第三各军，沿北宁铁路东进，目标指向新民，突破巨流河防线后，直趋沈阳。右翼别动队：派第二军马忠成旅由沟帮子趋盘山，目标指向营口。左翼纵队：第四军霁云部由义县经阜新直趋彰武，扫荡奉军背后，配合主力部队作战。由于铁路桥梁和沿线的给水设备遭到破坏，火车行驶困难。大部队只能靠徒步行军。郭军经过长途跋涉，官兵都较疲惫，粮食、衣被、武器弹药均得不到补充，加之官兵离奉天愈近，思乡愈切，不愿与张学良指挥的奉军作战。因此，郭军战斗意志大为低落。从锦州到新民，一路上基本未遇奉军抵抗，郭军却用了整整半个月，迨12月20日占领新民时，奉军已在巨流河严阵以待了。

12月13日晚，张作霖主持召开军事会议，吴俊升、张作相、汲金纯、王永江、杨宇霆、于国翰等重要将领和文官均出席。经过认真讨论，会议确定了“中央坚守、两翼出击，一举击破叛军”的作战方略，同时确定了兵力编成和兵力配备。

奉军参加巨流河阻击的兵力不过五六万人，但张作霖手中控有大量物资，他为了打败郭松龄，不惜一切代价。在日本贷款的接济下，所有士兵都发给新棉衣、皮大衣、面包、罐头、香烟等。物资供应异常丰富。连兵工厂储存的大批新枪、新炮、弹药，全部发出使用。兵工厂的技工、技士都做了炮兵的射手。因此奉军的装备比郭军的精良又充足，而士气也比较旺盛。张作霖还派张景惠为宣抚使，到前线慰劳奉军部队，宣布参战的官佐各晋升一级，士兵每人发“恩饷”两月，全发银元，用以振奋士气。[2]此外，张作霖还亲自如今省城军官训话，说他“个人决计根据屡次宣言，始终讨伐郭贼，诸将士相从有年，务

---

①（日）猪木正道：《吉田茂传》（上），上海译文出版社1983年版，第308页。

② 辽宁省政协学习宣传和文史委员会：《辽宁文史资料精萃》，《张作霖·奉系军事集团》，辽宁人民出版社1999年版，第263页。

望各自奋勇立功”，动员部将作“最后决战”[①]。

在巨流河一线的正面，张学良部利用南北的堤坝，征集大量民工帮助军队构筑防御工事。郭军正面主攻的是刘伟的第二军。奉军本以炮兵称雄海内，而奉军的炮兵精锐，尽在郭松龄的掌握之下。阵地攻坚战以炮击为先导，但炮击命令下达后，只听阵地炮声隆隆，却不见目标被破坏，就连爆炸声也没有。原来，参谋长邹作华已暗中通敌，指使人做了手脚，事先将炮弹的引信抽出来[②]，致使郭军阵地炮声隆隆，却不见奉军目标被破坏，作为郭军唯一优势的炮兵，即如此被瓦解掉了。23日，奉军全线出击，不仅以猛烈炮火轰击郭军阵地，而且还派了飞机由空中投掷炸弹，造成郭军极大伤亡，郭松龄本拟组织反攻，虽“亲立于阵头督师”[③]，但巨流河河坝极坚固，没有炮兵配合，进攻难度很大，步兵久攻不下，官兵伤亡很大，锐气受到挫伤。加之奉军“以飞机布达将士家书数万通，投于松龄军，军气遂为惨沮”，中路郭军全线溃败。

奉军左翼初战失利。22日拂晓，郭松龄的雾云第四军向吴俊升部发动猛烈进攻，经两小时激战，大败奉军，占领吴俊升的指挥部所在地大民屯，并将骑兵第二十三团全部缴械。吴俊升部仓皇退向沙岭、西佛牛录一带。雾云乘胜追击，迫近奉军总指挥部兴隆店，给奉军造成巨大威胁。郭军在胜利之余，警惕性不高。23日拂晓，奉军飞机进行空中侦察，发现郭军主力尽在前沿，后方空虚。立将此情况报告，张作霖又将这一情很转达吴俊升。吴决定偷袭，亲率两师军队迂回至郭军背后，直抵郭军兵站所在地白旗堡。吴部偷袭成功，将储放在那里的粮食、枪械、弹药焚毁一空。郭军得此消息，军心大乱，战场形势急转直下。

奉军右翼张作相第五方面军，突击巨流河一线10余里占领阵地，决定自右翼向郭军进攻、22日夜，兵分数路进攻。李杜部第十旅进攻新民以北的高台子3个村，缴获郭军一个炮团的全部大炮，占领了3个村。不久，于深徽部占领柳河沟，李杜和赵芷香追击郭部第一军向新民前进；李桂林旅从右翼也包围了郭部第二军向新民前进。

24日，郭松龄偕夫人韩淑秀改装向营口撤去，行至新民县西南45华里苏家窝棚地方被穆春师王永清骑兵团追上。郭与夫人由副官关庆忠搀扶藏于民家苏

① 《张上将军授赏誓师》，《盛京时报》，1925年12月9日。

② 辽宁省政协学习宣传和文史委员会：《辽宁文史资料精萃》，《张作霖·奉系军事集团》，辽宁人民出版社1999年版，第331页。

③ 《申报》1925年12月25日。

国勤菜窑中，上午十一时，奉军全村搜索，终于发现郭氏夫妇，将其逮捕。张作霖闻讯，异常兴奋，令解往沈阳，然杨宇霆怕郭氏到沈阳后对他不利，“遂矫张命在老达房就地枪决”。尔后用棉袄裹上尸体，装到大汽车内运回奉天，在小河沿暴尸三日以泄恨。[①]又将郭氏夫妇遗体拍成照片，张贴在奉天省城各处，发给东三省各市、县“传示”。[②]至此，持续一个月的郭松龄倒戈反奉事件结束。

对于郭松龄倒戈反奉，当时的《东方杂志》有这样的评论：“要之，军阀以满足私欲而扩充军队，以扩充军队而引起战争。战争以后，胜的一方必论功行赏，必扩大地盘。行赏有所不及，地盘不能将功人悉数位置，于是内部怨望起，裂痕见，而倒戈之举遂不能免了。这是历来各军内讧的最普遍的最重大的原因。这回郭氏的倒戈，当然不能逃出这个原因！”[③]另外，诸如《晨报》等媒体也有相似的评述，反映了当时舆论对郭松龄反奉事件的看法。不可否认，郭松龄之所以倒戈反奉，其重要的原因之一就是张作霖在第二次直奉战争胜利后赏罚不公，郭松龄没有像李景林、张宗昌、杨宇霆、姜登选那样各得到一省的地盘，因此，积怨与新愤一齐爆发。但是，与张作霖在东北实行军阀统治，对外勾结日本帝国主义，对内实行军事独裁，疯狂剥削压榨人民相比，郭松龄反对内战，痛恨战祸，提出“实行民主政治”“开发地利，振兴实业”“免除苛税”，确实要比张作霖开明和进步得多，显然具有爱国主义、民主主义色彩。

五、郭松龄反奉事件的善后处理

郭军反奉，兵到锦州时，奉天省城已陷于极度慌恐之中。当时张作霖曾召开一次紧急会议，与会的有吴俊升、张作相、杨宇霆、王永江等。会上，张作霖提出将来如何处理郭松龄的问题。对此，奉军内部有两种不同意见，一种是以吴俊升为主的强硬派，力主杀郭，并主张追随郭松龄的将领亦非杀不可；另一种以张作相为首，建议张作霖不事株连，以稳政局。张作霖赞同张作相的意见，会后即派人分头给郭军中在奉天居住的军官家属送米送面，进行抚慰。张作霖此举对瓦解郭军起了不小作用。

及至郭军反奉失败，战争结束，黑龙江督军吴俊升仍主张对郭军将领一律追究。张学良是不想株连的，因郭松龄的部下就是他的部下。于是张学良请性

---

① 辽宁省政协学习宣传和文史委员会：《辽宁文史资料精萃》，《张作霖·奉系军事集团》辽宁人民出版社1999年版，第346页。

② 辽宁省档案馆藏：《奉天公署》档案，第二〇七五卷。

③《东方杂志》，第二十三卷，第23号。

格温和、作风质朴稳重，素为张作霖所信任的张作相代为被俘人员在张作霖面前请求宽恕。张作相回奉入见张作霖，适值吴俊升、杨宇霆、张景惠、王永江等均在座。张作相提出：郭松龄既死，其他人员应一律免予追究。由于奉系内部长期存在着矛盾和斗争，因此，张作相的建议遭到多数人反对。张作相虽竭力辩论达两个小时之久，室内空气还是未缓和下来。“总得杀几个”的声浪仍是不断掀起。最后在张作相的哭谏之下，张作霖始答应由张学良酌情处理。

郭松龄反奉失败出走之后，张学良的司令部即从兴隆店移到新民县城，以原郭军的司令部为司令部。郭松龄走后，全线停火，郭部所属四个军的军长、旅长都陆续来见张学良请罪。后由于张学良对于附郭反奉的将领，不事株连，一律免予追究，才扭转了军官人人自危、士兵灰心丧气的局面。

紧接着张作霖又在奉天大举盛筵，大会文武百官。盛宴中，适有参谋人员抬一密件箱前来，报告箱中全是郭松龄败后，所搜得城内人私通郭松龄之密件，并请张作霖定夺。郭松龄是一位有影响的人物，确实有不少人与郭过从甚密。见此情形，举座皆惊，多以为大祸临头矣。张作霖却豁然说道：只是郭鬼子这一个人造反，与别人何干？既然他已经死了，事已了，其余概不追究。并命人将信件都拿出去烧了，永不再提。于是满天霾云，一扫而光。郭松龄反奉事件后，除“郭氏夫妇以外，不戮一人”“故诸将得不死，且任用如故”“时有统军在关内者闻之，皆不待招谕而来归”[①]。这对缓和奉系内部的矛盾，恢复奉系的元气，无疑起了重大作用。

1925年12月29日，张作霖在大帅府办公厅召开了东三省军政善后会议。此前在郭松龄反奉期间，张作霖曾“下诏罪己”，承认因连年战祸，影响人民生活，表示在反郭战争结束后，将引咎告退，还政于民。如今平息内乱，当然要有所表示，以符前言。此次会议，张作霖一进入会场即佯装要对大家做出交代，让袁金铠宣讲了下野通电，表示自己甘愿避路让贤，将东北行政大权交由王永江主持，军事交由吴俊升主持。

对此，吴俊升、王永江二人当然知道张作霖是故作姿态，乃连连拒绝。众人亦纷纷发言，认为不是他引退之时，张作霖始作罢。旋即，张作霖又上演了一出“斩子”的闹剧，在众人劝说之下始决定“免去张学良本兼各职，听候查办”。

12月31日，张学良于新民发表《郭松龄事件后自责通电》：“学良束发受

---

① 金毓黻：《郭松龄别传》。

书，壮寄戎伍，自惭驽骀，辄凛渊冰，爰识郭某于寒微，遂竟倾心而相属七年，赞诩擘画多方，听夕无间，情如手足，方期危舟同济，共挽狂澜，孰意鬼域横生，变起仓猝。当其逆谋初张，举世惶惑。学良职责所关，实属难安，缄默用是，忠规屡进，冀返其诚，无如我虽瘏口瘏音，伊竟充耳弗觉，是时学良内忧外戚，悲愤填膺，每思饮恨自裁，以谢国人，只以部曲来归，群情激昂，佥请最后一掷，誓共扫兹妖孽。兹幸上仰帅座之德威，下赖将士之效命，益以兴帅之英武，辅帅之雍容，不数日间而大难克平，元憝授首，具微人心未死，天道犹存，果报之说，终当不爽。惟自军兴以来，四民杂徙，百业凋零，壮者散之四方，老弱转乎沟渠，推原祸始，谁为厉阶，此皆良择交不慎，知人不明，驭下无方之所致也。学良在此匝月之中，忧心如捣，五内如焚，比日以来，愈益加剧，长此以往，匪为贻误戎机，且将一病不起，现已电察上将军请免本兼各职，俾卸仔肩，借资休养，使良后此有生之日，仍为报乡报国之年。”[①]事情也算有了个公开交代。

但从郭军反奉失败后，在奉系老一派人的内心里，都认为学生出身的靠不住，因而在地盘分配和军官任用上，多被老一派占据了。从此，张作霖对奉军内部的改革停顿，因而奉系也开始走向没落之途。

张作霖为取得日本援助以打败郭松龄，付出了与日本缔结密约的沉重代价，而密约中所规定的日本在中国东北享有土地商租权和杂居权等条款，既严重损害了中国的利益也触及到张作霖自身的统治地位，所以密约签订后，张作霖深为后悔，认为：日本人没安好下水（心肠），全是骗人。咱们绝对不能承认日本“二十一条”要求以内事项，以免让东三省父老骂我张作霖是卖国贼。[②]因此，在密约签订后的张作霖采取了积极的行动，采取惯用的拖延、推迟的迂回的办法，与日本周旋。

由于时间紧迫，当时张作霖与日本只是签订了草约，就外交程序而言，其手续尚不完备，张仅是以个人名义签了字。故郭松龄事件被平息、张作霖政权又转危为安之后，日方不断派人催促奉省当局，“希望由日中外交机关协商详细实施的办法，完成两国正式外交换文手续”[③]。可是，奉省方面始终未予办理。

张作霖责成省长王永江、交涉署长高清和与政务处长罗靖寰设法挽回。在

① 毕万闻：《张学良文集》第1册，新华出版社1991年版，第17–18页。

② 罗靖寰：《我所知道的张作霖的对日外交》，天津市文史资料研究委员会：《天津文史资料选辑》（第2辑），天津人民出版社1979年版，第27页。

③ 罗靖寰：《我所知道的张作霖的对日外交》，天津市文史资料研究委员会：《天津文史资料选辑》（第2辑），天津人民出版社1979年版，第25页。

张作霖的指派下，王永江派省议会议长张成箕召集议员开会，反对签订密约。罗靖寰则赴日本总领事馆，面见总领事林久治郎。罗解释说："关于张上将军同斋藤参谋长所订的密约，已被一般人知道了。现在省议会和各人民团体纷纷开会，决定群起反对这一密约。尽管大帅府和交涉署都说这是造谣，绝对没有这种事，但是，有的人民团体还常到交涉署打听有关消息。所以，这个事件暂时不能进行协商。等待风头过去再说吧！"这样，办理正式签约手续一事便被无限期地推延了下去。并说这类问题"等风头过去再谈吧！"实际上是想推翻先前答应的条件。

张作霖在借辞拖延、推翻前案的同时，对日本又摆出了比平时更为亲近的姿态。郭松龄事件之后，张作霖立即派自己的代表前往吉田总领事处表示感谢："奉天省城内治安之所以得以维持，民众之所以能避免战祸，多亏日本军队和警察。"[①]张作霖还于1926年7月18日亲赴旅顺大连，往访日本关东厅长官儿玉及关东军司令官白川义则。张作霖声称，此系为答谢去年郭松龄倒戈时日本相助之情，及商洽协力防御苏联势力[②]。张将与日本商讨抵御苏俄问题作为此行目的之一，颇引人注目。人们有理由认为，张是在提醒日方不要忘记日本还面临着苏俄这一更强劲敌手的威胁，以冲淡日人对他在密约一事上出尔反尔的记忆和不满。

此外，张作霖还将他存在日本正金、朝鲜两银行的日金500万元，作为酬金赠给白川义则，任由日方支配，分赠在郭变中的日方出力人员。张表示："日本人仗义扶危，武士道的精神，固然施不望报，但张作霖受人一饭之恩，终身便不能忘，这一点意思表示，聊以酬答日本人公私的协助好意。"张作霖回到奉天时，曾对其左右亲信说："日本人这次帮我，当然有所为的，我们对他的好意，也应该有个报答，我张作霖受日本人的好处，只有拿出我自己的财物报答他。我将日本银行的存款，全数赠送，表示我的全心全力，日本人如果另有要求，只要是张作霖个人所有，我决不吝啬，但国家的权利，中国人共有的财产，我不敢随便慷他人之慨，我是东北的当家人，我得替中国人保护这份财产，不负他们的所托！"[③]

所以，密约一事也同"满蒙悬案"一样没有真正得到解决，张作霖称霸东北期间，确实得到日本的支持，"但他当时所答应日本的要求，事后多不履行，

① （日）猪木正道：《吉田茂传》（上），上海译文出版社1983年版，第287-313页。
② 胡玉海、里蓉：《奉系军阀大事记》，辽宁民族出版社2005年版，第426页。
③ 曹德宣：《我所知道的张作霖》，《传记文学》台湾版，第五卷6期、第六卷1期。

郭松龄一案，尤其明显”[①]。对此，日本深为不满，为后来日本关东军炸死张作霖埋下伏笔。

第五节 动荡的奉天

一、奉天各界声援“五卅”反帝斗争

1925年5月30日，上海2 000多学生为抗议日本纱厂的日籍职员枪杀中国工人顾正红的暴行，声援罢工工人，在租界举行了反帝示威游行。英租界巡捕竟开枪镇压，残杀我同胞11人，重伤15人，被捕53人，制造了“五卅”惨案。噩耗传来，奉天也和全国一样，立即掀起声势浩大的爱国运动。

张作霖在“五卅”运动一开始，不仅表明自己拥护爱国运动，而且还以这次运动的支持者自居。他认为只有这样才能获得社会舆论承认，只有他才“是民族利益的保卫者”[②]。“五卅”惨案发生后，张作霖还率奉系诸将领电请北京政府严正交涉，并有“枕戈待旦，为外交后盾，肝脑涂地，亦在所不辞”[③]等措词强硬的通电。张作霖还支持援助罢工工人的募捐运动和进行个人捐款，表示同情工人。奉天总同业公会往上海汇款5 000元，张作霖个人捐款2万元，奉系各省督办每人捐款5 000元。张作霖的上述做法，主要是为了取得舆论好评。在其后方基地—奉天，对群众游行示威，则持严格控制态度。

“五卅”惨案的消息传到奉天后，在“满洲医科大学”（日本“满铁”创办）学习的共青团员粟丰，立即召集校内的中国学生集合，提出声援“五卅”运动。为有效地开展活动，他将他自己在学生中秘密组织的进步团体“木铎社”公开，鼓励同学们进行反帝爱国的斗争。同时，粟丰与盛京医科大学联系，拟在奉天各个学校中建立统一学生团体，以推动声援上海“五卅”运动。当时，正在奉天进行革命活动的中共党员任国祯同志，找奉天基督教青年会的文书苏子元提出把学生组织起来，搞一次声援“五卅”运动。苏子元接受了任

① 王化一：《张作霖二三事》，中国人民政治协商会议吉林省委员会文史资料委员会：《吉林文史资料选辑》第4辑，吉林人民出版社1983年版，第105页。

② 武育文等：《张学良将军传略》，辽宁大学出版社1987年版，第75页。

③《国闻周报》第二卷，第24期，第15页。

国祯同志的建议。他到盛京医大同该校进步学生高启福、吴执中和满洲医科大学的粟丰等具体研究了发起组织学联筹备会，支援五卅运动等事宜。6月5日，召开了第一次各校学生联席会议。会议决定各校学生秘密选举代表，组织学联筹备会。后又决定6月10日举行游行请愿，在盛京医大设立领导请愿活动的机构，由毕天民任学生总代表。学生代表各自返校后，便分别在同学中进行发动，秘密进行请愿斗争的准备工作，并为请愿学生确定"人打我手不动，人骂我口不动，所请不遂足不动"的"三不动主义"。

因学生们对英、日帝国主义的暴行早已怒火中烧，所以一经发动，同学们都热烈响应。特别是关内各省的传单和上海学生、市民被外国巡捕枪杀的照片越来越多地传入沈阳，对学生们支援"五卅"运动，更起了重大的推动作用。

当时奉省最高当局张作霖正在天津，由代省长王永江主持工作。王永江虽对英、日帝国主义在上海开枪杀害我同胞的暴行也是非常气愤，他认为"声援沪案，要游行，这种爱国热忱是可嘉的!"表示"十分同情"，但考虑到"奉天的特殊环境"，他深怕"闹出乱子，引起外交纠纷"[①]，所以他反对上街游行示威。他指示省教育厅长祁彦树，于6月9日召集各校校长开会，令各校长晓谕学生："沪案自有政府负责办理，学生不得受人煽惑轻举妄动，以致招惹事端，荒废学业。"但各校校长对学生的劝告，并未解决问题。6月10日，各个学校的学生举着写有"为死难同胞复仇""抵制日货""打倒日本帝国主义""打倒英帝国主义"等口号的旗帜，齐集奉天省署门前。女子师范学校校长关闭大门，不准学生出校，学生们翻越校墙而出。上午9时，奉天19所大中学校学生近两千人汇集到城内金银库的省公署门前，开始了请愿示威。很多市民被学生的爱国热情所感动，也加入请愿的队伍。首先由请愿总代表毕天民宣读请愿书，声讨英日帝国主义的在华暴行，向奉天省政府提出七条要求：

1. 请电促外交部与英日政府严重交涉，俾沪案合法解决；
2. 在沪案未解决之前，准学生向民众讲演"五卅"惨案真相，散发宣传品；
3. 准学生成立奉天学联并派代表参加各法团会议；
4. 请通电援助并慰藉上海学生；
5. 请省署筹款救济沪上罢工工人并准学生募捐；
6. 饬岗警保护学生讲演、游行及集会之秩序；

① 李宗颖：《记王永江对东北大学学生的一次讲话》，辽宁省人民政府参事室：《文史资料》，1985年。

7. 实行对英日两国经济绝交。[①]

学生们要求见省长王永江并要求他答复请愿条件，被王永江拒绝，省公署也拒不接待学生代表。奉天当局对学生们采取了严格的防范措施，见学生越来越多，而且有市民加入学生队伍后，恐发生不测，即调警察和宪兵前来镇压。学生周围站满了荷枪实弹的军警，而且枪上都上了明晃晃的刺刀，并在学生队伍的前面和两侧架起了机枪。一时杀气腾腾，如临大敌。结果适得其反，反而激起了学生的反帝爱国义愤。他们“意志坚决”“誓死不肯回校”，并干脆席地而坐，非要省公署答复请愿条件不可。

奉天省公署的官员们，迫于学生的坚决要求，只好请在青年学生中素有威望的奉天基督教青年会学生部干事阎宝航出来调解。嗣经调解，省公署答应了学生们所提请愿条件的第一、三、四条，游行和经济绝交的要求则被拒绝，其余各项容缓商。学生代表们对此比较满意。嗣由阎宝航宣布请愿已取得初步胜利，通知各校学生返校。学生们自觉地结队扬旗退出会场。此次运动对唤起群众，特别是青年学生的觉醒，起了重要作用。

在学生请愿过程中，省公署曾电禀张作霖请示对策。张作霖电示王永江调军队武力制止。6月10日晚，奉天当局更加强了警戒，省城各边门都有军警把守，凡是学生装束的人一概不准入城。对“形迹可疑者”，盘查尤为严格。参加请愿的各院校，除位于日本“满铁附属地”日本人开办的学校外，全被军警封锁，将学生们软禁于校内，不给丝毫的活动余地。警察为对付学生，特将所佩枪支一律换为警棍，以便与学生发生冲突时，既可动武，又不至造成人员伤亡。各校的电话尽被警方掐断，邮件被检查，学生被监视。甚至学生阅读报纸，也在禁止之列。这种状况一直维持到放暑假。此外，警察厅还下令警署严查客栈，如有外来学生，要“妥加保护”，劝其勿为越轨行为，唯恐京、津、沪等地的学生来奉宣传援助沪案。[②]

之后，奉省当局为了扑灭请愿斗争的烈火，决定提前一个月将中等以上学校“全体放假，以防风潮蔓延”，并限定学生于6月14日前一律离校。家在城外的学生均不得在城内逗留，客店不准留学生住宿。学生被迫提前回家度假了，但他们反帝斗争的热情仍十分高涨。学生们继续在“猛烈地进行”反动当局所明令严禁的革命活动，有些人对回乡后的活动作了安排，并携回油印宣传品、平民识字课本、募捐册和话剧剧本等。有好多同学回家不坐日本经营的火车而

---

① 《申报》，1925年6月12日。

② 《盛京时报》，1925年6月21日。

坚持步行回家，其中表现最为突出的是第二工科学校的学生张德厚（又名张希尧）。他家在西丰，放假时，他约集同学步行回家，并在途中做援沪和抵制日货的宣传。

放假后，各校学生代表没有回家，留在奉天市内以募捐形式为援助上海工人、学生而工作。“沪上事件”促使奉天学生紧密联合起来，这种联合一开始，就使奉天学联初具组织形式。在学生代表们的努力下，奉天学生联合会于6月中旬正式成立，会址设在奉天医专，参加学联执委会的各校代表有：粟丰、高启福、马骥、赵一民、赵心田、李耀奎、张景珍、顾晋文、周东郊（周畅春）、王佳文、李正蔚、佟汝励等人，选举粟丰为会长。随之又由李耀奎常驻奉天基督教青年会，负责为援沪募捐。学联成立后，即发表宣言和《英日惨杀同胞泣告东三省同胞书》。泣告书中指出：“我们中国的学生和工人若可以白白地叫他们杀死，则尚有何人可以不被杀？在上海他们敢于明目张胆地杀中国人，则在何地不敢杀中国人?”“对于此事若仍能忍受，那就是自己承认自己是亡国奴……我们联合起来……和他们奋斗。”学联还秘密出版会刊《奉天学生》，并秘密翻印了瞿秋白的《社会科学概论》。同时，他们还把一些传单寄往各地。经基督教青年会这条渠道，上海和其他各地也寄来大量的宣传品和信件，由苏子元转给李耀奎。当时最受进步青年欢迎的是由中共中央寄来的布哈林著的《共产主义ABC》。奉天学联还借用青年会的地址，传递由上海学联总会寄来的文件，并与同学们保持联系。学联还组织进步学生分赴各县开办署期补习学校，积极开展反帝反封建军阀的活动。进步青年还与由关内来奉天从事爱国活动人士在奉天基督教青年会里秘密接触，将青年会变成了宣传反帝爱国斗争的活动场所。

奉天学联成立后，又由学联成立了“上海罢工工人后援会”，会址设在小西边门外自强里一间租来的房子。中共地下党员任国祯、吴晓天在其中工作，其他的工作人员都是自愿参加的学生。在援助上海人民反帝斗争的学生运动中，任国祯、吴晓天非常注意团结、帮助学潮中涌现出来的敢于向反动势力斗争的进步青年，并用革命的理论引导他们，这对不久后中共地方组织和共青团组织在奉天的建立起了关键作用。

“五卅”惨案发生后，英国人和日本人在奉天所办的各个工厂中的工人“暗谋同盟罢工”“已会议数次，相机待发，英日当局已极力笼络”①。接着，在日本所办的工厂中的工人以罢工表示“与日人实行不合作”。满蒙毛织株式会社的

①《申报》，1925年6月17日。

工人举行了声援上海人民反帝斗争的罢工。奉天纺纱厂的职工捐献一天工资，以援助上海工人。

《东三省民报》站在反对帝国主义暴行的立场上，大量登载五卅运动及全奉各界热烈援沪的消息。《东三省民报》还为援沪开展募捐活动。

因痛悼五卅惨案被杀同胞，奉天“商务印书馆、边业银行，均休业志哀”“粮商公会协议对英日不买同盟，六团体在总商会协议，决通电全国为沪案声援”。[①]奉天银行团对惨案中的遇难者“莫不热心援助”，捐款2 000元，6月15日汇往上海商会。

6月17日，“省、商、教、法、农”五个团体开大会，“结果联衔发出通电多份，请示各方协助捐款，以便发往上海援助”。此外，教育会因“教育界既处先觉之地位，筹款援助义不容辞”，即时垫汇现洋1 000元，“将来由教育会员薪金中扣除”“并拟个人再行劝募，以期群策群力援助沪案”。奉天公余俱乐部还演出“募捐戏”，收入达万元捐助上海罢工工人。到6月21日，奉天总商会“对沪上工人之援助”，已捐款10 000元。[②]奉天女界，有石女士发起女界后援会，“提倡募捐，以资救济”。石女士投函天津《大公报》，提出“望我奉女同胞，趁此义不容辞之机，加入法团筹款会，起而募捐，为同胞请命，以尽天职于万一”。

此外，奉系上层人物中，张学良、郭松龄等人亦热诚援助上海工人、学生。惨案发生后，张学良“即表示非常愤闷”“对此次上海英捕枪杀中国学生一案，异常愤激”，除请政府各方力予援助外，张学良于6月4日捐款2 000元汇沪，同时致电上海全国学联：“痛我莘莘学子，竟被摧残”“凡我国人，宜知奋勉”。

郭松龄对惨案的遇难者及其亲属给予很大同情。6月14日，郭松龄以“教育普及以增民气之故”，发通电“劝上海学生上课”。他还致电上海总商会：“英人残暴，莫此为甚，同胞受劫创深痛巨”“受害之穷学生，望送入原校，继续受课，费用由龄负担，现无子女，望视同己出。”[③]到6月15日，郭陆续捐款4 000余元。

“五卅”运动对初步扫除迷漫在处于奉系军阀封建统治下的奉天地区腐朽、落后、沉闷的政治空气，起了重要的作用，奉天“六十”反帝爱国运动，在整个东北地区产生巨大震动。所有这些因素酿成的与以往截然不同的社会环境，

① 《大公报》，1925年6月12日。
② 《盛京时报》，1925年6月18日。
③ 《申报》，1925年6月18日。

对中共沈阳地方组织的诞生，起到重大作用。

二、王永江辞职

郭松龄倒戈反奉失败后，张作霖在声明中也承认由于连年内战，致使东三省“人民涂炭”“劳民伤财”“受苦莫大”[①]。同时，也曾有“修明内政，不勤远略，以期与民休息”的通电。可此通电发出不足两个月，张作霖即以“侦知郭松龄之变为冯玉祥所鼓动”和讨伐郭松龄残部魏益三为借口，再次出兵关内。此举引起了一直与张作霖存在分歧的奉天省长王永江的不满，并于1926年2月19日，借口有病，悄然返回金州，并于3月2日派其子到奉天面见张作霖提出辞呈。

原来，第一次直奉战奉军败回东北后，张作霖因欲集中精力“整军经武”，以图一雪“会稽”之耻，乃于1922年5月决定提升理财能手王永江为奉天省长，同时兼任财政厅长。王任省长期间，“博访周咨，不守故常，创法立制，胥有精义”[②]，大刀阔斧进行改革。他实行官吏考试制度，裁汰依法不法官吏，对勤谨奉公人员不避亲疏一律提拔；还大力兴学育才，振兴职业教育；建立村公所，实行保甲制度，使基层机构日趋完善。为了发展经济，他采取提倡创办实业，奖励开矿，鼓励农副业生产，创立奉天纺纱厂，发展交通等一系列措施，使奉省经济迅速好转。有人回忆说在1918到1921的这个期间，是奉省“人民生活比较充裕”“经济比较稳定”[③]的时期。曾一度出现“仓廪足，治安宁”的景象。

王永江是个有独立思想的人，他认为欲使东北富强，必须重视文化建设，不应参加毫无意义的内战。他在1922年7月8日写给杨宇霆的信中指出：“现在潮流所趋，日重文化。此后以中国人与中国人斗，胜者不足荣，败者不足辱，且适以腾笑列国，虽据全胜，亦不过取列强于一嗤，不足以称豪于一时，反足以贻害国家而已。弟本明达，又系武官，当极力主张缩减军备，共图文化。他日使奉省为庄严灿烂之奉省，不当使奉省为焦头烂额之奉省，即大有造于桑梓也。”[④]同时，他还借用别人的话，反复强调“奉省应速改方针，发展民治，缩

① 东亚同文会：《对华回忆录》，中华书局1959年版，第392页。

② 胡玉海、张伟：《沈阳三百年史》，辽宁大学出版社2004年版，第264页。

③ 陈裕光：《王永江整顿奉省财政之前前后后》，中国人民政治协商会议吉林省委员会文史资料委员会：《吉林文史资料选辑》第4辑，吉林人民出版社1983年版，第177页。

④ 辽宁省档案馆：《奉系军阀密电》第3册，中华书局1987年版，第36页。

小军备，导中国裁兵统一之先声，固三省长治久安之大计”[①]。这些见解，是当时其他人没有想到也不敢说的，表明王永江确实具有远见卓识。

1924年10月，第二次直奉战争爆发不久，王永江就力劝张作霖，战争结束后，切不可留恋北京，应速回东北。然而，第二次直奉战争奉军获胜，张作霖乘势而进，非但没有退兵，反而挥师南下，战端屡开。结果，致使东三省金融混乱，民生日蹙，根本动摇。这不仅给东北人民造成灾难，而且也使关内人民蒙受涂炭。郭军反奉事件以后，奉系的财政金融更加紊乱。当时的财政情况是：奉天省的军事费：兵工厂的经费年额2 300万元，经常军费1 800万元，张作霖的个人特支费1 000万元，总计达5 100万元之多，而岁入仅2 300万元，尚不及军费支出之一半。因而奉省无法实施民政，势必导致财政破产。而且由于连年兵乱，苛敛诛求，早已再无增税之余地，特别是反复遭受兵乱蹂躏的辽西一带，反而需要支出抚恤金予以救济。针对这一情况，王永江明确提出，“必须抛弃历来偏重武力的思想，不再向关内染指，努力维持东三省的治安，以谋恢复产业，充实内政，为此，应将兵工厂缩小十分之四，以其十分之六振兴生产事业，另外军队要减少到三个师至四个师，废除张作霖的个人特支费”[②]等等。王永江的这个意见，应该说对奉系对人民均为有利。可是张作霖对王永江的劝谏视为迂腐，根本未予理睬。由于内战规模一次比一次大，军费支出也一天比一天多。到后来，张作霖几乎把东北每年的收入都用到扩军备战上去了。以奉天省为例，1922年度军费支出为2 040万元，占岁出总数的81%，到了1926年度军费支出竟增至现大洋7 032万元，占岁出总数的95%[③]。在1926年度，尚不到半年，就超支“3 000万之巨”[④]。这些战费都要直接或间接转嫁到人民身上。例如，1926年1月初，王永江通知各县分摊讨伐郭松龄倒戈战费数额，一等县11万元，二等县9万元，三等县8万元。在这种情况下，根本不可能有什么财政金融稳定之局面。王永江虽试图挽回，终属徒劳。王永江面对自己惨淡经营，费尽十年心血，积累起来的一点财富，一股脑儿都耗费于毫无意义的内战之中，深感十分痛心。

王永江力劝张作霖不听，乃于1926年2月19日返回金县故居，3月1日提出辞职，在辞职书中再次阐明自己发展经济的观点，“夫金融、财政为万化之母，

---

① 辽宁省档案馆：《奉系军阀密电》（第3册），中华书局1987年版，第58页。
② 辽宁省档案馆：《奉系军阀密电》（第3册），中华书局1987年版，第212页。
③ 满铁调查课：《东三省财政纪要》，第7页。
④ 辽宁省档案馆：《奉系军阀密电》（第3册），中华书局1987年版，第212页。

仅凭此有限之财力，专精致志，以经营之，犹非数十年难以尽举”[①]。对于张作霖“备兵自卫，与逞争雄，轻内而重外，忽近而图远”的做法，他指出其后果只能是“利害相反，将自投荆棘之中”。在军费支出问题上，王永江认为，“今金融为军事牵动，竟出常轨之外，而战事又无时可息，则数年所期望之大政，必无所资以进行可知也”“永江在职，不过等于脑满肠肥之一大官而已，无益于桑梓人民，并无裨于将军也。”“如其进而违心求合，不如退而息影蓬门，倘将来时局变换，有可以实修内政之时，苟余年未尽，尚可勉效驰驱。今非其时，务请开去本兼各职，另简贤能。”张作霖见其辞呈，乃复电挽留，表示“乃可从长计议，不难一致商洽”[②]，却未能在具体的军费支出问题上做出让步。王永江见张无放弃战争之意，乃于3月5日再致电张作霖，“今日关于军事之繁费，皆不论有无，随便自官银行支取，是以金融紊滥，财政亦无从整理”“若将军能翻然变计，以兵足自卫为度，而将兵工厂缩小一半，改营生产事业，汰粮秣厂之冗费，去骈枝之机关，节用以养民，停发钞票以救金融，均度支以兴庶政，永江虽竭尽驽钝，死而后已，其又何辞！否则，永江不忍视将军之投入荆棘，人民之陷于水火，惟有匿迹销声，不问世事而已。”[③]

王永江由主管财务的角度上看出奉系军阀的危机，和郭松龄由军事角度上所见到的奉系军阀的危机，是不谋而合，所见略同。所以后来张作霖说：“郭松龄以枪杆倒戈，王永江以笔杆倒戈。”愤意之情，溢于言表。王永江和杨宇霆是张作霖的左右手，如失去王永江，岂不成了“独臂将军”。于是张作霖特派张学良、吴俊升和官银号总办彭贤等专程赴金州劝王复出。但王永江坚持说：“只要奉军继续插足关内，不息兵罢武，一切均无从计议。”表示如果张作霖“政见不改，碍难相助”“局势不变，难以复出”。1926年7月，张作霖赴旅大访问日本关东厅儿玉长官。途中本想与王永江晤面，亲自劝其出山，但他在金州车站等候两小时之久，王永江仍不肯前往与他见面，只好怅然而归。

不久，王终因积郁太深，旧病复发，于1927年11月1日溘然长逝。张作霖闻讯，悲痛万分，馈赠5 000银元，追嘉勋三位，定国史馆为其立传。

---

① 政协沈阳市委员会文史资料研究委员会：《沈阳文史资料·张作霖史料专辑》（内部发行），第12辑，第142页。

② 政协沈阳市委员会文史资料研究委员会：《沈阳文史资料·张作霖史料专辑》（内部发行），第12辑，第143页。

③ 政协沈阳市委员会文史资料研究委员会：《沈阳文史资料·张作霖史料专辑》（内部发行），第12辑，第144页。

三、奉天金融危机

由于张作霖连年征战，消耗了大量财力和人力，造成东北地区经济危机，金融秩序混乱。当时在市场上流通的纸币有奉天的小洋票，东三省官银号、中国银行、交通银行的大洋票，吉林、黑龙江的官帖，吉林的小洋钱，哈尔滨的哈大洋，日本的金票、银券、军用票，帝俄的羌帖等等，五花八门，不一而足。滥发纸币带来了通货膨胀，货币贬值，物价飞涨，民生日整的恶果。但张作霖"点金之术止于增发奉票一法"[①]。至1925年12月31日，奉票的发行量已达一亿九千万元。

而这一时期的郭松龄反奉事件亦使这一局面雪上加霜。由于在战争初期郭军所向披靡，大有直取奉天之势，导致奉天城内人心慌恐，奉票价格也因之大跌。由"二元二角九分（10月17日）跌至二元八角一分（12月15日）"[②]，尽管张作霖在日本支持下，取得最终胜利，但受此重创，奉张的财政日困，奉省金融陷入严重危机。据统计，当时奉张的军事消耗十分惊人，用于兵工厂的军事开销年额2 300万，经常军事费为1 800万，张作霖的个人机密杂费约1 000万，合计为5 100万元，而当时岁入只有2 300万，仅够全年军费的一半。[③]

1926年2月20日，张作霖召集吉林督军张作相、黑龙江督军吴俊升以及各军民长官、金融当局召开金融会议，却并没有解决实质性问题。受战争和奉票发行量增加的影响，奉票兑现洋的比价再次出现剧跌，特别是王永江辞职后，"奉票竟一落千丈"。1月间奉票兑现洋之市价为2元8角，5月21日跌至3元5角5分，至7月底更跌至5元6角4分，半年时间其价跌落一倍有余。奉天金融市场陷入一片混乱之中。据3月6日《盛京时报》记载，因奉票跌价，奉天陷于罢工风潮之中。3月初，本溪湖煤铁公司、满蒙毛织公司、大连机械制作所奉天分厂等工厂工人罢工。4月底，奉天省城印刷业工人因奉票贬值而举行同盟罢工，要求增加工薪。5月中旬，奉天省北票屠宰商反对增捐，举行罢市。奉省西丰骑兵旅因以奉票发饷而哗变，焚烧抢劫。

而为了称雄中原，张作霖于1926年上半年，再度出兵关内，联合吴佩孚攻打冯玉祥的国民军。为支撑庞大的军费开支（1926年奉系陆军费支出达117，619，280元），张作霖乃继续发行奉票，以解时需。据1926年3月底统计数据显

---

① 《东三省金融整理委员会报告书》，第7页。

② 《东三省金融整理委员会报告书》，第75页。

③ 徐立亭：《张作霖大传》，哈尔滨出版社1994年版，第351页。

示，奉票发行额已达两亿多元，这个数字将近第一次直奉战争前1921年发行量（3 000万元）的7倍。

就在这时，奉天金融市场又出现了一个特殊情况。第一次世界大战爆发时，许多以金为本位的欧洲国家，竞相到一些以银为本位的国家抢购货物，以金易银，出现了金贱银贵的现象，奉天金融市场也受其影响，出现了挤兑和高价抢购银元的风潮，因此奉天金融陷入进一步的混乱。日本人乘机暗中唆使满、铁附属地内的钱钞取引所（即交易所）勾结中国少数钱商集巨资轮流到官银号兑现渔利，“乃一人取引所中，随意买卖，手中虽不鸣一钱，而其买与卖之数动辄以万计，或数十万百万千万不止”，无形中成为一个大规模的变相赌博场。“惯作投机生意的奸商群赴日站取引所买空卖空，大事捣把”。

为了挽救日趋严重的金融危机，张作霖采取以下几项措施：（一）移花接木。5月27日派人赴京津一带收购现洋150万，运来接济奉票；（二）开放烟禁。4月27日，张作霖密令吉林、黑龙江两省开禁栽种鸦片，设局专卖，征收烟税，悉归军用；（三）发行公债。5月6日，张作霖在东三省发行整理金融公债现大洋5 000万元（合奉票1亿元），强令各地认购，规定各县商民每百元资本负担九元、田主每一亩田负担一元，并限令官银号于两星期内将放款尽数收回。奉天设立公债局，专门办理发放公债事务；（四）停止兑现。5月19日，东三省官银号公共汇兑所停办，并且停止公布“公定行市”；（五）逮捕钱商。5月21日，奉天省当局下令逮捕钱商，试图以武力制止金融滑坡。

8月12日，张作霖又在奉天召集奉天省长、省议会议长、商务会长、华商会长、官银号会办及在奉五家大银行行长等，举行整顿金融善后会议，决定整顿金融条例十八条，规定“禁止银行钱号存诸现洋、金票，买空卖空；携带现洋出境以五十元为限，严查贩运现洋、金票等等”[①]。还多次出示晓谕：“如有不肖奸商，敢对于洋价物价，仍前任意低昂，则视有意破坏金融，不顾大局，勿论军民人等……定将该商严刑罚办。”[②]8月13日，奉天交易所停止开市。

这时一些捣把钱商，因惧张作霖而多躲避入日本车站及“附属地”之交易所，借日人的庇护，大肆从事捣把活动，使现洋、金票价格猛增不已。奉省军民两署，则分派大批宪兵、警察、坐探，到各地交易所进行侦察。他们每天要将所了解到的各交易所的行情、钱商动态，以书面汇报给财政厅和警察厅，然

① 中国社会科学院近代史研究所：《中华民国史资料丛稿》，《大事记》（第12辑），中华书局1978年版，第129—130页。

②《东三省金融整理委员会报告书》，第52页。

后，根据各处情况，采取相应措施，以严厉手段进行弹压。8月间，张作霖根据密探报告，派人“突入公主岭满铁用地内，检查天合盛账簿，得悉该号捣贩的金票最多；又查悉奉天省城会元以也在取引所有大宗交易。”此外，又查获有省城商号福恒隆、宝成号、宝裕隆、英利源、震泰隆、大成泰、德合盛等七家，因出售货物接收现洋，每家各罚现大洋一百元。复县“永庆昌商号，因在庄河县街购买现洋、银两、处罚该商现大洋一千元”。在日站交易所进行捣把活动的“木内银号执事周烈如、富安银号柜伙路振亭等，也拿获监押。”张作霖一怒之下，于8月14日下令大捕钱商，至8月19日，“连续捕了二百八十多人”，分别交由军法处审讯。其中情节重大者，当属天合盛。该商号依仗日本人为后台，资金雄厚，无视奉省当局规定，大肆投机金融生意，其分号在东三省有13处之多，在关内也有分号多处。张作霖为挽奉票颓势，乃严令省警察厅，密派警宪多人，分赴天合盛在三省的分号逮捕有关人员，并亲自主持审理。据各犯交代，天合盛及各地分号“统计因捣把共赚钞票银元一百二十余万元、奉票三百余万元”。[①]

为杀一儆百，1926年8月19日，张作霖在奉天省城召集各银号及经营钱业的店号负责人训话。他说：“近来奉票暴落，商民感受痛苦，全是由于奸商捣贩所致。”“其中以天合盛、会元公两家的情节为重大。我今天要毙他们几个执事人，以示儆戒。”[②]当天下午即将奉天天合盛执事李墨轩、长春分号执事刘善庆、哈尔滨分号执事冯浚川、会元公经理李翼臣、执事杨相廷五人，以“扰乱三省金融”为名拉至奉天城大西门外，立予枪毙。其余情节较轻者，或交由军法处押候，或由军法处取保开释。

为杜绝此类事件发生，1927年1月15日，奉天省公署发布惩治扰乱金融犯暂行法则7条，以示警惕。凡商民以奉票与他种钱钞，或以他种钱钞与奉票交易，为期买期卖，而妨害金融者为扰乱金融犯。公然期买期卖者，根据数额处以不等罚款，对以期买期卖为常业而情节重大者，呈请特别惩治，犯人财产根据情节没收其全部或一部。这起查抄天合盛案曾轰动一时，但张作霖的这一镇压措施，并没有将奉票挤兑和投机倒把之风刹住。

奉票跌落的根本原因在于张作霖连年混战，军费开支无度。仅1926年奉省

---

① 王瑞之：《张作霖统治时期东北金融概略》，中国人民政治协商会议辽宁省委员会文史资料研究委员会：《辽宁文史资料》（第5辑），辽宁人民出版社1984年版，第133页。

② 王瑞之：《张作霖统治时期东北金融概略》，中国人民政治协商会议辽宁省委员会文史资料研究委员会：《辽宁文史资料》（第5辑），辽宁人民出版社1984年版，第136页。

陆军经费支出达1亿多元，占全年总支出的89%。这年3月，奉票发行额已达二亿多元。张作霖把奉票跌落完全归罪于投机商人，实际上是因果倒置，马放车后。他这是嫁祸于人，借以掩饰其好战的军事扩张政策。①故“严禁倒把而倒把依然，平抑物价而物价更涨，枪毙投机之人，无补于奉票之跌落。”②

第六节　中共奉天地方组织的建立及革命斗争形势的发展

一、中共沈阳地方组织的建立及发展

1925年五卅惨案发生后，中共北京区委和共青团中央相继派共产党员陶梁、吴晓天等人来奉天，同任国祯一起，通过“学联筹委会”领导奉天社会各界声援上海人民的反帝爱国斗争。任国祯等来到奉天后，有组织地扩大马克思主义的宣传，为在奉天建立党的地方组织和共青团组织作准备。陶梁来到奉天仅一个多月，又因工作需要调往外地。在奉天领导反帝斗争和建党工作的共产党员仅有任国祯和吴晓天。7月上旬，任国祯、吴晓天会同奉天基督教青年会的苏子元和阎宝航，召集奉天各小学教职员举行联合会议，由吴晓天在会上报告五卅惨案的经过，并号召这些教职员立即组织起来，暗中进行工作。但有些教职员慑于当局禁令的淫威，恐因此失掉饭碗，不愿有固定的组织，因此没有成功。7月中旬，任国祯与吴晓天又与《东三省民报》的编辑安怀音、俞文锐、市报的盛桂栅、学联的李耀奎等人共同组织中华民族自决会，欲借此指导奉天各界人士投入资助上海难胞的募捐活动和抵制日货斗争，也因参加人数不多而成效不大。为把进步学生组织起来，苏子元提出在青年会办暑期学校的建议。创办暑期学校的行动得到了奉天省学联的积极响应，最后决定由奉天省学联与奉天基督教青年会于7月下旬共同举办一个短期学习组织—暑期学校（也称“暑期大学”），以组织进步青年学习社会科学，主要是学习社会主义理论。任国祯与吴晓天积极发起和组织暑期学校，充分利用这一阵地传播马列主义理论，培养靠近中国共产党的进步分子，推动建立党组织工作的实质性进展。暑期学校由

① 魏福祥：《王永江传略》，《东北地方史研究》，1986年第4期。

② 孙景悦、郭建平：《奉系军阀风云纪实》，辽宁大学出版社2000年版，第204页。

阎宝航担任校长，聘请任国祯、吴晓天担任主讲教员。任国祯主讲唯物史观和唯物辩证法；吴晓天主讲学生运动。为了避免统治当局对暑期学校的革命色彩（即宣传马列主义的教学内容）引起注意，教员中除了任国祯和吴晓天之外，还聘请刚刚从美国留学回来的资产阶级学者苏上达主讲银行与新社会、关税与新中国；从日本回国度假的留日学生陈日新（陈涛）讲授“社会主义问题”，着重讲解三民主义与社会主义的关系，说明中国革命必须走向社会主义，而国共合作是实现这个目标的必要途径。还聘请了《东三省民报》的编辑安怀音讲国际政治。参加学习的学员主要以奉天学联总会的积极分子和具有进步思想的学生为中心，还有社会主义研究小组的全体成员以及其他少数小学教员、店员、职员等共40余人。1925年8月，暑期学校因市内各中等以上学校即将开学而结束。暑期学校的学习时间虽短，但对马克思主义理论在奉天地区的进一步传播，特别是促进一些进步青年接受中国共产党的政治主张而加入共产主义的战斗行列起到了重要的作用。

暑期学校结束后，为了继续进行反帝反封建的革命活动，进一步宣传马克思主义，培养党、团积极分子，任国祯和吴晓天又以暑期学校同学会的名义在奉天医专召集进步同学开会，成立了党团外围组织“革命同志会”。参加同志会的有高子升、吴竹村、苏子元、阎宝航、张景珍等。会上规定了今后的学习和工作任务，建立了有关联络和集会的制度。在当时国共两党合作的情况下，任国祯和吴晓天与陈日新一同吸收“同志会”的会员加入国民党。同时，任国祯和吴晓天从中选择优秀者先后发展了一批共产党员和共青团员，并建立了共产党员和共青团员联合小组，任国祯担任组长。

在中共北京区委的直接领导下，任国祯、吴晓天在奉天地区开展建党工作取得显著成绩。由于各方面条件的基本成熟，中国共产党在沈阳地区的第一个地方组织——中共奉天支部于1925年9月初正式成立。中共奉天支部隶属于中共北京区委领导，书记为任国祯。同时，中国共产主义青年团奉天特别支部也正式成立，书记为吴晓天。

在当时，虽然中共奉天支部已经建立，但支部委员会尚未组建起来。党小组由党、团员混合编组。到1925年末，奉天的党团组织共发展党员4名、团员12名。

1926年二三月间，中共奉天支部根据中央的指示，将部分共青团员转为中共正式党员。至此，中共奉天支部党员人数增加到15人。直到1926年5月，党的支部委员会开始建立，吴晓天兼任奉天党、团支部书记，高子升任党支部组织委员，李正蔚为党支部宣传委员；吴执中任共青团特支组织委员，白希清、周东郊先后任共青团特支宣传委员。

1926年9月，中共奉天支部改为中共奉天特别支部，其隶属关系由中共北方区委移交中共中央直接领导。同时，中共奉天特支又根据中共中央关于团员转党员的指示，将一批早期加入共青团的团员转为中共正式党员，党员人数由原来的15人增加到22人。党员人数的增加，使基层党组织也开始健全起来。这一时期党的基层组织有：奉天医专党小组，组长先后由高启福、吴执中担任；银行（满洲银行、志诚银行、东三省官银号）党小组，组长由高子升担任；兵工厂党小组，组长由李笛晨担任；学校（满洲医大、省立第一师范学校、女子师范学校、省立第一中学、第四小学等）党小组，组长由周东郊担任。奉天医专是党组织活动的重要据点。1926年初，奉天党支部开始在奉天医专发展党员，到1927年上半年，奉天医专党小组党员人数发展到13人。

1927年3月，设在文会中学的国民党奉天省党部被奉天当局破获，其负责人钱公来被捕。钱公来处的奉天省国民党员名册被搜走，奉天当局根据该名册在全省范围内通缉国民党员。为免遭牵连，中共组织将一批在国民党奉天省党部备案的跨党党员转移到外地。至此，中共奉天特别支部的党员骤然减少，特别支部一度处于无人负责状态。为整顿组织，经上级党组织同意，任国祯和杨志云重新组建了中共特别支部，任国祯任特支书记，杨志云为组织委员，高子升为宣传委员。5月间，杨韦坚返回奉天担任共青团特支书记工作。在此期间，党的基层组织只剩下满洲银行党小组、奉天医专党小组和新建的满洲医科大学党小组以及在中学的个别党员。

1927年4月，中共大连地方组织领导的工人群众组织“工学会”遭敌人破坏后，该学会总干事高文元来到奉天并进兵工厂当工人。此后陆续有大连地区的党、团员金德芳、金启良、穆日春、徐立义、王长全、王化民和王赞升来到兵工厂作工。高文元设法与奉天特支组织委员杨志云接上关系后，组成了兵工厂党小组。到中共满洲省委成立前后，兵工厂已有中共党员20名，团员20名，成为当时党的力量比较集中的地方。

二、国共两党沈阳地方组织的合作及破裂

1925年正当全国革命形势不断高涨，国共两党统一战线在全国蓬勃发展之际，张作霖唯恐革命烈火危及其统治，下令取缔和解散国民党组织，严禁国民党在东北三省的活动。

五卅运动后，共产党员任国祯、吴晓天与国民党员陈日新共同重新组建了国民党奉天省临时党部，发展国民党员30多人，其中多数是暑期学校的同学，

其人员组成情况呈报国民党中央。不久陈日新把这批新发展的国民党员的入党志愿书带到日本，通过国民党东京支部转寄到广州国民党中央海外部存档，并要求积极推动奉天省国民党省党部的建立工作。这样，暑期学校就为国民党组织在奉天的重建奠定了组织基础，也为国共两党在奉天的合作创造了必要的条件。

1926年1月，经国民党北京区执行部联络部同意，中共奉天支部派出已加入国民党的中共党员吴竹村以奉天国民党组织代表的身份前往广州出席国民党第二次全国代表大会。中共奉天支部召开党团员联席会议，讨论研究了争取在新成立的国民党省党部中的领导权等问题，并决定吴竹村等作为国民党省党部领导成员候选人。会上正式宣布成立国民党奉天省党部，选举了省党部的领导成员。在5名执行常委中，有3名是跨党的中共党员。会议推选钱公来为省党部执行委员会主任委员，吴竹村为组织部长。

国民党奉天省党部建立后，中共奉天支部决定共产党员和共青团员以个人身份加入国民党，并以国民党员身份从事革命活动，同时还先后派巩天民、吴执中、张景珍、周东郊等人参加国民党奉天省党部机关的工作。这一时期主要的工作是在各机关、学校建立组织，发展党员，扩大宣传。这些工作主要是由中共党员和共青团员负责。国民党党部或执委每次开会前，中共组织都开党团员会议，研究对革命斗争的领导和对国民党的协助工作问题。中共组织还注意从加入国民党的人员中选拔优秀分子，作为发展中共党员的对象。

在奉天，国共两党革命统一战线是在日本帝国主义和奉系军阀的严密控制下秘密建立起来的。当时，两党的活动十分艰难。但由于双方都具有反帝反封建的共同目标，中共奉天支部就全力以赴地积极发动党、团员，帮助国民党扩大组织，协助国民党奉天省党部向黄浦军校和北伐军输送学员和战士。据不完全统计，1925年至1926年上半年不到一年的时间里，曾向广州输送百余人。

1926年春，仅周东郊一人就发展了六七名国民党员，其中丁占甲、鲍澄吉、唐凤池等人被输送到广州参加了黄浦军校和国民革命军。此外中共奉天支部还组织党、团员和进步青年，为国民党在奉天主办的《东三省民报》撰稿，公开揭露帝国主义在奉天所从事的政治、经济、军事、宗教和文化等各方面的侵略活动；组织进步青年散发传单，张贴标语，号召广大市民抵制日货，发动群众开展不售日货、不购日货、不用日货和销毁日货的斗争；争取民族独立，要求自由、平等以及发动城乡人民捐款支援上海难胞等活动。这些活动大部分是以国民党的名义进行的。

1925年11月，爆发了郭松龄反奉战争。为了配合郭军反奉的行动，国民党北方区执行部负责人李大钊派朱雾青来奉天秘密组织国民革命军司令部。中共奉天支部为声援郭松龄反奉，曾在满洲医科大学召开会议，以“奉天学联”名义发布《反奉宣言》。国共合作初期国共两党奉天地方组织共同开展反帝反封建斗争，给奉系军阀张作霖以有力的打击。

正当革命斗争形势迅速发展的时候，革命阵营内部左派和右派、无产阶级和资产阶级之间争夺领导权的斗争日益尖锐起来，奉天地区的国共两党关系也日益紧张起来。在国民党右派的怂恿下，共产党员李光忱（后因丧失立场被开除党籍）违背党组织的规定，擅自在国民党内公开共产党员的名单，使党的工作造成非常大的损失。1926年夏，又有人在奉天以“民族自治同盟会”的名义，散发反共传单，进行破坏革命的活动。国民党中一些对共产党持敌视态度的右翼分子曾多次给国民党奉天省党部写密信，提出“中国共产党不适合中国国情”要求辩论国共合作问题，从而为分裂国共合作制造舆论。

这时，国民党奉天省党部的负责人钱公来也一反常态，制造谣言，强行撵走了加入国民党的中共党员、国民党奉天省党部执委兼组织部长吴竹村。并从加入国民党的共青团员、国民党奉天省临时党部的工作人员张景珍手中，夺走了国民党奉天省党部的图章，重新改选了国民党奉天省党部执委会。改选后的国民党奉天省党部执委会的成员中，跨党的中共党员只占执行委员会成员的三分之一，从而大大地削弱了共产党人在国共合作中的领导作用。

1926年，为进一步排挤在国民党奉天省党部中的共产党人，分裂国共合作，“党务整理指导委员会”于11月间又改组了国民党奉天省党部。至此，国民党奉天省党部领导成员中，只保留了五分之一的共产党人。在右派控制下的国民党奉天省党部，要求中共奉天特别支部将参加国民党的中共党员和共青团员的名单报送国民党奉天省党部备案。从此，在加入国民党的中共党员和共青团员中，除在国民党奉天省党部担任职务或其他经党组织批准留在国民党组织中的少数人外，绝大多数退出了国民党。

1927年，国民党奉天省党部负责人钱公来被张作霖逮捕，其党部工作人员李光忱等逃往武汉。为了免遭牵连和破坏，中共奉天特别支部及时通知在国民党奉天省党部备案的十余名中共党员，转移到北京、大连、哈尔滨等地。这样，第一次国共合作在奉天就此结束了。

奉天地区的国共合作，是整个国共合作的一个部分，就其发生与发展的态势来看，虽然与广东、湖北等地的轰轰烈烈的景象无法比拟，但它的发展变化及其结局，却是与国共合作的大趋势息息相关的。由于蒋介石发动反革命政变，使第一次国共合作完全破裂。在这样的形势下，奉天地区的国共合作也不可能单独存在，势必终结。此后，奉天地区的国民党人曾多次利用国共合作时期对该地区共产党和共青团组织情况的了解，向军阀当局告密或直接插手镇压和破坏中共地下组织的革命活动。

三、沈阳工人运动蓬勃发展

党的四大以后，全国各地反帝反封建斗争的革命浪潮不断高涨，中国共产党领导的工人运动波澜壮阔。在全国工人运动高潮的影响下，奉天的工人运动出现新的局面，有了新的发展。

1925年4月1日，皇姑屯铁路修车厂和机务段的工人在京奉铁路总工会的领导下，建立了工会组织，并开展了反对工头侵吞工人“花红”、煤票的斗争。这次斗争是沈阳工人阶级第一次在自已的工会组织的领导下所进行的革命实践。

1925年5月23日，奉天制麻株式会社的650名工人为增加工资而罢工5天，斗争取得部分胜利。5月30日，南满制糖株式会社130名工人为提高工资而罢工6天，也取得部分胜利。6月27日，日资满洲窑业株式会社的500多名工人为增加工资同时举行为期4天的罢工斗争，实现了部分斗争要求。同年11月，中俄烟草公司工人为增加工资和反对无故开除工人而举行罢工。此时，奉天工人的罢工多是以增加工资，改善待遇等经济要求为斗争目标，但有的罢工也提出了明确的政治要求。例如，奉天英美烟草公司的工人，为声援上海工人的反帝斗争和抗议资方诬陷工人盗窃、私刑拷打中国工人，先后于1925年6月和7月两次举行大罢工，给帝国主义分子的野蛮行径以有力回击。

中共沈阳地方组织建立后，奉天地区工人运动的发展更为迅猛。广大工人的罢工斗争不仅在次数上更加频繁，而且在规模上也急剧扩大。仅在1926年的3月份，奉天就发生了奉天制麻株式会社、中俄烟草公司、利记猪毛公司、制鞋工人、满蒙毛织株式会社、奉天英美烟草公司、奉天纺纱厂等7次大规模的罢工斗争。参加罢工的工人总数达5 400多人。同时，工人的斗争方式也由各个工厂的独立行动向着厂际间或整个行业联合罢工的方向发展。例如，1926年4月26日，奉天400多名印刷厂工人为增加工资和减少工时而聚集在小西边门外德大轩茶庄门前商议斗争办法时，遭到警察的驱赶，其“首谋者”被扣留。工人们会聚同行业职工600多人又在北站附近集会时再次被警察驱赶。愤怒的工人举行为期3天的大罢工，并发表了印刷工人宣言，最后迫使警察释放了被捕的工人。再如，1926年6月中旬，奉天城内6家日资窑业株式会社的1 500名工人提出增加工资的要求。与此同时，中国窑业的陶瓷工人也向厂方提出增加计件工资并取消罚规等要求。共同的斗争目标，推动着日资窑业和中国窑业的工人举行联合大罢工。跨厂际跨行业的联合大罢工，进一步扩大了工人阶级的斗争力量，对残酷压榨工人阶级的中外资本家造成更大的震慑。从斗争的结果来看，联合罢工一般更易达到斗争的目的。

随着1926年下半年以来北伐战争的节节胜利，全国工人运动继续出现了新的高潮。在奉天，中共地方组织为了改善工人阶级的政治、经济地位，加强了对工人运动的领导。中共北满地委和南满地委于1927年初分别派任国祯和杨志云等人专门到奉天领导工人运动。他们经常出现在兵工厂及日资满蒙毛织株式会社、奉天纺纱厂、大连机械制作所奉天支店和奉天制麻株式会社的工人群众中进行活动。杨志云为了更多地接触群众，经常扮作身背木箱的卖毛巾和洋袜子的货郎出没在工人住宅区。他们酝酿在几个工厂举行联合罢工。正值此时，奉天制麻株式会社首先发起反对日本资本家残酷剥削和压迫以及物价上涨、奉票贬值的罢工斗争。

1927年5月2日，奉天制麻株式会社300名工人举行了罢工，第二天全厂600多人全部参加了罢工，祁长祥、章文山、聂福生、王路九等十几名工人代表在东兴阁理发馆开会议定了斗争要求。第二天早上，工人代表将“告工人同胞书”张贴在工厂的大墙外。随即，中共奉天特支派杨志云接见了工人代表祁长祥和王路九，给予他们极大的支持和鼓舞，并具体指导他们如何组织与召集代表会议，如何组织互济会安置罢工的独身工人生活以及如何团结工人坚持罢工斗争。罢工工人在党的直接领导下，很快形成一个坚强的战斗集体，虽然厂方软硬兼施，要尽了各种阴谋诡计，工人始终坚持条件，毫不动摇。最后厂方不得不全部答应罢工条件。然而就在履行条件过程中，资本家又指使日本警察逮捕了罢工领袖祁长祥，从而激起工人义愤，再度举行罢工。这次罢工坚持了27天，最后取得了完全胜利。事后，日本警察侦知这次罢工是中国共产党人任国祯和杨志云等领导的，遂于6月29日逮捕了任国祯和杨志云。此时联合罢工正在酝酿之中，罢工涉及的厂家有日本工厂满蒙毛织株式会社、大连机械制作所奉天支店、中国工厂奉天纺纱厂等。由于任国祯和杨志云被捕，致使原来计划的各厂联合罢工未能实现。

第四章
安国军政府时期的奉天

- 进攻国民军
- 对抗北伐军
- 主政北京
- 奉天的危机
- 满洲省临委领导下奉天革命形势的发展

郭松龄倒戈事件平息后，奉张本应立即退守东北，但他不肯放弃已经看得到的最高权力，再一次用兵关内，进攻冯玉祥的国民军，以重新控制北京政权。为了打败冯玉祥，张作霖与直系吴佩孚握手言和。二人决定罢战媾和，共同对抗冯玉祥和国民军。

从1926年1月开始，张作霖以进攻郭松龄残部的名义向关内进军。同时，吴佩孚也开始进攻河南。而日、英等帝国主义除了在武器弹药上援助奉直军外，还蓄意制造事端，策应奉直军，其中最为有名的就是举世皆知的大沽口事件。奉直军利用这起事件，全力推进，步步紧逼北京。4月15日，国民军由北京退至南口，奉鲁军开进北京城。张作霖再次抛弃掉多年与之合作、但已没有利用价值的段祺瑞执政府，独控北京政权。

6月26日，张作霖与吴佩孚在京举行庆功宴会。这次会议决定：关于内阁问题双方同意暂时维持杜内阁，一俟军事结束再组成正式内阁；关于军事问题，在联合攻下南口之后，吴佩孚主要负责进攻南方的革命势力，张作霖则侧重进攻北方的革命势力。

国民军虽退守南口，但实力并无太大损失，对北京仍是一个严重的威胁。张、吴两军乃同时围攻国民军。初时主力为吴军。但吴军屡战屡败，不得不由奉鲁军担任主攻，并取得了胜利。至此，奉张在地盘上得到很大的实惠，重新控制了北方的大部分地区。

奉张作霖在北方进攻国民军，大肆“反赤”的时候，1926年7月，广东革命政府出师北伐。北伐军势如破竹，直系大败。鉴于南方战事日益紧张，张作霖于9月8日在奉天召集奉系高级将领举行军事会议，讨论南下“援吴”“讨赤”问题，连开六天。张作霖竟然宣布出兵南下援吴，借此吞并直系吴佩孚的地盘，进占了吴佩孚控制下的保定、大名。

在北伐军的强大攻势之下，吴佩孚败退到河南，据守东南的直系军阀孙传芳也遭到惨败。赴苏联考察的冯玉祥．这时已回国重整旗鼓，在绥远五原誓师，宣布参加国民革命军，出师潼关，与广东国民革命军配合，对北洋军阀展开南北夹击攻势。

11月14日，张作霖在天津召开军事会议，讨论如何联合起来对抗北伐军和冯军进攻的问题。会上，孙传芳提出拥戴张作霖为全国“讨赤军总司令”，统率北洋军阀。11月29日，经张宗昌、孙传芳二人带头“劝进”，由15省区推戴的形式，推举张作霖为安国军总司令。12月1日，张作霖就任安国军总司令，确立了他北洋军阀盟主的地位。

北伐军声势日益高涨，很快便发展到了长江流域。面临这一形势，在华的各帝国主义恐慌起来，并推出对华新政策，其实质就是以长江为界，一方面承认南方政府，一方面尽力维持北洋军阀的半壁河山，制造两个中国。

张作霖为缓解当时军事上的窘境，亦发表宣言，推行联蒋反共政策。双方互派代表，进行秘密谈判。蒋介石积极从事反共活动，制造了一系列反共事件。张作霖亦如法炮制，期间发生了非法搜查苏联大使馆，逮捕杀害中共创始人之一李大钊的恶性事件。

为了稳定北方，求得帝国主义的支持，提高自己的地位以获得和蒋介石讨价还价的对等资格，最主要是为了实现其多年来的“总统梦”，张作霖决定在北京组织安国军政府。1927年6月18日，张作霖在孙传芳等人的拥戴下，就任中华民国陆海军大元帅之职。

1928年，蒋介石重新上台。并迅速组织以奉系集团为目标的北伐战争。北伐军一路势如破竹，兵锋直指北京。在四面受敌，濒于崩溃的困境下，张作霖为避其锋芒，于6月2日，通电宣布退出北京，返回奉天。

奉张集团向关内大举用兵之计，日本亦在东北加紧侵略。1927年，日本欲强行擅自在临江设领，以实现其侵华野心。这一行动激起奉天各界的强大愤慨，从而在奉天城内掀起了一起声势浩大的反对临江设领的浪潮：《东三省民报》《东三省公报》《醒时报》等连日发表拒日设领声明；奉天省教育会等团体联合向张作霖通电，反对临江设领；奉天省议会组织“东三省外交后援会”，以援助政府挽回主权；工商各界和市民掀起抵制日货浪潮。此外，奉天于9月4日举行了近十万人的反日示威游行。斗争的形势最终使日本取消临江设立领事分馆之举，取得了全面胜利。

这一时期，随着革命形势的发展和东北地区中共组织的日渐扩大，为加强党在奉天的领导，筹建满洲省临委，并将省委机关设立在奉天北市场福安里19号。在满洲省临委的领导下，奉天基层党组织逐渐恢复和发展，先后组成了中共奉天东关区委员会和兵工厂特别支部、职员特别支部。为加强党员内部的训练工作，满洲省临委在奉天召开三次党员训练班。

28年9月，满洲省临委在奉天召开第三次党代会上，正式将满洲省临委改为中共满洲省委。并组织了反日行动委员会，加强对工农运动和反日运动的领导以及党的宣传工作。在满洲临委的领导下，奉天地区工人运动出现了一个新的高潮，无论是在规模上还是在数量上都较以往有了较大的改观。

第一节 进攻国民军

一、张吴联合

1921年1月中国国民党召开第一次全国代表大会，确定联俄、联共、扶助农工政策，建立国共合作统一战线。之后，南方革命形势蓬勃发展，广东革命根据地日趋巩固。在北方，1925年底取得对直隶督办李景林战争的胜利后，国民军处于鼎盛时期，拥兵数十万，占据北京、察哈尔、绥远、河南、陕西、甘肃、热河、直隶及山东的部分地区。此外，冯玉祥还表示同情孙中山的革命主张，并和苏联有一定联系。国民军的势力壮大以及倾向革命，使全国革命形势急剧改变，"仿佛南方国民政府与北方国民军可以会合起来，支配全国政权，成功一比较赤色的政府之形势"[①]，对帝国主义及直奉军阀形成巨大危胁，使各帝国主义和直、奉军阀深为惶恐不安。因此，帝国主义和直奉军阀以及一切反革命势力无不攻击国民军的所谓"赤化"，甚至把冯玉祥称为"赤化将军"。

因而，从1925年底至1926年初开始，日、英等帝国主义就积极策动张作霖与吴佩孚联合，使他们在"反赤"的目标下，共同进攻北方的国民军和扑灭南方的革命势力。当时《泰昭士报》曾载文鼓吹："使张作霖和吴佩孚达成协议，就能把整个华北和华中紧紧地掌握在铁拳之中，在这之后对付革命的南方就不难了。"[②]日本军政要人田中义一更专门派鹫泽舆赴汉口对吴佩孚进行游说，期望吴、张合作。这时的政治形势，正如《向导》周报指出："现在中国的政局，已到了一个很危急的时期，便是日本帝国主义（自然英法帝国主义在内）及其走狗奉系军阀和直系军阀联合战线，一致对付国民军、广州政府和民众之趋势。"[③]

事实上，早在帝国主义策动两派联合之前，张作霖就已开始酝酿他的联吴"反赤"计划。在第二次直奉战争结束时，张作霖就曾密派政客童好古到鸡公山

---

① 中央档案馆：《中共中央文件选集》（第2册），中共中央党校出版社1989年版，第111页。

② 拉狄克：《对中国最近事态的评价》，安徽大学苏联问题研究所、四川省中共党史学会编译：《苏联〈真理报〉有关中国革命的文献资料选辑》（第1辑），四川省社会科学院出版社1985年版，第165页。

③ 述之：《帝国主义与军阀的联合战线还是民众的联合战线》，《向导》，第143期。

主动求见吴佩孚，指出：直奉战争的结果是“鹬蚌相争，渔翁得利”（“渔翁”指孙中山），如果张、吴能联合起来，就会天下无敌。这次鸡公山之行，是张、吴联合的开始。

而此后的郭松龄倒戈反奉与国奉战争的爆发，成为直、奉军阀握手言欢、结成“反赤”联盟的转折点。

北京政变以后，冯玉祥处处牵制张作霖，使他企图独掌中央大权的野心破灭；不久，冯玉祥又支持郭松龄倒戈反奉，几乎逼迫奉张政权垮台；同时冯玉祥领导的国民军在北方势力的不断扩大，对奉军构成严重威胁，成为张作霖南下入主中原的一大障碍。这种种让张作霖对冯玉祥耿耿于怀。

吴佩孚本来也对冯玉祥恨之入骨：1924年10月，正是由于冯玉祥临阵倒戈，发动北京政变，导致吴佩孚统率的直军在第二次直奉战争中惨败，几至穷途末路。郭松龄反奉举兵时，吴佩孚即表示愿与张作霖合作，他说：“第一，赤化不可不防；第二，我与张雨亭相约合作，今天联甲倒乙，明天又联乙倒甲，我姓吴的不干这种事。”随后他又致电给张作霖，表示同情：“从前冯玉祥倒戈，令我痛心，现在郭松龄的倒戈，想必你也是很痛心的。我生平所最恨的就是这些反复无常的小人，现在我很愿意援助你。”[①]

而奉系的一些将领，如李景林、张宗昌等人，则因遭到国民军的攻击，他们所控制的直隶、山东两省地盘大有不保之虞，因而极力主张与吴佩孚联合，“谓宁可使直、鲁地盘给与直派，绝对不愿归于国民军之手”[②]。张宗昌曾秘密派人向吴佩孚游说：“国民军攻直，直终须归国军。若再下鲁，直、鲁、豫、陕、甘及三特别区联成一气，势不可当。奉、鲁固不幸，然于公何益！”闻听此言，吴佩孚乃致电在山东指挥讨奉战事的部将靳云鹏，谓“鲁省关系重要，可相机办理”。靳云鹏遂即与张宗昌的代表潘复密约议和，并唆使原属直军现已投靠国民军第二军的王为蔚、田维勤等部倒戈反岳（维峻）。国民军第二军在山东的攻势顿时受挫。“吴部之靳，奉方之张（宗昌），既已携手，由靳、张周旋，吴佩孚、张作霖意见亦近”[③]。

1925年12月31日，吴佩孚通电宣布结束讨奉战争。1926年1月5日，张作霖致电吴佩孚，正式提出联合的问题；此后，双方互派使者，往来不断。张作

---

① 李剑农：《戊戌以后三十年中国政治史》，中华书局1965年版，第382页。

② 古蓨孙：《乙丑军阀变乱纪实》，荣孟源、章伯锋：《近代稗海》第5辑，四川人民出版社1985年版，第573页。

③ 李泰棻：《国民军史稿》，来新夏：《中国近代史资料丛刊·北洋军阀》（四），上海人民出版社1993年版，第391页。

霖派杨宇霆和吴佩孚的代表蒋方震秘密会晤于大连，“大体上成立了谅解”“嗣后张景惠与张志谭在汉口又会晤多次，渐次使合作成为固定”[①]。同时，吴佩孚派出代表吴天民、杜孝穆等三人先至旅大“拜访儿玉关东厅长官、白川关东军司令，并绕道朝鲜谒见新藤都督，冀求日本援助，以期扫清东方赤化主义”。随后，他们又至奉天，“商议直奉联合进攻国民军之计划”。[②]经过反复蹉商，1926年1月下旬，奉张和直吴达成下列妥协，签订了联盟协议，主要内容如下：

1. 双方共同以冯玉祥为敌，合力消灭冯和国民党；

2. 事成后奉出关，关外地盘由张作霖主持，吴不过问；

3. 以直、鲁归吴，以三特别区归张宗昌和李景林；

4. 以后中央政府和陕、甘、豫地盘听吴主持，奉张绝不过问。[③]

就这样，这两个曾兵戎相见，在战场上拼得你死我活的冤家对头，为了镇压革命，在英、日帝国主义的鼎力支持下，正式罢战媾和，共同将斗争的矛头指向冯玉祥和国民军。吴佩孚的一个部下，后来在北京对中外记者露骨地说明了张、吴联合的反革命目的，他说：“奉直妥协的政策，是先扑灭北方赤化，然后再扑灭广东之赤化，期实行全国之刷新”。[④]

直奉联盟的缔结，给冯玉祥国民军造成了极大的威胁。为了转移敌人的视线，以免过早与直奉联盟展开正面交锋，同时也为缓解国民军内部日趋严重的矛盾纠纷，1926年1月1日，冯玉祥通电下野，“拟即出游，潜心学问”。他对张作霖提出了劝告：“雨亭经此痛创，渐有觉悟。善战者当服上刑，舟中人尽成敌国。古训归垂，可知警惕。”[⑤]但冯之此举，未能使直奉军阀放弃对国民军的攻击。张吴联合后，张作霖立即会同张宗昌、李景林的直鲁联军和直系军阀，对国民军进行夹击。在这种情况下，国民军不得不起而应战，于是国民军与直奉军阀的战争于1926年1月中下旬分别在山海关、山东、河南等地爆发。

奉直军阀进攻国民军的总体战略部署为：“彻底解决，各个击破。俟鄂、鲁、直各军，于直境连成一气时，作一大包围局面，至必要时机，滦、热方

---

① 东亚同文会：《对华回忆录》，商务印书馆1959年版，第393页。

② 述之：《民众应急起向吴佩孚下总攻击》，《向导》，第144期。

③ 李泰棻：《国民军史稿》，来新夏：《中国近代史资料丛刊·北洋军阀》（四），上海人民出版社1993年版，第391—392页。

④《向导》，151期。

⑤ 古蓨孙：《乙丑军阀变乱纪实》，荣孟源、章伯锋：《近代稗海》（第5辑），四川人民出版社1985年版，第587页。

面，一齐动作，一鼓擒渠。”[①]具体分工为：奉系张作霖从北面进攻热河、直隶；奉系直鲁联军从东南起兵山东，进取鲁、直；直系吴佩孚从南面进窥河南；刘镇华、张治公收集镇嵩军残部起兵陕西，扰乱陕西与河南西部。

依据以上部署，奉直军阀于1926年1月至3月在山东、河南、直隶、天津、热河发动了对国民军的全面进攻。

3月末，国民军退守京畿。4月6日，奉军、直鲁联军、直军、晋军联合对北京国民军下达总攻击令，随即兵分5路进攻国民军。奉军阚朝玺等部向朝阳、承德方面进攻。张学良、韩麟春、万福麟等部，由怀柔、密云、三河、香河向通县进攻，并企图绕攻昌平，截断京绥线交通。北京东南方面，直鲁联军李景林、褚玉璞等部，由京奉路向黄村进攻。北京西南方面，吴佩孚直军靳云鹏、田维勤等部，沿京汉路向长辛店进攻，并向门头沟伸展，以进窥京绥线。晋北方面，阎锡山晋军商震、傅作义等部向大同、天镇、绥远方面用兵。在以上5路中，阎锡山持观望态度，吴佩孚希望国民军释放曹锟，佯称谋和，故这两路战事和缓，其他3路，战事非常激烈。4月7日，荣臻攻马驹桥，张学良攻安定桥，韩麟春攻通县，穆春的骑兵师经顺义抄袭南口以断国民军归路，褚玉璞则猛攻杨村。8日，奉军、直鲁联军的大部兵力在黄村一带与国民军激战，经过多次反复，国民军势不能支，9日，大红门、南苑三间房、长辛店、富古庄等地均被奉军、直鲁联军占领，北京都城吃紧。之后几日，国民军谋与直系和谈，暂时停战，但和谈努力失败。12日，奉军、直鲁联军再次发起猛烈进攻。15日，奉军占领通县，突破南苑，吴佩孚直军抵西苑，国民军撤出北京，退往南口。

二、日本制造大沽口事件与“三一八”惨案

在直奉军阀联合进攻国民军的过程中，日、英帝国主义给了军阀势力以极大的支持。“奉、吴的作战计划是东交民巷的英、日帝国主义制定的。在山海关方面张作霖的军队里，津浦线上李景林、张宗昌的军队里，一切军事行动的指挥，完全是日本帝国主义者，甚至……驾驶飞机、铁甲车，使用机关枪、大炮、迫击炮等也都是日本人”“靳云鹏（直系）的军队里也有大批的日本顾问”[②]。日本帝国主义又供给奉系军阀军械和军需，并通过奉系军阀对直系军阀作财政上的资助；英帝国主义还供给直系军阀吴佩孚15 000枝枪。除上述援助之外，日本帝国主义为支持和配合奉鲁军的进攻，还公然制造了举世皆知的大

① 辽宁省档案馆：《奉系军阀密电》（第3册），中华书局1987年版，第5页。

②《国民军失败后民众应有之觉悟与责任》，《向导》，147期。

沽口事件。

1926年3月，国民军与直鲁联军在天津以南展开激战。为了对国民军造成前后夹击之势，直鲁联军除在天津以南地区频频发动猛攻外，又派毕庶澄率渤海舰队袭扰国民军守卫的大沽口。双方激战之中，国民军下令封锁大沽口，提出外国轮船军舰必须悬挂特别旗帜，在白天通过，并须接受当地驻军的检查。

国民军采取的上述措施，除为阻止直鲁联军渤海舰队驶入港口炮击岸上的守军外，也因为帝国主义轮船经常为奉鲁军运送军械并掩护其舰队进入港口，完全是一种自卫行动。

但3月12日日本两艘驱逐舰不顾国民军之警告，公然闯入大沽口，掩护渤海舰队的船只驶入港口。大沽炮台上的国民军用旗语阻止，日本军舰不但置之不理，反向岸上开炮，打死国民军4人、伤8人，国民军被迫开炮还击，将日舰逐出大沽口。这就是震惊中外的"大沽口事件"。

事发后，日本帝国主义又联合英、美、法、意等国，以所谓"违反辛丑条约"为借口，发出最后通牒，要求停止天津、大沽口一带的战争，停止对于外国船舶一切检查、对外国船舶不加任何干涉等条件，并限定北京政府在3月18日正午以前给以答复。同日，日本对华公使还单独向北京政府发出最后通牒，提出要求中国政府向日本谢罪，严惩大沽口守军将领，并付给5万元的损害赔偿等一系列无理要求。3月17日，20多艘外国军舰再次驶入大沽口，公然进行武力挑衅，大有重演"八国联军进北京"之势。

帝国主义的野蛮行径，激起了中国人民的极大愤怒。18日，五千多名爱国群众在共产党人李大钊、陈毅、王荷波、陈乔年、王一飞等同志的领导下，在天安门前举行抗议八国通牒大会，决议："督促北京政府严重驳斥八国最后通牒""驱逐署名最后通牒之八国公使出境""电勉国民军为反对帝国主义而战""宣布辛丑条约无效"[①]等；并向驻京公使团提交了一份抗议书。会议结束后，即整队进行了反抗帝国主义的示威游行，由长安街向铁狮子胡同临时执政府国务院进发，沿途高呼"反对八国通牒""反对日舰援助奉军上陆""打倒帝国主义""取消不平等条约"等口号。帝国主义者唆使北京反动政府"段执政"，残酷镇压爱国群众，造成死47人，伤132人，失踪40人[②]的严重流血事件，史称"三一八"惨案。鲁迅将这一天称为是"民国以来最黑暗的一天"[③]。

---

①《京报》，1926年3月19日。

②《京报》，1926年4月10日。

③ 鲁迅：《鲁迅全集》（三），人民文学出版社1981年版，第263页。

奉军利用“大沽口事件”和“三一八”惨案、直鲁联军反攻国民军之机，向关内发动猛攻，先后占领卢龙、迁安、乐亭、龙山，20日占领滦州，21日进占唐山。同时，阎锡山则“出兵京汉、京绥两路，加国民军以威胁”[①]。在三面受敌的情况下，国民军不得不将津浦线和京奉线上的军队，一律撤往京畿一带。

三、张作霖与吴佩孚会面“居仁堂”

鉴于执政府已在冯军一手控制之下，张作霖在指挥奉军大举入关的同时，又大施淫威，逼迫北京的段祺瑞政府下台。

1926年1月11日，张作霖通电全国，宣布东三省与北京政府执政断绝一切行政上的关系[②]。他以镇威上将军的名义主持东三省军政事务，企图迫使段祺瑞无法维持政局。

前不久，即上年12月30日，段祺瑞的亲信徐树铮在廊坊车站被国民军的参谋张钺率人暗杀，他失去了最得力的军师。由于吴佩孚、张作霖、冯玉祥都不能与他合作，段祺瑞决定辞职。许世英代他拟好辞职电稿，声明执政任期于1月15日届满，从1月16日起即不视事，“一切政权交国务院负责执行。”[③]不料，电文尚未发表，已被各报公布于众。段祺瑞又收回电稿，于1月9日正式发表通电，不再提辞职问题，声称“所望各建谠言，迅定国是，即释重负，俾践前言。起衰救敝，多难所以兴邦，革故鼎新，成功不必自我。邦人君子，幸共鉴之。”[④]他讲了一堆空话，并不涉及实质，他想看看各方面的反响。

张宗昌立即请示张作霖，对段祺瑞应该采取什么态度。他在1月12日电报中说“段佳日（1月9日）通电，含有表示下野之意，钧座对于此电如何主张，尚乞训示。因叙五曾由汉口来电论及此事也。”原来张景惠在汉口与吴佩孚的代表正在谈判，很关心时局的变化。1月13日，张作霖电复张宗昌：“此间对段通电，无所表示，听其自然。弟处系保安名义，似亦可置而不论也。”[⑤]既然张作霖已经宣布东三省政治上与北京脱离关系，自然可以不对段祺瑞下野表态，“听其自然”也是一种成功的政治谋略。

---

① 政之：《北京政局蜕嬗纪》（上），《国闻周报》，第三卷，第16期。

②《东方杂志》，第二十三卷，第4号。

③《顺天时报》，1926年1月8日。转引自：徐立亭：《张作霖大传》，哈尔滨出版社1994年版，第340页。

④ 古蓨孙：《乙丑军阀变乱纪实》，荣孟源、章伯锋：《近代稗海》（第5辑），四川人民出版社1985年版，第588页。

⑤ 郭春修：《张作霖书信文电集》，万卷出版公司2013年版，第629页。

1月23日，东三省法团联席会议发表通电，宣布实行东三省联治，推选张作霖出面维持东北秩序，并声称对北京政府自1925年11月22日以后的一切命令和约束概不承认。25日，张作霖又召开重要文武官员会议，决定再次宣布东三省独立，实行“保境安民”。同时，宣布以山海关、秦皇岛为界，设置防线；在热河地区驻兵七八万，防止国民军入侵；并将奉军改编成14个师，张作霖自任东三省保安总司令兼军务总统官。同一天，张作霖通令就任东三省保安总司令兼军务总统官。

张作霖宣布东三省独立给段祺瑞政府出了一道大难题。为了联合奉张，3月12日，段祺瑞派代表去奉天联络，并致电张作霖说“前年入京，系国奉双方同意，现干戈相见，中央地位极感困难。望以国家为重，言归于好。”[①]希望以国家大局为重，调和国奉两系的关系，以便集中力量对付吴佩孚。张作霖对段祺瑞的“小算盘”了然于胸，表面上应允合谈，暗地里却命令张学良亲赴滦州督战，准备从后路向国民军发动猛攻。

直鲁联军的李景林部，3月23日占领天津。24日，李景林、张宗昌联名通电，请“张、吴两帅来津会商国事”，张作霖也电请吴佩孚“迅速北上以定大局”。在张作霖、吴佩孚来天津之前，张作霖派张学良为代表，吴佩孚派杨清臣为代表，主持直奉两系在天津的联合会议。3月28日，占领丰台之后，李景林、张宗昌再次电请吴佩孚出兵北上，并入京主持大计。

在奉军进攻北京之机，段祺瑞为保全自己的地位，准备进行又一次政治投机，即外而全力联络奉系，内而拉拢原为吴光新旧部的国民军唐之道师，妄图里应外合，驱逐驻守北京的国民军。他一面派代表到天津与张学良、张宗昌等人联系；一面又积极策动国民军第一军第九师倒戈。不料事情暴露，为国民军将领鹿钟麟发觉，4月9日，鹿先发制人，指挥军队包围执政府，赶走了“段执政”，请出了被推翻的前总统曹锟来主持北京政权。鹿钟麟等人想以此来联合吴佩孚反对张作霖，但为吴所拒绝。吴还分别发出电报，向张作霖表示国民军必须全部缴械；劝张之江、鹿钟麟交出部队，另行“借重长方”；对已经进入北京的田维勤表示“冯军一日不缴械，则本总司令一日不能北上”。与此同时，李景林、张宗昌、张学良等奉方将领，也于4月13日通电痛诋国民军之非，以示将继续与吴佩孚合作讨伐国民军。

4月15日，国民军撤出北京后，奉鲁军开入了北京。当时，被赶下台的段

---

① 徐立亭：《张作霖大传》，哈尔滨出版社1994年版，第343页。

祺瑞，再次联系奉张，以保其“执政”的地位，但张作霖早已厌恶这位长期恋位的“执政”，20日复电声称“法律政治问题，自有海内名流共同讨论。霖本军人，早经宣言，不问政治”[①]。公然表示不再支持段祺瑞了。这时，曾毓隽、吴光新从天津回到北京，向段汇报：“张学良表示奉天对维持现在政权没有信心，只能保护段执政安全离开北京。”[②]手无重兵、心想“执政”的段祺瑞，看到张作霖对他置之不理，只好结束他的“执政”生涯，通电全国，“决定引退”[③]。

段祺瑞下台之后，北京陷于无政府状态，出现权力真空。继国民军之后入据北京的直、奉两大军阀都想趁机填补这一空缺。于是，张作霖与吴佩孚围绕着北京政府的继承问题，展开了激烈的明争暗斗。段下野后，张作霖碍于北方政局由吴全权主持的前约，发表了“催吴北上主持大计”和“自己不干政”[④]的声明，表明自己乃一介武夫绝不干涉政治，一切听凭“公决”。吴佩孚便利用此时机，迫不及待地准备北上，着手进行组织政府的工作。由于军事上他非张作霖的对手，便转而在政治上寻找突破口，大要政治手腕，以争得北京政权，控制大局。为此，吴佩孚主张恢复曹锟贿选后当上总统时颁布的“宪法”，并提出由曹所任命的颜惠庆内阁摄行总统职权（时称“护宪”），张作霖对此坚决反对，他想恢复1912年的临时约法，并由他的亲家靳云鹏组阁，但不便明言。

张吴双方各有主张，因此决定互派代表举行会议，以解决政治分歧。

4月25日，双方在北京举行第一次代表会议。参加会议的有：奉方代表张学良、张宗昌、李景林等，直方代表王怀庆、齐燮元等。齐燮元主张恢复宪法和颜惠庆内阁复职。奉方代表张宗昌、李景林、张学良则表示要请示张作霖才能表态。第二天，张学良返回奉天省城向张作霖汇报会议情况。这时，奉系内部又产生分歧。吴俊升、张作相力劝张作霖不要去管北京的政治问题，把奉军撤回关外，让吴佩孚一个人去干。李景林、张宗昌主张一定要过问北京政府的问题。最后决定先解决军事问题，再解决政治问题。4月29日，张学良电告张宗昌、齐燮元、王怀庆、李景林等：“此间对法律问题仍主张公开，不愿双方独裁，近于垄断政府之意，致惹各方之反感。军事仍照前议协同进行，决心与玉

① 辽宁省档案馆：《奉系军阀密电》第3册，中华书局1987年版，第16页。

② 曾毓隽：《我被国民军逮捕和脱走的经过》，中国人民政治协商会议全国委员会文史资料研究委员会：《文史资料选辑合订本》第十八卷，第51辑，中国文史出版社1999年版，第87页。

③ 政之：《北京政局蜕嬗纪》（下），《国闻周报》，第三卷，第19期。

④ 中国社科院近代史研究所中华民国史研究室：《中华民国史资料丛稿·大事记》（第12辑），中华书局1982年版，第69页。

帅（吴佩孚）合作到底。”[①]5月1日，张作霖致电吴佩孚，表明其在中央政府组织问题上的态度：“近因中央失驭，各方商榷政策，函电纷驰，有谓宜恢复约法黄陂复职者，有谓宜恢复宪法仲珊复职者，有谓革命事业便服继续有效者，有谓仲珊退位宜以黄郛执政者，有谓宜以胡惟德、颜惠庆执政者。就表面观之，言之似各有理由；考其内容，是否为无聊政客视为奇货可居，又将以傀儡武人助其威权复活，愚如作霖，于政治、法律问题素少研究，实未能测其究竟。惟国家大事，理应公开讨论，不宜专断独裁。区区此心，始终如一，实鉴于累岁战事，民生困苦，实未能再纷扰。作霖抱分崩离析之忧，懔军人干政之惧，识见所囿，实不敢轻作主张，妄参末议也。”[②]并就解决时局问题提出建议：“关于恢复宪法、约法及组织政府问题，可召开元老及各省代表会议决定之。”[③]

同时，他又电请吴佩孚在汉口附近逮捕勾结郭松龄谋乱并查有实证的吴景濂。张作霖的用意在于对抗吴佩孚，因为召开各省议会讨论法统问题，很少有人赞成恢复曹锟宪法，而将国会议长吴景濂逮捕起来，用意在于打击国会和护宪派。

5月2日，张学良回到北京。第二天把奉系主张召开各省政治会议的态度转达给吴佩孚。奉系人员又放风说由靳云鹏组阁最恰当，张作霖的主张终于公开出笼了。

但吴佩孚不为所动，寸步不让，于5月2日正式提出“护宪”和恢复颜惠庆内阁的要求。3日，以“五省联帅”孙传芳为首的苏、浙、闽、赣、皖五省直系军阀，联名发表通电，主张颜内阁复职并摄行总统职权，要吴佩孚早日北上“主持大计”。

张作霖对吴的提议虽很不以为然，但为维系直奉联合的局面，乃假做让步，“声明不便表示意旨，但于国家有益，请其主持”。[④]5月9日，颜惠庆发表通电，承认复职。同一天，张作霖致电吴佩孚：“吾辈同属军人，与其高谈法理而为法律家所利用，毋宁使海内名流共同负责，期于折衷至当。我兄今日负天下之重，一言得失，关系安危，对于应付时局方针，自必筹之已熟，尽可放手做法，而其发动之初，仍宜博采群意，事事公开。弟虽牺牲一切，亦必始终赞

① 毕万闻：《张学良文集》第1册，新华出版社1992年版，第31—32页。

② 郭春修：《张作霖书信文电集》，万卷出版公司2013年版，第671页。

③ 中国社科院近代史研究所中华民国史研究室：《中华民国史资料丛稿·大事记》（第12辑），中华书局1982年版，第80页。

④ 辽宁省档案馆：《奉系军阀密电》（第3册），中华书局1987年版，第73页。

助，决无丝毫成见。”①

但随后他于5月14日在奉天主持召开了奉系军政要员会议。会上议定了奉系在关内的军政举措。决定对颜惠庆内阁采取消极抵制态度，奉系阁员均不参加，但在军事上仍然与吴佩孚维持合作关系。于是，奉系阁员郑谦、张景惠唯张作霖马首是瞻，拒绝参加内阁；其他阁员因见内阁前途黯淡，也不愿贸然就职。颜惠庆内阁成立伊始，即陷入困境。这时吴佩孚打电报给张作霖，希望他不要拆台。张作霖复电却说：“将来正当办法，拟与兄到京晤谈，并邀集袍泽名流恳切协商。”并主张召开会议来解决组织中央政府的问题。吴张合作只是互相利用的关系，内心没有任何诚意可言。吴佩孚对上海新闻界人士自我解嘲地说：“我和奉张就像新婚夫妇一样，偶然拌几句嘴是免不了的，日子一久，我们的感情就会一天天浓厚起来。”②

为了从根本上解决直奉双方在政治、军事和法律等问题上的分歧，吴佩孚与张作霖决定于6月下旬在北京举行“两巨头会议”。6月4日，张作霖启程入关。次日到达天津，立即召开奉系高级将领会议，决定请吴佩孚主持南口战事，以直鲁联军为辅，奉军负责多伦方面，准备联合进攻国民军。对于张作霖与吴佩孚会见问题，决定分两步走：先在天津召开预备会议，由双方代表商定合作大纲。然后张作霖到北京与吴佩孚会见，仅述兄弟结义之情，不讨论政治军事问题，免伤合作关系。6月8日双方互派代表召开天津预备会，进行先期协商工作。关于军事问题，双方很快协调一致，商定奉、直两方合作进攻西北国民军，奉军攻多伦，直军攻南口，直鲁联军担任后方，双方并相约不与国民军单独媾和；但在政治和法律问题方面，双方则颇有争议。张作霖代表杨宇霆让颜惠庆内阁作“形式上的成立”，然后以海军总长杜锡珪代行国务总理“摄政”。杨宇霆还对吴佩孚的“护宪”主张提出异议，认为“宪法”是曹锟颁布的，奉方在第二次直奉战争中的战争动员就是揭起反曹大旗，今若再提“护宪”，对奉方来说无疑有自食其言之嫌。会议结果，双方达成三项协定：1. 闭口不谈宪法，2. 军事合作为先，3. 颜内阁只作过渡。

张作霖的态度是颜内阁一天不下台，他就一天不到北京。吴佩孚终于明白若他再坚持颜惠庆内阁，势必会与奉方决裂，因此也不再固执己见。6月22日，在吴佩孚的授意下，颜惠庆举行第一次内阁会议，即宣布辞职，改由海军总长杜锡珪代理国务院总理摄政。至此，这场为时一个多月的争夺北京政权的

① 陶菊隐：《北洋军阀史话》（五），海南出版社2006年版，第121页。

② 徐立亭：《张作霖大传》，哈尔滨出版社1994年版，第345页。

斗争，最终以张作霖的胜利而告终，两人直接会面的障碍全部清除。同日，国务院致电吴佩孚、张作霖两人，请他们尽速进京“共商大计”[①]。杜内阁宣告成立后，又分别致电他们，力邀其入京主持一切。

6月26日，张作霖以“胜利者”的姿态进入北京。为迎接张作霖，北京城内一片戒备森严的景象：车站月台上，只许警备司令王怀庆和张学良、张宗昌三人通行；从北京东站到张作霖的行营（顺城王府），岗哨林立，黄土铺地，结彩通衢，以迎接皇帝的礼仪迎接这位军阀元首。28日，张作霖与前来北京的吴佩孚互拜之后，随即相偕到“居仁堂”参加代理国务总理杜锡珪和顾维钧、张国淦、任可澄、杨文恺、张志潭等五阁员的“庆功宴”。宴会正在进行中，忽然一声响，惊得双方卫兵都把手枪掏出来，原来是挂着的大礼帽从衣架上掉下来，造成一场虚惊。

由于所有问题都由幕僚们在预备会上经过一个月之久的磋商而得到解决，所以张吴两大军阀巨头的这次“历史性”会谈仅进行了30分钟便结束了。当日吴佩孚即返回长辛店，第二天，张作霖返回天津。这次会议决定：关于内阁问题双方同意暂时维持杜内阁，一俟军事结束再组成正式内阁；关于军事问题，在联合攻下南口之后，吴佩孚主要负责进攻南方的革命势力，张作霖则侧重进攻北方的革命势力。会议结束的当日，吴佩孚返回长辛店，张作霖亦返回天津。

直、奉军阀在“反赤”的共同目标下联合起来，控制了北京政权，确立了在中国中部和北部的统治以后，便按照他们商定的反革命计划，加紧了对冯玉祥国民军的进攻和对南北各地革命运动的镇压。

四、南口战役

国民军在各方面压力下，为缩短战线，保存实力，不得不撤出北京，作战略转移，退守南口。但奉、吴不肯罢休，决心要报一剑之仇。阎锡山因为国民军占领了山西的大同、雁门关，也倒向奉、吴一边。于是，直、奉两系与山西军阀阎锡山约定三路同时进兵围攻国民军，奉军与晋军分别从热河绥远两侧迂回，吴军则从正面进攻南口。张作霖之所以与吴在军事上继续保持合作，就是想利用吴军攻打南口，而其本身则退居后方，一旦成功，坐享其成。可是进攻南口之初，吴佩孚就悄悄地告诉其部下田维勤：如果攻下南口，即以察哈尔都统相酬。张作霖一向把察哈尔和绥远视为已有，岂肯让他人染指。吴佩孚如此

① 半粟：《中山出世后中国六十年大事记》，上海太平洋书店1930年版，第489页。

许愿，自然引起张作霖不满。所以战争初期，奉张虽表面支持，实际上按兵不动。

进攻南口之战，名义上是由吴佩孚统一指挥。但吴在北方的部队，多属收编冯玉祥旧部，不愿对国民军作战，因此，战斗打响后，多伦方面和担任南口助攻的奉军进攻颇为得力，而担任南口主攻的直军则不断发生哗变。其时，北伐军挥师北上，进入长沙，湖南告急电报接二连三催吴南下。吴无奈与奉张商议，欲将北方军事交奉系主持，自己专力对抗北伐。张作霖对此表示同意，责成张宗昌主持南口战事，但一旦吴军全部撤出，势必使奉军压力加大，乃仍请吴军配合作战。从7月19日起，张作霖重新部署进攻南口的兵力，吴所部直军调至南口侧翼，由三家店沿永定河进攻国民军第二、三、五军；南口青龙桥正面，改由奉军与直鲁联军担任主攻，由张宗昌任前敌总指挥；同时派韩麟春率奉军主力，由南口东侧，经永宁、延庆插入南口背后，向南口展开猛攻。至此，进攻南口的主力改由奉军和直鲁联军担任。

1926年8月1日，南口战役的主攻战打响了。直鲁联军在张宗昌和褚玉璞的统率下，以王栋军长为前敌总指挥，在京绥铁路左侧正面击敌，刘翼飞第十军在京绥铁路右侧（包括铁路在内）得胜口之线占领阵地，进攻正面的西北军，第十军开始向敌进攻时，军团部令全线炮兵集中火力猛射，以掩护步兵前进。由于西北军阵地坚固，障碍物彼彼皆是，火力密集被阻不能前进，奉军伤亡颇重，一度形成了对峙胶着状态。为此，张作霖和吴佩孚在北京商议作战方针，决定变更战略。张作霖命令吴俊升、汤玉麟以6师之众进攻多伦。吴佩孚命令刘镇华围攻西安，张兆钾、孔繁锦进攻兰州，以牵制国民军。并派飞机在张家口散传单，瓦解国民军士气，使国民军陷于极其被动地位。8月11日，联军总司令部参谋处接飞机员探报，“居庸关等车站忽集火车甚多，正在积载重要物品，准备后退。又据报称，张家口连日以火车载满辎重。运往平地泉，准备退却。”12日夜间，张学良、韩麟春军团长率高级幕僚周亚威等，到前方某一指挥所，召集旅长以上及各独立部队长等开会，说明战况：吴俊升、高维岳和戢翼翘等部进展顺利。宋哲元已放弃热河，率部仓惶逃往多伦，延庆之敌已见动摇，吴部等即将到达预定地点，西北军被包围，处境危险等情。8月12日拂晓，奉军向西北军发起总攻，以吴荫棠坦克车大队为前导，邹作华部炮兵集中开炮，掩护步兵前进，以步兵第二旅陈在新部和第十二旅富双英部为总预备队，控制沙河通道，使西北军纷纷退却，即由陈旅阻击追至张家口。张学良、韩麟春在8月14日的电报中通报：“冯玉祥占据南口天险。筹以长久时日，构成坚固阵地，完全抵抗，敝军团为减少牺牲起见，先令所属第九军左翼迂回绕攻南口侧背，使其瓦解，节节进展，迭占要区，惟山地崎岖，交通不便，接济运输稍感困难。乃于本日上午五时令第十军由南口正面同时积极猛攻，先用重炮及野山各炮集中火力，摧陷敌垒，竟将需峪村高地占领，该高地为敌人阵地之锁钥点，敷设鹿砦电网，深挖战壕，备有掩蔽防御工事，极其坚强，俨同要塞。该据点既失，全线动摇，我军不避艰险，奋勇前进，次第攻克各要隘，遂于午后一时将南口正面阵地完全占领。敌人死伤枕藉，狼狈溃窜，已不成军，得获俘虏军械弹药无数。现已派队尾追期尽歼灭…"

8月15日张学良等又报："昨日我军进占南口。赤军退居庸关，本日午后二时据报奉直奋联军乘胜追击。前方已过居庸关，将抵青龙桥，左翼之鲁军第六军第三十五师卫队第二旅追至横岭城镇，边城所有敌人最坚固工事如地雷、铁网、鹿砦均被奉直鲁联军破坏殆尽，敌人狼狈窜逃，溃弃弹药辎重无算，我军夺获敌方重炮五尊，山炮一门。其余军需物品甚多，俘虏敌人无数，正在考察中，南口已无敌人踪迹，我军仍在积极追击等语。现在南口居庸关二外天险均经我军相继占领。赤军势穷力竭，弃镇而逃，我军正宜乘此破竹之势，分途并迩，一鼓荡平…。"同一天张作霖发表通电报捷："南口为长城著名要塞，重峦叠嶂，自十四年九、十月间，西北军在此建筑洋灰石子工事。直鲁军、镇威军以十余万人，自八月一日总攻，至十四日克之。"[①]最后攻克南口是在16日上午11时，步、骑各一旅跟踪追至宣化，继续向张家口前进追击，其余各部队在沙城堡、怀来、延庆、青龙桥、居庸关、南口各处准备前进。

南口战役结束后的形势是：吴佩孚据有湖北、河南及直隶的大名一带，整个京汉线，都是他的势力范围。直系的另一支孙传芳，则以南京为据点，控有苏、浙、闽、皖、赣五省。奉系张作霖在关内据有京奉及津浦线北段，京、津和直鲁两省均由奉系控制。冯玉祥的国民军由南口退往西北。阎锡山据守山西，暗中收买韩复榘、石友三两部。

南口战役结束后，张作霖在南苑举行了一次陆军大检阅。一是为了慰勉参战部队，二是显示奉军武力。攻下南口后，吴佩孚为奖励攻下南口的有功将领，建议晋授张宗昌为义威上将军，陆军上将；张学良为良威将军，加陆军上将衔，等等。杜锡珪摄政内阁于19日照单发表。吴佩孚以为他是奉方所推举的主持南口军事的各军统帅，而他所保举的又都是奉鲁军将领，当然不会有何问题，可是张作霖却告诉张学良等："受勋领奖，尚非其时。"22日，张学良即致

① 陶菊隐：《武夫当国·北洋军阀统治时期史话》（第5册），海南出版社2006年版，第132页。

国务院一电，拒绝接受："我镇威军兴师讨逆，命将出师，悉奉我镇威上将军之命。中央固有赏罚大权，而良等自应惟上将军之命是从。所有奉授良威上将衔各职，在未经请命之前，未敢擅行接受。"又在回答奉天友人的贺电中说："承水军头之命，膺烂羊头之赏，公等来电，贺良乎？骂良乎？"[①]这里所说的"水军头"，是指担任过海军总司令的杜锡珪。现在他以海军总长代理内阁总理。这两个电报直接回击了国务院，间接打击了吴佩孚。最后，杜代阁在居仁堂设下庆功宴，奉军将领亦相约拒不赴宴。张学良还讽刺地劝说内阁把这笔钱移作赈济兵灾之用。这些表明封建军阀之间的所谓"联合"，非但是暂时的表面的，而且充满着勾心斗角和尔虞我诈。

南口战役是北洋军阀内部最后一场战争，这场战役，吴、奉两系虽然取得了胜利，然而国民军并没有被歼灭，而是战略退去。吴、奉的胜利潜伏着危机，国民军在南口战役有意牵制吴佩孚南下，待吴南下指挥吴军，抵御蒋介石的国民革命军北伐为时已晚，为蒋介石进军武昌创造了良机，从此，吴佩孚一蹶不振。不久，冯玉祥宣布参加北伐，阎锡山见风使舵，也参加北伐，使奉系在战略上处于孤立地位。奉系依靠自己的军事力量与国民革命军抗衡，已经是强弩之末了。

第二节　对抗北伐军

一、奉天军事会议讨论南下"讨赤"

在张作霖、吴佩孚"联合"进攻国民军，在北方大肆"反赤"的同时，南方广东国民政府的北伐军已攻入湘北。当时，广东国民革命军为分化北洋军阀，施用的作战方针是："打倒吴佩孚""联络孙传芳""不理张作霖"，兵锋直指盘踞两湖与河南的吴佩孚。北伐军一路势如破竹，于8月下旬进至湘北。在湖南即将陷落，湖北告急的情况下，吴佩孚无奈放下北方战事，于8月21日南下。

得知吴佩孚直军失败的消息，8月19日，张作霖致电吴佩孚表示"休戚相关"，愿意援助，且颇轻视北伐军。8月28日致电吴佩孚表示："近阅报载，湘

① 刘禹：《北洋军阀末代元首》，光明日报出版社1998年版，第306页。

西战况，敌势颇张。苦于未得真相，深为系念。一经我公亲临督战，定能立摧敌锋，扫兹狂寇。战况如何，立盼速示，以慰悬悬。”[①]同一天，张作霖又电报给吴佩孚，表示要出兵援助之意：“总以协同我哥，扑灭鄂、湘狂敌，再图廓清粤、桂。北方之事，不必顾虑。如有需弟之处，必出全力相助。”

此后，张作霖再次电告吴佩孚表示奉军可以出兵援助。“武汉居全国中心，设有动摇，则北方必难巩固”，表示“弟已预筹数师兵力，听兄调用”[②]。张作霖的两次请援电报，反映了他急于南下的心情。

吴佩孚始终对张作霖存有戒心，怕张作霖借援鄂之机将势力发展到自己势力范围之内，因此每每或婉言谢绝，或回避不提。然而，当他被北伐军打得大败后，又不得不求助于张作霖。

8月30日深夜，吴佩孚惊慌电请张作霖与孙传芳，请求支援。在该电中，吴明确表示：“十万火急。”“昨敌人三次包围，均被击破，今早卷地而来，前仆后继。第八师及第十三旅伤亡过多，旅、团、营长伤已过半。”“现所调援军不及三师，到汉口者不及一师，力弱势危，不能不望两弟合力援手。”“并请雨帅先开两师南下，馨帅速调得力军队一、两师，合守汉阳、汉口，以固根本，再议其余。”[③]同时，吴佩孚司令部的秘书长张其锽电杨宇霆与郑谦，表示吴佩孚急切待援之心情，“切盼雨帅能调精兵，雨帅于三日内开到，汉口方有办法。”

张作霖总算等到了南援的机会。为了达到自己扩大势力范围，问鼎中原的目的，于31日连回两电，表示愿意南下增援。“前因南赤猖狂，武汉吃紧，曾经再三向我兄进言，切请注意，并饬鸣九等奉达。今以赴援复时，以致损失精锐，武汉动摇，至为焦虑。”张作霖对吴佩孚不听他的再三劝告显然有责备之意。“值此时机紧迫，大局危难，弟与兄同忧共患，恨不飞渡重关，亲往援助”。反映了张作霖出援之急迫心情。“现正严饬近畿各军预备出发”“我拟不日入关，整饬敝部，兼程赴援”。张作霖要亲自率队增援。“年来彼此政见或有参差，此刻均应捐弃，共维大局”。他故意表现出不把与吴的矛盾放在心上，以彻底打消吴对自己的戒心。张作霖复电吴佩孚之后，便命驻守京畿的直鲁奉军李景林、张宗昌、张学良各部立即整装南下，自己也匆忙准备再次入关，指挥南援讨赤。

按照吴佩孚的要求，3日之内援军要到达武汉，根据当时的情况是无论如何

---

① 辽宁省档案馆：《奉系军阀密电》第3册，中华书局1987年版，第95页。
② 辽宁省档案馆：《奉系军阀密电》第3册，中华书局1987年版，第97页，98页。
③ 辽宁省档案馆：《奉系军阀密电》第3册，中华书局1987年版，第98页。

做不到的。原因有三：1. 奉鲁军大部还在西北。张作霖在给吴的复电中提到：“讨赤各军均已进往张垣、平地泉一带调齐集合，非数日不办。”杨宇霆在8月31日给张其锽的电中过提到：“现我军大部分方向西北追击，调集需时。”当时南口战役结束还不到半月，奉鲁军主力近10万人还在南口一带驻扎，另外吴佩孚一直没有请援的意思，因此主力部队也没有南移。让这批主力用3日时间赶到武汉是绝对不可能的。2. 吴军内部对奉系的抵制。当初，吴佩孚提出联奉讨冯的时候，其部下靳云鹏、田维勤等人就坚决反对。他们认为张作霖的战略目标就是以奉代直，两次直奉战争已证实。张作霖出身土匪，毫无信义可言，素具野心，与他联合等于葬送自己。他们曾暗与冯部联络，破坏张吴同盟。他们对吴佩孚常采取不合作的态度，吴南下讨赤，邀请靳云鹏随军出发（此时靳已被撤职），靳则假口健康原因，到鸡公山疗养去了。当武汉危急，吴佩孚屡电驻扎于京汉线上的田维勤部速援，田部却始终迟迟不动。由于他们的抵触情绪，使张作霖南下很有顾虑。郑谦在8月31日给张其锽的电中提到：“派队南援一节，已严令积极准备。惟玉帅所部现尚在京汉、京绥两线与我军杂处，数量甚多，我军南下，诚恐前方将士不免顾虑。兄能电陈玉帅，将各该部设法南调，俾使敝军踊跃前进，于大局裨益至巨。”3.“京汉线车辆拥挤”，交通混乱，“调动两师兵力，亦非急切能到”。张作霖建议吴佩孚，“将京汉线驻军先令赴援，腾出车道，敝军即继续输送。”

然而，援军还未启行，张作霖于31日又接到吴佩孚阻援的电报：“现高（汝桐）师、麻（振武）师、魏（益三）军南下，攻守兵力已足支配。后方总部未悉兄变更作战计划，遂发世电，张逞告急，其实情形不然也。”他说明了阻援的原因，并解释求援不是自己的意思，把失误归罪于下属。从档案中我们清楚地看到，第一封求援的电报是以吴佩孚的名义发的，除此之外，司令部也发了一封。然而，吴佩孚在这里却闪烁其词，目的是为了掩盖自己对张仍存有的戒心。“卅电所请吾弟出师南下一节，切望贵部无庸出发。”在这里吴佩孚又不打自招地提到了“卅电”，这“卅电”恰恰是吴佩孚自己发的，而司令部发的是“世电”。这样，吴佩孚无法自圆其说了。另外，他用“切望”二字，反映了他惟恐张作霖出援的心理。“惟兄处六五子弹缺乏，恳拨助百万粒，并发炸弹三万颗，以应急需”。吴佩孚的意思是只需要械弹，不需要援兵。

为了表现与吴佩孚合作的一心不二，当天张作霖便回电吴佩孚：“我兄变更计划，以应敌师，已操胜算，至为慰仰。敝处军队自当停止动员。”对吴佩孚要的把戏，张作霖早已看穿。他知道武汉仍在危急之中，吴军根本抵挡不住北伐军的攻势。他心中焦急，但还极力表现出镇定和大度，并答应供应吴弹药，建议派轮船由营口发出。

然而，张作霖8月31日答应援助吴佩孚的弹药，直到10月1日才发出，而且只发了一半，50万发，还是在吴的一再催促下发出的。张作霖为什么要这样做，我们从于国翰给张学良的电中可以知晓。“子弹事帅座即允拨济百万，现改为先发五十万，本意颇主延宕。近因有保大及各种问题，帅意颇欲对吴加以敷衍”。足见张作霖对联合讨赤没有丝毫诚意。

张作霖对南下援吴的心并不死，他极力劝说吴认清形势，并献对敌之策。他在9月1日给吴的电中指出：“今我兄虽坐镇武汉，集援困敌，已操胜算。然援军零星调集，瞻前顾后，实非得计。”言外之意是吴不让他援鄂是错误的。“所有京汉线及京张一带讨冯各军尽可尽量调集”“若此次赤军倾其全力，锐意北犯，我方应以全力应付，万不可轻视。目前计划，似应赶将现有大部军队一律调齐，相机反攻，断不宜零星调动，致令个个击破。”张想尽可能说服吴改变阻援的想法，使自己南下成行。并一再表示，“此次援鄂攻湘，如虞军数不足，并请早赐秘示，弟已预筹数师兵力，听兄调用。”

然吴佩孚一意孤行，仍不准张作霖南援。他在贺胜桥一带配置了60门大炮，设了3道防线，准备与北伐军决以死战。9月1、2日，北伐军连破吴军的3道防线，占领了咸宁、贺胜桥、山坡、土地堂等地。3日，进至武昌城下，并开始攻城。连攻3日未下，6日调往汉阳增援的刘佐龙师掉转炮口轰击吴军司令部，北伐军趁机占领了汉阳。吴佩孚在前无勇将，后无援兵的情况下，自知大势已去，于9月7日晨，偷偷撤离汉口，逃往河南。

吴佩孚失陷武汉三镇的消息传到奉天，9月8日，张作霖鉴于南方战事日益紧张，乃在奉天召集奉系高级将领举行军事会议，讨论南下“援吴”“讨赤”问题，连开六天。会议一开始便展开了激烈争论。以奉系老将吴俊升、张作相为首，坚决反对出兵南下，主张踞守北方“保境安民”；而张宗昌、褚玉璞等则极力主张派兵“援吴”，借此夺占直隶、河南两省地盘，再长驱直入湖南、湖北，把奉系势力扩张到长江以南地区，对抗北伐军。张作霖早有此意，便决定以“援吴”为名派兵南下，首先从吴手中夺取直、豫两省地盘，然后进窥湘、鄂，把奉军势力扩展至长江以南地区。当时，张作霖的策略是：利用吴佩孚、孙传芳遭北伐军重创，无力自保的机会，先以“援吴”的名义灭吴，再以“援孙”的名义灭孙，使北方地区领土完全成为张家天下，从而无可争议地取得北京政权的最高权位，然后再南下进攻国民革命军，实现称霸全国的目的。为此，他任命张宗昌为援军总司令，褚玉璞为前敌总指挥，让他们率直鲁联军打头阵。而任命张学良为预备军总司令，率奉军在后方督战，坐收渔利。会后，张作霖将这个决议电告吴佩孚，并表示“联合师旅，共同讨赤”的诚意。

对张作霖这套明援暗抢，“假途灭虢”的把戏，吴佩孚十分清楚，因此，9月18日他一逃至郑州，就马上电告张作霖，称：他本人在京汉线尚有“雄师十余万”，足供反攻之用，目前只需接济饷械，不必派兵来援；如非要派兵南下，建议派渤海舰队载运直鲁军由海路直捣广州。并且应允张作霖，今后中央政治听由奉方全权主持，不再过问。他又补发一个电报说：“此间将领惑于内传，有假途灭虢之虑。弟如视兄尚有可为，请稍助饷械听其自谋。否则可令汉卿（张学良）来自取之，兄当遁迹世外。”①

吴佩孚手下将领靳云鹏、魏益三亦坚决反对奉军沿京汉线南下，如果奉军一旦动作，他们将与其决一雌雄，其决心大大超过收复武汉的勇气。见此情形，张作霖只好变更计划，采取渐进的手段，免得将吴逼上梁山。张作霖的第二次南援又受阻。

二、孙传芳求助张作霖

北伐军攻下汉口以后，便挥师东进，进攻江浙一带孙传芳的五省联军，开辟北伐的第二战场。

北伐军首先攻击赣南与赣西，9月6日占领萍乡，7日占领安源、修水，10日占领武宁，12日占领袁州，19日占领南昌。

北伐军的凌厉攻势，使孙传芳慌了手脚，他无法像对待吴佩孚那样采取观望态度了。9月20日，他打电报给张作霖，第一次向张求援：“赤军猖獗，国本颠危，芳虽救国有心，嫉恶如仇，惟愧力不从心，事与愿违，故拟以全线作战，相与周旋。务望我公速饬部伍，由京汉路南下，与芳成犄角之势，芳纵驽庸，愿随贵军之后，与之一决也。”

孙传芳向张作霖求援，但却不让张直接援赣，而是让奉军顺京汉路南下，进兵豫鄂，与孙成犄角之势，起牵制北伐军兵力的作用，减少其对赣的压力，说明孙对张也存有戒心。

当日张作霖复电孙传芳，说明奉军之所以迟迟不行动，是因为吴佩孚迄今没有表示让奉军出援，“现在局势变化之速，默察情况，实属缓无可缓。已饬效坤、蕴山、学良等急切前进京汉方面，期与贵军成犄角之势。”

21日，孙传芳赴九江督师。23日，占领南昌的北伐军由于孤军深入而自动

① 陶菊隐：《武夫当国·北洋军阀统治时期史话》（第5册），海南出版社2006年版，第173页。

退出，孙军的邓如琢部占领南昌。

9月28日，孙传芳再次致电张作霖，要求奉军赶快“南下”“吴玉帅处内部意见庞杂，部下徒争意气，而不顾大体，如此俄延，适足以长冠而隳士气，彼此既反攻无日，则武汉殊无肃清之望。祈我公斟酌情形，酌派军队沿京汉以夹击赤敌，以期早结战局。”

当日张作霖复电孙传芳，指出再不南援的后果，“如赤军再进一步，岂不蔓延直鲁”“公义私情，均无坐视之理”。他告诉孙传芳，“敝处备援，有十数师之众，并以我兄夹击之力，倘无豫境溃军从中阻隔，此寇不难平也。”

孙传芳一面向张作霖求援，一面把部队分3路进行反攻。10月2日，“第五方面军第一军王司令在阳新东南二十里之木石港与北伐军激战八小时，占领阳新县，击毙北伐军三百余人，伤十余名”。10月8日，联军在万寿宫、武宁、涂家埠、瑞昌之战获胜。同日联军在五仙岭与李宗仁之第七军之战，歼敌1 000余人。10月12日，联军取得了高陵、长山、赵家山、狗肖山之役的胜利。10月13日联军又在沼安、饶平、桂家畈、田家镇之役取胜。10月17日，北伐军总司令蒋介石在南昌督战时，腋下受伤，返后方养伤，北伐军的士气大受影响，接连在广济、武胜关、宝穴地、朝天岭、上高战役中失利。

然而，五省联军的胜利仅仅是暂时的，10月9日，北伐军在夺取了武昌城之后，将战斗力较强的第二、第六两军及以叶挺师为骨干的第四军调入赣北，又一次与孙军展开了南浔路的争夺战，于11月4日占领马廻岭，截断了南浔路的交通。同日，北伐军又占领了九江，孙逃往湖口。此时，驻涂家埠的卢香亭部，驻南昌的郑俊彦部，驻湖口的周凤歧部均陷入极大的混乱之中。孙传芳见势不妙，于11月7日乘决川舰逃回南京，8日南昌被北伐军攻克。由于主将首先逃走，孙军全线出现了兵败如山倒的局面，卢香亭部退回南京，郑俊彦部退回青江浦原防，周凤歧部浙军退回杭州，陈调元退回安庆，王普退回芜湖，叶开鑫、马济等退回宿松、太湖一带。至此江西战争以“五省联军”全部溃退而告结束。

11月8日，张作霖电询孙传芳是否需要帮助，并嘱有事与张宗昌面商。于是孙传芳派杨文恺北上，求助于张作霖。他让杨转告张作霖，自己仍有军队5万余人，仍请求张给以饷械的援助。然而，张作霖却强迫杨马上给孙传芳打电话，意思是鲁军已准备南下，请即指定路线，以便迅速赴援。

孙传芳见阻止鲁军南下是不可能的了，于11月18日化装北上，19日在天津蔡园面见张作霖，主动表示同奉系联合，共同讨赤。为了表示自己的诚义和大度，他决定让出江苏，让鲁军进驻。

22日，张宗昌部开始南下。27日到达南京。此时，津浦线的孙军已全部撤退，由鲁军接防。由于杨宇霆提出异议，认为这是一次冒险的行动，因此，张宗昌部又从南京撤回浦口，负责保守安徽及长江北岸。

三、强行进兵“保大”

9月中旬，吴佩孚的军队集结于郑州与武胜关一带，准备反攻武汉。然而，“武胜关、信阳有不守之说”，武汉就更无反攻的希望。张作霖认为，“处此时局，瞬息万变，非迟筹戒备不足以资应付”，他要趁“吴玉帅调兵南下，保（定）大（名）一带驻队不多之机”，派兵进驻保大，从而全部控制直隶，逐步实现南下的计划。

杨宇霆在给张宗昌的电中指出了出兵占领保大地区的另一层意义，“现在吴部在豫十分紊乱，万一多数溃散，阻断京汉线，必致直隶南部成欲战不能，欲守不得之势。欲为巩固直隶省防之计，必须从速进行，方免后患”。

让谁先进驻保大地区，张作霖有他的考虑。他认为“若以奉军先进，于对吴交谊上恐生误会”“直军为保全辖境，兼顾援吴，理由较为正当”，于是，他于9月17日电令褚玉璞，“时机已至，亟应依照原定计划相机前进”，以保大地区原是其辖境为名，收回该地区。“千钧一发，时不可失”“决不可因循坐误”。

9月18日，褚玉璞奉命率兵5、6万徒步向保定进发。9月26日，吴佩孚致电张景惠“现在豫省尚无赤军，以整顿内部为急。闻褚蕴山有接防保大之说，于此间计画殊多窒碍。乞密陈雨帅劝阻”。至此，吴佩孚仍不知褚进驻保大为张作霖所令。潘复在给张宗昌的电报中提到，“帅意出兵保大仍在必行”，意思是不能听吴的指挥，“但不必声言收回耳”，即不得张扬，迅速进行。30日，张作霖还致电吴佩孚：“我兄悲天悯人，定有保全之策。此时既不需弟援助，惟有准备待命。未经我兄同意以前，决不前进。我兄尽可筹划前方，对于后方，无须顾虑。”①

10月2日，张宗昌向张作霖报告褚的进兵情况，“刻下蕴山军队已抵保定”“与原驻军队开诚联络”。

10月4日，褚玉璞在给张作霖的电中报告了其部在保定地区的驻防情况，“兹职部之一、二两师已抵保定，三十五师已抵高阳，郑庠所部已抵蚵州、蒿城，其余四、五两军于保定，二十三师于南宫各地，均将次集结完毕”。

---

① 辽宁省档案馆：《奉系军阀密电》（第3册），中华书局1987年版，第107–108页。

实际上，进驻保大的不止是褚玉璞的直军，据吴军彭寿莘军长给吴佩孚号电报“谨将九月俭日至十月虞日直鲁联军镇威军陆续到保数目汇报：

“（一）二十九日直鲁联军铁甲车一列到保；（二）直鲁联军第一师谢玉田一二三四五各团及炮兵第五旅一团之一营到保；（三）三十日第七方面军第二师第二旅赵勋旅长带本旅三四两团及机关枪迫击炮各一营到保；（四）十月二日，镇威军第七方面兵站总监部参谋杨金铎押给养车二十六辆到保；（五）直鲁联军第一师骑兵营营长象吕征率该营及辎重工兵各一连到保；（六）直鲁联军第六军军长徐源泉带卫队一营及铁甲车一列二日到保；（七）褚总司令卫队第二旅第三团及手枪队铁甲车一列到保；（八）高阳县电称，直鲁联军三十五师一部已抵高阳县；（九）大名县镇守使三十电，昨午驻河间之队已派兵一部到衡水；（十）直鲁联军宪兵营及教导团约一营到保；（十一）齐抚帅江电，直鲁联军二十五师骑兵团部团长宝如率全团及直隶宪兵一中队到保；（十二）直鲁联军第二十师王宝庆师长率全师徒步到保；（十三）直鲁联军第三十五师孙殿英率卫队一连到保；（十四）镇威军第七方面第三旅二十八、四十四、五十五各团于五日到保；（十五）直鲁联军第七方面军团机关枪营营长王海带该营到保；（十六）直鲁联军辎重一营于五日到保；（十七）直鲁联军第二师第三旅副官长赵石亭率卫队弁营手枪队一连于六日到保；（十八）镇威军第七方面军团部军法处长李锡嚇带卫兵一连于六日到保”。

10月3日，张宗昌致电吴佩孚，解释奉直鲁军出兵保大之原因及意义。他说：我公“虽武汉小挫，士气不衰”“然在宗昌则以本通力合作之旨，出兵相助，为事理所宜然”“而明知我公艰难撑拄，而藉我公缓援之语，按兵观望，迹近推诿”，说明为了维护“奉吴联盟”，认为奉直鲁军出兵保大是理所当然的，否则就会被人认为是见死不救。张宗昌指出，“为北方大局，为人民安全，为直鲁两省自卫计，为我公后盾计，不得不饬令各军队次第出发”。同时，他还分析出兵保大的利益有三：其一可以“鼓舞前敌将士气”“令敌气沮胆寒”，“我壮敌馁”；其二可使前敌及后援各部“群知兵力甚盛”“不致稍有犹豫观望”“以固结军心”；其三可与孙传芳部联合，对敌形成夹击之势，“同仇敌忾”，反攻武汉，“胜算可操”。张宗昌“曾经反复思惟，竟于我公有益无损，故敢本以进行”。

吴佩孚得知直鲁联军奉军进驻保大的确切消息后，于10月9日急电张景惠表示抗议：“前接雨帅及效坤来电，据云已电以援鄂军停止进行，而此间迭接保大方面报告，则援鄂军进行仍未曾停止，……不知奉直鲁军队之行动何与雨帅所言不符”。吴佩孚在给张作霖江电中指出：“军事首须齐一，必主客同心，援乃有效。尊处作相援之准备，待请援之时，然后出进，至合机宜。若作强援之举，则将类揠苗助长。甚盼吾弟切电效坤、蕴山停止南开各队，以免我军前方将领多所顾虑。”

张作霖在接到吴佩孚江电后，怕与吴搞僵，引起矛盾，急电张宗昌，并电褚玉璞：“就已到达各地择要驻扎，停止进行，未动各队暂缓前进，祇期有俾大局，不妨委曲，以符良机”。

张作霖虽电张褚停止进行，但仍令其继续驻扎保大地区。吴佩孚在自顾不暇时，没有精力对付张作霖，于是委托齐燮元与张宗昌商定接收保大办法5条：一、保大及京兆四县行政完全交出；二、京汉铁路及货捐局仍维持原状；三、直省每月协济吴军饷需40万元，指定井陉煤矿出款，彼此派员会收，如有不足，由直隶财政厅补足。……四、先协济军费40万元，此项如直省或有不足，由直鲁设法酌补；五、京兆及直隶境由京汉沿线驻兵一万名保卫铁路。

10月24日，吴致电张作霖，表示同意照5条办法切实施行，至此，“保大问题或可告一段落。”张作霖在吴佩孚一再电阻南下的情况下，仍然出兵占领保大地区，使吴佩孚失去其筹饷的重要地区，平添了一份后顾之忧。然而，张作霖并没有到此为止，占领保大地区之后，他计划继续南下，不久便有“河南战役”。

至此，张作霖为他出掌北京大权在政治和军事两方面做了充足的准备。

四、“安国军”政府组成

在北伐军的强大攻势之下，吴佩孚败退到河南，据守东南的直系军阀孙传芳也遭到惨败。赴苏联考察的冯玉祥．这时已回国重整旗鼓，在绥远五原誓师，宣布参加国民革命军，出师潼关，与广东国民革命军配合，对北洋军阀展开南北夹击攻势。

一方面谋求成为北洋政府的首脑人物，一方面要组织起北洋各系的军事力量，共同对抗南北的革命力量，张作霖决定再度入关。11月11日，张作霖抵达天津。11月14日，张作霖在天津蔡园寓所，以北洋政府首脑的面目，召开军事会议。会议的中心议题是讨论“联合”对抗北伐军和冯玉祥国民军联军的进攻问题。参会人员除奉、鲁军将领吴俊升、张学良、韩麟春、张宗昌、褚玉璞外，吴佩孚的代表迟云鹏、孙传芳的代表杨文恺、阎锡山的代表田应璜也都应邀列席。

会议由张作霖主持。他首先致词说：“北赤虽灭，南赤未除，我辈卫国捍民他肩尚未能尽卸，故仍希望诸君本此精神，振作到底。”[①]并一再表示自己无做总统的野心，极力强调当前的紧要问题是“团结北洋派”与“孙、吴两帅合作”，共同对付南方的进攻。会议议决以下四条：1. 对南军事先征求吴佩孚、孙传芳两人之意见；2. 对西北军事，由察、热两省奉军会同晋军办理；3. 准备出动南援之军队，奉军由韩麟春、直鲁联军由褚玉璞统率；4. 关于中央政局，暂不过问。[②]

张作霖还建议：吴率领所部“援陕”防冯，让出京汉线，使奉军南下，直接对抗北伐军。

张作霖见吴佩孚派来的代表不是决策人物，便发电报要求速派全权代表来天津开会。孙传芳的代表杨文恺拜会张宗昌时表示：“讨赤必坚持到底”“请效帅同心合力，加以援助。”他在会见张作霖时，将孙传芳的亲笔信呈上，向奉系借饷械，不借兵力。他见奉系将领意在南下，便密电孙传芳速择高策。

吴佩孚和孙传芳都懂得这个“援军”，实际上是挂着笑脸的敌人，因而对张作霖的提议，吴佩孚并不理睬。但孙传芳刚从江西败下阵来，急需获取奉张的支持，同时他亦知道鲁军南下势在必行，于是他来个一百八十度的大转弯，由反奉转为联奉，由拒绝鲁军南下改为欢迎鲁军南下。因而在接到杨文恺的电报后，立即决定亲自北上，直接与张作霖商议奉鲁军南下问题。

11月19日，孙传芳将苏省军事交付卢香亭后，即秘密乘专车由南京抵达天津，并迳至天津蔡园拜访张作霖。他再三检讨过去反奉的错误，表示对不起张作霖。孙传芳前来投奔，正中张作霖的下怀，他立即捐弃前嫌，大度表示：“你辛苦了，过去的事不要再提了”[③]。一句话解除孙传芳来津之前的疑虑。孙传芳说明来意：“此次北上，一方面系当面负荆，自承贻误大局，有负诸公之罪，一方面请诸公彻底解决，尽力对南。”并主张“一致团结以对党军”。[④]

11月20日，在蔡家花园再次召开军事会议，孙传芳表示：“此后东南大计，悉听雨、效两帅主持”[⑤]。他还建议，建立统一军事组织，推举张作霖为全国“讨赤军总司令”（后经杨宇霆建议，将“讨赤军”改称“安国军”），统率北洋军阀。奉鲁军将领对孙传芳的发言，齐声称赞，并且建议除总司令外，加

---

① 《晨报》，1926年11月24日。

② 半粟：《中山出世后中国六十年大事记》，上海太平洋书店1930年版，第526—527页。

③ 杨文恺：《孙传芳反奉联奉始末》，中国人民政治协商会议全国委员会文史资料研究委员会：《文史资料选辑合订本》，第十二卷，第35辑，中国文史出版社1999年版。

④ 《晨报》，1926年11月24日。

⑤ 《新闻报》，1926年11月26日。

推吴佩孚、孙传芳、阎锡山三人为副总司令，发出联名通电，宣布出兵讨赤。张作霖虽心有此意，但是涉及联合作战的组织领导问题，应当先征求吴、阎两人的意见，不便马上决定。

随即，张作霖电邀吴佩孚到天津见面一谈，希望吴也能对自己“推戴”一番，如此他即可名正言顺的就任了。可吴佩孚对于天津会议表示沉默，对拥张不表示意见。阎锡山也不赞成发表联名“反赤”的通电。但他们的冷漠丝毫不能阻止张作霖称雄的决心。

11月29日，张宗昌回到天津参加蔡园会议，他建议推举张作霖为“安国军”总司令以便统一指挥，张作霖半推半就之际，孙传芳、张宗昌两人一唱一和地交口劝进，张作霖也就不再假意推辞。其实，奉系已于28日捏造了吴佩孚宣告下野的假电报，目的在于造成北洋派“共戴一尊”的气氛，以便由张作霖出面来总揽全局。

30日，经孙传芳领衔，吴俊升、张宗昌、阎锡山、商震、寇英杰、陈调元、张作相、卢香亭、韩麟春、高维岳、周荫人、陈仪、褚玉璞、汤玉麟、刘镇华16名将领，以直、鲁、豫、苏、皖、赣、浙、闽、陕、晋、察、热、绥、吉、黑15省区联名推戴的形式，发表通电推戴张作霖为“安国军总司令”。电云：

“天津张雨帅鉴：……传芳等仗义讨贼，义不容辞，然成城有志，束箭湃坚，自非有统一指挥之谋，难收提纲挈领之效。伏审我公公忠体国，视民如伤。四海威加，万流敬仰，当经集议研讨，询谋佥同。谨愿推戴我公为安国军总司令，统驭群师，同申天讨，挽颓波于既倒，媲时雨之来苏。以冀扫荡逆氛，扶持国本。传芳等当躬率所部，待命前驱。皦日照临，丹心不泯，即请俯顺众意，勉抑谦光。克日就职出师，以解人民倒悬之危。国家幸甚。谨电。伏乞鉴察！”①

12月1日，张作霖在天津蔡园就任安国军总司令，在津将领出席。张作霖身穿大礼服，陈设香案，跪祷于天，由秘书长郑谦代读告天文。张作霖发表演说，望大家同心协力共谋国是，并任命孙传芳为安国军副总司令兼五省联军总司令，张宗昌为安国军副总司令兼直鲁联军总司令，杨宇霆为安国军总参议。韩麟春、张学良晋授陆军上将。同时公开发表就职通电：“顷据孙馨帅诸君，以时局艰危，暴徒肆虐，联名电请以安国军总司令名义，统率同志，保安国家。

---

①《北洋政府档案》，卷一〇三九。

作霖自分驽骀，岂堪膺兹重任。屡经电辞，未承谅许。当兹危急存亡之秋，敢昧匹夫有责之义。爰于十二月一日，在津就安国军总司令之职。所冀袍泽同仇，共纾国难。凡有敢于危害我国家安宁者，愿与同人共诛之，以全我安国军保安国家之夙志。”[①]3日，张宗昌、孙传芳两人也各自发表通电，宣布受张作霖委派，分别就任安国军副司令兼直鲁联军总司令与安国军副司令兼五省联军总司令。6日，张作霖发表长篇“反赤宣言”，叫嚣：“吾人不爱国则已，若爱国非崇信圣道不可；吾人不爱身则已，若爱身非消灭赤化不可。”[②]以奉军为主，包括其他残兵败将在内的反革命武装安国军，终于拼凑起来了。

就职仪式结束后，各路将领继续开会，讨论决定下一步行动部署。事先，张作霖听取了杨宇霆的意见。杨宇霆鉴于奉军上次在津浦线到处挨打的教训，认为此次出兵应该极为慎重。两路出兵，四面受敌，而且吴佩孚和阎锡山又存有很大的戒心，这是一个没有把握的冒险计划。杨宇霆对此，颇持异议。他主张稳扎稳打，不可轻易冒进。这个战略计划得到了张作霖的认同。

于是，在蔡园会议上就制定了下一步的作战计划：“长江方面仍由孙军担任前线，鲁军在江北岸作为后盾；派韩麟春率领第十七军荣臻部（李景林旧部）由京汉线‘援吴’；热河汤玉麟、察哈尔高维岳两部协助晋军在包绥方面防范冯军；张学良负责警备北京、天津；吴俊升、张作相负责巩固后方，张作霖坐镇天津策应各方”[③]。在该部署中，张作霖别有用心地布置奉军主力于后方，却让吴佩孚、孙传芳和张宗昌等人攻打头阵，无非是要：“待张、孙、吴覆灭后，奉军立倾其早备妥的东北军起而与党军（北伐军）、国军（冯玉祥的西北国民军）直接交战”“以击破疲败之党军与国军”。按照张作霖这一预计：照此计划发展下去，“决战之期，最多为一月，最后胜利自然归我奉方，占取豫陕鄂赣苏皖浙闽易如反掌。今川黔等省旧派将领正与我奉方接洽联络，届时正可会同川黔等省进而规复湘粤，则统一中国易如反掌”。对此，张作霖满怀喜悦，他认为“万民拥戴，世界钦崇”的壮观场面已经指日可待，情不自禁地为自己的宏伟的“军事计划”连连“拍案叫绝”[④]。

安国军成立后立即得到了日本和英美的共同支持。日本“满株会社”出资

---

① 中国第二历史档案馆：《中华民国史档案资料汇编》（第3辑），《军事》（一）上，江苏古籍出版社1991年版，第753—754页。

② 东北师范大学历史系：《民国以来大事月表》，东北师大教务行政处1951年印，第92页。

③ 陶菊隐：《武夫当国：北洋军阀统治时期史话》（第5册），海南出版社2006年版，第178—179页。

④《奉系最近军事计划》（12月25日北京通讯），《向导》，第183期。

三百万日元，香港、上海两地的英商出资五百万英镑给安国军，美国政府则卖给安国军一百架飞机和价值一千万美元的军需物资。[①]当时，以吴佩孚、孙传芳为首的直系军阀已经濒临瓦解，张作霖奉系军阀成了“反赤”阵营中的中坚力量，日、英、美帝国主义遂不约而同地把“反赤”的希望寄托于奉张身上，这是它们所以都来支持安国军的原因所在。

五、进军河南

自从吴佩孚兵败汉口，退守郑州，虽然还有兵10万，无奈今非昔比，军心厌战，不听指挥，军饷难筹。他的将领分成两派，现任14省讨贼军副总司令兼前敌总指挥寇英杰主张让奉军过豫去打北伐军；被吴撤职的原14省讨贼军副总司令靳云鹏是反奉的，主张不与奉军合作，不让奉军过豫南下。魏益三也是反奉的，担心吴、奉合作，张作霖算他的旧账，所以追随靳云鹏不让奉军过豫。吴佩孚困坐郑州，进退维谷。

张作霖认为，吴佩孚已无力反攻，如不阻止北伐军前进，北方大局不堪设想。蔡园会议上做完军事部署后，张作霖于1926年12月5日直接打电报给吴佩孚：“敝军南下讨赤，发动在即，决不计及地盘，请向贵部解释。如能团结内部定期反攻，则敝军亦可终止南下。”[②]1927年2月间，张作霖又多次催促吴佩孚反攻汉口，如果没有力量，请让出一条路来给奉军，并且愿意派张学良带兵南下，以子侄之礼接受前辈的指挥。

吴虽然身处困境，仍然拿不下架子，一个堂堂大帅，要友军帮助去打北伐军，太丢面子，也担心奉军假途灭虢，占踞河南地盘，所以吴一再回电说，自己有力量足以抵挡住北伐军，现在还不需要奉军援助。

尽管吴佩孚极力阻挡，张作霖仍决定两路出兵。一是派张宗昌援助孙传芳收复江西，一是派张学良、韩麟春进兵河南。2月8日给吴佩孚发出庚电，说明出兵南下取道京汉路的必要性。电云：“郑州吴玉帅勋鉴，效密。自武汉不守，赣闽继陷，馨帅力竭请援，约定敝军，进兵京汉，以取犄角之势。弟曾再三奉商，均承复电，定期进取。弟以尊重我兄意旨，希望贵部整旅反攻，是以兵至直南，划河为守。乃时阅半年，未进一步。反攻希望，完全断绝。长此迁延，敌方坐大。北方大局，何堪设想。而陷敌各省人民之沦于水深火热，呻吟痛

---

① 萨波什尼柯夫：《1924至1927年中国第一次国内革命战争（军事史略）》，湖北人民出版社1958年版，第60页。

② 陶菊隐：《武夫当国：北洋军阀统治时期史话》（第5册），海南出版社2006年版，第179页。

苦，宛转呼号者，不知凡凡？叠据湘鄂皖豫士绅文电吁恳早发大兵，其情殷切，声泪俱下。弟既承公推之雅，负专征之责，坐视不救，何以对民？会师爽期，何以对友？大乱不平，何以对国？再不自决，行将噬脐。是以简饬师徒，渡河南进，取道京汉，攻取武汉。贵部将士，但与我辈宗旨相同者，一切地位名义悉仍其旧，并望互相援助，切勿误会。尚希分别饬知。至地盘问题，敝军援绥援苏，事成拱手相让，此物此志，当可大白。明达如兄，当能亮察，学良等到豫后，如得清暇，尚望到京一行，共商策划。至盼！张作霖。庚。”

2月9日吴佩孚给张发出蒸电，委婉劝阻奉军停止兵进河南。电云：

“张雨帅勋鉴：密。庚佳两电敬悉，贵军此次渡河南进，事前并承赐电通知，共商办法。敝部虽谨戒避让，冀免误会，仍不免惶惑惊疑，愚兄虽能谅弟苦心，而实难于应付。数月以来，贵军当持经豫入鄂之议，而敝部屯驻京汉线者十余万，道路之腾挪甚难，战线之分配不易，故尊意虽坚决，此间竟无术赞同。内部因而自行整顿部众，费时数月，糜饷不赀，想亦吾弟所深知也。盖此间各军，分子复杂，非简单命令所能处理。一切命令，不与事实相调剂，则不易施行。若可简单行之，则本军早到武汉矣。今贵军南来，愚兄无法可以简单命令，使敝部趋于一致，实感困难，地盘虽不足论，而各军实为生命所依，纵令吾弟兄能开诚相许，而无时间以资调处，自不能相安无事。若只以威力行之，恐贵军救鄂未及，糜豫先成。讨赤未遑，绝友先见，造成鹬蚌，以待渔人，大局更不堪设想，吾弟兄同心讨赤，一载有半，岂可一着不慎，隳败前功。此愚兄所不能不恳切相商者也。现仍盼吾弟速令贵军停止前进，以便从长计定作战办法。毕巘廷兄想已到京，尊所有计划，无妨详细妥商也。特布腹心，启乞鉴察，吴佩孚。蒸戌，印。”

吴佩孚的蒸电，力劝奉军停止前进，再做商量，靳云鹏也给张作霖发了电报，反对奉军过豫南下。2月18日，张作霖又给吴发出巧电，表示奉军南下的决心，并劝吴不要袒护靳云鹏。电云：“郑州吴玉帅勋鉴，效密。筱电敬悉。我辈宗旨相符，一年以来，无一事不尊重我兄意见，本合作之精神，期始终之贯彻。自阳夏失守，贵军节节北退，变化之速，全国骇愕。我兄既却敝军之援，又无切实反攻之力。弟为顾全合作及信义起见，迭陈意见，以冀我兄有所觉悟，予以容纳。不图信使往还，函电纷达，时逾半载，迄无解决之方。浙已不守，沪埠吃紧，馨远迭电催进，人民责言备至，若再因循坐误，势非个个击破，全国沦胥不止。熟筹审察，非进兵不能讨赤，非入豫不能进兵，默察趋势，实属忍无可忍，缓无可缓。此次毅然进驻豫省，不得不抱最后之决心，师已出发。万无中途停进之理。敝军之一举一动，悉秉弟之命令而行，断无部下自由行动之事。靳云鹏从前二三其德，早在洞察之中。阳夏之役，忍令我兄失败坐视不救，且有危害之举动，今则公然抗拒义师，旗帜显然，以前之种种行为，今已证实。我兄又何必庇此不忠不义之部属乎？但我兄所处环境，及委曲苦心，亦所深知。如有通力合作分路担任之计策，弟亦极愿受教且拟随时援助。此心此志，可质天日。幸兄鉴察之！张作霖。巧，印。”其实吴并非袒护，而是无力约束靳的行动。

3月5日，奉军第三军团长张学良奉命南下，赴河南辉县会同第四军团长韩麟春挥军前进。7日张、韩召集于珍、荣臻、赵恩臻、万福麟等将领举行军事会议，决定按照预定计划分三路强渡黄河。由荣臻、胡玉坤的第十六、十七联军、赵恩臻的第十一军和富双英的预备军以及陈琛的独立第四十六旅担任中路，由新乡沿黄河铁桥攻郑州，这一路是主攻。于珍的第十军担任左路，由阳武渡河；万福麟的第八军担任右路，由新乡经焦作渡河攻洛阳。

吴佩孚坐困郑州，南北受敌，他的将领不和他同心同德是他的致命伤。靳云鹏因和吴在联奉问题上政见相左，被吴免职后，呆在鸡公山上。现在奉军进兵河南，他认为他的主张得到了验证。下山去郑州见吴，对吴说：“大帅！我愿遵令交代，但部下已忍无可忍了，我只能打一面，如果向汉口打去，可是我们背后却受到自称朋友（指奉军）的攻击，我们怎样打法？我保证南军（指北伐军）不出武胜关一步，我们应权衡轻重，打退了胡匪（指奉军）再说。”靳云鹏的话，说得直爽、干脆，吴听了苦辣酸甜咸什么滋味都有。吴崇尚忠义，生平最痛恨朝秦暮楚、翻云覆雨的人。吴和张作霖化敌为友，并且结为金兰之好。因此，吴抱着宁人负我，我毋负人的态度，说：“张老弟虽不够朋友，我吴子玉要够朋友，别人可以打奉军，今天我姓吴的不能打奉军。”靳云鹏了解老上司的个性，说：“打奉军我是打定了，大帅不叫我打，我自动去打，不用大帅的名义。”吴佩孚痛苦地说：“局势糟到这种地步，我们还要自相残杀，你愿意打奉军，你自己去干吧！”靳云鹏反奉，其实他和魏益三早已被蒋介石收买。1927年1月12日，蒋介石到汉口，靳曾秘密赴汉与蒋会晤，靳被任命为北伐军第二十七军军长兼鄂豫边防督办，魏被任命为第三十军军长。靳云鹏会见吴佩孚以后，回到郾城组织河南保卫军总司令部，自任总司令，魏益三为副司令，派兵到中牟防堵奉军过境。靳表面上仍以拥吴以资号召。靳担心奉军由朱仙镇袭击许昌和郾城间的京汉路，甚为重视，故在这一带加强防务。

张作霖认为吴佩孚已大权旁落，靳云鹏操纵军权。张作霖授意张景惠、吴俊升、张作相电请吴佩孚来北京，只要吴离开河南，就可以对靳大力用兵，吴回电不肯离郑。

3月11日，张作霖在北京顺承王府召开会议决定：河南前线由张学良、韩麟春负责指挥急进，并调吉、黑奉军入关担任后方。同一天，奉军于珍部已由阳武渡黄河，绕赴朱仙镇，自中牟侧攻。13日占领中牟，豫军退守白沙，奉军挺进至距郑州15里的古城。万福麟部由郑州西北40里的荣泽渡过黄河。15日，赵恩臻部由温县渡黄河抵汜水。中路由荣臻指挥，丁喜春、陈在新两师沿黄河铁桥，在邹作华炮兵部队的强大炮火掩护下，猛攻靳云鹏在黄河北岸的桥头堡，奉军顺利渡过黄河铁桥，在南岸建立桥头堡，后援部队以铁甲车为前导，向南猛冲，以压倒优势追击靳军的铁甲车，郑州靳军纷纷溃退。

郑州已处于三面包围之中，奉军以飞机和重炮掩护，向郑州攻击。3月15日，吴佩孚挥泪离开郑州，移驻巩县。吴自以为跳出战争漩涡，谁知战争不给他苟延残喘的机会。冯玉祥部由陕西出潼关，镇嵩军刘镇华在洛阳响应。把守潼关的张治公又投降了奉军，奉、冯两军有一触即发之势。因此，奉军向吴提出让防的要求，请吴不要挡路给冯玉样乘机取洛阳。张学良对吴佩孚以老伯之礼相待，请吴移居郑州。吴不理张学良的好意，不肯回郑州。张学良等得不耐烦了，就把吴在汜水的部队给缴械了。

3月17日，奉军占领郑州。乘胜前进时，投降奉军的河南毅军突然从中牟自动退却。靳军乘势在中牟、开封之间发动一次猛烈的反攻。相继占领开封、中牟，奉军第十军军长于珍、毅军总司令米振标、河南宣慰使赵调都在兵慌马乱之中夺路而逃。24日，靳军的第二军军长高汝桐乘铁甲车反攻郑州，攻至豫丰纱厂，忽被奉军炮弹击中，高汝桐与同乘者都被打死，靳军的攻势被遏止。

奉军占领郑州后，步步南移，4月3日占领许昌。靳云鹏部接连发动三次反攻，都被奉军击退。靳军第二军副军长刘培绪被擒。4月中、下旬奉军连续占领临颍、郾城、遂平。4月27日，北伐军唐生智、张发奎两部趁北洋军阀奉、靳之战，从湖北进入河南，占领驻马店。

5月中旬，奉军推进到西平、上蔡一线，与唐生智的第八军、张发奎的第四军发生大战。奉军经不住北伐军的进攻，荣臻、胡毓坤的第十六、七联军和赵恩臻的第十一军由西平沿铁路退至漯河，与唐生智部隔河对峙。上蔡方面的奉军富双英部被张发奎部所包围，赵恩臻命陈深的独立第四十六旅前去救援，陈深援救不力，致使军长富双英被俘。张发奎部占领上蔡，遂即绕道周口，迂回漯河后方，行军非常迅速。王树常的第十军连夜赶快增援，迎击张发奎部，掩护漯河奉军的侧翼。不料军团命令，奉军万福麟军失守洛阳，冯玉祥军进逼郑州，在上蔡、西平的奉军全部撤退。5月17日，奉军从西平、上蔡北撤。唐生智、张发奎两军分别向开封、郑州两地进攻。29日，奉军放弃许昌，6月30日，郑州落入北伐军手里。至此河南战争以奉军退出河南而告结束。

第三节 主政北京

一、北京政府的首脑

在军事上大举扩张的同时，张作霖在政治上亦是步步为营。本来张作霖的总参议杨宇霆认为在军事上没有切实把握以前，不宜直接出面组织政府。但此时，顾维钧内阁已经两度表示辞职，各国又有承认广州政府的倾向，张作霖认为如果没有一个强有力的政府，北方政权就要解体。因此，12月22日，张作霖在蔡园举行会议，决定以安国军总司令部名义任命一个以奉、鲁为核心的内阁，由靳云鹏任内阁总理。之所以选中靳云鹏，一则在于靳本人亲奉，二则是“云鹗既与党军及西北军有相当之联络，正可居南北间而为缓冲者，奉方之于京汉线上可以无忧矣”。该内阁成员还包括：外交总长顾维钧、内务总长郑谦、陆军总长张景惠、海军总长毕庶澄、财政总长潘复、司法总长王宪惠、农商总长杨文恺、交通部长常荫槐、教育总长杨度。其中，郑谦、张景惠、常荫槐为奉系，毕庶澄、潘复、杨度则是张宗昌推荐的。张作霖本想把曹汝霖、陆宗舆也插进内阁，但经大家讨论认为，此二人名声太差，怕引起社会反对，才没有实现。

12月27日，张作霖再次在黄土铺地的仪式下由天津进入北京。张此次入京，本拟以临时总统或临时大元帅名义，或仍用安国军总司令名义，“谋于元旦实行主政”。他认为自己出面主政已有相当把握，“故入京时秘嘱军警迎接以元首之礼，且已准备于元旦日在太和殿受外交团之觐贺矣”。孰料入京以后，坏消息接踵而至。“第一使张氏受重大打击者，厥为吴之解决靳云鹏一部”。他原本要收归己用的靳云鹏已被吴佩孚解职，“是吴之势力已大为之一振，是即奉方在北方之声势颇为之一减，张果实行主张，吴必起而反对之，处处与奉方之政府为难，非张所能堪也”，因此，在得知靳云鹏被吴解职的消息，张作霖“主政之心便已冷却一半矣”。与此同时，外交团方面也丝毫没有支持张作霖主政的意思，各国公使为“避正式承认之嫌也”，拒绝了张提出的元旦日赴太和殿出席就职典礼的要求，而只答应各自以私人身份赴顺承王府（张作霖寓所）祝贺新年。至此，张作霖的“主政之念完全冷却矣”。[①]

迫于局势发生变化，张作霖无奈取消了原定于元旦日主政的计划，召杨宇霆来京讨论内阁改组问题。1927年1月，杨宇霆来到北京。他对张作霖的既定方针提出异议，不主张由张作霖直接出面变更政局，组成由奉鲁人物为核心的内阁。他认为维护顾内阁不但可以保全奉、鲁系的合作关系，而且向世人表明奉系并无夺取中央政权的野心。奉、鲁系人物尽可能少参加这个内阁，在外表上保持其“超然”地位，在事实上仍不失为奉系的有效工具。

张作霖决定采取杨宇霆的意见，暂时维持顾维钧内阁，待内外条件成熟后，再出任正式总统，并具体议定了出任正式总统的步骤、方法[②]。

过去顾维钧内阁虽然几次表示辞职，其实都是一种“以退为进”、观察反应的手段。如今张作霖表示支持，顾维钧当然也乐于蝉联了。1927年1月12日，顾内阁改组后正式成立，其组成情况如下：国务总理顾维钧，外交总长顾维钧（兼），内务总长胡惟德，财政总长汤尔和，陆军总长张景惠，海军总长杜锡珪，司法总长罗文干，教育总长任何澄，农商总长杨文恺，交通总长潘复。这个内阁表面上看来，仍然是个“超然”内阁，实际上它是为奉系军阀筹措军饷和办理外交的附属机关。自改组成立的那天起，它就自动宣布关税二·五加税，从1927年2月1日起实行。

但张作霖并不重视顾内阁，1月20日，张作霖以“礼罗耆硕，集思广益”为名，在安国军司令部又设了三个“讨论会”：即“政治讨论会”，以梁士诒、曾毓隽为正副会长；“财政讨论会”，以曹汝霖、叶恭绰为正副会长；“外交讨论会”，以孙宝琦、陆宗舆为正副会长。张作霖对“讨论会”成员均发聘书，以客卿相待，聊备谘询，并网罗新旧交通系、安福系分子和社会名流参加三个讨论会，为他在一切重大政治问题上出谋划策。这三个讨论会的人选，以亲日派及新旧交通系为骨干，其中也有英美派和当时的社会名流。但他们的一个共同点就是对奉系惟命是从。这是内阁以外的另一个张作霖信得过的内阁，并且成了一切重大问题的决策机构，而顾维钧的内阁则成了执行机关。

张作霖还在北京和外国公使拉关系。他派安国军总部外交处长吴晋，遍访各国公使。1926年12月29日，北京政府外交部召开了新年茶话会，介绍各国公使与张作霖见面。12月30日，张作霖亲自到东交民巷拜访各国公使。12月31日，各国驻京公使也到张作霖的住处回拜。这种外交上的特殊会见，表明张作

① 来新夏等：《北洋军阀史》下册，南开大学出版社2000年版，第1018-1019页。
② 来新夏等：《北洋军阀史》下册，南开大学出版社2000年版，第1019页。

霖已俨然以国家“元首”自居，而北京的外交使团也默认他是事实上的北京政府领袖。

二、联蒋反共与杀害李大钊

北伐军声势日益高涨，很快便发展到了长江流域。面临这一形势，在华的各帝国主义愈加惶惶不安起来。首当其冲的便是势力集中于长江流域的英国。感到单靠传统的炮舰政策已不济事，英国政府提出了“改变对华政策”的新方案，并派新任驻华公使蓝浦生将其付诸实施。这个所谓的对华新政策实质就是以长江为界，一方面承认南方政府，一方面尽力维持北洋军阀的半壁河山，制造两个中国。

向来反对革命的英国之所以承认南方政府，无非是为了拉拢国民党内右派和假革命分子，借以分化和破坏中国的革命统一战线，企图使中国革命陷于流产。

1926年12月22日，英使蓝浦生由汉口转赴天津，到蔡园访问张作霖，提出了南北停战议和、划江而守的意见。其时，张作霖刚刚就任“安国军”总司令，一心谋求全国霸权，因此对蓝浦生的建议无法接受。他说：“翻开中国每部历史，都是北方统治南方，不能到我的手里使这一历史有所改变。”蓝浦生就此问题向张进一步阐明说，国民党内有左右之分，应分别对待，不要笼统“反赤”，示意张要对南方的右派势力取妥协的态度。但张作霖仍强调“反赤”问题，希望各国对他多加支持。

继英国之后，日本帝国主义为维持奉张在北方地区的统治，对策划张蒋的反革命联合最为积极。1927年1—3月间，日本政府几次派“要人”到中国的南方考察。其中有日本外务省交涉局长佐芬利、日本陆军省派去的铃木贞一、有政友会派去的后来成为日本田中内阁重要支柱的森恪、山本条太郎和松冈洋右等人，他们纷纷来到中国，奔走于广州、南昌和武汉之间，侦察政情，会见国民党右翼分子，进行反共煽动，鼓励蒋介石反对共产党。其中，佐分利以考察为名，先后到广州和汉口，其所到之处，极力宣传蒋（介石）张（作霖）之间的“妥协点”，说两人“并无绝对歧异之点”“均为统一而斗争”[①]，积极推动蒋张的合流。他于1927年2月回国之后，即向内阁报告：南方政府的势力，不久即将达到全国，日本必须针对这一情况作出适当的安排。日本的通讯社，也大

---

①《日本外务省交涉局长佐芬利考察中国的演说词》，《申报》，1927年4月5日。

肆报导和鼓吹中国的“南北妥协”和“共同反赤”的滥调。

与此同时，国内的反革命势力如虞洽卿等人把持的上海商业联合会等反共团体，也竭力为张、蒋之间的反革命联合敲打边鼓，制造舆论。

在帝国主义与国内反革命势力的策划和煽动下，1927年春，张作霖和蒋介石之间的“南北妥协”“反共讨赤”之说风传一时，甚嚣尘上。“政客往来，渐形频繁”。在南方，李石曾是主要的代表人物。在北方，张作霖、杨宇霆亲自出马鼓动，一些亲奉政客如梁士诒、郑洪年、赵欣伯等，均为之奔走。3月初，在军事上连连受挫之后，张作霖一反常态，主动向蒋介石谋求妥协，发表宣言声称：“余之起兵非仇抗任何党派，而专为消灭过激主义，舍过激主义，皆有商量之余地。”[①]3月7日，他又宣称：“党军苟驱逐左派，予将抒诚与图统一”。[②]杨宇霆则露骨表示：“蒋介石若对共产派加以彻底之压迫，则南北妥协非不可能之事。”[③]同时，杨又奉命与南方代表（李石曾）谈判，希望实行南北“分治”[④]。张的亲信梁士诒，是“联蒋反共”的积极联络者：或策划于密室，或往来于南北；梁的私宅成了密议“南北妥协”的场所；梁的部下郑洪年，“受梁密旨”往来于南北之间。后来，梁又密访英国公使（蓝浦生），希望英使为张蒋合流而出力[⑤]。奉方政客赵欣伯，是“联蒋反共”的吹鼓手，屡在报端发表议论。1927年3月1日，他在《上海商报》上鼓动说：“现在南北两方并无感情上之冲突，……政见相同之处甚多，如欲合作，确有可能之性质。即在蒋中正方面，亦尝间接示意北方，极力辨明，南方确非赤化。……察其语气，似亦愿与北方合作。”[⑥]。

在日本与奉系军阀的策动下，急于反共的蒋介石对张的声明心领神会，因而立即予以响应，一边抓紧投靠帝国主义，加强反共活动，一边“派人（储某）携条件来京，经李石曾、杨度与杨氏（宇霆）协商”；同时电告北方，“请张攻打武汉政府”（共产党和国民党左派控制的政府）。稍后不久，张作霖即派代表到南昌蒋介石的总部，“共同协商夹攻武汉政府的具体问题”[⑦]。双方达成

① 《张作霖宣言之剖解》，《向导》，第188期。

② 《时事新报》，1927年3月7日。

③ 《南北消息一束》，《向导》，第192期。

④ 加文·麦柯马克：《张作霖在东北》，吉林文史出版社1988年版，第247页。

⑤ 李新等：《民国人物传》（一），中华书局1978年版，第226页。

⑥ 《上海商报》，1927年3月1日。

⑦ 萨波什尼柯夫：《1924至1927年中国第一次国内革命战争（军事史略）》，湖北人民出版社1958年版，第68页。

如下妥协条件：1. 由蒋介石进攻长江下游，张作霖进攻武汉；2. 从中国驱逐苏联布尔什维克等等。

此后，双方便开始了对共产党人和革命群众的血腥屠杀。此间，张作霖为首的北京政府发生了非法搜查苏联大使馆，逮捕杀害中共创始人之一李大钊的恶性事件。

1927年4月，北京政府外交部次长吴晋从法国公使馆获得情报：苏联大使馆武官处有阴谋颠覆分子进行活动。4月6日，吴晋和警察总监陈兴亚、宪兵司令王琦、军法处长单豫升共同决定，派吉世安率三百余军警，不顾外交惯例和国际公法搜查苏联大使馆，逮捕苏联使馆工作人员16人与李大钊等共产党人和国民党左派人士共35人。此事件发生后，苏联驻华代办和苏联政府分别向北京政府外交部和中国驻苏代办郑延禧提出严重抗议。郑延禧私下认为，中国是个一向受人欺负的弱国，怎么能敢于派军警到使馆区大批逮捕中外人员，因此他不假思索地说："中国政府决不会干这样的事，想必是土匪所为。"这句话传到北京，生平最忌讳别人提到土匪字眼的张作霖，不由得暴跳如雷地大骂："外交人员怎么如此混蛋！"吓得顾维钧急忙发电严厉斥责郑延禧："何得不问情由，擅发荒谬议论！"①

北京的工人、学生、教育界人士、学者和社会名流得知此消息后，无不义愤填膺，纷纷起而营救。但张作霖置社会公正舆论于不顾，决心杀害李大钊等人。刚在南方发动了"四一二"反革命政变的蒋介石特致密电给张作霖，"主张将所捕共产党人即行处决，以免后患"②。4月28日，"安国军"总司令部成立的"特别法庭"将李大钊等二十名共产党人和革命志士以"扰乱治安"罪处以绞刑。这是张作霖犯下的不可饶恕的罪行。

三、张作霖就任"中华民国陆海军大元帅"

1927年5月底，张作霖在东（津浦线方面）西（京汉线方面）两路战事均告失利，山西方面又传来不稳消息的不利形势下，不得不收缩防线，令京汉路奉军和津浦路孙（传芳）、张（宗昌）两军分别撤入河北、山东境内。奉系军阀的统治，开始面临严重危机。张学良、韩麟春等奉系年轻一辈将领认为，当此危局，"为便利计，非与晋、宁合作，改换招牌，不足以资振奋"，主张在反共的共同基石上，与蒋介石南京政府和山西的阎锡山结成"奉宁晋三角同盟"；而

① 陶菊隐：《武夫当国·北洋军阀统治时期史话》（第5册），海南出版社2006年版，第216页。
②《民国日报》，1927年5月12日。

张作相、吴俊升等奉系老辈则“极不谓然”[①]。

当时，蒋介石一则为彻底消灭孙传芳，同时也为对付武汉政府与冯玉祥，对奉张也有意进行笼络。6月8日，蒋对奉方的“妥协”意向作出回应，向张作霖提出了信奉“三民主义”，并将“安国军”改称国民革命军的要求。

6月9日，张作霖在北京顺承王府召集奉系高级将领会议，专门商讨与宁、晋妥协的问题。经张学良等晓以利害，“力陈奉方不可不应付潮流之理，以及此次退兵河北之意旨”，“老辈之张作相、吴俊升辈已能谅解，嘱张、韩放手进行”。当时，奉方大致决定：

一、奉方于赞成“三民主义”之外，并拟加以相当补充，参入民德一项，作为四民主义，以示尊重旧道德之意。

二、如与晋、宁商议妥协完全有望，当先宣布停战。

三、如停战之后对冯（玉祥）、唐（生智）有作战必要，当再接洽分担任务。

四、对于全国政府法律问题，以国民会议解决，反对一党包办。在国民会议未开前，由南北两京政府各办权力范围内政务。惟外交当联合办理，一致对外。如在停战以后与蒋介石意见完全融洽，则径将南北政府先行合并，亦无不可。

五、对委员制可不反对。

六、北京现政府应从速改组，奉张如赞成，则请其主持；否则请其回奉，不过问关内事。[②]

不难看出，奉系军阀志在以对等的地位来实现“南北议和”，以继续维持其在黄河以北地区的统治。

6月16日，张作霖在北京顺承王府再次召集奉方高级将领会议，进一步商议“南北议和”等向题。刚由山东联袂到京的孙传芳、张宗昌两人也出席了会议。“孙与蒋不共戴天，张则知妥协条件决于鲁军不利，故极力反对议和”[③]，而主张趁南方正忙于内讧之际，立即驱兵南下，收复失地；同时建议对北京政府从速进行改组，组建强有力的“安国军政府”，由张作霖出任“安国军政府大元帅”，以便统一军政大权，保证对南用兵的顺利进行。张宗昌也不甘心放弃山东地盘，为此极力鼓动张作霖道：“今日之事，战亡，不战亦亡，不如痛快干

①《国闻周报》第四卷，第24期。
②《国闻周报》第四卷，第24期。
③《国闻周报》第四卷，第24期。

去；且升格之后，即或退出关外，有此大元帅之称号，犹可仿孙中山在广东办法，易于号召。”[①]杨宇霆本来是主张议和的，这时见孙、张反对议和，又顺着他们说，如果不同南方议和，北方必须团结起来，才能抵御南方，各省军队必须统一名称，改用安国军旗帜，一致服从安国军总司令的命令。孙传芳见他们反对议和的主张得到杨宇霆的支持，更提高了嗓门说：“不仅军事上服从，政治上也要服从。”张作霖对军事上的积极进取虽缺乏足够的信心，但在政治上却早有“终究非干它一下不可”，即出掌最高职位的野心，因此欣然接受了孙、张两人的意见，决定立即组织由自己出任大元帅的“安国军政府”。

即日由孙传芳、张宗昌、吴俊升、张作相、褚玉璞、张学良、韩麟春、汤玉麟等8名北方将领联名发出推戴电：“万急，北京张大帅钧鉴：各省军民长官、各法团、各报馆钧鉴：天祸民国，政纲解纽。国无政府，民无元首，纷纭扰攘，累载于兹。现在‘赤氛’弥漫，天日为昏，毒害全国，无所不至。国民之期望，‘友邦’之责备，皆以‘讨赤’为惟一安国之大计。然非统一军权，整肃政纲，实无以慰群伦，而靖祸患。伏维我总司令自去岁就职以后，志在靖乱。昕夕焦劳，北方‘赤祸’，虽就廓清。南方‘赤党’，益为猖獗。全国皇皇，罔知所届。际此存亡绝续之交，正我辈奋身报国之日。传芳等再三筹议，佥谓‘讨赤’救国，必须厚集实力，固结内部，方能大张挞伐，戡定凶残。拯神州陆沉之危，救元元涂炭之厄。我总司令大公之量，天地为昭。同志之孚，友仇若一。惟有吁恳总司令以国家为前提，拯生灵之浩劫，勉就海陆军大元帅。用以振奋军志，激励士心，坚中央出令之权，一全国同仇之忾。庶可迅扫‘赤氛’。澄清华夏。传芳等当身先将士，尽力疆场，以副拯民水火之忱，而尽殄除暴乱之责。切请勿拘小节，而失人心。勿慕谦先，而酿巨变。总之全国之人将死，惟我总司令生之。全国之士将亡，惟我总司令存之。事机所迫，间不容发，干冒尊严，不胜惶悚屏营之至。孙传芳、张宗昌、吴俊升、张作相、褚玉璞、张学良、韩麟春、汤玉麟。铣（十六日）。印。”[②]

同一天，还决定为集中统一指挥，取消北方镇威、直鲁、五省联军各项名义，以后统称安国军，为简化军事指挥系统，又将北方的军队改编为七个方面军团，任命孙传芳、张宗昌、张学良、韩麟春、张作相、吴俊升、褚玉璞为安国军第一至第七军团长。安国军政府成立后，内阁总理由大元帅任免之。

张作霖于当日还发出一份“讨赤”通电：北京各部院、南阳吴玉帅、太原

①《国闻周报》第四卷，第24期。

②《国闻周报》第四卷，第24期。

阎副司令、新安镇孙副司令、济南张副司令、新乡张、韩军团长，并转各将领、各省军民长官、各法团、各报馆钧鉴：自辛亥革命告成，国体改建，主权在民，除暴君专制之旧，五族平等，无种类阶级之分，凡以除人类之蟊贼，增民生之幸福者，皆我革命先烈艰难缔造有以致此。是以凡有危害邦本，戕贼民生，勾结外援，动摇国体者，是为全国之公敌，人人得而诛之。比者共产分子归降苏联，宣传赤化，甘心卖国，贻祸寰区，作霖不武，痛神明华胄等于鹿豕，大好神州沦于夷狄，为驱除洪水猛兽，不能不战。为世界人类生存，不能不战。用是联合诸帅，共起义师。年余以来，虽外摧狂寇，内靖神奸，始清京畿，继规绥北、朔方诸省，汔可小康，乃“北赤”甫平，“南赤”崛起，延陵再蹶，江左被侵。作霖禀兴亡有责之义，尽急难与共之诚，攘臂下车，缨冠救难，聊尽天职，不敢告劳。虽陈兵皖豫，未奏戡定之功，而扫荡“逆氛”，已寒“赤虏”之胆。惟是共产标题，志在世界革命，则“讨除”共产，实为世界公共之“事业”，亦为人类共同之“事业”，则非作霖一手一足之烈所能告成。凡我全国同胞，既负保国卫民之责，皆有“同仇敌忾”之忱，自必通力合作，不必功自我成。此后海内外各将帅不论何党何系，但以“讨赤”为标题，即属救亡之同志。不特从前之敌此时已成为友。即现在之敌，将来亦可为友。唯独对于“赤逆”则始终一致对敌，决不相容。一息尚存，此志不改。果有健者将“赤逆”屏诸四夷，作霖愿退避三舍。至于此外，一切主义，但于国利民福不相冲突，尽可共策进行。大权操之全民，政治自循常轨，仍当以海内贤豪讨论公决。作霖未娴政事，除完成“讨赤”事业外，固元丝毫成见，为此鹬蚌之争也。敬布腹心，诸希鉴察。张作霖。铣（十六日）”[①]这个电报既是向帝国主义献媚，也是向国民党新军阀送秋波，明确地表达了他愿与“非赤者”实行联合之意。

张作霖决定就任大元帅后，曾邀请他的政治顾问梁士诒、叶恭绰、曹汝霖、曾毓隽、梁鸿志等五人至顺承王府，征求意见，当然没有人提出异议。

其实，最终决定就任大元帅一职，对张作霖来说是最佳选择。时人评道：“然最高位置之方式，不外正式总统、临时总统、军政府之大元帅及段祺瑞式之执政四种。正式总统无产生之可能，执政名义又不便取而自用。临时总统未便由一部分武人公推，即可矣，又不可无参议院等类民意机关，以资点缀，终嫌碍手碍足。不如大元帅直截了当。”这个评论可谓一语中的。

①《国闻周报》第四卷，第24期。

内阁总理顾维钧得知将由潘复组阁，急忙于16日当天亲笔致内阁阁员一信，知趣地表明辞职之意："兹已具恳请开去本兼各职，冀得稍事休养，免成痼疾。"[①]

就职典礼原订6月17日，后因"日象不利"，遂延至18日申时在中南海怀仁堂举行，据说此乃"吉日良辰也"。京师警厅先于17日晚预令商家悬旗志庆，并令各中文报纸，一律出红色报三日，违者禁止发行，惟各报推说红色油墨买不到，仅出一日，藉兹抵制。18日黎明，长安街自东往西，以迄顺承王府（今政协礼堂），三步一岗，每岗有奉军宪兵保安队各一名，持枪危立。二时后净街，除安国军之黄牌汽车外，一概禁止通行，电车亦暂停止。各重要街口，均架有机关枪。另有飞机二架，在空中盘旋，可谓极尽森严之能事。张作霖身着上将军服，其余各将领张宗昌、张作相、吴俊升、杨宇霆、张学良、韩麟春等皆一律着戎装，孙传芳着黑纱马褂、淡蓝纱袍。下午二时，由总统府侍从武官长荫昌、大礼官黄开文乘车赴顺承王府迎接。3时30分，黄开文赞礼，张作霖入席，面南而立，鸣礼炮108响，奏国乐毕，张作霖发表就职宣言："作霖忝膺中华民国陆海军大元帅之职，誓当巩固共和，发扬民主，刷新内政，揖睦邦交，谨此誓言。"宣誓后，接受祝贺，3时50分即回到顺承王府。

同日，张作霖公布了两项命令。第一项是《中华民国军政府组织令》。共七条：

第1条：陆海军大元帅统率中华民国海陆军；

第2条：大元帅于军政时期代表中华民国行使行政权，保障全国人民法律上应享之权利；

第3条：军政府置国务员辅佐大元帅执行政务；

第4条：国务员之员数如左（原文件系自右至左竖体写成）：国务总理，外交总长、军事总长、内务总长、财政总长、司法总长、教育总长、实业总长、农工总长、交通总长；

第5条：大元帅之命令，国务总理须副署之，其关于各主部务者，各部总长须连带副署，惟任免国务员不在此例；

第6条：国务员及各部之官制另定之；

第7条：中华民国十六年六月十七日以前之法律命令不相抵触得适用之。[②]

根据这个组织令规定，"大元帅"不仅统率全国陆海军，而且由他"代表中

① 徐彻、徐悦：《张作霖传》，国际文化出版公司2010年版，第249页。

②《政府公报》，1927年8月19日。

华民国行使统治权”，国务院只能辅佐大元帅执行政务，这个“大元帅”实际上比总统负责制的“总统”更具有权威。

根据《中华民国军政府组织令》规定，张作霖又发布了第二项命令，即任命潘复为内阁总理，同时公布了各部的行政长官。各部总长：外交总长王荫泰；军事总长何丰林；内务总长沈瑞麟；财政总长阎泽溥；司法总长姚震；实业总长张景惠；农工总长刘尚清；教育总长刘哲；交通总长潘复（兼）。北洋军阀统治时期第32届内阁也是最后一届内阁就这样拼凑起来了，张作霖也如愿以偿，堂而皇之地当上了北洋军阀统治时期的最后一任国家元首。

张作霖为什么急于登上北洋军阀统治时期的最高元首宝座？当时北京政府统治的地区已经小得可怜，不但山东、河北两省岌岌难保，就是北京也处于风雨飘摇之中。众所周知，军阀之间从来都是以实力大小决定地位高低的，如果没有一个表现实力的阵容，就不可能和南方新军阀对话，甚至会被吃掉。张作霖重整北洋军阀统治的小朝廷，就是企图把北洋余部团结在自己的周围，达到增强实力和提高士气的目的，只有弄出个局面来，与南方谈判议和，才可以取得对等的资格。张作霖也想以国家元首的身份，举“讨赤”的旗帜，取得帝国主义的支持；当然张作霖也有为实现其多年梦寐以求的“终究非干它一下（指总统）不可”的夙愿，过一过国家元首之瘾的思想。

此外，张作霖又发表了就职宣言和通电，电文表态称：“赤逆一日不清，即作霖与在事诸人之责一日未尽。如其时局敉平，自当敬贤让能，遂我初服。政治改革，听诸国人，此则昕夕盼祷者也。愿共勉之。”[①]这是再一次表示要铲除赤逆，以讨得帝国主义的欢心。

为了取得帝国主义的外交承认，张作霖煞费苦心。6月17日下午即送请柬至各国使馆，邀请各国使节在18日下午5时于外交大楼召开大元帅就职茶话会。18天下午5时半，茶话会如时召开。皆知作霖在致词中首先表示他一向“尊重国际信义”“如有错误，幸希见教”，接着请求各国要相信，他一定能“保护外人之生命财产”。并说：“八十年前，发匪（诬指太平天国）曾迫近北京正南之卢沟桥，西太后以一女流，尚能戢止，将其击退。余等三人（指他和孙传芳，张宗昌）既同心合作，北京之治安，绝对能维持，外人之生命财产，可以负责保护”。[②]张作霖原以为他如此卖力“反赤”，一定能取得帝国主义的好感和支持，可是这时各帝国主义看出张作霖正处于力穷势蹙，日趋衰落的境地，已

① 郭春修：《张作霖书信文电集》，万卷出版公司2013年版，第760页。
② 东亚同文会：《对华回忆录》，商务印书馆1959年版，第396页。

不堪利用，特别是南方的新军阀不但实力胜过北方，而且也正在卖力反苏反共，因而大得帝国主义的赏识，所以帝国主义日益倾向于弃旧迎新。因此，各国接到函请参加茶话会，均着常服前往参加，毫无致贺表示。

事后外交部补发大元帅就职通知，外国使馆有的回答“收到通知一件，当即转达本国政府”；有的说“本使业已阅悉”。如此冷淡地对待国家元首的就职，是历届北京政府所没有遇到过的[①]。只有日本资本家大仓和大阪《每日新闻》拍来贺电。张作霖如获至宝，立刻吩咐登报，以资点缀。国内也有不少人看出奉系寿命不长，行将崩溃，已明里暗里和南京靠近，不愿加入张作霖之列。

四、张作霖发表通电重谈“联蒋反赤”

军政府的成立，并没有使奉张的形势好转。军费支出过大，财源枯竭，是军政府一大难题。张作霖任命潘复为内阁总理，潘复又推荐他的朋友阎泽溥为财政总长，主要都是为了筹措军饷。其实，他们也没有点石成金的本领，结果只能在裁员简政上作文章。裁来裁去，所得无几，根本不能解决张作霖的庞大军费开支。张作霖请素有“财神”之称的梁士诒向银行借款，京、津银行看北京政权已朝不保夕，都以闭门停业相对抗。当时奉军军饷都是就地取给。在奉军铁蹄践踏下，各省人民除保证供给驻军所需米面柴草和缴纳一般赋税外，还有所谓盐捐、“讨赤”捐、地方公债及强迫使用奉票等。形形色色，不一而足。这一现象在直鲁联军方面更为严重。据报载，当时鲁省“人民多以树皮草根充饥”。张作霖的后方基地——东北三省本为富庶地区，但由于连年穷兵黩武，军费支出过于庞大，只能靠滥发奉票过日子。这表明奉系军阀不但在政治上不得人心，在财政上亦处于捉襟见肘、无力继续作战的地步。

为保住北京政权，张作霖屡次发表“反赤”言论，藉以与蒋“议和”和求助于帝国主义者。为此，张作霖一上台就打出了孙中山的招牌，以“孙中山老友”的身份频频向蒋介石发出合作的讯息。6月25日，他下了一道息争令，并发表通电，宣称：“本大元帅与孙中山为多年老友。十一、十三两年之役，均经约定会师武汉。信使往返，物资援助。彼此精神契合，始终如一。当时在事同志，类能言之。……北来会晤，欢洽平生，邦家多难，中山赍志以终，一切建设大端，皆属后死者之责。是本大元帅与中山一生宗旨本属相同，不意过激分子假借名义，宣传‘赤化’，‘害民祸国’，‘背友蔑伦’，种种罪恶，难于指数。

① 徐立亭：《张作霖大传》，哈尔滨出版社1994年版，第370页。

岂为人类‘害群之贼’。‘实背’中山在天之灵；岂为我国‘民族之羞’，实为世界‘和平之敌’。用是简率师徒，施行‘讨伐’，实以继中山之志，并非有政见之殊。……凡属中山同志，一律友视。其有甘心‘赤化’者，本大元帅为老友‘争荣誉’，为国民‘争人格’，为世界‘争和平’，仍当贯彻初旨，‘问罪兴讨’。”①

这个通电再一次表白他和国民党反动派之间无“政见之殊”，愿与蒋阎反共势力谋求妥协。张作霖企望出现蒋奉阎三角联盟对抗冯玉祥的局面，以减轻奉军压力。

张作霖发布息争令，目的在于和蒋介石讨价还价，以对等议和，权为缓兵之计。国民革命军北伐以来，仅两个多月时间，就占领了黄河以南广大地区，安国军仅控制直、鲁、绥、察、热和东北三省。特别是冯玉样、阎锡山两大军阀投靠了北伐军，使安国军倍感孤立。张作霖打仗，从来不硬拼，面临这种不利局面，不能再打下去，只能以南北两政府的对峙局面对等议和。

蒋介石也确有与奉系罢战言和之倾向，目的是利用张作霖急于妥协的心理，以招安的形势，早日结束战争，完成形式上的南北统一。蒋与奉系言和还有深层意义，就是利用奉、阎两系势力牵制冯玉祥势力的发展，因为蒋介石对这位“盟兄”的印象从来就不是很好的。所以蒋派何成浚、方本仁通过阎锡山和张作霖进行疏通。当时在国民党内部有蒋、阎联奉对抗冯玉祥和蒋、冯、阎对抗奉系的两种势力。阎锡山想把蒋介石、张作霖拉拢过来，以造成阎操纵时局的地位，使冯玉祥在北方成为无足轻重的人物。而冯玉祥在徐州会议上坚决主张继续北伐，彻底消灭奉、鲁军的残余势力。并且催促阎锡山放弃蒋、奉之间的调人地位，迅速出兵讨伐奉军。张作霖对于南北罢战言和的问题，坚持对等议和，提出把河南交还吴佩孚，把山东让给孙传芳，奉、鲁军撤出以上两省，请南方停止进攻等具体条件。阎锡山则提出奉军易帜及取消大元帅名义为先决条件。28日，张作霖派邢士廉去太原谈判，阎托病不见。因此，尽管“奉宁晋三角同盟”之说聒噪一时，却始终未见诸事实。

7月6日，日本出兵山东，北伐军被迫退出济南，蒋介石继续北伐的勇气受挫，颇有与奉系罢战言和的倾向。但是冯玉祥与张作霖分裂以后，对张怀恨在心，不同意和奉系言和。为了防止蒋、奉妥协，冯玉祥一面派兵协助蒋介石的部队进攻山东，一面派吉鸿昌、石友三部由孟津、巩县、广武等处北渡黄河，

① 陶菊隐：《武夫当国：北洋军阀统治时期史话》（第5册），海南出版社2006年版，第230页。

先后占领新乡、彰德、磁州、大名等地。冯又催促阎锡山出兵讨奉。7月16日，晋军由正太线开抵石家庄，在京绥线上晋军开抵柴沟堡。18日晋军开抵顺德。事实上晋军横插在奉、冯两军之间。阎虽然出兵攻奉，但是阎奉关系没有撤底破裂，一面电请冯玉祥的部队暂缓进攻，一面于17日阎派南桂馨到北京，力劝张作霖罢战言和，接受“三民主义”。

南桂馨到北京的当天，张作霖召集杨宇霆、张学良、韩麟春与到京领饷的孙传芳举行会议，讨论和战问题。杨、张、韩三人一致主张停战议和，孙传芳表示对此没有成见。20日，张作相、吴俊升等旧派将领应召抵京参加会议，他们仍然反对易帜、退回关外。后来，孙传芳、张宗昌的部队在津浦路上反攻又有进展，张作霖对停战议和问题又踌躇起来。

就在此时，8月21日，张宗昌到北京向他汇报了国民党内部纷争愈演愈烈，蒋介石已于8月13日宣布下野，以及孙传芳军乘机反攻南下，夺取了长江北岸各军事要地，隔江与国民党相互炮击等情况。张作霖见国民党内部矛盾重重，大有愈演愈烈之势，认为这是他重整旗鼓，恢复旧日山河的绝好机会，当即决定实施反击，并召开军事会议，除派张宗昌、张学良分率直鲁联军与奉军进兵河南，会同攻击冯玉祥军外，又将津浦路战事交由孙传芳负责，孙即将总部迁到六合，决定兵分三路渡江；另派渤海舰队进攻吴淞，为之策应。8月25日孙传芳军曾一度夺徐州，占浦口渡过长江，进军龙潭、镇江，初战大捷。但不久，又被南军打得大败而逃，实力遭到极大损失。当时国民党宁汉之争未解决，宁方无力在津浦线发动追击战。河南有冯（玉祥）靳（云鄂）之争，冯亦无力攻打张作霖。针对这一形势，张曾决定在津浦线南段及长江北岸取守势。为解除晋军从侧翼对京汉线北段的威胁，于10月间向阎锡山部发动了攻击。奉军与晋军在京汉线北段和京绥线上展开激战，当奉晋两军相持于京汉、京绥之线时，冯玉祥打败靳云鹏后，亦在陇海线向张宗昌部展开进攻。12月初冯军与南京方面北来之师重新夺取徐州。

五、晋奉之战

北伐军举兵北伐打垮了吴佩孚、孙传芳的军事力量以后，一向善于窥测局势变化的山西军阀阎锡山看到北方局势发生巨大变化，北洋军阀集团即将土崩瓦解，蒋介石将要主宰中国的未来，于是把五色旗换成了青天白日旗，攀附了北伐军。不过，阎锡山自改称北方国民革命军总司令，出兵京绥、京汉两线以来，仍与奉系保持联系，并不进攻奉军。9月下旬晋军第三军徐永昌先后撤出石家庄、顺德，以避免与奉军发生冲突。京绥路上奉军第九军军长高维岳在柴沟堡、张家口、宣化设立了三道防线。晋军第一军军长商震也在天镇、阳高、大同设立了三道防线。这段时间，各守防地，互不侵犯。

宁汉之争蒋介石下野后，张作霖放弃了南北议和的想法，重新萌动了南下的决心。于9月15日召集了由孙传芳、褚玉璞参加的军事会议。会议决定，对津浦线南段及长江北岸采取守势，奉鲁军由京汉、陇海两线向河南进攻，而这一进攻首先要赶走京汉线上的晋军。

9月27日，张作霖派检阅使于珍和赵倜等人乘专车前往绥远的丰镇、平地泉检阅奉军，火车过大同时，商震怀疑是奉军欲向晋北进兵，于是拆毁柴沟堡到西湾堡的一段铁轨，扣留了于珍等人，缴了大同以西奉军的械。张作霖要求放回于珍。阎锡山则一面回电应付张作霖，一面调兵遣将。他任命商震为左路总指挥，徐永昌为右路总指挥，分两路进攻奉军。

晋军右路由徐永昌、杨爱源率领出娘子关，经平山到石家庄，10月1日渡滹沱河，凭借优势兵力，很快打败了奉军的汲金纯部，占领了正定，4日占领新乐、定州。阎锡山也亲临前线督战，行营定于定县的东长寿。

晋军的左路由商震、张荫梧率领，沿京绥线两侧前进，在宣化以西的怀安，打败了奉军的高维岳部，10月2日占领柴沟堡，3日占沙河，4日占宣化，5日占张家口。10月2日张作霖发表讨阎通电，声讨阎的忘恩负义。电云："上年为冯逆所迫，围攻大同，蹂躏雁代，晋北不保，太原垂亡。阎锡山信使往还，叠电告急，摇尾乞怜之态，如在目前。本大元帅以晋省系完善之区，晋民多纯朴之众。倘被赤徒恶化，地方不堪设想，用是激励诸军，力攻南口。接济械弹，救其灭亡。南口既下，大同解围。我军直趋绥北，转战数千里，兵无宿粮，马无积秣，甫克扫除绥境。功成之后，举土地、俘虏、械弹、战利品，一无所取，拱手让晋，口不言功。此上年已往之事实，对于晋省人民，对于阎锡山个人，可谓仁至义尽，足以大白于天下者也。"然而，阎锡山"上月二十九日，突在大同附近，截劫火车，扣留我军官佐，并敢进兵察境，公然敌对。本大元帅维持大局，维持晋省之苦心，至此乃忍无可忍。兹已分饬诸军，实行讨伐。"①

10月8日，张作霖下总攻击令。之后，奉军即在京汉路发动攻势。戢翼翘的第二十九军、王树常的第十军分任左右两翼，中路毓坤、荣臻的第十六、十七两军引诱晋军深入，以形成包势。10日戢翼翘率左翼军占领定州，截断晋军

① 郭春修：《张作霖书信文电集》，万卷出版公司2013年版，第789页。

归路，晋军动摇。同时第七方面军孙殿英的第十四军和第三四方面张树森骑兵集团先后占领正定、石家庄。至此晋军在京汉路大势已去，损失严重，被打死旅长2人、团长6人、营以下军官70余人，伤亡约万余人，被俘数千人，缴获步枪数千支、大炮数十门，其他辎重无数。

奉军在京绥路上进展也很神速。从10月30日起，连克柴沟堡、怀安、天镇、阳高等。11月3日，占领大同、山阴。奉军右翼抵朔州。正面进攻广武、雁门。张作相率主力移驻浑源。在平型关的奉军于芷山的第三十军及在龙泉关的王树常的第十军越过砂河镇、大营镇，进攻繁峙和五台两县。11月9日，奉军郭希鹏师占领归绥，14日占领平型关。

正当奉军在京汉、京绥两线取得胜利的时候，10月11日，晋军第四师师长傅作义组成的挺进军占领涿州，并分兵出没于北京周围的密云、古北口、三河、门头沟、长辛店一带，“意在扰我京师”。

10月15日，北京宣布戒严，奉军于同一天发动了进攻涿州的战斗。张学良移驻高碑店指挥，率劲旅会同于芷山部将涿州包围，邹作华亦派40门大炮进行轰击。但面对着奉军3万余步兵的轮番攻城，晋军仍据城坚守。

涿州是北方著名的囤粮区，囤粮很多，城池坚固，城内有小型兵工厂，每日能造手榴弹200余颗，又有暗道可通紫金关、易州。对外联络未断，这些都是易守难攻的原因。晋军还经常突围出击，截断京保交通。

奉军方法用尽，甚至使用了瓦斯弹，涿州城仍固若金汤。奉军一筹莫展，只能采取长期围困的方针。涿州毕竟是一座孤城，时值隆冬，晋军忍冻守城，初期尚有粮食，时间一久，以高粱充饥，吃黑窝头，苦不堪言。12月初，以酒糟代粮，难以下咽。12月14日，涿州妇孺数百人拥集晋军司令部外，下跪泣诉，已无粮度日，要求结束战争，以救残生。

奉方屡次派人劝降，最后张作霖派出郭瀛洲为代表，与山西同乡会和红十字会一起入城谈判，保证对傅优待，对晋军士兵予以整编，经过几次往复，终于谈判成功，于1927年12月30日结束军事行动。奉军收编了晋军9 000余名，傅作义成了张学良的座上宾。

六、张蒋大战

1928年初，蒋介石在帝国主义的扶植下重新上台，1月9日复任北伐军总司令，后又获取了国民政府党政两方面的权力，实现了军事独裁。他一上台，立即着手与奉系军阀争夺地盘的所谓北伐战争。他将几方面的军队编成4个集团军，并分配了作战任务：北伐全军总司令蒋介石，参谋总长何应钦；蒋介石任第一集团军总司令，沿津浦铁路进攻；冯玉祥任第二集团军总司令，沿京汉铁路及以东地区进攻；阎锡山任第三集团军总司令，由娘子关及京绥铁路进攻；李宗仁任第四集团军总司令，沿京汉铁路集结为总预备队，另派白崇禧为总指挥，率一部分军队北上，应援京汉铁路方面的军事。

面对蒋介石北伐军的强大攻势，张作霖也加紧军事部署，准备予以顽强的反击。

1928年1月25日，张作霖在北京召开安国军最高军事会议。张学良、张宗昌、孙传芳、杨宇霆、褚玉璞等出席。因韩麟春突患重病，第三四方面军全由张学良主持。经张学良商得张作霖同意后，由杨宇霆兼代第四方面军军团长，张学良偕杨宇霆驻保定指挥军事。此外，主要研究决定了安国军的作战方略。

第一，张学良、杨宇霆所部第三四方面军团，大部开赴邯郸以南，向安阳的冯玉祥军进攻。以一部应对娘子关、五台方面的阎锡山军的进攻，并相机向山西内部推进，击破其主力。

第二，张宗昌所部应固守鲁南，不可出击，布置纵深配备，步步防守，抵抗敌军北进。

第三，孙传芳所部在济宁一带防守，与张宗昌部切实联系，固守鲁南。

第四，褚玉璞所部在大名一带防守，与左翼的张学良、杨宇霆的第三四方面军密切联系，阻敌北进。

第五，张作相所部应配合第三四方面军团作战，向平型关、大同进攻，并相机攻入晋北内部。①

以上的军事部署，奉鲁军是三面出击，对付三个方面的敌人。而奉鲁军的主力是张学良、杨宇霆的第三四方面军。这两个军团是奉军的精锐部队，兵员足额，军饷充盈，武器精良，官兵善战。约有140个团，总计所辖兵员不下50余万人。它担负着对蒋介石北伐军三分之一的作战任务。但是，奉鲁军却用这两个精锐军团，来攻打冯玉祥和阎锡山的部队。这是以硬攻软，以强击弱。而蒋介石的第一集团军是北伐军的精锐，奉鲁军却用军纪废弛、兵无斗志的张宗昌、孙传芳的军队来抵挡。显然，这在战略的部署上，就首先输了一着棋，而且是致命的一着棋。

据说，在这个会议上，有人看出了这个严重的破绽，提出了一个很好的建议，津浦线的敌人是装备精良、训练有素的蒋介石直属部队，战斗力很强，可否由第三四方面军抽调两个或三个军，开到山东中部协助防守。山东是张宗昌

---

① 鲁穆庭等：《张作霖与阎、冯、蒋、李战争纪略》，中国人民政治协商会议辽宁省委员会文史资料研究委员会编《辽宁文史资料选辑》（第1辑），辽宁人民出版社1988年版，第35、41页。

的地盘，他不愿意别人插手山东事务。他认为自己兵多粮足，完全可以保住山东，否决了这个提议。

从后来战事的进展看，恰恰是由于张宗昌和孙传芳在山东的失败，造成了奉军的全军溃败。一着失算，全盘皆输。虽然第三四方面军打败了冯玉祥、阎锡山，张作相也顺利地攻占了大同，但由于天津吃紧，后路危殆，奉军不得不全线撤退。

4月10日，北伐军下达总进攻令，蒋介石的第一军团仅用两天时间就占领了韩庄、夏镇、鱼台、台儿庄、郯城。4月12日，张宗昌下令鲁军总撤退。当时，张宗昌与孙传芳都在济南，他下令总撤退时竟未向孙传芳打招呼。5月1日，张宗昌退至德州。

4月14日，孙传芳指挥“安国军”第一军团，从鲁西侧击蒋介石的北伐军左翼。他发动了猛烈进攻，一举突破了蒋介石北伐军阵地，并连续夺取谷亭、鱼台、丰县，北伐军一时乱了阵脚。正在这时，冯玉祥的一部分骑兵从后路冲击孙传芳的军队，占领巨野、嘉祥、济宁，截断了孙传芳军的后路，孙军急遽败走，同时损失惨重。此后，蒋冯两军一路无抵抗地占领了临沂、日照、滕县、邹县、兖州，4月22日，会师于泰安。

由于张孙两军在山东的失利，张作霖只得转攻为守，在德州、顺德一带建立第一道防线；在沧州、石家庄一带建立第二道防线，在马厂、保定一带建立第三道防线，以保定为中心，向西线集中兵力阻击南方来的北伐军。

日本政府见它所支持的张作霖在北伐军的打击下节节败退，便想助他一臂之力，于是在4月下旬悍然出兵5千余人入侵济南，5月3日，令人发指地杀害战地政务外交委员会主任兼山东交涉员蔡公时等17人，并乘机将北伐军第四十军第七团千余人缴械，制造了震惊中外的“五三惨案”。日本出兵山东，攻占济南，目的在于阻止南方的军队北上，帮助张作霖维持北京政府，保护日本在东北的特权和利益。乘此机会，向张作霖要求吉会、吉黑、延海、长大等铁路建筑权。

张作霖在重新组织三道防线后，力图各个击破北伐军。然而，事与愿违，在京津地区的战场上不断失利，使他一筹莫展。5月9日，张作霖急召张学良、杨宇霆到京，讨论停战息争事。张学良、杨宇霆均力主停战息争。会后张作霖发出佳电，提出息战议和，愿将所有军队开出关外，不问关内政治。5月12日，蒋介石认为张作霖并无诚意，决定置之不理，继续北伐。

张作霖见主和无望，决定奉军出关，以图再举。5月30日，张下总退却令。6月1日，在居仁堂举行茶会，执行各国公使，宣布离京决定。6月2日，张作霖通电声称："本为救国而来，今救国志愿未偿，决不忍穷兵黩武，爰整顿所部退出京师""惟望中华国祚，不自我而斩，共产赤化，不自我而兴"。[①]他宣布政务交国务院摄行，军事由各军团长负责，政治问题仍请国民公决。

实际上，在5月初，张作霖已开始作退却的准备了。5月2日，他派吴俊升护送眷属回奉天。5月11日令吴俊升在榆关设立后方总司令部，掩护奉军撤退。5月17日，他令许兰洲将安国军大元帅印、旗，国务院印信，外交部的重要档案全部运往关外，准备有朝一日卷土重来。

6月3日晚8点多钟，张作霖登上北行的火车。

第四节 奉天的危机

一、为筹军费滥发纸币

奉军与北伐军、国民军的频繁战事，使军费开支猛增。"十六年全年军事用款约在九千万元"，给濒于崩溃的东三省财政金融又增加了一层根本无法承受的负担。进入1928年，为了适应军事发展的需要，张作霖要求"十七年奉省海陆各军军事机关薪饷经费定为现大洋七千五百万元""至少非六千万元不可"。为筹得此项巨款，奉天财政厅、东三省官银号滥发纸币达2千多万元，致使奉票价格暴跌，"现洋一元已至奉票四十，人心慌恐，市面动摇""米面停售""险象环生""金融前途危急万分"。

在计划之外，张作霖还不断追加经费。1月13日，他电令刘尚清："现届旧历年关，1月份经费及一切用款急待发放""由省款暂拨现大洋四百五十万，奉大洋五百万，以应急需"。1月，他又电催奉省，将所需三百万现大洋"即日照拨来京"，这三百万元本该在"津号"支付，但"津号以未奉总统命令，不肯照付，"只得由奉省来筹措。

这无限追加的军费，使东省各级官长，特别是奉天省长刘尚清一筹莫展。面对十分空虚的省库，他认为要使金融得以整顿，金融形势有所好转，"非规定军事预算，无术维持"，他三番五次电请实行军费预算，削减军事用费，并偕东

---

① 郭春修：《张作霖书信文电集》，万卷出版公司2013年版，第851页。

三省官银号总办彭贤赴京谒见张作霖，力求裁减军费，确立预算。张作霖考虑再三，才决定“每年军费预算以5千万元为限”。

年军费标准虽订在5千万元，刘尚清心中清楚，现值军事方殷时期，需款无算，这区区5千万元是绝对不敷使用的。因此，在张作霖电令5千万元不敷之数“由奉省暂行措垫”时，刘尚清又电恳张作霖“弟垫付不过一时救急办法，根本之计，非从筹补或节减着手，实难挽救危机”“原订预算，现于一月实行，新年已过，务恳钧座俯念东省根本地，务将军费按照批准5千万元之数重新编定，俾谋收支适合，亦可藉示财政不牵累金融之大信”。

年军费定在5千万元，张作霖心中也明白这是绝对不够用的。给刘尚清的电中指出：“惟查十六年全年军事用款约在九千万元，该署所请批定年额5千万元，相差过巨”，在张作霖看来似乎少了点儿，“应如何分配弥补，须先查照事实，通盘筹划，方能编定预算”。言外之意，军需费用要根据战事发展情况而定，需要多少，就要想办法筹措多少。为了既保证军费供应，又挽救金融危机，张作霖“乃另筹抵补”，主要采取以下三项措施：

一、设东三省临时筹济总局，筹款济军。1928年3月14日，张作霖电令“在奉设立临时筹济总局，专办东三省筹款事宜。委任张志良为督办兼该局总办”，冯广民为会办，“张成箕、谷耀山、李象庚、丁广文、刘继伸、梁际春、高桂荣、鹿鸣、彭贤、林成秀、潘炳荣等为参事”。总局设于“奉天省城大西关小什街南楼房”内，除总局之外，在吉黑两省各设分局。筹济总局“以救济时局，维持金融为宗旨，责任綦重，范围甚广”。筹收款项包括“不属于原有督征、经征、分征各机关所收捐款”，以及办理“与督征、经征、分征机关有相关涉之收捐事项”。既征收正税以外的所有捐款，也要征收正税以内的捐款，其捐项既杂又广，甚至包括鸦片的种植和销售税，从而在客观上刺激了鸦片的种植，一时间烟毒泛滥，给社会和人民生计造成极其恶劣的影响。

筹济总局从两方面征收烟税，第一是强迫农民种植鸦片，然后计亩征收鸦片膏，交由筹济局销售，从中渔利；第二是允许药店公开销售鸦片，筹济局从收取证费中获得利益。收取的证费包括药店经营许可证（分四等：甲100元、乙60元、丙40元、丁20元），药店接继营业许可证，大烟销毁证及大烟起运护照。

二、借款。为求得金融的稳定，筹集基金收回滥发的纸票，刘尚清于2月1日连发数电致交通部长常荫槐和驻北京官银分号的彭贤，求他们多方借款，助其一臂之力。“我弟关怀桑梓，素具热诚，多数借款维一时不易成功，若数在千余万，以弟所处地位及宏力或不难即行作到，万请拨见赶速，设法进行。在此时如能凑集二千万元，即可将奉票尽数收回。”刘尚清致彭贤电：“闻永衡官银号存现款千余万元，非尽数借来，难救危急”“两者本有互借前例，益以帅座威信，事在必成”“远东银行借款，兄在奉曾与绍棠、维东商洽均允，照力此事关系东三省金融甚巨，兄意须数在二三千万方敷周转”。除了向银行号借款，刘尚清嘱咐彭贤“无论何处何人，如存有现款，均可暂行借用”。

除此之外，奉省还向中交两行强行借款。“中交两行在东三省设立有年，以国家银行之资格支应发行现洋纸币”，该行“在奉省发行之汇兑券不下四千万元”，另外还在哈埠及江省发行哈大洋券达千万元以上，“获利尤多”。彭贤奉命代表奉省向两行商借现洋150万元，并“言明系有息借款”“定期偿还”“讵该两行竟无维诚意，再四磋商，迄未完全承诺”。针对中交两行这种“仅知自利益，不顾地方大局”的态度，省署勒令两行在一星期内各筹大洋250万元（比商借各多100万元），交由省政府为维持金融，“倘逾期不能筹交，即由本署通令，对于该两行所发之奉省兑券及哈大洋一律停止行使”。真可谓无所不用其极。

三、军费由三省共同分担。2月16日，张作霖致电吴俊升、张作相，指出军费“若归奉省全行担负，财力实有不逮，势非由吉、江两省通力分担不克济事”，并打破一月份才定的军费预算，将年费开支定为六千万元，“由奉天担任5千万元，吉省六百万元，江省四百万元”，并令“迅速筹定的款，随时解交奉库备用”。

2月28日，张作霖在给刘尚清、彭贤、臧式毅的电中，又将军费标准增加到了7500万元，“吉江两省协任一千万元，其余不之足之数以及吉江两省协款未解到以前，先由奉天暂行垫付”。并严令按月拨解，“勿得延误”。尽管采取种种措施，但自于省库竭蹶，三省的筹款没有一个按月拨解的。已是2月底，江省因嫌款数甚巨，一二月份的款还未筹齐，即使是“立即筹办，亦必须至下半年始能收有成”“自本年七月起陆续解缴”。

奉天财政厅长关定保2月28日在给常荫槐转刘尚清电中针对“预算外不敷之数及吉江两省应解款额须由奉垫付”感到十分为难，他认为“值此青黄不接，盐款、库款万分拮据之际，能将奉担之额如数筹足已属不易，益以垫款，实难办到”。并提出奉省所负担的订额也“恐只能筹得半数”。由此可见筹款十分艰难。“已届四月初旬，其三月份经费尚未照数拨解”。

张作霖在3月17日至4月9日连发数电催奉省解交3月份欠拨的军费833万元，并且一再用“勿延”“切切”“不得怡误”等字眼，但仍无济于事，军费已是无可再筹。

二、奉天举行10万民众反日示威大会

临江地处边陲，形势险要。县城东西两侧有崇山环抱，鸭绿江由城南流

过，“隔江与朝鲜中江镇对峙”[①]。境内森林茂密，“土地肥沃，适于农耕，矿产丰富，从未采掘”“舢舶往来，运输称便”“为赴长白山等处要冲”。[②]所以日本老早就想到临江安上个据点，以便扩大侵略。1923年12月间，日本驻安东（丹东）领事西泽义征向外务省写了一份关于在临江设立领事分馆的报告。日本政府为此多次和奉方交涉，张作霖拒绝日方设领要求。可是日方仍坚持在临江设立领事分馆。但未敢贸然行事，只是暗中为领馆的建立做些准备工作而已。在日本田中义一上台组阁前后，日方便以鸭绿江右岸增加贸易量、保护侨民（实际该地区无日侨）为借口，骤然加快了在临江设领的步伐。1927年3、4月间，日方连续进行了盗购领馆所用宅地、确定领馆人事安排，同时派人以重金收买临江地方官吏等一系列非法活动。

先是，日方驻安东领事西泽苦于临江非约开商埠，无法租到领馆宅地，曾责成日人渡边到临江城里后台找住户王作昆。因“王作昆与安东采木公司之日人渡边交际多年”，并“认渡边为义父”，所以盗购宅地之事，一谈即妥，条件是“王作昆将地22亩、房3间，永租予日人关谷名下为业”，日方则将其安排在采木公司任职且给以高薪。随后王作昆便托人到临江县公署将宅地“大照”骗出送往安东。这样，日方领事馆所用宅地就算“买”成了。此时，日本驻安东领事已由冈田兼一接替西泽义征。日方选调田中作任驻安东领事馆副领事兼临江分馆主任，任命斋藤孙治为临江分馆警察署长，并指令田中作等于1927年4月16日率属赴任。

在田中作等去临江之前，日方多次派人到临江试探，试图收买临江地方官吏。先是临江对岸中江镇日警署部李凤林（朝鲜人）过江来访。李先至警甲所见所长吴常安，声称日本外务省已向北京政府外交部请求在临江设领，如临江方面不愿日本派新人来，他担任此职是否赞成，并说“若能予以援助，势必重酬”。吴严词拒绝。李又至县公署见县知事张克湘，亦言“事成必报以巨金”[③]，同样遭到严词拒绝。

1927年4月23日临江公署同时接到两封来电。一封是道尹公署拍来的，内称：“旧人田中作赴临携带游历护照，须妥为保护，并派人督视其行动，令其早日出境。”另一封是日本驻安东领事馆拍来的，内称：“敝国拟在临江设立领事分馆，已派副领事田中作前往调查开馆，并蒙贵国外交部暨北京与奉天要人之

① 《临江写真》，《盛京时报》，1928年1月17日。

② 胡玉海、张伟：《沈阳三百年史》，辽宁大学出版社2004年版，第406页。

③ 辽宁省档案馆藏：《外交部特派奉天交涉员署档案》，案卷4312号。

谅解，除知照东边道尹外，并乞贵知事照料。”[1]两封电报的内容，“显然两歧”。同日，又收到自通化日领事馆寄来的公函四件，封皮俱写“邮至临江县交日本领事分馆警察署长斋藤孙治”。据此，张克湘、吴常安等认为日方已经不顾中国政府反对，单方面决定成立领事分馆了，于是一面向上级报告，一面准备坚决抵制，绝不让日本强行设领的阴谋得逞。4月24日，县公署接东边道尹电称：“日拟在该县设立领事分馆，未有省令，决难通融，应严词拒绝，勿庸再行请示，田中作所持护照与事实不符，应速劝其出境。”[2]日本在临江强行设领，事关国权得失，身家安危，所以临江人民对于事态发展极为关切。群众连日涌向县署询问消息，并一致要求政府坚决抵制。4月25日，群众得知日方已决定设领，乃由县农会、商会、教育会等团体联名发出通电，指出：“查鸭绿江流域，上下千五百余里，临江扼右岸中枢，日本垂涎已久”，今“骤然谋设领事，按其用意”，一为谋取“沿江流域政务之权，再为经济排我商业之发展，其司马昭之心，路人皆知”。[3]4月，临江城乡人民为拒绝日方设领举行了声势浩大的示威游行。游行队伍，高呼“拒日临江设领”“保卫国家主权”等口号。同时，组织了“临江全境拒绝日领请愿团”，表示“本团以全境十万民意合组而成”“坚持拒日设领，不获全胜，决不罢休！”田中作等并没有因为临江官民反对设领而罢休。5月29日上午，田中作亲率十几名日人，身着便服，偷渡鸭绿江，窜入临江县城，准备在王作昆家的房子上升起日本国旗，在拍照（企图造成既成事实后，逼北京政府就范）时，被群众发现，当即予以制止，致使田中作拍照未遂，并被驱逐出境。临江人民为防后患，当即派人将王作昆盗卖之房拆毁，并要求当局通缉私卖房屋予日人的王作昆，没收其宅地归公。同时给负责督办此案交涉的杨宇霆等人发出通电，指出：“临江为东边咽喉重镇，一县之得失，实系三省之存亡，列宪果久置而不问，民等唯有拼我十万头颅，与诡谲贪野日人周旋于鸭江岸上。倘不幸公理泯灭，日人得逞，甘愿随公理以皆殉。”[4] 田中作的如意算盘，屡遭失败，竟恼羞成怒，公然向田中义一内阁提出申请，出兵临江，实行武装设领。日本内阁答应他在临江对岸集结军警，以“定期演习”的名义向中国当局施加压力。7月初，日本在鸭绿江左岸的朝鲜境内的中江镇，挖战壕，架枪炮，制造紧张气氛，试图以武力威胁恫吓，迫使中方屈服。日军的

① 辽宁省档案馆藏：《外交部特派奉天交涉员署档案》，案卷4312号。
② 转引自胡玉海、张伟：《沈阳三百年史》，辽宁大学出版社2004年版，第407页。
③ 辽宁省档案馆：《奉系军阀档案史料》（第6册），江苏古籍出版社1990年版，第367－369页。
④ 辽宁省档案馆藏：《外交部特派奉天交涉员署档案》，案卷4312号。

这一行动当即激起了临江人民和奉天省城人民的强烈义愤，进而掀起声势浩大的拒日临江设领的反日爱国斗争。当然更为关键的支援还是东北首府沈阳。奉天省立师范等5所学校的师生，首先发起声援临江人民拒日设领的示威游行。继之，奉天各界人士也纷纷参与了游行示威活动。5月11日、12日两天，奉天《东三省公报》《东三省民报》《醒时报》连日发表拒绝日本在临江设领的声明。5月29日，奉天省教育会、农务会、工务会、金融会、律师公会等团体，联合向驻北京的张作霖通电，要求与日本交涉，反对日本临江设领。接着，奉天省议会于8月2日，以“部分同仁”的名义，决定组织“东三省外交后援会”“以资补助官府，挽回主权”。紧接着省级各法团也相继组织各自的“后援会”，并致函奉天省公署：“日人恃其强权，侵略东省，种种野蛮行动，令人发指。乃近更违反公约，擅在临江添设领事，侵我主权，勿稍退让。”并使自己的反日活动迅速公开化。奉天拒绝日人在临江非法设领的斗争，迅速波及到吉林、黑龙江各地，一时间东北大地，反对日本临江设领的浪潮此伏彼起，滚滚向前。

拒日临江设领是一场爱国反日斗争。在这场斗争中，广大工农小资产阶级知识分子和民族资产阶级团结一致，同仇敌忾，都发扬了伟大的爱国主义精神。在沈阳，8月6、7两日，奉天总商会召开会议，发动日厂华工罢工，号召商界排斥日货。8月10日，奉天总商会正式成立以杜重远为委员长的“奉天省商工拒日临江设领后援会”。8月12日，“外交后援会”举行全体执委会委员及各报社记者和日本驻奉天的新闻记者代表会议。杜重远首先在会上以无可辩驳的事实，淋漓尽致地揭露了日本帝国主义阴谋侵略我东北的罪行和在临江设领的野心。阐明建立“拒日临江外交后援会”的意义和宗旨。宣读了《奉天全省商工拒日临江设领外交后援会宣言》，表明拒日临江设领的决心。杜重远指出：“临江设领问题，非关于临江一县，实有关中华全国，且非关于中国，实有关东亚和世界也。何以言之？田中内阁之东方会议深为世界所注意，更为吾国及东三省人民所惊心。临江设领，即东方会议侵略政策之先锋，吾人对此侵略政策如不极端反对，是直伏首帖耳任其宰割也。故临江设领，哲死不能承认。”杜重远系日本留学生，对日本蓄谋已久的侵略阴谋，了如指掌，他的讲话可以说切中要害。可是他的话音刚落，日本新闻记者故作姿态，起而提问：“贵会为临江设领事件发起后援会，敝人等固深表同情，惟田中内阁之东方会议以及侵略政策，何所根据？恐系传言之讹。”对此，外交后援会重要成员王宪文当即将日本新闻所载的东方会议的内容，用流利的日语当众宣读，并说：“敝人深知贵国新闻界的实事求是，有闻必录，确有代表舆论之价值。东方会议之结果即系贵国新闻所登载，其为事实也可信无疑……”接着，又有日本记者辩驳说：临江设领乃根据“二十一条”，并非无故强设。王宪文当即回答：“二十一条乃贵国与袁世凯私人所订定，并未经敝国政府所承认。况自欧战以后，华府会议对于一切不平等条约，经各国否认，是所谓二十一条者，其根据早已动摇矣，尚能据之以侵及其他乎？”[①]奉天总商会副会长杜重远还结合切身经历，写下了《泣告东省父老兄弟姊妹书》，呼吁同胞起来抵制日本帝国主义的侵略行径。以杜重远为临时委员长的“奉天全省商工拒日临江设领后援会”，在8月中旬至9月初连续召开了几次市民大会。9月1日，外交后援会召集各界代表会议，议定在9月4日召开全市市民大会，然后举行大规模拒日临江设领示威游行。会议同时决定，由外交后援会发出“关于召开市民流行示威大会通知”，要求各商号负责赶制白布制作的宣传标语、游行用手持小旗以及传单、漫画等。

9月4日，奉天城各商店和居民住宅，都悬挂五色方旗，全城遍贴标语，男女老少纷纷走出家门云集奉天总商会礼堂前，与会者多达10万人左右。总商会门口的“众志成城”和“存亡在此一举”两面巨幅额，表达了奉天人民万众一心、誓死保卫国家主权，反对日本帝国主义侵略的决心和意志。当游行队伍经过日本人在沈阳经营的满洲银行（今市工商银行）门前时，杜重远亲自登车讲演，指出：“临江无日侨，无设领之必要”“日本想要吞并东三省为其第二个朝鲜，吾等赶快猛醒，我们一定要把这场斗争坚持到底，不能虎头蛇尾！”沈阳民族资产阶级的活动，并不只限于对日口头抗议和声明，而且主张从“根本去作”“以达到国富民强的目的”。他们的设想是：“以吾奉言之，各县商会，至少限度一会成立工厂一处，则奉省即可得新工厂70余处，是则不云排斥外货，而外货自无形消沉矣。”这种设想立即实现可能有困难，但其从发展经济、增强国力做起的想法，无疑是非常有见地的。

游行示威后，“奉天省商工拒日设领外交后援会”分别发出了《致日本新闻界书》《致田中内阁书》《奉天省商工拒日临江设领后援会宣言书》以及《第二次宣言》《第三次宣言》等。奉天女子师范学校的学生，为进一步扩大宣传还赶排了反日话剧。各大、中学校陆续罢课，并与兵工厂联系举行示威游行。工商各界和市民在杜重远等人的组织与领导下，掀起了提倡国货、抵制日货的浪潮。同时，奉天各界的斗争烈火开始向吉、黑两省蔓延。奉天全省有59个县先后成立了“拒日临江设领后援会”，并派出驻省联络员，誓作拒日临江设领的坚强后盾。

---

① 辽宁省档案馆：《奉系军阀档案史料》（第6册），江苏古籍出版社1990年版，第496页。

由于广大群众对日人在临江设领，持坚决抵制态度，张作霖的态度也转为强硬。1927年5月2日，奉天省长公署根据张作霖的指令下达一道训令："查日似拟设临江领事分馆，有违条约，无论如何，断不准行。应由特派员严重交涉，据理力争，毋稍让步。"①可惜，张作霖对日强硬态度保持的时间并不长。后在日本当局的强大压力之下，其态度又变了。不久又下令；东北"三省商民近有组织游行，并闻有打倒军阀、打倒帝国主义、打倒日本现在内阁、抵制货物等标语，如此情形，不特妨害地方之秩序，且于外交感情易起误会""倘仍发生前项运动，着即督伤军警严行制止，如文武官吏奉行不力，滋生意外枝节，惟各该长官是问"。②

尽管张作霖的态度前后有所变化，可是奉天人民并未因此而停止反日斗争，相反运动很快形成以沈阳为中心，以临江为前哨，仍在蓬勃发展。经过近半年的英勇斗争，最后日本帝国主义不得不于1927年9月17日宣布取消在临江设领，并撤走临江对面中江镇的日军。至此，一场历时5个月的拒日临江设领的反日斗争终于取得了重大胜利。

第五节　满洲省临委领导下奉天革命形势的发展

一、中共满洲省临委成立

中共第五次全国代表大会后不久，为了加强党在东北三省的工作，中共中央常委于1927年5月18—19日在汉口召开"东北工作会议"。会议由周恩来、瞿秋白主持，东北地区邓鹤皋、胡步三、尹才一、关向应、陈日新、穆景周、由文秀等参加了会议。会议认为，随着革命形势的发展和东北地区中共组织的日渐扩大，在东北地区亟需建立一个党的统一的领导机关，以加强组织的领导，并确定党在东北三省的统一领导机关名称为中共满洲省委。这次会议还决定，将大连、哈尔滨两地委改组为市委，并成立奉天市委，吉林方面的党组织归奉天市委领导。中央指定邓鹤皋为中央满洲省委筹备委员会书记，吴丽石为组织部长。

---

① 辽宁省档案馆藏：《外交部特派奉天交涉员署档案》，案卷43123号。

②《盛京时报》，1927年9月16日。

6月中旬，吴丽石来到奉天，在传达党的五大精神和中央常委会议决定的同时，将中共奉天特别支部改建为中共奉天市委，并决定由任国祯任中共奉天市委书记，杨志云负责组织，高子升负责宣传。然而，就在中共奉天市委成立后不久，任国祯、杨志云在领导奉天制麻株式会社工人罢工斗争时引起敌人的注意。“满铁附属地”的日本警察于6月29日逮捕了任国祯、杨志云，并传讯了高子升，拘留了杨韦坚，中共奉天市委遭到严重破坏。奉天形势的突然变化，使筹建满洲省委工作被迫中断。

8月9日，中央临时政治局第一次会议决定组建北方局，以王荷波为书记，蔡和森为秘书长，负责管理山东、满洲、山西及内蒙等地党的组织与工作。中共北方局成立后，根据东北情况的变化，为加强东北地区的工作和统一奉、吉、黑党组织的领导，决定派中共顺直省委组织部长陈为人到东北贯彻中央会议精神，并重新组建中共满洲省委。

1927年10月14日，陈为人从天津抵达奉天，与吴丽石、张任光等人取得联系，共同开始了筹建中共满洲省委的工作。他们分别到各地串联，广泛开展工作。经过10天的紧张准备，1927年10月24日，陈为人主持召集哈尔滨、长春、吉林、奉天、大连等地东北党的活动分子共14人在哈尔滨道里十二道街中共地下党员阮节庵家里召开了党的活动分子会议，也就是东北地区第一次党员代表大会。在这次会议上，正式成立了中共满洲省临时委员会，并选举陈为人、吴丽石、王立功、胡谦之、张任光、韩慧芝、邓鹤皋（未到会）7人为临时委员会委员。陈为人、吴丽石、王立功3人为执行委员；陈为人为书记兼宣传部长，吴丽石为组织部长兼农运部长；张任光任青年团书记，王立功、胡步三、韩慧芝分别负责工运、军事和妇运工作。省委机关设在奉天北市场福安里19号。

会议通过的《我们在满洲的政纲》提出：“取消日本与张作霖所订的一切侵略的条约”“驱逐日本军警出境”“取消一切不平等条约”“收回一切租界与日本所经营的铁路矿山航行以及其他重要的产业”“反对一切军阀间的战争”“没收军阀官僚的财产”“人民有集会、结社、言论、出版、通信等的自由”“男女在政治经济上一律平等”“实行保护童工、女工政策”。《政纲》还提出：“乡村中的一切政权归农民协会”“城市中一切政权归革命委员会”。在《满洲工人运动决议案》中，分析了东北地区工人的状况，指出在30万产业工人中，在日本产业和受日本资产阶级严重压迫的就有20万人。因此，如何保护中国工人的利益，就是一项极为重要的任务。决议案提出“中国工人一律增加工资”“中、日、俄工人平等待遇”“反对日本人和中国军阀枪杀工人”。在工人的经济利益必须得到保证的同时，号召“工人武装起来”“中日俄工人联合起来”，在东北地区建立各种工人组织，将工人团结起来进行反帝反军阀的斗争。

在《满洲农民运动决议案》中，提出“没收大地主的土地，农民自耕自得”“打倒土豪劣绅贪官污吏”“反抗一切苛捐杂税”；在各地组织农民协会领导农民进行反帝反封建的斗争。

大会通过的《政纲》和工人运动及农民运动的两个“决议案”，反映了当时东北广大人民群众要求翻身解放的强烈愿望。这是中国共产党反帝反封建革命纲领在东北地区的具体应用。它对于进一步唤起东北工农群众的觉悟，扩大党的影响，恢复与壮大党的组织，推动人民革命斗争的开展，起了很重要的作用。

会议结束之后，中共满洲省临委立即向东北各地党组织发布了第一号通告：“现据中央新决议及满洲各地活动同志大会决议，已成立满洲省委，管理奉、吉、黑三省党务。”要求各地党员自接到此通告之日起，要立即进行改组或恢复组织的工作；要切实执行省临委的决议和中央的各项指示、训令，不许以群众无组织、党无基础、压力太大等借口，抛弃无产阶级利益，不去领导群众维护阶级利益的斗争。

中共满洲省临委的建立，使全东北地区党的组织有了统一的领导机构，为各地党组织指明了新形势下的工作方向，振奋了各级党组织和全体党员的革命精神，使东北人民的革命斗争进人新的发展阶段。

二、奉天基层党组织的恢复

大革命失败后，东北同全国一样，各地的中共组织遭到严重破坏。鉴于这种情况，中共满洲省临委根据党的“八七”会议通过的《党的组织问题决议案》中关于加强各级党组织的巩固工作，提高各级党组织的战斗力、保存力量、扩大影响等指示精神，提出党的组织的恢复、巩固与发展，是一切工作的基础，是领导各项群众斗争的先决条件。

中共满洲省临委在第一号通告中，向各级党组织提出“当即举行改组或恢复组织”的要求后，随即派出省临委委员和工作人员先后深入到哈尔滨、长春、吉林、大连等地，进行深入细致的恢复和整顿党组织的工作。

由于任国祯、杨志云被捕，第一届中共奉天市委的工作尚未完全开展即遭破坏。至1927年10月中共满洲省临委成立前，奉天基层党组织处于分散状态，其战斗力受到极大影响。陈为人、吴丽石对奉天党组织的发展工作十分关注。早在筹建中共满洲省委期间，陈为人就曾指示满洲医科大学的党员王义心、邓述明要积极发展党员。后来经过工作，亲自批准了满洲医科大学的学生范小峰等人入党，建立了满洲医科大学党支部。在满洲省临委的直接指导下，奉天分散的党员逐步组建了兵工厂党支部和职员党支部以及奉天医专党小组，奉天市内党员达50多人。

随着东北地区党组织的扩大，为了检查和总结中共满洲省临委成立以来开展党的工作的经验和教训，1928年1月末，中共满洲省临委在奉天召开了第二次党员代表大会。会议听取了中央政治局扩大会议决议案的传达报告，陈为人代表省临委作了《中共满洲省临委政治党务报告》。陈为人在报告中详尽分析了东北地区的政治形势，揭露了奉系军阀勾结日本帝国主义残酷搜刮和压榨工农民众的罪行，总结了各地工农民众的斗争情况，并指出当时种种客观环境，特别是工农斗争的不断发生，是有利于我们党开展工作的。报告中肯定了省临委成立后取得的成绩，特别指出："各地的同志已恢复了组织，各地党支部已在省临委所指导下，各项工作有了具体计划，内部的腐化大大减少。"报告指出："第一次代表会议的政纲、农运、职运决议案上，与其他一切通告文件上，对于自发的工农斗争的要求与策略，没有一条不复用和不对的。"因此，还要继续努力贯彻执行。与此同时也指出了省临委指导机关不健全、巡视工作不够、党的组织纪律不够严格和党组织联系不密切等方面不足之处。为了巩固成绩，克服不足，大会确定今后的主要任务；建立健全各级党组织；训练干部人才；组织农民起来斗争；在军队中开展士兵工作；努力发展进行秘密工作的组织；要经常普遍地进行巡视工作等。

大会选举产生了新的中共满洲省临委会，陈为人继续担任省临委书记。

大会通过了《中共满洲省第二次代表大会对中央扩大会议决议案之决议》。

东北地区第二次党员代表大会的召开，对东北各地党的各项工作，尤其是刚起步不久的党组织的发展和建设工作，是一个有力的推动。

会后，为培训党的干部，省临委在奉天举办了3期党员训练班。省临委对训练班十分重视，书记陈为人、组织部长兼农运部长吴丽石、团省委书记张任光都亲自到训练班讲课。通过学习，党员提高了自身素质，地方干部得到了培养和锻炼。奉天地区参加学习的有苏振久、邢培卿、周东郊、陶惠鸣、邹立孟、孙佐民、王纯一等人。他们学习后，以新的姿态、新的热情投人工作，认真执行党的各项方针、政策，团结群众，发展了一批党、团员，对奉天党组织的发展和工农运动的开展都起到了积极作用。

东北地区第二次党员代表大会以后，中共满洲省临委为加强对奉天基层党组织的领导，于1928年3月决定将奉天市内比较分散的党员组成一个区委（即中共奉天东关区委员会）和两个特支（兵工厂特别支部、职员特别支部），派于治勋组建奉天东关区委，并任区委书记，领导兵工厂党支部和职员党支部，开展革命工作。在两个月的时间里，省临委无论是在加强自身建设，还是在指导下级组织建设方面，都做了不少切实的工作。

1928年3月28日，省临委召开第二次执委扩大会议，分析东北地区阶级和民族矛盾日益加深，工农运动有所进展的形势，提出了党应把发展工人运动作为中心工作以及在工人、农民和士兵中建立党支部等策略。

会议以后，中共满洲省临委加紧对各地党组织的调整与发展工作。在奉天，由于东关区委书记于治勋调往哈尔滨县委工作，省临委于1928年5月决定，将东关区委和两个特支合并，建立中共奉天市区委员会，由王传璧任市区委书记，机关设在北市场公益舞台对面。中共奉天市区委通过交通员同省临委和基层支部及个别分散党员联系，奉天的党组织有了一定发展。

三、党的六大决议在奉天的贯彻

1928年4月，中共中央常委会议根据共产国际的指示，决定在莫斯科召开第六次全国代表大会。满洲省临委唐宏经、张任光、于治勋、朱秀春、王传璧参加“六大”。9月，中共满洲省临委在奉天召开了东北地区第三次党员代表大会。出席会议的代表21人（包括参加“六大”回来的代表），他们代表着奉天，哈尔滨、大连、抚顺、辽阳、台安、沟帮子等25个党的地方组织、230名党员。大会的任务，主要是传达“六大”精神，科学地分析大革命失败后东北的形势和党的任务，以便统一东北全党的思想，推动革命的发展。

大会通过了《关于接受全国第六次大会决议案的决议》《政治党务决议案》和《农民运动决议案》，确定了东北地区党的政治路线和面临的工作任务。大会指出：“党的政治总路线是要适应目前革命的局面，从引导日常斗争中，取得成千成万群众围绕在党的口号周围。尤其注意努力促成工人阶级革命领导权，以准备革命高潮的到来。”党的任务是；在职工运动中加紧建立党的基层组织，努力实现每个大企业有党支部；在反日斗争中，要努力实现工人阶级为先锋，引导城市小资产阶级开展反日斗争；在反对军阀工作中，反对军阀战争，揭露国民党屠杀千万工农的罪行；在农村中，加紧贫苦农民的工作，组织雇农工会、农民协会，宣传土地革命、苏维埃政权等口号（但不是目前的行动口号）；在军队中，积极开展士兵工作，设法成立士兵本身的组织；宣传党的民族政策，开展韩蒙民族反日、反奉、反中国豪绅阶级运动；在干部中要努力发挥工人领导的作用，加紧政治训练和群众的宣传发动工作，铲除组织上的一切错误和缺点，防止机会主义，肃清盲动主义。

大会决定将满洲省临委正式改为中共满洲省委，选举陈为人、吴丽石、唐宏经、张任光等正式委员7人、候补委员3人。省委书记陈为人，组织部长吴丽石，工运部长唐宏经，团省委书记张任光。

这次大会是东北地区党的一次重要会议。它在党的第六次全国代表大会的决议精神指引下，总结检查了中共满洲省临委建立以来的工作，批判和纠正了急于组织暴动的盲动主义政策，深刻分析了当时东北的革命形势，确定了党的工作任务，对党在东北地区贯彻执行“六大”的决议，推动党在东北地区工作的发展，都起着积极极的作用。

1928年11月，周恩来由苏联回国，路经奉天。为了进一步向中共满洲省委传达“六大”精神和共产国际的有关指示，并检查中共满洲省委工作，周恩来在奉天停留了数日。此间，周恩来向满洲省委传达了“六大”决议精神，阐明了中国社会性质和革命基本任务，指出当时革命形势不是高潮，而是处于两个高潮之间。总的任务不是进攻和普遍组织武装起义，而是积蓄力量，争取群众准备新的高潮。他指出在政治上既要反对右倾机会主义，又要反对“左”倾盲动主义，而“左”倾盲动主义是当时党的主要危险。周恩来还听取了满洲省委的工作汇报，尤其是重点听取了王鹤寿对奉天兵工厂党的工作情况的汇报，并在陈为人陪同下来到工人居住区东三家子，接见了兵工厂的党团员，听取了他们的意见，鼓励他们努力开展党的工作。

周恩来对“六大”精神的深入传达以及对满洲省委工作的检查指导，极大地推动了满洲省委对“六大”决议精神的贯彻执行和各项工作的深入开展。

在满洲省委第三次代表大会以后，由于贯彻了党的“六大”精神，改变了过去急于组织暴动的盲动主义政策，省委组织了反日行动委员会，致力于工农运动和反日运动的领导，加强了党的宣传工作和对内部的训练工作，这就使各方面的工作有了转机。党的组织和各种群众组织又有了发展。到1928年底，省委领导的地方组织已有：哈尔滨、吉林、关东等县委；奉天、沈北、延边等区委；台安、安东、抚顺等特支和营口等支部。全满洲党员总数发展到270余名，其中：奉天57名。奉天兵工厂组成秘密工会，会员20余人。奉天、哈尔滨两市组织了反日宣传队。奉天市内党组织先后散发传单4 000余份。此间满洲省委除按期出版《满洲通讯》外，又出版了《满洲工人》《满洲红旗》《关外》等革命刊物。这样，东北地区尤其是奉天党的工作开始出现了新的局面。

四、奉天工人斗争在曲折中发展

中共满洲省临委建立后，在恢复和整顿党组织的基础上，着力领导和发动了东北地区的工人运动。省临委根据“八七”会议关于“职工运动是本党的基本工作”的指示，把发动东北地区工人运动作为工作重点。

奉天是东北政治、经济和文化中心，同时也是一个很大的工业区域。在这里几百人和几千人的工厂很多，仅奉天兵工厂就有工人两万多人。在中共满洲省临委的领导下，在奉天的几个重要的工厂中都成立了党的组织，并领导工人进行了积极的斗争：1928年初，迫击炮厂工人为反抗厂方的压迫进行怠工斗争；印刷厂工人为要求增薪进行斗争；东北大学工厂200余名青年工人为要求年关补助、缩短工时举行罢工斗争。1928年2月20日，奉天城内12家造纸厂367名职工，为增加薪金举行了同盟罢工。全行业群起而响应，700名工人全部参加了斗争，坚持半月之久，取得了胜利。2月28日，奉天大安烟厂200名工人为要求增加工资、缩短工作时间被厂方拒绝而举行了罢工。党立即派人深入罢工群众之中，加强对罢工斗争的领导。1928年6月25日，奉天窑业公司和满洲窑业工厂1 500多人举行了大罢工，经过6天的斗争，取得了增加工资的胜利。党还派人到英美烟草公司及京奉路工人之中，组织和扩大工人群众反虐待、反路警压迫的斗争。

中共满洲省临委对奉天兵工厂的工人斗争一向十分重视。在省临委直接领导下，兵工厂党支部在工人中做了大量组织、宣传和发动工作。该厂有20多名党员、20多名团员和20多名工会会员。省临委书记陈为人经常深入到工人中间，了解工人的思想、生活和斗争状况，并和工运部长王立功一起分析、研究并指导该厂工人进行斗争。1928年初，兵工厂的工人发动了同厂卫队的斗争。1928年3月，兵工厂职工为反对增加夜班，要求津贴改现金而进行怠工和罢工斗争。1928年春，由于军阀混战，军费开支激增，奉系军阀不顾人民生活苦痛，增加苛捐杂税和滥发奉票，致使物价上涨，奉票贬值，造成工人实际收入大幅度下降。兵工厂中的3 000多名南方技术工人深受其害，他们每月将奉票兑成银元寄回家中，可由于奉票贬值，兑成银元后折损很大。所以他们首先向厂方提出了改发奉票为银元的要求，这一要求得到全厂工人的积极响应，其他工人也都纷纷提出了增加工资、奉票改银元、反对剥削等要求，并先后举行3次较大规模的罢工斗争。最后厂方被迫答应每月工资发三成奉票，七成现洋，斗争基本取得了胜利。

国际运输社南满站搬运工人，日资大连机械制造所奉天支店工人，日资奉天浅野铁工所工人，奉天电车公司工人，日资满蒙毛织株式会社工人等都先后举行了罢工斗争。

满洲省委召开第三次党员代表大会之后，在省委的领导下，奉天的工人运动得到了深入发展。

1928年九十月间，中共满洲省委先后派张子安、王鹤寿到兵工厂深人开展党的工作。他们通过已有关系，住进工人居住区，利用一切条件，深入工人群众中宣传革命思想，发展积极分子，扩大党的影响。至11月间，在工人中先后发展党、团员十余人，党的力量得到了壮大，工人运动有了发展。

此外，共产党员金德贵、宋庆涛分别到英美烟草公司和奉天陆军被服厂开展活动，鼓励和支持工人为提高生活待遇而进行罢工斗争，从而扩大了党的影响，增强了党同工人群众的团结，促进了工人阶级队伍的不断成长。

第五章 皇姑屯事件前后的奉天

- 张作霖与日本的微妙关系
- 日本关东军皇姑屯设伏
- 张作霖皇姑屯罹难

1928年6月4日，奉系军阀首领、北洋政府末代国家元首张作霖，在日本关东军蓄意制造的皇姑屯事件中殒命。皇姑屯事件不仅是中国近代史上的一件大事，也是中日关系史上的一个重大事件。探究张作霖的一生，不难发现在他登上政治舞台的十余年间与日本有着千丝万缕的联系。初入政坛的张作霖既非名门出身，又无特殊宦途履历，在辛亥革命前后，为保住既得的权力与地位，凭借他在绿林学会的一套曲意逢迎和随机应变的本领，在对日关系中采取了一种主动接近寻求支持的态度。面对张作霖的主动，日本则采取欲拒还迎的态度，既保持联系又保持距离。随着张作霖政治地位日益提高，日本又逐渐对其重视起来。日本政界利用张作霖实施"满蒙政策"的呼声高涨，日本内阁开始对张作霖施以怀柔笼络的方针，在张作霖争夺奉省统治权和兼并吉、黑时给予了实际的支持和援助。日本想将张作霖牢牢地控制在自己手中，成为他们"统治"中国的工具。但是，张作霖绝非是一个听话的"孩子"，在奉系发展壮大、走向繁荣的过程中，张作霖摆脱日本控制的自主愿望越来越强。在各个方面，对日本都采取了较为强硬的抵制措施。这些抵制引起了日本的强烈不满，日本逐渐对张作霖失望并开始酝酿寻找新的代理人。

1927年，日本成立了以军阀头目田中义一为首的政友会内阁，鼓噪"大陆扩张是日本民族生存的首要条件""利用中国资源是日本富强的唯一方法"，主张"日本政府必须确定经营满蒙的大方针"。田中在发表的施政演说中强调指出："对日本和远东而言，最迫切、最直接的重大问题是中国的局势"，日本对此要"切实考虑"。他指示外务省政务次官森恪谋划如何将"满蒙"从中国分离出去的国策。森恪接受田中的旨意后，立刻和一批狂热的军国主义分子频频秘密磋商，在本庄繁的引荐下，森恪和参谋本部的铃木贞一进行了会晤，制定了"满蒙分离政策"。随后，田中内阁召开了包括陆军、海军、外务省、本部高级官员等主要官员以及日本驻华公使芳泽、驻奉总领事吉田、驻汉口总领事高尾、驻上海总领事关田及关东军司令官武藤、高级参谋河本大作和关东厅长官儿玉等四十余人参加的联席会议，史称东方会议。

东方会议确定《对华政策纲领》，标志着日本已将肢解东北定为基本国策。东方会议提出的《基于对华根本方针的当前政策纲领》，则标志着"满蒙分离政策"的正式形成。实际上，东方会议已经成为日本发动武力侵华的转折点，也是皇姑屯事件的政治动因。皇姑屯事件的策划者河本大作在远东国际军事法庭上的供认可以生动地证明这一点，他指出：“一切亲日的军阀，我们统统抓住，能利用的时候就援助，不能利用。的时候就设法消灭掉，”以“除去了日本在满洲建立新国家的障碍”。[①]

东方会议后，田中先后派遣日本驻奉天总领事吉田茂、驻华公使芳泽谦吉和满铁总裁山本条太郎等，对张作霖展开了索取“满蒙”权益的交涉。日本方面曾考虑，就以往张作霖与日本的关系而言，张作霖对于日本的要求必能给予优先的考虑，然而事实却与此相去甚远。在铁路修建、附加税征收、土地商租以及设立领事馆等问题上，张作霖都对日本采取了较为强硬的抵制措施。这使得日本的“满蒙政策”面临着重重困难，引起了日本的强烈不满。日本开始寻找新的在华代理人，并决定对张作霖采取“最后的手段”。

皇姑屯事件后，日本百般掩盖事实真相，利用在中国东北庞大的舆论势力，采用嫁祸于人的手段，欺骗公众。东北当局从中日关系的大局着眼，特别是顾及当时东北面临的内外局势，未采取揭露其阴谋、与其正面冲突的方针，使得日本妄想通过炸张以引起社会动荡并趁机发动侵略东北的图谋最终破灭。将各方面事情安排妥当之后，张学良对外正式公布了张作霖逝世的消息。1928年6月21日，张学良、张学铭、张学曾等兄妹十四人联名发表讣告，正式宣布张作霖于当日子时寿终。同一天，奉天省政务厅也向外界宣布大元帅薨逝的消息，同时组成帅府丧礼筹办处，开始隆重的治丧活动。

第一节　张作霖与日本的微妙关系

一、最初的投靠与笼络

纵观张作霖的一生，不难发现在他登上政治舞台的十余年间与日本有着千丝万缕的联系。初入政坛的张作霖，在辛亥革命前后，为保住既得的权力与地位，在对日关系中采取了主动接近寻求支持的态度。面对张作霖的主动，日本既保持联系又保持距离。随着张作霖政治地位日益提高，日本又逐渐对其重视起来。在张作霖争夺奉省统治权和兼并吉、黑时给予了实际的支持和援助。日

① 爱新觉罗·溥仪：《我的前半生》，群众出版社1964年版，第19页。

本企图将张作霖，当成他们“统治”东北，乃至中国的工具。但是，随着奉系发展壮大、走向繁荣，张作霖摆脱日本控制的自主愿望越来越强。在各个方面，对日本都采取了较为强硬的抵制措施。这使得日本的极为不满，日本逐渐对张作霖失望并决定寻找新的代理人。

1911年的武昌起义给了张作霖一个绝佳的机会，他率部以“保驾勤王”为名从洮南星夜赶往奉天，在东三省总督赵尔巽的支持下，充当起镇压革命的急先锋。因镇压革命有功，张作霖得到清廷的破格升赏，一跃成为东北最具实力的军事将领。此时的张作霖根基不稳，急于寻找靠山，于是，在东北占有优势地位的日本成为他靠拢的目标。

1912年1月26日，张作霖亲赴日本驻奉天总领事馆，拜访总领事落合谦太郎。在双方晤谈中，张作霖表示：“革命党人以奉天为策源地，并不足惧；而今人担忧者，实为日本国之暗中庇护”“目前，东三省兵马实权在本人掌握之中，断不容革命党之类南方人任意蹂躏，如北伐军之类，何足挂齿；即袁总理，如有确实迹象证实其已附和共和，本人亦决不听从其指挥，必将自率部队，我行我素。日本国在满洲拥有重大利权，与满洲具有特殊关系，而为本人所熟知，亦为民众知晓。日本国如能以往相召，则东三省民众必将人心趋向，有所依归。本人认为与其将东三省委于南方人之手，勿宁让与外人更为了当。当此时此刻，日本国如对本人有何指令，本人自必奋力效命”。[①]1月31日，张作霖与日本驻奉天总领事馆书记生深泽会晤时再次表示：“身为北人而附和南人之共和，甘受其制，本人宁死而不屑为。果如此，尚不如依附日本为佳。况在满洲享有重大利权之日本国，如坐视东三省人民陷于无主状态而不予一顾，亦断非事理之所当然。”最后，张作霖央求深泽，“望将其谈话内容转告贵国总领事，由总领事转达贵国政府。”从张作霖上述的言论不难看出其对共和制的强烈抵触和急于寻求日本支持的媚态。

日本方面对于张作霖的主动示好并未作出任何承诺，只是“姑妄听之，毫未介意”，一度采取冷眼观望的态度。在落合谦太郎看来，张作霖是一个“对日本国深怀戒心的人”。但张作霖几次三番的表白，也给落合谦太郎留下了深刻的印象。他向外务省致密电，认为“张作霖等人目睹北京形式与其本人之愿望日益相反，如果日本此时能如彼等所想象，有意扩张南满权益，彼等即可起而迎合。以求在日本国庇护之下巩固其今后之地位”。[②]当时，落合谦太郎根据张作

① 《落合驻奉天总领事致内田外务大臣电》第51号，《日本外交文书选译》，第72页。

② 徐立亭：《张作霖大传》，哈尔滨出版社1994年版，第88页。

霖的谈话得出三点结论：其一，张作霖正处于十字路口，思想动摇，举棋不定；其二，基于他以往的一贯立场，对革命党人采取残酷手段，说明他已同共和势如冰炭；其三，日本应该乘虚而入，拉拢住他。在落合谦太郎看来笼络张作霖是十分必要的。所以，他致电外务省的电文中指出："张作霖如果不能得到日本庇护，或则重操旧业，沦为流寇，或转而投靠俄国。实难为其情。"[①]2月8日，落合谦太郎又致电外务省警告说："当此关头，我国欲扩展在满洲之权益，至少必须采取行动，以使张作霖不致断绝与我国之联系。"然而，日本外务省未完全采纳落实谦太郎的建议，日本外务大臣内田康哉电告落合谦太郎："关于同张作霖建立某种联系问题，据福岛中将私下透露，其本人亦有此种愿望。但张等一旦另有策划时，难保不将我方之机密谈话任意向他人泄漏。因此在当前可能有他人介入的情况下，不能采取任何措施与张等建立联系。""关于张作霖之为人，已如前点所述：我方如向其表明态度或许下任何诺言，甚为危险"。内田分析了当时东北的局势，认为与张作霖的关系只能止于此种程度，切不可过于深入。内田的这则电文，基本反映出当时日本政府对张作霖的态度。张作霖虽几次向日本表示投靠之意，但由于张作霖地位不高，特别是日本对张作霖的为人尚存疑虑，担心会因张而影响日本对华外交的大局。因此，当时采取了与张作霖既"保持联系、互通声气"，又避免过于深入的态度。日本之所以采取这样的态度，原因归结起来有三点：

其一，担心张作霖巴结日本的同时投靠俄国。在日俄战争中，张作霖投机于日俄两国之间，他自以为是左右逢源的做法曾被日本的秘密警察探知，日本宪兵队将其监禁并准备处死。后幸得田中义一等人的极力保护，得以九死一生，这次事件过后，虽然张作霖在效忠日本的誓约上按了手印，但也给日本方面留下了不堪信任的阴影。

其二，日本认为当时的中国政局变化形势不定，随同时局演变，满洲将发生何种事态，甚难预料。面对辛亥革命风云突变的形势，加之日本国内军部、内阁、元老在对华策略上的迥然不同，导致当时日本对待中国的"观望"态度异常浓厚。

其三，日本不想承担政治义务。日本政府认为"如能不承担任何义务而导致张氏所言之事态发生，则可能为我国将来发展对满政策造成前进一步之机会。"日本政府企图利用张作霖达到"不劳师而有人国"的目的，所以指示落合

---

① 徐立亭：《张作霖大传》，哈尔滨出版社1994年版，第90页。

谦太郎对张作霖“充分留意，相机采取适当措施”。[①]

日本的这种“观望”态度一直持续到张作霖就任奉天督军。1916年10月，日本军阀巨头寺内正毅上台组阁，其侵华手法上有所改变，采取了怀柔手段来保护和扩大日本在华利益。随着日本在东北地区侵略权益的急剧膨胀，寺内内阁开始物色和收买他们在东北地区的代理人。张作霖此时已掌握奉省的最高统治大权，这引起了日本政界的高度重视。外务大臣后藤新平明确提出了“利用张氏”的观点。后藤认为，利用宗社党和蒙匪远不如笼络张作霖对日本更为有利。后藤在《日支冲突之真相》一文中写道：“张作霖并无宦途履历，与中央政府亦无密切因缘，而在满洲，则有特殊之势力与地位。张离满洲则无地位，盖以满洲为其唯一之势力范围也。张氏心中惟有权势利欲，别无他种知识。彼认日本在满洲有绝大势力，反对日本，于彼不利，倾向日本，于彼有益。如果利用此特殊之地位，照其心中所认识者而行，则张氏将为满洲专利之王，而日本亦得利用张氏，在满洲为所欲为。乃日本不知利用此所予之机会，反弄小阴谋，此日本对满政策之所以失败也”。[②]后藤新平的《日支冲突之真相》一文在日本政界引起了巨大的反响，寺内内阁也因此极为重视，及时调整了外交政策，开始对张作霖施以怀柔笼络的方针。

笼络就意味着支持，首先表现在对张作霖与冯德麟之争上的支持。冯德麟也是当时奉天举足轻重的实力派人物。民国成立后，张作霖和冯德麟所部被改编为国家正式陆军，张作霖为第二十七师师长，冯德麟为第二十八师师长。张作霖任奉天督军兼省长后，冯德麟极为不满，对其升迁很不服气，自以为与日本关系密切，于是向日本求援，寄望于日本帮助他与张作霖争夺奉省大权。然而，此时的寺内内阁已经决定笼络张作霖，认为冯没有做大事的资质，于是拒绝了冯的请求。后来，张作霖的部将汤玉麟因与张发生矛盾，与冯联合反张。在这种十分不利的处境之下，张作霖为了在与冯的斗争中稳操胜券，首先要了解日本的态度。日本明确答应张作霖对此决不加以任何直接或间接的妨害。同时，在北京政府试图调停张、冯矛盾并派人到奉任省长时，日本驻奉天总领事赤冢正助又从中斡旋，向日本驻华公使林权助呼吁说：“信任省长一事，征诸往例，不仅对我交涉多少有些不便，而且我国政府所以对张寄予同情的原因，全在于想利用张的督军省长地位……能使张保持现有地位，我想（张）也会对我

---

① 徐立亭：《张作霖大传》，哈尔滨出版社1994年版，第89页。

② 后藤新平：《日支冲突之真相》，王芸生：《六十年来中国与日本》第七卷，三联出版社1982年版，第55-56页。

国力量倍加信赖，从而对于我们进行各种计划将有最大的便利。”[①]之后，林权助即派专使对北京政府任命奉省省长一事进行干涉，致使其最后不了了之。日本的这次积极帮助，使得张作霖终于稳坐了奉省的头把交椅。

在张作霖逐渐向吉、黑扩张的过程中，日本对他同样实行了怀柔笼络的策略。1917年3月22日，张作霖的日本顾问菊池武夫通过关东都督府转给了日本政府一份机要文件《菊池中佐对张作霖的意见书》，文件中建议日本继续对张作霖给予支持。菊池说：“得陇望蜀是人之长情，尤其他更是如此，一旦取得大的势力之后，必将起取天下之心，事至此步，更需要我们的帮助，即使举全满蒙之权利而出卖之，亦在所不辞，而在他遭到失败时，我深信更会如此。……只有乘此机会，不失时机地利用张在东三省完成称霸的心愿，或明或暗地支持和援助他，采取一种形影不离的态度，为帝国将来着想乃上策也”。[②]

1921年5月，日本政府召开会议，参加会议的有日本首相原敬及以下阁员、朝鲜总督斋藤、关东厅长官山县有朋和日本驻华公使小幡酉吉等人。会议做出了两项与中国东北和张作霖有关的决定，一个是《关于对满蒙政策》，另一个是《关于对张作霖的态度》。后者是日本第一次以政府决策的形式确定了对待张作霖的方针和政策，回答了应如何利用张作霖来维护日本在满蒙利益的问题。其主要内容如下：

“张作霖的愿望是确保维持他在东三省的实权，进而向中央政界扩展其权势，这一点已不容置疑。进来张对我文武官员述说了要得到武器和其他物质援助的要求，对张作霖今后的活动，日本的态度应格外慎重。

一般来说，在张作霖整顿和发展东三省民政和战备的过程中，在确立张的稳固统治的过程中，日本应给予张以直接和间接的援助。但是，当张作霖为实现他在中央政界的野心而寻求援助之时，则以采取不予援助的态度为宜。基于上述方针，驻华的日本官员要随时向张作霖表明日本的观点，为便于彼此联系和接触，在外交上特做如下决定：

1. 日本支持张作霖，并非对张个人的支持，是援助掌握满蒙实权的张作霖，以确保日本在满蒙的特殊地位。因此，无论何人，只要在满蒙能获得与张作霖同样的地位者，日本都与之相互提携，彼此为共享其利益而努力。

---

① 日本外务省档案胶卷，MT，118，3543—3545页，转引自：胡玉海主编，车维汉、朱虹、王秀华著：《奉系对外关系》，辽海出版社2000年版，第91页。

② 日本外务省档案胶卷，MT，118，3543—3545页，转引自：胡玉海主编，车维汉、朱虹、王秀华著：《奉系对外关系》，辽海出版社2000年版，第93页。

2. 在日本由西伯利亚撤兵之时，有关中东铁路问题、满蒙政策问题、朝鲜统治和维持治安，以及俄中、日俄边境地带之防卫问题，中日之间应协定设施之处很多，而当前中国方面之对手只有张作霖。为达此目的，必须使张作霖以善意对我，在这个意义上，在不使张丧失现有满蒙根基的范围内，对张援助仍属必要。

3. 关于武器供给问题，限于日本同各国签有禁止向中国出售武器的协定，对于张要获得武器的要求未必予以应允。与其如此，不如帮助张建立兵工厂，以实现其武器自给。

4. 关于财政援助，帝国政府并非不愿随时给予善意的考虑，重要的是应以经济贷款的方式，尤其应采取投资合办企业的方式来进行，以便避免列强的疑心和中国中央政府的妒忌。如果张巡阅使也愈加致力于实际的日中经济合作，例如在土地租借方面、矿山和森林经营方面以及其他有前途的企业方面，能尽力搞出现在和今后的日中合办公司的管理办法，并尽心尽力地去完成所谓共存共荣的原则，那么，东三省的财政即可自发地且不显眼地繁荣起来。

5. 关于中东铁路问题，日本方针的确立和实现，必须得到张作霖了解的方面还极多，尤其是关于中东铁路南线的建筑问题，要伺机实现其该线的建筑，在张巡阅使的实权之下，实现南北满洲国的交通铁路顺畅起来，尤其要实现同京奉铁路的连接和统一。要向张作霖说明，一旦如此，将便利于南北满洲兵力的集结，将取得政治、经济、军事上的三大利益。应努力通过张作霖来实现对中东铁路的借款，并且要靠张的力量来推动中东铁路局，以促进南线改筑计划的实现。”①

该文件确立了日本援助张作霖的原则，此后，在这个原则方针下，日本有选择地帮助张作霖，如果张作霖没有按照日本的意图和想法办事，则得到日本的援助是不可能的。这一点在第一次直奉大战中表现得极为明显。第一次直奉大战后，日本外相内田曾致电驻奉总领事赤冢正助，发出了关于对张作霖方针的训令。内田在电文中说：“若张作霖维持其势力之下的东三省治安，专心致力于和平之政策，其在东三省的势力，便可得到维持和巩固。一旦张凭借武力，伸张其插足中央的野心，试图进行武力统一和远征，其结果必然失败。奉直战争已经清楚地证明了这一点……若张专心致力于东三省的治安，这不仅是张自身的利益与幸福，而且是与满蒙有错综复杂利害关系的日本所最希望的，日本

---

①（日）外务省：《日本外交年表和主要文书》上卷，第524—525页。转引自：胡玉海主编，车维汉、朱虹、王秀华著：《奉系对外关系》，辽海出版社2000年版，第123-124页。

对于张作霖在东三省所实行的和平政策，寄予深切的同情，并不惜给予尽可能的援助”。[①]这一训令表明，张作霖只有专心致力于与日本有利害关系的东三省，日本才会予以全力支持。

二、必然的反抗与自主发展

面对日本这种赤裸裸的利用，张作霖心中是十分清楚的。他也有他的目的，他也想利用日本的力量来发展自己的势力，并且试图给日本以最小的回报以换取更大的利益。随着张作霖地位、势力的不断攀升，他摆脱日本的主观愿望越来越强烈，尤其是许多关乎主权利益的问题，他丝毫不让步，这在他千方百计抵制“二十一条”的过程中表现得十分明显。

日本强迫袁世凯接受“二十一条”的消息传出后，举国哗然，东三省反日情绪高涨。张作霖马上致电北洋政府：“中日交涉丝毫不可让步，如交涉破裂，愿率全师进行决战，驱逐日寇，否则一死殉国。”在“二十一条”交涉之初，张作霖主要是给中央政府出谋划策，而尽力避免自己与日本直接冲突。但条约签订后，在日本要求兑现“二十一条”时，他面临的说服对象就不仅仅是中央政府了，他必须要面对愤怒的东北民众和“帮助过”自己的强硬的日本。他一方面要说服日本相信他正在尽最大的努力来满足日本的要求，一方面必须使中国民众相信他正在尽最大努力抵抗来自日本的他所能抵抗得了的所有压迫，保全民族利益。在要求和抵制“二十一条”的两股怒潮之间，张作霖如履薄冰，小心翼翼，以不触怒任何一方为限，竭力施展两面派的手法。

依照“二十一条”及附约，大连、旅顺作为日本租借地的租期从原来的25年改为99年，这样有效期就延长到了1997年。1922年的华盛顿会议上，中国代表团提出修改包括“二十一条”在内的不平等条约，但立即遭到了日本的拒绝。此后，一个力量强大、基础广泛的收回旅顺和大连的运动在中国全面展开。面对东北民众的反日运动，日本要求张作霖对民众运动进行弹压。张向满铁总裁保证，将以武力镇压民众示威游行，将说服北京政府不宜于搞这样一个运动。然而，他在奉天主持政策制定会上却通过了一个“为避免招致日本人的反感，不要积极力争收回旅大，但另一方面，也不要过分激烈地反对目前的运动，以免引起国民的怀疑”的决定。张甚至公开表示“个人对于是项外交，决以民意为从，遂听凭民意之指挥，决无如何私鉴及行动”。日本方面得知后，十

① （日）外务省：《日本外交年表和主要文书》下卷，第25页。转引自：郭俊胜主编：《张作霖与日本关系》，辽宁人民出版社2008年版，第41页。

分震怒，认为奉系当局对排日和收回利权运动一方面予以适当的压制，一方面又利用之，实际上是想从日本方面获取某种让步，以达到收回实利的目的。

1925年郭松龄倒戈，日本趁张作霖统治垂危，向张提出了内容基本与"二十一条"中有关东北问题相同的密约："（1）日本臣民在东三省和东部内蒙古，均享有商租权，即与当地居民一样有居住和经营工商业权利；（2）间岛地区行政权的移让；（3）吉敦铁路的延长，并与图们江以东的朝鲜铁路接轨和联运；（4）洮昌道所属各线均准许日本开设领事馆；（5）以上四项的详细实施办法，另由日中外交机关共同协商决定"[①]。为了渡过危机，张答应了日本的要求，但事后日本要求签属正约时他拒绝了。并为自己签订草约一事开脱和辩解，且忿忿不平地谈及了拒签正约的理由。关于商租权问题，张对其下属说道，他原以为"让日本人在那里租一点土地做买卖那有什么关系！他妈的，谁想到那就是杂居权！"关于间岛问题，张说："吉林省延吉县一带居民都是朝鲜人，土匪很多，……让日本人在珲春、和龙及汪清各县，派驻些警察、宪兵，还可以帮助我们维护地方治安呢，所以就答应了，哪知道，这就是把咱们的地方行政权让给他们了！总而言之，日本人没安好下水（心肠），全是骗人。""咱们绝对不能承认日本'二十一条'要求以内事项，以免让东三省父老骂我张作霖是卖国贼。"张作霖密令省议会，反对签订密约[②]。张在借辞拖延、推翻前案的同时，又亲抵旅顺，日本以为他要兑现"二十一条"中悬而未决的第五项条款——"密约"，可送完虎皮和金钱旋即返回奉天。他对其左右说："我张作霖受日本人的好处，只有拿出我自己的财物报答他。我将日本银行的存款，全数赠送，表示我的全心全力，日本人如果另有要求，只要是张作霖个人所有，我决不吝啬，但国家的权利，中国人共有的财产，我不敢随便慷他人之慨，我是东北的当家人，我得替中国人保护这份财产，不负他们的所托！"[③]

张作霖统治东北期间，类似这样在情急或危难之际，"答应日本的要求，事后多不履行"的事例极多。这样做引起了日本的极大不满，更为不满的是张作霖的"自主创业"理念。1922年是张作霖对日关系的一个分水岭。在张作霖与日本之间，表面上没有什么大的冲突，似乎双方都在极力维持着风平浪静的局

① C·沃尔特·杨：《满洲的国际关系》，芝加哥1929年英文版，第197页及其后诸页，转引自郭俊胜主编：《张作霖与日本关系》，辽宁人民出版社2008年版，第60页。

② 罗靖寰：《我所知道的张作霖对日外交》，《天津文史资料选辑》（第2辑），第3页，转引自郭俊胜主编：《张作霖与日本关系》，辽宁人民出版社2008年版，第61页。

③ 阮振铎：《郭松龄反奉期间张作霖与日本的勾结》，《文史资料选辑》（第35辑），第24页，转引自郭俊胜主编：《张作霖与日本关系》，辽宁人民出版社2008年版，第61页。

面。但为了彼此心照不宣的“二十一条”，张作霖对原来的计划作了重大而又冒险、微妙而又大胆的调整。无论是军事、政治领域，还是经济、文化领域，在政策上都有了值得注意的转变，即从依赖日本提供武器、技术、资金和各种顾问的依附政策转而采取一种广交盟国“以夷制夷”的策略。

在军事领域，张作霖开始扩充军工厂。奉天城早就设有兵工厂，但其规模不大，仅能生产一些步枪子弹和无烟火药。1922年开始，张作霖投资数十万，对该厂进行扩建。其设备和材料，虽也有从日本购买的，但大多购自丹麦、德国和美国。张作霖还以1.5万英镑的巨额酬金雇用英国著名的迫击炮和雷管专家沙敦为迫击炮厂总监[①]。兵工厂共雇佣外籍技师达1 500多名，大多来自俄、德、英、美等国。当时东北兵工厂的规模宏大，设备完善，“不只全国第一，即日本人亦为之侧目”。日本人称此兵工厂为“东方第一”[②]

为抵制中日合办企业，开始发展民族企业。在张作霖统治之后，日本在东北的投资日益增多，中日合办的企业也在迅速增加。据统计，到1922年为止，日本在东北地区的投资多达14亿日元。仅在1916—1918的3年时间里，新成立的中日合办企业达38家之多，其经营内容也由一般商业贸易转向经营东北经济命脉的重要部门，如铁路、矿山、森林、金融、土地等多个部门[③]。而从1914年至1920年，日本为中日合办企业投资则由2 800万增加到4亿日元，4年增加14倍。在如此短的时间里取得如此之大的增长速度，是令人震惊的。对此，美国一家报纸评论说：“中国在满洲，仅存名义上之主权。北京尸其名，东京享其实”。[④]对日资企业的严重弊端，张作霖也逐渐有了深刻的认识，“历来的所谓日中合办事业，仅仅是在日本的事业上增加了一个名称而已，从该事业上获得实惠的也都是日本人”[⑤]。基于此认识，张作霖开始采取措施抵制中日合办企业，发展本民族经济，以抵制日本的经济侵略。

1922年3月14日，奉系在北京的机关报《正言报》上刊登了一篇题为《张巡阅使拒绝日人在东三省一切合办事业》的文章。文中说：“及民国四年之二十一条件强迫成立，则视东三省为彼之领土，予取予求，久为外间所侧目，其假中日合办名目以攫取实权之事业，不一而足，……而东省当局亦知日本不甚可

① 陈安东著，沈自敏译：《军阀与西方国家的军火贸易》，《近代史资料》总74号，第234页。
② 胡玉海、车维汉、朱虹、王秀华：《奉系对外关系》，辽海出版社2000年版，第153页。
③ 徐立亭：《张作霖大传》，哈尔滨出版社1994年版，第388页。
④ 胡玉海：《奉系纵横》，辽海出版社2000年版，第237页。
⑤ 胡玉海、车维汉、朱虹、王秀华：《奉系对外关系》，辽海出版社2000年版，第157页。

靠，凡合办事业未成立者概行拒绝，既成立者亦设法取消。”[①]这一文章鲜明地反映出奉系领导层对所谓“中日合办事业”的不满和要求独立发展地方经济的意向。1923年，奉天市地方准备开设电车业，是年9月，日本大仓组向奉天市长曾有翼提出，要求中日合办该项事业，但却遭到拒绝[②]。1923年初，有“满铁”近半投资额的东亚劝业会社，欲在通辽县管辖区内开设农场，通辽县知事富明哲允让之，奉省当局遂将富免职。鉴于东北地区企业有日俄两国复杂的外国资本渗入的关系，在张作霖投资兴建的鹤岗煤矿公司招股章程中明确规定：“本公司股份以本国人为限，官股商股权利平等”“本公司股票为记名式，除本国人外，不得买卖转让”[③]。而锦西的通裕煤矿公司虽初为中日合办，但从1923年1月起日股收回，改由华商独办[④]。由于东北当局采取抵制措施，1922年以后东三省几乎没有新建的中日合办企业。

除抵制中日合办企业外，东北当局还大力发展本民族的企业。1924年，张作霖召集东三省民政和军政要人举行会议，就发展东三省实业问题作出决定，即“三个月内募集二千万元的三省联合实业资金；在十个地方增建官营的工厂；年内在东三省开办二十个最好的官矿；追加投资二百万元，以便年内大规模地发展呼兰制糖厂、奉天纺纱厂、鸭江采木公司和本溪湖煤矿公司”[⑤]。以此为契机，东北地方相继开办了不少官办或官商合办的企业。这些企业，在防止利权外失方面发挥了积极作用。

为打破日本在东三省纺织品市场上的垄断局面，奉天当局于1921年9月动用了459万元资金创建奉天纺织厂。在得知日本在辽阳铁路附属地内设立了“满洲纺织株式会社”，企图利用中国东北丰富的自然资源和廉价的劳动力从事纺织品的生产，获取巨额利润，以垄断奉天省的纺织业之后，立即对原建厂计划予以调整，首先试车生产。而且在生产的原料原棉的来源方面，决定“除用黑山、北镇和辽阳所产的外，不用外棉”[⑥]。为与日商竞争，奉天纺织厂还不断采用新技术，所用纺织机、织布机以及电机全部由美国购进。奉天纺纱厂有力地抵制了日本经济侵略，打破了日本纺织品垄断东北市场的地位，捍卫了民族经

---

① 张雁深：《日本利用所谓“合办事业”侵华的历史》，生活·读书·新知三联书店1958年版，第139页。

② 胡玉海、车维汉、朱虹、王秀华：《奉系对外关系》，辽海出版社2000年版，第157页。

③ 胡玉海、马尚斌：《奉系经济》，辽海出版社2000年版，第93页。

④ 胡玉海、马尚斌：《奉系经济》，辽海出版社2000年版，第85页。

⑤ 驻哈总领事山内四郎（1924年2月8日），外务省档案16146，第8781页。

⑥ 胡玉海、车维汉、朱虹、王秀华：《奉系对外关系》，辽海出版社2000年版，第158页。

济利益。同时，它还附设发电厂，拒购日资电力。

在采掘业方面，东北地区自建自营的有八道壕、西安、鹤岗、北票煤矿等七个煤矿，这些大型煤矿被列入全国20世纪20年代末28个现代化煤矿之列[①]。这些煤矿与日本满铁独资经营的抚顺煤矿相抗衡，打破了20世纪20年代以前抚顺煤炭垄断东北市场的局面。同时，八道壕煤矿发电厂的电力工业，又打破了“满铁”抚顺矿和大仓财团所控制本溪湖煤矿垄断矿山电力的局面。

在重工业方面，奉天省不仅有东三省兵工厂和奉天迫击炮厂这两个著名的军事工业企业，还有东北大学工厂、皇姑屯机车厂、大亨铁工厂等民用企业，他们除为东北自建铁路修理机车、组装铁路机车，制造客货车之外，还为东北自建煤矿修理机器设备，制造配套设备。

奉、日之间的抗衡在电力工业方面表现得尤为明显。1916年，日本在东三省设立的电力公司共有13个，中国只有5个。1917年日人新设了5个，东北当局也创办了5个。1921年初，日本提出创设中日合办抚奉送电所，于抚顺和奉天间架设高压电线，向奉天省城送电。这个要求被奉天当局拒绝。此后从1923—1927年，由于日方的刺激，奉方以每年设立3—5个的速度，共新建了20个电力公司，从而打破了日本对东北电力工业的垄断局面[②]。

在电信业方面，奉系也开始与日本展开对抗性竞争。早在日俄战争前后，日本就开始侵夺中国东北的电信主权，并长期垄断东北电信事业，致使东北的电报通信难以得到有效保障，不但影响东北军政事务的正常进行，而且不利于东北民族经济的发展。为打破日本对东北电信事业的垄断局面，挽回东北的电信利权，1922年张下令成立东北无线电监督处。次年开始组建东北无线电总台。为加强军用通讯联络，张作霖“由美国人手中购买电信、电话材料及多数之亚铝”，其价格即达50万元之多[③]。到1927年，东北无线电事业初具规模。1928年，东北无线电通信事业的规模越居全国之首，打破了日本长期以来的垄断地位。

自主地修建铁路以对抗日本的铁路运输系统，无疑是这一时期张作霖为摆脱日本控制所做的最具成效的一个举措。在中国修筑铁路，是近代以来帝国主义国家侵略中国的重要方式之一。铁路就像是帝国主义国家侵略中国的触角，

---

① 陈嘉骥：《张作霖与王永江》，《中外杂志》第22卷，第5期，1977年11月版，第42页。

②（英）加文·麦柯马克著，毕万闻译：《张作霖在东北》，吉林文史出版社1988年版，第101页。

③ 陈崇桥、胡玉海、胡毓峥：《从草莽英雄到大元帅——张作霖》，辽宁大学出版社1991年版，第171页。

路修到哪里，他们的利益就延伸到哪里，哪里就成为他们的势力范围。日本帝国主义者在侵略中国东北的过程中，也非常重视对中国东北铁路权的掠夺。至东北地方政府自建铁路之前，东北地区共有铁路九条，营业里程达3 651.4公里，占全国铁路营业里程的33%以上。其中，国有铁路只占营业里程的20%，日俄占77.2%。

日本通过“满铁”运输系统，不仅在经济上获取巨大好处，而且在军事上可随时制约奉军的行动。奉军使用该铁路时，日本除要求当场交纳运费外，还附有其他苛刻条件，即奉军乘南满铁路之列车，须经日本驻奉天总领事和关东司令部的批准；须临时解除一切武装，枪支弹药另行托运；关东军对乘车之奉军有监督权；奉军的军需物资，须经关东军司令部批准才准予运转；日方可随时中止其运输等等。对于张作霖来说，这些苛刻的条件是难以忍受的，因此他决心自建铁路，反击日本势力；同时，赢得交通权，可为以后在边防斗争中取得军事主动权奠定基础。

20年代以后，以张作霖为首的东北当局开始积极酝酿自建东北铁路干线，计划于南满铁路两侧修筑东、西两大铁路干线。东干线：葫芦岛——奉天——海龙——吉林；西干线：葫芦岛——打虎山（今大虎山）——通辽——洮南——昂昂溪——齐齐哈尔。这两大干线一旦修成，势必成为与南满铁路和中东铁路两大铁路系统相抗衡的第三大铁路系统，对于收回和维护民族利权，打破日本长期控制东北铁路干线和垄断铁路运输的局面，发展东北地区民族经济以及巩固东北边防等，均具有重大意义，张作霖企图“摆脱日本控制和干涉的倾向”[①]日趋强烈。

自建铁路计划激起日本的强烈不满，认为张修建的铁路是“南满铁路平行线”，违反了所谓1905年清廷和日本所订中国不得在南满路附近筑复线铁路的协定，严重影响其在“满蒙的权益”，对其“在满蒙的经济发展实大有损害”等等，曾多次向张提出警告和抗议。同时对于奉系当局所制定的铁路“自创办之初，决定不用外人，不借外债”[②]的规定，日本更是无法接受。他们认为，“不论民国是用本国资本修建，还是用外国资本修建，只要不依靠日本资本，即显然侵害日本的既得利益”[③]，遂千方百计阻挠和破坏自建铁路事业。为阻挠中国的铁路建设，日本政府和“满铁”还炮制了庞大的“满蒙铁路网计划”。东方会

① 胡玉海：《奉系纵横》，辽海出版社2000年版，第243页。
② 胡玉海：《奉系纵横》，辽海出版社2000年版，第192页。
③《满铁史资料》第二卷（路权篇）第三分册，中华书局1979年版，第817页。

议之后，日本的态度更加蛮横，要求东北当局立即停止自筑铁路计划。声言中方如不接受上述要求，日本将考虑“南满铁路拒运奉军；停止供应东三省兵工厂所需材料；禁止京奉线专用列车通过满铁附属地”。试图用强大压力，迫使张作霖屈服。对此，张针锋相对回答说：如日方这样做，“只会使我排除万难，自主地修建铁路”。

为了将修建铁路计划付诸实施，张作霖还于1924年5月设立东三省交通委员会，专事规划和指挥东北铁路建设。该委员会成立后，即作出一项决议：东北铁路的修建费用，除由交通委员会从京奉铁路利润中拨款外，其他款项或由各省府拨款，即官办；或由各省府与商民共同投资，即官商合办；一概不用外资。在东三省交通委员会的指导下，东北自建铁路计划很快进入实施阶段，先后修建了锦朝铁路（1924年12月完工，营业里程112.6公里）、打通铁路（1927年11月正式营业，营业里程251.7公里）、开丰铁路（1926年正式营业，营业里程63.7公里）、奉海铁路（1927年9月通车，营业里程337.1公里）、吉海铁路（1929年11月正式营业，营业里程总长183.9公里）、鹤岗铁路（1927年1月正式营业，营业里程56公里）、呼海铁路（1928年12月全线营业，营业里程220.1公里）、昂齐铁路（1928年12月完工，营业里程30.4公里）、齐克铁路（1930年10月完工，全长36.8公里）、洮索铁路（1931年3月营业，全长260公里）[①]。

自建铁路对于打破日本长期控制东北铁路干线和垄断铁路运输的局面，无疑起到了重要作用。

除自建铁路计划外，另一引人注目的举措就是筹建葫芦岛港。当时东北的“满铁”系统以大连港为出海口，中东路系统以海参崴为出海口，东北自建的铁路网也需要有自己的出海口，才能实现铁路海路联运。“若葫芦岛开港以后，黑、热两省之物产，势必朝宗于此，而辽、吉两省之货物，亦可由四洮、吉海、沈海各线接运而来，故从地理、经济观察葫芦岛之开港，不特是以抵抗帝国主义者之经济侵略，亦为发展农工商业之要图也”[②]。1916年，张作霖升任奉天省督军兼省长后即有意建设葫芦岛港。他说：“我要开办自己的葫芦岛港，就是为抵制日本的大连港口，我们一定要办好这件事情。”[③]1919年，张作霖派奉天省政府顾问许藻章与交通部议定了共同出资修筑葫芦岛港的合同，预计需资金一千万元，双方各出一半，交通部以京奉铁路利润拨款投资。为了保证不受

① 胡玉海、马尚斌：《奉系经济》，辽海出版社2000年版，第135—141页。

② 东北文化社年鉴编印处：《东北年鉴》，东北印刷局1931年版，第550页。

③ 宁武：《孙中山支持张作霖联合反直纪要》，《文史资料选辑》（第41辑），第116页。

外国控制，张作霖特别要求合同规定双方都不准以财产抵押借外债。

正是由于张作霖不再听任日本摆布，在诸多方面或明或暗地做出努力以摆脱日本的控制，使日本的对张政策发生了转变，尤其是激进的日本军方更是认为，“为伸张日本在满权益，必须使用武力，并认为与张作霖谈判也是无济于事的”，因为张作霖已成为“日本在满洲建立新国家的障碍”[①]。

三、“东方会议”与“新五路条约”

1927年，日本爆发了空前的金融危机，币原内阁因经济困难和在华关系上被指责为实行“对华软弱”而倒台。4月20日，素以强硬侵华派著称的田中义一，以政友会总裁的身份组阁，出任首相兼外相。森恪任外务省政务次官，成为“实际上的外相”。日本由“币原外交”进入“田中外交”时期。

田中义一，日本大陆政策的积极推行者，竭力主张用武力侵略中国的罪魁。1863年生于长州藩。原名音松，其父是藩主护士。1883年考入陆军士官学校。1892年毕业于陆军大学。1894年参加侵略中国的甲午战争。1904年在日俄战争中任“满洲”军参谋。1910年升任为陆军少将。1911年担任陆军要职军务局长。1913年发表《满洲所感》，鼓吹日本应伸张国运，开拓疆土，向中国“满洲”移民，实现以日本为中心的国策。1915年擢升为陆军中将，并担任陆军参谋次长。1917年赴中国考察，写成《对中国经营之我见》一书，野心勃勃地想控制中国的经济命脉。1918年出任原敬内阁的陆军大臣。1921年晋升为陆军大将。1923年9月出任山本权兵卫内阁的陆军大臣，继山县有朋之后成为陆军长州藩系统的领袖。1925年退出现役，任政友会总裁。

1927年，田中在倒阁过程中猛烈抨击币原外交是“软弱外交”。1924年6月至1927年4月，币原喜重郎担任外相。当时资本主义世界处于相对稳定时期，经济竞争是各国间争夺得主要手段。同时，日本尚无实力与英美等国进行军事对抗。因此，币原提出了“协调外交”，对美英奉行适应华盛顿体系的方针，变对抗为“协调”。对华贯彻“不干涉内政”政策，力图通过在中国军阀中寻找代理人和采用经济侵略等手段维护和扩大日本在华的特殊权益。日本史学家井上清先生把它概括为：“以与英美协调为基轴，在对日本来说最为重要的中国政策上，对于中国各个军阀之间的争夺，尽可能避免给予任何一方以武力支援或出兵干涉之类的粗暴作法，主要是谋求经济权益的扩张。”[②]

---

① 张效林译：《远东国际军事法庭裁判书》，五十年代出版社1953年版，第271页。

②（日）井上清：《昭和五十年史》，中译本，天津人民出版社1979年版，第13页，

币原外交的根本目的是维护日本帝国主义的权益，因此“不干涉内政”是有限度的，如果日本的所谓“正当权益”受到损害，它就要诉诸一切“正当手段”加以维护。随着资本主义世界的相对稳定和中国革命迅速地推到长江中下游并向北方发展，直接威胁到日本在中国北方特别是在中国东北的权益，币原外交很快失去了存在的条件。田中认为日本已有了足够的实力同英美在远东相抗衡。尤其美国在中国，特别在中国东北的势力渗透同日本的大陆政策相克，双方发生冲突，田中认为必须冲破华盛顿体系的约束，制定新的外交路线。

在中国，北伐战争的迅速推进和反日浪潮的高涨，田中认为损害了日本的利益，威胁着日本在“满蒙”的特殊权益。他认为“满洲”是日本具有特殊厉害关系的地区。同时，日本卵翼下的张作霖显露出越来越不“驯服”的倾向。在这种形式下，田中认为改变“币原”外交的方针、制定新的对话政策尤其是对中国东北的政策已刻不容缓。田中上台后，4月22日宣布外交方针，表示当前中国的事态，对于日本及远东来说，都是直接有关而且十分迫切的重大问题。对“共产党在中国的活动”，日本“有直接受其影响的危险”“维护东亚大局”，日本“负有重大责任”“断然不能漠然置之”“不能袖手旁观”。为阻止“北伐军”进入华北，田中内阁在5月24日，以“保护侨民”为名，决定出兵山东。这就在行动上彻底否定了币原的“不干涉内政”的对华政策。

为了讨论并决定“积极的对华政策”，1927年6月27日至7月7日，田中内阁在东京霞之崎外务大臣的官邸召开了以确定对华政策为内容的东方会议。参加会议的人员有：外相田中义一（任会议委员长），外务次官森恪，外务事务次官出渊胜次。亚细亚局长木村锐市，通商局长斋藤良卫，欧美局长崛田正昭，驻华公使芳泽谦吉，驻奉天总领事吉田茂，驻汉口总领事高尾亨，驻上海总领事矢田七太郎，关东厅长官儿玉秀雄，关东军司令官武藤信义，陆军次官火田英太郎，参谋次长南次郎，陆军省军务局长阿部信行，参谋部第二部长松井石根，海军次官大角岑生，军令部次长野村吉三郎，大藏省理财局长富田勇太郎等（以上为委员或临时委员）。

会议听取了驻上海总领事矢田七太郎关于以南京政府为中心的南方政情的报告及意见，驻汉口总领事高尾亨关于以武汉政府为中心的南方政情的报告及意见，驻奉天总领事吉田茂关于北方特别是满蒙政情的报告及意见，参谋本部第二部长松井石根从军事上看南北形势的报告及意见，关东厅长官儿玉秀雄从行政上看满洲形势的报告及意见，驻华公使芳泽谦吉关于中国一般政情的报告及意见。然后，由各委员就中国问题交换了意见。

7月7日，即会议最后一天，首相兼外相田中作了训示，并对训示的要点作了说明。这一训示即后来发表的《对华政策纲领》（以下简称纲领），并作为185号和机密636号文件存档。

《纲领》由简明的前言和八条原则性意见组成，森恪对八条都逐条加以说明。前言写道："鉴于日本在远东的特殊地位，对中国本土和满蒙的情况自然不同。"对于中国的内战，《纲领》主张帮助"稳健分子"达成其目的。所谓"稳健分子"，田中说明，是指在国民党中，其主义和主张与共产党派相反，不与日本的利益相冲突者。《纲领》还表示，对于"不逞分子"的活动，"在帝国之权利，利益及在华日本人生命财产有遭受非法侵略之虞时"，断然采取自卫措施；对于排日排货运动，也要"为维护权利，进而采取恰当处置"。所谓"不逞分子"，田中在解释说，是指与"稳健分子"相对的"共产主义者"。

对于中国东北的政策在《纲领》占有重要的地位。《纲领》主张把中国东北同中国其他地区分离开来，作为日本殖民者乐园。《纲领》说："关于满蒙，特别是东三省地区，由于在我国防及国民之'生存'上，有着重大之'利害'关系，作为我国，不仅要给予特殊之考虑，而且，要维持该地区和平，发展经济，以使其成为内外人安居之地，在这方面，作为接壤之邻邦，深感负有特殊之责任。"这里所谓的"内外人"，是指日本人和其他外国人。《纲领》表示要按这一方针"维护日本人既得权益和解决悬案。"《纲领》声称要对"尊重日本在满蒙特殊地位的东三省实力人物"，予以"适宜的支持"。所谓"东三省实力人物"，田中解释道："不问其为何人"，只要在治理东三省方面，"符合我原则方针，吾人即将予以支持""本文并非意味援助张作霖，亦非意味排斥张作霖，乃吾人持独自立场行动之趣旨。"《纲领》又确定了以武力"防卫"中国东北方针。说："万一'动乱'波及满蒙，治安混乱，我国在该地区之'特殊地位'和'权益'有遭受'侵害'之虞时，不管其来自何方，均将予以防卫。而且，为保持该地作为内外人安居，发展之地，要有不失时机地采取适当措施之思想准备。"田中又对这条加以说明："对满蒙我国'特殊地位'和'权益'之'侵害'，有可来自内部崩溃而产生，或者，有可能来自中国以外国家之行动，不管出自何种原因，因其扰乱东三省之和平，为维护我国权益，必须采取'防卫'手段。"

事实上，东方会议所确立的对华政策，一是分化中国革命，以武力压制中国的反帝运动；二是把东北从中国分离出来，置于日本的武力控制之下，并建立日傀儡政权，使东北变成日本人安居的殖民地。关于对中国东北的问题，东方会议的筹办者外务省政务次官森恪曾与参谋本部的铃木贞一商议过。森恪主张："关键在于由日本负责满洲的治安，以此为中心，什么事都干。就是说，要解决满洲问题，凡是土地问题，商租权问题，各种纠纷问题都要依次解决。”铃木也拿出一个方案，其方针是：“把满洲从中国本土分割出去，成为另一个地区，使日本的政治势力进入这块土地，这个地区，并使之成为‘和平’的基础。这一点应该成为日本应该做的一切内治，外交，军备以及其他所有政务的政策中心。”由此方案，不禁使人想到“九一八”事变后伪满洲国的产生。

东方会议的召开及其《对华政策纲领》的出笼，表明日本帝国主义在20年代后期内外交困的形势下，将“大陆政策”又推到一个新的阶段，即公然以武力压制中国和分离东北的阶段。这不仅是对中国主权的挑战，也是对华盛顿体系的挑战。

为了贯彻“东方会议”的决议，8月15日，日本又召开了“旅顺会议”。此次会议召开的原因有三点：

第一，为了实现其所谓满蒙积极政策。日本很想利用中国动荡的局势，要一方面向关内扩张，另一方面要保住其在东北的“权益”。日本外务省政务次官森恪等不断鼓吹“满洲主权尽管如币原君所说属于中国，但也不仅仅是属于中国”。妄图把中国东北直接置于日本统治之下。

第二，为了加速对东北的经济侵略。1927年，日本“在满投资占对中国投资的百分之八十，实数为六亿九千七百多元”。这便是日本欲达到抓住“满洲”，并想通过旅顺会议制定具体的经济侵略政策的目的。

第三，东北人民反日运动的高涨。1927年，反对临江设领，反对虐待安东华工，反对日商不纳税，反对日本扩大商租权的斗争频频发生。河本大作就曾与森恪商量，“让森恪坚持满蒙问题的重要性。”

旅顺会议的参加者均是日本侵华的首要分子。驻华公使芳泽、关东厅长官儿玉秀雄、驻奉天总领事吉田茂、关东军司令官武藤信义，还有张作霖的顾问松井。在森恪的主持下，旅顺的议题更加集中，决策更加具体。森恪也代表田中表达了“对满洲问题，用外交解决不了，除依靠武力外，无解决之途”。

从“东方会议”和其附属品“旅顺会议”的内容上不难看出，日本已经把分离“满洲”定为国策。而且必要时不惜动用武力直接干涉。如果张作霖不能与日本合作，那么日本将决心除掉张作霖。田中内阁先后派遣日本驻奉总领事吉田茂、驻华公使芳泽谦吉、“满铁”总裁山本条太郎等，用软硬兼施的手腕，对张作霖展开了索取“满蒙”权益的交涉。

自1926年日本抗议张作霖和东北当局自建打通铁路和吉海铁路起，中日矛盾冲突日益激化。1927年日本“东方会议”后，日本“满铁”便积极策划了中日“满蒙”新五路交涉，这样做完全是为了日本扩大侵略特权实现东方会议决定的武力占领中国东北领土制造舆论。在皇姑屯事件发生的政治和外交原因中，中日在东北地区的铁路经营方面的冲突是一个重要原因。

1927年8月，日本驻奉总领事吉田茂，开始与奉天省长莫德惠进行交涉，态度非常蛮横。要求东北当局立即停止自筑铁路和不得反对日本在临江设领事等。如不接受上述要求，日本将考虑一是南满铁路将拒运奉军；二是要停止供应东三省兵工厂所需材料，禁止京奉线专用列车通过满铁附属地，以此对张作霖施加压力。张作霖回答说：如日方这样做，只会使我排除万难，自主地修建铁路。随后，东北人民掀起声势浩大的反日游行示威，使吉田茂在奉天的交涉陷于中断。

其实，在此以前，吉田茂已向张作霖提出所谓“满蒙悬案”问题。有一次曾向张作霖盛气凌人地说：“你要真不接受的话，日方当另有办法。”张毫不示弱地回答说：“怎么说！你们有什么好办法，尽管拿出来，难道又要出兵吗？我姓张的等着你好了！”说完话，就起身送客。结果，不欢而散。吉田茂每次到张作霖那里去谈判，张作霖每遇到对已不利的话头，就立刻推说牙疼退席，经常以拖延办法来抵制日本的无理要求。

8月23日，日驻华公使芳泽谦吉在北京与张作霖开始直接交涉。芳泽持田中手函及所赠礼物面交张作霖，并提出所谓满蒙觉书即备忘录，要求解决“满蒙”悬案。张作霖假装糊涂，推脱说这些事情他都不很熟悉，请与杨宇霆谈判。芳泽走后，张作霖即在帅府召集会议讨论对策，大家认为此项交涉应由地方办理，以便留有缓冲余地。

8月27日，杨宇霆访问芳泽时提出这个意见，并且谈及日本驻沈总领事吉田茂盛气凌人，使人难以忍受，希望转告吉田把脾气放好些，以便于谈判。但芳泽认为地方当局不能解决问题、主张在北京交涉。张、日交涉的消息传出后，东北人民立即纷纷集会、游行示威，要求拒绝满蒙交涉，誓死反对日本。在东北掀起的抗日浪潮，无疑是东三省人民保家卫国的正义行动，但日本却疑心是张作霖暗中唆使和组织。9月8日芳泽面见张作霖提出抗议。张作霖一面答应去电制止，一面指出东北排日运动，是日方提出“满蒙觉书”引起的，希望日方对“满蒙问题”从缓商谈，以免增加反感。

杨宇霆于9月9日与芳泽进行会谈，芳泽指责奉系修建的奉海、打通铁路与南满铁路为平行线，是破坏条约。杨反驳说，南满铁路乃是日方从帝俄取得的权利，本以辽东为限，我们在辽西筑铁路，并不违约，而且中国人在自己的领土上建筑铁路，日本无权反对。由于话不投机，这次会谈仅三言两语就结束了。

当时，张作霖暗中指示对日交涉的策略：一是制止反日运动，避免刺激日人，二是采取拖延手段，拒绝日本要求。当芳泽催促张作霖续开关于“满蒙问题”的谈判时，张则伪称；军情万分紧急，外交问题应当推迟进行。

在芳泽谦吉、吉田茂与张作霖进行“满蒙”交涉的同时，田中首相更亲自指挥另一批人员对张作霖采取软硬兼施的外交手法，进行交涉。硬的一面是命驻华武官本庄繁和张作霖的军事顾问松井七夫向张警告说：假若东三省倾向排日，而有为苏俄和南方派（指国民党）所乘之机时，日本将不惜使用武力，届时，张将不免进退两难，陷于极端不利；反之，如果张作霖与日本妥协，继续交涉，则日本可为张作后盾，帮助其争取更大的权力。[①]软的一面，则于8月间，秘密派山本条太郎与张作霖谈判。山本认为和中国谈判，不能在不太重要的悬案问题上向中国表示强硬，致使中国方面产生极端反感的情绪，以致涉及到铁路等重要问题的解决。为完成“满蒙”铁路交涉任务，山本选了两名助手：一是与张作霖素有深往的江藤丰二。江藤是山本的义子，时任中日实业公司常务理事，可以直接跑到张作霖寝室内与张自由交谈；另一位是张作霖的顾问町野武马。山本先通过这两个人和张作霖做初步交涉。当山本条太郎派江藤丰二携带东方会议制定的“满蒙铁路计划”去见张作霖时，张看到日本要把朝鲜铁路与“北满”联在一起时，不禁吃惊地说：“这不是日本准备跟俄国开战的铁路吗?”他认为修了这些铁路，犹如“怀里抱着炸弹”一样危险，表示不能接受。但这时江藤丰二立即恐吓说：“如果你不合作，日本军队将要帮助你的敌人蒋介石了”。张作霖踌躇再三，终于在文件上圈上了四条铁路。江藤再次怂恿，张又圈了一条。但这时张作霖似乎浑身都在哆嗦，并一再叮嘱：这只是预备性商谈，你们暂且不要发表。

随后山本条太郎还派他的妻子亲到北京以游览为名，实则试探张作霖的虚实和口风。张闻讯，极为重视，立即命自己的夫人主持欢迎，派专车前往迎接，并四处搜集山珍海味，设宴款待，同时请山本夫人登八达岭游览长城。这次款待的规格是史无前例的。山本听到这一消息之后说：“已经没问题啦，这回该由我去结束交涉了。”

10月10日，山本到了北京，12日会见张作霖。山本首先对张完成了多年宿愿，驰骋中原表示祝贺，随即提出：很着急就任“满铁”总裁，还是想乘张作霖的力量，将“满蒙”铁路建设问题从速解决。张作霖说：“这个问题，我早已注意到了。”随即开始了紧张的谈判。据说，当山本条太郎提出修建敦图（敦

---

①《日本外务省记录档案》pvm23，第502—506页。

化—图们江岸）、长大（长春—大赉）、吉五（吉林—五常）、洮索（洮南—索伦）、延海（延吉—海林）五路时，张感到“这五条铁路好象插在横贯满洲的东清（即中东）铁路上的五把钢刀，在军事上很有价值。”它既属于准备在哈尔滨和齐齐哈尔与苏联会战的“战略铁路”，也具有向南满铁路集中物资的意义。事关重大，张作霖颇感不安，遂急忙请杨宇霆前来。杨以初次得见该文件为由，倾吐了种种意见，最后竟然说：此事虽然张作霖已经应允，但此事不是大元帅一个人所能专断的。

此后，町野、江藤再次会见张作霖。当町野将《满蒙新五路协约》递给张作霖，让他签字时，张虽然签了字，但他深知此事非同小可，故在签字之日，表现得憔悴万分。

《满蒙新五路协约》规定，中国委托南满铁道株式会社承办建造上述五条铁路。竣工移交后，即向“满铁”支付营造款项，如无力支付，当即转为借款，年息八厘。作为交换条件，山本同意奉方修建吉林—海龙铁路，但不准将打虎山（今名大虎山）—通辽铁路延修至通辽以北，禁止奉方建筑开通—扶余铁路。山本和张作霖会谈时，也曾提出双方建立攻守同盟和经济联盟问题。所谓建立攻守同盟，即山本事先拟好的《关于维持东三省治安换文案》，即中华民国政府外交总长与日本政府的换文草案。主要内容是：“东三省治安对日本领土的安宁和经济利益有重大影响，当东三省之治安混乱或者有可能遭到破坏时，不问其原因来自民国内部或外部”，为维持该地之治安，日本政府“准备采取必要的措施”。中国外长表示同意日本政府采取“自卫”措施。

所谓经济联盟，实际是“二十一条”的翻版和延伸。诸如日本人要求在南北“满洲”和东部内蒙古享有居住往来、商租土地、经营商工农林矿各业的权利等。

如果承认山本的这两项草案，无异承认日本军事占领东北和经济掠夺为合法。事关东北存亡，张作霖既不愿意也不敢接受。山本的所谓攻守同盟和经济联盟虽然被张作霖拒绝，但在铁路“协约”上毕竟签了字。日本认为：上述铁路建设大纲达成协定，真是国家之幸，不胜欣慰之至。其实，张作霖仅签个阅字，在中国公文上是未加可否之意。特别是山本以私人身份与张作霖缔结的密约，显然是不合法的。只有当密约变为正式的外交协约，方可在国际上于法有据。而且，在这协约的第十条也明文规定：本协约签字后，尚须派两国代表正式签字，方能生效。所以，协约签字后，田中既要求张作霖向日本外务大臣和日本公使送交“满蒙”交涉公文，以便“将上项密约，改成政府间的正式协定。”又要求张作霖指定人员签定承造合同。但协约签订后，张作霖始终不肯把协约变成立即生效的铁路承造合同，日本虽然一再督促奉系当局履行“协约”，但奉系则采取拖延办法，一拖再拖，一直拖到翌年5月间，也未解决。

正当双方交涉之际，日张密谈消息已在报刊上透露，美英记者向张作霖和杨宇霆提出质问时，杨宇霆答称；“到了今日，不希望日本在满蒙有垄断性的发展。”其实，这是杨的心里话。但杨的谈话刊出后，立即使日本舆论激昂，责难杨宇霆之声此起彼伏。日本国内的舆论，颇有强调惩戒张作霖、杨宇霆的倾向。对此，张作霖深感不安。在这种情况下，杨宇霆又不得不出来解释，乞求日本谅解。杨宇霆对日本表示说；“中国目前的政情，奉天派如把和田中内阁取得的如此谅解，将予实行一事，予以公开发表，南方派固然反对，就在北方，民众也要反对，会使奉天系在中原的地位，立脚不住，是势所必然的。因此，在与外国记者谈话之际，他们都以日本报纸所发表的材料为根据而提出质问时，只能以完全否定的口调来辩答，此点希望谅解。”杨宇霆的两次发言，充分看出张作霖在“互相矛盾的压力”下，表现得“左右为难”，其形象似乎有些“模糊不清”。其实，张作霖的中心思想是拒绝把“满蒙新五路协约”变为正式协约。所谓“满蒙新五路”不仅仅是五条铁路问题，各铁路还有附属地。如新五路建成、实际等于把整个东北变成日本的附属地，日本在“满蒙”的地位，将由此而决定。对此，张作霖当然是一清二楚的。张作霖与日本订立“满蒙新五路协约”绝非出于自愿。所以张对日本将密约变成公开的正式协定的要求，总是推脱说如若那么做，势必出现“国论鼎沸”，奉系将“不能保持其现在的地位。”其实这个话既是实情，也是张作霖反对将密约公开的一种借口。张始终坚持就是要私人密约，只允许写一封私人正式信给首相田中。

1928年，北伐军大举北上讨伐张作霖，日本见张作霖在北京的政权已危在旦夕，为乘机图利，5月7日首相田中义一再次训令山本条太郎秘密到北京，逼张作霖签订满蒙新五路“承造合同”。因“满蒙新五路”多在吉林境内，故张作霖令张作相出面与日本签订承造合同。张作相一方面表示对大元帅的决定固然不应反对；但又说由于事关重大，须待战争结束回吉林同大家商量之后才能签字。实际上是拒绝签字。同时，为了寻求群众支持，张作相于1928年5月12日，以他和吉林交涉署长钟毓的名义，特从北京致电吉林省议会，说道：大元帅为筹措军费，正在计划用吉林省所有森林、矿山、铁路为抵押向外借款，并将命令我两人签字。此刻，希望你们能对我们两人的意图保守秘密，并向大元帅发出反对电报。吉林省议会等团体受到电报后立即回电称：如果把铁路建设权交给外人，将留下大患。无论日本人玩弄什么权术，也万万不能允许给他们修建铁路的权利，必须坚决拒绝。

经过多次交涉，张作相始终拒不签字，张作霖假意向日本表示将由他自己亲自签字。江藤丰二担心由大帅签字将来在手续上有不完备之处，要求由代理交通总长签字，张作霖表示同意让代理交通总长常荫槐签字。但是，常荫槐也和张作相一样拒绝签字。常有意采取了回避政策，当日本人得知他在天津，到天津找他时，他又突然回到了北京；当日本人到北京找他时，他又悄悄地溜到了天津。常荫槐明确表示说：宁可丢官也不能服从大帅命令，宁可牺牲代理部长职位也不能答应什么条件，坚决不愿作日人工具。随后张作霖玩弄戏法般地又命时任内阁总理兼交通部总长的潘复代表签字。但当江藤丰二马上去找潘复时，潘却表示：大帅虽然严命我必须署名，但部印和总长的印章均在常荫槐手中保管，常氏反对签字。为保密起见，能否直接用我的印章？江藤丰二马上意思到这里的奥秘，说道：一定要用部印和总长的印章！

几次接触后，常荫槐终于表示由于有大帅命令，又经种种劝说，所以，吉敦延长线及其他一线可以签字，其他三线不能签字。但常本人仍拒绝出面签字。于是张作霖下令“任命交通部航政司长赵镇，以兼次长兼代部务，令赵与日方交涉。”[①]双方于13日，签订了延（吉）海（林），洮（南）索（伦山）两路承造合同。15日签订了吉敦延长线和长（春）大（赉）线的合同。鉴于时局关系，双方约定在二、三个月内，必须绝对严守秘密。商定在签字后三个月着手动工。决定吉（林）五（常）线铁路的合同将来在沈阳签字。不过，张作霖与日本签订的承造合同，就手续而言，尚有不完备之处。因而5月16日，山本条太郎又电告江藤丰二，要求他向中国方面提出将全部合同于极端秘密中交国务会议审议，取得承认；然后将此事由中国政府履行通知公使芳泽的手续。后来，山本感到这个要求一时难以实现，故于5月19日又电告江藤，退而要求将延海、洮索两项合同也要和吉会、长大两线一样，由交通部当局签字，怕仅由张作霖个人签字不妥。

5月31日，江藤丰二拜访常荫槐，就上述问题进行交涉，均被常拒绝。之后，日本也承认延海、吉五、洮索三线尚无正式承包合同，默认张作霖个人签字的承建合同无效。对1928年5月间签订的合同，仅对吉敦铁路延长线与长大铁路两线和中国继续纠缠。

首相田中对张作霖关于铁路建设一事究竟有无诚意也表示担心。田中认为：如果张作霖果真没有诚意，那么尽管满铁社长带回签有‘阅’字的协约，

---

① 丁中江：《北洋史话》（第四集），中国友谊出版公司1996年版，第633页。

那也是一份毫无诚意的文件。虽然强迫张作霖在正式文件上签了字，包括缔结承造合同，但恐怕张作霖也会制造各种理由拒绝实行。

事实果真像田中预测的一样。尽管张作霖有时被迫同意这个那个密约，但始终拒绝公开或办理政府间的正式手续。这正是张作霖准备事过境迁留有交涉与推翻的余地。张作霖奉行的外交不是法律外交，而是土匪式的良心外交。张作霖一向是如果认为有利用日本的必要时，即不惜任何牺牲也会允许日人所提条件。但事过境迁，感到对他不利时，则又坚不承认或借故拖延，不肯履行诺言。

第二节　日本关东军皇姑屯设伏

一、日本关东军向奉天集结

1927年6月，日本制定了《关于对满蒙政策之意见》，提出要迫使张与日本“就既设铁路之经营及新线敷设缔结新约”，张“如若踌躇则推举帝国认为胜任者为东三省长官，使之实现本要求”。日本外务省亚洲局局长木村锐市在《关于中国时局对策之考察》的报告中，也提出了另举代理人以取代张作霖的想法。他认为“帝国在满蒙特殊地位的消长，并不像某些人的看法那样，取决于张作霖的兴亡”“帝国应当尽快把张作霖个人的沉浮与维护帝国在满蒙特殊地位的问题，截然区别地予以考虑”。

1928年5月16日，日本田中内阁作出秘密决定，即：如张作霖撤出关外，而革命军追击而来，日本就采取解除双方军队武装的行动。秘密决定中还有一项：“若只是张作霖撤出关外时，可不解除武装。”但当这个秘密决定下达到关东军时，司令官村周长太郎却接受了军内一批激进分子的意见，准备正式出兵，在锦州截击奉军，并干掉张作霖。只是由于日本外务省和参谋本部都反对这个计划，认为这样作将违反日本驻军不得超出“南满铁路附属地”而行动的规定。按日本规定：日本驻屯军不能超出“南满铁路附属地”，如万一必须超出时，必须由日本政府请得天皇敕旨，才能行动。但村岗和陆军军部的一些人还是一再坚持要求准许他们这样干。中国东北是各列强关注的停战地区，日本的举动引起英、美的强烈反应。这时，美、英政府向日本驻在国大使郑重声明：“东三省行政主权系属中国。”美国政府照会东京，要求日本在采取实际行动之前，预先通知美国。英国也警告日本，对中国采取任何行动，须要得到英国的谅解。英美的照会，实际上是对日本武力行动的警告。

首相田中担心的也是这一点。田中曾和张作霖顾问町野武马说："内外的情势，教我们在此时此刻非一下子把满洲问题解决不可……甚至以武力来解决亦在所不惜。高见如何？"町野回答说："……我们假设在银座街头，要强奸一个美女，要强奸她，我想是办得到的，但事后那些大哥来找你麻烦，你说怎么办？"田中说："我担心的就是这一点……"正因为田中担心国际社会的干涉，迟迟没有作最后决定，一直拖到5月31日，也未向天皇请敕旨。

美、英的声明，使首相田中彻底动摇了武力解决"满蒙"问题的方针。他认为：与其实际行使武力，毋宁以行使武力威胁来达到目的。这样既可以达到预期的目的，又不致引起国际社会的干涉，田中同时也考虑到"满蒙新五路"交涉，已有很大进展，尽管手续有不完备之处，但张作霖毕竟还是签了字。因此，田中转而取消原计划，采取保留奉张的方针。他企图俟张回奉后，再施高压，迫其屈服，以达到侵害"满蒙"之目的。

尽管当时的田中出于多种考虑，对关东军的出兵一事持谨慎态度。但关东军还是坚持要对奉军实行武装干涉。

与此同时，1928年5月17日晚，日本公使芳泽访问张作霖，向张告诫说："大势已经如此，为使战祸不波及京津，收拾军队返回满洲，以维持满洲治安，我想无论对中国国民还是对奉天派都是完全之策。"同时又恐吓说：如果你的军队逃回满洲，日军要解除他们的武装。张作霖听到这样的话，浑身颤抖，高声叫到："要我撤出北京，冯玉祥就会控制京师，执掌北京政府，我多少年来不是白干了吗？我绝对不干！"又说，我还统帅60万大军，至少还能跟南军干一仗！说道最后，张大怒之下，竟然把旱烟袋摔在地下，把翡翠嘴摔成两段。一直争论到凌晨3点，无结果而散。

1928年5月21日9点钟，军部向关东军下达了行军命令。中午12点，受命的部队已集合完毕。22日，上午10点，关东军司令部迁到沈阳，在"东拓"楼上（沈阳市总工会白楼）设立临时军司令部。"关东军在奉天以出动态势，每天待机着"。[①]23日，日本驻华武官建川美次和日本驻华北军参谋浦澄江（曾参与平定郭松龄反奉事变），"一起去京汉路前线访问张学良和杨宇霆，要他们劝张作霖早日出关"。[②]直到这时，张作霖才觉察到日本关东军、军部及日本政府都

① （日）河本大作：《我炸死了张作霖》，吉林文史出版社1986年版，第62页。
② （日）河本大作：《我炸死了张作霖》，吉林文史出版社1986年版，第62页。

已无意支持他了。

1928年5月25日，日本政府借口预防战乱波及“满蒙”，征调军队向奉天集中，市内日军已经达到蚁屯云集的程度。飞机、大炮、铁甲车源源开进，大有杀气腾腾的气势。当这些日军调到奉天后，更加怂恿了关东军的气焰。

当天，在沈阳的日本步兵有：从朝鲜龙山调来的第四十旅团的七十七、七十九两个联队，由少将安田指挥，驻在西塔兵营（今太原衔1号、2号院内），其司令部设在满铁俱乐部（今沈铁文化宫）；从辽阳调来的第五十九联队，从铁岭调来的第二联队，统归少将汾阳指挥，亦驻西塔兵营；第十四师团全团，设团司令部在奉天公会堂（今省银行原址），由立川指挥；骑兵是从大连调来的第九十一联队，有四百多人，由其队长河野指挥。河野还带有铁甲车4辆，装甲车15辆，均驻在南满铁路制糖株式会社（今沈阳化工研究院）。日军炮兵调奉的是原驻安东野炮队第二十七联队，队长是西野，拥有炮兵150人，有野炮10门，驻在南满仓库（今市储运公司仓库）。从大连调来的炮兵第五大队，第一、二两营队，有官兵500多人，有野炮8门，山炮8门，驻在奉天公学堂（今第23中学）内；日本空军调奉的是原驻大连航空第六联队，其队长是吉田，拥兵240人，有飞机12驾，驻日本兵营；另有从大连调来的所谓关东宪兵队本部，队长小山，其司令部也设在东拓会社（今市总工会），从公主岭调来的“满铁”独立守备队全队，司令官是水町，全队驻满蒙奉天事务所（今沈铁分局）。后又增工兵第104联队到奉，飞机也增至30余架，又调来重炮兵一队进入沈阳。

在张作霖返回奉天之前，日军已把骑、步、炮、工、空、警、宪等，陆续调到沈阳，摆出一副咄咄逼人的架势，从而使在沈阳的日本浪人、侨民及日本报纸都更加盛气凌人，大有一举占领奉天之势。

从当时情况看，日军这次增兵奉天并非都是临时性质，甚至还决定在南满制糖会社（今滑翔机场）修建一个占地102千平的飞机场。司令官村冈还在沈阳召集日本驻奉领事、关东军参谋长斋藤少将，宪兵队长小山，驻奉特务机关长秦真次少将等，开了个所谓满铁附属地的警备会，划分六个警备区，共配备日军1 200名。对于日本侨民，则通过奉天地方事务所所长太田在公会堂开会，决定组织所谓义勇团1 000人，其人员由奉天、抚顺、开原三处征集。

关东军气焰嚣张，他们三五成群，到处摄取东北地方政权的官署照片，测绘兵工厂的地图等。对此，沈阳市内的中国官民都揣揣不安，担心会有什么意外事情发生，紧张不安的空气笼罩全城。

在日军大批调奉的同时，日军在山海关、秦皇岛、塘沽、天津、青岛、济南等地均有频繁的活动。

二、部署炸车现场，布置“必死之阵”

关东军迟迟未接到出动京奉线的奉敕命令，认为将推动杀掉张作霖的最好机会。当他们得知田中取消原定出兵计划，并实行保留张的方针后，极为不满。他们极力反对田中的这一方针，关东军参谋长斋藤恒在6月1日日记中写道：“有人认为，单凭个人意见来搞政治的现任首相，倒不如撤换掉，不能不深有同感，噫!”

以关东军为代表的日本少壮派军人，把出兵东北，武力解决张作霖，看成是建功立业的极好机会，同时他们也认为，张作霖已“成了日本在‘满洲’建立‘新国家’的障碍”，必须实施外科手术，才能切除这一障碍。他们把杀死张作霖看成是解决满洲问题的惟一途径，认为“只要一个张作霖垮台，其他的所谓奉系将领必然树倒猢狲散，一定要杀头目，看透了，除此以外，没有解决‘满洲’问题的办法”，只要干掉张作霖就行。在日本国内，“白川陆相和阿部军务局长等人也赞成”这一主张。这表明，田中保留张作霖迫其屈服实现分割“满蒙”的方针，未被以关东军为代表的军方所接受，军方继续实行以杀掉张作霖为目的的武力方针。

关东军谋杀张作霖的计划，由来已久。早在关东军向奉天调动之前，直接针对张作霖的谋杀阴谋就多次在关东军内部酝酿，并在日本天皇、军部怂恿下，暗中编织了一个想除掉张作霖险恶之网。在杀张阴谋的酝酿中，关东军中的少壮派军人最积极活跃。日本关东军高级参谋河本大作更是极力主张杀掉张作霖，他开口闭口说：“张作霖曾受日本培养，但却竟忘恩负义，接近英美，从速排日活动，真是岂有此理。日本满蒙政策的最大眼中钉就是张作霖。”

河本自1926年3月出任旅顺日本关东军高级参谋后，就极力主张对华采取“积极进攻态势”，要求用武力解决“满蒙”问题。“东方会议”前，河本按司令官武藤信义命令，积极准备了一份以“武力解决满蒙问题”为主题的材料。“东方会议”上，武藤就是根据河本写的材料叫嚷对“满蒙”要用武力，采取积极政策。河本与武藤一唱一合，配合默契，都认为“只要干掉张作霖就行”，此外没有第二条道路。河本在大连大和旅馆就曾对他的朋友说：“对于日本实现‘满蒙’政策，最大的眼中钉就是张作霖。只要把他干掉，要怀柔小孩子张学良不会有什么困难。”[①]这段话虽然暴露了河本对东北政治的敌视与无知，但也确实

① （日）河本大作：《我炸死了张作霖》，吉林文史出版社1986年版，第68页。

道出了日本军人想杀死张作霖已成为一种普遍情绪。为了周密地制定杀害张作霖的计划，河本早在1927年底和1928年初，就窜到满洲里到绥芬河一带的铁路线上，前后两次进行过爆炸试验。这些实验除河本外，还有关东军上尉川越守二及日本活动在中国东北的土匪头子中野的参与。

满洲里到绥芬河的铁路，在当时是“中东铁路”本线的一部分，是由苏联控制的，河本选择这条线为试验地，一是为了确定爆炸方式的可行性，二是为了观察各国对爆炸的反应。

1928年5月下旬，随着奉军战局直转急下张作霖的失败已成定局，日本关东军一方面连续出兵山东，阻止南军北上；另一方面又想乘奉军退回山海关外之机，解除其武装，除掉张作霖，进而占领“满洲”。这样杀张的阴谋之网，便从两方面开始编织起来：其一是关东军村冈长太郎想通过日本驻吉林武官竹下义晴，委托驻北平武官长少将建川美次和天津驻屯军司令官少将铃木一马等协助，在张返回东北途中，“于关内袭击张之列车”达到杀害张作霖的目的。其二是河本一伙少壮军人派，主张“这事由我们自己干”。当竹下义晴向河本道出真情后，河本想：“这事（指杀张）为什么不和我联系？处理张作霖，按‘东方会议’决定，是交给关东军的任务呀！自己不干，找别人，这怎么行?”于是河本同竹下商定：叫他“到北京后用不着联系别人杀张作霖，只要了解张作霖的动态，什么时候回东北，坐哪一节车，将情报告诉我就行。”事后，竹下把河本的话告诉了司令官。结果，关东军司令官“没有说什么，装做不知道似的，这就等于默认了我的主张”。

这就是说村冈与河本杀张的阴谋，殊途同归，合二而一了。

村冈与河本取得共识，河本就更加有恃无恐地大干起来。河本当即召集几个心腹开会，制定炸张的方案，他说：“既然村冈司令官有暗杀张作霖的意图，我们幕僚不能袖手旁观，决心以全力实现其企图。”到会者表示“宁肯牺牲自己，也由自己动手”。决心下定了，但怎样动手？用什么方式？在什么地点？都是必须慎重考虑的问题。河本原选在巨流河爆破，由于该处奉军的警戒十分严密，不便下手。后经河本亲自观察，选择了皇姑屯以东1 000米处的京奉铁路与南满铁路交叉点，作为炸车地点。

根据日本在南满铁路取得的非法特权，中国军警是不能靠近南满铁路的。为在这里给张作霖布下“必死之阵”，河本策划了三个方案：1. 利用电气引爆。将有爆炸力极强120公斤炸药，装置在两路交叉点中间的一个花岗岩桥墩上，在距桥墩500米外的瞭望台上安有电信引线，由工兵队长管野负责控制电流。2. 在京奉线上安装两条脱轨器，以为爆炸不成后的补救方案。3. 组织敢死队，用机枪扫射，用刺刀砍杀，致张作霖于死地。河本认为这三套方案是万无一失的计划。

为侦知张作霖出关的准确情报，河本也采取了周密的部署。北京方面除有竹下义晴之处，还有日本驻北京武官建川美次和田中隆吉，负责调查火车编组和张作霖的具体启行时间，并同北京、天津、山海关、锦州等地的日本间谍随时保持联系。6月2日，河本又加派独立守备队第二中队队副武田大夫到新民府车站，用电话报告张作霖列车通过时间，另派密探在皇姑屯站，用火花信号通知控制引爆的东宫中尉。河本为能炸死张作霖费尽心机。

为了周密计划，万无一失，河本从各方面都进行了认真考虑，全面安排。河本自任爆炸总指挥；日本守备队中队长东宫铁男负责现场指挥及引发电流；神田、富田两大尉负责勘定地点；工兵队长管野负责安装炸药；由驻北平武官建川美次、田中隆吉，负责调查张作霖专列的火车编组及开车时间。

关于爆炸地点的守备间题。经仔细分析三洞桥陆桥下，奉军戒备森严，不易作业安放炸弹，且易暴露行踪，只好在陆桥上选定爆炸点。6月3日，当奉军守备人员金慕韩与日本守备队进行交涉时，奉方要求陆桥上应由双方共同守卫，均遭日方拒绝，日本守备队三谷队长则声称："铁路桥上面如派中国宪兵加入警戒，有碍日方颜面""日方愿负完全责任"[①]等。奉天方面对此并未坚持，结果给关东军以可乘之机。

5月27日晚，河本找到三个中国人，打扮一番后将其刺死，在每人怀中事先放好由日本人伪造的假证件，日本宪兵队分队长三谷清在奉天道具店买来的旧炸药也被放在尸体旁边。同一天，河本从关东军独立守备队营房调出一辆载着炸药和电线的卡车，到了三洞桥，日本工兵将车上装在麻袋里约有数百公斤的巨量炸药卸下。但如此巨量的炸药，在放到现场时能否做到万无一失不被中国人发现，是关键的一环。原来，在路桥上两端，日人在肇祸之前数日，曾以木板沙袋仓促间筑成小炮台两座，河本大作自己承认："我们就是利用那些沙袋，将沙土换成了炸药"一袋袋堆积起来隐蔽地放置在桥墩顶部，再将电线拉到桥南200公尺的日军守备队专设的监视哨所里，守候着张作霖专列的到来。

河本目睹了三洞桥炸药放置停当后，又检查了杀张计划的第二方案的准备工作，即装置的聚光灯和倾覆列车的用具和暗伏的日军冲锋队。

5月下旬，日军即为发动事变而秘密调动，在"南满"进行了为期两周的军

① 辽宁省档案馆：《奉系军阀档案史料汇编》(7)，江苏古籍出版社1990年版，第22页。

事演习。9月初，日本关东军司令官本庄繁到各地检阅日军。9月8日，日本在乡军人奉密令分别到沈阳、长春报到。9月10日，沈阳日本驻军煽动日侨反华，并发给枪支。日本大兵公开在沈阳搞街市战斗演习。驻朝日军第19、20师团也于8月下旬开到图们江沿岸，举行水陆联合演习，侵犯中国的领土与领水。

三、“五一八”觉书与张作霖发表退出京师通电

1928年5月3日，正当蒋介石、冯玉祥、阎锡山、李宗仁四个集团军一起向奉系发动总攻之际，日本在济南制造了“五三惨案”，枪杀中国军民4 000余人。其目的一是为了阻挠蒋介石军队进入华北和越过长城，二是利用兵临城下的形势威逼张作霖解决所谓的“满蒙”悬案。

5月上旬，冯玉祥军占领顺德、大名，晋军占领石家庄、正定。津浦线上，张作霖曾派何丰林以东路后防总司令名义，率领吉黑两省军队防守德州，但终因前方大败，冯玉祥部又分兵从大名、临清横插过来，5月11日，奉军放弃德州，由吴俊升在榆关设立后方总司令部，掩护奉军撤退。北伐军由于在济南被日军所阻，此时也正绕过济南攻往北京。

由于这种形势对张作霖极为不利，日本担心如果张作霖退逃到东北，则很可能将战火烧到东三省广大土地，使日在华利益受损。于是在5月16日开会，决定对正在激战的分别发出通告，将不惜以武力阻止两军越过山海关。

5月17日，田中向美、英、法、意等国驻日大使传达了这份通告，引起各国外交官的极大震惊。当晚，日本驻华公使芳泽突然拜访张作霖，面递日本政府的《觉书》，声称：“战争进展至京津地方，其祸乱祸及‘满蒙’之时，日本政府为维持‘满蒙’起见，或将不得已采取适当而且有效之措置，唯对交战各方自当力持严正中立之态度”。公使芳泽力劝张作霖早日退回关外，张作霖回答说：“本人已经下令撤兵，如果对方压迫过甚，当然不得不采取自卫行动。”接着，芳泽又向张提出“满蒙权益”的要求，逼张答应，两人发生激烈争吵。芳泽威胁说：“张宗昌的兵在济南杀死几十名日本侨民，你对此应付一切责任。”张作霖面对芳泽的威逼恐吓，勃然大怒，由座上站起来，把手里的翡翠嘴旱烟袋猛力地向地下摔，折成两段，冲着芳泽说：“此事一无报告，二无调查，叫我负责，岂有此理！我这个臭皮囊不要了，也不能做这种叫我子子孙孙抬不起头来的事情。”他说完就扔下芳泽，气冲冲的离开了客厅，这次会谈毫无效果。

实际上，芳泽这次见张作霖主要是宣读日本政府的通告，只不过是比公开发表提前了几个小时而已。第二天，日本政府以照会的方式，分别送给张作霖、黄郛（南京政府外长）、赵丕廉（山西代表），王正延（冯玉祥代表），并通

过日本驻北京公使、驻沪、驻宁领事分别加以解释。这一照会，史称“五一八”觉书。其主要内容如下：

“中国由于长期战乱之结果，遂使中国一般国民之生活陷于极度不安与贫乏，即居住中国之外侨，亦处于无所安居乐业之状态，是以，当战乱发展至京津地区，其祸乱将及于‘满洲’之际，帝国政府为维持‘满洲’治安起见，不得不采取‘适当’而‘有效’之‘措施’。”

对于日本的照会，张作霖通过外交总长罗文干答复日本政府：但于战乱及于京津地区，影响波及“满洲”地区时，日本将采取“机宜”措施一节，中国政府断难承认。“满洲”及京津地区，现为中国之领土，事关主权，不能默认，特此声明。日本政府应以“济南事件”发生为鉴，切望不再违反国际惯例。

南京政府对于日本的觉书也有复文由上海交涉员请日驻沪矢田领事转交日本政府。复文亦认为日本的所谓“五一八”觉书是干涉中国的内政，并向日本提出抗议，但在措辞上较北京政府软弱一些。张作霖的强硬态度，使得日本政府对其更为不满，从而加速了杀张的计划。

张作霖自1927年6月18日就任中华民国陆海军大元帅之职，到1928年4月，在将近一年的时间里，中国的政局发生了急剧的变化。4月4日，以蒋介石为首的国民革命军、全线出击，向奉军发动总攻击令。蒋介石率第一集团军从京浦路，冯玉祥统率第二集团军顺京汉路，阎锡山部指挥第三集团军沿正太路，各军分路合击，奉军节节败退。4月21日奉军以德州、保定为第一线，以马厂、长辛店为第二线，企图顽抗。至5月1日，第一集团军攻入济南，5月9日，张作霖发出“罢兵息争”通电。5月15日，第二集团军进逼马厂，战局对奉军极端不利，京津已危在旦夕。

23日，日本驻华武官建川美次和日本华北驻军参谋浦江澄，到前线往访张学良、杨宇霆，劝其出关，并叫他两人说服张作霖。这时张作霖已预感危机迫在眉睫，遂有放弃平津，撤退关外之意，山海关一带奉军也开始向关外移动。5月30日早晨1时，张学良、杨宇霆、孙传芳离开保定，7时抵达北京，向老帅面陈军情。张、杨说：“目前敌众我寡，应以退却为上策。”当日张作霖即在大元帅府召开军事会议，决定总退却，将奉军渐次撤出关外。这时奉军先放弃保定，退往琉璃河。5月31日，张作霖准备退出北京，并邀北京名流，号称“北洋三杰”之一的王士珍，共同商量维持北京治安的临时办法。与此同时，阎锡山部商震也将其被扣留的奉军要员于珍释放，叫他去京渴见张作霖，商量和平移交北京等问题。经大家商定，在奉军撤离北京后，为维持治安秩序，由王士珍出面任会长，组织“治安维持会”，并派奉军将领鲍毓麟率四十七旅暂留北京维持治安。张还把鲍找来面谕说："擅离职守我决不轻饶你！"鲍回答："坚决从命。"

北京外国使团闻张作霖就要撤离北京，急忙召开公使团会议，商讨对策，以便采取应变措施。会上众说纷纭，惟日本公使力主由外国接管北京城门，后因遭到其他国家反对而作罢。6月1日，张作霖在怀仁堂举行告别茶会，招待驻北京各国外交使团，并即席表明撤离北京之意，同时又郑重声称："只是大元帅府由北京迁往奉天，不管怎么样，我姓张的不会卖国，也不怕死"。

6月2日下午4时，张作霖以大元帅名义发表退出京师的出关通电，表示息争旨意。现将全文照录如下：

"自省军民长官、各军团长、各法团、各报馆、全国父老同鉴，囊以内乱未已，波及外交，曾经通电全国，撤退各路军队，表示息争意旨，谅邀鉴察。方期彼此觉悟，早靖纠纷，既释'友邦'之忧疑，并泯未来之'赤祸'，乃外交之责难方殷，而同室之操戈未休，瞬将喋血京畿，转恐祸延中外。溯自频年用兵、商贾辍业，物力凋残，百姓流离，饿殍载道，实已惨不忍言，若再周旋武力，徒苦吾民，既乖'讨赤'初衷，并背息争本旨。上年膺此艰拒，本为救国而来；今救国之志愿未偿，决不忍穷兵默武，爰整率所部退出京师，所有中央政务暂交国务院摄理，军事归各军团长负责；此后政治问题悉归国民裁决。总之共和国家，主权在民，天下公器，惟德能守。作霖戎马半生，饱经世变，但期与民有益，无事不可牺牲，所冀中华国柞，不自我而斩，共产'恶化'，不自我而兴，则堪告无罪于天下后世者也。特布区区，只希谅察。张作霖。冬（二日）印。[①]

张作霖返奉的主意已定，制出了周密的行动计划。帅府里上上下下忙个不停，清理档案文物，收拾行李物品，打包装箱，准备发往东北。帅府秘书长任毓麟找到密电处长周大文，叫他做好撤退准备，并急速给奉天留守吴俊升发电，电告大帅今日离京，如有要事可拍电至京奉线上与大帅专列中临时密电处联系。

在张作霖即将返奉的前夕，当时沈阳方面已察觉日本关东军在老道口附近行动诡秘。为此，奉天宪兵司令齐恩铭曾密电北京："老道口（即南满路与京奉路交叉地点）日方近日来不许行人通过，请加防备。"并示意不要乘火车，最好改道由旱路回奉。张作霖非但不重视齐的报告，反倒电告吴俊升和奉天省长刘尚清对齐加以斥责："齐随本帅多年，素知其本性向来轻举妄动，好造谣言，现

① 天津：《益世报》，1928年6月3日。

日本方面对我缓和，勿庸顾虑，应严予申斥。”云云。

尽管如此，然而张作霖也不免暗生疑虑。据传张作霖平素好迷信，遇有大事难题，必请算命先生卜卦决疑，预卜吉凶。这次也不例外，行前张作霖曾派人到府右街请来卦士张半仙摇卦，以择良辰吉日。然后，张作霖才下令动身归奉。

同一天，当奉天方面接到大帅返奉消息后，省长刘尚清当即发出密电，通知沿线各地：“该管境内铁路桥梁，仰督饬警甲，事先妥为警备，毋稍松懈。”沈阳奉系高级幕僚文武官员，全力以赴，从各个方面积极准备，迎接大帅归奉。①

第三节　张作霖皇姑屯罹难

一、张作霖返奉被炸

奉天当局接到北京方面电告“大元帅即将离京返奉望沿途加强警戒”的命令后，当即由军警宪兵联合组织警备，并成立了“奉天省城军警联合办事处，任命齐恩铭为办事处处长、陈奉璋为副处长，负责保卫大元帅归奉时的安全及警备工作”。

联合办事处经过对皇姑屯至沈阳新火车站一段京奉路线的勘察及详细研究，对各军警的分工、防区、职责等，都作了明确规定，还制定了“警务指导要领”12条，现依据档案所存，详摘如下：

1. 皇姑屯车站以西三百米达以外至马三家子，（由）沈阳县警察马队负警戒责任。

2. 由皇姑屯车站以西三百米达处起，向东至日本铁道桥洞以西三百米达处，沿路线一带，归铁路保安队、警备队宪兵分所、军警联合办事处侦察队等警戒，惟勤务支配指挥，均归侦察队队长刘广安协同负责。

3. 日本铁道桥洞东西各三百米达之间，归乘骑宪兵警戒（附日语翻译一人），并派宪兵所长金慕韩带宪兵二名，在铁道桥上联络日方宪兵暨守备队，协

① 辽宁省档案馆：《奉系军阀档案史料汇编》（7），江苏古籍出版社1990年版，第203页。

同负责警戒，以免生误会。

4. 由铁道以东三百米达处起，至新车站栅栏门内外，归铁路警察保安队、警备队、江省陆军宪兵分所、暨宪兵侦察队，共负区内外警戒责任。至支配指挥，均归江省陆军步兵第二团富团长友之，协同负责。

5. 由新站南栅栏门外起，经过小西边门、大西砖门、督军署南胡同至大帅府，沿路一带，归江省陆军第二团（兵力千余）。除警察原岗增加人数外，并派保安队暨宪兵探索监视，归陆军富团长、警察张厅长、宪兵祝营长协同支配指挥。

6. 由新站小西边门，经电车路小西砖门、鼓楼军署胡同、至帅府，为附警护线，仍归第五条所载各部分所官兵，协同负责。

7. 新站站台上之仪队，由富团长带兵两连担任迎送。惟每连编组，可大可小，不加限制。

8. 惟服务警戒宪兵，临时均须拔刀上刺刀，不论行进停止，均以定规动作，如无发生疑变暴动，不准使用射击姿势。

9. 欢迎者，只准各机关团体首领领证入站台，其余留片即可走去境外，或指规定地点，均在新站迎，过老站车不停止。

10. 发证人员，归军署驻站稽查处、警察宪兵暨交涉署派员，协同担任。须认明领证者为准，索片注簿，方能发证。如均不认识，即应找介绍人担保，否则即应走者。如有可疑，应即扣留，以免发生意外。

11. 出发就勤时期，均在今夜12时左右临时电传，限30分钟布置完成。

12. 以上官兵，均负有警戒重大责任、认真任事，不得稍事疏虞，责任攸关，责无旁贷！

奉天省城军警联合办事处处长齐恩铭

奉天省城军警联合办事处副处长陈奉璋

6月3日。[①]

从上边制定的“警务指导要领”12条中的内容看，可以有3点认识：

第一、奉军方面为迎接大元帅返奉回沈，在警务防范上是做了周密安排的；

第二、从所列12条文上看，这次警务的重点是放在新火车站至大帅府沿路一带，如“要领”中之4，5，6条说的那样：不仅有各类军警千余人，还增加了“附警护线”，可谓戒备森严；

---

① 辽宁省档案馆：《奉系军阀档案史料汇编》（7），江苏古籍出版社1990年版，第205页。

第三、在“警务指导要领”中，虽然注意到了京奉铁路与南满铁路交叉点铁桥上下的防卫，派宪兵所长金慕韩带宪兵2名，日语翻译1人，负责与桥上日本宪兵、铁路守备队联络。但也应该看到奉军方面的这种部署只是为了“免生误会”，从根本上还缺乏对日本方面的警惕。在出兵防务的时间上也欠妥，文中规定“今夜（六月三日）十二时左右，临时电传”，这就显得太迟了，给日本关东军制造炸车案以可乘之机。

日本方面也深知：能否炸死张作霖的关键环节是“守卫”问题，于是日本关东军便在老道口的“守卫”上下工夫。回绝了奉天方面的合理要求，把“老道口”陆桥上面的警戒问题交由日本单方面负责，声称如有问题“日方愿负完全责任。”①

6月2日，从北京帅府到火车站，沿路都处于一片忙乱之中。这天一大早，京奉铁路局长王奉瑞接到交通部长命令：“大元帅出关，要预备好两列专车，当天夜间或第二天一早开往沈阳。”时近中午，受命备好的专列就已驶进站台待命。北京帅府方面也开始出动汽车，把有关外交、军事、交通及其他一切重要文件、贵重物品，陆续装上火车。专列周围由荷枪实弹的卫队严加守护，所有闲杂人等，一律不许靠近。

从当天下午起，北京新华门至前门火车站一带，军警密布，戒备森严。市面上行人寥寥、洋车绝迹，街道两旁的商店铺户，也都一一息业掩门，面对此情此景，给人一种紧张与不安之感。

下午6时，帅府密电处周大文率全体人员20余名现行到达东车站。约7时，张作霖的五夫人及仆役等登上备好的7节专列，由前门东站启程，先于张作霖出关。

帅府执法处长阚朝玺及三四方面军处长郭恩海等，为防止意外，亲自坐验道车视察线路，乘车至丰台，然后，又沿京奉线东行至天津止，以确保大帅专列的安全。

为了布置善后，当晚11时，张作霖在居仁堂召开奉系干部要人会议，到会的有张学良、杨宇霆、张宗昌等。会议正进行中，忽报孙传芳由天津乘汽车星夜到京，求见大帅。孙当即入府与大帅密谈多时并参加会议。会议议决：“撤离北京后，军事方面由张学良和杨宇霆暂在北京坐镇，并以鲍毓麟、陈兴亚辅助张、杨，协同维持首都治安，负责保护外侨生命财产。关于政治方面，暂由内

① 辽宁省档案馆：《奉系军阀档案史料汇编》（7），江苏古籍出版社1990年版，第206页。

阁摄理。”还议决：除“外长罗文干、内长沈瑞麟，仍以原名义留京，负责主持部务外，军事部由次长于国翰代部、交通部由参事关赓麟代部、教育部由司长刘凤竹代部、财政部由司长袁永谦代部、司法部由参事李儒代部、国务院则由许宝蘅代理秘书长，兼行看管国务院”。[①]

11点30分左右，帅府秘书长陈庆云等，提前到北京火车站，筹备各项准备工作。接着北京元老、各社会名流、商界代表，以及其他外国使馆等中外要人，都相继赶到火车站，准备欢送张作霖。

12点30分，由北京大元帅府又开出一辆验道车，沿通往火车站的大道查验路面，以防不测。不久，在荷枪实弹的卫队车护送之下，张作霖等要员，乘汽车离开帅府直奔火车站开去。据说张作霖乘坐的汽车是特由英国购制的黄色大型厚钢板防弹车。该车由英人沙顿驾驶。沙顿原曾任奉天迫击炮厂厂长，因其参加第一次世界大战时被炸掉一支胳膊，人称“铁胳膊”。沙顿驾驶技术很高，能单臂开车。张作霖小汽车的两边有校尉官高锡祥、田长庚及技术队长（大刀队）邢长庆等把守，校尉处长温守善率保卫汽车在前面开道，其他卫队营汽车紧紧跟在后面，急速驶奔车站。

3日晨1时10分，张作霖及其全部随行人员，抵达前门东站。张作霖身穿元帅服，腰配短剑，英姿不减，虎步而行，踏上月台。张学良、杨宇霆、陈兴亚、鲍毓麟等也都站在站台上送行。

1时15分，在军乐齐奏声中，列车徐徐开动，张作霖依然显露出愉快镇静的神色，微笑着频频点首，挥手向欢送的人群告别。随张同车而行者，除帅府人员及工队外，主要人员有靳云鹏、潘复、莫德惠、于国翰、阎泽溥、刘哲等。此外有日本顾问町野武马、仪我诚也。另有张作霖的六太太马月清及三公子张学曾、随身医官杜泽先、理发师陈师傅等。

张作霖所乘之专列，包括车头在内，总计由20节组成。据当时报纸所载，其火车排列编组，从前部算起，依次为：机关车（车头）一辆、铁甲车一辆、三等车三辆、二等车二辆、头等车七辆、二等车一辆、三等车二辆、一等车一辆、铁甲车一辆、货车一辆。张的包车在中间，原为当年清慈禧太后所置备的专车。车内设计精巧、装饰华丽、设备完善。车厢内有大客厅一间、卧房一间、沙发坐椅，金黄色丝绒窗帘，此车为当时国内所仅有。

6月3日这一天，按农历计算，恰是四月十六，皓月当空，月光明亮，张学

① 天津：《益世报》，1928年6月3日。

良、杨宇霆、鲍毓麟、陈兴亚等人，站在月台上致立正礼，目送张作霖的专列，远远地消失在朦胧的月色之中。张、杨因有军务缠身，需要暂时留下处理善后，因而未能与张作霖同行。

列车上的人也多是忐忑不安，为恐会发生什么事故。有的人还默默地暗自做了些准备。密电处周大文在出发前就私自备妥了一个裹伤包和两盒饼干，以防天有不测风云。列车上还设有专用电报，由周大文负责，随时与各站及奉天方面联系。

早六时半到达天津车站。褚玉璞特于今早1时10分，由唐官屯到天津候接。前来欢迎的还有王占元，阚朝玺等。停车后，靳云鹏、潘复、杨毓麟等下车。令人值得注意的是日籍顾问町野武马也在天津下了车。据曹汝霖著《一生之回忆》一书第91节《张作霖殉国皇姑屯》一文中揭露，町野下车前曾切嘱张作霖“须在日间到达奉天，已露暗示”。足见町野对于炸车一事，事先已有所知。然町野为了稳住张作霖，才在北京上车故意与张作霖同行，以释其疑。町野下车后，张作霖并未引起注意，未免过于自信和麻痹大意了。

在天津站，常荫槐上车。军事办公处立即电告奉天：“主座专车于今早六时半，安全通过天津北上”。

当日下午，专列过唐山驶向山海关。早传日本人可能在山海关采取行动，车上不少人暗暗捏一把汗。下午4时，车抵榆关（山海关）。当人们看到车站上“态度如常，看不出紧张的样子”时大家才一块石头落地，慢慢放下心来。

这时，特地由奉天来到山海关迎驾张作霖的黑龙江督军吴俊升登上了专列，吴上前握住周大文的手说：“老弟，给我来的电报看到了，你们都辛苦了。”随后，又同张作霖见了面，彼此寒暄了几句慢慢坐下来。军事办公处再次向奉天发电：“主座专车于本日下午四时，安抵榆关。”[①]

当专车徐徐开进皇姑屯站时，车上的人停止了打牌。纷纷站立起来，各回自己的车厢收拾行里。这时奉天宪兵司令齐恩铭正站在车站月台上迎候。4点20分，一声长鸣专列又按预定计划，缓缓起动，直奔奉天站开去。

另一边的日本方面同时也在做着秘密的准备，为了实现炸张计划，必须具备两个条件：一是单靠河本或几个亲信少数几个人是困难的，必须有关东军的协助；二是要确实掌握张作霖的行踪，返奉时间及所乘列车的详细情况。为此必须临时建立一个情报监视网络，即“跟踪谍报网”。

---

① 辽宁省档案馆：《奉系军阀档案史料汇编》（7），江苏古籍出版社1990年版，第202页。

河本首先派参谋竹下义晴，还有七尾和土肥原[①]于5月下旬赶赴北京与建川美次相配合，仔细观察张作霖的行动。调查张作霖出关的情况，尤其是要把张作霖出发的时间、专列的编组等准确情报，随时电告奉天关东军司令部高级参谋河本。坐镇奉天（沈阳）布署杀张计划的河本，原以为张作霖最早也得在6月15日前后离京。根据北京传来情报，有可能改为6月初出关，河本心急如焚。不久竹下密电河本，“张作霖已决定回奉”。河本立即把布置好的谍报人员，迅速派往山海关、锦州、新民等京奉线各主要车站，密切监视列车通过的时间、地点，并要求他们准确无误地随时电告指挥部。

河本根据北京传来的第一手情报报告，知道张作霖在6月1日、2日两天仍在北京。3日凌晨，当张作霖踏上专列与欢送的人群告别时，人们注意力全部集中到张作霖身上，这时混在各国外交官中有几个外国人，他们便是日本驻华公使馆武官建川美次及专门派往北京监视张作霖行踪的谍报人员竹下义晴、七尾、土肥原等人。这几个人，表面上装出一副候送张作霖等奉系要员归奉的样子。实际上却在尽力搜寻张作霖的情报。或记下专列的编组、各节车厢型号、张作霖及其随行人员所在车厢的位置、开车时间等。待专列起动后，建川、竹下、七尾、土肥原急速返回公使馆，用密语电报通知奉天关东军司令部及河本：张作霖的专列已于3日凌晨1时15分离京。该专列共由二十节车厢编列而成，“就中第三节之头等车（从车头算起为第十节）水色钢盖者，即为张氏之所坐”。日人顾问町野武马及仪我（嵯峨）诚也，也陪同张作霖同车而行。同时竹下又电告河本：在张作霖专列出发前约五、六小时，即2日晚7时许，张作霖的五夫人，已乘由七节车厢编成的专列先行，请仔细辨认，万勿差错。

当专列路过天津车站时日本驻天津军司令部也当即向奉天发密电：张作霖所乘之专列，于3日晨“6时35分由京抵津，旋于6时55分，开车向奉天而去”。[②]没有多久，派往山海关侦察张作霖行踪的上尉石野芳男，先向关东军报告了五夫人专列通过山海关的情况。相隔数小时之后，石野芳男又电告河本：张作霖专车已过山海关，估计他抵达奉天的时间，约在4日上午5时至6时前后。

当河本接到上述一连串情报之后，虽然觉得张作霖已落入他事先安排好的情报监视网之中，阴谋杀张的计划在一步步实现，但他仍然感到没有十分的把握。因为张作霖也是一个机敏过人的人。张每次外出或找“替身”，或不断变换车厢排列，常令人琢磨不定。想到这儿，河本便派上尉川越，急速赶到炸车地

---

①（苏）и·H·斯未尔诺夫等著《东京审判》，军事译文出版社1988年版，第17页。

②《盛京时报》，1928年6月4日。

点，详细地检查了准备情况。川越还怕上尉东宫铁男错认第五夫人的专列为张作霖的专车，就对东宫说："下午11时左右，将要通过的黄色七辆车，是第五夫人的列车；慢它五、六个小时，有二十辆车厢的蔚蓝色车，才是张作霖的专车"。东宫回答说："明白了，我们已经完成一切准备"。东宫铁男所说的"已经完成一切准备"一语，包含有三种意思：一是由挑选出来的有爆破经验的日本工兵人员，已将巨量炸药，按计划要求，已偷偷地埋在日本守备队警戒范围内的南满线铁桥脚下；二是指杀死了两名中国"苦力"(吸食吗啡者)，把尸体放到"老道口"铁桥西南侧，其中一具死者身上藏着事先伪制好的"密信"，另一具死者手里紧握苏制炸弹，作投掷状，设计好假现场；三是日本守备队已荷枪实弹作好冲杀的准备，一旦张作霖未被炸死，守备队当即发起冲锋把张击毙。

4日早4点钟左右，派往新民县火车站进行监视活动的神田太之助和武田丈夫两个中尉，利用领事馆的专用直通电话，向关东军及河本报告了张作霖的专列已通过新民的情报。根据当时情况分析，张作霖到达沈阳的时间，约在5点多钟，天已经亮了，恐有碍阴谋计划的实现。于是川越与河本乘汽车，再次到现场亲自视察并作了布署。当河本问东宫："天亮是不是也要干?"东宫则回答说："箭已离弦!"就是说，既然决心已定，成败在此一举了!

6月2日，当奉天接到张作霖即将离京返奉的电报后，各机官长及军政要人，便忙于迎接张帅座归来。省议会及各社会团体也召开临时会议，共同磋商欢迎办法，积极筹备一切。

3日下午，省长刘尚清找来交涉署科长关庚泽，说："今天张大帅由京启程回奉，夜半可能抵达小西边门车站。届时，或许有友邦人士去欢迎，你可去照料一下。但，不必通知驻奉各国领事馆"。

4日晨1点多钟，各界前来欢迎的人，已陆续聚集到火车站。最先到来的是原由张学良训练的学生队60余人，由队长高胜岳率领。接着由30人组成的军乐队，也排队而来。这时省长刘尚清、军署参谋长臧士毅等军政要员，也均先后莅临。

约5点20分在左右，火车站长报告："大元帅列车，已到皇姑屯车站，稍顷，即可到站"。顿时，鼓乐齐奏，足足等候几个小时前来欢迎的人群，也开始活跃起来……大家都在不约而同地翘首西望，期待着张作霖专列的到来。

贵宾车厢里，张作霖与专程去山海关迎驾他的老友吴俊升，相对而坐，旁侧坐着秘书长陈庆云，3人闲谈些什么，正欲准备下车。忽然同车返奉的日本顾问仪我诚也，推门走进张作霖车厢，互致早安。此时张作霖略觉身寒，顺手把锦缎马褂披在身上。

在另外一节车厢里，密电处长周大文已整理好行李，正从车窗向外张望，他惊愕了一下，原来他发现铁道线两侧奉军的哨兵稀少，往远看只见前边列车即将驶入的“老道口”处，即京奉铁路与南满铁路的交叉南侧，跑动着身着黄色军服的两名日本士兵，正在匆促地向一座日本守备队加设的了望所方向，飞奔过去……周大文顿生疑虑，似乎已预感到有一种不祥之兆。

瞬间列车穿入“老道口”函洞，躲藏在约距道口有百米远处了望所里的日本守备队，正全神贯注地查数着列车节数“一、二、三”。当数到第十节时现场指挥东宫铁男，看准正是张作霖坐的车厢，立即命令负责引爆的士兵，急按电钮，突然间轰轰接连两声巨响，只见老道口处，滚滚的浓烟，吞吐着炽烈的火舌，夹杂着木板、石块，直冲向一二百米的高空。南满线上的铁桥崩颓下来，正压在专列中间的车厢上。两处桥墩被炸落三分之一，几百公斤重的钢轨，“象面条一样的弯曲着！有几节车厢被炸得粉碎，木板正在燃烧。大元帅张作霖，黑龙江督军吴俊升等，都躺卧在血泊之中。烧焦的气味，受伤者的呻吟，慌乱中的人群，构成一幅触目惊心而又令人愤慨的悲惨画面”。这就是由日本关东军所一手制造的“皇姑屯惨案”！时间正是1928年6月4日，凌晨5时23分。

列车遇炸后，随车卫队排列散开向南北两个方向扫射数秒钟。后为防日本人寻衅，免生枝节，经何丰林下令，才慢慢停止射击。车中的周大文被震昏在地。当周苏醒过来时，只见包房车窗及窗前小桌，皆不翼而飞，不知去向。低头看时，发现左手掌被玻璃碎片扎破还在流血，便取出临行前随身携带的急救包，他未来得及包扎，忽然想起张作霖，不知安危如何？就跑出车外。顿时，周大文大吃一惊，只见有几个人正在抢救大帅。张作霖被炸出3丈多远，双眼微睁，已昏迷不省人事，斜躺在血泊之中。宪兵司令齐恩铭赶忙找来一辆敞蓬汽车，由副官王宪武抱着横卧在车中，两边还有三公子张学曾、随身医官杜泽先等陪护，以最快速度向城里大元帅府飞驰而去。

张作霖的老搭当吴俊升，因列车被炸时，不幸有一铁钉穿入头部，当场毙命。随即用车把尸体运回小河沿岸北吴俊升私宅。同车被炸负伤的高级幕僚还有：原农工总长莫德惠头部受伤、陆军总长张景惠颈部受伤、此外还有教育总长刘哲、总参谋于国翰也被炸受伤。这些受伤人员均先后用车送至市公立医院救治。随行的日籍顾问仪我诚也，面部及手腕受轻伤。下车后直奔日本人士井原公馆治疗。后又转向日本驻奉领事馆，向总领事林治郎报告一切。

当人们转向被炸现场周围时，还发现在路轨旁侧有被火烧焦的男尸一具，从其死者的内衣残片中，拾得小皮夹一个，里面有京奉路火车免票一张，上面记有“山海关公司李子亨”字样。后经查询方知，此人原系山海关公司饭厅仆役人员。在另一处，铁路道轨北侧，又发现有女尸一具，已血肉模糊，难于辨认，但在女尸附近拣到镶有宝石的金手镯及小型手提保险铁柜各一个。其他死伤者还有多人，慌乱之中，实难准确统计。

事后，据当时在中国发行的英文报纸《时事新报》的记者著文披露，在整个“皇姑屯事件”中，除张作霖、吴俊升外，还有18人死亡、53人受伤，总计死伤约70余人。

约早晨7时许，抢救张作霖的敞篷汽车，带着斑斑血迹，匆匆开到大帅府门口，这时帅府里的人们方知张作霖被炸受伤。倾刻间，帅府上下无不惊慌失措，乱作一团。张作霖的五姨太寿夫人及家属仆役人等，一齐奔向汽车，忙把张作霖抬下车，送到小青楼客厅里，采取急救措施。只见张作霖满身是血，殷红的鲜血浸透过衣裤，粘合在一起。医官杜泽先顺手抄起剪刀把衣袖剪开，发现左臂折断，头部及身上多处受伤。张作霖脸色苍白，双目微睁，嘴里还断断续续地说着胡话，气力显得十分衰弱。

大家见张作霖伤势如此严重，一般处置已无济于事，军医处长王宗承乃急令速派人到小河沿（今万泉动物园）岸北盛京施医院，用汽车把院长英国医生雍大夫（N·A “Dr” Young）接到帅府抢救。雍大夫到后经过详细检查，张作霖有三处伤势较重：前额被木板铁屑擦伤、左臂上关节脱臼、上脖颈骨折断。经多方用药抢救，仍不见好转。处于弥留之际的张作霖，曾对守护身边的卢夫人说：“我受伤太重，恐怕不行了。告诉小六子（张学良乳名）以国家为重，好好地干吧!”上午9时30分，张作霖终因抢救无效去世，时年54岁。

二、皇姑屯事件的善后处理

张作霖被炸身亡，奉系军阀一时群龙无首，政局动荡。此时，奉系处境十分困难:

一方面，日本关东军屯积沈阳兵临城下，进行威胁恐吓，并制造事端，离间张学良与杨宇霆的关系。在张作霖返奉前夕，日本浪人就在通天街与兵工厂制造两起炸弹爆炸事件。6月3日夜，在北市场与西公园，又发生三次大火。6月5日夜，日军为了阻止张学良回沈，制造了奉军兵车五节，在锦州、榆关之间脱轨倾覆事件，使京奉路一度不能通车。6月10日至12日，日本浪人在小西门外、日本居留民会等地多次制造炸弹爆炸案。6月16日，调驻沈阳的日军，共18 000人，在浑南公开举行大规模野外演习，进行武装示威。

另外，日本方面在知道张作霖已经被炸死后，驻奉总领事林久治郎与关东军司令部之间紧密配合，对究竟由谁取代张作霖问题上开始交换意见。当时有3

个人选：张作相、杨宇霆和张学良。军部认为，张作相虽然声望很高，但他是"铺设吉会铁路最顽固的反对者，历来在日本人中间没有威望，应予除外。"杨宇霆虽属实权人物，但"为人狡诈，颇难驾驭"。还是以张学良为宜，他年轻，又"容易摆布"。林久治郎则认为："杨宇霆从前虽有排日的罪过，但也不能说张学良就一定不排日"。就张学良年轻时说受教育来看，他对日本也未必真能保持友好。结论是不管谁做新的首脑，均以能否扩大日本在满权益为依据，同时必须积极防止与南方合作，不容许推行其革命外交。于是，日本人就通过报纸、传单甚至派特务四处活动、造谣重伤，对奉系内部进行挑拨离间。他们一会说杨宇霆炸死了张作霖，炸弹爆炸案是杨宇霆、常荫槐要密谋推翻张学良；一会又说张学良要除掉杨宇霆、常荫槐，使他们互相猜疑，各存戒心，为日本所用。

另一方面，奉军主力还在关内，张学良也在滦州处理军务，张宗昌等乘机起兵，二张交恶，派争滋生。面对复杂的局面，留奉的奉天军署参谋长臧士毅和奉天省长刘尚清等通力合作，谨慎处置。张作霖虽死但密不发丧，使日本关东军不明虚实，危局得以支撑，为张学良返回奉天赢得了宝贵的时间。

与此同时，事件的调查工作也在进行中。由于炸车的地点发生在京奉铁路与日本南满铁路交叉地的三洞桥，事后发生4小时后，中日双方共同进行调查。在调查尚在进行间，双方还没有共同认定结论的情况下，日本当局于当天10时30分，抢先发表声明，以示清白。调查完成后，日本又单独编造了一份歪曲事实真相的报告。报告称："本月四日午前五时半，张大元帅乘坐之京奉铁道列车开至南满铁道交叉地点，不知为何人所置炸药爆破，甚为遗憾。张大元帅既负伤，又有其他之死伤者。……本案既如四、五两日经贵我双方有关系官宪共同审查时所认定，恐系肇事当夜被我守备兵所杀害形似便衣队之不良贵国人等，犯有嫌疑。"①日本守备队为制造假现场，刺杀了两名中国人，留下几颗炸弹和信，诬陷称南方派来的杀人凶手。

面对日本的调查报告，中方认为这是扭曲事实的结论，经过调查，中方认为：

第一，日本有警备责任。在张作霖返奉前，奉天宪兵司令部曾向日方提出在路桥上面共同警戒的要求，遭到日本宪兵队长三谷的拒绝，并表示：桥面

---

①《日本驻奉天总领事林久治郎为认定肇事者似中国便衣队事致高清和照会》，辽宁省档案馆：《皇姑屯事件始末》，香港同泽出版社1998年版，第71页。

“归守备队担任，愿负完全责任。”[①]

第二，爆炸的现场。依兵工厂委派的专门技师达尔尼勘察，认为：“此种炸药性极猛烈，量亦多。由其装置处所观察，必系由铁桥上面安置者”。英国路透社也曾派人到出事地点调查，认为埋放地雷、安放引信等需要四五个工兵，至少需要工作6个小时。[②]

第三，爆炸的精确度。当天，张作霖所乘坐的专列有20辆，张作霖和吴俊升所乘坐的是第10辆，而爆炸的恰好是第9—12辆，而且张作霖所乘坐的第10辆车车身几乎全部被毁坏。专家认定：“布置之周密，技术之精巧，断非无此种技能之人所能办。”[③]

其四，日方提供的两名嫌疑人，“系惯打吗啡之流氓，利用此辈作为证据，反足露其破绽”。

中方根据上述四点事实得出如下结论：

第一，日方拒绝中方共同警戒，除承担责任外还说明拒绝共同警戒本身就是一种预谋。

第二，爆炸物安放在桥上面，而且需要四五个工兵，至少需要6个小时工作才能完成的事实，说明没有日方警戒人员的支持是不可能的。

第三，从爆炸的技术含量以及精准的程度看，说是两个惯打吗啡的流氓所为，是没人相信的。

第四，日方制造假现场，把两个已被他们打死的人说成是嫌疑犯的本身就已经说明了炸车案的真相。

由此，中方认定炸车案纯是日方所为。

日本方面为了隐瞒事实的真相，于6月10日急切地要求中国方面按照他们的说法共同发表声明。当遭到中方拒绝后，11日，又提出说：“如有意见不同之点，何妨从长计议，”[④]坚持要求共同发表声明。再次被中方拒绝后，于6月12日，日本又单方面发表第二次声明，嫁祸于南方国民军便衣队。其声明称：“当

① 《高清和为饬属协助查辑凶犯复林久治郎照会》，辽宁省档案馆编：《皇姑屯事件始末》，香港同泽出版社1998年版，第74页。

② 辽宁省政协委员会学习文史委：《张作霖·奉系军事集团》，辽宁人民出版社1999年版，第429页。

③ 《奉天交涉署为调查张作霖被炸现场后对日交涉情形的报告节略》，辽宁省档案馆编：《皇姑屯事件始末》，香港同泽出版社1998年版，第79页。

④ 《奉天交涉署为调查张作霖被炸现场后对日交涉情形的报告节略》，辽宁省档案馆编：《皇姑屯事件始末》，香港同泽出版社1998年版，第86页。

张作霖返回奉天之际，中国方面于6月3日提出，拟在京奉、满铁两铁路交叉地点和满铁线，配置中国宪兵以资警戒的要求。我守备队虽接受了在京奉、满铁交叉点配置宪兵的要求，然而拒绝了在满铁线路上配置宪兵之要求。因而，桥梁系由日本守备队警戒。4日午前3时左右，有三名形迹可疑的中国人，企图潜入满铁线路堤岸，当我士兵欲对其盘查时，彼等竟欲向我士兵投掷炸弹，因此，我军当即击毙其中二人，另一人逃走。检查尸体时发现炸弹两枚、书信三封，其中一封为国民军关东招抚使信件之残片，当系南方便衣队无疑。4日拂晓时，我警戒士兵正瞭望监视中，当京奉线东行列车驶至交叉点时，随着一声爆炸巨响，桥梁附近黑烟与灰尘即冲天而起。"[①]同时，关东军参谋长斋藤在给陆军部的报告中，声称责任在于中国方面警戒不严，与日军无关。

在中方尚未发表声明的情况下，日方单独发表隐瞒事实真相的声明，其意图显而易见，当时"人人皆知是日本人干的，但是没有一个人敢公开说出这件事。"[②]

中方在调查的基础上也拟定了照会，准备向日方提出严重的抗议，指出此案事体异常重大，系事前布置周密，是有计划、有组织所为，要求详查真相，严缉凶犯。所拟照会原文如下：

为照会事：本月三日大元帅率同文武僚属由京回奉，所有京奉铁路沿线一带警备事宜，早经我军警宪兵会和警备，以昭慎重。惟京奉南满交叉地点，业经我方宪兵司令部所长金幕韩与贵宪兵分队三谷队长商议，拟在路桥上面共同警戒。三谷队长声称，"满铁"路桥上面如派中国宪兵加入警戒，有碍颜面，该处向归守备队警护，仍由该队担任，日方愿负完全责任。并为双方联络免生误会起见，派日本下士一名、宪兵两名前往随时接洽等语。乃四日早晨约五时四十分之顷，火车经过该桥交叉桥洞时，忽有炸弹轰裂，炸伤大元帅及各要人。此外死伤人员甚多，并有炸毁火车四辆。似此双方严重戒备之中，忽遭意外之惨剧，事实异常重大，本特派员不胜遗憾之至。调查当时轰毁状况，足证此种爆弹，性猛烈，为状甚巨，其炸裂适在大元帅乘车经过桥洞之时，似此布置之周密，技术之精巧，断非无此种技能之人所能办，事前必有计划，犯人亦必有组织。且查该铁桥平时系由贵方守护，其左近又极空旷，有人经过亦易发现，

---

① （日）森岛守人著，赵连泰译：《阴谋·暗杀·军刀——一个外交官的回忆》，黑龙江人民出版社1980年版，第21页。

② 王家祯：《皇姑屯炸车案前后》，辽宁省政协委员会学习文史委编：《张作霖·奉系军事集团》，辽宁人民出版社1999年版，第423页。

何以装置此项巨弹，事先毫无觉察？自应详查真相，严缉凶犯，以凭根究，而明实情。除已由我方严密查缉外，相应照会贵总领事，请烦查转令所属，务必详确之搜查，俾真相早日明了，罪犯早日缉获，是为至盼。并希见复为荷。①

这份照会将问题阐述得十分清楚，但就在准备发出之时，交涉署接到通知暂缓发出，交涉署对此不解。这时，奉天实业厅长、军署参议张之汉到署说明：认为此照会“措辞甚佳，惟如此办理，使彼无从诿卸，势必激成其他举动。设将来奉军出关，彼若借端阻碍，我方有何对策？况此公文传登报纸，亦成笔伐口诛，反使彼方有词可假，昔鲁桓公如齐之难，鲁人且不敢复仇，此时惟当以先忍耐为上策。”②

明知张作霖死于关东军之手，奉天当局之所以采取隐忍之策，一是害怕公布真相提出抗议，只能激化中日间的矛盾。张学良鉴于当时东北的局势所迫，激化中日矛盾，又必将影响东北当局内部的稳定，最终还会影响“东北易帜”的实施。第二，稳定东北大局是奉天当局的首要任务。张作霖被炸后，东北政局一度失去权利重心。在这种情况下，无论是对东北当局还是对张学良来讲，最重要的问题是做好稳定工作，特别是如何把握东北政治走向的问题。张学良子承父业，面临着严峻的考验，既要考虑如何稳定团结东北内部的问题，又要考虑与南方国民政府的关系问题，最重要的还要考虑与日本的关系问题。这三个方面相互联系、相互影响。所以，稳定局势是首要任务，张学良只能把日本人杀害张作霖的真相埋藏在心里，从大局着眼，未将真相予以公布。

张作霖遇炸身亡后，省长刘尚清、参谋长臧士毅、张作霖五夫人张寿懿及有关重要官员商议善后问题。大家分析了当时的形势，认为：第一，日本正窥视动静，若宣布大帅死耗，恐日军趁机发动新的举动；第二，若外界知道真相，难免骚动，应以加强治安，团结为重；第三，奉军主力仍在关内，张学良也未回来。

根据以上几点，刘尚清、臧士毅等，均力主密不发丧。对外由奉天省发表通电伪称：“主座由京回奉，路经皇姑屯东南满铁道，桥梁发生爆炸，伤数人，主座亦身受微伤，精神尚好，……省城亦安谧如常。”③于此同时，刘尚清、臧式毅等人与帅府人员紧密配合，共同制造了张作霖未死的假象。帅府厨房每日

① 《奉天交涉员署为详查真相严缉凶犯致林久治郎照会稿》，辽宁省档案馆编：《皇姑屯事件始末》，香港同译出版社1998年版，第50—52页。

② （日）森岛守人著、赵连泰译：《阴谋·暗杀·军刀——一个外交官的回忆》，黑龙江人民出版社1980年版，第22页。

③ 陈崇桥、胡玉海：《张学良外传》，江西人民出版社1988年版，第34页。

三餐照常给张作霖开饭，为张作霖看病的杜医官也天天到帅府假装换药并填写病案。家人一律不准啼哭，不戴孝。帅府五夫人还浓妆艳抹地接待前来探听消息的日本驻奉天总领事林久治郎的夫人。这些举措，使日本方面摸不清虚实，始终未敢轻举妄动。

由于奉天当局处变不惊，妥善应对，为张学良赶回奉天主持大局赢得了宝贵的时间。6月18日，奉天各法团会议公推张学良继任奉天军务督办，并于19日上午11时在军署正式就职。当时仍以张作霖的名义给奉天省长公署发告咨文："奉镇威上将军删电内开，本上将军现在病中，所有督办奉天军务一职，不能兼顾，着委张学良代理。"[①]并通告驻奉各国领事。6月21日下午，张学良对外正式公布了张作霖因伤重而逝世的消息。张作霖遗嘱全文如下：

"余不幸归途遇险，今病势已笃，殆朝暮间人矣。余自束发从军，早自誓，以身报国，死生置诸度外，现年已五十有四，死亦非夭。惟是救国之志未遂，不免耿耿耳。今以奉天重任付之学良，望汝善为料理，延聘贤能，修明内政，使人民安居乐业，以慰父老悬悬之望。一面努力和平，以弥战祸，促成统一，勿背余佳日息争通电之旨，并盼我胞泽同人，共体此意。但能遵余之遗嘱，事事以国家民族为重，协力进行，即是征诸同人相爱之诚，余虽身死，亦瞑目矣！张作霖！"[②]

6月21日当天，张学良以东北三省议会联合会的名义，推举他的老把叔张作相为东北三省保安总司令兼吉林司令，他自己则甘居奉天保安司令的职位。张作相素有稳健忠厚之称，对东三省保安总司令一职，固辞不就。他认为张学良少年英雄、干练有为，担当危局、应付内外、保持东北团结定能够胜任。张作相在奉系老一辈中最有威信，由于他的全力推荐，再加上当时东北文武官员多存在封建观念，有帝王传子家天下的心理，所以，在7月2日东三省省议会联合会上，一致推举张学良为东三省保安总司令，即日宣布就职。7月19日，东三省保安委员会成立，张学良任主席。保安总司令部为保安委员会及东三省议会联合会的执行机关，张学良一身兼任东北保安委员会主席、保安总司令及奉天省保安司令三职，名正言顺地成为了东三省最高领导者，主持全面工作。

将各方面事情安排妥当之后，张学良才开始办理丧事。6月21日，张学良、张学铭、张学曾等兄妹十四人联名发表讣告，正式宣布张作霖于当日子时寿终。同一天，奉天省政务厅也向外界宣布大元帅薨逝的消息，同时组成帅府

---

① 周毅等：《张学良文集》上卷，香港（中国）市场信息出版社1991年版，第91页。

②《张大元帅哀挽录》，张氏帅府博物馆馆藏。

丧礼筹办处，开始隆重的治丧活动。

张作霖作为北洋政府末代国家元首和东北最高统治者，死讯传开，可以说东北同哀，整个葬仪由丧礼筹办处主持。帅府东辕门搭有黑白两色布扎的斗拱飞檐的牌坊，辕门两侧站有四名臂带黑纱荷枪的岗兵。帅府正门搭的牌坊和辕门大同小异，门楣多一方“中外同哀”的匾额，这里有八名岗兵站岗。灵棚设在一进院的仪门处，亦搭有牌坊，但在牌坊后面又起两层四角牌楼，共有三块匾额，自上而下是“星沉”“英风宛在”“兆民允怀”。高耸的牌楼十分壮观，檐角下垂白色孝带。灵堂设在二进院正房中间过厅，厅内圆柱都用白布裹缠。横匾为“天柱峰颓”，两侧密挂挽帐挽联。灵座正中是张作霖戎装遗像，像前有五件景泰蓝供器，燃烛焚香，瓜果供品摆满高桌，桌前两侧，置两盆白花。

张作霖的寿衣和棺椁都是临时准备的，寿衣是北京永增寿衣社原为张作霖祭庙时所做的金线绣龙的袍褂，帽子是与衣服配套的前齐后圆帽。棺木是帅府早年积存的阴沉木料（又名万年蒿）所做，因天气闷热，为防止尸体腐烂，用布匹沾桐油缠裹数层，棺椁外面放置大冰块镇凉。

奉天省长公署政务厅公布的丧礼有五项：下半旗七日；停止娱乐七日，停戏三日；学校停课一日；文官左臂缠黑纱七日，武官兵士左臂及刀柄缠黑纱七日：下属外县及外省各官署于奉电后择公共场所由官长率领僚属团体设案望祭一次。

张学良夫人于风至的兄长于风翥一行五人，以亲属名义，从吉林怀德县前来赴丧。到帅府经侍卫通报后，于风至亲自迎至后院内宅，并一一发给印有张作霖半身像的像章和白花，作为出入帅府的凭证。前来吊唁的人往来如梭，依次在灵前鞠躬致哀。帅府内设置乐队，整天哀乐不止，令人心碎。这场丧事前后共操办了一个多月。

当年在小南门亲眼目睹过出殡情况的王述彭老先生说：“那可真是我有生以来看到过的最盛大的出殡仪式。当时，首先经过的是开路的黑白无常（扎纸活）、引路的金童玉女、颂经的僧道、洋乐、吹鼓手等。后面是多人抬的灵轿，再往后是送殡的亲友。亲属都穿着孝衫，客人扎白孝带，足足过了两个多小时！”①

在为张作霖治丧期间还发生了惊心动魄的一幕。张学良自述说：

我父亲开吊之日，日本关东军司令官菱刈隆大将率宪兵一小队，亲来吊

① 张氏帅府博物馆：《走进大帅府 走进张作霖》，辽宁教育出版社2009年版，第307页。

祭。我因仇愤，冲动万分，拟杀之以祭我父。被张辅臣（张作相）、王维宙（王树翰）二人所制止。张以强辞不准我乱动。王则劝我说："东三省父老对你有所期望，托付大任。你虽不计一己之利害，但不能不顾东三省父老之遭殃，不可徒逞一时之愤，而害无辜。何况人来行吊祭之礼，杀之，非丈夫之行也。成大业者，须能忍辱负重，打落门牙，带血吞！"当菱刈隆祭毕归去后，我曾悲痛昏倒于父亲的灵前。[①]

张学良为其父举行葬礼，日本首相田中也派出"吊丧"特使林权助到沈阳，向张学良递交田中信件。田中在信中要求东北"实行自治"，并警告说，如不放弃易帜，日本决以武力制止，或将发生重大事件。日本的强横可谓直白到没有任何外交含量。9日，张学良到日本驻奉天总领馆回访林权助、林久治郎等人。林久治郎重申，日本政府认为国民政府内部杂乱不稳，且有共产色彩，深盼张观望形势，勿挂青天白日旗，如张不听警告，日本已具"强固决心，而取自由行动"。张学良表示，自己的思想全"以中国为本位"，所以易帜，盖欲完成中国统一，这亦为东北民众所渴望，望来日本政府"亦决不甘冒干涉内政之不韪"。可林久治郎却说，日本决心已定，"即为干涉内政亦所不辞"！张学良又表示，自己的决心只以东北民意为依归。林权助的随员佐藤却说，张如违背田中意愿，东北必将"发生重大事情"。日本人的威胁，已经不是第一次了，其意甚明，即日本独霸东北的野心没有变，日本将不惜用战争手段遏制张学良！在施以恫吓的同时，林权助又说："令尊和我是好朋友，我把你当作自己子侄"，若不听话，将"是很危险的"。张学良则回答："我与贵国天皇是同庚"。[②]

在林权助回国的时候，他再次提到张作霖是他的好朋友，张学良明确表示："你替我想的事情比我自己想的都周到，但有一件事你却忘了，那就是'我是中国人'！"[③]

张作霖逝世后，各界人士纷纷发表祭文和挽联，均收录于《张大元帅哀挽录》中，部分摘录如下：

① 张氏帅府博物馆：《走进大帅府 走进张作霖》，辽宁教育出版社2009年版，第307页。

② 张学良与林权助等人的谈话，1928年8月9日，毕万闻：《张学良文集》第1册，新华出版社1992年版，第110-111页。

③ 毕万闻：《张学良文集》第2册，新华出版社1992年版，第1152页。

祭文：

张作相祭文（一）

维中华民国十七年七月十一日，沐恩张作相谨以牲牢醒酒肃恭诚敬致祭于大元帅之灵位前。

曰：惟嵩与岳毓秀锺祥，诞降英雄邦国之光。韬玲素蕴，马独长平。肖何安汉，褒鄂兴唐。治兵辽海，正正堂堂。恩泽春雨，威挟秋霜。作相从公卅载以强，心腹指臂相得益彰。表率华夏保固梓桑，生荣死哀。宁不心伤哭公大智，金鉴腾光察及秋毫，无遗无藏。哭公大仁，扶弱崇良；己饥己溺，万武齐汤；哭公大勇，劫应玄黄，讨赤救国，破斧缺戕；哭公大义，容纳叛亡，泰山沧海宏度汪洋。民国元首，军人相将。袁、黎、冯、段，比公未当。共和历史，博大光昌，得公冠之，志洁行芳。孤德无邻，绝飞不翔，高明鬼瞰，忽蹶康庄。天倾地圮，大星陨芒，六军泣涕，万姓悲凉。托孤寄命，殉公未遑，后死之责，莽莽苍苍。椎心泣血，同仇敢忘？海枯石烂，赍志或偿。在天有灵，剑马驰张，左之右之，剪彼豺狼。威仪宛在，蕉荔犹香，登天成佛，享此蒸尝。

呜呼，尚飨。

张作相祭文（二）

维中华民国十七年，岁在戊辰，季夏之月戊午朔，越祭日丙寅，吉林军务督办张作相，谨以牲牢酒醴庶馐之仪，致祭于大元帅之灵前。

曰：维我元帅，德音广被，睿智闳深，渟渊岳峙。畴昔之岁，义师崛起，子以散材，追随鞭棰。中原多故，堤隳岸圮。元帅拯之，国乃有豸，鳌足支天，芦灰止水，薄海喁喁，期臻上理。天不厌乱，颓波弥弥，栋折榱崩，反宫变征。呜吁痛哉！我今哭临，玄酒乃酽，中外同哀、况在小子。铙吹悲凉，瓣香剪纸。万古流芳，日有青史。

呜呼哀哉！尚飨。

张作相祭文（三）

维中华民国十七年八月五日，沐恩张作相谨以清酌庶羞致祭于

大元帅之灵前，曰：呜呼！山颓巫白，地坼冀青。薤晞朝露，霄陨大星。龙蛇厄岁，恸减梦龄。鼎湖一去，辽土涕零。缅维德威，九有傒望。资性清渊，神几闳畅。颁布教条，基绪垂创。缔造艰辛，天心眷贶。肇开督府，师律正平。兵食均足，尽念民生。减捐薄赋，贪墨惊怦，一时楷式，遐播盛名；节制三边，国资上略，兼辑蒙疆，崇阶震烁。殚厥威棱，群钦锁钥，旋事保安，

勋业恢廓。丁时多艰，赤诊宜驱。简车搜乘，涣号膺图聿新邦命。庆洽寰区，车书混一。仅竢斯须，不吊昊天，乱靡有定，日返虞泉，龙飞杳瞑，中断乾维，民居不宁，挽咽繁声，丹诚同罄。作相鳜浅卅载，依仁专阃，效命擐甲，致身未先沟壑，痛隔车尘摧肝胆，迹进陈莽莽河山，沉沉云雾，永护墓祠。悲旌建树，安閟泉扃，追攀无路，虔酌清醑，灵旂来驻。

尚飨。

吴佩孚祭文

维民国十有七年，戊辰六月朔，戊午越已丑日壬子，勋一位孚威上将军吴佩孚命前秘书处长杨圻谨以少牢之奠代表，致祭于雨公元帅仁弟之灵。

曰：呜呼，天下滔滔，乱民接踵。东北义旗，一隅犹重。公之一身，国之梁栋。闻公之亡，临江长恸。非公之惜，惟国是痛。轵里无名，博浪竟中。始闻而疑，今腾于众。

呜呼哀哉！自与公交，寒暑两经。以事变之纷扰，致肝胆以莫倾。恐瞑目而长往，或遗恨于九京。爰馈奠以致辞，而告慰夫英灵。

呜呼哀哉！壬戌之战，于公何仇？踊跃用兵，于我何求？公既入关，而弗我仇。风高廉蔺，遣使岳州。澄清相勖，意气相酬。申以兄第，同心绸缪。登坛歃血，拨乱横流。既见君子，共兹戚休。会师畿辅，自夏徂秋。南海夕烽，达乎巴邱。乃眷西顾，破釜沉舟。江南诸军，投壶优游。方舟鼓噪，而趋石头。弗寇之御，而我是谋。螳螂之智，萁豆之羞。非战之罪，人心之忧。麋烂江表，于敌何尤。佩孚乃移师郏虢，汰老去弱，秣马厉兵，告乎河朔，西封崤函，东规湘、鄂。我马首以欲东顾关西之元恶，惧虎兕之出柙，防死灰之复游，故迟迟其我行，复坐镇乎河洛。公则欲以朔方之兵规复江左，假道中原急如星火。仆病未能，公独负荷。虽实获乎我心，而不知其不可。苟救国其有人，亦何必其自我。时则豺狼东下深入江淮，孤军万里，兵法是乖。我开关以要击，实旦夕而可恢。愤我悍将拥兵徘徊，非偷安而玩寇，怀异图而祸胎。于是，纵敌长驱，妖星如雨，蚕食鲸吞，从容莫御。沦文物于荆榛，竭东南之财赋。嗟裂冠而毁冕，竟血流以漂杵。公之起而代谋，盖以持之有故。计国步于私交，又奚嫌乎越俎？公急国难，我岂私怒？公弗我欺，我则公恕！公今长往，余怀谁语？

呜呼哀哉！至若强邻，眈眈虎视辽东庙堂祸国，公独折冲。最惠条件，十不一容。公弗媚外，殃及厥躬，是为爱国，虽死犹雄！邪说横行，道德沦丧，浊乱纲纪，焚杀是尚。公独讨赤，当仁不让，是为义师，虽败犹壮。综斯二者，义正意坚。众醉独醒，弗惑弗迁。此我之志，亦公之肩，谁欤同心，敢曰两贤。而今而后，宇宙腥膻，河山举目，吾道孤焉。

呜呼哀哉！长城高高，辽海茫茫，欲往从之蜀道阻长。断我手足，坏国金汤。风骚骚而巫峡，月暗暗而瞿塘，闻鹃啼而下泪，聆清猿而断肠。吊阵图于鱼复，问白帝于荒江。缅共济之吴、蜀，伤无命于关、张。

呜吁哀哉！噫嘻，雨亭雨亭，永诀生平。一晤成古，长别此生。象贤继体，望诸汉卿。后死之责，我岂忘情？清江万里，浊酒遥倾，用因风以披沥，不知夫涕泪之纵横。

呜呼哀哉！尚飨。

万福麟祭文

维十七年七月十一日，我大元帅三七之辰，代理黑龙江督办军务善后事宜万福麟谨遣少将袁庆恩代表，致祭并斋厥辞。

曰：于戏，公之声灵，烈烈巍巍。公之一身，系国安危。拯民涂炭，挈道纲维。禹治洪水，孟辟邪辞。当仁不让，见义勇为。有土金瓯，有士熊罴。挥鞭流断，积甲山齐。夫何外侮，钦蹂东陲。拊膺一溉，毅然退师。旁杜觊觎，俛矜流离。嗟此隐恻，宜天所毗。夫何霹雳，摩空横飞。大树摧折，太山崩颓。何怨何德，狙者其谁于戏。

公有遗泽，下民是思。公有令嗣，群望所扮。为功为罪，畴为是非。俟之百世，髯在一时。麟辱公遇，载携载提。枕戈待旦，怒然朝饥。羁迹鞅鞨，驰心穗帷，心长楮短。

呜呼噫嘻！尚飨。

万福鳞　常荫槐祭文

维中华民国十有七年八月六日，黑龙江保安司令万福麟、黑龙江省长常荫槐，谨托奉天山海关监督孟昭漠，以牲牢酒醴庶羞粢威之品致，祭于陆海军大元帅张公之灵，位前维公，冠世雄姿。极大抱负，旷代寡俦，当时无偶。各播两间，声驰九有。控北制南，裒然居首。福麟忝总，师千行间。奔走执锐，捩坚令严。刁斗荫槐，谬掌交通。疏附先后，任重致远。追随日久，回溯从前，恩遇优厚。方冀常依，执鞭左右。天胡不吊，运遘阳九。石破天惊，人声狮吼。骑箕天上，尘凡撒手。舆情悲恰，沧桑饔陡。如屋堕梁，如纲解纽。裂腑摧肝，恤然在疚。福麟等或握军符，或绾民绶。执沸未及，事务纷纠。谨托代表，恭奠肴酒。肸蠁诚通，肴核蔬藕。万岁千秋，常此不朽。

呜呼！尚飨。

孙传芳　杨宇霆祭文

维中华民国十七年七月我大元帅既歿之首七，孙传芳、杨宇霆谨遣员致祭。灵前泣而言曰：呜呼，我公命世之英，庇民爱国。独具真诚出师讨赤，誓扫搀枪而尤忌者。鹬蚌之争，苟利于国。何恋尊荣，毅然通电解甲休兵。冲襟伟抱，磊落光明。何图东返，无妄灾生博浪。遘变地发，天惊犹期。医疗政体安执谓一夕，遂返三清。遥闻噩耗，悲愤交并。欲归一哭未果，于行兹逢。

首七敬　荐荃衡灵其來格歆此瑶觥尚饗

张学成等祭文

维中华民国十七年八月四日，即夏正戊辰岁月建，己未戊午朔越祭日丙子。不孝侄学成学文等，谨以少牢酒醴庶羞之仪致祭于先叔父陆海军大元帅之灵位前，泣而言曰：呜吁，侄少孤，赋性愚拙，所有饮之食之教之诲之胥惟叔是赖。今已十余稔矣，乃属国家丧乱。叔父方致力中原，提十万横磨三次，兴师以期统一。侄等方冀竭驽钝之力，効犬马之劳，追随鞭策。少报涓埃何图，志愿未遂，忽观闵凶鬼蜮为祸，猝不及防。

叔父竟舍侄等而长逝耶！呜呼痛哉！忆自民国初元，我父与叔父握别返黑山县。适胡匪杨花子等窜扰吴家窝棚一带，我父顾念乡邦发抒，义愤率队往剿，误中流弹因公亡身，维时侄方十余岁，长姊方廿岁，二妹甫离褓褓。侄学文甫二龄，孤苦零丁谁为顾恤。叔父当时充巡防统领，闻受惊悼，遣使迎我母子等来归。待通侄等鞠育恩勤提挈，教养如同己出，外人视之若不知侄之为侄子之为子也者及。侄稍长为之延师教侄兄弟等，稍或旷课辄加督责嗣，送侄与我弟留学东洋，非寒暑期间不敢归国。彼时窃以为苦，今乃知叔父之望我甚殷，爱我甚厚，继今以往求，有人随时呵谴，随时纠责。其可得耶？其可得耶？吾父生前未有资产，叔父以为百年之后养赡不足我母子受累，乃由黑山县境内拨给原领地极肥沃者五六百亩，暂以岁收狙项作零星日用，将来永为己业，盖为侄谋者无微不至矣。由东归国后不以侄为不才，委充营长，寻由团长旅长迭升山东七十师师长。赖叔父指导幸免罪戾，初云无父何怙，侄昔日惟叔父是怙，而今而后其将何怙耶？呜呼痛哉！今逢祭日敬奠酒浆聊述，颠末言有穷而情不可终吾。叔父其知之也耶其不知也耶呜吁哀哉尚飨。

翟文选祭文

维中华民国十有七年八月六日奉天省长翟文选谨以清酌庶羞之仪致祭于陆海军大元帅张公之灵前而陈词曰：

关云暮黯睹，风朝悲茫茫，世运翳翳灵，旗呜呼哀哉，惟公之生，实禀英爽，早擅振奇，夙怀倜傥。惟公之略，观变沉几，深明地势。洞悉戎机，揽辔提。猛气常在，万人之敌千仞之槩。

公固神勇，遂畀材官，以身许国，克用桓桓，道济威名，临淮纪律，一障乘边。咸归统帅，长城屹若，兼督八州，果毅惠爱，宏此嘉猷，穆穆元戎，士庶所慕。以绥八方，统筹并顾，四郊多垒，万民曷苏，乃倡息兵，登高而呼，扬旆东归。用明厥志，天不憖遗，怛化俄至，大星骤落，栋折梁摧，百身莫赎，七萃衔哀。人心安危，家国所系，将门有将，翊扶以继，公方服物，威德感人，岘山堕泪。

式表贞珉，黑水萦回，白山峻陡，恒干易毁，令名不朽，君叔生气，旷代遐思。荆山铭诔，僚寀含悲，矧以不才，屡荷识拔，感惠恋知，其何能遏，政在抚绥。微才安施昔所禀承，今将孰仪功则必祀，德无弗报载徽椒浆敢祈，神劳呜呼哀哉尚飨。

挽联：

公有恒言舍我皮囊讵料竟成谶语
国方多难拯民水火无复再见斯人

东三省监运使翟文选

徒抱一家热心万方多难天胡不厌
竟成千古遗恨三矢有言我亦勉旃

第一方面军团长孙传芳

与总理生前为友遗志有人能令欃枪化日月
当中原多事之秋捍辽最力每从辽海想旌旗

李宗仁

开国旧功高千古英雄同涕泪
传家遗泽永一时金石见交情

姻愚如兄曹锟

抱统一心利民利国
任天下重擒英擒灵

奉天省长翟文选
黑龙江保安司令万福麟
黑龙江省长常荫槐

凡我国民如丧考妣
合军将士痛戚山河

东三省兵工厂总办臧式毅
督办杨宇霆 会办翁之麟

是大英堆能重邱山名垂宇宙
有丈夫子世承旄铁身系苞桑

黑龙江督办军务善后事宜万福鳞

凤甄勋绩推英武
闻矢精诚盼太平

徐世昌

一身系全局安危绥民保境永念前劳嘉患难忘钱武肃
万事为六卿表率酌古准今常留遗德深恩同哭李临淮

交通次长常荫槐

薤露悲凉怀旧雨
云车缥缈黯灵旗

友生段祺瑞

有孙仲谋罐体英雄忧患可兴邦愿文台毋复多恨
与祖士雅共图恢复河山今异昔岂周一哭了之

如小兄吴佩孚

束发从公会经百战洒泪对山河缔造艰难思乎泽
热心救国忽陨大星尽忠卫桑梓转移祸福仰神灵

张作相

随公卅余年知己感恩未报涓埃空雪涕
用兵十七载翻云覆雨忽蹶剑马最伤心

沐恩张作相

平生心事剧光明方期治定功成偕我同寻入山约
百战声威如梦幻此日素车白马哭君总恨到门迟

靳云鹏

崛起田间是谓名世廓清宇内是曰有为天不惜英雄致令统一国家骏业垂成身竟陨

鞭先我着趋步无从箸代公筹涓埃无补人难回气运坐看大千世界妖氛未净憾犹遗

姻愚隶鲍贵卿

毕世荷帡幪忽闻突起仓皇感愤岂惟一哭
苦心救家国莫论事厨成败是非自有千秋

热河都统汤玉麟

辽水吊英灵太息公孙被系只手顿挥玄德泪
岘山追悼事赖有伯符继起九原应慰文台忑

白崇禧

四裔仰威棱刹那忽闻朝露溘
六军全缟素修门未入大星沉

曹汝霖

洪水谐倡谁复中原砥柱
神州莽莽痛颓一国长城

于学忠

军权独握筹划军机忽然噩耗惊传顿使晚生空举首
国难未平正资国士倏尔大星陨落不知遗物是何心

张宗昌

杀伐凶残功亏一篑
日星河岳笔补千秋

督办山东兼节直隶军务陆军
第二七联合军团司令　海军司令张宗昌

仁义以罢军师冥漠何心忍使行尘惊博浪
恩知有逾国士奋飞不得空扶病榻哭清河

韩麟春

天意本难知胡忍使华夏长城遽离却大千世界
人心原不死深悲失中流砥柱未克成统一功勋

马占山

张作霖的丧事是按照东北的习俗办理的。“七七”过后，应立即安葬，但张作霖死得突然，墓址未选，更谈不上营建陵寝。因此只好将张作霖的灵柩由帅府四合院移至东院五间房，准备选修好陵园后再入土安葬。

1928年秋，张学良派一名参谋、一名秘书和两名风水先生，到奉天附近选择坟茔地。几人看了许多地方，最后选中了抚顺东60华里的高丽堂子村南一处向阳的山岗。经风水先生勘定说："此处前照铁背山，后坐金龙湾，东有凤凰泊，西是金沙滩，地脉好，是风水宝地，宜作大帅陵寝。"几日后，张学良和于凤至、寿夫人以及大帅的结盟弟兄张作相、汤玉麟等驱车来到选中的地方。众人下车一看，山岗上阳光灿烂，苍松翠柏，风景秀丽，前面有粼粼的浑河水环绕，隔水远望是铁背山，果然是山清水秀的好地方！

张学良看过后，对于凤至说："这地方不错，我看爸爸可以长眠于此了。"旋即转过身向寿夫人征求意见说："五姨，您看怎么样？"寿夫人说："很好，不错。"同去者也被这迷人的景色所吸引，一齐说好。

陵址选定以后，张学良派人勘测，进行总体设计，定名为元帅林。又以三畲堂的名义，从农户手中将土地买了过来。元帅林的修建由东三省官银号总办彭贤负责主持。

彭贤，字相亭，奉天省新民县人，生于1884年。从小读过私塾，因家境贫困到一家粮栈当学徒。其父与张作霖素有交情，因此，处处得到张作霖的照顾和提携，逐步升迁。1925年时，已任东三省官银号总办兼边业银行总裁之职。为感谢张作霖的知遇之恩，彭贤曾打算把自己在万泉河旁的私地献出，给张作霖建陵，但由于种种原因未被采纳。

1929年初，彭贤在奉天城大东门里自家住宅成立了大元帅葬仪筹备处，制定了陵寝建造大纲后随即开始动工。元帅林建筑耗资1 400万元（大洋），主体工程于1931年完成。整个陵园坐北朝南，占地面积810多亩，由方城、圆城、墓室三部分组成，颇具帝王陵寝气势。

陵寝基本完工后，奉安期定于1931年11月24日。送葬路线、途中祭奠等均已安排就绪。正在进行收尾工程中，日本关东军发动了"九一八"事变，占领了奉天和抚顺。9月19日，元帅林被迫停止营建。原计划在老龙头立的三角石碑，碑文已经拟好，尚未刻字，遂成了无字碑。大帅府被日本人占领后，一直安放在帅府五间房的张作霖灵柩被移到了小东边门外的珠林寺里。

此后，张学良的亲信、部属通过各种关系，一直向日本人争取张作霖遗体的安葬事宜。日本人却以此为要挟，言称，如果张学良妥协，日本将代其将张作霖安葬于元帅林。张学良拒绝了日本人，就这样，张作霖的灵柩不得入土，在珠林寺一放又是六年，新建的元帅林成了空穴一座。

皇姑屯事件对于田中内阁来说，无疑也是一颗炸弹，直接导致了田中内阁的倒台。事件之后，在日本第56届国会上（田中内阁成立以来最重要的议会），就此项"满洲重大事件"展开激烈辩论。田中内阁及田中本人受到质疑。议员永进柳太郎针对田中的外交方针，追究事件真相及其政治责任。田中只是支吾辩解“正在调查中”“本人无任何责任”“不了解情况”。这样的回答引起了议员们强烈不满，甚至议员中野正刚提出：“公布满洲事件（即皇姑屯事件）真相决议案”。在议案转到贵族院后，若概对内阁有关“积极政策”、金融危机、税收政策、立宪政治与思想镇压等许多方面进行了严厉的抨击。币原则就外交方针质问田中：是“维护满洲利益，还是采取越轨行动?”并追究炸死张作霖的责任问题。当民政党联合其他党派提出对内阁的不信任案后，国会两次陷入混乱。加上在《非战公约》的签字使得该第一条“缔约国各以本国人民的名义，放弃战争”的条款，与日本宪法第一条：“大日本帝国由万世一系之天皇统治之”的规定相抵触。于是，军部、民政党等都认为这是打倒田中内阁的好机会，掀起了倒阁运动。

皇姑屯事件令田中内阁感到棘手，虽已上奏天皇，言明此事件为陆军所策划，应交军法会议严加惩处。但却遭到陆军当局的坚决反对。日本军部认为事件与日本无关，仅仅同意按事件发生在关东军管辖范围，属于失职性质问题加以处理即可。并于7月1日，分别对有关人员给予编入预备役、停职反省和谴责的处分。当陆相白川义则与首相田中谒见天皇时，天皇指问：“首相与陆相说法为何不相一致?”田中无言以对。在天皇恼怒的情况下，田中带着一种失信于陛下的惶恐由宫内退出，决心辞职。天皇还表示：“田中首相的奏请不得要领，不愿再听其上奏”，同时斥责田中：“究竟在政治上承担什么责任!”

1929年7月1日，田中召集紧急内阁议会，次日拜谒天皇，奏请：“客岁国外发生之某事件，无端酿成党辱，悔及不利国家宪政，有愧未尽辅弼之责，不胜惶恐之至”。至此，历时两年多的田中内阁引咎辞职。当月29日凌晨，田中因心脏病发作暴死于家乡。

第六章
张学良主政东北时期的沈阳

- 张学良临危受命主政东北
- “东北易帜”，促成全国统一
- “东北易帜”后的沈阳政局
- 张学良主政时期沈阳经济文化的发展

皇姑屯事件后，虽然奉系内部采取秘不发丧的镇定处理方针，使日本企图制造混乱，趁机侵占东北的阴谋未能得逞。然而，东北军政失去重心，人心涣散，此时奉军主力尚在关内，东北兵力空虚；而关东军则整装待发，虎视眈眈，随时准备举事发难，东北政局出现了严重的政治危机。而确定东三省的最高首领，无疑是至关重要的头等大事。张作霖长子张学良和奉系老臣张作相互让“帅位”，最终张学良子承父业，主政东北。为了尽快的使张作霖被炸而趋于不稳的东北局势稳定下来，张学良采取了一系列行之有效的措施，很快就将一度不稳的局势稳定下来。张学良受命于危难之际，被推上了历史的舞台，沈阳开始了张学良时代。

张学良成为东北政局新的掌舵人，初掌政权的他即面临着东北何去何从的重大问题。在历史的风口浪尖上，张学良选择了归附南京国民政府，改旗易帜，实现和平统一。“东北易帜”从南北达成共识到最终实现易帜，可谓一波三折。经过半年多复杂、曲折、艰难的交涉，东北地方当局终于创造出一个内政稳定、日本默认、南北协同的政治环境，1928年12月29日，东三省同时取下北洋政府的五色旗，悬挂国民政府的青天白日满地红旗。东北易帜，是中国近代史上的一件大事件，它不仅挫败了日本阻挠统一、分裂中国的阴谋而且结束了中国长期以来的混乱局面，实现了统一。

东北实现易帜，还标志着从1912年袁世凯任大总统开始的北洋军阀统治的最后覆灭，北洋军阀从此成为一个历史名词，这是中国社会的一大进步，同时也产生了一种欣欣向荣的气象。具有封建色彩的奉天市改称沈阳市，沈阳结束了奉系时代进入到一个新的历史发展时期。而奉系军阀也最终解体，奉军经过整编取而代之成为东北军。东北讲武堂为扩大规模，开始在东大营辟建东北讲武堂新址，以培养更多军事人才。

“东北易帜”后，张学良接连发动了几件大事：对内，他处决了父亲时代的两位重臣杨宇霆和常荫槐，彻底消除了派系矛盾，树立了自己的威信，统一了东北的军令、政令。对外，他争取利权，积极收回中东路应有的利权，武力接管中东路，虽然由此而引发的中苏战争以东北军的失败而告终，但张学良收回利权的初衷应予以肯定；在中国新的军阀混战爆发、民众即将卷入新的内战深渊之时，张学良调10万东北军入关，武装调停中原大战，避免了新的军阀的混战，使持续半年多的内战迅速停止。张学良在巩固自己地位，稳定自己内部统治的同时，也到达了自己政治的巅峰，成为权势煊赫的全国陆海空军副司令，但同时也埋下了诸多隐患。

与此同时，中共满洲省委积极发展自己的力量，尤其是刘少奇担任书记时期的中共满洲省委，领导了奉天纺纱厂、奉天兵工厂、北宁路关外各站开争取年终“花红”等工人斗争和学生爱国运动，农民运动和反帝爱国组织的活动也进行得如火如荼。但由于当时中共中央“左”倾错误的领导，中共满洲省委在组织迭遭破坏的困境下艰难前行。而更为严重的情况是，此时，为了实现由来已久的侵略目标，摆脱世界经济危机的困扰，日本开始加紧侵略步伐，积极策划侵占东北的方案。寻找发动侵略战争的借口，不断制造挑衅事件，一手制造了“万宝山事件”和“中村事件”。侵华急先锋关东军开始调兵强将，调整兵力部署，策划动乱以牵制张学良的兵力，进行全方位的军事准备，同时更加频繁地、具有针对性的军事演习。大战一触即发，沈阳的政治局势日趋严峻。

张学良主政时期的沈阳，在经济上和思想文化上，继承和延续了奉系时期的发展，并开创了“东北新建设”的全新时代。以张学良为首的东北当局，决心息兵罢战，集中全力建设东北。他们励精图治、锐意革新，将主要精力放在推进东北经济和文化各项事业的建设中。1929年10月8日，张学良提议成立东北新建设委员会，通盘筹划东北新建设事宜，其目的就在于“建设新的东北，助成现代化国家，消弭邻邦野心”。东北地方当局在“东北新建设”的号召，开始修铁路、筑港口、开矿山、建工厂、创立无线和有线广播电台，并大量捐资办教育、体育、卫生、科技民航事业，在许多方面取得了突出成就，东北地区出现了一个现代化的小小辉煌年代，构成了150年来中国现代化运动史上光辉的一页。沈阳地区，在东北新建设的号召下，在工业、交通、通讯、文化教育等方面都取得了令人瞩目的成绩。

第一节　张学良临危受命主政东北

皇姑屯事件后，东北军政失去领导核心，人心不安。与此同时、日本关东军虎视眈眈，随时准备发难，东北出现了严重的政治危机。面对着严峻的内外形势，身处关外的张学良被推上了历史的舞台，沈阳开始了张学良时代。

一、张学良主持奉天危局

张作霖被炸情形，当即由密电处发急电，告知张学良。当时奉天军署参谋长臧式毅和奉天省长刘尚清，深恐张作霖去世的消息透露出去，引起地方人心不安，更怕日本乘机混水摸鱼，制造事端，再加上张学良还未回来，因此决定秘不发丧，严封消息。对外由奉天省发表通电伪称："主座由京回奉，路经皇姑屯东南满铁道，桥梁发生爆炸，伤数人，主座亦身受微伤，精神尚好，……省城亦安谧如常。"[①]并且假戏真做，把张作霖的头部以绷带包扎起来，仅露眼、鼻、口，躺在床上，每日令厨房照常给张作霖开饭，医生天天来帅府假装换药和填写医疗经过及处方，鸦片灯和水果也摆在旁边。中外客人探病问伤，一律请其在卧室外隔着窗户探望[②]。

张作霖是否被炸死，一直为东京的日本政府官员和南满的关东军密切关注。不断以各种名义来访，窥探虚实。日本驻奉天总领事"曾要求派日本医师去探问大元帅，但都被委婉地拒绝"。为了应付日本人，张作霖的女儿们照样看戏不误，张作霖的五夫人寿氏每天"照样浓妆艳抹，高高兴兴地接待借口慰问而别有用心的日本太太们，如驻奉天总领事林久治郎之妻等等。这些日本太太遥望张作霖卧室，灯火通明，烟霞阵阵，而五夫人面无戚容，从容应付，都相信张作霖只是受伤"。张作霖的日语秘书陶尚铭一向与日本奉天总领事馆尤其是和日本军方有来往。惟有4日张作霖遇炸以后，陶尚铭以及其他亲日派官员虽然可以到大帅府，但都不许进入张公馆内部，因而无从知悉张作霖的生死。由于奉天当局巧设妙计，密不发丧，使日本不敢轻举妄动，为张学良赢得了很好的时机。

张作霖遇难之时，张学良仍在北京，他与杨宇霆所统帅的奉军主力三四军团正全力处理奉军主力撤往滦榆一带，将让出京津地区，以便国民党方面的阎锡山部接收。获悉父亲遇难惨死的噩耗之后，张学良竭力保持镇静。张学良表面神色如常，只是把头上的分发剃光。按照中国北方的民间风俗，孝子服丧，百日不能理发，奔父丧的少帅偏偏理了发，正是为了不露孝子的迹象。他竭力促成北京社会各界头面人物王士珍等出面，接洽和平让渡北京的办法，最后商定奉军留鲍毓麟旅在北京暂时维持秩序，待国民革命军进城接防后再退出。而张学良与杨宇霆则秘密地离开了北京，来到其所部的指挥中心——山海关附近

① 王海晨、胡玉海：《张学良全传》，广东人民出版社2001年版，第69页。
② 张学继、刘红：《张学良全传》，经济日报出版社2006年版，第67页。

的滦州，指挥奉军陆续撤出关外，并筹划如何处置张宗昌、褚玉璞的直鲁联军和孙传芳的五省联军。直到滦州撤军、布防基本部署妥当后，张学良才把前线军事指挥权暂时交给杨宇霆，自己秘密返奉。张学良归心似箭，为预防重蹈其父亲的覆辙，张学良特换上灰色士兵服装，佩带“王德胜”名签，化装成伙夫模样，杂坐卫队骑兵连的闷罐车中，潜离滦县。6月18日上午车抵奉天。

回到奉天后，张学良忍住丧父之痛，一面尽可能继续隐瞒张作霖的死讯，一面迅速稳定奉天的危局。为使权力交接有序进行，6月18日，在张学良返抵奉天的当天，奉天各法团会议即公推张学良继任奉天军务督办。6月19日上午11时，张学良在军署正式就职。当时仍以张作霖名义给奉天省长公署发告咨文：“奉镇威上将军删电内开，本上将军现在病中，所有督办奉天军务一职，不能兼顾，着委张学良代理。”[①]并通告驻奉各国领事。奉天官商各界纷纷前往拜谒，全城悬旗庆贺，各国领事也赴署致贺，整个奉天城人心平静，秩序稳定。20日，张学良发表就任通电，宣布停止一切军事行动，自非他方危害侵及生存，绝不轻言战事；讲求外交亲睦，以最诚恳之态度，与友国相周旋；取精兵主义，励行兵农政策；废除苛税，提倡实业，推广教育，整理司法；尊重民意，促成民治[②]。当时，张学良就任的是代理奉天军务督办之职，但电文中讲的多是全东北的问题，这实际上是为他不久主政东北三省做了理论准备。

张学良完成了政治上的准备和安排，军事上也基本部署就绪，6月21日，奉天当局对外宣布张作霖于本日“子时亮逝”，公开筹办治丧事宜，同时公布了张作霖丧礼筹办处名单，由张作相担任丧仪委员长，袁金铠为副委员长，王树翰任总办。规定6月27日为首七家祭典礼；7月4日为二七家典；7月18日为三七家典；25日为四七家典；8月1日为五七祭礼，8月2日开始公祭，8月3日为吊唁典礼。张作霖的祭礼规模宏大，气氛庄严肃穆。在大帅府院内，造成一座高大的灵棚，正中央设有祭坛，祭坛上安置张作霖的灵柩，灵柩前有穿着白孝服的儿子们为其守灵。在公祭期间，奉天全城下半旗，停止一切歌舞，以示哀悼。

张学良稳妥地处理了张作霖的丧事，稳住了奉天的局势，使日本欲借张作霖亡丧混乱之机提前武装占领东北的阴谋破产了。

---

① 周毅等：《张学良文集》上卷，香港（中国）市场信息出版社1991年版，第91页。
② 佟冬：《中国东北史》第六卷，吉林文史出版社1998年版，第163页。

二、张学良、张作相互让“帅位”

作为东北最高当权者，张作霖的突然被炸身亡使奉系内部一时间群龙无首。确定东三省的最高首领，无疑是至关重要的头等大事。尽管按着中国封建社会的传统惯例，张学良似乎应是东北新统治者的法定人选。然而，当时有不少人认为年仅27岁的张学良，资历太浅、太年轻。对张学良出任东北三省总司令一职，持抵制态度。

张学良回到奉天，除着手办理丧事外，即召集东北元老开会，研究由谁接代张作霖的位置问题。张学良认为自己太年轻，资历浅，极力推荐张作相出任东北保安总司令之职，略谓：“大元帅殡天，群龙无首，辅帅是父执，功在东北，德高望重，愿即拥为首长，共济时限，请大家同意。”张学良自己则甘居奉天保安司令之职位。张学良极力推荐张作相出任东三省保安总司令，因为张作相确实有许多优越条件是张学良所不具备的。张作相虽不像误传那样，说他是张作霖的胞兄弟或同族兄弟。但他确实是与张作霖同起辽西的拜把子哥们儿，“资格”最老。而且在奉系老派中，他是最年轻（47岁）、最有实力的人物。张作相态度谦和，平易近人，无不良嗜好，并常在别人危难时给予帮助。他在奉系集团中素有“德高望重、忠厚长者”之称。

张作相一向识大局，顾整体，对个人官位高低，从来不计较，在老派人物中，是大家能够接受并拥护的人选。张作相虽然是绿林出身的封建军阀，但他为人谦和坦荡，没有不良嗜好，与那些骄横贪婪、嗜杀成性、争权夺利的军阀迥然有别。张作相在权力地位面前总是推让他人，如1919年孙烈臣从黑龙江省督军调任吉林省督军，张作霖拟让张作相继任黑龙江省督军，张作相却婉言力荐吴俊升就任此职。1920年，热河都统又出空缺，张作霖又拟派张作相就任，他又执意不肯，并推荐汲金纯继任。1924年9月，第二次直奉战争期间，吉林督军孙烈臣病故，杨宇霆、李景林等对吉督一席均欲染指。这次张作霖决心派张作相继任，不容推辞，这样，张作相才就任吉督一职。张作相督吉期间，主张“保境安民”，他积极修筑吉海铁路，兴办吉林大学，特别是他坚决反对种植鸦片，并带头不吸食鸦片，洁身自好，诚属难能可贵。由这样一位识大体、顾全局，少有个人政治野心的人来主政东北，一定不负众望。

从稳定奉系内部来说，张作相也颇有贡献。张作相在思想方法上与张学良容易形成共识，在郭松龄反奉事件善后处理上两人观点一致，这给张学良留下深刻印象。当时，张学良由于与郭松龄的特殊亲密关系，不能在张作霖面前替这些将领讲话，他求助于张作相代为说情。在张作霖主持的善后会议上，吴俊升、张景惠、汤玉麟等人极力主张严惩。特别是杨宇霆，更以所谓“若不严惩，就会危及总司令（指作霖）事业”等理由为据，要求处决大部分将领，以期达到彻底整垮郭派的目的。在这种情况下，张作相秉公力陈：“郭松龄已伏法，其他人都是我们桑梓子弟，多年袍泽，应该让他们戴罪立功，一律免究，表示我们的宽大，以安郭部之心。”他的挚诚感动了张作霖，最后除郭松龄夫妇被杀外，无一人受惩处。这样处理善后，不仅避免了不必要屠杀，更重要的是维护了奉系的安定团结。张作相在郭松龄反奉失败的善后处理中，与张学良密切配合，为维护奉系的安定团结做出突出的贡献，因此也赢得张氏父子两代人的特殊尊重和信赖。

此外，张作相反对日本侵略，颇有民族气节，与张学良由于国恨家仇而痛恨日本的思想，十分吻合。1928年5月，日本方面逼迫张作霖与日本签订“满蒙新五路”（指敦图、长大、吉五、洮索、延海五路，多在吉林境内）“承造”合同，张作霖令张作相出面交涉签字。张作相深知日本人急于要在东北建筑这五条铁路，是想把朝鲜同中国吉黑二省联系起来，便于日本从朝鲜直接侵入“东北腹地”，加强对中国东北的控制，进一步掠夺“北满”资源。所以他表示“困难颇大”“不愿接受”，并密令吉林省议会发出反对通电。吉林省议会心领神会，立即向张作相和全省人民发出通电：“把铁路建设权给予外人，将留下大患。”“无论日本人玩弄什么权术，亦断不能允许给他们以该项铁路权力，必须坚决拒绝。”“吉林者，我吉林人民之吉林也，不得人民同意，虽尺寸之微，大军阀皆不得私与外人。”在这种形势下，张作相拒绝签约。也因此，日本人对其恨之入骨。

然而，张作相却出乎人们的意料，一直固辞不就。在6月21日推举后第三天的东三省军民联合会议上，提出推举张学良为东三省保安总司令，之后，又一而再，再而三地主张由张学良来主政东北。尽管张学良多次把东三省议会的公推书和印信送给他，他却都坚持把“帅印”送还张学良。并一再坚决表示：老帅已逝，学良子承父业，顺理成章，自己愿尽辅佐的责任。

张作相坚持不就“帅位”，而推举张学良子承父业，决非故作姿态。他是经过深思熟虑权衡轻重后的一种明智之举。他认为张学良虽年轻，但其文化水平、学识、才能等诸方面素质都在自己之上。张作相是摸着张学良头顶长大的，对他十分了解。张学良文化基础好，人又聪明，随着年龄的增长和实践机会增多已显示出不同凡响的才华与能力。而自己虽身经百战，阅历丰厚，但毕竟文化水平太低，才气不足，且年纪偏高，无法应付当前动荡不安、千头万绪的复杂局面。

同时，张作相认为张学良经过政治、军事方面的实际锻炼，已日渐成熟，具备了担当重任的条件和能力。早在1921年秋天，张学良和张作相一起在日本参观甲午战争日军从中国掠夺的“战利品”时，日人曾问有何感想。年仅20岁的张学良不卑不亢地答道：“胜败乃兵家常事，不过今天的中国已不是甲午战争时的中国了。”这件事给张作相留下深刻印象。后来张作相也亲眼看到在第一次直奉战争中，张学良统率的部队在全军撤退中，做到有序撤退，临危不乱，从容还击。使奉军减轻了失败的惨重程度。张学良23岁时任第三军军长，24岁时任第二方面军军团长，27岁时则指挥第三四方面军作战。在军事上已成长为独挡一面的将领。在政治方面，他经常参与中枢决策，已具备了统筹各方、驾驭全局的能力和影响力。

最后，张作相认为只有张学良主政东北，才符合中国“嫡长子继嗣”的传统惯例。当时虽处于民国时期，但封建传统观念在相当多人的头脑里还是根深蒂固的。认为奉系集团是张作霖带领大家打下的“江山”，子承父位是天经地义、理所当然的事。这种封建传统观念再与张学良本人具备的素质、才能相结合，在张作相头脑中就形成了非张学良莫属的思想。因此，他推戴晚辈张学良主政东北，完全出于挚诚。

经过张作相多方串联和进行大量说服工作，意见逐渐趋于一致。于是，东北三省议会联席会再次召开会议。会上先就“张作相为东北三省保安司令”一事说，其本人“坚辞不就，势难挽留”“准予辞职”。[①]然后又说总司令一职，“关系重，未便久悬”。[②]遂于7月2日正午召开的东三省联席会议上，当场表决，推选张学良为东北三省保安司令兼奉天省保安司令，成为东北军政的最高领导人。

张学良主政后，张作相为了奉系集团的整体利益，他积极支持和辅佐张学良，并经常提出有益的建议和主张。张作相拥护张学良主政的举措，对于稳定奉系内部，以便一致对付日本军国主义肢解中国东北的侵略阴谋是十分有利的。

7月4日，张学良宣誓就任本兼各职，10日，汤玉麟任热河特别区保安司令。7月17日，东三省议员大会通过《东北各省区临时保安条约》，规定东三省议会联合会为最高立法机关，设立东北临时保安委员会，对议会联合会负责，

① 辽宁省档案馆：《奉系军阀档案史料汇编》（第7册），江苏古籍出版社、香港地平线出版社1990年版，第288页。

② 辽宁省档案馆：《奉系军阀档案史料汇编》（第7册），江苏古籍出版社、香港地平线出版社1990年版，第284页。

处理各省区一切重要政务[①]。7月23日，东北临时保安委员会在沈阳成立，张学良被选为委员长。该委员会为东北各省最高权力机构，规定政局统一时即行废除。7月28日，经省议会联合会议决后，由保安会公布了《东北各省区临时保安公约》12条，规定东三省议会联合会为东北最高立法机关，军事由保安总司令及司令处理，民政由各省区民政长官处理，但东北内政外交等重大问题悉由临时保安委员会合议决定。保安会委员须经省议会联合会同意，保安会议决之重大事项，须“咨交”省议会联合会同意[②]。

至此，张学良基本稳定了东北的政局，并继承父业，成为东北三省的最高统治者，这对于稳定东北局势，一致对外，起到了非常积极的作用。

三、张学良颁布施政方针

初掌政权，张学良面临着太多的问题：稳定内部是其有所作为的基础；妥善处理与南京国民政府的关系是刻不容缓的；对于日本帝国主义虎视眈眈的侵略阴谋又必须保持高度警惕。这几方面将政治、军事、经济、外交等诸多问题都搅在了一起，在这诸多问题面前，团结内部，稳定东北局势是最为迫切的。为了尽快的使张作霖被炸而趋于不稳的东北局势，稳定下来。张学良于6月20日就任奉天军务督办后，以就职宣言的形式发表了施政纲领，宣言阐明如下内容：

学良才质驽下，奉令服务乡帮，时局方艰，责任綦巨。当此任事之始，敬以至诚之意，倾吐素抱为我父老陈之：

第一，学良束发从戎，屡亲行阵，目睹兵火之惨，战区则妇孺沟壑，间舍丘墟，列郡则捐税苛烦，商民停业，贫者将死，富者亦将，民苟不存，国于何有？学良上年战胜，渡河以后即有弹兵之电，言之荼详，事变相乘，夙志未遂。自今以后，谨当遵大元帅佳日息争通电，停止一切军事行动，抱息争宁人之旨，以期贯彻初衷，自非他方危害侵及生存决不轻言战事。

第二，国于天地，必有与立，交邻亲善，古有明言，东省地介边陲，尤宜讲求外交。自今以往，当以最诚恳之态度与友国相周旋，屏除挑拨离间之阴谋，祈达共存共荣之目的。

第三，东省为国防地带，整伤戎政固职责所当然，然古有明言，兵在精不在多，比年因战争发生，编制不无冗滥。自今以后，当取精兵主义，力谋收

---

① 胡玉海、里蓉：《奉系军阀大事记》，辽宁民族出版社2005年版，第483页。
② 佟冬：《中国东北史》第六卷，吉林文史出版社1998年版，第164页。

缩，一面励行兵农政策，即以收束军队从事农垦，期于开发地利，为国实边……。

第四，奉省金融困滞，公私痛苦同深，勉事补直，终非善策。自今以往，当励行开源节流主义，实事求是，镯除一切苛捐杂税，以利民生，一面提倡实业，奖励生殖，其他推广教育，整理司法，凡百内政，均协助民政长官切实进行，俾民治早日观成，即政治之改革可期完善。

第五，至于国家之大，主体在民，民意所归，即国是所在。自今以往，以全体民意为准则，循序渐行，其一切制度规章悉采取民意，归于公决，庶将来政治入于正轨，全国可企同风。

以上所列，上之则秉承于庭训，内之则发动于良心，端绪虽繁，精神不贰，志愿所在，生死以之。①

宣言从五方面阐述了政治、军事、外交、经济等问题，但这五个方面都是大原则，如政治只提出“主体在民”，以全体民意为准则；在军事上也只提出“停止一切军事行动，抱息争宁人之旨”，没有明确提出东北今后究竟向何处去。这主要原因在于：一切大政方针正在探索过程中，另外有些方针已确定也不便公开发表。

6月21日，张学良接受路透社记者采访，进一步阐述他的施政纲领：连年用兵，人生已不堪其苦。吾之政见大纲，将为维持和平，内部整理则在注重教育。吾父生时之财产共值1 000万元，特用作推广三省教育。关于工业及经济之发达，必设法提倡及赞助。至于外交上，必谋取消不平等条约，同时并欢迎外资之合作，但不应附有任何特别权利。对于日本，认可和平解决种种悬案。对国民政府态度能谅解，并愿与国民政府谈判，根据平等之和平条件。但东三省为中国之重要一部分，吾对于不令三省参预国家大事之图谋，绝对不同意，故决以权利破坏此图谋。东三省与国民政府不能成立亲善谅解之难关，在于国民党无一定之主见，因彼等宗旨随日俱变，何人当权，则以何人之意见为准定也②。

稳定局势，人事安排是非常重要的。张学良就任东三省保总令后，对张作霖时期的奉系原班底，采取一脉相承的做法，全延用。因吴俊升同张作霖一起被炸身亡，黑龙江省军务督办由第八军军长万福麟充任，后又出任省长。当万的任命发表，还曾引起少许风波。万曾以环境复杂应付艰难，向张学良恳辞。

---

① 毕万闻：《张学良赵一荻合集》(1)，时代文艺出版社2000年版，第307—308页。
② 天津《大公报》，1928年6月23日，第2版。

后来，果然发生“挡驾”赴任之事。黑省呼伦贝尔道尹赵仲仁等一面电万福麟暂缓赴任，一面陪同吴泰来急赴奉天谒张。当黑省军政两署旧人，也有“父死子继”的构想，吴俊升之独子勋尚幼，吴的嗣子吴泰来时任师长职务，颇有继承伯父遗缺资，因而出现以道尹赵仲仁为首的“挡驾”事件。

对万福麟的任命，是张学良就任后发出的第一道人事任命，他以维持东三省治安起见，一面坚催万福麟尽快赴任，一面诚恳地接待吴泰来，单独与其谈话，温语相勉：“两位老帅既死，咱们年轻兄弟应当力求振奋，……你仍以带兵为宜，即委以骑兵军长，来日方长，好自为之。”吴泰来表示理解而退，并私下嘱赵仲仁等不必再争，“挡驾”风波平息，万福麟赴黑上任。为了进一步稳定人心，6月下旬，张向地方长官发出训令，言明一切官吏，均不易人。

为了迅速稳定地方，张学良在公布大政方针后，还采取一系列紧急措施，以确保社会生活的正常秩序。

由于连年战争，致使东三省财政金融陷入困境，摆脱经济上的困境，是稳定东北大局的关键。6月26日，张学良召集中交两行行长、奉天商会会长等有关人士开会，讨论整顿金融，维持奉票的办法。最后决定增加准备金，从乃父遗产中拨出1 500万元；各银行开始兑换奉票与现大洋，并严禁现大洋出境；严惩钱钞投机买卖者等。张学良还接见奉天教育厅厅长祁彦树、教育会长冯子安，表示拨其父遗产900万元，作为教育基金，发展奉天教育事业。

为使地方尽快走上正常秩序，张又向地方长官发出整理内政的训令；实行裁兵，普及教育，修筑铁路，开采矿藏，兴修水利，发展各项事业等等。

张学良公布的大政方针适应形势，符合人民的利益与愿望；采取的一系列具体措施，也行之有效。因此，受命于危难之际的张学良，很快就将一度不稳的局势稳定下来。

与此同时，奉军在前线收束军队的工作在继续进行着，到7月中旬，奉军主力已大多撤到了关外。下旬，保安会委任该会委员翟文选、常荫槐分任奉、黑两省省长（诚允仍任吉省代省长）。8月1日，陈兴亚就任东北宪兵司令。为表示重视教育，16日，张学良兼任东北大学校长。此后，东北进入了张学良时代，沈阳也进入到一个新的历史发展时期。

第二节　“东北易帜”，促成全国统一

张学良成为东北政局新的掌舵人，初掌政权的他即面临着东北何去何从的重大问题。在历史的风口浪尖上，张学良选择了归附南京国民政府，改旗易帜，实现和平统一。“易帜”事件的运作期间走过了一段复杂、曲折、艰难的历程。

一、南北达成共识

张学良深知，日本对东北的野心由来已久，希图在日本人的庇护下以求东北独立，无异于引狼入室，自取灭亡，父亲的惨死使张学良进一步看透了日本人的狼子野心。无论是为其身家性命着想，还是为东北的未来命运担忧，张学良都需要下定决心尽快结束这种孤立无援的处境。然而，张学良虽主张实现和平统一，却决不甘心抛弃父亲张作霖开创的基业，无条件地投靠南京政府。他所选择的统一道路是有条件的妥协而不是无条件的投降。所以，张学良与南京国民政府之间的谈判势在必行。

早在1928年5月下旬，国民政府就曾派代表孔繁蔚、尹扶一来到北京，与张学良、杨宇霆派出的奉军代表邢士廉、葛光庭接洽，对国奉合作、奉晋友好、停止战争等问题进行磋商。国民政府方面提出停止军事上追击奉军的条件是：奉军在政治上易帜，在军事上撤出关外为先决条件。5月30日，奉军全线北撤后，6月4日又与国民政府代表孔繁蔚在北京再次举行和平谈判。张提出奉军撤离平津，晋军可以和平入城，但要求将津东、永遵等10县作为孙传芳、张宗昌、褚玉璞屯兵区域。孔则提出：孙、张、褚所部必须改编，谈判未达成协议。国民政府二、三、四集团军分别向热河、滦河方向挺进。

当日，张学良接奉天电报，谓张作霖被炸，催“立即返奉”。情况突变，张学良下令部队火速北撤，并于当晚与杨宇霆离京东去，后转到滦州，加紧收束军队。奉军收束大体就绪后，张学良才于6月17日由滦州动身返奉。

当时双方态势处于迷蒙状态，国民政府方面虽然提出愿以“政治方法”解决东三省问题，但没有完全停止军事行动；奉方虽然表示愿接受“政治方法”解决，改悬青天白日旗，但还没有正式宣布易帜，且在一面撤退又一面布防。这一迷蒙状态一直到7月1日，张学良致电蒋介石表示拥护统一，才开始转变。

7月1日，张学良发出通电，向世人表明了他主张和平统一的立场与决心："学良上年渡河之后，故首倡弥兵，事与愿违，有志未遂。……至国难所在，学良当以民意为依归。所盼当局诸公，以国家大计为前提，同时收束军事；一方以最简捷办法，速开国民会议，解决目前一切重要问题。学良爱乡爱国不甘后人，决无妨害统一之意。"[①]

通电发出后，南京国民政府也做出了回应。7月3日，国民政府复电张学良等，提出解决东北问题三原则，仍以政治解决为主。7月4日，张学良派王树翰、邢士廉、米春霖、徐祖贻四人为正式代表，赴北平与国民政府代表商洽和平统一办法，此后双方使者往返络绎不绝。

谈判之初，奉方提出和平统一的条件是：（一）东北政治分会由张学良任主席；（二）国民革命军不进入东北；（三）南京政府不干涉东北军政；（四）南京政府不在东北设立宣传分支机构；（五）热河划归东北。而南京政府方面提出的对案则是：（一）奉军出关；（二）悬挂青天白日满地红旗；（三）服从三民主义；（四）东北政治分会主席由国民政府委派；（五）东三省归第六军区，长官由国民政府委派。

7月11日，蒋介石在北京西山接见东北方面派出的四位代表，提出"只要东北易帜和服从三民主义，其他均可商量"[②]代表将此意电告张学良，张学良立即复电，表示"愿对国民政府服从到底"。

7月14日，国民政府又派参谋本部第一厅厅长刘光等为代表，抵达奉天，与张学良会商东北易帜问题。刘光提出：（一）东三省归国民政府节制；（二）奉行三民主义；（三）改悬青天白日旗。张学良表示：此三项条均可办到，但必须首先解决以下问题：（一）外交问题，请立示机宜；（二）党务方面，应先派人赴南方见习，再建党部；（三）政治分会，由其组织请委；（四）停止对热河的军事行动。刘光当即将张学良上述意见电告北平蒋介石，双方谈判进展顺利。[③]7月16日，蒋介石又加派何成浚、孔繁蔚为南京全权代表赴奉，直接同张学良商谈。7月17日，张学良与某外人谈时局时表示：南北妥协问题，双方意见已相当接近。[④]经双方往来商谈，顺利达成协议，决定东三省于7月22日同时易帜，降下张作霖时代的红黄蓝白黑的五色旗，升起国民政府的青天白日旗。

---

① 天津《大公报》，1928年7月4日。
② 张友坤、钱进：《张学良年谱》（上），社会科学文献出版社1996年版，第288页。
③ 张友坤、钱进：《张学良年谱》（上），社会科学文献出版社1996年版，第289–290页。
④《盛京时报》，1928年7月18日。

并拟定热河汤玉麟于7月19日先行易帜，以试探日本的反应。

二、“易帜”计划一波三折

东北当局与国民政府的秘密接触，尤其是确知东北当局将要“易帜”，日本开始横加干涉。张学良一方面要与日本进行周旋，一方面还要与国民政府进行“易帜延期”的交涉。

南北日益明显统一的迹象，引起日本的恐慌。6月25日，日本首相田中义一训令日本驻奉天总领事林久治郎向张学良进言：“勿过于向南方采取接近态度。”[①]7月12日，林久治郎再次向张学良表示：日本反对“东北易帜”，并威胁说：此举将导致东北治安秩序陷入混乱。[②]

当确知东北将要易帜时，日本便凶相毕露。7月19日，日驻奉天总领事林久治郎三访张学良，转达田中首相的指示，向张学良发出警告：南京政府含有共产色彩，且其地位尚未稳定，东北实无与其联系之必要；如南京政府以武力压迫东北，日本愿不惜牺牲，尽力相助；如东北财政发生困难，日本银行予充分接济。

对日本的警告，张学良采取推拖敷衍的策略，他告诉林久治郎，主持东北政务的保安会要员们都一致赞成“易帜”，如果他违背公意，他必将陷入困窘境地，甚至被迫辞职。[③]同时，张学良反问林氏：我是不是可以将日本不愿中国统一的意见，或东北不能“易帜”是由于日本干涉的情形向南京政府报告？[④]林无言以对，双方不欢而散。

鉴于日本在东北的独特地位及其强硬态度和巨大压力，张学良不能不有所顾虑。所以，在原定7月22日东三省同时“易帜”的计划只好延后，只令热河特别区都统汤玉麟于7月19日发出通电，宣布“改易青天白日旗，一体服从三民主义”。[⑤]日本对热河尚鞭长莫及，对热河的“易帜”没有阻挠。

7月19日，张学良分别电告南北代表，转告日领事转达日本首相“警告”内容，望请转达蒋公。21日，南方代表何成浚、刘光复电张学良：总座之意，以日人态度如此，尊处愈有当机立断，毅然宣告之必要。盖日人此等举动，非

---

① 王海晨、胡玉海：《张学良全传》(上)，广东人民出版社2001年版，第229页。

② 王海晨、胡玉海：《张学良全传》(上)，广东人民出版社2001年版，第229页。

③ 日本外务省档案，林久治郎致田中首相的电文，6月16日。

④ 张友坤、钱进：《张学良年谱》(上)，社会科学文献出版社1996年版，第290页。

⑤ 钱进：《张学良与东北易帜新释》，《民国档案》，2000年第4期。

仅悍然干涉我国内政，直已视东三省为彼俎上物。今惧别生枝节，而犹豫不决，以后将永远受宰割，东三省不复为我国领土，先生亦岂能更有立足之地？东三省存亡，即中国之存亡，系先生今日之举措，务望即日宣告“易帜”，完成统一。①

蒋介石坚持认为日本未必敢立即采取军事行动，即使出兵，全国必为东北后援，要求张学良当机立断、即日宣告“易帜”。

为争取蒋介石的理解，张学良接到此电后，立即致电蒋介石，陈述一切：

通电“易帜”，弟已承诺在前，独以顾虑桑梓目前危险，不克立时践约，愧疚实极。惟此次弟决心与兄合作，纯本之个人天良，外交虽有问题，兄能有妙法应付最好，否则我辈精神上之结合，亦非外力所能阻隔，甚盼兄羚归途指定晤面地点，弟决不惮此一行，既可面罄苦痛，并可切商此后进行方法。……总之，弟此后行动，一以兄为依归，易帜固为袍泽之良友，不“易帜”亦为精神之信徒。②

7月22日，张学良召开东北最高军政会议，商讨易帜问题。最后决定：与南京洽商和平统一工作继续进行，但公开易帜缓办，原定22日易帜，只得推迟。

面对南京政府的一再催促，张学良在7月23日对记者发表谈话，表明其拥护统一的态度与不能立即宣布易帜的苦衷。他说：“余现感到欲救中国之危亡，宜速谋南北之统一。故自先父去世，即迭派代表与国府要人接洽妥协。一两日来已急速接近，（即将）成为事实，断不因日本警告即行终止，或当藉日本警告便诚心地进一步与国府早谋妥协。质言之，余与国府精神上已趋一致，现不过形式上之“易帜”之问题，尚须迟缓一、二日实行而已……③

为使国民政府和蒋介石对此谅解，7月24日，张学良再次致电蒋介石：“东省“易帜”不能立时实行，弟对兄方深愧疚，乃蒙曲垂爱护，益觉汗颜。……总之，弟现在实处两难，不‘易帜’无以对我兄，无以对全国；‘易帜’则祸乱立生，无以对三省父老。数日前探知田中意旨，如我方不听劝告，即用武力，确非空言恫吓。观奉垣形势，我公定悉。……如兄以为非‘易帜’不可，则弟只有去职，以谢我兄相待之盛意。”④

张学良不能立即宣布“易帜”，不仅理由充足，且合情合理。蒋介石终于有

① 张友坤、钱进：《张学良年谱》（上），社会科学文献出版社1996年版，第292页。

② 秦孝仪：《中华民国重要史料初编·对日抗战时期·绪编》（一），中国国民党中央委员会党史委员会1981年版，第218页。

③ 毕万闻：《张学良赵一荻合集》（1），时代文艺出版社2000年版，第332页。

④ 秦孝仪：《中华民国重要史料初编·对日抗战时期·绪编》（一），中国国民党中央委员会党史委员会1981年版，第219—220页。

所让步。7月25日，蒋介石致电张学良："敬电已悉，兄之为难，弟亦深悉。弟现请方耀庭（即方本仁）君到奉，面达一切详情。""时局虽艰难，我辈当忍耐奋斗。如一去了事，决非所宜。""务望努力前进，以达最终志愿。"[①]

张学良在取得南京方面谅解后，照会林久治郎，告知东北易帜暂缓实行，意在观察日本对此事的态度。[②]延期"易帜"，究竟延期多少时日，是根据时局发展而定。

"易帜"延期，日本从中尝到了甜头，于是趁热打铁，任命前驻华公使林权助为首相田中特使，专程赴奉天，以参加张作霖葬礼的名义，游说张学良不要"易帜"。林权助于8月3日抵达奉天，从4日起至12日，在短暂的时间里先后4次与张学良进行密谈。

8月4日，日本驻奉天总领事林久治郎在领事馆设宴会招待林权助和张学良并举行会谈。会谈一开始，林久治郎就用蛮横的口气对张学良说："林权助男爵阁下这次来沈吊唁张大元帅，第一件事就是叫你不要换旗！"[③]在随后的会谈中，林权助向张学良转达了日本政府意见："满洲"历史上同日本及朝鲜有密切关系，堪称日本的外围地；不能让共产主义势力"侵入""满洲"；日本不反对中国统一，但不能为此牺牲日本在"满蒙"的权益；日本可以取消在"满洲"的治外法权，但作为补偿，要保障日本人的居住、营业自由；日本不许中国南方势力"侵入""满洲"，希望维持已故张作霖和日本的"友好"关系，为此而不惜进行必要时"援助"。

8月6日，林权助向张学良递交日本首相兼外务大臣田中义一的信。田中在信中声称日本反对东三省同关内统一，要张学良实行"东北自治"。

8月8日，林权助正式拜访张学良，他转达了：东三省应听从日本之忠告，中止对南妥协，取观望态度。并威胁说：田中已具决心，将以强固之意思，决取自由行动，那将会发生重大之事情。

8月9日，林权助再次拜访张学良，他转达了田中的意旨，特别强调了日本在"满蒙"有特殊权益，"东三省若与国民政府妥协，势必'侵害'日本之既得'权益'与'特殊地位'，所以日本政府此刻劝贵总司令暂时观望形势，较为妥当。"并威胁说，如蔑视日本之警告，日本必具"强固决心"，"自由行动"。

---

① 秦孝仪：《中华民国重要史料初编·对日抗战时期·绪编》（一），中国国民党中央委员会党史委员会1981年版，第220页。

②（日）关宽治、岛田俊彦：《满洲事变》，上海译文出版社1983年版，第41页。

③ 王家桢：《我的求学和外交生涯》，《文史资料选辑》第149辑，中国文史出版社2002年版，第12页。

张学良认真听完，详细解释了他的处境和打算“易帜”的意图，并对林说，对于日本方面的劝告，固然十分尊重，但决不能因此而违背东三省人民的意志。至于统一与否，这是中国内部的事情，想必日本友邦不会公然干涉吧！林权助当即大声说道：日本对此已下决心，就是不许你“易帜”，即使冒干涉中国内政之嫌，也在所不惜。听此言，张学良勃然变色，怒声说道：我决心以东三省人民意志为转移，决不违背民意。这时，日本方面的另一位代表大声呼喊，现在不是讨论是非的时候，你如果违背田中首相的旨意，日本将不惜在东北使用武力。会谈不能继续了。

林权助见会谈陷入僵局，忙拉回话头，打起圆场，表示田中首相希望使东北成为中国最先进，最安全的地区，在这里日本人和其他外国人都有同等的机会经营工商业。并说：“令尊和我是好朋友，我把你当做自己子侄，你还年轻，希望你听我的话。”张学良愤然相告：“本人深幸，我和贵国天皇是同庚，对于阁下所能奉答者只此而已。”[①]会谈不欢而散。

日本企图通过武力威胁，逼迫张学良就范，相反更激发了张学良“易帜”的决心。对于这一点，日本驻奉天总领事林久治郎看得很清楚，他已预感到东北将不可避免地走到青天白日图案的旗帜下。因此，他建议日本应制定一项国策，以适应能发生的不测局面。他曾对张学良宣布，如果东北能“遵守”有关铁路和其他日本“权利”的“条件”“条款”，即使东北加入国民政府，也会支持张学良。[②]这说明日本的本质要求是不会改变的，要么停止“易帜”，要么满足日本的“利益”要求。为此，8月10日前后，日本在奉天火车站陈兵示威，形势顿时紧张。

张学良与国民政府达成妥协、实现“易帜”的决心是坚定的，但不能不顾虑东北这一特殊的环境。在日本的压力下，8月10日，东北保安委员会再次开会，会议决定：“东北易帜”，延期三个月。会后，张学良派东北保安委员会委员刘哲出面向林权助疏通，双方达成了三个月内东三省不“易帜”、期满后日本不加干涉的谅解，林权助总算保住了作为大使的面子，于13日踏上归国的旅途。张学良在为他设宴送行时说：“林老先生，您替我想的事比我自己想的都还要周到，但有一件事，您没有替我想到。”林权助很惊讶，问什么事，张学良严肃地说：“我是一个中国人！”林权助听了哑口无言。

鉴于局势严重，张学良一面致电南京的蒋介石，一面派邢士廉随同方本仁

① 天津《大公报》，1928年8月11日。
② 日本外务省档案，林久治郎致田中首相的电文，6月20日。

赴南京面陈一切，说明延期“易帜”的原因。他在致电蒋介石的电文中说，日本首相特派大使林权助的态度益加强硬。面对如此无礼的态度，令人愤慨。其对付之策有三种：

一曰强硬，二曰软化，三曰圆滑。强硬则必用武力，不但东三省力有不足，即全国协力亦无把握；软化则东三省将成保护国，为朝鲜第二，非所敢出；故决定暂用圆滑之法，以延宕之，一面于国际间着手运用，折其野心，始有办法。[①]

张学良推迟“易帜”的原因是多方面的。首先是来自日本的压力。张学良非常清楚日本的野心，更不敢忽视日本在东北的实力。实行“易帜”这样的重大事件，如果得不到日本军队的充分谅解，而仓促行事，很可能会引起更大的麻烦，甚至会使他自己迅速倒台。

其次，国民政府内部意见不统一。当时以蒋介石为首的南京国民政府和参加北伐战争的地方实力派冯玉祥、阎锡山等之间的利害各不相同，他们在对待东三省及处理张学良的想法很不一致。这对于刚刚停止军事交锋转而要实行妥协统一的东北集团，不能不有所顾虑，正如张学良所阐明的那样：阻碍南北友好和睦的主要障碍是国民党态度暧昧，拿不出一个确切的主张，他们内部不统一，不知何系何人占支配地位。因此，他们的态度天天在变。[②]

再次，东北内部意见也不完全统一。东北领导人内部有三种意见，一种主张与南京妥协实现统一；一种是与桂系李宗仁、白崇禧的地方实力派妥协；另外一种意见是主张首先要巩固内部的局势，并与日本保持良好的关系。

刚刚子承父业的张学良，必须充分协调各种意见，才能巩固自己的地位，才能实现和平统一大业。初掌东北大权的张学良，在历史的紧要关头，决心“易帜”；顾虑客观情况又推迟“易帜”，是一种明智的抉择。

三、三省改旗“易帜”

“东北易帜”推迟了3个月，这为张学良处理内政、外交提供了较为充足的时间。

首先，在军事上，张学良与国民政府军联合汇剿了张宗昌的残部。奉军全线北撤后，张宗昌、褚玉璞率残部5万余人集结于滦州。张宗昌屡屡致函张学

---

① 秦孝仪：《中华民国重要史料初编·对日抗战时期·绪编》（一），中国国民党中央委员会党史委员会1981年版，第228页。

②《国闻周报》，1928年6月24日。

良，请求将其所部调往关外，遭张拒绝。张学良考虑到奉天局势紧张，无法接纳张部；更怕在“易帜”一事上，张宗昌节外生枝；加之张宗昌平素所为，奉方多为不满。张学良曾多次劝说张宗昌，未果，最后电告蒋介石，直鲁残部听凭蒋军处理，奉方不再过问。在白崇禧的东征军和奉军的联合围剿下，直鲁军很快全线溃败，张宗昌于9月21日带着几名亲信随从，悄然离开滦州，逃往大连。滦州的几万直鲁军残部遂为白崇禧改编。直鲁联军的彻底解决，既消除了奉系的隐患，也为东北顺利“易帜”扫清了军事上的障碍。

其次，继续与日本进行交涉，争取其对易帜的谅解。此时，日本已意识到武力恫吓干涉“东北易帜”已不可能，便改变策略，企图通过外交途径，掠取更多的经济利益。9月24日，林久治郎重返奉天，其使命是使“二十一条”中所规定的在南满居住往来自由和商租权问题付诸实现。同时，“满铁”社长山本条太郎又以“山本与张作霖密约”为根据要求将吉敦、吉会两条铁路接成一线。11月5日，林久治郎与山本两人一起去见张学良，会谈长达5小时之久。仍是未果而归。

张学良抵制日本的外交攻势，首先得到了东北及全国人民的有力支持。东北人民抑制日货运动一浪高过一浪，日中贸易持续萎缩，11月中旬，哈尔滨等地学生为保路权，举行游行示威。东三省路权保持会多次派代表见张，要求拒绝日方铁路要求。

形势的发展越来越有利于东北方面。“东北易帜”的背后，反映了日本同英美在华利益、在华势力范围的矛盾和斗争。日本对中国内政的粗暴干涉也引起了其他列强大国的疑虑，美国驻奉天总领事确信，日本干涉背后的真正意图，是要建立一个日本控制下的自治政府。美国曾明确表示东北是中国的领土，支持蒋介石统一中国。8月13日，美国驻华公使马慕瑞借故到朝鲜旅行，途经奉天，停留一天，力劝张学良早日实现“东北易帜”。美、英两国还先后通过与中国签订关税条约的形式，在事实上承认了南京国民政府，使日本在国际上处于孤立地位。

同时，日本的干涉行为同样也招致日本本国政治反对派的尖锐批评，公使芳泽曾经指出，田中内阁对东北的政策，即使是第三国也完全有理由把它看作是粗暴的。田中实行的干涉政策，结果事与愿违，不但不能阻止张学良的最终“易帜”，还将带来外交上的被动。田中内阁内外交困，不得不开始谋求改善中日关系，从而放松了对“东北易帜”的阻挠。

南京政府也不失时机，缓和了对不平等条约问题的立场。1928年8月中旬，蒋介石宣布，只要日本当局对东北不抱有任何领土要求，国民政府将承认它在这一地区的“特殊地位”。9月2日，首相田中在听说蒋介石有可能出任行政院院长后，给蒋发了一封私人贺电，其中表示他希望新院长能致力于改善日中关系，还建议蒋派特使前往东京商讨有关事宜。9月末，蒋派张群作为他的私人代表访日，表示他愿意着手讨论中日之间悬而未决的问题，中日关系开始缓解。

南京政府与日本关系的缓和对张学良也是很大的支持。10月19日，林久治郎再次访晤张学良，提出日方以自动撤废其在东北治外法权为条件，要求奉方从速解决商租问题。张婉言拒绝：目前东三省内处于多事之际，无暇及此：同时奉天不能蔑视国民政府之意向，若不与国民政府充分接洽，纵然解决，亦恐他日再起纠纷。[①]张学良以外交问题完全由国民党中央政府统一处理推托，回避日本方面提出的种种要求。

11月10日，是日本天皇即位大典，张学良派莫德惠、王家祯为正、副专使，去日本祝贺。莫、王二人在会见田中时，言明东北将于1929年元旦前实行易帜，表达了张学良“必须易帜”决心。田中虽言及不希望“易帜”之意，但又不得不说“此为中国内政问题”。在对中国统一运动的阻挠彻底失败后，田中不得不默认“东北易帜”一事。

再次，与南京国民政府进行“易帜”的继续商谈。对此，张学良很是谨慎。张学良虽然决心接受南京政府提出的“政治解决”方案，实行“东北易帜”，但在关内政局还不十分稳定，蒋介石与地方实力派之间的分歧日趋明显的形势下，不能不谨慎行事，以免卷入国民党内部的冲突之中，同时南北关于“易帜”的具体问题还需要商洽。

此时，虽不能宣布“易帜”，但张学良认为，与蒋介石和南京政府最后统一的时机已经成熟。于此同时，蒋介石也在为“易帜”而积极准备着。10月6日晚，蒋介石邀请张学良驻南京的代表邢士廉到进行谈话，并托他转交致张学良、杨宇霆的亲笔信。

10月7日，在国民党中央常务委员会上，蒋介石力排众议，提名张学良为国民政府委员，获得通过。10月9日，蒋介石致电张学良，希望能乘此时机，同时更换旗帜，宣布就职，以双十节（10月10日）为完成统一的纪念日。[②]

张学良复电，说明东三省“易帜”，早具决心在前，实因某方之压迫，致生

---

① 张友坤、钱进：《张学良年谱》（上），社会科学文献出版社1996年版，第315页。

② 秦孝仪：《中华民国重要史料初编·对日抗战时期·绪编》（一），中国国民党中央委员会党史委员会1981年版，第231页。

障碍；现正积极准备，事前秘不使知，筹备就绪，即行通电宣布，以三省同日实行，以免彼方又生狡计。[①]

10月12日，蒋介石再复张学良指出：“‘易帜’之事，全属我国内政，彼方本不能公然干涉，况目下党国形势，团结一致，彼尤无可借口，为从来所未有，此正其时。如尊处果能出此决心，中正深信彼决不敢有所举动。故希毅然主持，三省同日宣布，愈速愈妙。[②]

13日，张学良复电，仍表示因外交环境关系，不得不分别缓急，徐图解决，免滋意外纠纷。总期实践前约，昭示国人。[③]

张学良于11月初再派邢士廉、王树翰去南京，与何成浚、张群等商谈“东北易帜”、军事善后、东北四省政府改组等一系列问题，经过商谈，达成了四项协议：1. 东北设边防司令长官公署，以张学良为司令长官，张作相、万福麟副之；2. 设立东北政务委员会，委员人选须经中央同意；3. 东三省及热河省委员人选，由张学良推荐，中央明令任命；4. 易帜不迟于民国十八年（1929）元旦。

如果说7月间，双方谈判的主要问题是以何种方式任命和组建东北政治机构，以及热河的未来归属问题。而到了10月间，国民政府方面同意了东北方面的意见：原东三省的高级官员在“易帜”后职位不变，仍是国民党在东北建立的政府机构中的高级官员。[④]重大人事，先由张学良请委，然后再由中央任命。由东北派员到南京学习研究党务，再回到东北，建立国民党的地方党部。此外，热河正式划归张学良管辖，成为东北的第四个省份[⑤]。所有这些都表明，蒋介石实际上赞同了张学良“分治合作”的主张。

最后，完成裁军、整军计划。再次期间，张学良完成裁军15万重大任务，为顺利“易帜”奠定了稳定的政治基础。9月16日组成裁兵委员会，由杨宇霆任委员长。张学良与韩麟春、杨宇霆一起，制定了裁兵整军方案，将45万东北军缩减至30万人。

从1928年9月至12月，张学良在军事上处理了张、褚残部问题；在外交上

① 秦孝仪：《中华民国重要史料初编·对日抗战时期·绪编》（一），中国国民党中央委员会党史委员会1981年版，第232页。

② 秦孝仪：《中华民国重要史料初编·对日抗战时期·绪编》（一），中国国民党中央委员会党史委员会1981年版，第232—233页。

③ 毕万闻：《张学良文集》（1），新华出版社1992年版，第131页。

④ 中国社会科学院近代史研究所中华民国史研究室：《中华民国史资料丛稿·大事记》（第14辑），中华书局1985年版，第320页。

⑤《国闻周报》，1928年10月18日、19日。

争取日本政府对“易帜”的谅解；在与国民政府关于易帜会商中形成共识；在内政上进行了成功的裁兵整军。这四项主要工作的完成，为东北顺利“易帜”铺平了道路。

经过半年多复杂、曲折、艰难的交涉，东北地方当局终于创造出一个内政稳定、日本默认、南北协同的政治环境，“东北易帜”的条件完全成熟了。

1928年12月13日，张学良在总部召开东北保安委员会会议。听取邢士廉、王树翰报告在京谒蒋详情，讨论“易帜”改制问题，会上确定1929年1月1日“易帜”。会后将此决议急电转呈蒋介石。蒋介石则认为东北应于12月29日“易帜”。张学良于12月24日又召集会议重议“易帜”时间，决定接受蒋的意见，决定东三省于12月29日同时“易帜”。1928年12月24日，张学良向东北三省发出电报命令，决定于12月29日宣布“易帜”，东三省同时取下北洋政府的五色旗，悬挂国民政府的青天白日满地红旗，要求东北各省秘密赶制青天白日旗。①

12月28日夜，东三省各机关，到相关部门请领孙中山总理遗像、青天白日旗，做“易帜”前的各项准备工作。29日凌晨，青天白日旗“飘扬东北，万姓欢腾”。

12月29日上午，张学良统帅奉、吉、黑、热四省及东三省特别区主要长官，在奉天省府大礼堂，举行“易帜”大典，并宣誓就职，蒋介石派方本仁为南京国民党中央政府代表参加会议监誓。欧美领事均应邀参加，惟日本无人到会。张学良在宣誓后发表演说：

我们为什么“易帜”，实则是效法某先进国的做法。某方起初也是军阀操纵权力，妨害中央统治，国家因此积弱。其后军阀觉悟，奉还大政于中央，立致富强。我们今天也就是不想分中央权力，举政权还给中央，以谋真正统一。②

同日，由张学良、张作相、万福麟、汤玉麟、翟文选、常荫槐等6人联衔正式发出“艳电”“易帜”：

中山先生三民主义，在癸亥甲子之际，先大元帅赞助最早，提携合作，海内共知③。……先大元帅……首先述明与中山先生合作历史，词旨诚切，……本无黩武之意。④五月佳日，又有息争通电，临终复以力主和平，促成统一为嘱，苦心远虑，益复昭然。现在国府诸公，……与此间宗旨相同，彼此使者往来一切，真相更加明澈，自应仰承先大元帅之遗志，力谋统一，贯彻和平，已于即

① 辽宁省档案馆：《奉系军阀密电》（第4册），中华书局1985年版，第30—31页。

② 张友坤、钱进：《张学良年谱》（上册），社会科学文献出版社1996年版，第328页。

③ 1923年（癸亥）年及1924年（甲子）年，孙（中山）段（祺瑞）张（作霖）反曹（锟）吴（佩孚）的三角联盟。

④ 1927年6月25日，张作霖发表的讨赤通电。

日起宣布：遵守“三民主义”，服从国民政府，改易旗帜。

至此，东北大地上，降下张作霖时代的五色旗，升起了国民政府的青天白日旗。

“东北易帜”，是中国近代史上的一件大事变，它标志着从1912年袁世凯任大总统开始的北洋军阀统治的最后覆灭，北洋军阀从此成为一个历史名词，这是中国社会的一大进步。

“东北易帜”，结束了中国长期以来的混乱局面，实现了统一。中国自清末以来，内忧外患日益严重，军阀割据、混战，一片混乱，军令不一，政令不畅，使国家长期处于分崩离析状态。东三省实现“易帜”，促成了中国的统一，尽管是形式上的统一。

“东北易帜”，挫败了日本阻挠统一、分裂中国的阴谋。张学良继承父位后，日本为了阻止南方势力向北方发展，南北统一，首相田中一直希望把同张作霖的那种干父子似的私人关系也强加在张学良头上，借以维持这种关系。①因此，频繁地派出使者，百般利诱威逼，警告恫吓，且以调集军队相配合。最终东北实现“易帜”，使日本大失所望，这是中国内政外交的一大胜利。

当年，日本驻沈阳领事森岛守人，曾对张学良这个阶段的表现有这样的评价：“他为人性格沉着，头脑清晰，富有卓识”，在和日本进行交涉过程中，“他向来能以含蓄的语言、端庄的风度、飒爽利落的作风而应付自如，从未发生过有失大体的地方”。②这个评价无疑是比较客观的。

四、奉天市改称沈阳市

“东北易帜”后，作为地方政府，东北在行政区划上统一于南京国民政府。从1929年3月1日，奉天省正式改称为辽宁省，取辽域地区社会安宁之义，也承载着经历多年军阀割据混战后人们渴望平静、安宁的生活愿望，这就是辽宁省名称的由来。4月15日，奉天市正式改称沈阳市，含有“奉天承运”封建色彩的奉天结束了自己的历史，沈阳取其地处沈水（浑河）之北，以中国传统方位论，即“山北为阴，水北为阳”，故以“沈阳”命名。

奉天改称沈阳市后，市制又有新的变化。市公所的职能更加明确，其管辖事项包括：市财政及市公债；市公共财产的管理；城市街道沟渠桥梁建筑及其他土木工程事项；城市公共卫生及其他公共事项；城市户口和市选举事项；市内教育风纪及慈善等事项；城市交通电力煤气自来水及其他公共事项；完成省

① （日）关宽治、岛田俊彦：《满洲事变》，上海译文出版社1983年版，第41页。
② （日）森岛守人著、赵连泰译：《阴谋·暗杀·军刀》，黑龙江人民出版社1980年版，第28页。

政府交办事项等。市公所管理事项的变化说明城市发展的迅速，也说明城市管理水平的提高。由此市公所机构设置也有所变化，但市公所管理关乎全市的公事这一点还是十分明确的。1929年，市区扩大，原属沈阳县第九区金家洼子一带（今皇姑区中部及南部）划归为沈阳市区。

五、东北军的整编及东北讲武堂辟建东大营新址

张学良就任东北保安总司令后，为响应南京政府裁军建议，同时亦为缩减东北军费，1928年11月1日，张学良在奉天召开了团长以上军官参加的整军会议，当即决定如下几项整顿原则及办法：[①]

第一、取消军师名称，实行“群旅制”。以往各军团及师的番号“一律撤消”，所有军队均改编为国防军或省防军。国防军称“东北陆军”，以养成劲旅，保护国境为目的，省防军称“X省陆军”，以维持地方治安为目的。在国防军中，步、骑兵均以旅为单位；炮兵以团为单位；工兵以营为单位，辎重兵平时设军官、军士教导队，战时配属各部队担任后勤工作。省防军中，步、骑兵以旅或团为单位，归各镇守使指挥。其他如宪兵队、通信队、铁甲车队、战车队、探照灯队、汽车队等，仍以队为单位。

第二、各部队建制。步兵旅：每旅辖三团，每团辖三营，每营辖四连。旅直属部队有骑兵连、重迫击炮连、通信连、卫队连。团直属部队有机关枪连、迫击炮连、平射炮连及通信排。骑兵旅：每旅辖三团，每团辖四大连。旅直属部队有卫队连、骑炮连、通信连。团直属部队有机关枪连、迫击炮连及通信排。省防军步兵团：每团辖三营及机关枪连和迫击炮连。省防军骑兵团：每团辖四连及机关枪连和迫击炮连。炮兵团：每团辖三营，每营辖三连。工兵营：每营辖三连。

第三、部队编制。每旅设中（少）将旅长1人、上校参谋长1人，参谋处中校处长1人、少校参谋2人、上尉参谋3人，副官处中校处长1人、少校副官1人、上尉副官2人、中尉副官2人、少尉副官2人；军械处中校处长1人、少校军械官1人、上尉军械官2人、少尉军械官1人；军需处中校处长1人、三等军需长1人、一等军需长2人、二等军需长2人、三等军需长3人；军法处中校处长1人、一等军法员2人；军医处中校处长1人、三等军医正1人；其他少校书记官1人、上士14人、中士23人、下士25人、勤务兵52人。每连设少校连长1

① 陆军、杜连庆：《张学良与东北军》，辽宁人民出版社1991年版，第39-40页。

人、上尉排长1人、中尉排长2人、少尉排长1人、少尉连附2人、准尉司务长1人。每连官兵182人。改编后，共裁减官兵2万余人。

第四、编余军官处理办法。原任军长多数改任军事参议官，晋升上将军衔。其他各级军官文化程度较高者，送东北讲武堂第九期受训，其余交军官教导队分别处理：一愿从事警察、保甲工作的，送奉天公署分发工作；仍愿留在军队的，送奉天差遣队听候分配；愿退伍者，发两个月薪响为退役金；愿屯垦者，送兴安屯垦军；所余留教导队训练。本次整编，编余军官计有将官47人，校官1 740人，尉官10 213人。

第五、整编后各级军官每月薪响数目：上将1 200元，中将800元，少将500元，上校300元，中校200元，少校120元，上尉70元，中尉40元，少尉25元。

整军会议后，张学良即将全部东北军队加以整编。整编后的部队计有国防军步兵30个旅、骑兵6个旅、炮兵10个团；空军5个中队；海军3个舰队、3个陆战大队；省防军辽宁有7个团，黑龙江有7个旅，热河有2个旅；屯垦军有3个团。此外并编有工兵、辎重、通信、铁甲等兵种。总计兵力30余万人。[①]

1929年1月4日，南京国民政府任命张学良为东北边防军（简称东北军）司令长官，张作相、万福麟为副司令长官。奉军编入国民革命军序列，改称东北边防军；同时任命翟文选、张作相、常荫槐、汤玉麟分任奉天、吉林、黑龙江、热河四省省政府主席。

1月12日，张学良就任东北边防军司令长官，东北政务委员会委员也于同日就职。东北政府委员会是东北最高行政机关，以指导、监督东北各省最高级地方政府为职责，是当时东北政权的中枢和象征。东北政务委员会由13人组成，张学良为主席，委员有张学良、张作相、万福麟、翟文选、常荫槐、张景惠、汤玉麟、王树翰、刘哲、方本仁、莫德惠、刘尚清、袁金铠。除方本仁外，全部为东北军政要员。

1929年2月4日，方本仁携东北边防军司令长官公署、副司令公署、东北政务委员会、奉天、吉林、黑龙江、热河四省政府印信抵达奉天，张学良等在奉天省政府大厅内举行宣誓并各长官受印典礼。除日本外，各国驻奉使节均应邀参加。张学良第一次身穿中山装，精神抖擞，在南京国民政府代表方本仁监誓下，正式宣誓就职：

“余以至诚，实行‘三民主义’，服从长官命令，捍卫国家，爱护人民，克

① 陆军、杜连庆：《张学良与东北军》，辽宁人民出版社1991年版，第40页。

尽军人天职，此誓。”

张学良任东北边防司令后，即将原东北军事指挥机构改组为东北边防司令长官公署，同时在吉黑两省分设副司令长官公署，并以此作为东北军最高指挥机构。从此，东北军这部庞大的军事机器，便在他的指挥下重新运转起来。

东北军的诞生标志着奉系军阀的最终解体，奉系军阀转变成为东北军，其标志主要表现在以下几方面：第一，在思想理念上，由一个没有明确、统一的政治信仰集团，变为遵守“三民主义”的政治军事集团。第二，在组织制度上，该集团由原来完全自主决策的状态，变为接受中央政府领导的状态。第三，在目标追求上，该集团由注重追求本集团利益的军事集团，转变成为维护国家统一和安全的边防军。“东北易帜”给东北军带来上述三方面的变化，使已有十余年历史的奉系军事集团最终解体并诞生了新的军事集团—东北军。这里说的解体和诞生，是指这个军事集团政治属性发生了根本变化，它不再是军阀首领个人割据一方的武装，而是效力于国家的军队。

张学良主政东北后，为扩大东北讲武堂规模，培养更多军事人才，开始在东大营辟建东北讲武堂新址。东大营位于沈阳城东、天柱山脚下东山咀子，距沈阳城约十公里，面积将近二百万平方米，是一应与沈阳北大营齐名的历史悠久的兵营。营区坐北朝南，地势平坦，面积约为二百万平方米。为沈阳第二大兵营，它与北大营及西大营并称为沈阳的“三大营”。东大营初为张作霖时代所建筑的一座兵营，自1924年由张学良、郭松龄创立以来，一直成为奉天驻兵和办校的重要基地。1928年9月，为统一东北军事教育机构，张学良将张作霖时代的东三省陆军讲武堂改名为“东北讲武堂”，并将东北讲武堂校址由小东边门外校址迁到东大营。

从1928年9月至“九一八”事变之前，这一时期是东北讲武堂发展的鼎盛时期。这一时期东北讲武堂的发展特点，首先是规模大，有一个庞大的体系和比较齐全的分科。讲武堂于1928年9月正式由小东边门外迁到东大营。张学良为了统一东北军事教育，将东北“所有军事教育机关，一律并归讲武堂，由该堂监督直接管辖”。讲武堂监督由张学良自任。将原讲武堂改为“东北讲武堂辽宁本校”，又先后设立“东北讲武堂黑龙江分校”及“东北讲武堂热河分校”两处，并附设了各种专科教育班。“其总机关即称东北讲武堂”，这使东北讲武堂成了名符其实的东北军事最高学府。可以看出，当时在东大营的并不是东北讲武堂的全部，而只是其总机关堂本部及辽宁本校和一些专科教育班。当然也是东北讲武堂最重要的部分。二是水平高。东北讲武堂创建之初只是“造就陆军初级军官”，后来则与云南讲武堂、保定陆军军官学校和黄埔军校并列成为驰名全国四大军事学府，而且是比其他三所院校较为完善，以“自小学树立基，以大学成其器”为办学宗旨的培养高等、中等和初等三种军官的综合军事学校。从而使东北讲武堂成为东北地区历史最久，培养军官最多的军事教育机构。东北军的各级军官，上至张学良将军，下至连长、排长，大都由“东北讲武堂”毕业。它对东北军的形成和发展，起了重要作用，成为张氏父子控制部队，统治东北的一个有力支柱。

总之，这一时期的东北讲武堂，以其“策划周详、规模之大、人数之多、水平之高”等显著特点，达到其历史上的全盛时期，而为其提供校址的东大营也因此在历史上名噪一时。

第三节　“东北易帜”后的沈阳政局

“东北易帜”后，张学良一方面发动了杨常事件，处决了其父张作霖时代的重臣杨宇霆和常荫槐，彻底消除了派系矛盾，树立了自己的威信，统一了东北的军令、政令。在巩固东北内部、稳定自己统治的同时，张学良也在谋求外争利权，收回中东路的权益，武力接管中东路，制造了中东路事件。在中国新的军阀混战爆发、民众即将卷入新的内战深渊之时，张学良令东北军入关，武装调停中原大战，使持续半年多的内战迅速停止，张学良也由此到达自己政治巅峰，但同时也埋下了许多隐患。与此同时，中共领导的满洲省委也在沈阳积极发展自己的力量，开展工农运动，在组织迭遭破坏的困境下艰难前行。而更为严重的情况是，此时，日本的侵略步伐日益加紧，战争的阴云笼罩着东北，侵略战争大有一触即发之势。

一、杨常事件

杨宇霆和常荫槐是张作霖时代的两位重臣。杨宇霆，字邻葛，系奉天法库县人，毕业于日本陆军士官学校炮兵科。杨宇霆历任奉军参谋长、总参议、兵工厂督办、江苏省督办等职。杨宇霆精明干练，才略过人，在政界中素有“小诸葛”之称，在东北当时的要人中是一个不可多得的人才。尤其是在对日交涉中，杨宇霆或纵横捭阖，或软硬兼施，总是设法把损害降到最低限度，显示出了优异的外交才能。

常荫槐，字瀚襄，系吉林省梨树县人，奉天法政专门学校毕业，历任奉天军警执法处长、清乡督办、京奉铁路局局长、交通部代部长、东三省交通委员会副委员长、黑龙江省长等职。和杨宇霆一样，常荫槐果断明快，雷厉风行，特别是对东北铁路建设和维护路权等问题，颇有贡献，不仅建成了打通（打虎山—通辽）铁路、还将京奉路整顿成为全国的模范路局。

杨常事件的发生，绝非偶然，也绝非张学良的心血来潮。究其原因主要有以下几点：第一，杨常专横跋扈，“以父执自居”。张作霖时代，杨宇霆身兼总参议、兵工厂督办等数要职，位于首辅，养成了专断跋息、盛气凌人的作风，平日除老帅以外，什么人都不放在眼里。张学良继承父业后，杨宇霆不仅毫不敛抑，而是有过之而无不及，对张学良俨然“以父执自居”。更为甚者，杨宇霆竟以“阿斗”喻张学良。杨宇霆还以督办的身份，不断地召见新上任的县、局长以上的官员，以示拉拢，杨公馆几乎成了奉天的政治中心。常荫槐是杨提拔起来的心腹，“有能名，为宇霆所赏”。此人恃才傲物，目无余子，但“与杨宇霆深相结纳，关系密切”[①]，每次“来沈常与宇霆偕”，阴“拥宇霆主政东北”。他与杨宇霆互为配合，彼此呼应，有恃无恐，经常拒不执行张学良的命令。第二，日本人的离间。日本首相特使林权助在祭吊张作霖返回东京后，在回答记者提问时说：“今天的东北实际情况，同我们日本当年幕府时期德川家康时代很相似。”[②]林权助的谈话第二天就登在日本各报纸上。为此，张学良曾特意到书店购买一册《东洋史》。而日本国家主义法西斯理论创始人之一的大川周明，在张学良继承父位不久，就将一本《日本外史》送给张学良，并用红笔把德川家康篡夺丰臣氏政权，杀害丰臣秀赖一段史实勾画出来，以提醒张学良特别注意。在林权助和大川周明的引诱下，张学良对德川家康篡权的历史读得特别仔细，在许多处作了朱批圈点。同时日本还制造了诸多杨常二人密谋造反的假情报，有意在东北军政内部制造摩擦，把水搅混，激怒张学良，其用心与诱导读史一样阴险毒辣。第三，蒋介石的挑拨。在“东北易帜”问题上，杨宇霆一直持反对意见，蒋介石与杨宇霆二人不睦。杨常事件发生之前，张学良曾接得蒋介石一封加急密电，内称白崇禧正在策动杨宇霆取代张学良，并叫张先下手为强，干掉杨宇霆。[③]而事实上，此事是蒋介石出于政治需要随意编造出来的。但无论如何，蒋介石确是给张学良发了加急密电，而这一招对张学良杀杨宇霆确实起了作用。此外，奉系内部长久以来的派系之争也是杨常事件的一个诱因。

---

① 陆军、杜连庆：《张学良与东北军》，辽宁人民出版社1991年版，第35页。

② 森岛守人著、赵连泰译：《阴谋·暗杀·军刀》，黑龙江人民出版社1980年版，第33—34页。

③ 陶菊隐：《北洋军阀统治时期史话》（第8册），三联书店1987年版，第241页。

日本人的离间、蒋介石的挑拨、部下的谗言正好与杨宇霆、常荫槐两人专横跋扈、恃才傲物、不可一世、根本不把张学良放在眼里的一贯表现相一致，张学良逐渐形成了除掉杨常的想法。但是杨、常作为父亲的重臣，张学良处在痛苦的抉择中。而让张学良最终下定决心杀掉杨、常的导火索是张学良在杨宇霆其父祝寿之日的经历。

1929年1月7日，杨宇霆在小河沿私宅为其父祝寿。当日，杨公馆门前，车水马龙，冠盖如云，张灯结彩，盛况空前。蒋介石、白崇禧、阎锡山以及广东、四川等地方实力派，都派有代表来沈祝贺，日本政界要人都有代表前来致贺，东北达官显宦，更是冠盖云集。张学良夫妇进入客厅时，杨的副官喊"总司令到"，只有少数人起立，多数人半起半立，有人略一欠身就坐下了，打牌的继续打牌，聊天的继续聊天。但当喊"杨督办到"时，全场人员肃然起立，整个客厅鸦雀无声，待杨与宾客一一握手后，他们才落座。席间，杨俨然以东北主人自居，宾客也恭维备至。看戏时，张学良夫妇杂坐于各省贺客之间，毫无"东北边防军司令长官"之特殊礼遇。戏未终场，张夫妇即走了。这个亲历场面，给张的刺激极大，使他联想到自己的处境与日本当年幕府时期德川家康时代很相似，认为杨、常可以兵不血刃地取而代之。在杨家祝寿所看到的情形，对张学良刺激太大了，使他犹豫不决的想法逐渐坚定下来。

事关杀人，尤其是要杀一个风云人物，张学良曾一直犹豫不决。而且此事又很难同外人商量，他以试探的方式同于凤至谈了自己的想法，于表示出极端恐惧，并坚决反对。于是二人决定"卜以决疑"，拿一块银元，先讲好，向上连抛三次，落地时，如正面（有袁世凯头像）朝上，就杀，否则就不杀。张抛，于看。结果，三次都是正面朝上。于说，可能银元正面较轻，又讲好重抛，这次押反面（有字），结果，真是赶巧，三次都是反面朝上。在张学良夫妇看来，处死杨常二人是天意使然。

1929年1月10日下午，杨宇霆、常荫槐一同来见张学良，他们以"中东铁路系中苏合办的铁路，一向不接受东北交通委员会的指挥"为理由，要求成立东北铁路督办公署。杨宇霆极力推荐常荫槐为督办，常荫槐表示：成立东北铁路督办公署，就可以将中东铁路纳入我们的管辖范围之内了。

这件事事先杨、常从未与张沟通，张学良表示此事涉及外交问题，应该慎重考虑，从长计议，切不可草率从事，并推托要将此事上报南京政府请示后，方可执行。东北局势刚刚安定下来，不要因此引起外交上的纠纷。杨宇霆和常荫槐根本没把张学良这个总司令放在眼里，坚持要即刻决定，并拿出事先就已拟好的文件递给张学良，要求他立刻签字。张学良感到已无法忍受，但又不能不强压内心的不满，转而不露声色地说："到吃饭的时候了，你们两位在此用晚餐吧，吃了饭再从长计议"。杨说："我回家去吃饭，吃完饭再来。"说完就和常荫槐起身走出帅府，回家去了。

杨、常走后，张学良召集旅长王以哲、卫队长刘多荃、警务处长高纪毅、副官谭海四人商量，决定处死杨、常二人。由高纪毅带领卫队执行，刘多荃担任帅府警卫任务。

1月10日19时左右，杨、常二人相携来到大帅府。当他们刚刚在老虎厅会客室就座后，警务处长高纪毅和侍卫副官谭海率领6名卫士突然破门而入，6支手枪同时对准杨、常二人。由高纪毅宣布：奉长官命令，你们反对易帜，阻挠国家统一，着将你们二人处死，立即执行。杨、常闻言，顿时木然，脸色苍白，一句话也没说出。杨、常分别由两名卫士按住，一名卫士从头顶部向下开枪，结束了两人的性命。当夜陈尸老虎厅。

张学良以非常手段处死杨常后，一面连夜以长途电话指示驻天津代表胡若愚，饬其立刻向南京蒋介石报告处死杨、常的原因和经过；一面组织人员拟写研究起草《枪毙杨宇霆常荫槐通电》《东三省保安总司令部布告》《致三省父老电》《杨常伏法之判决书》等文件。

1929年1月11日晨，杨、常被杀的消息传出后，顿时沈阳全城一片恐慌。通往杨、常两家的主要街道，布满荷枪实弹的军警，严密封锁来往行人。杨、常两家眷属极为骇惧，常荫槐之子溥彝、俊彝越墙逃到邻居家躲藏。张学良基于罪不及妻孥的原则，立即派人到杨、常两家进行慰问，并各送慰问费一万元给杨常家属作丧葬费将杨常妥善安葬。1月11日上午，两人尸体被从老虎厅用地毯包裹抬出，用汽车送南关风雨坛姜庙（杨宇霆为纪念姜登选而修的庙）装棺，听由家人亲友吊祭。之后，杨宇霆的灵柩送回法库县蛇山沟老家。

11日凌晨，张学良便召集张作相、翟文选、王树翰、郑谦、臧式毅、孙传芳等东北保安委员会委员进府，宣布枪杀杨常的经过。同日，发布了"枪毙杨宇霆常荫槐通电""东三省保安总司令部布告""杨常伏法之判决书"等有关杨、常被杀的文件。对外宣传杨、常的罪状是："暗结党羽，图谋内乱，勾结共产，颠覆国府，阻挠和议，把持庶政，侵款渎职"。[①]并说从"该被告人等家中起获军械子弹甚多……"。"于本月十一日召集会议，并邀彼二人列席，当众按状考问，皆以俯首服罪。"因此杨、常已构成"内乱罪"和"叛乱罪""遂依法

① 《杨常伏法之判决书》，《国闻周报》，第六卷，第4期。

判决，立地执行枪决。”

张学良处决了杨常两位重臣后，内心十分内疚和痛苦，他对身边的人说：“事情已经过去了，算了吧！”“咱们真得好好地干啦。若不然，否则那真对不起邻葛和瀚襄于地下了”。[①]他妥善安置了两方家属，还分别为杨、常写了挽联，给杨宇霆的挽联是：

诅同西蜀偏安，总为幼常挥痛泪；
凄绝东山零雨，终怜管叔误流言！

给常荫槐的挽联是：

天地鉴余心，同为流言悲蔡叔；
江山还汉室，敢因家事罪淮阴！

张学良在事件后，还给在德国留学的杨宇霆长子杨春元写了一封亲笔信，内称：“我听信淫言杀了你父，这与你无关，你要安心学业等……”[②]

张学良处死杨、常后，对东北军政外交产生的影响是深远的，一方面是失去了两个难得的人才。杨宇霆死后，在对日本外交方面失去了一个折冲樽俎、在紧急时可以缓冲局势的得力人物；在内政方面失去了一个能掌握全局深入实际的辅佐人才，因此，人们普遍认为张学良是“自毁长城”。常荫槐精明强干，魄力非凡，在任省长期间，励精图治，颇有作为。他死后，东北交通事业的管理失去了一个不可再得的人才。另一方面，杨、常被杀后，张学良达到了“立威”和统一东北军政领导的目的。原来东北军政派系矛盾甚深，特别是杨宇霆与郭松龄的矛盾，尤为激烈。郭、杨先后死去，派系矛盾消除了，东北军政领导权都集中在张学良一人之手。特别是张学良以非常手段杀了杨、常，更显示其不测之威，威信也大大提高了。从而，统一了东北的军令、政令。

二、中东路事件

中东铁路是1896年清政府和沙俄政府通过的《中俄密约》由中俄双方修建的，初称东清铁路，民国后改为中东铁路。中东路所辖路段分为三段，其中哈尔滨至绥芬河一段为东线；哈尔滨至满洲里一段为西线；哈尔滨至长春一段为南线。中东路是横贯东北的交通动脉，具有极其重要的经济及战略地位。

---

① 王家桢：《一块银元和一张收据》，《文史资料选辑》（第3辑），中国文史出版社1999年版，第56、57页。

② 杨茂元：《回忆先父杨宇霆将军》，政协辽宁省委员会文史资料委员会：《辽宁文史资料》（第25辑），辽宁人民出版社1988年版，第44页。

十月革命后，根据《中俄协定》和《奉俄协定》，中东路实行中苏共管，两个协定做了明确规定：中东铁路纯系商业性质；除该路营业事务直辖于该路外，所有关系中华民国国家及地方主权之各项事务，如司法、民政、军务、警务、市政、税务、地亩（除铁路本身必需地皮外）等，概由中国官府办理”[①]。《奉俄协定》中还规定：该铁路各处人员按照中苏两国人民“平均分配之原则任用”“本铁路之预算、决算，由理事会提交理事会及监事会之联席会议审定”“本铁路所有纯利，由理事会保存在双方组织之委员会，未将缔约双方分配纯利问题解决以前，不得动用”等等[②]。

然而，事实上苏联政府利用当时中国政局动荡，南北政权对立，北京政府腐败无能等情况，采取各种手段，实际上完全控制了这条名义上共管的铁路。不仅全面控制了全路的交通管理权，而且还将铁路利润全部存入苏联远东银行。中苏共管变成一句空话。

面对大权旁落，张作霖时代已经开始了持续不断的努力和斗争。张学良执掌东北军政大权后，正赶上全国出现的轰轰烈烈的要求废除不平等条约的高潮，全国民众和社会舆论一致要求收回各方面主权，国民政府也顺应民意要求归还外国租界、撤退外国驻军、收回主权。初掌政权的张学良，意气风发，在外交上“很想施展一下子”，谋求收回中东路利权。所以张学良继续其父亲的行动，自1928年12月起至1929年5月，采取一系列对苏行动，先后收回了中东铁路电话局、中东路气象台、文物研究会等机构，并迫使苏方答应由中东路负担中国东省特别区教育经费，一向储存在苏方远东银行的中东路资金也改为在远东银行和中国银行各存一半。

张学良解决中东路问题的基本思路是以1924年的《中俄解决悬案大纲协定》和《奉俄协定》，为前提，收回中方应有的权力，并在此基础上以外交和赎买的方式收回中东铁路主权。所以在1929年2月20日的东北政务委员会第12次常务会上专门讨论了中东路问题。3月1日，张学良令中东铁路督办吕荣寰向中东铁路苏方副理事长齐尔金提出了要求苏方履行的一系列要求：

（1）路局一切命令及文件，非由局长和中方副局长会同签字，不生效力；（2）路局用款必须经稽查局同意不得动支；（3）路局各处处长、科长及沿线的段长、站长，应以半数改派华员；（4）其他各项职员的平均办法，逐渐实行；

---

① 王铁崖：《中外旧约章汇编》（第3册），三联书店1982年版，第424页。

② 王铁崖：《中外旧约章汇编》（第3册），三联书店1982年版，第468页。

（5）中东路一切文书，中俄文并用[1]。这些要求是合理合法的，但苏方在3月6日的答复中，对中方提出的会签一项完全拒绝，仅答应将商务、总务等几个处的处长改派华员担任。3月27日，中方重提上述要求，苏方仍采取拖延政策，收回共管权的交涉陷入僵持状态。

苏联方面的态度使得中东路问题久延不决，张学良不得不转换策略。1929年5月27日，哈尔滨特警处受命搜查了苏联驻哈总领事馆，拘捕了前来集会的中东铁路沿线各站及三十六棚地区各工厂职工联合会以及苏联商船局、远东煤油局、远东国家贸易局等团体和部门的俄方负责人等大批人员，并抄走大批文件、书籍等，史称“5·27事件”。此举使得中国东北地方当局与苏联政府之间矛盾升级，从而拉开了中东路事件的序幕。

“5·27事件”之初，苏联外交人民委员部提出严重抗议。然而，苏联的抗议对张学良并无威慑作用。因为蒋介石对东北方面搜查苏领馆的态度很明确，即“决以强硬对苏俄”[2]。7月7日，张学良抵达北平，与蒋介石、阎锡山等举行会议，讨论东北及西北外交问题。蒋介石主张对苏应采取强硬态度，并由张学良负责办理。蒋介石明确表示：应以武力接管中东路，以防止“赤化”，甚至与苏断交，亦在所不惜。一旦中苏开战，中央可出兵10万，拨几百万元军费。会议决定收回中东铁路，并立即实行。东北地方当局遵照南京政府“相机而行”的电令，计划以武力接管中东路。蒋介石也亲赴北平，布置东北军队沿中苏边境布防，作备战姿态。7月10日，东北当局出动武装人员强行接收中东铁路沿线电信机构，查封苏联国营商业机关，解散该路各职工联合会，完全接管中东路，派华方副局长范其光兼代铁路局局长，并将苏方局长叶木沙诺夫等高级职员59人遣送出境[3]。中东路事件爆发。

中东路事件，苏联最初还表示出和平解决的态度，即便是在7月13日的最后通牒中，仍提议从速召集会议，解决中东路的一切问题，但是南京国民政府16日的复照态度强硬。哈尔滨领事馆事件尚未解决，张学良继而以武力夺取中东铁路，国民政府又拒绝苏方照会，17日，苏联宣布与中国断交，停止与中国的铁路交通，保留1924年中俄、奉俄两协定的一切权利。19日，南京政府外交部发表对外宣言，驳斥苏联的断交通牒。

---

① 王海晨、胡玉海：《张学良全传》（上），广东人民出版社2001年12月版，第274页。

② 杨奎松：《蒋介石、张学良与中东路事件之交涉》，中国社会科学院近代史研究所民国史研究室、四川师范大学历史文化学院编：《一九二〇年代的中国》，社会科学文献出版社2005年版，第307页。

③ 胡玉海、里蓉：《奉系军阀大事记》，辽宁民族出版社2005年版，第520页。

中苏断交后，中苏边界局势日趋紧张。8月6日，苏联正式组成以加仑为司令的特别远东军，司令部设于哈巴罗夫斯克（伯力）。8月15日，张学良组建防俄军，任命张作相为总司令，万福麟为副司令，编成两个军，由王树常和胡毓坤分任第一军和第二军军长，担任中苏边界东西两段的防务，此后双方军事冲突不断。1929年10月12日，苏军发动了著名的同江战役，中苏边境战争正式爆发。

军事冲突初期，东北军取得了一些胜利。但此后苏军的实力逐渐显现出来，局势急转直下。尤其是在东线绥芬河、穆棱和西线满洲里、扎赉诺尔一带同时爆发了战争。东北当局原以为苏联未必敢轻启战端，即或打起来，苏联红军在装备上、士气上、后勤供应上都大成问题，不堪一击。没有料到事态发展完全和他们的设想正相反，战争一开始，苏军出动大批步、炮兵，在空军协同下向东北军猛攻，使东北沿边各地连连失利。当时，中方东线护路军司令是吉林军的旅长丁超；西线的护路军司令是黑龙江军的旅长梁忠甲。战争突然爆发，他们尚无准备。这时，张学良发布动员令，派王树常为防俄第一军军长，率一部东北军开往东线；派胡毓坤为防俄第二军军长，率一部东北军进击于西线。

当时东北军不但内部矛盾重重，而且武器装备也较差。东北军虽有空军，但那些飞机都没有防冻油，没有防寒装备，到了北满极寒地区，在零下二十几度气温下，飞机发动机全都不能发动。有几次勉强开机起飞，也只是在空中飘飘做样子。这样的军队，自然无法低档苏军入侵。尽管，东北军作战很勇敢，仍遭重创，伤亡严重，被俘8 000多人，旅长韩光第、副旅长魏长林为国捐躯，哈（尔滨）满（洲里）警备司令梁忠甲被俘。

军事上的连连失利，南京政府和张学良被迫寻求与苏联政府谈判解决中东路问题。1929年12月22日，国民政府代表蔡运升和苏联政府代表西曼诺夫斯基签署了《中苏伯力会议协定书》，该议定书几乎全部采纳苏方意见，其要点是：按照1924年《中苏协定》恢复冲突以前状态。包括恢复中东路苏方人员一切职务，释放被捕苏方侨民，恢复在东三省的苏联领事馆及在苏联远东的中国领事馆，恢复中苏境内因冲突而停办的商业机关；中国当局负责将白党军队解散并驱逐出境；所有中东路问题及全部恢复中苏国交问题，另由中苏会议解决；中苏会议定于1930年1月25日在莫斯科举行。[①]

《伯力协定》签订后，中东路又恢复了原状，苏方停止了军事行动并撤军。

① 王铁崖：《中外旧约章汇编》（第3册），三联书店1982年版，第939—938页。

张学良电令前方防俄各军战斗序列于1930年1月1日解除，各部后撤后，仍恢复原建制。至此，因中东路事件引发的军事冲突结束了。

双方停战后，张学良下令罢免中东路督办吕荣寰之职。战前中方新提拔的中东铁路管理局局长范其光因路局恢复战前原状，仍回理事原职。战前被免职和驱逐出境的苏方大批职工也陆续回到原工作岗位。

张学良试图收回中东铁路的主权，其动机和愿望都是无可厚非，但其使用的方法和选择的时机都是不妥。当时日本帝国主义正虎视眈眈，磨刀霍霍，准备占领中国东北。在这种情况下，与苏联轻启战端，只能使日本幸灾乐祸，拍手称快。战争结果，不但损兵折将，与苏联结仇，而且也暴露了东北军的弱点，助长了日本帝国主义加速侵略中国东北的野心。

三、武装调停中原大战

北伐战争胜利后，蒋介石为建立军事独裁，要弄编遣裁兵把戏，以便消灭异己。而阎锡山、冯玉祥、桂系以及汪精卫的改组派、邹鲁等人的西山会议派识破了蒋的诡计，企图保存实力，打算分权，国民革命军遂发生分裂。1930年3月，阎锡山、冯玉祥、李宗仁、白崇禧等分别发表通电，要求蒋介石下野。此后，晋军、西北军、桂军即组成一支兵力雄厚的讨蒋联军，向蒋介石发动军事进攻，于是演变成了中国现代史上规模最大、时间最长的一次新军阀混战——中原大战。

当中原大战还处于酝酿阶段，张学良即在1930年3月1日，发出“东电”。表明了自己中立的立场，力劝蒋介石、阎锡山对内息争，举国对外。电文说“当此之时，若不各捐成见，共息争端，势必至元气亏竭，根本动摇，而外人之环伺我侧者，求全大欲，亦遂起而乘之。自亡人亡，不演成灭国灭种之惨剧不止。兴念及此，能无凛然？区区之愚以为政见无妨磋议，而不可为意气用事之争，武力有时必需而不可为箕豆相煎之具。”①

张学良的苦心呼吁，并未能阻止中原大战的爆发。3月15日，国民党第二、三、四集团军将领西北军鹿钟麟、晋军商震、桂军黄绍红等57人发表通电，要求蒋介石下野，拥阎锡山为中华民国陆海空军总司令。冯玉祥、张学良、李宗仁为副总司令。这个通电表明阎锡山等反蒋联合战线已经形成，并揭开了中原大战的序幕。阎锡山于4月1日在太原宣誓就职，随后冯玉祥、李宗仁

① 《盛京时报》，1930年3月3日。

也分别宣誓就职。蒋介石于4月5日下令免去阎锡山本兼各职，并下达了通缉令。5月1日，蒋介石在南京举行讨伐阎、冯的誓师典礼。随后，双方调兵遣将，准备决一死战。5月11日，蒋介石下达总攻击令，中原大战正式爆发。双方投入兵力上百万，东起山东、西至湖北襄樊、南达湖南、北及河北，战线绵延数千里。战争初期，反蒋一方处于优势，先后攻占了济南、长沙等地。7月，蒋介石进行反攻，双方互有胜负，一时难决雌雄，战事呈胶着状态。

此时，居于中间地位的张学良和东北军大有举足轻重之势，因之交战双方，对于张学良及东北军皆极尽拉拢之能事。从战争开始各方均派出代表云集于沈阳，遂形成中原大战的战场虽在关内而时局的重心却在沈阳。在各方代表紧锣密鼓、不断升级的拉拢中，张学良在行动上多方敷衍、虚与委蛇，但在思想中却深沉地考虑着东北军将要采取的方针。最初他的态度是，希望由于局势的演变，双方息争言和，停止内战，故曾于6月12日、21日、22日三次致电阎、冯，主张将郑州、开封一带划作缓冲地带，撤退前线各军，立即停战，公开政见，委诸国民，共同研究，但未为阎、冯接受。8月初，在蒋介石的代表张群和吴铁城等人的再三请求下，张学良口头应允，如蒋军能拿下济南，东北军当出兵协助结束战局，而在此之前仅持劝说双方息争态度，并将此意见告诉了阎、冯代表。8月15日，蒋介石调集优势兵力攻克济南，晋军败退黄河以北，反蒋联军如江河日下，出现无法挽回的颓局。从8月底到9月初，蒋军又在陇海和平汉两战场加强攻势，打击西北军，使反蒋联军阵营出现严重危机。张学良抓住了结束内战的时机，于9月10日在沈阳北陵别墅召开了东北军高级会议，决定东北军待命准备出关，进行武装调停。此一举措立刻成为扭转时局的关键。

1930年9月18日，张学良发出“巧电”，明确表示支持南京国民政府，出兵华北，武装调停中原大战。电文如下：

“国急。南京中央党部，国民政府钧鉴，各院部、各委员会勋鉴，各省市党部、各省市政府、各总指挥部、各司令部、各军师旅部、各法团、各报馆钧鉴：窃以企图建设，首宜力弭兵争，绥定邦家，要在曲从民意。当国内战端初启时，良曾规劝各方，勿以兵戎相见。‘东’电所述，中外共闻，其暗音苦口，未经宣示国人者，稿本之多，几于盈尺，卒以力薄言轻，未能挽回劫运。战端一起，7月于兹，庐里丘墟，人民涂炭，伤心惨目，讵忍详言。战局倘再延长，势必致民命灭绝，国运沦亡，补救无方，追悔何及，此良栗栗危惧者也。人之好生恶死，即有同情，厌乱思治，终无二致。以良所见，无论战区内之身遭祸难者，固已憔悴难堪，即战区外之幸免颠连者，亦无不和平是望。良委身党国，素以爱护民众维持统一为怀，不忍见各地同胞再罹惨劫，用敢不揣庸陋，本诸‘东’电所述，与夫民意所归，吁请各方，即日罢兵以纾民困。至解决国是，自有正当之途径，应如何补救目前，计划永久，所以定大局而餍人心者，凡我袍泽，均宜静候中央措置；海内贤达，不妨各抒伟见，共谋长治久安之策。良如有所得，亦必随时献纳，藉补壤流，众志成城，时艰共济，庶几人民生活，得免流离之苦。国际地位可无堕落之虞，是则区区所企望者也。迫切直陈，惟希亮察，张学良叩，巧（十八日）印。”①

9月19日，王树翰和于学忠两将军统帅东北军10万精锐之师，浩浩荡荡，挥师入关。东北军入关部队的战斗序列为：②

第一军	军长	于学忠
	参谋长	陈冠群
	东北陆军第五旅	董英斌
	东北陆军第六旅	李振唐
	东北陆军第二十三旅	于学忠
	东北陆军第二十七旅	刘乃昌
	东北骑兵第六旅	白凤翔
	东北炮兵第一团	王绍云
	东北工兵第一营	周葆全
第二军	军长	王树常
	参谋长	刘家鸾
	东北陆军第二旅	丁喜春
	东北陆军第四旅	刘翼飞
	东北陆军第二十五旅	姚东藩
	东北骑兵第一旅	郭希鹏
	东北骑兵第五旅	李福和
	东北炮兵第四团	王和华
	东北工兵第四营	王世隆

东北军的入关，在反蒋联盟军背后发起进攻，整个战局发生急剧变化：汪精卫一派迅速瓦解，撤至山西太原；陇海线晋军向黄河以北撤退；杂牌军庞炳勋、孙殿英、刘春荣等部纷纷自由行动，随同晋军撤退；石友三通电拥护张学良，率部由鲁西开往豫北；吉鸿昌、冯冠英及第八方面军将领焦文典降蒋。东

① 《民国日报》，1930年9月19日。

② 陆军、杜连庆：《张学良与东北军》，辽宁人民出版社1991年版，第62-63页。

北军入关后，进展神速，仅十几天，东北军完成了对华北的占领，至10月初，平津、河北的政权遂被东北军全部接收。张学良随即发表于学忠为平津卫戍司令，王树常为河北省政府主席，刘翼飞为察哈尔省主席，周大文为北平市市长，臧启芳为天津市社会局局长并代理天津市市长。

在张学良和蒋介石的联合夹击下，反蒋联盟军迅速土崩瓦解。11月4日，阎锡山发表通电，即日释权归田。随后，取消太原的中华民国陆海空军司令部，中原大战彻底止息。

张学良助蒋有功，蒋介石委以陆海空军副司令之职，10月9日，就职典礼在辽宁省政府大礼堂隆重举行。各国领事、机关、法团的领袖级各界代表800多人到场。就职典礼上，张学良身着戎装，胸前挂满勋章，精神抖擞。吴铁城代表国民党中央党部、张群代表国民政府进行监誓并致训词，张学良从张群手中接过特任状和关防后致答词。张学良达到了其政治生涯的鼎盛。

张学良就任陆海空军副司令后，负责节制奉、吉、黑、晋、察、热、绥、冀八省军队之权，北平、天津、青岛三市及河北、察哈尔两省划归奉军管辖，一批东北人物也被委以重任：如张作相、王树翰被任命为国府委员，张景惠、刘尚清被推为中执委，刘尚清兼任内政部长，张景惠兼任军事参议院院长，鲍文樾被任命为参谋部次长。在各省市，除王树常任为河北省主席外，周大文被任命为北平市市长，胡若愚被任为青岛市长，张学铭（张学良胞弟）被任为天津市市长，刘翼飞被任为察哈尔省府主席。东北在全国的政治、军事方面占有举足轻重的特殊地位。1931年4月，陆海空军副司令行营在北平设立，张学良自沈阳抵达北平，主持行营工作，此后，他再也没有回过东北。

中原大战，是中国军阀割据时代最后一场军阀大战，这场持续半年多的战争，因张学良一纸通电，而迅速停息。国家实现了和平统一，中外为之赞叹不已。权力和荣誉接踵而来，使张学良的政治生涯达到最辉煌的顶点。然而，正是伴随着接踵而至的权力、荣誉以及辉煌的南京之行，也播下了危机种子。东北十余万精锐之师入关，使东北防务空虚；繁重的善后处理，使张无法专心于东北军务、政务；实现了和平统一，张学良听命和依赖中央政府的思想日趋严重。结果，与他1930年9月18日辉煌通电相隔整整一年，“九一八”事变发生了，日本占领了张学良赖以生存的土地。从此，张学良头上所有耀眼的光环不仅全部脱落，还遭到举国上下的责骂，随之而来的便是辞职、被迫下野出洋。

四、中共满洲省委在沈阳的活动

第一次大革命失败后，东北和全国一样处于革命低潮，中共中央对东北地区的革命形势非常关注。1927年5月18日至19日，中共中央常委在汉口召开了“东北工作会议”，会议由周恩来、瞿秋白主持。会议认为，为了加强中国共产党对东北地区革命斗争的领导，急需建立一个统一的领导机构，并确定该机构的名称为中共满洲省委，统一领导东北地区党的工作。会议指定原大连地委书记邓鹤皋任中共满洲省委筹备委员会书记，组建满洲省委；指定原北满特委书记吴丽石任省委组织部长。会议还决定将大连、哈尔滨两地委改为市委，另成立奉天市委，吉林省党组织暂属奉天市委领导。

1927年6月，在大连邓鹤皋的住处，邓鹤皋召集从哈尔滨来的吴丽石，以及大连市委工运部长王立功、大连市委组织部长由明堂开会。这次会议决定成立满洲省委，将省委机关设在奉天，并抽调南满和北满党的干部到满洲省委工作。但此后不久，中共奉天市委领导人任国祯、杨志云等在奉天被捕，大连党组织也遭到破坏，邓鹤皋亦因叛徒出卖而被捕。中共满洲省委的筹建工作被迫中止，省委工作人员暂缓去奉天。

同年，汪精卫在武汉发动“七一五”反革命政变后，8月7日中共中央在汉口召开紧急会议。根据“八七”会议精神，中共中央决定在产业工人较集中的东北加强党的工作，派曾在哈尔滨从事地下工作的顺直省委组织部长陈为人再赴东北，重新筹建中共满洲省委。

1927年10月24日，陈为人主持召集哈尔滨、长春、吉林、奉天、大连等地东北党的活动分子共14人，在哈尔滨道里十二道街中共地下党员阮节庵家里召开了党的活动分子会议，也就是东北地区第一次党员代表大会。会议听取了陈为人传达“八七”会议精神的报告，与会代表进行了认真的讨论。会议决定了“吸收工人同志负责党的重要责任”和“暴动的政治路线”；通过了《我们在满洲的政纲》《满洲工人运动决议案》《满洲农民运动决议案》等重要文件，阐明了满洲省委的政治立场，确定了省委工作的路线和方针。

在这次会议上，正式成立了中共满洲省临时委员会，并选举陈为人、吴丽石、王立功、胡谦之、张任光、韩慧芝、邓鹤皋（未到会）7人为临时委员会委员。陈为人、吴丽石、王立功3人为执行委员；陈为人为书记兼宣传部长，吴丽石为组织部长兼农运部长；张任光任青年团书记，王立功、胡步三、韩慧芝分别负责工运、军事和妇运工作。省委机关设在奉天北市场福安里19号。这里是中国共产党的东北统一领导机关，管理奉、吉、黑三省党务，领导东北地区党的革命活动。中共满洲省临委和临委机关的成立，鼓舞和激发了全东北党组织和党员的革命热情和战斗精神，对东北人民反帝反封建的革命斗争起到了很大作用。

1928年9月，中共满洲省临委召开第三次全满党员代表大会，大会正式大会决定将中共满洲省临委正式改为中共满洲省委，选举省委委员7人，候补委员3人。陈为人为书记，张子安任工委书记，王鹤寿做青年团工作，王立功做全总工作，连玉冈做军事工作。这次会议是东北党组织的一次重要会议，在中共六大精神指导下，解决了中共满洲省委政治路线方面的一些重大问题，党的组织和各地群众组织有了发展，又出版了《满洲工人》《政治文艺》《满洲红旗》《关外》等刊物，还举办农运训练班，使满洲省委的工作开始了新的局面。

1928年12月，满洲省委召开省委扩大会议。地点在奉天大东边门外兵工厂附近、党员牛思玉家里。参加会议的有省委主要负责人陈为人、吴丽石、唐宏经以及省委的其他同志，还有外地党组织的负责人共十五、六人。会议进行不久，警察将房子包围，除省委委员张任光等少数几个人脱险外，包括陈为人、吴丽石、唐宏经等计13人全部被捕。这次被破坏，是满洲省委自成立以来遭到的第一次大破坏，使全满党的工作受到极大的影响。

满洲省委被破坏后，当时正在满洲巡视工作的中央特派员刘少猷，立即着手尽心恢复满洲省委的工作，由刘少猷、张任光、韩西平三人组织省委临时常委，刘少猷任临委书记兼军委书记，韩西平任组织部长，张任光任宣传部长。临委成立后，在刘少猷的带领下，开始了紧张的工作。1929年5月，刘少猷调离满洲回到上海，6月，中央决定派刘少奇同志任满洲省委书记，7月14日，刘少奇到达沈阳，住在工业区78号。

刘少奇担任满洲省委书记后，与省委的其他同志分头到各地，在群众中深入宣传。在建立和发展党的组织、开展工人运动的同时，对东北的社会政治经济状况进行了大量的调查研究，制定了《满洲党目前政治任务决议案》。这是本届省委一个纲领性文献，对这一段工作的稳步发展和工农运动的高涨起了重要的指导作用。在满洲省委的领导下，沈阳地区开展了奉天纺纱厂、奉天兵工厂、北宁路关外各站开争取年终“花红”等工人斗争和学生运动以及群众的反帝爱国运动逐步高涨，使这一时期满洲省委的工作进入到了新的稳步向前发展的时期。

满洲省委把经济斗争和政治斗争结合起来进行，工运的重点是奉天纺纱厂和奉天兵工厂。奉天纺纱厂是1921年兴建起来的，有工人2 000余名，其中女工200名，大半为童工，厂方对工人的剥削和压迫是极为残酷的。1929年7月间，纺纱厂的地下党、团支部几次组织工人进行斗争，反对工头横行霸道，并取得了胜利。1929年8月间，刘少奇派省委组织部长孟坚（孟用潜）、组织部干事杨一辰深入工厂，同纺纱厂党、团支部认真研究如何将分散的小规模的斗争逐步汇合成大的斗争。当时，奉系军阀为了称雄关内，加大军费开支，变本加厉地对人民群众进行剥削，广大工人的生活状况更为悲惨。奉天纺纱厂从1929年7

月份开始给工人开半工资，而且发的全是贬值极快的奉票。在经济利益上所付出的沉重代价，更激发了工人憎恶资本家和反对军阀战争的情绪。刘少奇抓住这一有利时机派孟坚到纺纱厂组织工人开展“要现洋不要奉票”的斗争。正值此时，全国总工会负责人张昆弟来东北视察，孟坚和杨一辰陪同张昆弟到纺纱厂找党支部负责人谈话，了解纺纱厂的斗争情况。最后商定由纺纱厂党支部在工人中进行宣传联络，提出发薪要八成现洋并及时发薪的要求。如果厂方不答应，就在8月27日（工厂发薪日）举行罢工。于是党支部及其党员便开始行动起来，他们一面向工人进行口头宣传，一面将发薪要八成现洋和及时发薪等项要求写成标语或印成传单，在厂内张贴、散发。同时，满洲省委根据当时的斗争形势，具体地为纺纱厂工人制定了斗争纲领：（1）工薪要现洋不要奉票；（2）摇纱车间每日工资五毛，没有纱摇要工资三毛；（3）礼拜日歇工要给工钱；（4）反对打骂工人，反对罚工，将“包货”改为日工；（5）反对开除工人；（6）在工厂宿舍住的工人要有出入的自由，没在宿舍住的工人，每月要房租津贴现洋一元。[①]这个斗争纲领反映了工人群众的迫切要求，调动了工人群众参加斗争的积极性。奉天纺纱厂的工人斗争从此开始活跃起来。

为了组织领导好纺纱厂的罢工，满洲省委书记刘少奇亲自进行指导。刘少奇对这次罢工的方法、步骤以及对可能出现的各种问题如何应付等，都作了认真研究和分析。他要求把工人日常经济斗争和反对国民党反动军阀的政治斗争结合起来；指示这次斗争不仅提出发现洋的经济斗争口号，而且要提出反对国民党军阀强占中东路，反对进攻社会主义苏联，坚决支持中东路工人斗争的政治口号。为了确保这次罢工斗争取得胜利，刘少奇决定亲自去纺纱厂参加党支部碰头会，对这次罢工斗争的准备和安排情况，做进一步的部署。

然而，奉天纺纱厂的斗争由于叛徒的出卖，受到了严重的挫折，致使罢工流产。1929年8月22日，刘少奇、孟坚前往纺纱厂指导工人斗争时被敌人逮捕。因敌人始终未能找到证据，在党组织的营救下，刘少奇、孟坚于9月中旬获释出狱。满洲省委对纺纱厂的工作一直没有放弃。在纺纱厂党支部被破坏后，省委一面引导群众对随意逮捕和开除工人提出抗议，一面继续发动群众开展发薪要八成现洋和及时发薪的斗争，并以为被捕者募捐的名义做群众的宣传鼓动工作，揭露封建军阀和官僚买办资本的反动本质，鼓舞群众继续坚持斗争。这些都为后来纺纱厂工人运动的发展奠定了良好的基础。

---

① 中共沈阳市委党史研究室：《中共沈阳地方史》，中共党史出版社2001年版，第125页。

奉天兵工厂也是省委工运工作的重点。奉天兵工厂是中国第一个大的兵工厂，内部有三万多工人，这个工厂是奉系军阀的武器基础。中央指出："我们无论在破坏工作与夺取敌人武器、便利将来总暴动上，都必须要在兵工厂中建立工作。特别是进攻苏联战争的爆发，兵工厂更成为我们必须工作的目标"。根据中央的指示，省委派杨一辰去该厂开展工作。为了便于开展工作，杨一辰在兵工厂附近的三家子办起了一个私学馆，白天教小孩，晚上教工人，很快打开了兵工厂的工作局面。到1930年初，不仅把党支部重新建立起来，而且还发展了十余名赤色工会会员。当中东路工人斗争高涨之时，兵工厂工人在党支部领导下，成立了"中东路工人罢工后援会"，对失业工人进行募捐援助，展开宣传鼓动工作。与此同时，兵工厂内，反对厂方压迫工人和要求工资全部发现洋的斗争，也逐渐开展起来。

这一时期，中共满洲省委还领导北宁路（原京奉路）关外各站开展了要求改善生活待遇的年终"花红"的斗争。"花红"即旧中国企业多年沿用的在旧历年关给职工多发一个月或两个月的工资，以此刺激职工在年关为其卖命。1929年末，北宁路局以"财政状况不佳"为借口，宣布取消当年的年终"花红"。1930年初，北宁铁路局还扣住1927、1928年欠发的"花红"，并且连1929年12月的工资也不按时发给，这激起了工人们的强烈不满。鉴于此，满洲省委派杨一辰、张聿修、陈同和、刘子奇等去发动和领导这一斗争。在沈阳，刘少奇具体指示张聿修和陈同和领导好皇姑屯工厂的年终"花红"斗争。经过20多天的斗争，1930年2月，北宁铁路局被迫接受了工人提出的要求，各站段立即发放了相当于一个半月工资的"花红"，并补发了前两年所欠发的"花红"，春节放假3天，这场斗争取得了全面胜利。

此外，1930年1月间，还连续爆发了奉天电灯厂工人要求改善生活待遇的罢工，奉天制糖厂工人要求加薪的罢工，奉天日本洋服店雇员要求获得星期日休息权利的斗争等等。

满洲省委在着重抓中心城市的产业工人斗争的同时，也注意开展农民运动，主要是在奉天周围的泰安、辽中、沈北、老瓜堡及南塔一带。在沈北郊区领导雇农群众进行了多次要求增加工资得斗争，老瓜堡的种菜农业工人为增加工钱和改善伙食展开了怠工斗争，最后均取得了胜利。

刘少奇领导的这届省委还很注意在学生和知识分子中开展工作，同各种进步团体和进步人士保持密切联系。当时在奉天的同泽中学、平旦中学、第二工科学校、盛京医大、萃升书院以及基督教青年会等处，都有党的工作。当时进步的知识分子如刘丹岩、阎宝航、郭维成、李正文等，在党员领导和帮助下，在发动和组织学生爱国运动中，都起了积极作用。1929年冬，在东北大学附属高中读书的郭维成和李正文、范德修、赵殿礼等青年学生，大家凑钱办起一个名为《冰花》的文艺刊物。刊载“普罗文学”作品和文艺理论，进行革命宣传，在社会上很受欢迎。在党的关怀下，这个刊物越办越好，销路很广，经费完全能够自给，对知识分子和青年学生影响很大。当时，在文会中学、东大附中等许多学校里，都有读书会，组织学生读进步书籍，开展爱国活动。1929年到1930年初，东北大学、省立一中、三中、东大附中、辽宁一师、省立第一工科、第二工科、商科等学校，有大批学生参加“辽宁省国民常识促进会”和“辽宁省拒毒联合会”的工作。

随着日本帝国主义加紧对我国东北的侵略，在满洲省委领导下，群众的反帝爱国运动逐步发展起来。各地相继组织了反帝会、“对日不合作十人团”、反帝大同盟等各种反帝团体。1929年夏，车向忱、阎宝航、张希尧、宋黎等人发起成立了“辽宁省国民常识促进会”，它表面上是个群众的教育团体，实质上是个反日团体，它们揭露日本帝国主义的各种侵略阴谋和罪行，组织扫盲学校，创办《常识半月刊》。还联络工商联合会，提倡国货，抵制日货，并举办多次国货展览会。收到了良好的效果。

1930年初，车向忱在阎宝航等人的支持下发起成立了“辽宁省拒毒联合会”。他们通过各种宣传，反对帝国主义在东北贩毒活动。有一次通过辽宁邮政局扣留了日本人饭泽等由德国汉堡贩运来的鸦片烟，共二百八十六包；另扣日人山由之武烟土四百箱，并当众在沈阳小河沿公共体育场焚毁。[①]学生高呼：“打倒日本帝国主义”“粉碎日帝纵毒祸华”，群众无不拍手称快。

1930年2月，辽宁反帝大同盟在奉天宣告成立。在成立大会上，通过了反帝大同盟的会章，发表了宣言。辽宁反帝大同盟不仅在奉天市内各文化团体和学校中有会员，而且在大连、抚顺、鞍山、辽中、新民等地均设有分会或小组。甚至在官办的辽宁国民外交学会中，也有反帝大同盟的会员在活动。辽宁反帝大同盟的建立及其活动，推动了反帝反封建的革命运动的发展。同时，对于扩大党在群众中的影响，对于党组织的发展，也起了积极的促进作用。

就在工农运动轰轰烈烈开展之时，1930年3月底，中共满洲省委书记刘少奇奉命离任回上海工作，此后，满洲省委迭遭破坏，加之中央“左”倾方针的影响，满洲省委所领导的工农运动在曲折中艰难进行。1931年“九一八”事变

① 张广恩：《中共满洲省委简史》，沈阳市新城子新兴印刷厂印制，1987年版，第117页。

后，满洲省委迁至哈尔滨，满洲省委机关也结束了其在沈阳的光荣历史使命。

五、日本积极准备武装占领东北

“东北易帜”后，就在张学良内饬戎政，外争利权，并积极开展东北新建设的时候，日本的侵略魔爪也伸向了中国东北，东北的重心沈阳成为首发之地。

日本侵略中国东北的企图由来已久，自明治维新以来，“满蒙”就是日本推行其“大陆政策”的关键地区，使中国东北变成日本的殖民地，是日本“大陆政策”追求的第一目标。1930年春，席卷资本主义世界的经济危机开始波及日本，日本面临着严重的政治经济危机。日本帝国主义分子认为，日本要经济危机，就“只有占领中国东北，才能解决”[①]为转移日本人民的视线，转嫁矛盾，并依靠掠夺中国东北丰富资源来寻求摆脱经济危机的出路，日本进一步加紧了武装侵略中国东北的步伐。大肆制造侵略舆论，进行整治策划，扩军备战一天天升级、加剧，武力进攻东北只是时间问题。

日本陆军方面加紧进行侵略中国东北的策划，策划分别由陆军中央部和驻在东北的关东军进行。陆军中央部制定方针和纲领，关东军则是制定具体计划。1931年6月19日，陆军省参谋本部制定了《解决满蒙问题方策大纲》，其主要内容可归纳为三点：（1）一是以中国东北的“排日斗争”为口实，采取侵占东北的军事行动；（2）为了在采取军事行动时不遭致国内及列国的反对，要花费一定的时间进行舆论宣传；（3）责成有关部门作好作战计划。其中重点工作是作好舆论宣传工作。在国内，是要使上自政府大臣，下至一般国民都理解和支持军部的解决“满蒙问题”的方针。在国外，是要减少列国的反对和压迫。[②]《解决满蒙问题方策大纲》确定了武装侵占中国东北的方针和实行的策略，是日本发动“九一八”事变的纲领性文件。

在日本陆军中央部决策武装侵占中国东北之前，驻扎在中国东北的关东军就已开始策划侵占东北的方案。策划方案主要是由关东军高级参谋板垣征四郎和关东军参谋、作战部长石原莞尔负责。板垣和石原等人主张加紧推行东方会议所确定的“满蒙分离政策”，力倡“确保满蒙先行论”。石原和板垣是河本大作因皇姑屯炸车案被调离关东军时特意安插在关东军参谋部的。1929年7月，当东北当局正式挑起中东路事件时，石原、板垣特意到北满“旅行”，对哈尔滨作攻防考察。同月，石原制定了《关东军占领满蒙计划》，并令大尉佐久间亮三

---

① （日）今井清一：《太平洋战争史》（1），商务出版社1959年版，第254页。

② 赵东辉、苏燕：《九一八全史》（第一卷），辽海出版社2001年版，第177页。

对占领满蒙后如何进行统治进行研究（翌年9月，佐久间的《关于统治满蒙占领地之研究》完成）。1930年初，关东军着手研商现场作战计划，佐久间研究“进攻奉天城要领”，石原研究“夜袭弓长岭现场”。自1931年1月17日起，关东军全体参谋们每周六都举行“占领地统治研究会”，商讨在满作战计划。3月，石原在《满蒙问题处理方案》中明确提出“制造事件的谋略”。在保存下来的石原日记中，也掩饰不住关东军参谋们制造事端挑起战争的阴谋，例如，4月7日，“奉天现地战术方案”脱稿；27日，在另一参谋花谷正引导下，石原等人在奉天城内以“访问”为名，对“兵工厂、航空队、南大营、北大营”进行了实地考察；5月31日，在板垣宿舍，与花谷正等人，就“谋略进行磋商”，为了防止军部被动，“攻击（南）满铁（路）之谋略，须由军部之外者去执行”。

日本为了寻找发动侵略战争的借口，不断制造挑衅事件，一手制造了“万宝山事件”和“中村事件”。1931年5月，日本侵略者在吉林省长春市北的万宝山，恶意挑起中朝农民纠纷造成流血冲突，日本警察开枪伤害中国农民多人，这就是万宝山事件。接着，在日本的煽动下，在朝鲜各地发生了大规模的反华事件，一周内仅在平壤中国人负伤118人，死亡94人，中国领事馆也被捣毁，财产损失严重，归国避难者成千上万，造成了中朝关系史上前所未有的排华大惨案。[①]7、8月间，日本又利用参谋本部中村震太郎和随员三人非法潜入大兴安岭地区进行间谍活动，被中国驻军抓获处死的所谓“中村事件”，大肆在国内进行反华宣传，狂呼“满蒙危机”，煽动战争狂热。一些右翼分子甚至“割破皮肤，用鲜血涂成太阳旗挂在神社前，剩下的血相互喝下去”[②]。叫嚣“应利用中村事件的机会诉诸武力，一举解决各项悬案。”万宝山事件和中村事件相继发生后，日本军国主义者把这两个事件作为开火的导火索，“在宣传方面起了重要作用。”[③]日本国内掀起了反华风潮，使关东军武装入侵东北的策划有了舆论上的支持，也使陆军中央部制定的《解决满洲问题方策大纲》所规定的舆论准备，至此已在国内完成。

1931年8月，日本军部任命“中国通”、原张作霖的顾问中将本庄繁为关东军司令官，任命另一名“中国通”土肥原贤二为奉天特务机关长。本庄是经验丰富的侵华老手，过去曾担任过张作霖的军事顾问和日本驻华使馆武官。他在

---

① 马越山：《九·一八事变实录》，辽宁人民出版社1991年版，第99页。

② 日本防卫厅战史室编纂，天津市政协编译委员会译：《日本军国主义侵华资料长编》（上），四川人民出版社1987年版，第189页。

③ 日本防卫厅战史室编纂，天津市政协编译委员会译：《日本军国主义侵华资料长编》（上），四川人民出版社1987年版，第189页。

赴任前，走访了参谋本部、陆军省和外务省，同各省部首脑进行了重要会谈。本庄繁上任后，立即发出“满洲形势紧张，必须做好准备”的指令，并分别听取了柴山兼四郎和特务机关长土肥原贤二的汇报，审查了关东军参谋石原莞尔等拟定的“作战计划”。他从9月7日开始，对南满铁路沿线的海城、鞍山、本溪、公主岭、沈阳、长春等地日军进行了巡视，组织多次军事演习。在长春期间，对各铁道守备队发出如下指示：“近来匪贼跳梁益甚，妨碍铁路运行且屡屡窥视我附属地，令人不胜忧虑，对于此等轻视我威严的不逞之徒，应主动采取断然措施，以求完成铁道守备任务，同时消除帝国侨民之不安。”接着，调兵遣将，调整兵力部署。

为武装侵略东北，关东军调兵强将，调整兵力部署，策划动乱以牵制张学良的兵力，进行全方位的军事准备。1931年，日本将适合寒冷地区作战的第2师团代替第16师团。关东军还串通朝鲜日军支援，自1931年8月中下旬，日军第19、20师团开抵图们江沿岸，多次进行越境演习。日本在乡军人也于9月8日接到密令，分别集中向沈阳、长春、哈尔滨等地报到，并发给枪支进行军事训练。为加紧军事准备，1931年8月，旅顺要塞重炮兵队长大佐川村奎三将旅顺要塞的一些口径28厘米的要塞炮，2口径24厘米的榴弹炮运至奉天独立守备队的练兵场，并瞄准了奉天督军公署和北大营，做好射击准备。8月下旬。8月下旬，关东军又从日本运来飞机30余架和野炮20余门至苏家屯、浑河车站附近。同时，关东军还策动反张联盟在关内牵制张学良的兵力。关东军参谋新井匡夫、天津特务机关长土肥原贤而策动组成阎（锡山）、石（友三）、韩（复榘）反张（学良）同盟，“关东军参谋长用陆军的飞机把阎锡山”送回山西。1931年7月，石友三在日本的策动下发动叛乱，进攻东北军。张学良从东北调动4个旅入关平叛，造成东北边防空虚。

关东军还进行更加频繁地、具有针对性的军事演习。日军军事演习规模不等，形式多样。有行军演习、实弹演习、攻城演习、耐寒演习、飞行演习、联络及传令演习、架桥及施放水雷演习、战史考察、教育等等。而且，这些演习都是越出“铁路附属地”界限的“越界”演习。例如，1931年7月15日，驻长春日军第三旅团司令部竟宣布今后废除上述惯例，“在所定范围内，无论昼夜，日军将自由实施一切演习”。[①]演习的区域，多属中方军事要地的附近地区。从

① 辽宁省政协文史资料委员会：《九一八大事记》，辽宁人民出版社1991年版，第105页。

1931年1月至“九一八”事变爆发，关东军在东北境内进行军事演习90余次[①]，而驻沈阳附近的关东军，从1930年10月至1931年7月，日军有7 000余人次参加了50余次的军事演习。而且演习逐渐推至北大营附近，并进行包围东北兵工厂演习。日军步兵第二十九联队6月19日、7月3日、7月10日的演习地区北陵、上岗子、小东屯、西瓦子窑、东北大学、三台子等，都接近东北军第七旅的驻地北大营。独立守备队第二大队7月31日至8月5日也在前述的东瓦子窑、西瓦子窑、上岗子、北陵等接近北大营的地区演习。[②]甚至于9月8日，日军在沈阳北边门外架起机枪，作攻城演习。在合堡大街进行巷战演习，还连续进行了城市边沿战、夜战、拂晓战演习[③]。日军的频繁演习，显然是关东军发动事变的预言，演习甚至直接对着发动事变预定攻击的目标——北大营。

至此，关东军武装占领东北已经在军事上和舆论上做好了充分准备，如箭在弦上，战争大有一触即发之势。

第四节　张学良主政时期沈阳经济文化的发展

“东北易帜”以后，东北大地迎来了前所未有的和平环境。以张学良为首的东北当局，决心息兵罢战，集中全力建设东北。他们励精图治、锐意革新，将主要精力放在推进东北经济和文化各项事业的建设中。1929年10月8日，张学良提议成立东北新建设委员会，通盘筹划东北新建设事宜，其目的就在于“建设新的东北，助成现代化国家，消弭邻邦野心”[④]。东北地方当局在“东北新建设”的号召，开始修铁路、筑港口、开矿山、建工厂、创立无线和有线广播电台，并大量捐资办教育、体育、卫生、科技民航事业，在许多方面取得了突出成就，东北地区出现了一个现代化的小小辉煌年代，构成了150年来中国现代化运动史上光辉的一页。沈阳地区，在东北新建设的号召下，在工业、交通、通讯、文化教育等方面都取得了令人瞩目的成绩。

---

① 胡玉海：《九一八事变前东北境内外国军事势力研究》，中国社会科学出版社2006年版，第209页。

② 胡玉海：《九一八事变前东北境内外国军事势力研究》，中国社会科学出版社2006年版，第209页。

③ 赵镇藩：《日军进攻北大营亲历记》，《文史资料选辑》（第6辑），中华书局1960年版，第2页。

④ 赵杰等：《王卓然史料集》，辽宁人民出版社1992年版，第158页。

一、民族工业的强力发展

张学良主政时期的沈阳，重工业如军工业和民用工业，轻工业如纺纱业、火柴业、制瓷业等都得到了大力发展，以中国第一辆载重汽车——民生汽车诞生和现代化制窑企业——肇新窑业公司的强力发展为代表，沈阳的民族工业得到了强力发展。

“东北易帜”后，东北地方当局化兵为工，利用厂里现有的设备生产民用品，并提出首先制造载重汽车。1929年5月，奉天迫击炮厂改为辽宁迫击炮厂，迫击炮厂结余的4万余元（旧币）即被拨出，作为研制汽车所用材料的试验费。随后，政府又拨款70万元，作为国产汽车的试制和生产费用。工厂聘请了美籍技师麦尔斯为总工程师，并聘请国内外大学和专科毕业的技术人员担任工厂的重要职务。

当时国内无人能独立完成汽车设计，迫击炮长厂长李宜春不得不采用仿制方法。1929年8月，他从美国购进“瑞雷”号载货汽车散件。通过对汽车大量的拆装测绘和试验，李宜春已经初步掌握了汽车设计和制造技术。而后他又根据国内道路情况和实际需求，设计出两种型号的载货汽车：一为100型，载重量为3吨，适合道路条件较差的地区；另一种为75型，载重量2吨，适合路况较好的城镇。根据计划，他们先试制一辆75型载货汽车。在试制过程中，李宜春还同国外的福特、通用、万国、斯蒂贝克等汽车公司交换信息。

经过了两年多的不懈努力，1931年5月31日，国产第一辆汽车——民生牌75型载货汽车终于问世。该车载重量1.82吨，长头、棕色，采用六缸水冷汽油发动机，65马力，前后轮距4.7米，前后四轮为单胎，最高车速为每小时40公里。自行设计的缓冲式后轴也有自己的特点，水箱分为四部，即使一部损坏，汽车仍然照常行驶。除发动机、后轴、电气装置、轮胎等用原车零件外，工厂对其他零件均进行了重新设计制造。当时有人做了统计：在全车666种零件中，有464种是自制的，202种是进口的（主要是发动机、电器件、精密齿轮、轴承等），“国产化”率高达70%，在国内机械工业水平极低的条件下，能够达到这一水平，相当不易。

民生汽车的研制成功，沈城百姓都兴高采烈，像过年一样，辽宁迫击炮厂也举行了隆重的庆祝大会。1931年9月12日，民生汽车还出现在中华全国道路建设协会主办的上海市展览会上，引起极大的轰动。

民生工厂曾经有一个批量生产汽车的计划，每年要生产75型汽车100辆，100型汽车50辆。就在第一辆汽车试制成功时，工厂已经准备好了50辆左右的零部件。然而“九一八”事变将这一计划化成泡影。

东北模范工厂——肇新窑业公司。肇新窑业是由爱国人士杜重远于1923年在沈阳大北门外创办的。1928年，张学良面允边业银行拨出现洋12万，作为个人股本投资肇新窑业股份有限公司。省政府也贷款30万元，用于新建制坯、绘釉等车间。1928年秋，肇新窑业开办了磁窑，制品精美，成本仅是外国瓷器的三分之一，销路很广，遍及东北。制瓷部分为机器厂（75马力发动机一台和电动机3台）、制料厂（有粉碎机和搅拌机）、成坯厂、绘釉厂、窑厂、检收厂（检验分等包装）。原料仓库2处，成品仓库6处。1928年底产瓷器50余万件，1929年底制出300万件，1930年8月底已产出瓷器533万件，1930年末可制陶瓷产品800万件，平均每件价值现大洋4分钱，比日本瓷品价减一半。[①]辽宁省为支持发展国货，抵制外货，收回利权，对肇新窑业公司在省内外运销税，实行免税五年，并被批准开采抚顺三道沟长石矿，以作为原料基地。

肇新窑业不断改进技术，提高产品质量，增加品种，扩大生产规模，同时也降低了成本。最初生产粗瓷，以价格低廉打开市场门路。但是，与江西生产的带花细瓷相比，该厂生产的粗瓷蓝边碗碟销路有限。于是肇新瓷厂进一步改进技术，试制机器印花铜版成功，制出蓝、绿两种瓷器。在1928年上海中华国货展览会上，肇新窑业的机器制造瓷器参展，被评为优良产品，获得奖状。[②]1929年该厂又建筑烤窑，培训徒工增花工艺，其产品不仅满足市场需要，也使日本粗瓷在市场上无立足之地。由于肇新窑业的产品质坚价廉，色泽优美，花纹新颖，深受广大群众的欢迎，而且是国货，畅销全国各地，闻名于国内外。当时的“肇新窑业公司”被誉为“东北模范工厂”。[③]肇新瓷器迅速占领东北市场，致使日资兴办的大连大华瓷厂销量锐减。为此日本人以肇新窑业公挖其墙角为由，起诉到经济法庭。杜重远严词答辩：中国工人愿意到中国人开办的工厂做工，乃是上关主权，下关人权之所为，无可非议之举。在沈阳民族工商业者的声援下，日方终以败诉告结，被迫转产耐火砖。此时，东北日用瓷器生产唯“肇新一帜”。[④]

---

① 东北文化社年鉴编印处：《东北年鉴》（民国二十年），东北文化社出版第1042页。

② 杨振禹：《肇新窑业公司经营始末》《文史资料选辑》（第5辑），中国文史出版社1986年版，第3页。

③ 东北文化社年鉴编印处：《东北年鉴》（民国二十年），东北文化社出版，第1042页。

④ 沈阳市人民政府地方志编纂办公室：《沈阳市志》（第五卷），沈阳出版社1994年版，第101页。

二、交通和通讯业的繁荣

作为经济发展的配套设施，沈阳的交通和通讯业在这一时期获得了繁荣发展，奉海路的修建、辽宁总站的建立、沈阳广播电台开始播音、东北电信管理处成立等等成绩都是在这一时期取得的。

张氏父子主政时期，东北掀起了一个自建铁路的高潮，利用本国资金和技术修筑了朝锦、打通、开丰、奉海（1929年更名为沈海路）、吉海、呼海、昂齐、鹤岗、齐克、洮索等10条铁路，营业里程总计1521.7公里，占当时全国铁路总长的10%以上。[①]在沈阳，最著名的自办铁路当属奉海铁路。此路于1924年7月动工兴建。1928年9月15日，奉海铁路正式通车。海龙、柳河、辉南一带的物产再也不用骡车运至开原再顺“满铁”南下了。只需几个小时，大宗物资即可直抵沈阳，或西进入关，或经沟帮子抵达营口出海。

奉海路通车后，为实现奉海路与京奉路两路连轨，在原沈阳城边墙北圈基址筑路，原小西边门站撤销，西移1.12公里（今沈铁分局址）建设辽宁总站。1930年3月10日，辽宁总站建成，主楼上覆薄壳顶，为东北之最。东西两楼配楼各三层与之联成一体。楼内候车室宽敞明亮，楼外前后柱廊挺拔端庄。站前广场另建行李房、售票处、站房后三车道，旅客天桥、行人天桥设备齐全。辽宁总站建筑面积达8 000多平方米，[②]超过“满铁奉天驿”的主体站房。其建筑雄伟、结构奇美，成为当时沈阳的新景观。正是由于总站的建成，沈阳出现了第二个铁路枢纽，控制着吉林东南部、横贯辽宁东西，连接关内，突破了“满铁”对辽宁铁路的垄断。

1927年，沈阳（奉天）广播电台在马路湾动工兴建，经过试播，于1928年10月正式播音。[③]该台使用法国巴黎电气公司制造的发射机，发射功率2千瓦，波长425米，覆盖面积600平方公里。每天从12时30分至20时播音，分6次间歇播出（共5小时），内容有新闻、商情、时刻、气象及少量音乐、戏曲、名人演讲等。1928年10月，沈阳有收音机820台。[④]

沈阳广播电台是中国历史上第4座公办广播电台，是东北政令传播中枢。它在维护国家统一，反对日本帝国主义侵略的斗争中，做了大量宣传鼓动工作，

---

① 王贵忠：《张学良与东北铁路建设》，香港同泽出版社1996年版，第225页。

②《沈阳地方志通讯》，1985年，第一期，第21页。

③ 东北文化社年鉴编印处：《东北年鉴》（民国二十年），东北文化社出版，第622页。

④ 沈阳市人民政府地方志编纂办公室：《沈阳市志》（第十三卷），沈阳出版社1990年版，第153页。

同时，在普及文化和传播商情等方面也起到一定作用。1927年秋，中国报学史家戈公振即在试播阶段的奉天广播电台做过爱国主义演讲；1928年12月29日，张学良将军为国家统一，在奉天广播电台向中外播发了“东北易帜”的通电；此后不久，中国国民革命军第四集团军军长白崇禧也在该台做了反对日本帝国主义侵略东北的演讲。1928年“东北易帜”后，奉天广播电台改称沈阳广播电台，归东北无线电长途电话监督处管辖，1929年冬改归交通委员会直辖，1930年5月由东北无线电总台接管。1931年“九一八”事变后，沈阳广播电台停播。

1929年沈阳广播电台节目表（周一至周六）[①]

12：30—13：00	奏国歌、东北各埠行情、报告新闻、音乐
13：30—16：00	奏国歌、东北各埠行清、报告新闻、商业广告、中国唱片
16：00—19：30	奏国歌、东北各埠行情、报告新闻、时刻报告
19：30—20：00	东北边防消息、气象预告、广播消息
20：00—20：30	娱乐
20：30—22：00	娱乐

20世纪20年代，沈阳无线电台已成为东北地区无线电报通信的中心，其建设规模在国内居于首位。1930年春，短波发信台先后增装德国产20千瓦“铁律风根”短波发信机和美国产20千瓦短波发信机各1部。夏季又增设美国产1千瓦发信机和德国产1千瓦短波发信机各1部，由德国人罗希士和傅立志（译音）两人先后担任工程师，中国工程师是李继唐、王家誉、王鸿志等人，[②]以备与德、法、美三国及南洋群岛、马尼拉、香港等地通报。

1930年5月，沈阳无线电台改称东北无线电总台，统辖东北地区各地电台，由无线电专家陈先舟任台长，总台收发处设在东华门里；收发分处设在大西边门外。其国内无线电报通信网有：沈阳直达长春、哈尔滨、齐齐哈尔、挑安、挑南、迪化（乌鲁木齐）、北平、太原、天津、葫芦岛、云南、营口、广州、南京、上海、安东。沈阳经长春分别至哈尔滨、吉林；由吉林分别至密山、绥芬河、延吉；经齐齐哈尔分别至哈尔滨、黑河、海拉尔；由海拉尔至满洲里；经迪化至喀斯格尔；经南京分别至上海、武昌，由武昌至重庆；经上海至福州由福州至广州。国际无线电报通信网有：沈阳至旧金山、柏林、巴黎、马尼拉。经旧金山分别至温古屋、芝加哥、纽约、华盛顿、里约热内卢、巴拿

① 沈阳市人民政府地方志编纂办公室：《沈阳市志》（第13卷），沈阳出版社1990年版，第153页。

② 马尚斌：《奉系经济》，辽海出版社2000年版，第169页。

马；经柏林分别至莫斯科、斯德哥尔莫、汉堡、伦敦、开罗。[①]

改制后的沈阳无线电台使东北的无线电网日逐完备。同时，电台进行整顿，加强宣传，扩大业务，注重商业化，提高服务质量，降低报费，营业势头日旺，与日、英、丹三大水线公司展开全面竞争。结果，对外原由大东、大北两水线公司拍往欧洲的电报，有50%改走沈阳台，发往美洲的电报也有40%改走沈阳台，国内北京、天津、上海、汉口各地的国际电报也多交由沈阳台转发。1929年，该台国内外报费收入达2.7万余元，1930年收入也在25万元以上。[②]两大公司无奈被迫降低报费。所以东北无线电总台不但为挽回东北电信利权，而且为挽回全国电信利权都做出了积极贡献。

1931年2月，鉴于东北无线电网建设已经完备，张学良遂下令撤销总台建制，又改称为沈阳无线电台，由东北交通委员会下设立东北电信管理处，将东北电报、电话和无线电各自分立的局面统一起来，这在中国电信业发展史上是一创举。此时，沈阳无线电国内主要通达地点有：营口、吉林、长春、延吉、洮南、哈尔滨、齐齐哈尔、黑河、满洲里、海拉尔、绥芬河、山海关、葫芦岛、关东各地和新疆、云南等。国际通达地点有：马尼拉、菲律宾、夏威夷、东西印度群岛、苏门答腊、暹罗、小亚西亚、欧洲、非洲、南美、中美、北美洲各国。[③]

据统计，张学良主政东北前的五年间，沈阳总台的装机数为7台，而其主政后至1931年“九一八”事变的三年间，装机数达6台，足见其加强东北无线电建设的力度。[④]1930年，张学良在东北无线电专门学校的基础上，又于5月派人着手筹备东北交通职业学校，校址设于沈阳工业区，将原宣统年间创设的东北电信学校与北宁路传习所并入该校，9月开学，招生学员215名，教职员工40余名。设有电气工程科、邮务科、报务速成班等专业，学制二年。二所学校共同为东北的无线电事业培养了大批人才，为东北的无线电事业做出了卓越贡献。[⑤]

① 沈阳市电信局编志办公室：《沈阳电信志》，辽宁古籍出版社1996年版，第78—79页。

② 王琦：《张学良与东北无线电事业》，《东北易帜暨东北新建设国际学术研讨会论文集》，香港同泽出版社1998年版，第339页。

③ 沈阳市电信局编志办公室：《沈阳电信志》，辽宁古籍出版社1996年版，第79页。

④ 王琦：《张学良与东北无线电事业》，《东北易帜暨东北新建设国际学术研讨会论文集》，香港同泽出版社1998年版，第340页。

⑤ 王琦：《张学良与东北无线电事业》，《东北易帜暨东北新建设国际学术研讨会论文集》，香港同泽出版社1998年版，第341页。

四、高等教育异军突起

张学良主政时期，以东北大学为代表，沈阳高等教育进入到一个繁荣发展阶段。东北大学始建于1923年，张学良主政时期，东北大学以经费充足、设施先进、师资雄厚、学生优秀而成为国内一流水平的综合性大学。

东北大学原有校舍分散南北两处，办事诸多不便，1929年2月，学校决定扩大校舍规模，将学生全部集中到北陵新校舍。9月，南校全部迁入北校，东北大学从此结束了南北分校的局面。新校区占地1 580亩，是一座现代化建筑群，包括文学院大楼（汉卿南楼）、法学院大楼（汉卿北楼）、教育大楼、图书馆、体育馆、大礼堂、化学馆、纺织实验室、教授俱乐部各项工程。其建筑面积6 000平方米的新颖标准化图书馆（即现在辽宁省档案馆馆址）是一座三层楼建筑，大理石地面，兼有地下室，建筑设计既防鼠又防潮，承重量高，坚固耐用。图书馆藏书丰富，文、法、理、工、教育五院藏书共有65 000余册，价值20余万元。到1931年，东北大学藏书达到十几万册。

1929年1月，东北大学将原有文、法、理、工四个学科改为四个学院，同时将师范部改为师范学院，随后又增设农学院，各院下设若干系：文学院设国学系、历史学系、地理学系、英文系、俄文系；理学院下设数学系、物理学系、化学系、地质学系、生物学系；法学院下设法律学系、政治学系、经济学系、法律专修科、政治经济专修科；工学院下设机械学系、电工学系、土木学系、采冶学系、建筑学系、纺织学系、工艺化学系、河海工学系；教育学院下设教育行政学系、教育心理学系、英文专修科、数理专修科、国文专修科、博物专修科、体育专修科、辽宁体育专修科、公民史地专修科；农学院设有农艺学系、园林学系、垦牧学系。当时各学院院长都是留学美国的新型学者：文学院长周守一，是美国欧力根大学教育学士、意利诺大学研究院研究生；理学院院长孙国封，是美国康乃尔大学理学博士；法学院院长臧启芳，是中国大学经济学士、美国大学研究院及意省大学研究院研究生，曾任中国大学经济学系主任；工学院院长高惜冰，是美国麻省纺织工科大学学士、纺织工程师；教育学院院长李树棠，是北京大学文学士、美国哥伦比亚大学教育硕士、纽约大学教育博士；农学院院长柳国明，是北京协和医科大学生物系毕业，美国密执安大学农学博士。东北大学成为拥有六个学院、35个系（科）的综合性大学。

为办好一流水平的东北大学，学校特别重视教师队伍建设不惜重金礼聘，从全国各地延揽名师。当时大学教授月薪，天津南开大学是240元，北京大学、清华大学是300元，而东北大学的教授月薪一般都是360元以上，最高可达800

元，还提供成套的教授住宅。这种优惠的政策，吸引了许多的关内名流学者连袂出关，纷纷前来执教，遂使东北大学的学者一时聚集如云，教授阵容可与国内任何其他大学相比。在东北大学鼎盛时期，拥有教授200余人，其中多数是来自三江、两湖、广东、福建、四川、北京等地，曾从美、英、德、法获得硕士、博士学位的学者。曾任外交总长的罗文干、著名学者梁漱溟、文法专家章士钊、建筑学泰斗梁思成、俄文翻译家曹靖华、数学家冯祖荀、物理学家陈雪屏、化学家庄长恭、体育专家郝更生、还有香港大学出身后任清华大学校长的刘先洲等等，都曾在东北大学执教。这些学者、专家的到来，不仅充实了教师队伍，增设了课程门类，而且活跃和提高了学校的学术研究。同时，张学良每年还从毕业生中推荐品学兼优者，公费资助，送往欧美留学深造，以培养优秀的专门人才。由此，东北大学吸引了远至四川、湖南、湖北、江西、福建、安徽以及华北各地的学生纷纷前来投考。"九一八"事变前，东北大学共有学生2 500余人，三届毕业生。

东北大学还附设校办工厂，工厂占地284亩，共有机械、翻砂、印刷厂房及办公楼房、宿舍、饭厅、仓库等220间，拥有起重机、电动机、工作机和各种机具1 400余台架，工人626名。由于其"工料产品精良，价格从廉，销路充畅，信誉昭著"，工厂事业日趋发达，1930年，东北大学工厂的经营项目，有制造、修理、印刷、精制等四大类30个小门类，该厂不仅成为东北大学学生的实习基地，也为东北地区工业发展中起到了积极的作用。

在短短三年时间里，东北大学发展速度之快，规模之宏伟，经费之充裕，教授阵容之强盛，教学设备仪器之齐全，一跃成为全国有名的最高学府之一，跻身一流大学行列。日本学者新岛淳良在参观东北大学之后，也不得不说：东北大学的实验设备是第一流的，教授薪金也比国立大学高许多。其教育水准"高于日本在满洲开办的高等教育院校"。[①]

此外，冯庸大学、东北交通大学等、东北农林专科学校、省立师范专科学校等高等学校也取得了很大的发展。尤其是东北交通大学等、东北农林专科学校、省立师范专科学校等高等专科学校的建立，为这一时期各个领域培养了大批优秀人才。比如于1929年7月正式建立的东北农林专科学校，校址在沈阳城西北塔湾，建校之初无校舍暂借民房。校长由刘鹤龄兼任，贾成章任副校长代行校长职务，学校设有农科和林科两个科系。第一次招生，农林二科共招学生

① （英）加文·麦柯马克著、毕万闻译：《张作霖在东北》，吉林文史出版社1988年版，第104页。

169人。1930年又招第二届学生，两科各招60人。农科教学内容：气象、农县、耕地整理、病虫害、作物、园艺、畜产、养蜂、日语、农产品制造、农业经济、农政等。林科教学内容：造林、防风林、果树等。原定学制2年毕业，后因农矿厅、屯垦公署和东北交通委员会急需人才，乃将两科第一班学生缩短毕业年限，于1930年7月提前一年毕业，分配到省农矿厅和铁路交通部门任用。

五、设教育基金会　提倡平民教育

汉卿教育基金。1928年11月，张学良捐出私款现大洋500万元，作为补助辽宁省中小学教育事业之永久基金，邀聘东北名流组成了“汉卿捐助奉省中小学教育基金董事会”，会址设在沈阳西华门外省教育会院内，作为保管及处置此款之机关。其董事会成员有：张学良、袁金铠、杨宇霆、常荫槐、翟文选、王树翰、刘尚清、白永贞、彭贤、刘风竹、王毓桂、吴家象、冯广民、李静澄、王一丁、姬振铎、王化一等共17人组成。1929年1月“杨、常事件”后，董事会成员有部分调整，改由15人组成。随即由董事会制定了《汉卿捐助奉省中小学教育基金董事会章程》。

汉卿捐助辽宁中小学教育基金会，自成立到1931年“九一八”事变前，在将近三年的时间，按其设立的宗旨，积极进行发展教育活动，发给中小学教师各种补助金、举办小学教育研究班、举办了期讲习班；设立体育专修科学校；筹建了科学馆和体育场等等。汉卿教育基金不仅是雪中送炭，解决了全省教育之困危，而且有力地振奋和激励了教育事业的发展，一时间，解私囊、捐巨资，兴办教育的开明人士纷纷出现，蔚然成风。可惜，辽宁省教育基金会所计划实施的各项工作，正待全面展开之际，“九一八”事变爆发了，东三省官银号被日军抢劫一空，存入银行的巨额“汉卿教育基金”，当然也完全落入敌寇之手。

平民教育与简易教育。为了进一步扩大辽宁的平民教育事业，使平民教育更加普及深入，车向忱等联合教育界和社会热心人士，于1928年9月召开了奉天平民教育促进会成立大会，通过了“宣言”“组织大纲”和“平民教育招生简章”，并研究制订了为对全省1 200万不识字民众进行普及平民教育的计划。不久，因平民教育名义较狭，遂改称国民简易教育协进会，成为由省教育厅、省教育会和平民教育促进公合办的团体。辽宁国民简易教育协进会成立后，会址设在省教育厅内。张学良应邀兼任了名誉会长，还捐助现大洋5 000元，作为发展国民简易教育活动基金。正副会长先后为王铁珊（王毓佳、省教育厅长）、吴仲贤（吴家象，前东北大学总务长、后任省教育厅长）姬金声（姬振铎、省教育会长）。董事长马雨辰，董事有王回波（王卓然）、阎玉衡（阎宝航）、卢迺庚

(卢广绩)、王化一、邵进阶、孙禹珊等16人，主任干事为车向忱(车庆和)，另有名誉董事35人。重新拟定了《辽宁省国民简易教育协进会简章》和《辽宁国民简易教育实施办法大纲》。到1929年7月，全省城乡的简易学校又有进一步发展。在省城内八关各小学、各中学、各福音堂、慈善机关、监狱、军队、工厂等处和城外乡村，设立国民简易学校41所，共有学生1 700余名。在40多个县中，设立农村国民简易学校200余所，共有男女学生7 595名。[①]1929年7月7日，在沈阳商工总会礼堂举行了省城简易学校毕业典礼，这是对平民教育取得显著成绩的一次大检阅。当日有学生和来宾2 000余人聚集一堂，学员通过四个月的努力学习，已有31校，37班级，1 550名学院毕业，其中工人、店员、农民所占比例最高，其他则为雇工、小贩、车夫、囚犯以及粪夫等。1930年1月成立了辽宁省民众教育委员会，国民简易教育协进会归并到民众教育委员会内，各国民简易学校遂又改为民众学校。

六、传统文化的发展与保护

面对着日本帝国主义的文化掠夺，辽沈沈阳地区的学者们在张学良的支持下奋起抢救民族文化，收集和挖掘祖国文化遗产，为保存和发展祖国传统文化做出了卓越贡献。

萃升书院的复兴。为昌明国学，保存国萃，张学良于1928年9月在沈阳大南门里文庙西院恢复萃升书院。在恢复萃升书院过程中，张学良捐助现洋2万元，作为开办费，经常费用每年由张学良私款拨4万元。张学良被推为萃升书院院长，院监于省吾主持日常工作。按招生简章规定：奉天萃升书院以造就高深国学人才为宗旨；报考资格：高中毕业生或同等学力者。书院除招一个班级50人外，另有函授生一个班。学期四年。学校所设科目有经学(《易经》《尚书》《左传》《说文》)、文学(古文)、史学(《明史》《方舆纪要》《汉书》)、词章等。4年毕业后成绩优异者，可请省署特别分发录用。书院的讲师都是由张学良选聘的，如经史主讲王树楠，文学主讲吴闿生，史学主讲吴廷燮，都是学有造诣的古文学家。萃升书院开办后，呈现出一派兴旺景象，来此学习者非常踊跃，但“九一八”事变后，便被迫关闭了。

倡议影印文溯阁《四库全书》。1928年，张学良鉴于《四库全书》抄本极少、装帧精美、珍贵异常、外间不得流传等情况，为发扬祖国传统文化，使世

① 孙景悦、董慧云、张秀春：《张学良与辽宁教育》，香港同泽出版社1993年版，第213页。

界学者便于研究，即倡仪影印文溯阁《四库全书》。为此，他领衔发表《为校印文溯阁四库全书致世界各国电》和《为校印文溯阁四库全书致全国各界电》以壮声势、扩影响。1928年12月，沈阳成立文溯阁《四库全书》校印馆，公推张学良为总裁，张拨款20万元作为开办费。后来由于时局变迁，影印该书耗资巨大，终未实现，但其保护文化遗产的意义和影响是深远的。

编纂《奉天通志》。地方志是地方资料的汇编，可谓地方上的百科全书，中国历朝历代都有编纂地方志的优良传统。1928年11月22日，专职编纂奉天全省地方志的“通志馆”正式成立，馆址设于沈阳故宫文溯阁东院（后移至小南关合兴福胡同一栋有20间瓦房的四合院中）。张学良亲自担任通志馆总裁，拨出充足的经费以保证修志的需要，并聘请王树楠、吴廷燮、金梁、金毓黻等“硕学名儒”担任总纂、许宝蘅、陈思、于省吾、王光烈、等担任分纂。《通志》的编纂与出版为填补空白之作，是历史性的突破，奉天省自1907年（光绪二十三年）改将军制为行省制时设置，20多年来一直没有纂修省志，《通志》成为自清末以来的第一部省通志。由于时局动荡，《通志》最终于1937年出齐。全志计260卷，共600万字，承装10函100册，上起远古，下止于民国（部分志目至于清），系统记述了全省的历史、地理、政治、经济、军事、文化、民族及社会生活诸方面的内容。[①]《通志》是一部史料颇丰、体例完善、超越前志的史料总汇。

编辑《辽海丛书》。在编纂《奉天通志》的同时，张学良还支持《奉天通志》的总纂金毓黻编辑了《辽海丛书》。《丛书》是汇集东北古代典籍的一部大型丛书。该书1936年全部印完，前后共用7年时间，共10集100册，收书509卷，蔚为大观。《丛书》荟萃东北民族文化精华之大成，保存传承东北历史典籍的珍贵巨著，也是以古籍丛书形式揭露日本帝国主义霸占中国东北罪行的有力证据和重要途径，维护了中华民族和辽河乡邦人的自尊，对国内外影响至巨。因仓促成书，审校草率，内容重复错漏之处也不少，但不失为是辽宁地区的重要历史文献。

七、体育事业蓬勃发展

张学良主政时期，沈阳的体育事业出现了蓬勃发展的势头，不仅建设了现代化的体育场，而且多次举办地区性和国际性的体育赛事，还培养了诸如刘长

---

① 张伟：《20世纪辽宁史学》，辽宁大学出版社2002年版，第288页。

春等一批运动健将，极大地推动了沈阳以及东北乃至全国体育运动的发展。

为创造良好的体育训练和比赛环境，1929年春，由张学良个人捐资30万元，在东北大学修建了一座具有国际标准、国内一流的汉卿体育场。体育场由东北大学工学院院长高惜冰、法学院院长臧启芳和体育教师孟玉昆等勘察地形、选择场址，由当时著名设计师关颂声精心设计，于1930年10月全部竣工。体育场占地10万平方米，造型新颖，为混凝土结构的、敞口在南侧的马蹄型场地，呈现出罗马式建筑风格。场内有200米直线跑道11条，500米环道8条，中央为标准足球场，周围设有1万个座席的看台。[①]间隔6米的双堵围墙内低外高，其上搭盖带有11级台阶、有保护围栏的阶梯式看台。为方便观众出入或疏散，面向场地外侧设有13个出口。从地面算起至看台上的最后一排有5米之高，若是计算到主席台顶部，运动场的最高点达10米。体育场有五百米跑道，跑道中间为田赛场。场地西侧看台为正面，居中处设有由混凝土材料制作的、能够防雨防晒的、高高支起的雨搭遮护下的主席台（起初，主席台规划设计在场地东侧，主席台底层空间是东门，呈圆形）。看台下的空间间壁成若干小房间，分别辟作来宾室、奖品室、办公室、医生室、休息室等，还有器材室，配有先进器材、设备。汉卿体育场在当时是全国第一座现代化体育场，为了纪念张学良将军为东北体育事业所做的贡献，建国后这座体育场更名为汉卿体育场。

张学良主政时期，沈阳体育运动日益活跃，经常组织召开东北地区、华北地区以及国际性的体育赛事。东北地区的体育赛事主要是东北三省和东北四省联合运动会。1928年10月，在沈阳（奉天）举办了第一次黑龙江、吉林、奉天三省联合运动会，由冯庸大学承办，地点在小河沿公众体育场，参加单位三省共54所学校，934名运动员。[②]奉天省人数最多。其中奉天市内20所，省内其他市17所，加上吉林10所，黑龙江7所共54所学校。54所学校中有大学4所，女校3所。张学良将军亲任运动会会长。组织工作、食宿安排都非常令人满意。大会虽只进行两天，但对东北各省体育运动之发展起了推动作用。1930年10月，东北大学体育场还进行了东北四省（辽宁、吉林、黑龙江、热河）联合运动会，共96所学校的1 000名运动员参加比赛。[③]

华北运动会是民国时期华北地区的体育盛会，1929年5月，第十四届华北

① 沈阳市人民政府地方志编纂办公室：《沈阳市志》第十三卷，沈阳出版社1990年版，第392页。

② 沈阳市人民政府地方志编纂办公室：《沈阳市志》第十三卷，沈阳出版社1990年版，第376页。

③ 沈阳市人民政府地方志编纂办公室：《沈阳市志》第十三卷，沈阳出版社1990年版，第376页。

运动会在沈阳东北大学体育场隆重举行，此次运动会是历届华北运动会中规模最大，也是在全国影响较大的体育盛会。这届运动会比赛项目众多，有田径、网球、队球（排球）、棒（垒）球，其规模超过历届。报名参赛的男女运动员达1650人，有136余所学校代表着北京、天津、河北、山东、山西、辽宁、吉林等地[①]。张学良担任名誉会长，并身穿短袖汗衫、短裤，下场参加跳远比赛。全场欢呼，为他加油。6月4日，举行闭幕仪式，张学良到会致闭幕词："此次运动会成绩绝佳，全国均引为荣幸。（一）竞赛之胜负，固定悲乐，惟胜忌骄败忌妒；（二）运动道德为运动之要素，否则一切兴趣均拙劣。希望在已有的基础上，加功练习，务其在下届远东运动会上，取得同样胜利。"本届运动会涌现出了一大批体育健将，特别是东北大学学生刘长春，连续打破100米、200米、400米三项全国记录，他100米的成绩是10秒8，而1928年阿姆斯特丹奥运会100米冠军的成绩恰恰就是10秒8。1930年4月，在浙江省杭州市举行第四届全国运动会上，刘长春在百米赛又跑出了10秒7的好成绩，创造了全国纪录（这个纪录直至新中国成立后才被刷新），并进入世界先进行列。"九一八"事变后，在张学良的资助下，刘长春参加了1932年在美国洛杉矶举行的第十届奥运会，挫败了日本侵略者企图拉拢刘长春以伪满洲国代表身份参赛的阴谋。

最早在沈阳举行的国际性体育比赛，是1928年9月张学良倡办的旅奉外侨国际网球竞技大会，比赛场地在帅府网球场，参赛者有中、美、英、法、德、丹麦、日本选手。此后，在小河沿公众体育场和东北大学体育场又相继举办了3次国际性运动会，即1928年9月的中日运动会，1928年10月的中法运动会和1929年10月的中、日、德运动会，其中规模比较大的是中、日、德三国运动会。中方选手成绩总的来看，落后于日本和德国，但中方不少男女选手如东北大学的刘长春、北平女子高师彭静波等的表现也令外国选手惊叹不已。这些国际性的赛事对沈阳体育的发展起到了很好的推动作用。

---

① 沈阳市人民政府地方志编纂办公室：《沈阳市志》（第十三卷），沈阳出版社1990年版，第376页。

第七章
沦陷时期的沈阳

- 沈阳沦陷
- 沦陷时期的殖民统治
- 日伪对沈阳的经济统治与掠夺
- 沦陷时期的文化教育
- 沈阳地区人民的抗日斗争

沦陷时期是沈阳历史上最黑暗的时期。沈阳城于1931年9月19日沦于日军之手，随即建立的傀儡政权，秉承殖民者的旨意将沈阳推向畸形发展和全面崩溃的深渊。此时的沈阳不再是东北的政治中心，但是仍保留着经济都会的地位，在全面扭曲沈阳城市发展方向的同时，市行政权力逐渐扩大，伪市公署成为独立行政的市最高行政机关。日本的殖民统治已由商埠地扩展到整个城市。对于沈阳市民而言，在阶级压迫的痛苦之上又横加一层民族殖民压迫。14年的沦陷生活留下了不能忘记的亡国奴的耻辱。

“九一八”事变后，日本侵略者改沈阳市政公所为沈阳市政事务所。1931年9月20日，日本关东军任命土肥原贤二为伪奉天市政事务所市长，强行把沈阳改称奉天，并控制了沈阳的市政组织，“奉天”市政事务所的主要官员都是日本人。

土肥原贤二开辟了日本军人直接统治中国城市的恶劣先例。日本关东军对沈阳实行军政统治，赤裸裸地暴露了日本发动“九一八”事变的侵略目的，日本陆军部认为“关东军直接实行军政不够妥当，关于地方行政，只能做到维持治安的程度。”日本政府声明：“至于地方治安，则督促中国自治机关负责维持。”当时日本驻奉天总领事局本庄繁提出：“市政机关必须由中国人出班组成，即使由日本人在背后加以实际指导，形式上也必须由中国人组成。否则将有诸多不便，所费过多而无实效，这就成为日本人干涉的结果而表现出来。”

9月24日，由土肥原策划的“奉天地方自治维持委员会”成立，两日后，又按关东军意旨改名为“辽宁省地方维持会”。28日发表所谓“独立宣言”，宣布脱离南京国民政府和张学良政权，建立所谓“独立政权”。10月4日，“辽宁省地方维持会”开始代行省政府职权。18日，委任赵欣伯为奉天市长。

日军侵占中国东北的同时就已经制定了《满蒙开发方策案》，目的是将东北纳入到日本的殖民体系中，为日本的经济发展做出贡献。沈阳是东北最大的政治、经济、文化中心城市，也是日本实现所谓“日满经济一体化”的重点区域。

日伪控制沈阳军政大权之后，陆续制定了《铁西开拓地计划》《奉天都邑计划》等，扩大并调整市区规划，横加干涉城市发展方向。将原阜安、德安、兴安、治安、靖安、永安、保安、镇安、平安、笃信、永信、福仁等各村全部，中安、久安两村之一部划分为新市区，将乱泥洼子、东陵站、山梨红屯、范家坟、旺官屯、三台子、大含屯、塔湾、后丁香屯、姚家屯、李官堡、宁官屯、潘家堡等地划为新市区的外围线。

在思想领域，推行恐怖主义的殖民政策，颁布了《矫正辅导官制》和《保护监察所官制》等法令，并相继在东北各地设立矫正机构，企图通过这项政策达到既镇压中国人民的反抗，又能补充劳动力缺乏的双重目的。

在经济方面，日伪通过垄断铁路交通、控制金融和货币、垄断工商业和农业资源、掠夺军工企业及重工业等手段和措施，加紧了对沈阳的经济统治和控制。日伪陆续颁布《外国人租用土地章程》和《日满土地开发公司组织章程》等，进一步强行征占城乡土地，修建军事工厂和设施，为其扩大侵略战争服务。同时，日本帝国主义者还积极推行其移民政策，建立日本移民开拓团，通过低价强买、强占，侵占大量农田，使当地农民失去赖以生存的土地，或遭破产，或流落他乡，生活难以为继。1938年公布了《米谷管理办法》，1940年又颁布《粮谷管理法和特产物专管法》，强行把东北变成“大东亚粮谷兵站基地”，将粮食的购销由原来严格的统制变为强制，也就是推行“粮谷出荷”和“粮食配给”制度。沈城人民生活在水深火热之中。

日伪除在政治上、经济上进行残酷的统治和掠夺之外，还牢牢地把文化教育事业抓在手中，作为其对思想文化统治的一个重要组成部分，对沈阳的文化教育事业横加摧残和破坏。在长达14年的统治时间里，建立起一整套的殖民地奴化教育体系，大肆摧残和破坏中国民族文化教育事业，并把殖民奴化教育视为其进一步扩大侵略战争、统治东北的重要手段，实行教育领域内的法西斯专政。

日伪为强制推行思想文化专制政策，还设立了专门机构资政局、情报处，不断强化其殖民文化统治。并与关东军紧密配合，全面统制了伪满新闻、出版、通讯、广播等文化部门，禁止一切具有中国民族意识的思想文化的传播，成为名副其实的法西斯性质的思想文化统治机构。同时，极力推行民族沙文主义的特权文化，贩卖“种族优劣”论，灌输军国主义思想，用以巩固其对东北沦陷区的殖民统治。隶属于文化范畴的宗教亦不能幸免，被迫屈从于日本帝国主义的侵略政策，充当了日本对当地民众推行殖民统治和愚民政策的有用工具。

日伪的倒行逆施激起了东北人民的义愤，沈阳人民更是同仇敌忾，揭竿而起，奋起抗战。在中共满洲省委的号召下，沈阳爱国军民纷纷组成抗日义勇军，转战各地。日本侵略者大肆推行的奴化教育，也激起了具有反帝爱国光荣传统的沈阳广大师生的强烈反抗，他们采取多种形式进行反抗日伪奴化教育的斗争。流亡关内的沈阳人民也迅速团结起来，展开了声势浩大的抗日爱国运动。

1945年8月14日正午，日本天皇向全国广播接受波茨坦公告、实行无条件投降的诏书。15日日本政府正式宣布日本无条件投降。8月19日开始，苏联空军飞机陆续在沈阳着陆，开始占领沈阳。苏军歼灭了日本军队的精锐关东军全部，取得了军事胜利，与八路军一起使沈阳从沦陷中获得解放，沈阳终于回到他的人民手中。

第一节　沈阳沦陷

沈阳沦陷后，大批财产和军用物资全部被日军掠去。仅以沈阳兵工厂为例，日军掠去各类步枪近万枝、各类机枪2 500余挺、各类炮近600余门，还有数不清的子弹、炮弹等。东北空军的新旧飞机260多架已全为日军掠获。其他如工厂、驻军、长官分署等单位的武器也大都落入日军之手。至于物资、财产方面的损失，更是无法统计。这些都是由于实行“不抵抗”政策，才白白拱手交给敌人的。

一、日本关东军谋划占领沈阳

日本自明治维新以后，不断对外进行侵略扩张，阴谋侵略中国，独占东北。“九一八”事变前，日本帝国主义按照“大陆政策”的总方针和东方会议确定的策略，进行了一系列的阴谋准备活动。

日本帝国主义为了强占中国东北，竟然公开否认中国对东北的主权，把它的侵略说成是“对满蒙的重大贡献”。“九一八”事变前，日本政友会头目森恪发表文章说：“日本消耗了20亿的国币，以10万同胞之鲜血，好不容易才把俄国势力，从日本之‘生命线’和‘满洲人’故乡的‘满洲’驱逐出去；并以‘和平’的‘开发政策’，取代武力的封锁政策，在‘满洲’各地进行‘经济建设’。”[①]他在名古屋市一次讲演中说：“在‘满洲’，仅20年内，就容纳了两千五六百万背井离乡的移民。我们应当想一想，这究竟是什么人的‘功劳’呢？毫无疑问，我们可以自豪地说，这是由于我帝国之臣民交纳血税、负担军费、肩负起‘治乱兴废’之责任、‘施国威’于‘满蒙’之天地的结果。”[②]在另一次讲

①（日）山浦贯一：《森恪》，东京1940年版，第705页。转引自张伟、胡玉海：《沈阳三百年史》，辽宁大学出版社2004年版，第424页。

②（日）山浦贯一：《森恪》，东京1940年版，第995页。转引自张伟、胡玉海：《沈阳三百年史》，辽宁大学出版社2004年版，第424页。

演中他竟公然地说："我们所说的中国，是指中国本土的十八省。本土的汉族对'满蒙'地方历来都是不关心的。"[①]这种歪曲历史，否认中国对东北主权的险恶用心是十分明显的。

日本帝国主义虽然在很早就决定吞并中国东北，但为了掩人耳目，在公开场合一般都只用"维护帝国在满蒙的权益"之类的外交辞令，来掩盖其侵略阴谋。到了1931年，他们就开始公开谈论武装占领的问题了。1931年1月24日，满铁调查部科长佐多弘治郎在旅顺关东军司令部发表演讲时说："要建设大日本的超级大国，很显然，必须取得相应的领土或具有同等价值的东西，……这就需要把'满洲'置于我国绝对权力的统治之下。"[②]3月间，板垣征四郎在讲演中公然声称："如果单纯地使用外交的和平手段，归根结底不可能达到解决'满蒙'问题的目的。"[③]公开主张用武力侵略中国东北。

军事与政治永远是连在一起的。为了实行军事占领，日本军部又做了进一步的政治准备。1931年6月，以参谋本部作战部长建川美次为负责人，召集陆军省军事课长永田铁山、人事课长冈村宁次、参谋长本部编制课长山胁正隆、欧美课长渡久雄和中国课长重藤千秋等，组成所谓"五课长会议"，专门讨论如何武力占领东北问题，会后形成了《解决满洲问题方策大纲》。这是个秘密文件，它明确规定了有关侵略中国东北的方针、计划、步骤和具体措施。在具体措施中明确规定将"采取军事行动"，只是"为求得内外的理解，行动需要一年准备，即在1932年春执行"。除了日本政府和军部外，日本关东军也进行了一系列的政治阴谋活动。

为了发动侵占中国东北的战争，日本帝国主义极力扩军备战，做各方面的物质准备。首先是扩大军事预算，增加军费、当时，日本的财政状况已十分紧张，但为了扩军备战、发动侵略战争的需要，日本政府还是满足了军部增加军费的要求，增加了军事预算。1930年日本的军费为4.4亿多日元，占当年国家财政总支出的28.4%，居当时各主要资本主义国家的首位。1931年的军费为4.5亿多日元，占国家财政总支出的30.8%，以后更是逐年增加。

日本帝国主义为发动对华的侵略战争，在扩大军费的同时，还大量输入军事物资，以保证侵略战争的物资需要。日本是一个工业资源相当缺乏的国家，

---

①（日）山浦贯一：《森恪》，东京1940年版，第993页。转引自张伟、胡玉海：《沈阳三百年史》，辽宁大学出版社2004年版，第425页。

②（日）小林龙夫等：《现代史资料》第7卷，みすず书房，1965年版，第134—135页。转引自张伟、胡玉海：《沈阳三百年史》，辽宁大学出版社2004年版，第425页。

③（日）小林龙夫等：《现代史资料》第7卷，みすず书房1965年版，第144页。转引自同上。

即使是和平时期，在很大程度上也是依赖进口。日本在经济危机期间，对外贸易总额和进口额，虽然大为减少，但为了保证战备的需要，军事物资的进口，不仅没有减少，反而有所增加。1928年军需品占贸易总额的39%，而到1929年和1930年，则增加到41%。

日本帝国主义在增加军费和扩大进口物资的同时，还大力发展军事工业以及同军事工业相关的工业。20世纪30年代初，日本的经济力量并不雄厚，但是，为了满足侵华战争的需要，把仅有的经济力量都集中在发展军事工业上，以及同军事工业密切相关的重工业、化学工业上。到1931年，日本在飞机、战车、舰船、高射炮等军火制造业，有了很大的发展，并拥有相当的数量，三菱飞机制造所已完成了国产重轰炸机的生产，并建立起了用国产战车装备的机械化兵团。可以转化为制造炸药、毒瓦斯等军火的化学工业、化肥工业、染料工业等，都有了进一步的发展。扩大军事预算、加强军事工业等结果，使日本的军事力量得到迅速增强。

日本帝国主义在加紧侵略中国东北的战争准备的同时，也对可能出现的国际干涉做了准备。石原莞尔在《满蒙问题之我见》中说："必须铭记，解决'满蒙'问题的方案，除将'满蒙'作为我国领土之外绝无别途"；而占领后立即"采用日韩合并的要领向中外宣布合并'满蒙'""第三国如果妨害我推行国策，不辞武力战争，以坚定的决心对付为要"。为侵略中国东北，日本帝国主义已准备与可能出现的第三国干涉开战，"如无与美、苏开战的决心，就不能实行"①。而且作战要速战速决，必须要在苏、美实行干涉之前完成占领。

此外，日本帝国主义还在京都、大阪等地，举行"国家总动员"演习，同时进行战争产业动员，强迫群众参加与战争有关的各种训练。

上述这些阴谋活动完成后，日本帝国主义感到，发动侵占中国东北战争的时机已经成熟了。

二、制造事端　在沈进行攻城演习

在"九一八"事变之前，日本帝国主义为了侵占中国东北，除了进行舆论准备、策划政治阴谋外，还进行了军事装备的准备和频繁的军事演习，甚至做攻击沈阳城的军事演习。

1931年春天，关东军在原则上规定了"在满洲采取军事行动时关东军必须

---

①《沈阳文史资料》，第7辑，政协沈阳市委员会文史资料研究委员会办公室出版，1984年版，第164页。

集中于一地”的方针，所谓“一地”即指沈阳。沈阳是东北四省的政治、经济、文化中心，是东北军主力的驻地。因此，他们认为：“应使关东军主力迅速集中于奉天，以便先发制人，将敌之最精锐的奉天附近的军队，加以击破，以排除东方‘和平’之‘祸根’，是为至当”；而“既将奉天附近之敌主力军加以击破，即能控制东北四省之中枢”。因此，沈阳便成为日本帝国主义侵占中国东北的第一个打击的目标了。

日本关东军在制订进攻沈阳的计划时，考虑到沈阳城墙比较坚固，用中小口径的火炮很难打开，因而决定调运重炮攻城。7月间，经日本军部批准，由东京运来了两门24cm的重炮。日军在运炮和安装过程中，采取了严格的保密措施，以掩人耳目。从神户到大连用客船装运，到大连码头后，直接卸到地下室。卸货日军一律穿上中国便服扮作搬运工人，把卸开的重炮分别谎称是棺材、石碑、洗澡盆。到沈阳站后，又直接卸到日本守备队的管区内。安装重炮在深夜12点到凌晨3点之间，以防被中国居民发现。重炮安装后，还以打井为名，专门为重炮修建了白铁房，作为掩蔽物。并事先把炮口对准了两个射击目标：北大营和飞机场，以便实射闭着眼睛也能命中。到9月10日重炮安装完毕。后来在“九一八”事变当天夜里，重炮果然发挥了作用。8月27日，日本关东军又从国内运来飞机30余架，存放在沈阳南苏家屯车站。

日本帝国主义为了能够迅速侵占沈阳，在“九一八”事变前的一年多时间里，进行了频繁的军事演习。围绕着攻占沈阳城，从1930年初到1931年9月，日军在不同方位、不同的行动路线，进行了近百次的军事演习。1930年1月20日，日驻奉步兵33联队分批在福陵、东山嘴子、祁家坟、二台子、王官屯、三台子、大朝屯、前后塔湾、牛心屯、熊家岗子、李官堡、张子屯、雅图岗子、孤家子、四王堡、崔家堡、郎家堡一线以南，浑河以北地区进行军事演习。从1930年5月19日起至22日止，日驻奉步兵29联队在沈阳城西李官堡、张士屯、德胜营子、宁官屯、杨士屯、于洪屯区间，进行军事演习。在频繁的军事演习中，对有的方位和路线进行反复的演习。从1930年3月到1931年1月的11个月里，日军驻奉步兵33联队在每月的20日，都沿着同一条路线进行军事演习。这条路线是沿福陵、东毛家屯、祁家坟、二台子、王官屯、三台子、大韩屯、前后塔湾、牛心屯、熊家岗子、李官堡、张士屯、雅图岗子、古家子、四王堡、崔家堡、郎家堡线，最后到达王大人人屯。前六次均沿着这一条路线，后五次路线有所改变，至郎家屯后不去二台子，而走下河湾屯、孤家子，最后到李班屯。33联队这种每月20日举行的军事演习，少至50—100人，多则500—600人。日军除在沈阳地区进行频繁军事演习外，在长春、大石桥、抚顺、丹东等地也进行军事演习。日军在长春的马家哨口进行军事演习时，还特意让附近居民观看演习机枪射击，演习完后问观看群众，你们中有没有参与平渠的人，又问为什么不卖菜给日本人？并威胁说：以后再有格外举动，我们就用此枪将你们打死！①

随着日军侵略步骤的加快，日军的演习也不断地由城郊向市区逼近。1931年7月10日，日军第29联队120人，在东北大学、三台子、陵堡子间进行军事演习。31日，日驻奉独立守备步兵第22大队，从31日起至8月5日止，沿西二台子、旺官屯、东瓦子窑、西瓦子窑、上岗子、三台子、北陵路线进行军事演习。9月2、3日，日军整天在北大营附近之旺官屯、关帝庙、老瓜堡等处进行演习。9月4日、5日，日军又先后举行包围东北兵工厂和攻击沈阳城的演习。9月8日，日军又在北边门外架起机枪，做攻城演习；并在合堡大街实行巷战演习。随后又不断进行市边沿战、夜战、拂晓战等等演习。②9月14日至17日，日军在北大营一带连续进行实战演习，其行动已接近北大营的围墙，在17日演习中，竟有日本警察两人闯入北大营切断电线。③其嚣张程度，由此可见。

日本帝国主义的侵略扩张气焰日益嚣张，而当时的中国政府却步步退让，“九一八”事变的悲剧终于发生了。

三、柳条湖事件

日本帝国主义在完成了舆论宣传、政治阴谋策划、军事和物资准备后，便开始寻找侵略战争的机会。制造侵略战争借口，是世界上一切侵略者的惯用伎俩，日军更是谙于此道。经过较长时间准备后，日军最后选定柳条湖作为肇事地点。

1931年9月18日晚，日军驻虎石台守备第二大队第三中队，即川岛中队105人，在川岛的指挥下，乘月光秘密南行，行至文官屯处停下，派河本末守带一个小分队7人，沿铁路线继续南行至柳条湖附近。在文官屯停下的川岛中队98人分别在北大营以北以西地区展开，等待河本末守的消息。

中尉河本末守率部下数人，以巡视铁路为名，一边从侧面观察北大营的兵营，一边选择了离北大营约800米往南去的地点停下，在这里，河本亲自把骑兵用的小型炸药安放在铁轨下，并点火引爆，时间是晚上10时20分。

---

①《9·18大记事》，辽宁人民出版社1991年版，第105页。

②《文史资料选辑》（第6辑），中华书局1960年版，第2页。

③ 曾宗孟：《九一八周年痛史》上卷，九一八学社1932年版，第28页。

爆破的情况，据“满铁”铁道部《满洲事变记录》载：

被炸处位于以大连为起点404公里440米，上行列车方向左侧铁轨接头处，从北大营西道口向南1公里50米地点。只造成轻微的破坏。以铁轨接头为中心，向长春方向切断长10厘米，向大连方向切断70厘米；在铁轨联结处前后两根枕木延伸在铁轨外侧部分，几乎全部被炸飞散。其他无异常。[①]

爆破之所以只造成轻微破坏，是因为关东军事先做了精确的计算，故意不要使铁路造成严重的破坏。《柳条沟计划》的参与者花谷正少佐战后披露说：

这次爆炸不仅没有必要把火车炸翻，而且必须使在满铁线路上急驰的列车免受损害。因此，让工兵进行了如下计算：在直线路段，将单侧铁轨炸掉很小一段，让高速行驶的列车，虽然暂时倾斜一下，仍能迅速奔驰而过。计算了这样的安全长度以后，规定了炸药的使用量。[②]据担任现场指挥的川岛正中队长后来说，炸药是中尉河本末守装填的。果然，当晚10时40分到沈阳的列车安全地通过了爆破处。

日军在柳条湖炸毁铁路，只在东侧单轨的两轨接头处，炸毁铁路1.50米。日军这样做的目的是，既要炸毁铁路制造战争借口，又便于修复，保证铁路军事运输不受影响，以实现一夜之间占领沈阳城，数日之内占领南满和安奉路沿线各重要城市的军事计划。

日军炸毁铁路后，将3具穿着中国士兵服装的尸体摆放在路旁，诬称此3人是炸毁铁路的凶犯。“实际上，这3具尸体是日军枪杀17日雇佣之华丐十数人，衣以中国军人服制，复用刺刀刺破军衣，拍摄照片”。一名叫乔·毕·巴鲁的外国记者在国际法庭上作证时说：“我在本庄司令部见了旧友土肥原。见到司令部广场上堆积着铁路被破坏了的部分物品。还把照下来的照片给我们看。越过高粱地来到现场，只见现场已经完全清扫完毕，换上了新路轨和两根新的枕木；中国士兵的尸体放在离路轨约50码到100码的地方，用铁板围起来，他们的头部冲着爆破地点的方向。同行中的一个伙伴，调查了一具尸体，他见到的是一个没有血迹、被放置了相当长时间的尸体。”[③]就连参观现场的奉天省日本邮政局长岐部与平，也认为尸体是在人死后扔到现场的。他认为这种做法太愚蠢了，一看就明白现场是伪造的。由此说明，伪造的方法再巧妙，也不能掩盖事实的真相。

---

① 中央档案馆等：《日本帝国主义侵华档案资料选编》第一卷，中华书局1990年版，第107页。

②（日）粟屋宪太郎：《昭和の歴史》第二卷，小学馆1983年版，第83页。

③ 易显石等：《九一八事变史》，辽宁人民出版社1981年版，第137页。

四、日军突袭北大营

当一场巨大的国难即将来临的时候，古老的沈阳城还在沉睡之中。数月以来，东北形势云谲波诡，日趋险恶，但中国方面仍麻木不仁，毫无防备。当时，陆海空军副总司令兼东北边防军司令长官张学良正在北平。他因患伤寒症住进协和医院，病情严重，乃至不能视事。9月初，虽大致痊愈，但仍未出院。

张学良在北平期间，东北军政事务交给东北边防军副司令官兼吉林省主席张作相、辽宁省主席臧式毅和东北边防军参谋长荣臻分别代行。但"九一八"事变前夕，张作相因老父去世，回锦州奔丧未归，臧、荣二人权威不重，遇事不敢自作主张，东北实际上处于无人主政的状态。更为严重的是，当时的蒋介石和南京政府害了恐日症，对日本侵略行动实行屈辱退让的"不抵抗政策"。这种政策严重地束缚了东北当局的手脚。

1931年7、8月间，因日本制造万宝山事件、中村大尉事件，中日关系日趋紧张，此时，蒋介石及南京政府方面连连发来不抵抗的指示。8月16日，蒋介石给张学良发来"铣电"，称："无论日本军队此后在东北如何挑衅，我方应予不抵抗，力避冲突。吾兄万勿逞一时之愤，置国家民族于不顾。"[①]9月，南京陆海空军总司令部又给东北边防军司令长官公署发来如下密令：

顷据驻日公使馆报称：近来日本各政党，不问当政与否，皆对我国绝对无诚意与亲善之态度，反而采取积极之侵略政策。最近，日政府当局，有以我国在东北修筑对于满铁之并行线、对抗满铁特殊权利、我国正规军队杀害中村大尉、青岛民众袭击日本侨民、在东北各地压迫鲜民、组织排日会为口实，实行挑战准备之举。而且，日本陆军当局已公然通告常备及预备役军官，必须在满蒙方面积极地进行作战准备，并采取了如下充实各种实力之行动……查日人对中日各交涉案之无诚意国人早已洞悉，而且，其对满蒙之侵略政策亦国人所共知。今又以中村大尉事件及满铁并行线和鲜人压迫各事件为名，进行挑战，准备充实军备，我东三省必首当其冲。然鲜人侨居东三省者其数甚多。加之，满铁沿线之常驻军又有越界演习之举动，可见其居心叵测。故而，将所探知之情况报告如上，请予注意。查中日情形之恶化，素有缘由，如该公使之报告，因东三省与日本接壤，交涉案件靡月无之，涉及常驻军与鲜民之案件尤为重大。此亦被日本方面作为借口，进行挑战之准备，实为横蛮无理之至。日方虽有任

① 张友坤、钱进、李学群：《张学良年谱》，社会科学文献出版社2009年版，第400页。

何行动，此时应以镇静态度相待，万不可轻率行事，致启战端。而对鲜民及日军之各种举动，要慎密监视，就其果否有如上之准备，随时报告。[①]

对于上述命令，东北当局逐级予以传达。9月6日，张学良致电辽宁省代主席臧式毅、边署参谋长荣臻称："查现在日方外交渐趋吃紧，应付一切，亟宜力求稳慎。对于日人无论其如何寻事，我方务须万方容忍，不可与之反抗，致酿事端，即希迅速密令各属，切实注意为要。"[②]翌日臧式毅等即电告张学良已将"鱼子秘电"密令各属，一体遵照[③]。对于前述陆海空军总司令部的密令，东北边署及辽宁省政府也迅速传达给所属各军警机关及各县[④]。

蒋介石和南京政府方面的不抵抗的指示，使面临日本步步进逼的东北当局陷于左右为难，相互推诿，一天天敷衍的窘境。然而，日本已经做好了侵略的准备。

柳条湖铁路爆炸声一响，隐藏在高粱地里的第三中队的日军立即冲出，攻击北大营。这时，原已布置在日军独立守备第二大队营院中的炮兵得到通知后，即向北大营、东塔机场等地开炮射击，一时间，枪声四起，炮火连天，沈阳陷入了一片混乱与惊慌之中。

爆破之后，河本先向文官屯待命的川岛中队长报告。川岛闻报立即率领中队南下，向北大营发起了攻击。随后，河本又向特务机关作了如下报告：

北大营西方铁路线被中国正规军所破坏。又，三四百名中国军队正向柳条沟分遣队攻击前进之中，目下，我巡逻兵正在与中国军队交战。[⑤]

这一报告内容纯属伪造。事变的制造者在其内部也作虚假报告，是为了避免暴露真相。

当时，关东军高级参谋板大佐垣征四郎正在特务机关等候消息。他接到报告后，立即根据预定的计划作出如下决定：

1. 命令独立守备队第二大队扫荡北大营之敌；

2. 命令步兵第二十九联队攻击奉天城；

3. 命令独立守备第五大队（驻铁岭）从北进攻北大营，接受独立守备第二

---

① 译自《日本外务省档案》，IMT523，《关东厅警务局长致外务次官信》，胶卷T66。

② 辽宁省档案馆藏：《日本侵华专题档案》，案卷号104号《日人中村案》，《张学良致辽宁省臧代主席、边署荣参谋长电》，北平来第428号，民国20年9月6日。

③ 同前档案：《减式毅致张副司令电》，第2599号，民国20年9月7日。

④《日本外务省档案》，IMT523，《关东厅警务局长致外务次官信》，第10717号，见该档胶卷T66。

⑤（日）儿岛襄：《满洲帝国》第一卷，文艺春秋版1983年版，第212页。

大队长指挥；

4. 要求第二师团主力前来增援。

独立守备第二大队长中佐岛本正一，立即命令第一、第二及第四中队向北大营出动。步兵第二十九联队长大佐平田幸弘，也迅速集合队伍，准备攻打沈阳城。

由此看出，日军是以北大营作为攻击重点。晚11时许，独立守备队院内的24cm榴弹炮开始向北大营射击。炮声隆隆，震撼了整个沈阳城。

日军攻占沈阳城的军事打击目标是北大营，因为北大营驻有东北陆军第七旅，是东北陆军的精锐部队。北大营位于沈阳城北约5公里处，西距南满铁路约300米，距柳条湖约500米。营地为正方形，占地约4 000米。营房四周有2米高的围墙，围墙外挖有2米深、3米宽的壕沟，夏季雨水流入，便形成了天然的护营河。第七旅下辖3个步兵团，直辖4个特种独立连，全旅官兵约1万余人。该旅士兵经过长期教育，一般都有小学以上文化。军官不少是陆军大学、保定军校、东北讲武堂及东北教导队毕业生。还有少数是留学日本和美、英的。每团都配备重机枪连、迫击炮连和平射炮连。每个步兵连有捷克式步枪120支，同式轻机枪12挺。旅司令部有直属坦克队，有轻型坦克12辆。

北大营官兵由于接到不抵抗的命令，对于日军的突然袭击没有实际准备。当炮火击中弹药库，日步兵进逼营门时，坐镇营中的旅参谋长赵镇藩在与旅长联系不上的情况下，直接用电话向东北边防军长官公署参谋长荣臻报告，荣臻命令说："不准抵抗，不准动，把枪放在库房里，挺着死，大家成仁，为国牺牲。"①赵认为这样不妥，希望荣臻能够改变指示，稍过一会儿后，又向荣臻报告，荣仍命赵"执行命令，不准抵抗"。这时，全旅官兵按参谋长的指挥都已进入预定阵地，但不能还击，只有挺着挨打。11时30分后，日军先后由营垣西、南、北三面进占营堤，并用机枪、手榴弹杀害我军，因不准抵抗，全营官兵相继避退，北大营内呈一片混乱状态。"士兵各持枪实弹，怒眦欲裂，狂呼若雷，群请一战。甚有抱枪痛哭者，挥拳击壁者，犹能服从长官命令，不还一弹。讵意日兵入营院，即大施惨杀，枪炮齐发，官兵受其伤害甚多"②。

由于北大营官兵未抵抗，日军攻入营内疯狂进行屠杀。日军川岛中队攻占了北大营西北角，向六二一团营院猛烈射击和掷弹。不久，"闯入营房，因为没有遇到还击，见人就杀。有的原地待命，仍躺着不动，竟被日军活活杀死在床

---

① 赵镇藩：《日军进攻沈阳北大营纪实》，《九一八事变亲历记》，第6页。
② 台湾东北问题研究会：《九一八事变史料》，第246页。

上；有的人从枪库取枪冲出营房，但仍不敢擅自还击，被日本兵追着开枪杀死”[①]。

日军陆军大佐佐藤庸也所著《活机战》一书为宣扬日军的“威武”，描述了川岛中队闯入六二一团营院屠杀该团官兵的如下情形：

闯入西北角营院，川岛中队所携弹药已尽，中队长以下乃挥动白刃战斗。此时，田村正中尉向中队长左边一黑影砍去，将敌之头劈成两半。一敌举枪向刀响处欲射，田村中尉咄的一声，举手挥刀将敌左手砍断，使彼枪支落地，继而，斜劈其头，毙其性命。谷川照一军曹亦毙敌3人，追赶逃者，冲入兵舍内。田村中尉刺杀门口之敌，冲入室内，电灯仍亮，敌兵四人前来对抗。谷川军曹与传令兵2人毙敌3名。田村中尉举刀砍向右边一敌，劈其面颊欲死，然敌仍以左手握住我刃，以右手欲刺。此一刹那，谷川军曹奔来，刺杀此敌，以至室内之敌悉数屈伏，芳贺一郎上等兵率其分队主力左命搜索士官室，冲入室内，见敌3名士官举枪向我射击。芳贺上等兵飞速以白刃刺中敌腹，我兵2名亦于上等兵左右与敌格斗，终于刺杀此三名士官。此交战格斗，得力于主力大队之增援及弹药之补充。川岛中队午前1时完全占领第三营。[②]

由其描述可见日军进犯六二一团第三营时凶暴残杀该营官兵的情形，亦可见在不抵抗政策束缚下的该营官兵，只有招架之功，没有还手之力的情形。日军川岛中队只有百余人，且弹药不足，六二一团第三营有六七百强兵劲卒，且装备精良，如果不是受到不抵抗命令之压抑，区区川岛中队何能逞其凶狂？

19日零时许，日军独立守备第二大队的小野第一中队和高桥第四中队相继到达。岛本大队长立即命令第四中队居第三中队之右，第一中队居第四中队之右展开，由西向东攻击北大营。

此时，日军才受到第七旅部分官兵的自发抵抗。

当高桥第四中队越过营垣向六二一团攻击时，遭到该团官兵“猛烈射击”“高桥中队长以下6人负伤”。当夜1时许，高桥中队占领了第一营，随后占领了第二营。小野第一中队向南大门的卫兵营房攻击时，亦受到非常猛烈的射击。该中队占领南门后，开始向北大营东侧的六二O团南方攻击。此时，川岛第三

---

① 李树桂：《九一八我在北大营》，孙邦主编：《九一八事变资料汇编》，吉林文史出版社1991年版，第278、279页。

②（日）佐藤庸也陆军大佐：《活机战》（第一部），《满洲事变》，第12、13页，收于（日本外务省档案），IMT540，见该档胶卷WT68。

中队，向北大营北部营房逐次实行攻击。高桥第四中队经练兵场由正面向六二0团进攻。在练兵场正中受到“来自各方面的射击”，因此，迟滞到当夜1时40分左右。

据第七旅参谋长赵镇藩回忆，当夜2时许，他鉴于情况非常危急，决定利用敌军迟滞前进的间隙，从南、北两面出击，以掩护非战部队由东面向东山嘴子撤退。[①]赵镇藩作出南、北出击的决定，大约就是高桥第四中队迟滞前进期间的事。

随后，高桥第四中队向六二〇团接近。炮兵也开始射击。此时，六二〇团团长王铁汉适奉到荣臻参谋长电话，严令“不准抵抗”。王铁汉答称：“敌人侵吾国土，攻吾兵营，斯可忍，则国格、人格全无法维持。而且现在官兵愤慨，都愿与北大营共存亡。敌人正在炮击本团营房，本团官兵势不能持枪待毙。”荣又指示：“那么，你就撤出营房，否则，你要负一切责任。”正在准备撤退的时候，日军开始攻击该团第二营，王铁汉当即下令还击。王铁汉后来回忆说，当时“毙伤敌人40余名”。[②]

指挥进犯北大营的岛本正一中佐后来也回忆说：

在当夜3时半许，战斗在第四中队正面最为激烈。彼我拼死力交火，因此，我把步炮兵调来增援第四中队。其时，川上精一大尉率领的第二中队从抚顺刚到……我立即将其插入第一、第四中队间增援。第四中队正在攻击第六二0团第二营。敌紧闭大门，从墙上排列步、机枪猛烈射击。其正面只有一条10米左右宽的通道，除此无路可通。因此，第四中队只好让部分士兵携带步枪、轻机枪攀到屋顶，向下猛烈扫射，同时，向敌阵投掷炸弹，但遗憾的是，炸弹被并排的柳树所挡，不能到达目标，情形非常糟糕。

据佐藤庸也：《活机战》记载，日军上等兵新国六三于此被击毙，他是“九一八”事变中第一个毙命的日本兵。

据第七旅参谋长赵镇藩回忆，他大约就是在此前后下令突围的：

我军与敌人激战到下半夜3点多钟，伤亡颇重，敌人已从南面突入营垣。我当即命令旅的卫队连，反击突入营垣之敌。这时，我旅所有对外联系的电话全部不通，同时西面的敌人也突入营垣，接着旅部前后都发现敌人，展开了巷

---

① 赵镇藩：《日军进攻北大营亲历记》，《文史资料选辑》（第6辑），中华书局1960年版，第6页。

② 王铁汉：《不抵抗之抵抗》，李云汉编：《九一八事变史料》，正中书局1977年版，第248、249页。

战，我始下令突围。[①]

但当时各部队已被日军分割，所以突围情形极为混乱。六二O团是最后撤退的。19日上午4时以后，团长王铁汉召集各连长说："现在和旅长的电话已经不通了，六二一团在二台子一带收容，六一九团已退出营房向东去了。旅部和直属连也都走了，我们怎么办？"大家齐声说："既有电话告诉必要时退出去，现在电话不通了，我们也走呗！"[②]于是，王铁汉命令第二营由东面撤走，第三营及团部由北围墙突围。

这时，日军驻铁岭的独立守备队第五大队已到达北大营附近，正向北大营北侧展开，川岛第三中队已占领了北大营外东侧一带的新建营房。

担任突围掩护任务的第三营第九连官兵在连长姜明文率领下首先登上北营垣。突然外面枪声大作，日军企图阻止突围。九连官兵立即猛烈还击。其他各连也相继赶到，枪炮齐发，将日军的火力压制下去。趁此间隙，各连官兵相继越壕而出。在此同时，第二营也从东面突围而出。这时，大约是上午5时半左右。随后，日军占领了北大营后，在劫掠之余，将北大营付之一炬。

此役，第七旅官兵伤亡惨重。据荣臻当时报告："死亡官长5员，士兵夫144名，负伤官长14名，士兵夫172名。统计伤亡官兵夫335名，士兵失踪生死不明者483名"。[③]是不抵抗政策，致使第七旅遭受了不应有的牺牲，让日军轻而易举地攻占已有十余年历史的北大营。日军占领北大营后，于19日上午10时左右，又先后攻占了东大营、东塔机场和沈阳兵工厂，占据了主要军事部门。

北大营陷落后，其景象极惨。据"满铁"奉天公所所长粟原视察所见：

战后已经过一昼间的北大营，营内各处仍在燃烧，死尸遍地，死马也到处可见。其中有脱下军服，换上便衣，准备逃跑未成而被打死的；还有尚未完全断气的，其状颇为凄惨。残留在营内的炸药，一部分仍有爆炸的危险，故未敢近前。未遭兵变的营房内，到处丢着中国兵的物品等。[④]

第七旅由北大营撤出后，先在沈阳东大营集结，后辗转经锦州撤入关内。在从锦州开往关内的列车上，王以哲旅长沉痛地说："如果'九一八'之夜我们坚持抵抗，事情就不是这样的结局，敌人的野心可能遭到遏止。我们犯了一个

---

① 赵镇藩：《日军进攻北大营亲历记》，政协全国委员会：《文史资料选辑》（第6辑），第6页。

② 姜文明：《九一八事变亲历记》，孙邦主编：《九一八事变资料汇编》，吉林文史出版社1991年版，第293、294页。

③ 李云汉：《九一八事变史料》，正中书局1977年版，第249页。

④ 中央档案馆等：《日本帝国主义侵华档案资料选编》第一卷，第161页。

根本性的错误。我们将成为千古罪人。[①]”

“九一八”之夜，日本关东军之所以敢于以四个中队，数百之卒，进犯北大营万人之劲旅，一方面是由于日军极端轻视中国军队，另一方面也是由于它估计到中国方面不会抵抗。这年春季关东军制定的《满蒙问题处理案》就说：“中国恐怕会采取不抵抗之消极态度以避之，而向列国提出申诉”。[②]而且，事变前夕，本章前面所引的南京陆海空军总司令部命令东北军不得轻启战端的密令也被日本关东厅警务局获得。在这种情况下，日军的猖狂就是必然的了。反之，倘若第七旅不受不抵抗命令的束缚，给日军以迎头痛击，必将使其遭灭顶之灾。不抵抗政策致使第七旅仓皇撤退，损师辱国，给中华民族在历史上留下了耻辱的一页。

五、沈阳城陷落

沈阳城是由内城和外城组成的。内城呈方形，每边长3华里，为砖砌城墙。外城呈圆形，周长约32华里，为土砌城墙。东北边防军长官公署、辽宁省政府等主要机关集中于内城。外城西南与商埠地相邻，商埠地西南面是“满铁附属地”。

19日零时40分至1时之间，第二十九联队的第一、第二大队从“附属地”出动，开始进犯沈阳城。

此前，当日军向北大营发起攻击时，东北边防军参谋长荣臻以电话报告在北平的张学良，并请示应付办法，张学良指示“尊重国联和平宗旨，避免冲突”。荣臻即转告王以哲，“即使（日军）勒令缴械，占入营房，均可听其自便”。其后，当日军进犯沈阳城时，第七旅长王以哲、军需处长朱光沐等，又以电话报告张学良，张学良令“仍不抵抗”。于是，荣臻、王以哲、朱光沐同到臧式毅宅研究办法，决定：“日军行动任何扩大，攻击如何猛烈，而我方均持清静”。[③]

沈阳全城军警事先均奉到不抵抗的命令，因此，对于日军的进犯，并无有组织的抵抗，仅有部分军警进行了自发性的抵抗。例如，当日军第一大队的第二中队突入“第一营”时，就“受到顽强的抵抗，并演成格斗”。日军刺杀约

---

① 北京市政协文史委员会：《文史资料选编》（第12辑），第36页。

② （日）稻叶正夫等：《现代史资料》第十一卷《续满洲事变》，みすず书房1965年版，第298页。

③ 《荣臻参谋长报告》，李云汉编：《九一八事变史料》，第245，246页。

120人后，使该营撤走。“第二营”的官兵在日军第三中队进犯时也进行了一定程度的抵抗；日军“毙敌约30人”，才占领该营。工业区公安六分局的警察仅30余名，在日军进犯该局时，“死力抵抗，双方肉搏亘3小时之久，后因子弹告罄，外无应援，遂被日军攻入”。[①]而其余各处军警，几乎未作抵抗。当日军第二大队的第五中队进犯“第三营”时，“未受多大抵抗，即将该营占领”。沈阳全城有警士6 000多人，接到省公安局通知：“如日军进城后，日军索枪可无条件交予”，因此，“均被缴械”。[②]

在此期间，辽宁省政府方面，多次向日本驻沈阳总领事馆进行交涉。18日晚11时15分，由省交涉署打电话给日本森冈领事，申明中方“采取不抵抗主义”。[③]19日零时，省交署再次打电话给日本总领事馆，说：“日军不仅包围北大营，且将北门外亦置于其占领之下，对此，中国方面正采取完全不抵抗主义，请问日本军方之行动，是何理由？沈阳是中外人杂居之地，影响所及重大，故望绝对防止炮火波及城内。”[④]19日上午3时，又打电话通知说：“目下，日军已占领商埠地公安局第一、第二及第三分局，正向城内进逼，中方采取完全不抵抗之方针，望日军停止射击，勿对居民施加暴行，以期防止事态扩大。”[⑤]不久，臧式毅及交涉员又亲自给总领事馆打电话说：“对于日军的行动，中国方面采取完全不抵抗主义，已听任日军占领了商埠地及大西关等公安局，然而，日军仍不断发射步、机枪，加害于不抵抗之军民，给事件之善后增加了困难，故请考虑此情，尽力抑制军方之行动。”对于中国方面的这些声明和要求，日本总领事馆或答以“中国军队破坏满铁铁路，责任在中国”[⑥]；或以“军人行动，领事无权过问”相推诿。这样，中国方面向日本总领事馆申明不抵抗之旨，非但未能阻止日军的进犯，反而使日军更加有恃无恐了。

另一方面，在旅顺关东军司令部，自9月18日晚11时以后，连续接到奉天特务机关打来的电报，称18日夜10时半，北大营的中国军队破坏了满铁线路，

---

① 陈觉：《九一八后国难痛史》上册，上海书店1932年版，第62页。

② 陈觉：《九一八后国难痛史》上册，上海书店1932年版，第61、62页。

③《日本外务省档案》，PVM34，《林总领事致币原外务大臣电》，第618号（1931. 9.19），胶卷P61。

④《日本外务省档案》，PVM34，《林总领事致币原外务大臣电》，第623号（1931.9.19），胶卷P61。

⑤ 日本外务省：《日本外交文书·满洲事变》第一卷，第1册，1977年版，第6页。

⑥《日本外务省档案》，PVM34，《林总领事致币原外务大臣电》，第623号（1931. 9.19），胶卷P61。

日军虎石台中队与北大营的中国兵五六百人交战，目下正在苦战之中云云。[①]

按到上述报告，关东军司令部和参谋部上下都很兴奋，因为他们“已察知有今日，作了万全之研究和准备，等待良机之到来”。所以，立即在司令部召开了紧急会议。参谋长三宅光治主张，“按平时作战计划把军主力迅速集中于奉天，先发制人，击溃最精锐的奉天附近之敌”。作战主任石原莞尔也根据参谋部会议的结论，建议“关东军应断然全力行动，迅速制敌中枢于死命”。[②]最后，司令官本庄作出了“关东军全线出动，攻击奉天军”的决定。

根据本庄的决定，分别给各部队发出了如下命令：

1. 第二师团应迅速向奉天集中，攻击该地之敌。

2. 步兵第三旅团长应指挥步兵第四联队及骑兵第二联队，负责长春的警备，同时秘密准备攻击该地附近的中国军。

3. 独立守备队司令官应以第一、第五大队主力向奉天前进。

4. 独立守备步兵第三大队应迅速驱逐营口之敌，并占领该地。

5. 独立守备步兵第四大队应迅速扫荡凤凰城之敌，并占领安东。

6. 独立守备步兵第六大队以约两个中队迅速向奉天集中，接受第二师团长指挥。[③]

同时，向朝鲜军司令官发出请求增援的电报，并委托旅顺的第二遣外舰队，向营口方面派遣部分舰只，切断并监视海路。[④]

19日上午3时半，本庄率领幕僚及步兵第三十联队，分乘列车从旅顺出发，于19日正午时分抵达沈阳。

19日上午2时余，日军第二十九联队第二大队第五中队的一部进抵内城西北角，攀上城墙，占领了小西门；第六中队占领了西南角及大西门。上午4时30分，完全占领了内城西侧城墙南北线。第一大队则占领了第二大队的北侧地区。

19日上午5时30分，日军第二十九联队第二大队，以铁甲车开路由小西门入城，几乎未遭到中国军警抵抗，于6时许，占领了东城墙南北线。同时占领了城内主要机关和银行。此时，第二十九联队长大佐平田幸弘与预备队一起，进抵小北门，在城上挂上了日本侵略军的军旗。沈阳古城失陷了。

---

① （日）稻叶正夫：《现代史资料》第十一卷，《续·满洲事变》，みすず书房1980年版，第306页。

② （日）平塚正绪：《目击者谈昭和史》第三卷，新人物往来社1989年版，第81页。

③ 日本参谋本部：《满洲事变作战经过概要》（中译本·第一卷），中华书局1981年版，第4页。

④ （日）板垣征四郎刊行会：《秘录·板垣征四郎》，长春市政协文史资料委员会1988年版，第34页。

此前，日军第二师团中将多门二郎在辽阳接到大佐板垣请求支援的通报，稍后，又接到关东军司令官向沈阳集结并攻击当地中国驻军的命令，于是率领师团司令部及第十五旅团向沈阳出动，于19日午前4时45分到达沈阳。多门二郎到达后，除命令第二十九联队继续攻占沈阳城外，还命令少将天野六郎指挥第十六联队攻占兵工厂和航空处。天野指挥的部队在“几乎未受抵抗”[①]的情况下，占领了航空处及兵工厂，掠得飞机260架[②]；而东北兵工厂的损失更为严重，枪、炮、弹药合计价值约为3 299 112 294元[③]。

接着，日军多门第二师团长命令第十五旅团长指挥第十六联队和第二十九联队，在独立守备队的配合下，进犯东大营。

东大营是东北军讲武堂所在地，西距沈阳城约10公里，驻有教职员和学员及其他部队约3 000人，并配备相当数量的武器弹药。事变发生后，即有炮弹飞过该营上空。当时，教育长、教官、队长等大多不在学校，学员们十分惊慌。学生队训练队科长林大木用电话向荣臻请示，接到“采取不抵抗主义，如日军要枪械，亦即无抵抗交与”的指示。[④]不久，北大营第七旅官兵陆续撤来。上午10时半以后，日军开始向东大营进犯，炮声渐频。教职员和学员等，随第七旅官兵一起向东撤退。这样，日军“未受任何抵抗”[⑤]于正午时分占领了东大营。至此，沈阳城内外均告陷落。

一时间，沈阳城上空有飞机侦察、扫射，市面上有装甲车横冲直撞，大街小巷布满日兵，到处硝烟弥漫，尸体横陈，沈阳城陷人了一片混乱与恐怖之中。日军一伙伙一群群，到处搜捕军警及未逃走的文职人员，对稍有不满表示者，任意枪杀，众多无辜百姓遭到残害。

“九一八”事变，日军侵占沈阳，给沈阳人民带来了深重的灾难和巨大的损失。除官方损失的17亿财产外，损失更为严重的是军械弹药。

19日上午10时，日军占领了东塔飞机场和沈阳兵工厂。日军在占领飞机场和兵工厂后，分别在兵工厂大门上和飞机场的飞机上贴上“日本军占领”的字标。日军在飞机场掠得轰炸机、战斗机、侦察机、教练机、民航机等计262架。在兵工厂等处掠得迫击炮和各种口径的大炮3 091门，战车26辆，各种枪支12万支，及大量的各种弹药、被服和粮袜等。这些飞机、大炮、枪支弹药，都完

---

① （日）佐藤庸也：《活机战》（第一部），《满洲事变》，第20页。
② 陈觉：《九一八后国难痛史》上册，辽宁教育出版社1991年版，第54页。
③ 陈觉：《九一八后国难痛史》上册，辽宁教育出版社1991年版，第53页。
④《华北日报》，1931年9月26日。
⑤（日）佐藤庸也：《活机战》第一部，《满洲事变》，第21页。

好无缺地落人日军手中，为日军扩大侵略提供了充足的武器弹药。

“九一八”事变的炮声响后一小时，本庄繁决定“迅速将主力向奉天集结，以击败该地之敌，控制东北四省的中枢”。[①]他连发六道命令要各地独立守备队向沈阳集结，从19日凌晨1时，到20日20时止的44个小时内，日军分别从抚顺、辽阳、铁岭、本溪、鞍山、海城、旅顺、四平街、公主岭、安东等地，向沈阳运送增援部队17列。[②]日军向沈阳集结兵力的同时，攻占了铁路沿线上的30座城市，控制了12条铁路线。此后，日军不断从日本各地奔赴东北，极力地扩大侵略。

日军占领沈阳后，日本内阁于9月19日上午10时，召开了会议。决定“事态以不扩大超过现在程度为方针”。这个方针是不可能实现的，因为这个方针是虚伪的，只是为欺骗舆论而定的。内阁会议后，南次郎立即将内阁会议关于“不扩大事态”的方针，电告关东军司令官本庄繁。关东军很不满意，并极力反对这个方针。当天下午，本庄繁连续发给日本军部两封电报，迫切要求迅速占领东北，要求增兵以扩大军事侵略行动。电文中说：“事态发展既已至此，值此良机，我们确信，最为紧要者，我军应以积极维持全满洲的治安为己任。”又说：“我们确信，现在是解决满蒙问题之绝好时机，今日我军如果退缩，以后再想解决满蒙问题将成为绝对不可能之事”，并坚持要求“迅速增援三个常规师团”。日本陆军省和参谋本部虽然表面上不反对“不扩大事态”的方针，但也不肯发出制止关东军扩大侵略的命令。首相若槻和外相币原等政府首脑又抱暗中默认的态度。这样，日军便在“不扩大事态”方针的掩盖下，迅速扩大侵略。

六、国民党政府的不抵抗政策

“九一八”事变前，以张学良为东北边防司令长官指挥下的东北军有32万人，其中驻辽宁6万人，吉林8万人，黑龙江5万人，调人关内13万余人，尚在东三省的有19万人。事变发生时日军仅有1万余人。事变后虽然陆续增兵，但直到1933年4月，总共也不过2万余人。

据统计，“九一八”事变之时，敌我双方的兵力对比为：驻东北日军陆军驻扎师团14 760人，铁道守备队5 400人，宪兵分遣队2 561人，飞机52架、人员1 110人，铁道界内警察1483人，连同领事馆所属警察共3 051人。全部军事人员共26 882人。东北军在关外的包括非战斗人员共计19万人，辽宁省驻军6万

① 日本政府参谋部：《满洲事变作战经过概要》第一卷，中华书局1981年版，第4页。
② 林声：《九一八事变图志》，辽宁人民出版社1991年版，第106页。

人，吉林省驻军8万人，黑龙江省驻军5万人。当然，这19万人虽然数字吓人，其实不堪一击。看看其组成就知道了，这些部队都是未经过张学良整编的，是控制在与老帅张作霖拜把子兄弟手中的一些乌合之众。其战斗力可想而知，无怪乎日本敢于仅凭一万多精兵就发动战争！

再看看东北首府——沈阳，只驻有15 000人，与朝鲜接壤的国境线上居然只有6 000人。东北军原本就是军阀部队，和雇佣兵差不多，在好男不当兵的中国，当兵都是活不下去的农民子弟混口饭吃的手段。这些在军阀混战中参军的东北军，和抗战中很多战役中有死无退的爱国中央军和红军根本无法相比。加之“东北易帜”没有多久，当兵的普遍没有什么高深的国家民族的意识。其兵源素质和战斗力都无法和号称世界一流的日本精锐关东军相比（日本自称关东军士兵是最精锐的士兵，战斗素质高于苏军、美军和英军），现在连数量上都没有绝对的优势，所以：如果“九一八”不失败才是奇迹。

中日兵力对比，数量相差如此悬殊，而日本侵略者用极少的兵力，竟能轻而易举地制造“柳条湖事件”，一夜之间占领沈阳城，一日之内攻城12座、掠地千余里，4个月零18天占领整个东北三省一个特区，一口气吞下了相当于日本本土3倍的中国领土。这种现象是极为反常的。在世界史上也是极为罕见的，令世人震惊。出现这种情况有两方面的原因，一是由于日本方面事先的周密计划和采取不宣而战、突然袭击的做法造成的；另一方面，更主要的是国民党政府的不抵抗政策，和张学良执行不抵抗政策造成的。

“九一八”事变前，日军蠢蠢欲动，战争大有一触即发之势。而蒋介石却频频指示东北军以忍让、妥协为原则，采取不抵抗主义。7月间，“万宝山事件”发生，蒋介石在“剿共”前线江西抚州给南京政府及张学良发电说：“发生全国的排日运动时，恐被共党利用，呈共匪之跋扈，同时对于中日纷争，更有导入一层纷乱之虞。故官民须协力抑制排日运动，宜隐忍自重，以待机会。”张学良复电也说：“努力隐忍自重，勿使日本乘其间隙”[①]。8月间，“中村事件”发生后，8月16日蒋介石又给张学良发来电报说：“无论日本军队此后如何在东北寻衅，我方应予不抵抗，力避冲突，吾兄万勿逞一时之愤，置国，民族危亡日趋严重的形家民族于不顾。”[②]在日军蠢蠢欲动，民族危亡日趋严重的形势下，蒋介石的不抵抗政策也越加明确和坚定。这为日军侵占东北创造了条件。

作为东北边防司令长官的张学良，自中原大战结束后，一直坐镇北平。在

---

① 《盛京时报》，1931年7月15日。

② 洪钫：《九一八事变当时的张学良》，《文史资料选辑》（第6辑），第24页。

“九一八”事变前后，他对蒋介石的不抵抗政策，采取坚决执行的态度。他对蒋介石拍给他的电报，转知东北各军事长官一体遵照执行，并于9月6日，电令臧式毅代主席、荣臻参谋长：“现在，日方外交渐趋吃紧，应付一切亟宜力求稳慎。对于日人，无论其如何寻事，我方务须万方容忍，不可与之反抗，致酿事端。即希迅速密令各属切实注意为要”。[①]军人以服从命令为天职，正因为有如此坚定明确的不抵抗命令，才使“九一八”事变发生时，出现中国士兵抱着枪挨打的悲惨情景。

“九一八”事变发生，蒋介石再次密令张学良：“沈阳日军行动，可作为地方事件，望力避冲突，以免事态扩大，一切对日交涉，听候中央处置可也”。张学良接此电后，又下令给东北军政大员“严饬所属对此切持镇定，以免另生事故，于事无益”，并“望国民冷静隐忍，勿生枝节”。[②]而坐镇沈阳的参谋长荣臻说得更明白，他令北大营的第七旅官兵：“不准抵抗，不准动，把枪放到库房里，挺着死，大家成仁，为国牺牲”。由此看出，不抵抗主义，从中央到地方，层层下达，贯彻比较彻底。这样，日军在较短的时间里占领全东北，是必然的结果。

首先这种不抵抗政策，使东北在事变前出现了群龙无首、毫不戒备的混乱状态。在事变前夕，身任东北边防司令长官的张学良，因军阀混战长期留任北平，9月18日夜得知沈阳事变消息时正在剧院，观看梅兰芳表演的京剧《宇宙锋》。代司令、东北边防军参谋长荣臻，在9月17日正为乃父作寿，到18日事变当天，兴犹未消，仍在家忙于应酬宾客。黑龙江省主席、东北边防军副司令长官万福麟，也长期留住北平，将其军政大权交其子万国宾代理，他在北平遥控。吉林省主席、东北边防军副司令长官张作相，回锦州老家为乃父治丧，其军政大权由军署参谋长、省府委员、汉奸熙洽代理。在沈阳城的东北及辽宁省各机关的重要军政大员，事变前也大半不在其位。如处于极重要地位的北大营第七旅，虽然规定官兵不准外宿，但旅长王以哲经常不在军中，“九一八”那天，他在市内同泽俱乐部出席军界主办的水灾筹赈会，当夜也未回营中。三个团长，王志军在营中，张士贤当晚回家未归，王铁汉听到炮声才从家中赶回营中。东北军中的高层领导均知“事变将要发生”，因为上级有“不抵抗命令”，他们才不以为然，各自为政忙于私事。这种群龙无首的局面，为日军侵略提供了极大的方便。

---

① 易显石等：《九一八事变史》，辽宁人民出版社1981年版，第164页。
② 武育文等：《张学良将军传略》，辽宁大学出版社1987年版，第330页。

由于执行不抵抗政策，所以事前毫无抗日的政治动员，不仅普通群众没有思想准备，就连下级官兵也毫无思想准备。“九一八”的炮声、枪声使多数官兵不知所措、惊恐万状。沈阳市内居民直到第二天早晨看见城头挂起了太阳旗，才蓦地知道当亡国奴了。

其次，不抵抗政策导致开门揖盗、引狼入室。“九一八”事变前，日本帝国主义武装侵占中国东北的舆论宣传是明显的，其频频的军事演习是十分嚣张的。在这种形势下不做战争动员和战争准备，实际上就是开门揖盗。在“九一八”炮声响后，荣臻和臧式毅会商办法，认为日领事馆已经说了日军不进城，“如果进城，吾方即关闭城门，日军亦可用炮击毁，不若开城门听其如何?”[①]结果，日军原定使用的两门攻城的重炮，只用两发炮弹攻打北大营和飞机场，没等用来攻打坚固的城墙，日军已经从敞着的城门顺利地开进了沈阳城。

辽宁是开门揖盗、拱手让敌，吉林则是叛国投敌、引狼入室。熙洽以“不抵抗政策”为借口，在日军进攻面前，首先下令长春守军退让，“听候交涉解决”，接着下令吉林守军撤出郊外听候“外交解决”；同时在“和平谈判”的名义下，欢迎日军入城。日军入城后，他又秉承日军的旨意，对退出省城的吉林军队实行缴械。最后，他竟以“独立”为名，宣布脱离南京国民党政府和张学良政权，设立傀儡组织“吉林省长官公署”，自任长官。不抵抗政策，导致了军政大员投敌，像熙洽、张海鹏、张景惠、袁金铠这样的投敌变节分子，东北军中竟有几十名。军政大员投敌变节，实际上是不抵抗主义演变成民族失败主义和民族投降主义的体现。

第三，不抵抗主义致使局部抗战的必然失败。“九一八”事变后，辽、吉两省首先沦陷，黑省亦在告急之中。此时，日本侵略者正阴谋炮制傀儡政权的所谓“新政权运动”，吉林第一个建立了伪政权。可是，东北人民并不甘心屈服，纷纷发表通电和派代表到北京谒见张学良，要求建立抗敌政权，与伪政权相对峙，以待机收复失地。张学良完全支持这一正义要求先后于辽、吉、黑三省建立了抗敌政权。

抗敌政权建立后，在黑省省主席马占山领导下的嫩江桥之战，打响了抗日民族战争的第一枪。江桥抗战，沉重地打击了日本帝国主义侵略的嚣张气焰。但是最后还是失败了。失败的主要原因还是不抵抗政策造成的，除国民党四全大会发一纸“致电嘉勉”的空文外，国民党政府对江桥抗战，既不作全国动

---

①《国闻周报》第八卷，第38期。

员，也不给实际上的支援，单纯的地方政府抗战，最后失败是必然的。在抗战过程中受到不抵抗政策和依赖国联政策的影响，作战指挥实行消极防御、被动呆板的战法，不敢主动出击，迂回作战。马占山在江桥抗战电文中说：江桥抗战未起“我方尊重国联决议案，极力避免军事扩大，故曾一再退让绝未与日军作战。”最后在忍无可忍情况下才实行“正当的自卫”，自卫也只是死守阵地而已。被动自卫，其结果只能是失败。

第四，由于中国军队奉行不抵抗主义，才使日本帝国主义的侵略不断扩大。当日本看到蒋介石奉行彻底的不抵抗主义后，十分惊喜。日本驻北平（京）特务机关长松室孝良给日本关东军的秘密报告中就说过这样的话：“须知‘九一八’迄今之帝国对华历次作战，中国军队采取依赖国联，而行无抵抗主义者，故‘皇军’得以顺调胜利”“倘中国能一致合力而抵抗，则帝国在‘满’之势力行将陷于重围”，若中国“实行大规模之游击扰乱，则‘皇军’必苦于应付矣”。因中国放弃抵抗，使日本得出结论，向中国扩大侵略是毫无危险的。因此，日军于1932年1月28日向上海进犯，1933年1月向山海关热河进犯，1937年7月7日，向中国大举进犯，发动全面侵华战争。

总之，“九一八”事变前，是国民党政府的不抵抗政策，和以张学良为首的东北当局执行不抵抗政策，招致了日本帝国主义的侵略；“九一八”事变之后，由于继续实行不抵抗政策断送了整个东北大好河山。助长了日本帝国主义的侵略气焰，到1937年便发动全面侵华战争。这是沉痛的历史教训。

第二节　沦陷时期的殖民统治

一、关东军控制下的市政组织

自“九一八”事变至日本战败投降，是沈阳政治最黑暗的时期。沈阳城于1931年9月19日沦于日军之手，随即建立的傀儡政权，秉承殖民者的旨意将沈阳推向畸形发展和全面崩溃的深渊。

伪满期间沈阳不再是东北的政治中心，但是仍保留着经济都会的地位，在全面扭曲沈阳城市发展方向的同时，市行政权力逐渐扩大，伪市公署成为独立行政的市最高行政机关。日本的殖民统治已由商埠地（实质是租界地）扩展到整个城市。对于沈阳市民而言，在阶级压迫的痛苦之上又横加一层民族殖民压迫。14年的沦陷生活留下了不能忘记的“亡国奴”的耻辱。

1. 土肥原贤二出任伪奉天市长

“九一八”事变后，日本侵略者改沈阳市政公所为沈阳市政事务所。9月20日，日本关东军任命土肥原贤二为伪奉天市政事务所市长，强行把沈阳改称奉天，实行军政。

9月21日上午10时，土肥原贤二在沈阳市政府召集重要官员开会，举行所谓“奉天市政成立会”仪式，强迫原沈阳市长李德新交出大印，查封了东三省官银号、东三省三舍粮栈和其他私人财产。把原有的机构一概取消，按日本模式建立了一整套新的统治机构，设有总务课、警察课、财政课、卫生课、工程课、技术课等。课长全部由日本人担任。原本独立的商埠局、大东新市区也被统统划归市政公署。土肥原贤二坐在市长的宝座，统揽各项大权，于是，沈阳城面目皆非。大街小巷飘着日本国旗，日本的军车发疯似的呼啸疾驰，每个岗卡都站着全副武装的日本兵。沙袋做的掩体、地堡一群群地蹲在街头巷尾。老百姓虽然已如惊弓之鸟，处处小心翼翼，还是不时地被街上的日本兵横枪阻拦，严加盘问。稍有迟疑，轻者挨顿枪托和臭骂，重者扔上军车就被带走，以至于性命难保。人人胆战心惊，家家把房门关得紧紧的，没有要事决不出门。一时间，街上行人寥寥无几，古城沈阳一片死气沉沉。日军感到多有不便，于是四处敲窗砸门，强令各商号统统开业。但催促多次，开业的店铺也不过30%，而且只经营几个小时便早早闭店。尽管如此，大小店铺内仍是顾客稀少，甚至无人问津，只有一些杂货铺、食品店偶尔有些买主，但也个个铁青着脸，来去匆匆。那些拉洋车的、赶脚的几乎全都失了业，市井萧条得如一潭死水。那些日本浪人横行街头，任意敲诈勒索，诬良为奸。经常有人无辜被抓入日本宪兵队，进去的是活人，出来的多半是尸体。平素一些地痞无赖，此时到处滋事，他们趁火打劫，登门串户闹得鸡犬不宁。烧杀抢劫事件终日不下百起。沈阳市被笼罩在一片恐怖之中。日军在“维护满洲秩序”的旗号下，或是组织所谓的保安队四处作乱，或是在沈山铁路沿线不断制造事端，烧杀淫掠无所不为。沈阳已陷入了日本殖民统治的深渊。

2. 自治指导部等伪组织相继出现

日本入侵东北固然是蓄谋已久，但如何让“满蒙”这块肥肉永远成为日本的殖民地，则还需要一个意见统一的过程。“九一八”事变前，日本曾谋划过两种方式：一个是把“满蒙”划归日本领土，由日本直接统治的“吞并”式；一个是把“满蒙”从中国领土分离，建立日本控制下的傀儡政权的“独立”式。

在事变进行的过程中，在关东军内部主张采取“吞并”式的非常之举，但正在沈阳公出的参谋本部少将建川美次却坚决反对。经过各方面的均衡，最后还是按照建川的主张与本庄繁的意图，制定了一个“在目前形势下”更易收到实效的《满蒙问题解决方案》，这是日本关东军建立伪政权的纲领。其方针是“建立在我国（日本）支持下的、以东北四省及蒙古为领域，以宣统皇帝（溥仪）为元首的中国政权”。[①]为实现这一方针采取以下三项主要措施：

第一，国防外交由日本帝国掌握；同时管理交通、通讯等主要部门；

第二，日本帝国国际外交所需经费由新政权负担；

第三，为维持地方治安任务，委派熙洽（吉林）、张海鹏（洮索）、汤玉麟（热河）、于芷山（东边道）、张景惠（哈尔滨）5人为镇守使。地方行政由省政府任命新政权的县长负责。[②]

这是“九一八”事变后，日本帝国主义制定的第一个统治东北的方案。根据这个方案，从9月22日起，板垣开始在占领区内培植各地亲日政权，并指使其宣布独立，脱离中国，利用汉奸维持统治秩序。

9月24日，由土肥原策划的“奉天地方自治维持委员会”成立，袁金铠为委员长，赵欣伯、于冲汉、李友兰、阚朝玺、佟兆元等9人为委员。“维持会”在大南门里实业厅内办公。26日，按关东军意旨改名为“辽宁省地方维持会”，关东军派野口多内、上元统等5人为顾问。28日发表所谓“独立宣言”，宣布脱离南京国民政府和张学良政权，建立所谓“独立政权”。10月4日，“辽宁省地方维持会”开始代行省政府职权。

10月18日，当了一个月“奉天市长”的土肥原贤二奉命“让位”给赵欣伯。同时，赵欣伯还兼任伪沈阳高等法院院长，卖国求荣不无得意，趾高气昂地对人说：“以前张汉卿不信我的话，我去数封信与他，详述不能排日，诚恐一旦激起日方公愤，地方势力将糜烂，如果他信我，就没有这事了，知孺子之不可教也”。

赵欣伯，河北省宛平县人，日本明治大学毕业，1925年获法学博士，1926年任张作霖的法律顾问，1927年在北京任外交部条约改订委员会委员，1928年又到东北任法学研究会会长。“九一八”事变后积极与日本军队联系，组织“奉天地方维持会”是首任汉奸市长。

---

① （日）关宽治、岛田俊彦著，王振锁、王家骅译：《满洲事变》，上海译文出版社1983年版，第266—267页。

② （日）关宽治、岛田俊彦著，王振锁、王家骅译：《满洲事变》，上海译文出版社1983年版，第266—267页。

10月20日，赵欣伯接任市长，土肥原退居幕后操纵。伪奉天市政公所设秘书长（冯清涵）、总务处（处长李祖培）、行政处（处长王聘之）、工务处（处长方毓恺）、警务处（处长尹永祯）、教育处（处长邵伸）及电务处、财务处；另设电灯处、公安处、公园处、屠牛处、保安队、电话处、公共汽车厂、电车厂、图书馆、救济院。

12月18日，“奉天市政公所”改称“奉天市政公署”。伪商埠局附设于伪市政公署内，由赵欣伯兼任总办，局内改设总务、财务、行政、工程、卫生五课。26日，启用新关防。

这些卖国者固然得意，但他们的行径却受到各界爱国人士的强烈谴责。东北民众写信给袁金铠：“袁金铠你不该，既为东北政务委员，何今又充当日本差，秩序紊乱全由日军残暴所致，治安恢复乃是日军之责，你身为政委不能防患于未然，已庸蠢可耻，竟何觍颜组成地方维持会来媚外。你给东北政委稍稍留点体面罢。速速撤出莫迟挨。倘你执迷不悟仍甘为走狗，十日之内必遭灾。休想东北民众全像你，何去何从请你速速自裁”。[①]这么大的压力，确实使袁金铠喘不过气来，他不得不向本庄繁声明“将本会撤销，由贵军自办”。关东军司令部统治部指令“维持会”完全服从日本顾问指挥监督，并要求“以后凡呈请于本司令部之公文，如无顾问之印章及非日本文者，概不收。相应函达，即希查照。”[②]关东军以此掌握了政治、经济、治安等一切大权。

尽管“辽宁省地方维持委员会”竭力为日本人效力，但日本人并不满意。因此，他们觉得必须认真考虑更得力的人选。于是关东军军部决定，还是请老牌汉奸于冲汉出马。于冲汉早年曾在日本士官学校任过中文教师，日俄战争时期，因曾为日军刺探情报而获勋章。后在关东军和南满铁道株式会社效力，以同满铁合办的形式开设“振兴铁矿公司”和“鞍山制铁所”（即鞍山钢铁厂的前身）。张作霖时期，凡与日本人的重要交涉都要经过他的手，故而被日本人视为奉天文治派巨头之一。于冲汉当时患糖尿病很重，关东军军部派大东医院院长守田福松去辽阳，名是探视病情，实是说服于冲汉再次出山为日军效力。于冲汉虽然病重，一听守田的意思，没说二话就抱病起程，面见本庄繁，详细提出八点建议。其中包括要贯彻“保境安民”与“友邦亲善”政策，必须与中国政府断绝关系，建成独立的“新国家”，要实行不养兵主义，“委托”日本军队“负责国防”事宜，等等。本庄繁听后大加赞赏，拉着于冲汉的手对他许了一大

① 林声：《“九一八”事变图志》，辽宁人民出版社1991年版，第186页。
② 辽宁省档案馆藏：十四全宗档。

堆愿。但于冲汉提出自己病重，向本庄繁推荐了袁金铠，经他一番鼓吹，本庄繁不免心动，提出要面见袁金铠具体商谈。第二天，袁、于二人来到关东军司令部，受到本庄繁的热情款待。有了于冲汉的介绍，本庄繁待袁如同老友，把他称为“满洲”当代之元老，名满东壕云云。于冲汉在旁随声附和，目的是劝袁出山出任伪省长职务。本庄繁说得很坚决：“惟省长一席，还必须请君任之，绝不得有违帝国军令，致于不便”。但是，袁金铠已被民众所不齿，眼下必然顾虑重重，哪敢贸然答应。本庄繁与于冲汉再三劝说，袁仍未点头，三人不欢而散。但是日本人一旦下了决心是不会轻易放弃的。他们对袁金铠软硬兼施，于冲汉也帮腔，对袁施加压力，袁金铠实在惜命，最终还是答应下来，用他自己的话说是“逼良为娼”了。

11月7日，在关东军司令部的指令下，辽宁省地方维持会在《奉天省政府公报》上发布第一号布告，宣布正式代行辽宁省政权职责。9日，“维持会”迁入原辽宁省政府院内办公，20日，改辽宁省为奉天省。袁金铠任“委员长”，但他在任期间，由于前面所提的种种原因，其工作并未令日本人满意，而社会上民众对他的指责、唾骂却日甚一日，关东军不得不重新考虑人选，经过反复比较、磋商，决定起用原辽宁省主席臧式毅出任伪省长，重新建立奉天省政权。

臧式毅清末曾留学日本陆军士官学校，毕业后先后任吉林督军署参谋长、东三省兵工厂督办。1930年任辽宁省政府主席，“九一八”事变后被日本军监禁于大西门五纬路的鲍文越公馆。他万没想到在这短短的时间内又被日本人看中，12月13日，他被释放回家，16日，本庄繁派板垣到他家中，软硬兼施要他出任伪奉天省长。当天下午，臧式毅即赴伪省署就任，发表通电，宣布：“辽宁省地方维持会”解散，不承认张学良设在锦州的辽宁省临时政府。赵欣伯组织“沈阳商会”代表在省政府院内举行欢迎仪式，臧式毅在日本军警的严密监视下就职。奉天省政府只接管了“维持会”原有的“财政厅”和“实业厅”，没再设立新机构，但却设有顾问厅，金井章次担任首席顾问，省府的实权完全操纵在日本人手里，臧式毅出出入入全有日本人监视、陪同，甚至会客也必须经日本人同意，而且“进入客厅坐听、监视与客人之谈话”。[①]臧式毅真的成了日本侵华的活道具。

建立了伪奉天省政府等一批伪政权后，日本侵略者仅仅是控制了上层。对于那些汉奸、傀儡，人民则恨之入骨，切齿唾骂。日本人和伪政权的政令在

① 中央档案馆、中国第二历史档案馆、吉林社会科学院：《“九一八”事变》，中华书局1988年版，第360页。

市、县一级遭到抵制，难以下达，因此，关东军在建立省级政权的同时，也筹建以日本人为主体的自治指导部，想要以地方独立自治来分化瓦解原东北市县政权。这个计划从10月下旬就开始筹备，主要由关东军参谋、大雄蜂会成员、“满洲青年联盟”成员策划，先后制定出《自治指导部条例》《自治指导部评议会章程》等，于冲汉抱病充当日本人的马前卒，出面担任“自治指导部部长”，其子于静远任“训练所所长”并“代理部长”事务，王子衡为秘书，其余全是日本人。

“奉天自治指导部”号称“满洲建国之母”。其中顾问中野琥逸、中西敏宪等主要骨干分子200多名日本人，由关东军统治部直接管辖。“自治指导部”的主要任务是培训、监督和指导汉奸组织县级“自治执行委员会”，代替原来的伪县政府或“治安维持会”，从而控制县级政权，还有一项重要的任务，就是联络各省伪政权，大肆鼓吹建立“独立国家”。“自治指导部”的经费由关东军拨给，最早在伪省政府内办公，不久迁至沈阳同泽女子中学继续活动。在“自治指导部”成立的同时，关东军还成立“自治训练厅”，作为为各县培养指导员人才的机构。训练厅内很多日本学员，原本是三教九流之辈，经过“培训”一番之后，便大摇大摆地坐上伪县政府权力的宝座。一旦拥有了权力，便是事无巨细，一概经他手盖章签字，否则无效，违者严加处罚。

“自治指导部”成立之后，在东三省大力倡导“促进建国运动”。关东军网罗大批汉奸、流氓、地痞、娼妓等打着小旗，敲锣打鼓上街游行，高叫“脱离国民政府”“建设安居乐业新国家”“实现中日共存共荣”等反动口号，闹得鸡飞狗跳、乌烟瘴气。接着，关东军又纠集辽宁省及各市县各种组织1 000多人，至沈阳召开“促进建国运动代表大会”，于冲汉由人代读致词，会议主要内容是拥护建立“新国家”，会后又组织了游行，以大造声势。

“自治指导部”成立半个月便实行了改组。改组后的沈阳县由日本人永尾龙造任委员长，并举行了盛大的典礼仪式。本庄繁特派参谋矢崎代他到会致词，又以伪县长谢桐森名义发布公告并竭力宣传，目的是使其他各县效行。日本人就是利用“自治指导部”的活动，训练了一批日本侵华骨干分子，不但攫取了地方政权，而且也成为日后承办伪满洲国的大本营。

二、溥仪被挟持到东北

“自治指导部”等伪组织成立以后，日本人所谓“独立国家”的准备似乎已经就绪。但在拥立谁来当这个傀儡元首的问题上，关东军内部起初意见并未统一。外相币原就是坚决反对拥立宣统皇帝的。他认为拥立宣统皇帝在当地以及中国本部、世界各地影响都不好，“完全是一个时代的错误”。[①]但是币原的意见毕竟只占少数，日本军部和关东军认为无论从哪个角度讲，宣统皇帝都是一个最合适的人选。第一，他出身名门、德高望重；第二，家世属于“满洲”系统；第三，同张学良、蒋介石不能合作；第四，可以同日本人合作。因此，日本人的注意力一下子就集中在溥仪身上了。

溥仪是清朝最后一位皇帝，他1906年出生，1909年即位，随着辛亥革命爆发，1912年2月被迫退位。但仍住在禁城北京皇宫，保留着皇帝的称号。外面尽管世事变迁，仍过着“小朝廷”的生活。清朝遗老遗少不甘坐失权位，都寄希望溥仪有朝一日能恢复大清王朝，溥仪也始终视复辟清王朝为己任。但是，还没等他把如何复清的事情想清楚，第二次直奉战争就爆发了。1924年11月5日，冯玉祥倒戈，控制了北京，与张作霖联合发出和平通电。吴佩孚败退、贿选总统曹锟被软禁，并限在24小时内辞职，“猪仔国会”也被解散。在冯玉祥控制北京期间，冯派兵把溥仪驱逐出皇宫。溥仪被迫交出印玺，收拾私物，迁至宫外，回到他离别16年的醇王府。溥仪的父亲载沣看到溥仪已经被赶出皇宫，更觉事态严重，不知如何是好，尽管如此，他们仍抱有“复号还宫”的希望，于是开始四处奔走，分头寻求援助和靠山。

日本人对溥仪的算盘已经打了很久，现在他们认为时机已到，为了达到既定方针，他们开始努力去做亲日派郑孝胥、罗振玉的工作，通过郑、罗的说服，溥仪乔装打扮，避居到日本公使馆。在这里，溥仪受到了空前的礼遇。日本公使芳泽谦吉对溥仪正式宣布日本政府已“予以认可，承担对皇帝陛下的保护”，还派书记官池部去中国外交部谒见沈次长，请代为转达新任执政段祺瑞，以免误会。得到段祺瑞的认可，溥仪顿时觉得心里的石头落了地，于是派人去王府，接来了婉容、文绣及他们的太监、宫女等一大群人。芳泽热情地腾出一所楼房，专供他们使用。芳泽甚至不顾自己老婆的夫人身份，让她抛头露面，殷勤地侍奉溥仪，感动得溥仪不断地对人说：“我在这里遇到的热情，不仅是空前的，也许还是绝后的。”[②]日本总领事吉田茂曾请溥仪参观了一次日本侨民小学，在参观过程中，小学生们手持纸旗，夹道向溥仪高呼万岁，把溥仪感动得热泪盈眶。清朝的王公、遗老、旧臣们此时也顿觉精神倍增，不断从旁给溥仪鼓励。溥仪已深信日本人不仅是自己在紧要关头的救命恩人，而且还会支持和

---

① （日）关宽治、岛田俊彦著，王振锁、王家骅译：《满洲事变》，上海译文出版社1983年版，第436—437页。

② 孙喆甡：《爱新觉罗·溥仪传》，华文出版社1990年版，第153页。

帮助他“恢复祖业”。其实，溥仪并不知道，这一切的背后正酝酿着日本政府一个阴谋——溥仪是他们在中国攫取利益的垫脚石。

1931年11月3日，土肥原代表关东军到天津面见溥仪，特向溥仪说明“九一八”日本出兵是因为张学良把“满洲”闹得民不聊生，日本人的权益和生命财产得不到任何保证所致。他对溥仪保证，关东军对“满洲”绝无领土野心，只是“诚心诚意地要帮助满洲人民建立自己的新国家”，因此，“希望宣统皇帝不要错过这个时机，很快回到自己祖先的发祥地，亲自领导这个国家。”但是溥仪心里仍然没底，他干脆问道：“这个国家是个什么样的国家？”“是实行共和制，还是实行帝制？”土肥原的答复是令溥仪满意的，他一再表示日本没有领土野心，一切由溥仪作主。但溥仪必须要在当月16日前抵达“满洲”，详细办法到沈阳再谈。[①]溥仪听了这番话，觉得时机真的到了，尽管连日来他陆续收到一些人的忠告或警告，甚至有人借送水果之机送了两颗炸弹，恐吓信和恐吓电话也终日不断。但他还是复辟心切，下定了去沈阳的决心。他根本不知道，这一切活动都是日本人搞的，目的是敦促溥仪迅速启程。

11月10日晚，已经做好了一切准备的溥仪穿着日军军装，日本人两辆黑色轿车一前一后将溥仪挟持出静园，在天津白河与郑孝胥、郑垂父子及20多名日军同登日军运输船“比治丸”，到大沽口又换乘“淡路丸”起航，13日早晨到营口码头，板垣和甘粕正彦迎接溥仪到汤岗子对翠阁温泉旅馆。这是一栋日本风格的欧式楼房，内部设施豪华舒适，可是溥仪在这里还未坐稳，18日，又被借口“汤岗子治安恶化，时有兵匪袭击”而转送到旅顺大和旅馆。溥仪这一路被搞得昏头胀脑，日本人沿途不断做各种假象，以表示没有日本人的保驾护航，溥仪绝不会平安离开天津。溥仪傀儡身份已定，一到东北，就被日本人全面“保护”起来。关东军不让他见袁金铠、熙洽等人，只准与罗振玉、郑孝胥接触，溥仪又深深地陷入被封锁、被隔离的惶惑之中。

三、伪满洲国的建立

在溥仪被挟持到东北的同时，关东军也在紧锣密鼓地扫清建立伪满洲国的障碍。1932年1月1日，齐齐哈尔沦陷，张景惠出任伪省长，发表独立宣言，马占山在日伪的诱逼下表示与张景惠合作。1月3日，日军攻占锦州，推翻了张学良临时设立的东北边防司令长官公署行署和辽宁省政府行署。

---

① 中央档案馆、中国第二历史档案馆、吉林省社会科学院：《“九一八”事变》，中华书局1988年8月版，第366页。

至此，日本侵略者的军事活动暂告一段，而策划建立伪满政权的步伐则进一步加紧。为能赶在国联李顿调查团来东北之前造成既成事实，占领锦州的当天，日本陆军大臣荒木贞夫就急召板垣。板垣接电后，火速飞往东京，向日本政府汇报了关东军的设想及方案，包括筹建伪政权的经过、情况，并与陆军省、海军省、外务省共同研究制定了《中国问题处理方针纲要》，确定东北地区“目前是独立于中国本部政权之外”的区域，“‘满蒙’应当从中国主权下分离出来，作为一个‘独立政权’统治地区，并逐渐形成一个‘国家’”。

日本天皇这次还召见了板垣。方针已定，板垣又带着这份“纲要”飞回沈阳，先向关东军司令部下达了日本政府的指示，继而秘密而又迅速地往返于东北各地，与傀儡人物张景惠、熙洽、臧式毅、谢介石、赵欣伯等频繁接触，共同探讨建立伪中央政权之事。从1月22日开始，关东军参谋长三宅光治召集板垣、石原、片仓衷、土肥原，花谷正等，连续召开所谓“建国幕僚会议”，就“建国”一系列问题反复商讨，最后起草并确定了所谓“新国家”的“组织法”“人权保护条例”以及“新国家建设顺序的纲要”。在此期间，为了转移各国视线，关东军利用女特务川岛芳子、驻上海武官田中隆吉等蓄意寻衅，制造了上海“一·二八”事变，可见日本人在建立伪满洲国问题上用心何其良苦。2月16日晚，关东军又纠集张景惠、熙洽、臧式毅、马占山等在沈阳举行“四巨头建国会议”，于冲汉、袁金铠、赵欣伯自然也到场，关东军参谋长三宅、高级参谋板垣、顾问驹井德三等列席。不言而喻，所谓的“四巨头会议”都是在日本人的旨意下召开的。会议从晚上8点开到次日凌晨2点才散，屋内烟雾弥漫，气氛紧张，政见不一。臧式毅、马占山等再三主张“联省自治”，板垣当场毫不客气地严词拒绝。接着于冲汉、赵欣伯又被授意提出关东军早已确定的“建国方案”，不论是意见如何，最终结局也只有一个，就是无条件地接受。接下来的便是如何付诸实施。关东军要求的时限至3月1日，“建国”筹建工作相当紧张。这次会议指令荣孟枚、林文林起草“建国”宣言。

17日下午，在省公署再次召开会议，正式宣布成立伪“东北行政委员会”，委员长由张景惠担任，委员有臧式毅、汤玉麟（未到会）、熙洽、马占山、郭尔罗斯前旗王公齐默特色木丕勒、呼仑贝尔盟凌升等。次日委员会以全体委员的名义发表宣言，宣布“东北省区完全独立”。19日，板垣再次召集“四巨头”在张景惠家开会，初步议定伪国名、政体、年号、国都、国旗。20日，本庄繁指定郑孝胥到沈阳参加会议，溥仪又特派罗振玉到会，并带去强调复辟帝制的12条意见。但是郑孝胥已完全站在关东军一方，拍着胸脯说可以包办皇上的一切事情，根本没有把这12条意见拿出来。连他的儿子郑垂也说：“皇上是一张白纸，由你们军部怎么画都行。”[①]关东军仍是会议的操纵者，尽管在一些枝节问题上众口难调，争论不已，但是大的方针已经确定无疑。

2月23日，板垣到旅顺面见溥仪，二人相谈很久。板垣对溥仪说，他是奉关东军司令本庄繁的命令，来向溥仪报告关于东北行政委员会开会决定建立“满洲新国家”的问题的。板垣对溥仪说，“新国家”的名称定为“满洲国”，国都设在长春，改名新京，“国家”由满、汉、蒙、日、朝五个主要民族组成。一边说一边从皮包中取出《满蒙人民宣言书》和五色“满洲国”国旗放到溥仪面前，请溥仪出任“国家元首”。溥仪一听建的不是大清帝国，大为不满，坚持不出任“执政”。二人争论了3个多小时，板垣实在没有耐性，冷冷地说了句：“阁下再考虑考虑，明天再谈”，便告辞离去。板垣已经把原来称呼的“陛下”改为“阁下”了，溥仪尽管听着非常刺耳，但对目前既成的事实已不能不认真面对了。

这天晚上，在郑氏父子和上角利一的提示下，为了和缓一下空气，溥仪在大和旅馆专为板垣举行了一次宴会。板垣谈笑风生，但就是对白天的事情只字不提。第二天，板垣把郑孝胥、罗振玉等叫到大和旅馆，对他们说：“这一次东三省的局势非宣统皇帝出来不可。前些天，军部人士在东京谒见天皇时，曾一再担保如果做不到，军部须全体辞职，这于皇上恐有最坏的结果。因此，军部的要求再不能有所更改，否则只能被看做是敌对态度。只有用对待敌人的手段做答复，这是军部最后的话。”[②]郑孝胥等人把这番话如实告知溥仪，满仪呆坐在沙发上，一时间说不出话来。郑孝胥乘机补上一句：“日本人说得出做得出，眼前这个亏不能吃。张作霖的下场就是殷鉴。”郑垂、罗振玉也在旁敲边鼓，溥仪只得叹了口气，叫郑孝胥去找板垣谈谈。最后板垣答应溥仪暂任执政一年，“满洲国”不用“共和”二字。2月26日，溥仪叫侍从备好香案，对列祖列宗祭告一番，终于下决心去当日本人的傀儡。

在沈阳，这一时期所谓“建国”舆论越鼓越高。在关东军的操纵下，由“奉天省公署”、“自治指导部”、“市政公署”、“市商会”等四个机构组成“民众促进建国大会筹备委员会”，负责组织和宣传工作。“自治指导部”从2月15日起，便伪造民意，鼓吹“建国”。每5天一周期，在各地组织活动，他们四处张贴标语，组织游行，沿途高叫“欢呼新国家的诞生”“感谢友邦日本的提携”“让我们登上王道乐土”“五族协和共存共荣”等卖国口号，闹得乌烟瘴气。“筹备委员会”成立以后、“建国”宣传甚嚣尘上，满街所见的尽是宣传画和红红绿

① 孙喆甡：《爱新觉罗·溥仪传》，华文出版社1990年版，第202页。
② 孙喆甡：《爱新觉罗·溥仪传》，华文出版社1990年版，第204页。

绿的标语。伪市政公署还专门印制了6万面红、蓝、白、黑满地黄的五色“国旗”，强迫所有临街的住户及商店门市悬挂。

2月27日，赵欣伯在沈阳大舞台召开市民大会，为了造声势，头一天就在街头贴了海报，说凡是参加会议者，都能领到一包军用饼干，还能免费看半天戏。结果，除了一些必须参加的机关团体外，也有些老百姓前来只为领点饼干吃。赵欣伯穿着长袍站在台上讲话，底下乱乱哄哄人声嘈杂，一句也听不清。2月29日，“市长”赵欣伯一大早便率伪市政公署全体人员及所谓市民代表赴文庙祭孔，然后回到位于沈阳同泽女中的“自治指导部”院内召开“全满促进建国运动联合大会”，到会的几百人多数是被迫而来的，有的甚至是被关东军用枪吓唬来的。这次会议决议“脱离中国，赶快建立‘满洲国’”。[①]会议强迫代表在《建国请愿书》和《建国宣言书》上签字。并决定选派冯涵清等6人向溥仪请愿。当晚，冯涵清等便从沈阳出发。

1932年3月1日，伪东北行政委员长张景惠在沈阳发表了《建国宣言》，宣布伪满洲国成立。下午，向溥仪请愿的6人到达旅顺，请溥仪接受“民意”。溥仪此时还要端端架子，拿出早已准备好的答词，由郑孝胥交给代表们，以责任重大为理由，拒绝出任伪执政。3月5日，“东北行政委员会”又派出第二批代表，人数增加到29人，来向溥仪第二次“请驾”。溥仪这才表示“勉竭愚昧，暂时执政一年”。3月6日早，溥仪及随行人员来到汤岗子对翠阁温泉旅馆。此时的对翠阁门前已飘着伪满洲国“国旗”，周围宪警林立，张景惠、赵欣伯等在门前恭候。板垣、片仓也赶到，在这里与溥仪、郑孝胥共同商定了伪满洲国的人事安排，溥仪终于在全部出卖东北主权的文件上签了字。

3月8日下午，溥仪等一行人乘专车抵达长春，在日本人的安排下，车一进站，欢迎的乐曲和欢呼声便响成一片，溥仪在“满洲国”“国歌”的乐曲声中走出车厢，迎接溥仪的人或拿日本国旗，或拿“满洲国旗”，摇晃着欢迎溥仪。惟有一群人打着黄龙旗赶来迎接，这是熙洽、荣孟枚发起组成的“八旗迎銮团”，溥仪一时间感动得热泪盈眶，顿觉复辟大业“是大有希望的”[②]。

3月9日，在关东军的操纵下，举行“执政”就职典礼，溥仪穿着西式大礼服，行的鞠躬礼，众人对溥仪也是行三鞠躬礼，然后由臧式毅和张景惠二人代表“满洲民众”献上了黄绫包裹着的执政印，“执政宣言”由郑孝胥代为宣读。

---

① 中央档案馆、中国第二历史档案馆、吉林省社会科学院：《“九一八”事变》，中华书局1988年版，第353页。

② 爱新觉罗·溥仪：《我的前半生》，群众出版社1964年版，第312页。

典礼完毕，溥仪先接见外宾，然后到院子里升旗照相，典礼仪式在庆祝宴会中结束。

溥仪就任“执政”的第二天，根据关东军提出的名单，任命了伪满洲国的官吏。伪国务院总理兼文教部总长郑孝胥；伪民政部总长兼奉天省省长臧式毅；伪外交部总长谢介石；伪军政部总长兼黑龙江省省长马占山；伪财政部总长兼吉林省省长熙洽；伪实业部总长张燕卿；伪交通部总长丁鉴修；伪司法部总长冯涵清；伪立法院院长赵欣伯；伪监察院院长于冲汉；伪最高法院院长林启；伪参议府议长兼北满特区长官张景惠；伪参议袁金铠、罗振玉、福贵等。日本人驹井德三为伪国务院总务长官。

就这样，溥仪在“新京”做了日本侵略者的傀儡，而在沈阳，则出现了“大日本帝国拓务省”派出机关，一批批的日本人携妻带子，拥出奉天火车站，在“满洲乐园”的大字标牌前狂呼乱叫，日本军警在大街小巷横行。“满洲建国”的丑剧揭开了东北沦陷14年的屈辱历史的序幕。

四、日伪的沈阳城市建设规划

伪满洲国建立以后，日本把长春作为“满洲国”的国都，但是，对于沈阳这块肥肉始终不曾有丝毫疏忽。日军侵占中国东北的同时就已制定了《满蒙开发方策案》，这一方案的宗旨就是要开发“满蒙”。为日本经济做出贡献。所谓“日满一体的计划经济”就是将东北作为日本的资源供应地，把东北经济纳入日本帝国主义经济体系。

1. 铁西开拓地计划

日俄战争以后，日本夺得沙俄对华不平等条约中关于在南满即长春到大连的铁路及其“附属地”权益和旅大租借权。1906年，日本为经营南满铁路及其附属地，以政府第142号敕令，设立南满铁道株式会社（简称满铁），同年11月26日宣布成立，1907年4月1日开始营业。“满铁”在日本推行的“大陆政策”中，尤其是在东北经济殖民地化的过程中，起到了至关重要的作用。“九一八”事变后，为了适应日本帝国主义需要，即把东北变为日本侵略战争的战略物资供应基地，“满铁”开始大力发展重工业和化学工业。沈阳是东北最大的政治、经济、文化中心城市。因此，也是日本实现所谓“日满经济一体化”的重点地区。最先提出建立铁西工业区计划的即是“满铁”。

“铁西”一词意即“南满铁道”以西。与“满铁附属地”又一路之隔。这一地区处于沈阳市海拔最低的地理位置，地势平坦，地下水利资源丰富。从日俄战争以后，日本已经在该地区非法建立了一批企业，这些经济上的渗透和一些非法侵占的地盘，随着日本侵略势力的扩张而逐渐合法化。于是，“满铁”堂而皇之地提出要收买100万坪土地（每坪合3.3平米），开发铁西工业区。但是，当时的沈阳市政当局未能令其如愿，直到“九一八”事变前，日本收买100万坪土地的计划仅实现了三分之一。主要有“满毛”“满麻”“南满制糖”“共益炼瓦（砖）组合”“满洲窑业”“东洋拓植”等八家企业。“九一八”事变以后，东北沦为日本人的殖民地，扩大铁西工业区的计划又被“满铁”正式提出，而且付诸实施。1933年3月15日，伪奉天当局按“满铁”规划，将艳粉屯、牛心屯、揽军屯、大小则官屯、路官屯、瓦房屯等村落及土地划为铁西工业区。1934年11月，把揽军屯（今浑河地区）划入沈阳市区。

“满铁”实施其建立铁西工业区的计划，是建立在对中国农民残酷盘剥甚至全部剥夺的基础之上的。1935年3月，为了“征集”土地，在铁西区成立了“奉天工业土地股份有限公司”，作为从农民手中“购买”土地的专门机构。但是事实上，这种收买无异于强占。无论农民是否自愿，被圈占的土地都要卖掉，而且只能卖给“土地公司”，而在价格上，卖方无任何自主权，全由日方来定。每亩地平均只有60元左右，农民稍有违背或者抵抗，轻则棍棒相加，重则即加以惩处，经过层层克扣，农民到手的卖地钱已经所剩无几，却又只能忍气吞声，敢怒不敢言。短短的时间里，农民大都被赶出家园，“满铁”原计划“收买”的100万坪土地，到1936年已超过4倍之多。

1937年12月1日，“满铁附属地”移交伪奉天市公署。铁西工业区也包括其中。沈阳市包括城内、大东、商埠地、“附属地”、铁西工业区，全市实现了在日本控制下的行政统一。1938年1月1日，沈阳市公布了“奉天市区条例”，铁西工业区正式划为铁西区，与其他10个区同时划为市辖行政区的一部分。铁西工业区的含义也由此发生了变化，即非单纯的产业经济区域。这样，由于日本侵略者的蛮横强占，铁西区的总面积迅速扩大，到1939年已经达到原铁西区着手建立时规划面积近5倍之多，占全沈阳市其他各区之首。

铁西工业区的拓展，使日本侵略者颇为得意，他们四处标榜铁西是“开发”东北的典型。铁西的知名度也被越炒越热，诸多日本的大小财阀、中小资本家纷纷跻身铁西，投资建厂，铁西区吸收的日本投资不断增加，1936年为4.5亿元，到1941年已增加到6亿元。日资企业1939年计有189家，一年后达到233家。其产业结构也从金属工业、机械工业、化工到纺织、食品、杂品、酿造、电器、窑业、玻璃等等。日资工业总产值占全沈阳市的比重从1936年的14%上升到1940年的60%。

铁西区的发展是殖民地经济的畸形发展，它不仅没有给中国人民带来利益，反而造成严重的空气污染，数万中国人在日本资本家、把头、监工的严密控制下，每天从事十几个小时的繁重劳动，而工资却不及日本同种工人的三分之一甚至五分之一。工人们过着衣不蔽体、食不果腹的生活。大批童工、女工境遇更惨。在日本侵略者的压榨下，其身心也受到严酷的摧残和侮辱。

2. 奉天都邑计划

1931年“九一八”事变后，沈阳沦为日本帝国主义的殖民地，改称奉天市。1932年11月，日伪当局、“南满洲铁道株式会社”和日军三方组成“奉天都邑计划准备委员会”，为沈阳城市规划的决策机构。1933年3月1日，日伪当局发表“满洲经济建设纲要”，确定奉天（沈阳）、安东（丹东）、吉林、哈尔滨为四大工业区，设想按日本大阪市模式把沈阳建成工商大都市，以形成沈阳、抚顺、鞍山、大连工业圈。1938年2月，编制完成《奉天都邑计划》。

《奉天都邑计划》编制时，市区人口70.1万人，用地约60平方公里。规划期为15年（1938—1953年）。规划期人口规模为150万人，规划区域面积为400平方公里，其中市街区域计划内192平方公里，余208平方公里，为宽1—7公里环状绿化保护地。

规划确定的沈阳区域范围，以小西边门为中心，东至东陵，约15.3公里，西至李官堡西，约12.7公里，南至奉抚线，约9.5公里，北至北陵北部，约7.9公里。确定计划区内居住用地69.5平方公里，商业用地27.1平方公里，工业用地25平方公里，其他用地70.5平方公里。

规划的主要内容有：

铁路　原奉吉、奉山西线连于沈阳总站（老北站），横贯市区，构成不合理，规划拆除奉吉线一部分和沈阳总站，奉吉线由沈海站直接与“满铁”本线（今长大线）接轨，在接轨处设新北奉天站。新设奉山南回线，在皇姑屯以西合并奉山线。在皇姑屯和沈海站（今东站）设置货物操车场。在工业区设置铁路专用线。

道路及广场　道路系统分三类。第一类是放射状干线，以小西边门为起点，建设国道六条，即经小东边门、东陵的抚顺国道；经沈海、北大营东侧的铁岭国道；经小北边门、北陵机场的法库国道；经皇姑屯、塔湾的新民国道；经沈阳站、南五条、杨士屯的辽中国道及跨越浑河的辽阳国道。第二类是环状干线，计划形成四个道路环状系统，即绕城墙四周外的一环；沿南五、南京街、大北、大东边门的二环；经东北大学、北大营、沈海、东塔机场的三环及北陵、东大营、浑河堤、塔湾的四环。第三类是连络干线，连接车站、货场及商贸点等主要干线的道路。

以上三类道路构成城市路网骨架。在此基础上配以辅助道路。路宽分别为80米至10米十五种。国道宽度为22米以上，且与铁路交叉处设立体交叉。

规划确定在小西边门设5.7万平方米的中心广场。在火车站及各区设广场，并在各区道路交叉复杂处设圆形广场。广场总用地面积为36.5万平方米。

水路与堤防 规划形成两条排水干线，即新开河、南运河。计划修筑浑河北侧堤防，由东陵山麓起经上木厂往西到浑河铁桥止，全长22.5公里，平均堤宽37米，占地83万平方米。计划开挖纵贯铁西区至浑河的运河，在抚顺至营口的大运河修挖前作排水用。

公共用地 以小西边门广场作为新建公共建筑用地中心。学校用地安排在通学距离及交通方便的适当位置。总用地1.73平方公里。辟建北陵、东陵、塔湾、万泉为四大公园。北陵陵南一带归入公园。开设综合运动场。在北陵、东陵、塔湾等地设苗圃。浑河堤防内侧植造防护林。计划还在市区内外设四处墓地及火葬场。在北陵前外苑建神社（日本庙），北塔法轮寺周围绿化成中等公园。市街区设置26处市场，总面积约40万平方米。在皇姑屯以西设屠宰场及家畜市场一处，面积约15万平方米。在东大营及塔湾高地上分别设置传染病院和结核病院。在北陵西高地和砂山各设赛马场一处。除南市场、北市场原有娱乐场外，在沈海、万泉、皇姑、铁西附近新辟娱乐场各一处。在小西边门广场附近设市立图书馆一座。

根据技术要求及周围状况，设置污水处理场、污水泵站、配水场数处。在东大营以北、塔湾北部、铁西区南部各设垃圾场一处。

民用地及地段分割 民用地包括居住用地、商业用地和工业用地，总面积81.6平方公里，人均占地54.4平方米。地段分割：商业区设于主要交通道路两侧，一般长边120—140米，短边60—70米；居住用地长边140米，短边70米；工业用地长边200—250米，短边150米。

按照《奉天都邑计划》，辟建了铁西工业区，面积11.5平方公里。扩建了大东工业区。许多日本财团在沈阳开办工厂。仅铁西工业区就有工厂401家，其中日资323家，民族工业78家。沈阳迅速发展成具有一定规模的工业城市。商业也迅速发展，先后形成太原街、中街、北市场等较大的商业中心。在市政建设上，道路骨架已有雏形，城市基础设施有了较大发展。到日本帝国主义投降时，市区已有道路面积1 107.3万平方米，有城市供水水源11处，上水管道409公里，排水管道486公里，有煤气气源1处，煤气管道291公里，电话1.95万门，有住房约600万平方米。城市人口由日本占领初期的56.2万人增至158万人。建成区面积达到115平方公里。

由于当时的沈阳是殖民地性质的城市，在城市的规划布局和建设上，存在一些严重问题：铁西工业区建设在城市上风向，对城市污染十分严重；奉山、奉吉两条铁路横贯市区，市区被分割成几大块，造成市区交通东西不畅，南北不通，市政设施建设畸形发展，日本人居住的和平区，道路平坦，设施齐全，而中国劳动人民居住的铁西劳工房等地区，道路低洼积水，环境十分恶劣。

五、设立“矫正院”

“矫正院”，全称“矫正辅导院”，有的叫做“保护监察所”“更生训练所”等，虽然名称各异，其实质是一样的[①]。设立“矫正辅导院”是日本侵略者在行将垮台前采取的一个十分残暴而毒辣的法西斯统治政策，企图通过这项政策达到既镇压中国人民的反抗，又能补充劳动力缺乏的双重目的。

1943年9月18日，日伪当局在司法部设立“司法矫正总局”的同时，公布了《保安矫正法》和《思想矫正法》[②]，标志着日本法西斯在东北推行“矫正”制度的法律基础的确立。此后，伪满又颁布了《矫正辅导官制》和《保护监察所官制》等法令，并相继在东北各地设立“矫正”机构，包括进行保安“矫正”的“矫正”辅导院和进行思想“矫正”的“保护监察院”，一般都称为“矫正辅导院”。

“矫正”制度是日本法西斯为维护其殖民统治和进行侵略战争的产物。1941年日本发动太平洋战争以后，所谓“日满一体”的体制进一步加强。为了确保“大东亚圣战”，日本法西斯不断加强对海外殖民地的统治和掠夺资源。对于关东军来说，维持伪满统治的稳定，加紧掠夺东北资源，成为十分迫切的问题。关于维持伪满统治稳定问题，虽然在关东军的强大武力围剿之下，大规模的抗日武装斗争有所减缓，但由于日本法西斯的残酷统治，人民生活更加困难，各种问题不断出现，社会不稳定因素仍在增长，因此关东军认为需要采取更为有效的治安对策。关于掠夺资源问题，日本占领东北后，就将东北作为侵略战争的战略基地。在关东军的控制下，伪满当局制定了两次“产业开发五年计划”和“北边振兴计划”等战争计划，以确保侵略战争的需要。为此需要大量的劳动力加以保证。虽然日伪当局在“七七”事变后就颁布了《国家总动员法》和《劳动统制法》（1938.12），推行强制的战时劳动体制，但仍无法满足劳动力需求。太平洋战争爆发后，这个问题更为突出。于是日伪当局决定，在强化政治

① 史丁：《日本关东军侵华罪恶史》，社会科学文献出版社2005年版。

② 刘信君、霍燎原：《中国东北史·第六卷》，吉林文史出版社2006年版，第463页。

统治的同时，通过各种刑法以解决劳动力不足的问题。这也是《保安矫正法》和《思想矫正法》出笼的一个重要背景。

为了达到巩固伪满政权，获取充足劳动力以保证掠夺的需要，两个“矫正法”别出心裁地打着预防犯罪的名义，提出通过“保安矫正”“预防拘禁”等措施，“以资达到治安保持之目的”。为此，对于“有犯罪之虞”者，必须进行“矫正”。所谓“有犯罪之虞”者，包括“浮浪”“劳动嫌忌者”和“可能犯有政治罪者”等。这里提到的“浮浪”和“劳动嫌忌者”，表面上是指无业者和流浪者，实际上是为搜刮劳动力找借口。总之，只要被认为“有犯罪之虞”者，都会被押送到“矫正院”，接受无限期的“精神训练”，即长期服苦役。这个“大东亚圣战决战下的行刑及保安拘留制度”，既是日本法西斯镇压中国人民的残酷手段，又可以获得大量无偿的劳动力，满足侵略战争的需要。

为实行“矫正”制度，日伪当局在原伪司法部刑事司的基础上设立了“司法矫正总局”，任命原“刑事司长”中井久二任局长。该局除接管原“刑事司”所掌管的伪满监狱（“刑务所”）行政外，主要是推行“矫正”制度。其主要工作就是在东北各地设立“矫正辅导院”。最初一批“矫正院”设在沈阳、哈尔滨、鞍山、本溪湖、抚顺等五个城市，以后又陆续在鹤岗、密山、佳木斯、阜新等地增设了一批“矫正院”。据日方统计，至1945年8月，日伪当局在东北各地设立的“矫正院”达18所，10个分院，共收容人员1.3万余人[①]。在有的地方虽然名称不同，如沈阳的“济生院”，伪新京的“更生训练所”，但其实质基本相同。在一些较大规模的“矫正院”之下，还设有“矫正分院”。如鞍山的“矫正辅导院”本院有1 500人，分院有800人；抚顺的“矫正辅导院”本院有800人，分院有250人左右。1945年3月，甚至还在抚顺设立了“少年矫正辅导院”，不到一个月，就关押了500人[②]。直到日本投降之前，日伪当局还计划在（辽源）西安煤矿建立一个“辅导院”。

矫正院中如此之多的“嫌疑者”都是以什么“罪名”被抓进来的呢?

日伪当局抓捕“嫌疑者”采取的方法主要有两种：一是平时的“个别索出”（即个别逮捕）。李春荣是一个被扣上“莫须有”罪名抓进矫正院的例子。李春荣是家居绥中的小贩，由于对日伪警察的敲诈不满，去县里告了一状，便引来灾祸。1944年9月，李正走在串亲的路上，被警察带走，在毒打逼供下，被扣上“经济犯”的罪名，送进了“千山矫正院”（后又转到“弓长岭矫正

① 步平、辛培林：《苦难与斗争十四年》下卷，中国大百科全书出版社1995年版，第57页。

② 史丁：《日本关东军侵华罪恶史》，社会科学文献出版社2005年版。

院”)。在“矫正院”里受尽了折磨，直到抗战胜利才得以回家。[①]有的人就因为卖了自家西瓜，就被扣上“经济犯”罪名关进了“矫正院”。二是集中的“一齐索出”(即成批抓捕)。1943年11月，在哈尔滨道外船厂做工的40多人，突然被抓了起来，未经任何审讯，就被绳索捆住，用闷罐车送到了“弓长岭矫正院”[②]。又如1944年春，日伪抚顺市警察局，在抚顺闹市区以“抓浮浪”为名，一次就抓捕无辜群众300多人，经酷刑审讯后，将其中250多人送进了“抚顺矫正院”[③]。

为了使用劳动力方便，日伪当局大多将“矫正院”或其分院设立在矿山、工厂附近，并建有严密的防范设施。如沈阳“矫正院”周围设有电网。进了“矫正院”与进监狱是大同小异。“矫正院”可以说是日本法西斯统治和迫害人民的别出心裁的产物，是德国法西斯集中营的又一翻版。被抓进“矫正院”的人，不仅在肉体上受折磨，担负沉重的劳役，过着非人的生活，而且在精神上要强迫接受“矫正”，身心两方面都受到严重摧残。

首先，进了“矫正院”就失去了人身自由，成了日本法西斯驱使的“奴隶”。各“矫正院”周围大都用高墙和电网围着，派有重兵把守。被“矫正者”进入“矫正院”后，都要强制换上写有醒目“犯”字的号衣，外出劳役都由荷枪实弹的军警押送。为防止被关押者逃跑，有的“矫正院”对被关押者剃眼眉或割衣袖。

其次，处于非人的生活状态。据曾被关押在“弓长岭矫正院”的刘万忠回忆：住的地方是对面大炕，破玻璃窗户四面透风，睡觉时以鞋当枕，和衣而卧。冬天墙壁挂满霜雪，冻得睡不着，起床时身边都是霜雪。夜间大小便时必须几个人一起去，还得赤身裸体，与睡觉时必须穿衣服正好相反。有一次我上厕所忘了脱衣服，被辅导士发现，打了一顿耳光。吃饭是一日两餐，都是发霉的秫米稀粥，副食是每顿一条一指宽一寸长的咸菜。吃饭前都要盘腿正坐，低头默祷，然后才准吃饭。由于饥饿人们不得不吃树叶和烂棉絮，甚至有的人竟把监房里的老鼠抓住吃了下去。[④]就连当时担任过伪司法矫正局保健科长的日本人松冈功也认为，犯人是处于最低的生活水准之下，已经到了“人类的极限以

① 中国人民政治协商会议绥中县委员会：《绥中文史资料》(第2辑)，文史资料选编委员会1982年版。

② 赵冬晖、孙玉玲：《苦难与斗争十四年》(下)，中国大百科全书出版社1995年版，第56页。

③ 孙邦：《伪满社会》，吉林人民出版社1993年版，第131页。

④ 文史资料研究会委员会编辑部：《不能忘记的历史》，黑龙江人民出版社1985年版，第276页。

下”。

第三，除生存条件极端恶劣外，日伪当局还人为地制造苦难。例如，关押密度极高就是一个严重问题。据在伪奉天监狱担任过文书的铃木信司回忆，本来只能关8个人的监房，却硬塞进去30—40人，结果犯人只能人挨人地坐着，动弹不得。如果有人出去“方便”，回来就没有自己的位置。在这种环境下，有的人竟是这样坐着死去的。

第四，沉重的劳役。由于日伪设立“矫正院”的目的之一就是要解决劳动力不足的问题，所以尽管“矫正院”的条件极端恶劣，但日伪当局始终实行“矫正即劳动，劳动即矫正”的原则，强迫被“矫正者”进行沉重的劳役。据刘万忠回忆，每天4点钟起床，在每道深30米的矿井里干12个小时活，常年不见太阳。作业任务是每人每天装3车，共计18吨，完不成不许出井。延长一、二小时是常有的事。不仅劳动时间长，强度大，而且还不许休息，如因疲乏直直腰就要挨打，有一次我一直腰，立即挨了3镐把。更严重的是在掌子面不许四下观望，因此常有被落下的矿石砸死的。最危险的是冒顶，有一次冒顶，正在作业的全小队90人都被砸死了。[①]更甚者还有给“辅导工人”带着镣铐迫其工作的。

第五，在肉体上和精神上施行残酷的“矫正辅导”。所谓“思想矫正”，实际就是进行奴化教育，宣传所谓“大东亚圣战”。而对于敢于反抗或破坏“院规”者，则施以酷刑。按照《矫正辅导院令》，对“辅导工人”必要时可以使用刑具。毒打、带铐、上滚笼等，刑罚手段多种多样，在酷刑下致死者不计其数。

第六，由于生活条件恶劣和辅导士及看守的残酷迫害，“矫正院”中疾病流行严重。几乎所有的被关押者普遍患有浮肿病。对于患病者，“矫正院”不仅要减其食粮，而且不给及时治疗，或根本就不给治疗。因此，被关押者最担心的就是患病，一旦患病就等于宣判了大半个死刑。刘万忠就亲眼看到，许多重病号不能出工干活，被活活打死。在这样的残酷迫害下，“矫正院”的死亡率惊人之高。一些曾在本溪工作的日本人说道，那里的死亡人数同每年新进来的人数基本上是相同的；平均每天都有十几人死亡，而到了日本快要投降的1945年6—8月，每天竟有近30人被抬出去，3年就死了1万人。另据日伪当局对通化“矫正院”调查统计，仅在押500名“辅导工人”中，即先后死亡近200人，死亡率高达40%。[②]

① 中国人民政治协商会议绥中县委员会：《绥中文史资料》（第2辑），1982年版。
② 孙邦：《伪满社会》，吉林人民出版社1993年版，第134页。

哪里有压迫，哪里就有反抗。据日伪档案记载和有关案犯供认："被辅导关押者，因不堪奴役的悲惨境地，起而反抗暴动和逃跑事件也多起发生。"1944年以后，在抚顺、鞍山、本溪湖等"矫正院"或劳役作业场，陆续发生过13起集体暴动和逃跑事件。1945年1月，抚顺"矫正院"的被"辅导工人"，在原八路军干部张继武、宋庆昌的率领下，组织了两次集体暴动和逃跑事件。他们手持木棒、铁锹，同日伪警察和看守展开了殊死搏斗。[①]

"矫正院"是日本法西斯制造的人间地狱，当时曾流传着这样一首民谣："矫正辅导院"，活赛阎王殿。活着抓进去，死后算出院。这座"活阎王殿"是日本帝国主义侵华的重大暴行之一。

第三节　日伪对沈阳的经济统治与掠夺

尽管在发动了"九一八"事变之后，日本侵略者得益于蒋介石的不抵抗政策而顺利的控制了整个东北地区。但从其发动事变的第一天起，中国人民的抵抗就没有停止过，而且，不仅中国国内反对，国际上也派出了李顿调查团，不得已日本关东军搬出了溥仪，并成立了以其为元首的伪满洲国，开始借伪满洲国之手，来满足其发动战争的种种欲望。

为了掠夺东北的广大资源，尤其是战争的必需品，日本方面一方面加紧占领并控制这些地区，另一方面，开始通过疯狂的经济掠夺，控制东北的经济命脉来直接满足战争的需要。

一、对铁路交通业的垄断

"九一八"事变以后，日本关东军首先控制了东北的交通。他们先后强占了沈海铁路抚顺站、吉长铁路吉林站、四洮铁路郑家屯站、打通铁路通辽站、北宁铁路巨流河站、吉敦铁路敦化站、洮昂铁路洮南站等。沈阳铁路总站被日军实行了军管。"满铁"在关东军的支持下，对东北境内的铁路实行了所谓的接收，控制了铁路的经营权。沈海铁路的经营权是第一个被控制的对象。

---

① 孙邦：《伪满社会》，吉林人民出版社1993年版，第136页。

沈海铁路最早称奉海铁路，其干线由奉天至海龙，支线有梅河口至西安（今名东辽县）、海龙镇至朝阳镇，总长325.7公里，该路由省内官商合办，共同经营。但是日本对其早已眼红，在中国经营期间即横加干预，1931年10月11日，奉天特务机关长土肥原贤二等经过谋划，利用汉奸成立了一个“沈海铁路保安维持会”，丁鉴修担任会长、土肥原贤二任监事长（后由河本大作担任），“满铁”人员充任各部门顾问，实际上是通过这种形式明火执仗地将中国人自资修建的沈海路权夺去，满足了其奢望已久的贪欲。

此外，还有对奉山铁路的掠夺。这条铁路是由沈阳至山海关干线及其支线，是北宁铁路的关外部分，干线长约455公里，本来这条铁路是由英国投资修建的。“九一八”事变后，被关东军监管。1932年1月4日，在关东军的操纵下，伪奉天省长臧式毅宣布山海关以东独立，沈阳设立了伪奉山铁路局，任命汉奸阚铎为局长，接管奉天铁路。为此引起英方强烈不满，向日方提出抗议，迫使日方表示可以偿还中英公司在铁路的资金。随后，日军即安排大批“满铁”人员把持了铁路局的各个部门，将奉山铁路的经营权也夺归已有。

1933年3月1日，“满铁”在沈阳成立铁路总局，以经营东北已建和新建铁路、港湾、水运及附属业务，从而强占了东北的交通事业。

二、控制沈阳金融与货币

旧时东北境内分布有众多的银行和票号，其中有官方的也有民间性质的。日本关东军在“九一八”事变之后，立即着手控制这些金融机构。理由也十分的简单，要么是切断敌军军费来源，要么就是保护银行自身财产，诸如此类。

当时沈阳的官办金融机构首推奉天官银号，这是1905年由盛京将军赵尔巽创办的，后由沈阳扩大到吉林、黑龙江省，1909年改称东三省官银号，后经多年发展，资金达到了2 000万大洋，除沈阳设总号外，还在哈尔滨、长春、大连、天津、上海、山海关等地设立分号80处，以及附属业务22处。此外还有边业银行，这是1919年由直系军阀筹建的，经张作霖改组后，1925年重设于天津，1928年迁至沈阳，在外地有分号30多处，资金号称2 000万元，其中张作霖、张学良及部下的资金占绝大部分。这两家银行与吉林永衡官银号、黑龙江省官银号合为“四行号”，是东北金融界巨头。

“九一八”事变第二天，关东军便派兵占领东三省官银号，所有银号的大门都被贴上刺眼的白封条，上面用墨字写着“关东军占领，违者铳杀”字样，银号前边筑着半圆形的临时防御工事，关东军头戴钢盔、荷枪实弹把持着银号，其中库存的大量黄金、货币无不被洗劫一空。边业银行、中国银行、交通银行等几个重要金融机构也完全落人日军之手，随之，吉林、黑龙江的银号也遭同样命运。1932年7月1日，日本侵略者成立伪满中央银行总行、支行共128个单位，全部由日本人控制和把持，原有的“四行号”就这样销声灭迹了。

事变后，日伪统治者先后炮制了《银行法》和《货币法》，吞并了原有行号的金融资本，垄断了货币印制与发行权。1932年7月1日，伪满洲中央银行及其奉天分行同时开业，同年9月正式发行伪币“满洲中央银行券”，收兑东北原有货币。

日伪在东北收兑的货币共15种，其中由伪中央银行奉天分行重点收回东三省官银号、奉天公济平市钱号和边业银行发行的大洋汇兑券、现大洋票（包括准备库券）和铜元票。规定伪币1元分别兑换：东三省官银号兑换券（天津券除外）1元；边业银行兑换券（天津券除外）1元；辽宁四行号联合谁备库兑换券1元；东三省官银号汇兑券（一二大洋票）50元；公济平钱号铜元券60元。

在兑换过程中，人民群众对日伪金融统制极为不满，一度拒用伪币，交易中仍使用原有货币，使兑换期限由2年延至3年。1935年8月末，日伪宣布兑换结束，东北全境共收兑原有15种货币1.42亿元。

通过兑换货币，日伪极力盘剥东北人民，从中攫取财富。日伪规定的伪币1元兑换大银元票50元，或兑换铜元票60元的比率，均低于市价。辽宁“四行号”发行的票券，未收兑的达402万元，占流通总额的2.8%；铜元票有51%未收回，停兑后，东北人民遭受很大损失。1933年，日伪停止大、小银元的流通，强令以1元伪币兑换大银元1元，90元伪币兑换小银元票100元，从中捞取巨额银元。

伪满币名为银本位，但并不铸造银币，又无兑换规定，实为不兑换纸币。并且无限制通用于日本占领区。伪满币有纸币、硬币2种。纸币有1932年7月1日发行的加盖红色“满洲中央银行”印记的临时票，1932年9月发行的甲号票（印有伪五色旗），1935年11月发行的乙号票（印有财神比干像五色版），1941年开始发行的丙号票（印有财神比干三色版），1945年日本投降前大量发行的短号码票，共为5套。1932年，发行5角券、1元券、10元券；1933年，陆续发行5元券、100元券。硬币面值有5厘、1分、5分和1角四种。1933年发行白铜和铜币；1939年发行铝币；1944年发行镁币（陶币）。重量越来越轻，质量越来越差。

1932年至1935年，伪币主要用于收兑原有货币，发行额增长较慢。1935年，日伪为建立“旧满通货集团”以便于对东北的掠夺和贸易往来，实行伪币与日币等价，并不再发行金票，伪币成为东北地区唯一纸币。伪币在沈阳的发行额缺乏资料，据伪满中央银行总行资料，1936年末伪币发行额达2.7亿多元（不包括辅币，下同)，比1935年末增加38%。1937年日本发动全面侵华战争，日伪施行“产业开发”五年计划后，伪币发行额连年大幅度增加，1941年末比1936年末增加3.8倍。日本发动太平洋战争后，伪币发行额急速增长，1943年突破30亿元，1944年达58.8亿元，1945年8月日本投降前夕达81.6亿元，是1941年的5.75倍，是1933年的62倍。

伪币滥发，加上物资缺乏，造成物价不断上涨。沈阳的零售物价公定价格指数，以1937年为100%，1941年上升为260%，1945年（1—8月）上升为594%。由于日伪实行经济统制而造成的黑市交易，价格指数以1937年为100，至1945年（1-8月）则猛升为9092。恶性通货膨胀给沈阳和全东北人民带来沉重灾难，日伪经济也陷于全面崩溃。

三、对农业资源的掠夺

“九一八”事变后，日本帝国主义实行“经济统制”和“物价统制”，取消粮食自由交易。为了掠夺中国的粮食，制定所谓“米谷管理法”，强迫农民按官定价格与数量，在规定的期限内把粮食出售给日伪收购机构，称之为“粮谷出荷”。掠夺粮食数量之大十分惊人。农民“出荷”的大豆占产量的80%以上；“出荷”的稻谷、小麦占产量的60%左右。“出荷”粮的价格仅为当时市场价格的8.5%左右。日本帝国主义者将东北地区的粮食大批运往本土和德国、意大利。仅大豆一个品种，在1931年至1939年间，经大连港运往日本的数量，即达1404万吨之多。在粮食销售方面推行“配给”供应办法，1939年以后，日伪当局把城市“配给”对象分为上、中、下三等。所谓上等人，是日本军政人员和日侨；所谓中等人，是伪满政府官吏；所谓下等人，即中国的平民百姓。对“配给”的粮食实行分等定量定质。对一般平民百姓“配给”的粮食不但数量少，而且质量差、价格高。一年的“配给”量不足实际口粮需要的三分之一；“配给”粮食的质量在多数情况下是由豆饼、麸子、谷壳、树皮、草根等制成的混合面；“配给”粮食的价格不仅比市场高，而且还不断上涨。日伪当局明文规定，不准中国平民百姓吃大米，有偷运或食用者以“经济犯”论处。在各道路隘口派有警察武装守候，进行搜捕巡哨。在农村推行计口授粮，将农民生产的粮食一律攫取，然后按人口数、按等级进行分配。将农村人口分为一、二、三等。一等为壮年，称之为“生产的重要分子”，每人每年“授给”原粮1.5石；二等为幼年，称之为“生产的次要分子”，每人每年“授给”原粮1.3石；三等为生产能力弱或没有生产能力的人，称之为“老小分子”，每人每年“授给”原粮0.8至1石。由于日本帝国主义者对沈阳农业生产恣意破坏和对粮食进行洗劫式的掠夺，使沈阳城乡人民陷于极端困苦的深渊。

日伪陆续颁布《外国人租用土地章程》和《日满土地开发公司组织章程》等，进一步强行征占城乡土地，修建军事工厂和设施，为其扩大侵略战争服务。1934年4月，将铁道以西（今铁西区）大片土地划为工业用地，至1941年扩大侵占21285亩，建起工厂230多家，并在农村占用大量农田修建警备道734公里。1943年占用1万多亩农田修建哈大公路。同时，日本帝国主义者还积极推行其移民政策，建立日本移民开拓团，通过低价强买、强占，侵占大量农田，使当地农民失去赖以生存的土地，或遭破产，或流落他乡，生活难以为继。日本侵略者为给其侵略战争提供粮食和工业原料，一方面采取贷款等措施扶持生产，另一方面对生产品则实行严厉的统制政策，特别是对水稻和稻米实行严格控制。

1937年春，在关东军的督促下，伪满政府成立了“满洲农业政策委员会”，对农业从土地制度到农副业进行了新的审定，决定对农产物资实行配给制度。其中，对稻米、小麦、大豆、棉花等主要农作物实行生产贩卖的统制。此后被统制品种不断扩大，并通过“农事合作社”这一机构，保证其统制方针的实现。奉天被作为试行农事合作社的地区，这种合作社的主要任务是在对农作物的检查、贮藏、运输、加工、销售、农业仓库的经营、农作物交易所的经营过程中实施统制方针。经过一个阶段的试行，1940年成立了“兴农合作社”，作为加强对农民的控制和对农产品的掠夺机构。

从1938年到1940年，伪满国务院决定对稻米、高粱、苞米、谷子、小米、高粱糠、高粱面、玉米面、大豆、苏子、大麻籽、小麻子、豆油、豆饼等统统实行统制收购，接着又先后颁布了《棉花统制法》《小麦及制粉业统制法》，对棉花、小麦及面粉也实行统制。

由于战争的扩大，日本帝国主义决定把东北变成“大东亚粮谷兵站基地”，将粮食的购销由原来严格的统制变为强制，也就是推行“粮谷出荷”和“粮食配给”制度。所谓“出荷”是强制农民售粮。主要方式是：在年度初，先由伪满政府召开伪省长会议，确定当年度的“搜荷”方针及数量，然后层层下达分配，一直落实到农户，秋后按规定的数量强迫农民交纳。为了保证计划不落空，在春播时就强迫农民签订“出荷契约”，到了秋后，不论年成好坏，必须按约将出荷粮一粒不少地交给兴农合作社。伪满洲国从中央到各省，成立了“搜荷督励班”，一到秋收，纷纷下去“督励”，严格防止农民把粮食偷偷留下或转入黑市销售。为此，他们要求各村的村长、屯长带领全体村民，排着大队，在规定的时间里同时到粮食交易点去“出荷”，连规定的路线也不能走错，更不能误了时间，否则严加处罚。即便这样，日伪统治者仍欲壑难填，他们派出各级官吏、警察公开下乡抢粮。他们手里拿着粮探子四处搜寻，发现粮食就装上车，农民虽然呼天吁地，但哪经得住日伪的刺刀、马棒，只得眼睁睁地看着自己的粮食被抢走，有的甚至房子也被烧光。这还不算，农民家里的谷草、高粱秸，也被“出荷”。已被搜光的农民还被规定每户交鸡蛋100个，肥猪1口，没有的要按价交款。[①]农民们往往连生存的口粮都没有，有的甚至种子也没留下，一家老小啼饥号寒，经常有人饿死街头，有的断了生路，干脆全家自尽，其状惨不忍睹。

1938年11月公布了《米谷管理办法》；1940年9月30日又颁布《粮谷管理法和特产物专管法》，把高粱米、大豆、小麦等粮谷品种统统纳入统制之内，实行“粮谷出荷”，强迫农民将生产的粮食送到粮谷交易所交售“出荷粮”。“出荷粮”价格，由日伪政府确定公布。1940年官定新粮收购价格，每百公斤高粱6.7元（伪币下同）、苞米6.9元、小米11元，而同期市场批发价，每百公斤高粱米25元、苞米19.4元、小米28元。“出荷粮”价格远远低于市场价格。每到粮谷“出荷”时，伪官吏、警察、汉奸、村长挨门逐户强迫送交，发现私下买卖粮食者，轻者遭毒打粮食没收，重者被诬“经济犯”判刑坐牢。仅1943年全市被迫交纳“出荷粮”17.9万吨。其中，辽中县“出荷粮”数量占粮食总产量的61.2%，新民县每户农民交纳“出荷粮”1 151公斤，市郊每个农业人口平均被掠夺粮食153公斤。按郊区农业人口540 813人计算，共交纳出荷粮8 274.4万公斤。

太平洋战争爆发后，日本帝国主义开始对普通消费品也实行了普遍的配给制。在日伪制定的配给统治纲要中明确规定：对国内配给物资的顺序依次为军需、准军需、官需、特需、准特需、重要民需、纯民需，形成与生产统制消费统制相适应的配给统制方针。由此看出，日本帝国主义为了保证战争需要，主要方式就是最大限度地卡住人民的脖子，控制生活所需。也就是说，从粮、油、盐、煤、钢到棉花、毛线、味精、酱油等等，凡是与人民生活、生产有关的物资一律实行配给制，而且自上而下一统到底。而且还要设置经济警察，用法西斯手段保证配给制的实行，这些经济警察利用手中的权利搜刮百姓，中饱私囊，稍有不顺，就会被冠以“经济犯罪”的罪名予以处罚。中国百姓无权吃大米饭，被发现就要作为“经济犯”挨打受罚，甚至蹲监坐狱。据1942年1月

① 王子衡：《日寇在伪满进行掠夺的三光政策》，《文史资料选辑·第三十九辑》，文史资料出版社1982年版，第62页。

《盛京时报》报道，1941年奉天警察经济保安科办理的经济犯案件有4 778件，抓捕的沈阳“犯人”达1 500人。日伪实行配给制的配给物品数量及质量连人民最低生活水平也保证不了。一个成年人每月只能供给不足十公斤的粮食，而且包括豆饼、橡子面之类。老百姓整日忍饥受寒，胆战心惊，实是度日如年。黑市上虽然偶尔也有，但其价格却以惊人的速度飞涨，涨幅高达原价格的20—30倍。在日伪的统治下，沈阳人民终日挣扎在死亡线上。

四、对工商业的控制和垄断

在沈阳沦陷时期，日本统治者推行了全面的“配售”统制。配售统制办法通过三种不同类型机构管理：对棉线、棉制品、麻袋、橡胶制品、卷烟等，由“组合”类机构进行统制；对粮食、特产品、生活必需品、毛皮、皮革、柞蚕丝、木材、水泥、煤炭、钢铁、非铁金属、曹达灰、硫氨等，由“会社”（公司）类机构进行统制；对小麦粉、盐、石油、火柴、酒精等，由“专卖”类机构进行统制。

1934年，日本帝国主义实行“经济统制”，从生产资料到生活资料均实行严格控制。物资配给权完全掌握在日伪各专业（或综合）株式会社手中。日伪当局为对沈阳经济进行“全面统制”，先后设立了纵向和横向的“物资统制”机构。纵向机构有：“日满商事株式会社奉天支店”、“满洲林业株式会社奉天办事处”、“满洲共同水泥株式会社奉天省支社”等。横向机构有：“奉天市物资调整委员会”，下设有“住宅专门委员会”和“煤炭配给委员会”。“住宅专门委员会”负责钢铁、水泥、木材地方性需要的“配给”；“煤炭配给委员会”专管煤炭“配给”。与“物资调整委员会”并设的还有“物资调整事务局”，负责“配给”机构设置、“配给统制”、价格等行政事务。1940年，日伪在沈阳设立的物资组合和同业公会共21个。日伪为满足其扩大侵略战争的需要，在物资“配给”方面，优先“配给”军事工业及与军事目的有关的“准军事”工业，对其余的项目则极力抑制，对民需物资则控制在仅能维持生活的最小限度，甚至不予“配给”。

实行这种物资配售办法后，能够轮到百姓头上的是极少的一部分，满足不了中国人民最低限度的消费。日伪政权为实现其最大限度压榨的目标，维护其配售办法的秩序，专设经济警察，取缔所谓各种“违法”活动，对城乡人民进行种种限制。不准中国人吃或储存白面和大米，一旦“违禁”便以“经济犯”或“国事犯”论处。

1941年7月25日《价格等临时措置法》颁布后，物价不断上涨，广大人民为了求生存，只得挺而走险求购于黑市。黑市的物价则一涨再涨，人民群众生活越来越困难。据1937年初不完全的调查，在市内50万居民中，就有14 209人流落街头，以乞讨为生。在日伪政权实施经济统制政策后，民族商业企业经营不景气，进货渠道受到严格限制，货源大幅度减少，几乎无生意可做，一些老字号商店纷纷倒闭或改营他业。兴泰号被迫改成染厂，利民商店的一部分变成馅饼摊，内金生鞋店被迫停业，改卖元宵，吉顺丝房等大型百货商店和一些金店，陷于半停业状态。据对1942年沈阳仅存的126家民族商业企业的情况调查：资本金在10万元以上至35万元的企业只有25家；资本金在10万元以下5万元以上的企业只有23家；资本金在5万元以下1万元以上的企业有42家；其余36家均是不足万元资本的小企业。其中1931年以前开业的只剩下28家。

1. 民族工商业的凋零

"九一八"事变后，一大批民族工商企业倒闭，一些外地资本转移他地经营。据1931年11月统计，逃亡倒闭的民族商业业户达6 734户之多，为事变前总户数的46.14%。从关内转销东北的商品基本断绝，其他外国商人在沈阳开办的商号受到严格限制。只有日本人开办的商业企业经营活跃，日本商品充斥沈阳市场。1932年至1936年5月间，日资在沈阳的商业贸易总额由108 940万元（日伪币）上升到443 820万元（日伪币），增长了3倍多。1935年，日伪政权推行《石油专卖法》后，苏、美、英在沈的4大石油公司被排挤出沈阳。1937年以后，日伪政权全面推行"经济统制"政策，先后公布了《贸易统制法》《暴利取缔令》《物价物资统制法》《物价停止令》等，建立了各种商业"组合"和"配给"机构，垄断了内外贸易购销市场。1937年，日本在沈阳的进出口贸易额，占进出口贸易总额的90%以上。

在这一时期里，沈阳日用工业品商业的发展，有三个突出特点：

一是民族商业惨遭打击，迅速衰落。1931年9月到11月，已经在沈阳发展壮大的民族日用工业品商业中有近半数的业户逃亡、倒闭。以后，开业的民族商户均不敢再投人过多资本扩大经营。1932年以后开业的民族商号，平均10户资金的总和还不如"九一八"事变前1户的资金。1939年，日伪当局强令关闭了全市的民族金银商店。1941年，仅在中街的80多户民族商号，就有半数关门歇业。民族商业企业，经过日伪当局的"整治""裁并"后，幸存的大多数商号变成了日本商业的"配给店"或代销店。

二是社会商品匮乏。日本军国主义者进行和扩大侵略战争，加大了军需物资的需要，供给社会销售的商品极度匮乏。日伪当局将所有商品几乎都列为"统制"之列，采取"配给制"办法控制销售，全市建立了200多个商品统制组合。在商品分配上优先分配给日商，华商能分配到的商品，不仅数量少，而且质量差。

三是日商独霸市场，不仅中国民族商业受到打击排斥，其他外商也受到排斥。在日本的政治、军事高压政策下，不仅上海、天津、广州等地的商品进不了东北，就是英、美、法、德等国家在沈阳开办的40多家洋行、商店，也因本国商品不能运进沈阳而被迫歇业或外迁。1935年，除美、英、苏在沈阳的四大石油公司外，其他勉强在沈阳维持经营的31家外商企业，年销售额仅占日商的0.66%。日本奉天商工会议所，还奉令委派一些日本商人到一些较大的其他外商洋行主管日常经营活动，以攫取经营大权。德商圭世昌洋行，忍痛采取赊销的办法，造成了货款久欠不能归还，损失重大。俄商秋林公司，被迫易名为秋林株式会社，成立了以日方人员为主的董事会和监察会，店内原有的俄国人全部被撵出商店。

1945年8月，日本帝国主义投降后，日本商号全部倒闭，民族商业企业竞相开业，沈阳商业呈现出短暂的繁荣。

东北的电讯事业同样不能摆脱被攫取的厄运。沈阳被占领之后，日军首先进占了电信机关。各地电报、电话及无线电的线路、设备遭到严重破坏，通信联络随之中断，电信员工被殴打、器材被劫掠，沈阳广播电台也被“满铁”控制，东北电信管理处被迫迁至北京，东北的电讯事业被关东军以一系列强制手段严格控制起来。

2. 控制沈阳的对外贸易

在日伪统治时期，沈阳的对外贸易企业（包括官办、官商合办、私营企业）全部被日本人占有，其他国家在沈的商业企业也受到排挤，进出口贸易被日本人所垄断。大批日本商品倾销于沈阳市场，大批粮豆产品、毛皮产品、矿产品运往日本。1937年，日伪政权推行《贸易统制法》后，日本对沈阳的进出口贸易额占进出口总额的90%以上，而其他国家在沈的63家商业企业（其中，英商17家、俄商17家、德商13家、美商7家、希腊商3家、波兰商3家、印度商2家、法商1家）所占的比重还不足10%。到1942年，沈阳的对外贸易只剩日本一个国家，沈阳商业完全殖民地化。

日本用武力强占了沈阳的军工企业和官办、官商合办的全部企业，对中国人的经济活动进行限制，对其他外国商人进行排挤。沈阳的对外贸易完全由日本所垄断，日本将大批日货倾销于沈阳市场，将粮豆等农产品、毛皮等畜产品，煤、铁等矿产品大批销往日本。1932年–1935年的4年间，沈阳的出口总值为27 578万元（日伪币，下同），其中日本为15 168万元，占全部出口总值的

55%；进口总值为70 193万元，其中日本为38 989万元，占全部进口总值的56%。

1935年至1937年，日伪当局先后推行“经济统制”“物价统制”“物资统制”等办法，对生产资料、原材料和生活资料严格控制。1937年又推行《贸易统制法》，其主要内容是为了保证日本的进出口贸易，限制战略性物资出口，指定经营进出口贸易的商社，调整进出口商品的价格，调整对各国之间的贸易关系等。《贸易统制法》的公布和实施，使日本完全垄断了沈阳的进出口贸易。1937年，沈阳的进出口贸易总额为4 540万元，其中日本对沈阳的进出口贸易额为4 100万元，占总额的90%以上；其他各国对沈阳的进出口贸易额只占10%以下。根据《贸易统制法》的规定，在沈阳指定了21家商社有进出口专营权。除这21家之外的商社，不得经营进出口贸易。到1942年以后，沈阳的对外贸易除对日本外，已无其他外国可以插足。

1945年8月，日本投降后，美国商品打入沈阳市场。沈阳的对外贸易由完全殖民地性质变为由买办操纵的半殖民地半封建性质。

3. 对海关税收的控制

1907年2月，奉天关在奉天省城（沈阳）建立。但是，自建立后至1931年，对沈阳地区的进出口货物始终未开办过监管和征税，仅承办一些海关总税务司交办的事务性工作，实际上只是海关总税务司设在沈阳的一个行政办事机构。

1932年8月奉天关被日伪当局控制，改为“奉天税关”（1932年–1937年称“奉天分关”），成为完全殖民地性质的海关。“税关”负责人均由日本人充任，日伪当局以“特惠关税协定”为由，对从日本进口的货物，实行大幅度减免关税，甚至完全取消关税，并在邻近关内的地区遍设关卡，对内地输往东北的货物非法征收高税，以抵制国货进人东北。1935年以后，日本殖民主义者把沈阳作为经济产业开发中心，投以大量资金，发展机床、电气、电线、车辆、纺织、制糖等工业，使进出口货物急骤增加。1936年日本各会社集团在沈阳的资本额为1.16亿日元，1939年增加到13.28亿日元，1940年增加到17亿日元。从1936年11月起，日伪当局将沈阳改为通关地，实行“保税”制度，对从大连、营口、安东（丹东）等口岸转运到沈阳地区的进口货物，改在沈阳办理报关、查验、征税业务，使伪奉天税关的关税收入猛增。1937年–1941年，伪奉天税关共征收进口货物关税14 012万元（伪满洲国币），居日伪税关收入的第二位。

五、对军工企业及重工业的垄断和掠夺

伪满期间沈旧城市工业区域分布主要集中在铁西，但原奉系集团在大东、

惠工等地建立的军事工业、官僚企业及分布在其他市区的工商各业仍然是城市经济的支柱。对于这些支柱产业，日本是靠“九一八”事变一举夺得的。

东三省兵工厂被日军占领时各种武器库存及半成品、机器设备、材料、厂房建筑及现金等价值现洋329 962 294元，这个数字是后来日本三井和大仓财阀共同出资的160倍，然而就是那200万元被说成是日资开办了“奉天造兵所”岂不有点滑稽？直到日本投降，兵工厂的设备、技术含量都是沈阳全市企业中最高的。全厂工人已超过万人，是全市工人最多的工厂。

奉天迫击炮厂被日军占领时，全厂机械、成品及车辆的价值即达8 933 669元，后被日资改组为同和汽车工业公司，但新投资本也只有600万元。

东北航空工厂被日军占领时，260架待装飞机、450余部飞机发动机及许多仪器落入敌手，损失达6 000万元，后来日资改组为“满航”时由住友、“满铁”及伪满洲国共同投资97万元，大约是事变时夺得财产的六分之一。

辽宁陆军粮秣厂事变时损失约215 401元，日本并未投资即改为日本陆军粮秣厂。

东北陆军被服厂被占时仅成品、材料和设备损失即达7 526 601元，日军接管后即改为伪满军政部的直属工厂，直接给日、伪军生产装具。这几家军事工业是20年代沈阳近代工业的重要组成部份，它们的建厂投资总额超过十几亿元，仅兵工厂一家的投资即达5亿元。

其他民用工业无论官僚资本和民族资本也都未能摆脱被日资强占的遭遇。

东北大学工厂及东大在事变时损失达11 881 880元。以后被并入改组后的“满铁”皇姑屯工厂，成为日本在沈阳强占的最大的铁路工厂，至于日资仅是象征性的。

大亨铁工厂是杨宇霆，张学良等人出资兴建的，事变后被当作逆产“没收”。1934年，当几家日本资本家联合收买该厂时也只出资150万元，这个数字还不及原资本的二分之一。

著名的辽宁纺纱厂被日本钟渊纺绩会社出资600万元而夺去了62%的股份，至于肇新窑业、惠临火柴公司、纯益缫丝公司、八王寺啤酒汽水公司、华北珐琅瓷有限公司、东北交通用品制造厂、辽宁电灯厂、造币厂等等完全落入日本资本家手中。

原沈阳城市近代工业的原投资总额近20亿元，超过后来日资在铁西的工业投资。

伪满期间这些企业仍在生产，有些企业规模有所扩大，其工人总数也超过铁西工人总数，仍然是沈阳产业重心的所在。

铁西工业区在形式上是日本殖民主义者建立的，但只要对其资本来源、产业构成，经济形态以粗略的分析，那么就不难得出铁西工业区就是用中国人民的血汗的积累，假日本资本家之手建立的。

仅土地占用一项，日资土地公司投资500万元，但收益却是这个数字的三倍。在铁西的日资企业除中小资本家和少数财团外，“满铁”等国家垄断集团在这里的投资却直接来源于对中国资本的掠夺。

日本关东军司令本庄繁曾有过一个记录，“九一八”事变中日本的军事费用，守备队用费共2 000万元，驻扎师的调动及装备费用4 000万元，总计6 500万元。而通过事变在沈阳一地即掠夺财富近20亿元，两相比较“盈余”巨大，这笔财富一部分转为日本的所谓国家投资和资助日本厂家来华投资，但更多的转入了日本国家银行和财团的金库。到1941年，日资在铁西设厂423家。从时间上看有事变前即已建成的厂家，“满毛”“满麻”“制糖”“窑业”“殖产”等，但数量不过十家，其余企业为“九一八”以后所建。从产业结构上看有金属、机加、化工、纺织电器、建材、食品，但资本超过千万元的只有9家。如果把这9家工厂建立的初始资本合起来，还没有事变前东三省兵工厂一家企业的耗资数额大。

铁西的日资企业都是利用东北的原料，廉价的劳力，变事变前的原料掠夺为事变后的制成品掠夺。铁西建立之初也多是酿造、造纸、纺织、建材等轻工业厂家，后期由于受到日本国内资源贫乏和战争因素的影响才在铁西建立冶金、机械、电工、化工等行业，虽都没有成套产品，但也被拖上为战争服务的轨道。

从1937年到1945年，日本从铁西工业区获得铁路客车166辆，货车4 124辆，机车129辆，车轮、轮毂共27 422吨，矿山机械8 740吨，钢筋及建材5 500吨，钢材14 177吨，各种电力线材2 524 424吨，铜2 500吨，铅5 500吨，汽车大簧9 200吨，一般机械151 00吨，电机品1 120台，起重机194台，苛性碱7 340吨，盐酸2 939吨，轮胎144 000条，棉沙117 834件棉布334 000匹，精糖21 585吨，酒精379吨，麻袋21 859 000条，面粉1 255 000袋，卷烟660余亿支。[①]仅“住友金属株式会社”（今重型机器厂）一家，从1940年至1945年即掠走机械设备及零件共25.6万吨。

据伪奉天能运局不完全统计，由沈阳运往日本的煤、铁、大豆等，1943年

---

① 东北财经委参考资料：《伪满时期东北经济统计》（1931–1949），东北财经委1949年版。

为350万吨，1944年为350万吨，其他大量豆饼、高粱被运往日本作为肥料和饲料。这就是说，日本在掠夺沈阳工业制成品、半成品和零件的同时，仍然在加紧对农副产品和工业原料的掠夺。铁西给日本资本创造的利润也十分惊人，“满毛”1941年利润额度达到45.1%，“住友”从1937年至1945年榨取利润1 100万元。[①]“满铁”在创业时资本为2亿日元，到1943年总资本额已达42.3亿日元。[②]再就是排挤外商，把事变前沈阳的83家外商中的英、美、苏、波等国的商户加以限制，而德国商户有所增加。至1937年末，沈阳外商只剩53家，其中德国13家。外商的总资本额不过是350万元左右。

正是这样，日本通过对中国资本的掠夺，对外商资本的排挤，造成了所谓日本资本的独霸天下。

第四节　沦陷时期的文化教育

1931年“九一八”事变之后，日本关东军在中国东北建立以溥仪为首的伪满傀儡政权，利用伪满政权对我国东北进行殖民统治。他们除在政治上、经济上进行残酷的统治和掠夺之外，还牢牢地把东北的文化教育事业抓在手中，作为其对东北思想文化统治的一个重要组成部分，对东北文化教育事业横加摧残和破坏。在长达14年的统治时间里，建立起一整套的殖民地奴化教育体系，大肆摧残和破坏我国东北民族文化教育事业，并把殖民奴化教育视为其进一步扩大侵略战争、统治东北的重要手段，实行教育领域内的法西斯专政。

一、攫取教育大权，建立伪教育行政机构

日本帝国主义在“九一八”事变之后，占领东北初期，由于忙于军事侵略，武装镇压，筹划建立伪满政权，将其统治重心放在“维持治安”上。为了阻止和镇压东北的爱国知识分子和青年学生的反日、抗日运动，对东北原有的教育事业进行了疯狂的破坏和摧残。曾一度下令所有学校一律停办，关闭各级各类的学校，同时，对爱国师生进行残酷地镇压和迫害。到1932年日伪政权建立后，日伪统治者采取文治与武治两手相结合的方法，开始对各类学校进行整

① 沈阳市人民政府地方志编纂办公室：《沈阳市志·综合卷》，沈阳出版社1994年版。

② 孔经纬、王承礼：《中国东北地区经济史专题》，学苑出版社1989年版，第218页。

顿，恢复和发展。日本帝国主义为了与其军事侵略和经济掠夺相配合，竭尽全力建立以愚民思想，奴化教育为核心的殖民地教育体系。并把殖民地教育视为巩固殖民地统治、扩大侵略的重要工具。为此日本侵略者在伪满政权建立伊始，就开始着手建立教育统治机构，加强对东北教育事业的统治。

日伪时期的教育行政机构分为中央和地方两级。伪满在1932年6月前，其中央还没有设立部一级的教育行政机构，只是在伪满民政部内设立“文教司”，主管教育工作。1932年3月在伪《政府组织法》中规定，伪民政部文教司为主管文教的最高部门，当时的文教司长由日本关东军选派的日本人上村哲弥担任。同年7月，伪民政部的“文教司”升格为“文教部”，成为伪满的八大部之一。伪文教部总长由伪国务总理郑孝胥兼任。伪文教部下设伪总务、学务和礼教三个司。伪总务和学务两司在伪文教部中握有实权，“司长”分别由日本人西山政楮和上村哲弥充任。“文教部”当时的官员有150人之多。伪文教部成立之后，在1933年5月和7月先后发布《训令》《暂行私立学校规定》等，将各级各类的学校教育统管起来。1934年伪满实行“帝制”，溥仪称“帝”，随之各部“总长”也改称为“大臣”。伪文教部大臣仍由伪国务总理大臣郑孝胥兼任，郑死后由阮振铎接任。

随着中央一级教育行政机构伪文教部的建立，地方各级教育行政机构也相继建立起来。到1933年底以前在伪满的奉天、吉林、黑龙江以及热河四省省公署及东省特别区长官公署内设有“教育厅”，其下设伪总务、学务、督学和礼教四科。1934年10月日伪当局为避免地方势力游离于其殖民统治的控制之外，采取分而治之的政策，公布了“新省制”。由同年12月起将包括热河省在内的原东北四省划分为10个省（奉天、吉林、龙江、热河、滨江、锦州、安东、间岛、三江、黑河）。在这10省中除黑河省在“省公署”“民政厅”内设“教育科”外，其他各省均设置“教育厅”这一行政机构。各省“教育厅”内设有伪学务、礼教二科和视学官室。当时的伪都新京、哈尔滨两个特别市则和其他各市、县、旗设“教育局”、科、股等教育行政机构。到1936年前后，伪满从中央到地方的各级教育行政机构已很完备。日伪当局全面统揽和控制了中国东北的教育大权。

二、奴化教育方针的演变

在日伪统治者组建统管教育行政机构的同时，在日本关东军的参与和指导下，炮制了具体的殖民地奴化教育的方针和政策。伪政权建立伊始，即把以“王道主义”作为立国的政治、思想统治精神运用到教育上来，提出“王道主义”的教育方针。1932年，在伪满《建国宣言》中宣布“进而言教育之普及则惟礼教之是崇，实行王道主义”。所谓“王道主义”教育，也即是盗用中国旧有的两千多年的封建意识形态和伦理思想，对东北人民进行封建的道德、礼教思想教育，来欺骗和麻痹东北人民，借以掩盖其对东北人民的法西斯统治。此“王道教育”的指导思想，在1932年5月日本关东军制定的《对满蒙方案（第四次方案）》中更是表现得淋漓尽致。方案中规定：“必须彻底普及‘王道主义’、民族‘协和’的‘建国’精神和‘日满融合’之观念，倾注日本文化，排挤三民主义和共产主义，弹压‘赤化’的侵略，教育应首先完成普通教育，高等教育要遵循实科主义……”此一指导方针成为伪满初期奴化教育的根本指导思想。1933年出版的《第一次满洲国文教年鉴》中，对当时伪满“以王道为施行教育之方针”（即“王道教育方针”）有如下详细的记载：“我‘满洲’‘建国’，即以‘王道’为极则，则教育方针亦应以是为正鹄。……且‘王道’精神，尊重博爱，所谓种族观念，排外思想，务使根本铲除，不遗丝毫芥蒂，以期民族与国家间的‘协调’，而树立人类‘相爱’的基础。”接着又说：“今我国家，以‘王道’为实行教育之方针……以‘道德仁义’培养国民之高尚品格，以‘劳作勤苦’训练国民之生活能力，使内而‘重仁义’、‘尚礼让’，‘务实去伪’，‘崇俭戒奢’，外而‘亲仁善邻’，‘无诈无虞’，‘亲国际信义’，谋民族‘协和’……则‘高尚’‘优秀’之国民易于善成，而巩固坚定之‘国势’亦易于树立。”

“王道主义”教育是一条典型的殖民地奴化教育方针，完全是为日本统治者的军事占领、殖民统治、经济掠夺和扩大侵略战争的需要而制定的。其反动的教育本质昭然若揭，日伪统治者标榜“王道”，鼓吹“王道主义”教育方针，是妄图利用中国两千多年来的封建意识形态、孔孟的伦理思想，来欺骗奴役麻痹东北青少年儿童，消灭他们的反日、抗日的仇恨心理，消融他们的民族文化意识和爱国进步思想，从思想上征服东北人民，要他们对日伪统治者绝对的服从。

三、新学制的实施

随着日伪殖民统治的日益加强，日本侵略者谋划完全吞并霸占东北，把其作为其进一步扩大侵略战争的基地来经管。但在殖民统治过程中，他们认识到要征服东北只靠刺刀、武力是不行的，还必须有思想文化上的“怀柔”相配合，而文化教育在这方面能起到十分重要的作用。日伪统治者深深感到原有的旧学制已不能与其进一步扩大侵略战争和掠夺东北经济资源的军事和经济政策相适应，必须建立新学制。为此日本侵略者提出新的教育方针，全面实行所谓

“新学制”下的奴化教育。

日伪当局于1937年5月公布了《学制要纲》。该要纲共分为教育方针、学校教育要纲、学制起草之要点、学校教育之分类与其目标及学校之种类、学校要纲、学校体系等六部分。其核心为第一和第六两部分，即教育方针和学校体系。

1937年5月2日公布，1938年1月1日开始实行的新学制，主要是贯彻1933年的“八八”决议，即《满洲国指导方针要纲》之精神，重视“劳作教育”和“实业教育”，培养只知劳动不懂知识的学生。新学制规定：“修业年限尽量缩短……教育内容一般均以实业科目为重点。基于‘日满一德一心’之精神，日本语作为‘国语’之一而予以重视，道德教育，特别是以国民精神为基础的精神教育须在一切学科中普遍实行……”[①]新学制将整个学校系统分为“三阶段二部门”。即初等教育、中等教育、高等教育三个阶段。二部门既师道教育、职业教育。新学制将以前东北学制的“六六四”制改为“六四三”制，学习年限一共13年。

初等教育为新学制的第一阶段，仍然采取“四二”制，修业年限为六年，将旧制下的初级小学改为国民学校，修业年限为四年，高级小学改为国民优级学校，修业年限为二年。此外在农村还增设了国民学舍和国民义塾，前者为公立后者为私立，修业为1—3年，采取“单级复式制”。将私塾也正式化为国民义塾，纳入新学制之中。

中等教育是新学制的重点。修业年限与以往的旧制不同，比原来缩短两年，由旧制下六年的“三三”制改为初、高中合一的四年一贯制。并分别设有国民高等学校、女子国民高等学校。进行以实业教育或实务教育为主的教育，以培养“忠良之中坚国民”。

高等教育方面，废除了旧有的四年制，改为三年制，分为大学和特殊教育机构两种。此外还设有师道教育和职业教育。

新学制的全部学程由初等到高等教育（六四三制）共为13年，与东北旧制（六六四制）相比整整缩短三年，与当时日本国内的现行学制（18年）相比则相差五年。日本侵略者缩短学制的主要目的是力图通过降低修业年限来达到降低东北人民的整体的文化知识水平，降低东北人民的民族素质。通过向东北人民进行精神教育，灌输反动的殖民统治思想，来达到其奴化人民的罪恶目的。另一个主要意图，是为了满足其为进一步扩大侵略战争和进行野蛮的经济掠夺的

---

① 伪满国务院总务厅：《新学制大要》，1937年。

需要。进行以实业教育为主的中等教育，在短时间内为日本侵略者培养大量的所急需的各种劳动力。

新学制公布后，伪民生部在1937年10月10日公布《各级学校规程》，对各级各类学校的课程设置和教学内容均做了规定。旧制下中小学教育中设置的修身、经学等必修课，现已全部改变，小学将其改为国民科，且作为主课。国民科是国民道德、历史、地理等科融为一体的综合性的学科。而中学则将以往的修身、经学等必修课改设为国民道德科，并把它定为主课，放在其他课程之首位。国民科和国民道德科都是日本侵略者进行奴化教育和精神统驭的工具，其在教育内容上，大量增加了对日本天皇的崇拜和忠于日本侵略者，效忠天皇的思想，充斥着反苏、反共的反动思想。在小学教材里硬塞入日伪的《宣言》《诏书》《语》等，向东北少年儿童灌输服从傀儡皇帝、崇拜日本天皇，忠孝大义，尽忠于天皇的说教。此外，在小学增设实务一科，中学增设实业一科，对东北青少年重点进行实业劳动教育。并且增加实业课所用时间，占全部课时的1/4以上。课程内容极为广泛，多侧重于农科，如农作物、园艺、土地改良、育苗、肥料、牧场经营、造林、森林利用、农业气象等等，科目多达20多个。有时实业课甚至取消系统知识、基本理论的讲授，代之以进行所谓的实际操作和训练，使学生成为只知劳作的活的劳动机器，以培养适应日本侵略者战时经济体制所需的劳动力。

新学制颁布后，日语已被定为“国语”。所谓国语即“满洲国”的“国语”，在中小学教育中占据了突出的地位。在伪满初期旧制下和日语同时作为外语出现的英语此时已然被删除掉，旧制下日语授课时间仅为每周三学时，后虽逐渐有所增加，但最多也只是每周六学时或十学时。可此时日语作为“国语”课，教学时间增加为“满语”（即汉语）课时的一倍。日本侵略者之所以把日语定为“国语”，其主要目的是妄图利用日语来消灭汉语，达到同化东北人民，使其日本化。如果一个民族的语言被同化、被消灭了，那么这个民族也就不复存在了，进而达到消灭中华民族之险恶用心。此时的日语也已不单是一门语言学，而成为“日本精神”有力的宣传工具，通过学习日语，极力向东北青少年灌输“大和精神”和盲目的崇日、亲日思想。

在其他文化课教学中采取不断减少授课时间、改编所用教材的方法，来降低中等教育文化知识水平。如：作为理科的物理、化学、生物合在一起仅有2—4学时，作为数学的代数、三角、几何等科合在一起也仅有2—4学时。而且所用教材也都是经过特殊改编的，内容粗浅，缺乏理性、逻辑性、系统性。讲授中不注重基础理论的学习，只注重所谓的实习，严重的降低了中等教育的文化知识水平。

高等教育方面，新学制执行后，由于战时的经济体制，对劳动力和劳动技术提出了迫切需求，日本侵略者才开始增设若干高等院校，以适应和满足当时之需。先是在1938年，设立奉天高等农业学校、哈尔滨高等工业学校和伪新京医科学校，奉天医科专门学校改为大学。1939年新京和奉天工矿技术院改为新京工业大学和奉天工业大学。1940年设立哈尔滨农业大学和佳木斯医科大学，新京畜产兽医大学、北安开拓医学院、龙井开拓医学院、齐齐哈尔开拓医学院等等。所设学校以农、工、医科居多，都是基于“国策”需要，属于应急对策。

在伪满统治期间有两所特殊的高等教育设施，即大同学院和“建国大学”。他们格外受到日伪的青睐，占有特殊地位，因为他们是培养殖民统治的核心骨干人员的场所。大同学院建立于伪满初期，“建国大学”则是新学制的产物。1937年5月“新学制”公布后，同年8月5日，伪满政府颁布了《建国大学令》，于1938年5月2日成立“建国大学”。这是一所不隶属于文教部门而由伪国务院直辖的特殊大学。大学总长由伪国务总理大臣兼任，副总长日本法西斯主义专家作田庄一才是“建国大学”的真正主宰者。“建国大学”的学制与其他高校有别，修业年限为六年，且入学者免收学费，实行公费。大学课程设置根据教育训练重点的不同分为前期和后期两种。前期修业三年，日语、汉语为必修课，是课时最多的课程。此外主要是进行精神训练、军事训练、武道训练和作业训练，军事训练占训练课的40%。后期三年，设有文教、政治、经济等专业课程。后期的训练课主要以作业训练和军事训练为主。

“建国大学”之所以进行分期分科的教学和训练，其目的在于培养推行殖民侵略政策所需的政治、经济、文教、军事等方面的骨干人才。军事法西斯主义和日本国粹主义教育贯穿其中。“建国大学”副总长作田庄一曾说：“不管是日、满、汉、蒙等任何民族学生，除对‘日满’外不许有任何祖国观念，以使学生最终能按日本的意志去指导‘满洲’以至亚洲各民族。”在1937年8月所颁布的《建国大学令》中也明确指出要培养“体得‘建国’精神之神髓……之先觉指导者”[①]。此乃“建国大学”创建之根本目的。“建国大学”还明文规定，学生毕业后负有义务，接受伪满政府的分配，充当伪满政府官吏和协和会职员。[②]“建国大学”还设有大学院和研究院，从事专门研究，进行“建国精神”“满洲国策”“满洲民族思想”“反苏反共”等课题的研究。可见，“建国大学”

① 伪满《建国大学令》，1937年8月5日。

② 伪满《建国大学令》，1937年8月5日。

既是培养和训练殖民统治骨干的场所，又是炮制殖民侵略理论政策的中心。

总之，新学制公布后，在此一时期教育内容上除了注重劳动教育，实业教育之外，突出了效忠于日本天皇的教育即皇道教育，向学生进行反共反苏的思想灌输和降低文化知识的教育。

四、战时教育体制与“勤劳奉仕”

1941年12月8日，日本袭击美国珍珠港基地，对美宣战，太平洋战争爆发。伪满又被紧紧的纳入战争体制，被牢牢地栓在日本军国主义的战车上。因此，教育也毫不例外地被纳入战时体制。1940年溥仪第二次访日，捧回日本天照大神，开始推行惟神之道。并于同年7月15日溥仪颁布了《国本奠定诏书》（佐藤知恭草拟的诏书）诏书声称：“今兹东渡，恭祝二千六百年庆典，亲拜皇大神宫，回銮之吉，敬立‘建国’神庙，奉祀天照大神……式为永典，令朕子孙，万世祗承，有孚无穷。庶几国本奠于惟神之道，‘国纲’张于‘忠孝’之教。‘仁爱’所安，‘协和’所化……”

随后，伪满文教当局依据诏书中的“‘国本’奠于惟神之道，‘国纲’张于‘忠孝’之教”之精神，制定了新的教育方针“神道教育”。该方针的基点为：“我国之教育本质，奉体国本奠定诏书之趣旨，彻底于诏书所示之惟神之道，涵养振作忠孝仁爱，协和奉公之精神，训育忠良之国民，更使练成之。”此时的神道教育，即“惟神之道”，是惟日本天照大神之道。据日本史书所载，天照大神乃是日本国的始创者，以三神器（八咫镜、草薙剑、八阪琼曲玉）治国，在日本很受尊崇。日本侵略者为了向东北青少年灌输尊皇崇神，尽忠天皇之奴化思想，进行精神统驭，故歪曲史实胡编乱造，把天照大神说成是伪满洲国的创始人，并宣称裕仁天皇和溥仪都是“天照大神”之后裔，两人精神如一体，日“满”两国是一体的，是密不可分的“父子”之邦。日本侵略者利用所谓的“惟神之道”，极力向东北青少年儿童灌输尊皇敬神的精神教育，从而为其巩固在中国东北的殖民统治，进一步扩大侵略战争。

日伪统治者为了解决战时体制下的日益严重的劳动力不足的问题，将其黑手又伸向学校，学生也被其扩充为劳动力。其办法是以“勤劳奉仕”或“勤劳奉公”之名，使之从事无偿义务劳动。早在1938年12月1日伪满就公布了《劳动统制法》采取“统制”的措施解决日益严重的劳动力不足的问题。1939年6月，伪满民生部教育司制定了《学校教职员学生勤劳奉仕要纲》，规定于1940年开始奴役学生，进行所谓的“勤劳奉仕”，重点是农业劳动。并具体地规定了“勤劳奉仕”的天数。如中等学校男生每年20天以内，女生每年15天以内。初等学校每年10天以内。1941年日伪统治者又确定了以“国民皆劳”为核心的《劳务新体制要纲》，以驱使全国人民去担负各种艰苦的劳役。1942年日伪又相继颁布《国民勤劳奉公法》和《国民勤劳奉公队编成令》以及《学生勤劳奉公令》，在全伪满境内确立了“勤劳奉公”制度。1942年后日伪对学生的奴役劳动，变本加厉，学生参加劳动依据《学生勤劳奉公令》而制度化、法制化，学生所遭受到的劳动奴役也日渐增强。法令规定大学生编成的“勤劳奉公队”从事军事工程、铁路及道路的修缮、兴修水利及造林、土地开发、农作物收获、救灾等。出勤学生每年服役期限为30—45天，后期时间则大幅度增加。且同时还规定：“对于无正当之事由”而不能完成规定的“勤劳奉仕”的劳役者不允许毕业。中小学则根据《学生勤劳奉仕规程》编成“勤劳奉仕队”从事各种劳役。每年都有1—2个月或更多的时间。

1943年伪文教部重新设立后，在学校教育之中又增设了“终日实习”“终日训练”课。使各级学校全年授课时数普遍减少，劳动和训练时数大大增加。授课也只能采取“重点分配”和缩短假日的办法。此种状况随着战争时局的变化而不断加深，一直持续到1945年日本战败。在此期间，东北学生成了日本帝国主义扩大侵略战争的无偿的劳动力。

伪满后期学校教育还有一点所不能忽视的是，日本帝国主义为了使东北的学校教育适应和满足战时军事体制（扩大侵略战争）的需要，对整个东北的学校采取军事化教育。其目的是为日本所发动的“大东亚圣战”培养后备军事力量。

伪满对中等以上的各类学校进行军事训练，实际上从1938年就已经在部分学校里开始实行。1940年2月起日伪统治者便公布向学校派遣陆军现役军官，作为学校军事训练的专职教官。初期以尉官居多，后期以校官居多。同年12月，在对新学制实施后第一次修改的《学校规程》中明确规定，国民高等学校、师道学校、师道高等学校、职业学校均开设教练科。还规定“教练以实行军事的基础训练，培养至诚至忠之精神，实行身心之实践锻炼，提高国民资质，增强国防能力为要旨”。由1941年开始，教练科被列入正式课程之中，中等以上学校统一实行军事训练。

教练科内容分为学科和术科，学科主要是理论教学，教授军事知识，军人素质，与此同时向青年学生灌输日本的法西斯的军国主义思想和效忠天皇的武士道精神，以及绝对服从等级观念。术科则是野外军事训练，主要内容有部队教练、指挥法、射击、防毒、距离测量、旗语、测图以及其他有关军训方面必要之事项。

军事训练除了日常的课内训练外还进行军事检阅、行军、入营等较大型的活动。1943年起，日本侵略军在太平洋战场上不断的失利，伪满的大中学校的军事训练进一步加强。为了能尽快培养出数量更多，素质更好的军事力量，1943年3月，日伪又公布了《战时学生体育训练要纲》，把中小学原有的体育科改为体练科。训练多以实战训练为主，在训练中间向学生灌输“大东亚圣战”必胜、献身“圣战”、“效忠”天皇的军国主义思想。

此时东北的学校教育已完全军事化，整体教育事业充满了野蛮和血腥。到了1944年，日本帝国主义为了配合军事上的“决战体制”，军事化程度进一步加强。宣布取消在校生延期征兵的制度，并且降低征兵年龄，由原来的20岁降到19岁，为此大学的修业年限缩短6个月。可见其用心险恶，为的是从速把东北青年赶赴战场，来填充弥补日伪军事力量的薄弱和不足，迫使东北青年献身于“大东亚圣战”，为日本帝国主义充当炮灰和挡箭牌。

五、民族分裂主义教育与奉天维城学校

“九一八”事变前，辽宁的高等和中等教育发展迅速，各族子弟在投考大学和中等学校实行平等竞争，基本上实行投考学校机会均等。由于满族、蒙族、朝鲜族的民族教育发展，各族学校都以汉语为主进行教学，促进教育发展和民族团结。

1. 民族分裂主义教育政策的实行

“九一八”事变后，日本殖民统治者在辽宁实行民族分裂主义教育政策，企图首先在朝鲜族、蒙族和满族学校尽快实现殖民奴化教育，采取民族分裂、分而治之的措施。

1932年3月9日，日伪宣布废除内蒙古东四盟的盟旗制度，在伪国务院内设“兴安局”统一管理蒙古族行政。8月3日“兴安局”改称“兴安总署”，下设伪兴安东、南、北三省。将原属于辽宁的科尔沁部六个旗划归“兴安南省”，以王爷庙（今乌兰浩特）为省会。1934年12月兴安总署改为“蒙政部”，下设“民政司文教科”掌握蒙旗教育权。通辽县和库伦旗划归“兴安南省”。

日本殖民统治者在东北殖民地实行民族分裂主义教育政策，一方面拉拢蒙古王公和上层人士，同意蒙古族兴办民族学校，以便推行殖民奴化教育；另一方面采取分而治之的政策，使蒙汉民族分裂，不准蒙古族学校学汉语，企图用日语代替汉语。尽可能派日本教师到蒙古族中等学校教日语，日伪指令“有条件的各科，均用日语讲授”课程，企图首先奴化蒙古族学生。伪满时期，由于蒙古族有识之士大力发展民族教育，蒙古族教育发展较快。但是，由于日本殖民统治者实行民族分裂主义教育政策，蒙古族学生汉语水平大大下降，只能升

入蒙古族中等学校或准学制的专科学校，因语言障碍很难升入伪满的大学及外地的中等学校。

日本殖民统治者对辽宁的朝鲜族教育也是在民族分裂主义教育政策下进行的奴化教育。朝鲜族人民为了摆脱日本殖民统治才大量迁居辽宁及东北各地。事变前迁入辽宁的朝鲜族已达50余万人，在聚居区设立民办学校，有许多朝鲜族学生进入汉族中小学读书，学习汉语以便考入辽宁的中等和高等学校。

日本帝国主义统治朝鲜，仍然将迁居辽宁及东北各地的朝鲜人看作是日本帝国的“臣民”，进行严格控制，实施奴化教育。朝鲜总督府在东北地区设立学校，由日本驻东北各地的领事馆监督管理，还通过“满铁”会社、日本居留民会、学校组合直接管理朝鲜族学校。在旅大租借地，日本统治者不设朝鲜族学校，朝鲜族子弟直接到日本中小学接受日本教育。

“九一八”事变后，朝鲜和东北都是日本殖民统治，对于东北的朝鲜族是否看作伪满的“国民”，最后日本殖民统治者决定还是按照朝鲜殖民地奴化教育方针，教育这些“臣民”，可以为伪满的奴化教育作个榜样。

“在‘满’朝鲜人教育，应遵照日本帝国对朝鲜人的国是、教育敕语、合并的敕诏、朝鲜统监和总督的谕告，依准朝鲜总督府教育令和学校法规。”[①]此外，“在‘满’朝鲜人教育大方针是”：

“教育他们去掉民族偏见”“教育他们去掉依赖心和事大思想，树立生活自主自营思想”“树立感恩报谢的观念”“日本语是朝鲜国语，于‘满洲国’亦占据重要地位，教育他们树立国语的观念，努力学习，熟练掌握”“教育他们体会日韩合并的宗旨，向内地人（日本人）以实心同胞相爱，内鲜融和”。[②]

日本帝国主义把在朝鲜殖民地的奴化教育移植到东北殖民地，要求朝鲜人服从日本统治，同时还要使朝鲜族与汉族分裂，防止东北各族联合反抗日本殖民统治。在辽宁只设朝鲜小学，不设中等学校；使朝鲜族学生学日语，只能进人日本在辽宁设立的中等学校，实行日朝同化政策。

日本殖民统治者在辽宁设立的朝鲜族小学是奴化教育的比较典型的学校，把日语作为“国语”。把日本历史定为朝鲜人“国史课”，修身课充满“日本国体”“日本国民道德”“武士道”等内容，培养服从日本统治的顺民。集会典礼升日本国旗、唱日本国歌，朗诵帝国臣民誓词。日伪把朝鲜族小学作为榜样在辽宁推行奴化教育，因此，朝鲜小学发展较快。1934年12月辽宁境内的朝鲜族

① 《在满朝鲜人教育方案》（1932年），满洲国教育方案，第二决定案。

② 《在满朝鲜人教育方案》（1932年），满洲国教育方案，第二决定案。

小学31所，学生4 330人，教职员114人。

1937年10月，“满铁附属地”废除领事裁判权，伪民生部接管“满铁”补助的14年朝鲜族小学，只是改名称而已，教育权仍掌握在日本人手中。1940年4月，日本在东北的军政当局要求“日鲜一体”，朝鲜族小学由日本的学校组合管理，这14所小学仍然归关东局在“满”“教育部”管理，实行民族分裂主义教育政策。

2. 奉天维城学校

伪满时期在沈阳小南街恢复的奉天维城学校，原是清初设立的宗室觉罗官学，专门培养皇室子弟。1903年改名为盛京维城学堂，兴建教学楼和宿舍楼。1914年因其与民国教育宗旨不合而停办，校产收归奉天省官有财产。

“九一八”事变后，日本殖民统治者为了长期霸占东北地区，利用溥仪及清室遗老复辟心理，建立伪满傀儡政权，分裂中国各民族。1934年3月溥仪为伪皇帝，旧官僚复辟分子宝熙、熙洽、吉兴、庆厚等人与皇族人士等10余人个人捐款恢复维城学校。日本殖民统治者为了实行民族分裂主义教育政策，支持清朝贵族恢复维城学校，希望这所皇学在接受日本殖民奴化教育时作出典范，以便推行全东北。

1934年8月14日在皇学旧址重新成立奉天维城学校，庆厚为校长。溥仪题写“天潢维城”匾额，并敕语皇室子弟，“尔等皆世族之裔，务其奋勉向学，以储国家将来任使之材，朕有厚望焉”。维城学校的校训是忠孝二字，在恢复封建礼教方面下了功夫。宝熙在1936年写的训语中大讲“以克尽忠孝为教，以不忘本源为心”；其校歌中词句：“维城，维城，‘王道’的先锋，道德与仁义，‘建国，真精神”；体现了伪满的“王道主义”教育方针。招收初中三个年级各一班，学制三年，又招高中班后变为国高。先后共招收11期学生，共有270余人。

维城学校是私立中学的性质，由溥仪等皇族人士捐款设立，又是特殊的皇族子弟学校，毕业生投考伪满各大学时按公立学校待遇。此校师资水平较高，仪器设备良好，经费充裕；重视体育运动，体育设备在全省是最先进的。

1938年实行新学制，改名为奉天维城国民高等学校，增设木工工科课程，取消高中。这所私立国高由校理事会管理，由校务委员会决定重要事项。“本学校系遵照部定教育方针用‘王道’仁爱精神，造成适用于‘新国家’之人才，以供社会之需要”“养成忠君、爱国、孝梯、仁爱之纯正思想”“成为‘协和’

民族之中坚分子”。[①]1940年加强对学生的思想训练和精神训练，进行“朝礼”等精神奴化教育。从这些方面来看，维城国高是日本殖民奴化教育和民族分裂主义教育政策的产物。

然而，日本殖民统治者对维城学校并不满意，总要彻底实行其奴化教育的各项措施。由于维城学校是溥仪恢复的皇学，比其他学校有特殊之处。一些正直、爱国、进步的教师和不满日本殖民统治的满族学生抵制学日语，所以伪满后期只有维城国高设日语的同时仍设英语课；由于维城学校教学质量较高，升学率较高，有些课程仍由教师自编讲义及另选理科参考书，敢于轻视质量低的“国定教科书”。这些皇学的学生不仅同族，而且绝大多数是宗室后代，民族特色较强。特别是日本人没有直接掌握这所民族学校教育权，因此，日本殖民统治者对维城国高进行改组，1944年为了改变其皇族学校性质，变为公办学校，招收其他少数民族学生；1945年初，又将日本人私立大同学院合并到维城，改名为省立第12国高，由日本人掌握国高的教育权，维城学校宣告解体。

六、日伪控制下的文化专制体系

日本侵略者在东北设立专门机构，强制推行殖民地的思想文化专制政策，不断强化其殖民文化统治。1932年，伪满洲国刚成立，便设立“资政局”“弘法处”，作为思想统治机构。第二年，废“资政局”，另在伪国务院总务厅内设立“情报处”。“情报处”除进行“思想宣抚”外，还统管伪满的新闻、出版、广播等宣传舆论工具。1937年，为进一步控制伪满政权，日本人统揽伪国务院全权，“情报处”扩大为“弘报处”。它与关东军紧密配合，全面统制伪满新闻、出版、通讯、广播等文化部门，禁止一切具有中国民族意识的思想文化的传播，成为名副其实的法西斯性质的思想文化统治机构。

日伪通过这些机构控制了伪满的思想文化宣传阵地，为日本侵略和殖民统治张目，对中国民族文化大加摧残。强令东北人民不得悬挂中国地图，不得使用中华字样，不得使用中国教材，不经日伪当局批准不许集会、结社、游行、摄影、出版等等。对带有民族意识的书刊，一律禁绝，并强行输入日本法西斯书刊。

日本在东北沦陷区野蛮摧残中国民族思想文化的同时，还极力推行民族沙文主义的特权文化，贩卖“种族优劣”论，灌输军国主义思想，用以巩固其对

① 辽宁省教育志编纂委员会：《辽宁教育史志资料》第3集上册，辽宁大学出版社1990年版，第554—557页。

东北沦陷区的殖民统治。

在日本关东军的操纵下，伪满成立了“协和会”，对青年进行法西斯军训，组织宣抚队深入农村进行反动宣传。日本侵略者在东北大肆宣扬“民族协和”“日满一德一心”，极力美化日本侵略，美化伪满傀儡政权，在精神上摧残东北人民的民族意识。

隶属于文化范畴的宗教亦不能幸免，被迫屈从于日本帝国主义的侵略政策，充当了日本对当地民众推行殖民统治和愚民政策的有用工具。

日伪当局管理宗教的组织机构主要有直接管理机构——伪满文教部礼教司、民生部社会司以及间接的管理机构——伪满治安部警务司特务科和伪满协和会。之所以称伪特务科和协和会是间接管理机构，是因为它们不是伪国务院官制的分科规程中明文规定的宗教管理机构，但它们是以思想管制为主要工作内容的机构，在其工作中涉及到宗教。此外专门管理蒙古事务的“兴安局”同时也担负着管理喇嘛教事务的责任。

日伪当局还制定了一系列宗教管理法令。其中1936年8月30日，奉天省公署和奉天市公署分别颁布的《奉天省管理寺庙条例》和《奉天市寺庙登记施行细则》是最具代表性的两项法令。

1.《奉天省管理寺庙条例》

在东北地区，奉天省的庙宇数量居各省之最，在管理方面难度最大，所以在日伪当局开展全面的宗教调查活动之前，伪奉天省公署已下令进行寺庙登记。1934年2月3日，伪奉天省公署民政厅以“现盘各县庙宇甚多，均未登记，致不时发生纠纷事件”为由，通令各县办理寺庙登记，并称如有违令不遵者，将进行重罚。功由此展开了伪奉天省的宗教调查活动。

1936年8月30日，伪奉天省公署教育厅颁布《奉天省管理寺庙条例》，共8条，对伪奉天省内佛教、道教、喇嘛教的寺庙财产、传教人员作了严格的规定。如在第4条、第5条中规定，“寺庙财产及法物应向地方官署呈请登一记，转报‘省公署教育厅’备查”“寺庙之不动产及法物不得随意处分或变更”；第6条、第7条中规定，“寺庙住持喇嘛僧道除宣传教义、修持戒律、修葺庙宇及其他正当开支外，不得动用寺庙财产之收入，但动用款项均须先期呈由该管地方官署转请‘省公署教育厅’核准”“寺庙收支款项应于每半年年终了报由该管地方官署转报‘省公署教育厅’备查”[①]。

① 伪满洲国国务院文教部：《满洲国文教年鉴》，1934年，长春，第311页。

根据这些规定，奉天省的佛教、道教、喇嘛教等寺庙的财产就完全置于伪公署的掌握之下，便利了伪地方政府对寺庙活动的控制。

2.《奉天市寺庙登记施行细则》

与上级部门的行动相一致，伪奉天市公署也于1936年8月30日颁布了《奉天市寺庙登记施行细则》，共20条，除了对《奉天省管理寺庙条例》作了详细的解释外，还规定了寺庙人口登记办法。《细则》在第5条中规定，“寺庙之人口应由各夺庙将登记者原名、法名、年岁、籍贯、派别、出家地点、入庙年月、常年住庙或过路挂单均须详细报明”，第8条规定“僧、尼、道士、喇嘛还俗或离庙时，应随时声请注销登记，其有新人进入寺庙，亦须随时声请登记”[①]。这种规定使伪地方官署对寺庙人员的组成情况有详细的了解，便于对人员的监管。

这两个宗教管理条例的颁布，不仅使伪奉天省公署控制了省内的佛教、通教和喇嘛教，而且也为伪满文教部制定宗教法令提供了一个参考范本，使伪文教部制定的法令更加全面和详细。

1942年12月8日，日伪当局公布《基本国策大纲》，这是一个为适应战时体制而制定的国家政策纲领，内容包括政治要纲、文化要纲、经济要纲、配给制度等。《基本国策大纲》的根本方针为“发扬国体之本义，涵‘养国’家观念，民族‘协和’，以期使‘国家’团结巩固。本日‘满’共同防御之本义，以确立国防‘国家’体制，并集结国力于‘大东亚战争’之完胜，以期对‘大东亚共荣圈’之必成有所裨益。振兴文教，谋产业发展之同时，养成兴‘勤劳’兴‘国’之民风，以使民生向上，用以培养充实‘国力’”[②]。此根本方针指出了今后伪政府的最根本任务，充分体现了协助战争的特点。

在发布《基本国策大纲》的同时，日伪当局还发布了《国民训》，其中第一条为“国民须念‘建国’渊源，发于惟神之道，致崇教于天照大神，奉忠诚于‘皇帝’陛下”。为根据《国民训》，日伪当局开始全面贯彻早在1937年就已经推出的“惟神之道”政策，即将一切思想统一于日本神道，所有人奉祀天照大神，人民的风俗习惯要合乎“建国”神庙的宗旨。为彻底实施此项政策，1943年3月，伪国务院将民生部中的教育司废止，重新设立“文教部”，宗教事务重归“文教部”管辖。

日伪当局的文化殖民政策，无论是初期的“建国精神”“一德一心”“王道乐土”，还是战时体制下的“勤劳奉仕”“粮谷出荷”“储蓄报国”“金属献纳”

---

① 伪满洲国国务院文教部：《满洲国文教年鉴》，1934年，长春，第312页。

②《基本国策大纲》，《盛京时报》1942年12月9日，第1版。

“飞机献纳”等，在宗教的宣传中都可以与其教义相结合，从而给信徒一种假象，即忠实的执行这些政策，也就是忠于信仰，以此达到殖民统治的目的。

第五节 沈阳地区人民的抗日斗争

一、中共满洲省委的抗日号召

“九一八”事变后，国共两党采取了两种截然不同的态度。蒋介石指示国民党军队极尽忍耐，以待国联出面调停；共产党则立即号召全国人民奋起抗战，一致对外。

1931年9月19日，中共满洲省委在沈阳（原北市场福安里4号，现和平区皇寺路2段19号）召开紧急常务会，讨论并通过了《为日本帝国主义武装占领满洲宣言》。宣言痛斥了日本帝国主义武装侵略行径并不是偶然的，是“为实现其‘大陆政策’、‘满蒙政策’所必然采取的行动”；揭露了国民党政府忍耐、妥协、投降的必然结果及不顾民族危亡、只顾内战争权的反动本质；号召东北地区工农兵劳苦群众揭露国民党投降日本帝国主义的本质，“自己武装军队，才是真正反对帝国主义的力量。……只有在共产党的领导之下，才能将帝国主义驱逐出中国！”①

9月20日，中共满洲省委又发表《为日本帝国主义武力占领满洲告全满洲朝鲜工人、农民、学生及劳苦群众书》。这份文件主要是针对当时的社会情况发表的。1910年日本吞并朝鲜以后，有大批朝鲜人流亡到东北，日本帝国主义此时极力挑拨中朝民族之间的关系。因此，党强调中朝民族团结，一致抗击日本侵略者。

9月21日，满洲省委作出了《关于日本帝国主义武装占据满洲与目前党的紧急任务的决议》，进一步揭露出日本帝国主义占领东北的目的是要变东北为他们完全的殖民地，为此，党的任务是必须公开的向广大群众说明这次“事变”的本质，“用尽一切方法在全国以至全世界扩大宣传，特别要加强中、朝劳苦群众反对日本帝国主义的联合战线与组织，十倍加紧在日本一切企业中的斗争。”

---

①《中共满洲省委为日本帝国主义武装占领满洲宣言》，1931年9月19日。

这次会议以后，中共满洲省委全力动员党团员，集中一切力量开展宣传和组织抗日工作。“宣言”的发布产生了较大影响，9月25日开始，在沈阳及其他大城市的街头都出现了醒目的标语和传单。省委还举办干部培训班进行较系统的培训工作，然后这些受训干部被派到各地帮助当地党组织开展群众抗日救国的组织、宣传工作。

9月23日，中共满洲省委针对当时抗日武装力量的情况，作出了《对士兵工作的紧急决议》，指出党应加紧领导与号召士兵群众，反抗国民党长官的命令，不向日寇缴械。决议中明确指出：在有党组织的军队中立即实行，尤其是在日本军队还未占领的区域，如北满等地，并通过专人负责将兵委立即建立起来的决议。

1932年初，以罗登贤为首的中共满洲省委认真学习了周恩来在《红旗周报》上发表的关于组织救国义勇军的文章，并于1月15日和2月6日再次发表第三、第四次宣言，号召全东北人民群众“自动武装起来，组织义勇队抗日军”。不久，抗日义勇军普遍兴起，满洲省委高度评价了东北地区抗日形势，并在具体工作中加强了领导。4月5日，省委制定出全东北劳苦群众反日斗争十条纲领，这一系列的宣言、号召及反日斗争的十大纲领对在当时残酷的环境下，唤醒大众，积极抗战起到较大的推动作用，为日后建立党领导的武装力量，开展游击战争奠定了基础。

二、抗日义勇军屡次打击在沈日伪军

在中共满洲省委的号召、领导、组织下，各地爱国军民纷纷组成抗日义勇军，转战东北各地。

辽宁是最早建立抗日义勇军的地区，在当时抗日民众的组织中，辽宁各路义勇军也是杀敌最力的。从1932年春起，辽宁民众自卫军在总司令唐聚五的率领下，曾在沈阳市周围连打数仗，光复20余县。紧接着，各路义勇军便计划攻打沈阳。伪满洲国的建立，激起全国人民的义愤，东北人民更是同仇敌忾，在“东北民众抗日救国会”的组织号召下，揭竿而起，奋起抗战。“救国会”派在沈阳静安乡安民会里工作的蔡介石、王鹏飞火速来到抗日义勇军第39路军，转告司令赵亚洲做好攻打沈阳的准备。

39路义勇军是“九一八”事变后由沈阳铁路警官赵亚洲、杨景良、杨振东等人在抚顺、铁岭交界处组建的，开始称“抗日总队”，后接受东北抗日救国会的领导，改称义勇军第39路军，赵亚洲任司令，组建后迅速发展到1 600多人，分编为9个中队。不久，绿林抗日武装金山好率队加入39路军，金任副司令。

接着，另一路绿林武装长江好也带着数百人慕名前来，几支队伍联合以后，形成了一支较大规模的抗日武装。

接到救国会的通知后，赵亚洲率队立即做好战斗准备。此时，在沈阳新开河附近的伪龙武军第5旅旅长刘海泉受抗日宣传的影响也派人秘密与赵亚洲联系，赵亚洲当即同意与他们联合抗日。经过一系列周密的安排部署，3月9日，即溥仪就任伪满“执政”的当天，39路军集结了3 000多人，抵达沈阳附近，赵亚洲、金山好、长江好三人分路驻扎在沈城周围，赵亚洲等召开会议进一步做了安排：金山好、长江好各带所部分别从小北门、大北门进攻，先取工业区；赵亚洲从大东门、小东门进攻，先取兵工厂，然后汇合于浪速通大街（今中山路一带），围攻关东军司令部。会上还着重强调了军纪。

3月10日，各路军按计划向沈阳发动进攻，沈阳城内顿时硝烟弥漫，杀声四起。日军仓促应战，狼狈不堪。但是，由于这些抗日武装平时缺少正规训练，战斗中又不能严格遵守规定，金山好未到时间便率部抢先攻城，过早地暴露了目标，日军此时以密集的火力阻击，义勇军在战斗中失利。赵亚洲所率的部队还未能到达小东门，也遭阻击，后续部队在东陵又被袭击，战斗打得非常艰苦。天明时分，义勇军不得不撤退到彭楼子一带，在此，各路军分手，赵亚洲率部撤往三岔子，金山好退走柴河口。

此次战斗尽管未能取胜，而且伤亡很大，但是缴获了日伪大批枪械弹药，对日伪的打击很大。全国各报连续报道了这次攻城的消息。3月11日《盛京时报》报道说：“……上午4时许，突有匪帮2百余名，各骑马匹，将沈海车站包围，所有路警枪械及警察第11分局各分所警察枪械，均被缴去，……”这次战役使沦陷区的人民受到了极大的鼓舞。

1932年8月，以义勇军第21路军为主力，又对沈阳连续发动了4次进攻。

“九一八”事变周年之前，东北抗日救国会做出决定，要把各路义勇军联合起来，对沈阳发动进攻，打击日本侵略者，以告慰家乡父老。此次进攻的主要任务由赵殿良率领的第21路义勇军担任。“救国会”派王兰田到沈阳与赵殿良联络，具体商量了攻城计划，初步确定8月下旬发动进攻。具体日期另定，并决定到时再派部队配合他们作战。王兰田还留下4 000元现大洋给赵殿良，要他作为攻城前的经费。赵殿良随后积极为攻城做了大量的准备工作。先是派人做好炸毁南满沙河和安奉线石桥子的大桥，阻断敌人的增援，接着赵又秘密会见了沈阳伪靖安游击队参谋长杨作修、王鼎元等人，他们手下有部队3 000余人，而且装备整齐，他们答应在攻城时作内应。赵殿良给了他们500元的维持费，又派人到沈阳买了700元的炸药和20多个大洋铁壶，找了6名工匠赶制炸药。同时通知各路义勇军在8月10日之前到浑河林子升处集合。[①]

部署完毕之后，赵殿良又回到沈阳，见到王兰田，王对赵说："北平派盛喻来沈，他是奉辽吉黑后援会之命到这里来协助我们工作的"。盛喻到沈阳后，要求成立军事委员会，任命王兰田为委员长，并决定所有委任及命令全由该委员会下达。盛喻将赵殿良的部队改为第1军，林子升部队改为第2军，靖安队改为第3军，这样一来，原计划好的作为内应的靖安队就不再受赵殿良指挥，原部署被打乱，造成以后战斗中的指挥不灵。

此时，辽宁各地义勇军攻打日伪军的战斗不断，日军当局急调驻沈部队到处增援，沈阳城内空虚，正是进攻的大好时机，赵殿良立即与王兰田商量，决定于8月27日攻城。赵殿良对王兰田说："我率部去小南门及飞机场，其他路部队由你负责。"王兰田说："可以，咱们以枪响为令，决不能有误"。27日晚，赵殿良回到部队，立即率21路义勇军到黄泥坎、浑河堡等处，渡过浑河，赶到约定的地点。但是部队在这里守了一夜，直到次日早5点，也没听到枪声。赵殿良只得率队赶回浑河堡，然后自己又返回城里找到王兰田，问他是怎么回事，王兰田说因各路人马均未到齐，所以未能按计划攻城。又说已经约好，今天晚上各路人马都能到齐，无论如何也要打响，决不能误。赵殿良听后又返回驻地，下午4点，将部队集合于老爷庙前，向战士们解释了昨夜没能攻城的原因，以安定军心，最后强调说："今日攻城，自是为救国救民起见。""不准乱抢乱夺，违者当即枪决。"战士们齐声发誓。正在这时王兰田赶到会场，接着给战士们讲话，长达1个小时之久，天已经开始下起小雨，天黑时分讲话才结束。部队立即开赴前线，按原部署，兵分四路分别从小南门、飞机厂、大南门和大南门以西发动进攻，赵殿良、王兰田担任总指挥。部队分头冒雨准时赶到指定地点，做好战斗准备，午夜12点，小南门方向首先打响，枪声密集，战斗激烈，各路部队闻声也随之发动进攻，激战约2小时，因众寡悬殊，后续部队未能及时赶到，赵殿良乃下令撤退。这一仗虽有些失利，但也缴获步枪70多支，机关枪4挺，还有很多军用品，并烧毁飞机7架，战绩相当可观。[②]据《盛京时报》1932年8月30日报道："日军损伤战死者为步兵特务曹长小关清，负伤者有吉川顾问、宪兵2人、警察1人、又靖安游击队内，有中尉1人战死，少尉1人负伤。"

---

① 赵殿良：《1931—1933年笔记》。转引自张伟、胡玉海编著：《沈阳三百年史》，辽宁大学出版社2004年版，第474页。

② 赵殿良：《"九一八"事变后抗日之经历》，《纪念"九一八"事变六十周年史料专辑》，第205—206页。

29日一早，王兰田致函赵殿良："昨日各路军马未曾到齐，惟你的第一军一路攻进，以致未能完全成功，实所抱歉……""今日夜内，各路军马决定准能齐集前来攻城，并有黄虎巨率领士兵约5千余人，已到马三家子听调进攻；并有城南天地龙亦约有千余人拟攻冯庸大学、日本站等处；请贵军仍攻大小南边门及飞机场等处，并在贵军内挑选敢死军100名，每名支薪金50元，队长1名，支百元"[①]。赵殿良奉命立即组织队伍，除100名敢死队员外，还选出搜查队50名，船夫数人。一切准备就绪，赵殿良立即派敢死队渡过浑河，赴大南门及飞机场，自己率队到大南门外沙岗子一带做增援。当天夜里，义勇军按计划向沈城发动第三次进攻。但经过前两次进攻，日伪军已成惊弓之鸟，早有防备，而且其他各路部队又未能按计划到规定地点共同作战，赵殿良所部义勇军苦战2小时，伤亡惨重，队长吴殿祥率领的20人攻进飞机场，无一生还，赵殿良见状，立即下令部队撤退至娘娘庙一带。

部队撤退以后，在黄泥坎一带稍事休整后，沈宝林、崔志议、许里虎等立志要报此仇，决定再次攻打沈阳。9月1日午夜，他们分别从大南门和大东门发动对沈阳的第四次进攻。战士们不畏敌人的枪弹，在号角声中发动冲锋数次，终因寡不敌众，未能取胜，遂改变方向往小南门外进攻，但敌人早有准备，在道路两旁伏击，双方又激战2个多小时，义勇军战士才边战边退。另一路义勇军从大东门方向进攻，因遭敌密集炮火轰击，向浑河方向退去。

义勇军屡次进攻沈阳，虽然没能成功，但是在抗战初期，敌人气焰极为嚣张之时，义勇军战士置生死而不顾，浴血杀敌，其保家卫国的抗战业绩实为可歌可泣。他们的行动也极大地坚定了中国人民的抗战决心，并积累了一定的抗战经验。

三、爱国师生反抗奴化教育的斗争

日本侵略者大肆推行的奴化教育，激起了具有反帝爱国光荣传统的辽宁广大师生的强烈反抗，他们采取多种形式进行反抗日伪奴化教育的斗争。

1. 抵制日伪奴化教育方针及教育手段

日伪在辽宁中小学开设国民道德课复兴封建礼教，用封建道德教育学生，企图训练亡国奴。然而与日本殖民统治者的愿望相反，辽宁绝大多数师生，学习中国传统文化，并没有忘记自己是炎黄子孙，是中国人，更加关注中国抗战

---

① 赵殿良：《"九一八"事变后抗日之经历》，《纪念"九一八"事变六十周年史料专辑》，第205—206页。

胜利的消息。

具有爱国思想的教师，利用讲解四书孝经时，提醒学生“我们是中国人！”1937年以前，利用课本中的岳飞抗金故事、文天祥抗战不屈服的故事，宣传岳飞的《满江红》、文天祥的《正气歌》等爱国思想和民族优良传统。还有辽南广泛流传的《苏武牧羊》歌，歌颂“苏武留胡节不辱”，鼓舞爱国师生进行反奴化教育的斗争。

伪满时期旅顺高等公学校（原旅顺第二中学校，设有中学部和师范部）的中国学生素有民族意识、爱国传统，高年级学生每年向新生传播“我们是中国人”“不要忘记自己的祖国是中国，不要当亡国奴”“要努力学习，准备将来报效祖国”。例如1944年4月，该校高年级学生召集新生在大食堂开会，以发表学校礼仪为名，进行了爱国思想教育，让新生“别忘了我们大家都是中国人”“孙中山先生是我们的国父，全体向南京中山陵遥拜”。中国学生最爱唱的校园歌曲是《应援歌》，这是国文教师高起元和赵香墀在日本殖民统治下敢于谱写的振奋民族精神的校园歌曲。歌词中有：“五洲万国各逞强权，势力多膨胀，东虎西狼南豹北蟒，睡狮百兽王，大梦觉醒精神奋起不作降王长……”[①]指斥帝国主义列强妄想瓜分中国，指斥日本殖民者妄想灭亡中国，把中国比喻为东方睡狮，中华民族一旦觉醒，就可以屹立于世界民族之林，歌颂中国人的爱国精神、爱国传统。旅顺高公爱国师生的行动形成了“我们是中国人”“中国是睡狮百兽王”的“高公精神”。在爱国精神鼓舞下，该校爱国师生经常抵制日本殖民奴化教育。

日伪在推行阶级服从制度和打骂体罚奴化教育手段时，沈阳第四国高的校长刘宗基和大多数教师抵制这种野蛮的法西斯奴化教育，他们在校内提倡学生不分年级一律平等，不准高年级打低年级学生，负责军训的军事教官员延俊曾经公开反对打骂体罚教育手段。

1943年夏天的一个早上，绥中县国高日本副校长牛岛敬吾走进教师办公室，中国教师李子春因忙于工作没有立即起身给牛岛敬吾敬礼。牛岛敬吾在李身后伸手打了他一个后脖溜，李子春转身挥起拳头自卫，连打牛岛两拳。该校师生对日本副校长打骂教育及迫害手段早已恨之入骨，全校立即形成了抵制法西斯奴化教育的风潮。[②]日伪统治时期，学生们普遍反对“勤劳奉仕”，抵制劳役苦工，让他们出工时，有的制造废品，有的装病不出工，有的出工不出力，

① 齐红深：《东北沦陷时期教育研究》，辽宁人民出版社1997年版，第206—207页。
② 齐红深：《东北沦陷时期教育研究》，辽宁人民出版社1997年版，第253页。

有的破坏劳动工具，等等。例如，有一次旅顺高等公学堂的学生被迫到“关东神宫”码头，防空洞工地做苦工，学生们消极怠工，破坏工具材料，故意把镐和铁锹嵌在石缝里，抬土筐装得骨尖儿，猛一使劲儿，扁担绳子都断成两截儿，建造“神宫”的上好楠木材料，也弄得痕迹斑斑，几乎不能使用。

爱国教师也是极力抵制时局教育及“勤劳奉仕”。关云书1941年从旅顺高等公学校毕业，在大连市东山公学堂任教员，兼班主任。1942年春，为了“大东亚战争”，日伪当局让学生“捐献”废钢铁，关云书对学生讲：“你们拿这么多钢铁做什么，这不是自己人打自己人吗?”关云书为此被逮捕，判刑一年。

“遥拜天皇”是最露骨的使中国人“忘国”“忘祖”的奴化教育，令中国学生十分反感。1944年5月28日，旅顺高等公学堂全校举行“东方遥拜”时，学生周广鼎很讨厌日本奴化精神训练，在行90度鞠躬礼时提前起身，表示抗议。这时日本教师长冈用长刀鞘猛击周的头部，把他打昏倒在地上。6月，旅顺高公学生在关东神庙劳动时，举行“东方遥拜”，三年级学生田宜宽拒绝“遥拜”，日本教师长冈追问为什么不鞠躬？田宜宽回答：“我是中国人，为什么给日本天皇鞠躬!”因此事，田宜宽被迫失学。[①]

2. 教职员反对奴化教育的斗争

王国华（辽宁朝阳县人）是东北著名女子义学创办者王凤仪之子。1930—1934年，王国华任朝阳私立凤仪女子师范学校校长。

王国华在教学中不失中华民族气节，倡导爱国主义精神，始终勉励学生为民族独立而读书；他经常教育当时在黄埔军校读书的两个儿子，要为中华民族生存而奋斗；他在官场从不穿协和服（日伪时期协和会的礼服）。日伪统治者委任他为朝阳县“教育局”局长，他拒不任职，表示不为日本人做事，为此激怒了日本人，竟以“反满抗日”的罪名，三次将他拘捕于朝阳宪兵队，虽然均被保释，但仍未摆脱日本特务的严密监视。1942年初，王国华到大连西岗道德会讲演，他取《中庸》思想之精华，弘扬“智、仁、勇”的民族正气，贯穿于整个讲演之中。这一举动，与日伪当局企图盗用儒家思想进行奴化教育大唱反调，更加激怒了日本人，他们设下圈套，以“宴请贵宾”为名，将王国华毒死。这位杰出的东北教育家为弘扬民族正气，反对日本的奴化教育而献身。[②]

林基堂是以民众学校为阵地，与日本奴化教育相抗衡的爱国知识分子。1929年他创办了旅顺林沟民众学校。以后，他便以这所学校为阵地，向中国青

---

① 齐红深：《东北沦陷时期教育研究》，辽宁人民出版社1997年版，第240页。
② 齐红深等：《东北教育家评传》，辽宁大学出版社1995年版，第198页。

少年进行爱国主义教育、民族文化教育。林基堂自任校长和教员，自己编写校歌和教唱爱国的革命的歌曲。“九一八”事变后，这所学校坚持使用商务印书馆出版的《国语》《常识》《社会》《自然》《算术》等中国教材。

1932年，林基堂加人中国共产党。他继续以林沟民众学校为据点，培养积极分子，发展党团组织，增强斗争的力量。同年4月，他在学校先后发展了15名团员。团员们以拾草为名，每周到山沟里活动一次，林基堂都亲自到场组织团员开会或学习。学习的材料有《共产主义ABC》《帝国主义铁蹄下的中国》《向导》《工人周刊》等。林基堂还组织团员到社会上宣传反对迷信，反对封建礼教等；在学校内，发动学生与日本“政署”“学务课”派来的亲日校长作斗争，抵制日伪奴化教育。

1933年，旅顺的中共地下党团组织遭到敌人的破坏，林基堂也因此被判了6年徒刑。①

邓士仁（铁岭县大甸子村人）于奉天两级师范毕业，曾任铁岭县第一高级小学校长10余年，后任铁岭县“教育局长”。1933年调任安东县“教育局长”。邓士仁经常对学生进行爱国教育，每逢国耻日、“五册”惨案纪念，他都亲自讲话，教育学生发愤图强，以雪近百年的奇耻大辱。他在担任铁岭县“教育局长”时，办公桌上放一本字帖《正气歌》，以此作为座右铭，深表其爱国之志。邓士仁常对同仁说：“现在认真教好学生，用在将来。”可见他把救国救民的希望，都寄托在青年一代身上。他转任安东县“教育局长”后，积极参加救国会的各项爱国活动。他常说：“中国人要好好给中国人办事。”邓士仁正是践行了“好好给中国人办事”，才被日本侵略者迫害致死。

沈阳第四国高国文教师宋九遗对日伪删改的教科书极为不满，对伪满“国定教科书”予以否定。他以教科书选材过于狭隘为名义，给学生补充了岳飞的《满江红》，文天祥的《正气歌》，以及杜甫的“国破山河在，城春草木深”等诗篇，向学生进行爱国思想教育。

日本殖民侵略者不准中国东北师生说自己是中国人，只能说是“满洲国”人。海城师道学校教育学教师张绍谦借用这个时髦的考试题目，巧妙地提醒学生思考。在学生交完考卷之后，他问学生：“你们是哪国人?”，学生答是“满洲”人，张绍谦说：“对了，卷面100分。”随即把右手一翻说：“你们是中国人!”暗示学生答卷是答卷，但我们不能忘记祖国。

① 齐红深等：《东北教育家评传》，辽宁大学出版社1995年版，第255页。

日伪为了维护统治，极力歪曲东北历史，并且把东北地理与中国割裂开来。爱国的教师在讲述东北历史地理时尽量介绍中国的历史和地理知识，激发学生的爱国情感。例如，沈阳第四国高地理教师李国楹借助讲长白山地理的机会，讲了祖国三山五岭、黄河、长江等地理知识，使学生了解中国地理，热爱祖国。在讲到黑龙江、乌苏里江时，补充了清朝末年政治腐败，沙皇俄国乘机侵占了黑龙江以北、乌苏里江以东大片领土，以及沙俄军队把江东六十四屯人民赶到黑龙江淹死的历史事实，揭露帝国主义侵略东北的罪行，启发学生热爱祖国，汲取历史教训。[①]

3. 爱国学生反对奴化教育的斗争

爱国学生在课堂上或利用读书会等形式反对奴化教育。旅顺高等公学校中学部四年级学生韩行谦具有强烈民族意识。日本教师佐久间讲《东洋史》，鼓吹日本“万世一系”的神道传统，极力贬低中华民族历史。有一次，佐久间讲武王伐纣时，用挑衅口吻说：日本历史与中国不同，“一个是万世一系，一代一代传下来，另一个是一朝一朝的君主被推翻，你们看哪一个好呢?”韩行谦为了肯定中国历史，就回答“两个都好”。这就激怒了佐久间，以后日本教师数人经常寻衅殴打韩行谦。不仅韩行谦个人反抗日本殖民奴化教育，该校中国学生还用罢课形式反抗日本殖民奴化教育。

爱国学生还利用民谣、歇后语等形式进行反满抗日等宣传活动。在日本法西斯高压政策下，学生们抗日宣传活动采取比较隐蔽的形式，相互启发，共同抵制日本殖民奴化教育。例如，学生们把伪满的国歌“天地内，有了‘新满洲’”，改为“天地内，有个新馒头”；将“‘新满洲’便是新天地”改为“‘新满洲’便是新地狱”；以此表示否认日伪统治权。又如，学生们盼望中国抗战胜利，传播日军失败的消息，编出民谣：“小鬼子，不大点儿，朱毛红军派兵宰”，企盼日军尽快失败。

辽宁许多学校的学生把“东方遥拜”读成“东方要败”（东方指日本），当“朝礼”遇到说“拜”字时学生们高声朗诵“败”字，充分表达他们的反日情绪。学生还对伪满的“国旗”作文章，广泛流传着一句“满洲国旗，‘黄’的面大”，指的是伪满殖民统治必定垮台，东北最终要光复。当有的学校在高呼“满洲帝国万岁”时，学生中就有人呼喊：“‘满洲国’完事儿”；在日伪当局强迫学生学日语，进行奴化教育时，在辽宁广泛流传着：“日语不用学，再过三年用

① 齐红深：《东北沦陷时期教育研究》，辽宁人民出版社1997年版，第109页。

不着。”以此来抵制日伪的殖民奴化教育。

辽宁读书会抵制奴化教育的爱国活动。1940年6月10日，东北各地学生在长春召开“全满读书会”成立会议。这个学生组织最初是伪满经济部在长春开办的“财务职员训练所”的学生发起的。读书会的宗旨是抗日救国，反对日本殖民奴化教育，在各地发展组织。

辽宁读书会，由高德生负责辽南组，成员有黄福绵；由武连城负责沈阳组，成员有张鸿顺、邱荫阁等人。1941年在奉天工业大学发展董鸿书，在农业大学吸收杨文阁，他们各在本校发展组织。辽宁读书会抵制日本殖民奴化教育的活动有：（1）传阅进步书籍，读周谷城等历史学家所著的各种中国历史著作，使同学们了解祖国历史，不受日伪的欺骗。（2）传阅马克思主义著作，如《资本论》，以及革命党编写的关于社会发展的著作。（3）阅读国民党书籍，如孙中山的《三民主义》和蒋介石的《中国之命运》。

1940年12月，辽宁读书会开始将读书活动与反日爱国斗争结合起来，搜集《启蒙组织参考材料》，要求读书会成员把个人的文学作品集中起来，由组织内成员传阅，激发大家的反奴化教育思想；每个会员调查自己所在地的政治和经济等情况，特别是调查抚顺、本溪和鞍山等矿区工人劳动生活状况。读书会在反对奴化教育方面进行艰苦的斗争，有时散发传单，张贴标语和日伪报刊宣传新思想。1941年12月，日伪特务探知东北读书会的活动，先后逮捕读书会成员及牵连人员200余人，其中大多数是东北各校的在校生或毕业生。

辽宁读书会的大多数被逮捕者坚贞不屈，与日伪进行顽强斗争，表现出高尚的民族气节，鼓舞了教育界师生反对日本殖民奴化教育的斗争。读书会骨干成员，开原的刘荣久被判处死刑，临刑前对妻子说：“我为抗日献身，死而无怨。”①

盖平县学生反抗奴化教育的斗争。在日伪的高压统治下，爱国学生采取比较隐蔽的文学形式，宣传爱国思想。1944年，盖平县第一、第二、国高、女国高的部分学生阅读进步书籍，开阔了眼界，他们以文艺会的形式反对奴化教育。第一国高的王盛伦、李建韬，第二国高的臧荣昂，女国高的侯赓芝等组成学生文艺会，创办一种不定期刊物《晨星》，发表学生们文艺作品，冲击了日伪在学校的统治秩序。先后发表了学生作品《可怜的人》《猫捕鼠》《古城的晚上》《有一天太阳会沉到底》等文章，揭露日本帝国主义侵略罪行，反映人民生

① 李季若：《东北大学四川三台时期学运知之录》。转引自郑新恒著：《一二·三〇事件始末》，辽宁大学出版社2010年版，第297页。

活疾苦，启发人们的爱国思想。5月份，日本副校长获得《晨皇》油印件，报告盖平县警务科日本指导官，按刊物上署名抓去22名学生。[①]日本特务对被捕学生用尽种种刑罚，灌凉水和煤油、过电、悬空吊挂等。先后捕去60余人，最后在押19人中王盛伦等4人送省高等法院监禁，其他14人起诉一年并由学校管束。

日伪统治者的残酷迫害激起了广大师生更为广泛、激烈的斗争，许多学生投笔从戎，驰骋在东北抗日的战场上，去争取抗日胜利。

四、流亡关内人民的抗日救亡活动

“九一八”事变后，日军迅速占领全东北，白山黑水大好河山惨遭日军蹂躏，广大人民不堪忍受日军的疯狂残杀、掠夺和凌辱，不得不扶老携幼背井离乡，流亡关内避难躲灾，其数量相当庞大，仅沈阳一地，自9月20日起，自北宁路进关者，每日运送不下1.5万人，车厢内无立锥之地，连车棚上也都坐满了逃难的人，经常有人从车上掉下路轨丧生。据《华北日报》1931年9月29日报道：“沈阳城厢，原有居民45万，现在避难他去者，达三分之二以上”。在这大批流亡大军中，有前东北政界、商界、知识界的上层人士，也有中下层的平民，更多的是青年学生。仅1931年底流亡到天津一带的东北学生就有万人左右。[②]至“七七”事变前后，东北流亡关内的人数已达数十万人，这些人与在关内的十多万东北军联合，形成一股强大的抗战势力。

当时，尽管流亡者中各类人物都有，但有一点是一致的，这就是对日军的痛恨和“打回老家去”的强烈愿望。为此不论政见如何、信仰各异，在这非常时期，强烈的民族自尊心促使他们不甘心做亡国之奴。于是，这些流落他乡的东北同胞迅速团结起来，展开了声势浩大的抗日爱国运动。

“九一八”事变后第二天，流亡北平的学生数千人便举行集会，宣布成立“东北留平学生抗日救国会”，通电南京国民党政府，要求停止内战，一致对外，且有34人组成“敢死队”要与日军以死抗争。随之，各界群众在中国共产党的号召、影响、推动下，各种爱国民众团体迅速建立，经过一段分流、合并，逐渐形成三个规模较大的爱国团体，即“东北同学抗日救国会”“东北同乡反日救国会”“抗日救国会”。

9月25日，流亡北平的东北爱国知名人士阎宝航、高崇民、卢广绩、车向

---

① 中国人民政治协商会议辽宁省营口市委员会文史资料研究委员会：《营口文史资料》（第3辑），文史资料研究委员会1986年版，第30页。

② 卢广绩：《九一八事变前后东北人民抗日救国活动》，《文史集萃》（第4辑），第7页。

忱、王化一等在一起共同商讨救国之事。王化一对大家转达23日在协和医院与张学良谈话的内容。张学良表示，尽管南京政府下令不准抵抗，但对东北民众自发的爱国行动和团体，还是愿意给以支持和援助。他们几个人商定，将现有的三个团体组织起来，联合成立“东北民众抗日救国会”，以便于集中力量，打击敌人。第二天，他们根据既定方针，分头到群众中去联络、宣传，所到之处，无不受到拥护和支持。9月27日，“东北民众抗日救国会”，在北平西单牌楼旧刑部街12号奉天会馆东院——哈尔飞大戏院召开成立大会。卢广绩主持大会，当时入会的就达400多人，其中绝大多数是青年学生。大会选举阎宝航、王化一、高崇民等27人为救国会委员，通过了《救国会宣言》。

“东北民众抗日救国会”是当时在关内最有影响的东北救亡组织，它的宗旨是“抵抗日本侵略者，共谋收复失地，保护主权。”救国会成立后，以宣传抗日救亡和联络、支持东北抗日义勇军、开展抗日武装斗争为中心任务。一方面，开展军事组织工作，另一方面也加强了抗日宣传。他们先后创办了《救国旬刊》《复巢月刊》《东北通讯》《东方快报》等报刊，并组织会员到南方各地演讲、募捐、宣传日军侵略暴行，号召全国人民团结抗战。救国会的领导者们组织了几百人，顶住重重压力，甚至不惜以卧轨相抗争，到南京向蒋介石请愿，并且举行声势浩大的示威游行，在全国产生极大影响，对推动全民族抗战也起到极为重要的作用。

另外，他们还派出一大批得力的骨干秘密出关，策动、联合、指导分散在东北各地的抗日义勇军，组成统一的抗日武装，开展收复失地的军事斗争。他们先后委任了52路义勇军司令和27名支队长，还举办军事训练班培训军事人才和政治干部，把募捐得到的钱、物送到义勇军手中，支援抗战。在他们的努力下，1932年，仅辽宁省的义勇军就发展到近30万人。用以支持义勇军抗战的款项达到30多万元[①]。

1932年春，曾经担任黑龙江镇安右将军的朱庆澜，受关内东北民众及上海等地爱国人士、海外侨胞的支持，在北平成立“辽吉黑民众抗日后援会”，主要是为向东北各地抗日义勇军提供款项、运送粮食、武器、服装、药品等物资。为此，朱庆澜曾两次通电全国，号召各界人士有钱出钱，有力出力，引起强烈反响，随处可见捐款、捐物、义演、义卖活动。“后援会”曾一次支款10万银元给冯玉祥，支援长城抗战。在全国人民抗日热情的鼓舞下，冯军一鼓作气与敌

① 席亭：《东北民众抗日救国会与辽宁抗日义勇军》，《沈阳文史资料》（第7辑），第155页。

奋战7昼夜，收复4县，极大地鼓舞了中国人民的抗战决心。

但是，以蒋介石为首的国民党仍坚持“攘外必先安内”的反动方针，竭力干扰和破坏东北人民的抗日救亡活动。他们一方面利用东北籍的“CC”派分子及一些团体大肆宣传国民党的消极抗战政策，同时对东北救亡组织以及援助义勇军的工作极力进行干扰和破坏。1933年初，东北抗日义勇军由于得不到有力援助和统一领导，在极为艰难的情况下斗争相继失败，关内东北人民的抗日救亡运动也受到沉重打击。1933年，张学良被迫下野出国，何应钦担任国民党军事委员会北平分会代理委员长，他公开下令取缔华北抗日活动，公开采取镇压救亡运动的手段，大批救亡积极分子被逮捕，各救亡组织的经济来源亦断绝，“东北民众抗日救国会”“辽吉黑民众抗日后援会”等组织被迫解散。

然而，东北人民抗日救亡的决心并未因此而动摇。在抗战两周年之际，阎宝航、高崇民、王卓然等又在极为艰难的情况下，秘密成立了另一个抗日救亡组织——“复东会”，继续从事救亡宣传和组织工作，尤其是加强了对东北军的救亡工作，这一组织很快就发展起来，并成为联系东北军和流亡关内民众的重要纽带。国民党迅速掌握了“复东会”的活动情况，蒋介石深知东北军及流亡势力不可忽视，于是采取软硬兼施的手段，对张学良施加压力，以“维护惟一领袖、团结一致救国”为幌子，胁迫张学良下令取消“复东会”，成立所谓的“四维学会”，以限制、打击东北人民的抗日救亡运动。张学良迫于当时的形势，勉强说服了阎宝航等人加入“四维学会”。蒋介石担任该会的名誉会长，张学良担任会长，王卓然任理事长，这个学会表面上实现了统一，但是阎宝航、高崇民、卢广绩等爱国人士并未放弃与国民党的内战方针做斗争，同时利用他们的合法身份，继续支持各地人民的抗日斗争和救亡活动。“四维学会”名存实亡。

在上海，东北著名爱国人士杜重远顶着重重压力，积极从事抗日的宣传活动，颇有影响，在流亡关内的东北人中享有很高威望。

“九一八”事变以后，东北大学在北平复校，很快便成为北平学生运动的核心，在1935年“一二·九”运动期间，东北籍学生发挥了先锋和骨干作用。“一二·九”运动爆发不久，张学良三次电邀“东大”学生代表到西安谈话。宋黎、韩永赞、马绍周应邀前往西安，他们慷慨激昂地向张学良介绍了北平学生爱国运动，张学良深受感动，大为赞赏和同情。此后，张学良逐渐公开支持抗日救亡运动。

1936年9月18日为“九一八”事变5周年纪念日，流落陕西的东北人士在西安召开纪念大会，与会者达到8 000多人，会后还举行了声势浩大的示威游行。张学良戎装接见了游行队伍，并当场表示，坚决支持大家的抗日要求。12月9日，西安学生纪念“一二·九”运动一周年，遭到国民党军队的镇压，张学良为避免再发生更大的事故，亲自驱车阻止了前往华清池蒋介石住地的游行队伍，并向学生们表示“一星期之内，我一定用事实来答复你们!”因为张学良的态度诚恳，学生们收队返回。三天以后，便爆发了震惊中外的“西安事变”。应该说，流亡关内的东北民众抗日救亡运动不断高涨，以及东北爱国人士的积极活动，对促使张学良“逼蒋抗日”起到了催化剂的作用，对中国历史的转折做出了不可磨灭的贡献。

另外，1936年6月，随着全国抗日形势的发展，中共东北军工委和北方局根据周恩来的指示，在北平成立了“东北救亡总会”（简称“东总”）。这个组织从建立一开始就积极贯彻党的统一战线政策，更加广泛地团结东北民众，参加抗日斗争，在短短的时间里，发展非常迅速，先后在山东、山西等地建立了十多个分会，并利用机关刊物《反攻》半月刊大量报道抗战活动，揭露日军暴行，批判卖国言行，又为抗日部队和解放区训练、输送学员不下数千人。“东总”的活动同样受到国民党的敌视和破坏。1942年5月，蒋介石下令取消“东总”及其他救亡团体，但是，流亡关内的东北人民的抗日活动并没停止，一直坚持到抗战胜利。

五、收复沈阳

1945年夏，世界反法西斯战争节节胜利，中国共产党领导的八路军、新四军准备全面反攻。7月26日，中美英三国发表《波茨坦公告》，敦促日本无条件投降。8月8日，苏联政府对日宣战。9日，苏联进入中国东北，大举进攻盘踞东北的日军。同日，中共中央军委主席毛泽东发表《对日寇的最后一战》的声明。朱德总司令也于此后两天连续发布对日军受降及配合苏军作战等七道命令，命令在冀热辽边区的八路军迅速进军东北。

进攻沈阳的苏军是三路中的一路，从西面在马林诺夫斯基元帅的指挥下、有坦克、骑兵、摩托部队参加，[①]他们穿过沙漠或翻过兴安岭扑向哈大铁路。拟沿公路和铁路冲向各个城市。此前苏联空军已轰炸过沈阳，旨在破坏铁路枢纽、工业目标和日本军用设施。

8月19日，自午后1时15分开始，苏联空军飞机陆续在沈阳着陆。这一天

① 《东北日报》，1949年8月14日，第四版。

共有225名空降兵到达，开始占领沈阳。20日，由坦克、摩托组成的苏军快速支队进抵沈阳，仅在沈阳外围与日军有较小战斗。苏军在东塔机场意外地发现了伪满州国皇帝溥仪和他身边的少数日本军官。经询问知道他是由通化飞来，准备在沈换乘大机型转赴日本的。苏军先将溥仪软禁在候机室二楼，后又解往苏联。

苏军在沈阳建立起以考夫通·斯坦克维奇将军为首的卫戍司令部（今省电子局址），发布一号命令，要求在市内建立权力机构和秩序，对全城实行军事管制。

苏军歼灭了日本军队的精锐关东军全部，缴获飞机925架，坦克369辆，装甲军35辆，击毙日军官兵8万余人，受降59万多人。[①]日军在沈阳的空军、陆军战车旅团及步兵师团，炮兵旅团等全部被俘。

八路军冀热辽军区第十六军分区的部队，由曾克林、唐凯率领两个团和一个支队共四千余人，在绥中与苏军会师，共同攻克山海关后经锦州直奔沈阳，9月6日夜到达沈阳南站，是第一支进入沈阳的人民军队。

苏军沈阳军管会原通知八路军去苏家屯驻扎。当八路军战士军容威武列队进发受到市民热烈欢迎时，苏军改变决定派代表乘吉普车追上八路军通知改驻小河沿一带。14日，曾克林同志由苏军代表陪同从北陵机场飞赴延安报告沈阳形势。16日，冀热辽军区司令员李运昌率领三个团又一个营的部队和一批干部共五千余人到达沈阳，在原张作霖的大帅府设立了司令部。18日，曾克林陪同彭真、陈云、伍修权、叶季壮等同志抵达沈阳，组成东北局。

沈阳是东北最大的城市，但光复后仍面临着许多问题。日本在投降前夕有计划地破坏了全市1 800余家工厂企业中的40%，苏军在占领期间又将大型工厂中的机器设备及其他物资作为战利品拆走运往苏联。当时大部分工厂不能开工，工人大批失业，市民生活非常困难。

老沈阳都还记得当时不少人为了生活，为了宣泄十四年沦陷生活的气愤，曾去“抢洋落”。这“洋落”是指日本资本家的工厂中能找到的生活资料或日军仓库里残剩的军需被服及食品等。当获得手持转轮枪的管制者苏军士兵的允许之后，人们吼叫着涌向日军库房，有的拿到几件旧军装，有的检点小工具，但人们相互冲撞挤压，如果再有枪声大作便会发生不幸。

塔湾日军五八一仓库、三台子、日军工厂、高道口下面的胶皮工厂等处都

---

① 《历史教学》，1954年第12期。

发生过大墙被推倒，人们被砸死、砸伤的惨剧。

沈阳当时人口160多万，其中有投降的日军5万多人，日本侨民30多万，另有白俄1 000多人。德国领事馆还在活动，有一部分伪军警官人员还藏有武器，他们或受命于日伪残余势力，或受命于国民党的指挥不断作恶。汪伪国民党分子李光忱成立了一个省党部。国民党东北党务督导专员王星舟派吴庆春又成立了一个省党部。张宝慈的市党部、齐党生等区党部等都是国民党势力的代表。

动荡、恐惧、经济崩溃是日本投降后沈阳形势的总特点。苏军取得军事胜利，与八路军一起使沈阳从沦陷中获得解放，但由于社会秩序混乱，生产不能恢复，人民处于新的困难之中。

苏军占领期间沈阳经济生活的一大特色是物资供应没有保证。可能在苏军的管理下将某一仓库或日本商店打开，人们一哄而抢粮食、衣物，也可能只有在突然增多的破烂市上"选购""交换"生活用品。这种破烂市几乎到处都有，人们对伪币、红军票都不感兴趣，最实际的还是物物交换。

进入沈阳的八路军改称"东北人民自治军"，相继接管了兵工厂的北大营仓库、被服厂、发电厂、邮电局、银行、电台等。一个飞行大队的全部20架飞机连同飞行员也被我军俘获。几万支枪、几百挺机枪、100多门大炮被缴后装备了八路军。肖华同志率领的山东部队渡海而来，已抵沈阳城南。黄克诚同志率领的新四军一部也从苏北进入辽宁。人们所说的黄八路、黑八路、灰八路（实指新四军）在沈阳会师了，他们虽然所着军装颜色不同，但都是党所领导的人民武装，正是他们在党中央的指令下使沈阳人民获得了第一次解放。

10月10日，沈阳市民主联合政府成立，白希清、焦若愚分别任正、副市长。

苏军出兵东北，加速了沈阳的解放。为表彰苏军的历史功绩，沈阳人民同意苏军统帅部的要求，在沈阳站广场建立了一座烈士纪念碑。碑体由花岗岩石块垒砌，通高25米，下有深5米的墓穴，安放着部分苏军烈士的骨灰。碑体正面上部有青铜质的红星和苏联国徽、下部是碑文"光荣属于为战胜日本法西斯而牺牲的勇士们"，后面有烈士名单、两侧是苏军进军沈阳的青铜浮雕。碑的顶部是当时服役的坦克模型（重9吨，由鞍钢铸造），炮口指向东方表示警惕日本军国主义复活。碑的底座有花岗石柱围栏，缀以下悬弧型的铁链，显得庄严肃穆。这是苏军占领沈阳期间全市唯一的土建工程。

第八章
抗战胜利后的沈阳

- 八路军、新四军进抵沈阳及中共政权的建立
- 国民党统治下的沈阳
- 沈阳的解放

随着苏联出兵东北，70万的关东军被歼灭，日本宣布投降。由于国共双方都未预料到日本败亡如此之快，投降后的东北一时陷入权力真空。1945年8月10日至11日，朱德总司令连续发布七道命令：为配合苏联红军进入中国境内作战，并接受日“满”敌伪军投降，我命令：一、原东北军吕正操所部由山西、绥远现地向察哈尔、热河进发；二、原东北军张学思所部由河北、察哈尔现地向热河、辽宁进发；三、原东北军万毅所部由山东、河北现地向辽宁进发；四、现驻河北、热河、辽宁边境之李运昌部，即日向辽宁、吉林进发。离东北最近的中共冀热辽军区第十六军分区遵照中共总部的命令，由曾克林、唐凯在占领山海关后，率2 000余人乘火车向沈阳进发，于9月6日到达沈阳。中共领袖毛泽东敏锐的预见到东北的存亡关系到共产党在未来中国的地位，派遣了大量党政军干部抢先进入沈阳，并建立了政权和武装。

与此同时，在1945年8月初，国民党政府代表团在莫斯科与苏联签订了“中苏条约”。作为内定的东北行营主任，接收东北大员熊式辉拜会了许多苏方人员，为接收东北做准备。1945年8月31日，国民政府军事委员会委员长东北行营（1946年8月22日，东北行营改称国民政府主席东北行辕）正式成立。作为接收东北的最高行政机构，熊式辉就任主任。由于国民党军队远在大西南，来不及运兵东北，又考虑到苏军占领东北的实际情况，国民党试图以外交接收的方式，顺利接收东北。在积极进行外交接收的同时，国民政府也在进行军事接收的部署。先是10月初，美军占据秦皇岛，为国民党军从大西南运兵东北做准备，再是国民政府将原昆明防守司令部直接改为东北保安司令长官部，任命杜聿明为司令长官。在苏联的阻挠和国民党优势军力的进攻下，中共很快退出沈阳。

国民政府接管沈阳后，即制成《沈阳市政府组织系统表》，完善了沈阳市政府的组织机构。在基层政权方面，1946年4月，沈阳市开始推行保甲制度，在编组保甲同时，清查人口，登记保甲户口清册并发放“国民临时身份证”。总之，国民政府在统治沈阳期间建立了完善的政权组织。这也表明国民党政权在沈阳统治的确立。

在市政管理方面，实行了组建沈阳市公共汽车管理处，恢复有轨电车运营，修复电车厂，组建沈阳瓦斯厂等各种措施，力图恢复日伪时期的市政设施。

在经济上，1946年5月资源委员会东北办事处在沈阳成立，主要职责是接收东北的大型重工业。又成立东北生产管理局，职能是接管中央机关所未接管和尚未标卖的产业。国民政府在接收了沈阳的工业生产以后，一段时间内大致恢复了生产。但由于管理不善，上层贪污腐败，加之大量机器设备被苏军拆走导致设备不配套，以及原材料、电力、能源紧张，这些工业的生产能力恢复有限。后期经济崩溃，这些工厂大多倒闭关停。同时期商业金融等虽有所恢复，但囿于全国总的经济形势，各方面都趋于恶化。

国民党政府进驻沈阳后即有计划的接收沈阳原属于日伪的资产。为顺利开展收复地区的经济工作，东北行营下设了“东北敌伪事业资产统一接收委员会”，作为东北接收敌伪资产的统一领导机构。以行营主任熊式辉为主任，张嘉璈为副主任。然而，在接收过程中，国民党军政人员产生大量的腐败事件。国民党政府在经济接收中的种种弊端。令国统区的老百姓大为失望。他们称那些接收大员是“五子登科”（即房子、车子、金子、料子、婊子），甚至将国统区称为“二满洲”，把国民党军称为二鬼子。从而丢掉了对国民党政府正统的观念。

由于连年的战争，在抗战后期，无论是国统区还是日占区，经济都已经出现凋敝的现象。在抗战胜利后，国民政府本应该休养生息，恢复经济。可是国民党坚持打内战，导致经济萧条、财政崩溃、通货膨胀不可遏止。国民政府无力应对严重的经济危机，只有大量发行钞票，经济更趋恶化。此时中共在沈阳的活动也非常活跃。主要工作是向广大群众宣传党的方针政策，揭露国民党的黑暗统治和发动内战的阴谋，组织领导罢工、罢教、罢课等群众运动，积极开展统一战线工作，发展革命势力，瓦解敌人，做情报工作等。

从中共进入东北开始，中共的武装力量就不断发展壮大，经过一系列的战斗，到1948年7月，国共双方的力量发生了根本性的改变。中共的力量首次超过了国民党的军队。1948年9月，中共对东北的国民党军队发起了战略决战。经过辽沈战役，到1948年11月，彻底消灭了国民党在东北的军队。

第一节　八路军、新四军进抵沈阳及中共政权的建立

随着苏联出兵东北，70万的关东军被歼灭，日本宣布投降。由于国共双方都未预料到日本败亡如此之快，投降后的东北一时陷入权力真空。中共领导人

毛泽东预见到东北的存亡关系到党在未来中国的地位，派遣了大量党政军干部进入沈阳，并建立了政权。但不久在苏联的阻挠和国民党优势军队的进攻下，被迫退出沈阳。

一、关东军的覆灭和抗日战争的胜利

1945年8月6日，美国向日本广岛投下人类历史上第一枚原子弹。8月8日，苏联外长莫洛托夫紧急约见日本驻苏大使佐藤，当场宣布苏联政府声明：苏联政府依照2月与美、英签订的雅尔塔协定中有关战胜德国法西斯3个月后开辟远东战场的规定，8月9日与日本处于战争状态，即苏联开始对日作战。

8月9日夜，苏联红军后贝加尔军区，远东第1方面军、第2方面军，太平洋舰队和黑龙江舰队，组成110个合成集团军、1个坦克集团军、1个骑兵机械化集群、3个空军集团军，3个防空集团军，计80个陆军师，总兵力50多万人，炮26 000多门，坦克5 500多辆，飞机3 800多架，海军舰艇500多艘和海军飞机1 500多架。在以马林诺夫斯基元帅为总司令的远东苏军总部的统一领导和指挥下，分东、西、北三路进入中国东北，另一路攻入朝鲜。向中国东北日军发起进攻的三路是：外贝加尔方面军，由马列诺夫斯基元帅率领，在一部分蒙古人民共和国骑兵的配合下，突破了日本关东军的满洲里至扎赉诺尔与呼伦贝尔至阿尔山的防线，直至长春、沈阳、承德、旅大以及齐齐哈尔等地；远东第一方面军，由麦列茨科夫元帅率领，强渡乌苏里江，突破绥芬河、虎头、东宁等地关东军筑垒的防御阵地，兵锋直指牡丹江、密山、吉林、延吉、哈尔滨等地；远东等二方面军，在布尔卡也夫大将统帅下分东西两路前进，东路从伯力突进关东军在黑龙江和乌苏里江之防线，兵力直达抚远、同江、佳木斯、依兰、巴彦等地。西路攻势从海兰泡一带强渡黑龙江，兵锋指向瑷珲、嫩江等地……。

早在1945年5月，法西斯德国战败投降之际，日本也曾采取一定措施进行应对，总体方针是是避战求和，如苏军进攻，即退守中朝边境，保住朝鲜，拱卫本土。

具体作战方案是，预定在东北与苏蒙边境修筑堡垒，尔后依据一些山岭对苏军进行顽强抵抗，这些山岭阻断从蒙古人民共和国、外贝加尔、黑龙江沿岸地区通向中国东北中心地区的各条道路。一旦该地区被突破，日军可退到图们—长春—大连铁路一线，于该处组织防御，尔后转入进攻，以恢复原态势。因此，日军主力都集中于远东各中心地区，只有1/3集中在边境地区。关东军总部下辖第1、第3方面军，独立第4集团军，空军第2集团军和松花江区舰队。8月10日，第17方面军（朝鲜方面军）和驻朝空军第5集团军在作战指挥上隶属关东军。驻中国东北和朝鲜的日军总兵力超过100万人，装备坦克1 155辆、火炮5 360门、飞机1 800架、舰艇25艘。此外，在东北和朝鲜境内还有大量日本宪兵、警察、铁路部队和其他部队，以及"满洲国"军队和日本傀儡内蒙古德王的军队。在东北同苏联、蒙古的边界有总长近1 000公里的17个筑垒地域，这些筑垒地域内约有8 000个永备发射工事。

然而苏军的突然出动，使关东军一时摸不清究竟怎么回事。关东军司令部根据前方发来的有关苏军开始进攻的消息，难以判断是全面的正式的进攻，还是局部的和一时的进攻。直至8月10日晨6时，关东军才综合各方陆续报来的情况，以及苏军飞机轰炸"新京"等地情况，正式判断苏军已经开始了全面进攻。

于是，关东军总参谋长秦彦三郎匆忙召开会议，下达了全面对苏作战的命令，要求各方面军及各军要根据作战计划粉碎各侵入之敌。同时废弃《满苏国境警备纲要》，另外施行《战时防卫规定》和《满洲防卫法》。8月10号当天中午，关东军总司令官山田乙三乘专机匆匆忙忙由大连返回。同日，关东军接到大本营对苏全面作战的决定，其主要内容有两项：（一）大本营企图在胜利完成对美作战的主作战的同时，开始对苏全面作战，击溃苏军，以粉碎苏联的狂妄企图，维护"国体"，保卫"皇土"。（二）关东军司令官要把主作战指向对苏作战，随处击溃来犯之敌，"保卫"朝鲜。

日苏之战打响的次日，伪满总务长官武部六藏奉关东军之命，召集伪政权各部局负责人开会，会上宣布"满洲国"要立即进入战时体制，防御战要以通化为中心逐步展开，因此"满洲国"政府要迁往通化，并且要立即动身。12日，"满洲国"皇帝溥仪悄然东逃。关东军司令官山田乙三等人先后迁往通化，准备进行最后决战。正当关东军在中国东北疲于应付，并不自量力地要与苏军决战时，日本国内最高决策层准备向同盟国无条件投降，以终止这场毫无胜利希望的战争。

8月15日，日本天皇正式宣布接受《波茨坦公告》，宣布无条件投降。18日关东军司令官山田乙三致电苏军华西列夫斯基元帅宣布投降。然而，溃不成军的关东军，已根本无法作有组织的全面投降，而只好随着苏军的进驻，各地的日军分别投降。18日，驻哈尔滨的日军投降。19日，关东军总司令官山田签署无条件投降书，驻长春的日军投降。同日，驻吉林的日军投降。1945年8月19日，苏军225人的一支小分队空降沈阳东塔机场，并逮捕了伪满洲国皇帝溥仪。沈阳宣告解放。从8月18日到8月底，关东军各部队到处都在忙着缴械投降。这期间，苏军共俘获日军高级将领148名和官兵59.4万多名。

在苏联出兵东北的第2天，1945年8月9日，中共中央主席毛泽东发表《对日寇的最后一战》的声明，指出：“由于苏联这一行动……最后战胜日本侵略者及其一切走狗的时间已经到来了。……八路军、新四军及其他人民军队，应在一切可能条件下，对一切不愿意投降的侵略者及其走狗实行广泛的进攻，歼灭这些敌人的力量，夺取其武器和资财，猛烈地扩大解放区，缩小沦陷区。……全国人民必须注意制止内战危险，努力促成民主联合政府的建立。”[①]八路军、新四军遵照毛东泽的指示，开始向日伪反攻，收复失地。

二、八路军收复沈阳

东北具有独特的战略地位，地理位置优越，东临朝鲜，北靠苏联，西向蒙古，只要扼守住山海关，就守住了出关的门户，自成一独立的天地。东北地区，包括现在的辽宁、吉林、黑龙江三省和内蒙古东部，总面积13万平方公里，人口3 800余万。这里幅员辽阔，土地肥沃，资源丰富，工业发达，交通便利，是中国现代工业较发达的地区。据1 944年矿产储量调查统计，铁38亿吨，煤228亿吨，铜132万吨，铅、锌113万吨。据1943年统计，煤产量2 532万吨，占全国煤产量49%，发电能力107万千瓦，占全国78.2%；生铁产量171万吨，占全国87.7%；钢材产量49万吨，占全国93%；水泥产量10万吨，占全国产量66%。东北是全国主要产粮区，可耕地面积3 273万余公顷，已耕地面积1 800万公顷。粮谷年产量将近2 000万吨。盛产大豆、高粱、玉米、小麦，其中大豆产量占当时世界产量60%以上，素有“谷仓”之称。东北的长白山和人、小兴安岭等山脉的森林面积为2 615万公顷，木材总蓄积量30多亿立方米，占全国的1/3，素有“林海”之称。东北的铁路、公路运输较为发达，铁路有1.4万公里，占全国铁路全长1/3，公路10.8万公里，占全国50%。东北物产丰富，人口众多，日本早年将其作为侵略全中国的战略基地，建设有大量的、完整的工业体系。更为重要的是，南京国民党政府在东北地区统治极其薄弱。早年东北一直为奉系所统治，即使张学良“易帜”后，国民党的势力也未深入东北。

早在1944年11月，毛泽东在中共中央六届七中全会主席团会议上就说过：“中国的国土蒋介石丢到哪里，我们就到哪里。还要准备几千干部到满洲去。”1945年5月，在中国共产党第七次全国代表大会上，毛泽东又几次强调：“要准备20到30个旅，15万到20万人，脱离军区，将来开到东北去。东北四省极重要，有可能在我们的领导下。有了东北四省，我们即有了胜利的基础。”“在沦

① 逄先知：《毛泽东年谱（1893—1949）》中册，中央文献出版社2002年版，第618页。

陷区中，东北四省沦陷最久，又是日本侵略者的产业中心和屯兵要地，我们应该加紧在那里的工作。对于流亡到关内的东北人民，应当加紧团结他们，准备收复失地。”到6月9日选举中央委员会时，毛泽东还专门谈到东北说：“东北是很重要的，从我们党的发展，从中国革命的最近将来的前途看，东北是特别重要的。只要我们有了东北，中国革命就有了巩固的基础。现在我们的基础是不巩固的，为什么不巩固呢？我们的根据地，现在经济上还是手工业的，没有大工业，没有重工业；在地域上也没有连成一片。[①]”确实如毛泽东所说，当时中共所占据的地区，无论是晋察冀、延安还是山东，不是山区就是农村，至多只是小县城，没有工业，更没有重工业，完全无法与国统区相比拟。东北优厚的自然条件令共产党早就打算在东北布局。而日本投降后，东北的情况，更是让中共意识到占领东北的重大意义。

日本投降后的东北，苏军只占领了大城市及要道，乡村及小城市都相当混乱，伪组织有的等待交代，有的畏罪逃跑，有的小城市被土匪占领。群众情绪极高，自动殴打日本人，并有自发组织……[②]而国民党政府的力量处于缺失状态，关东军败亡后留有大批武器弹药，这些都为中共抢占东北，建设一个战略性的根据地创造了条件。

在苏军出兵后，1945年8月10日至11日，朱德总司令连续发布七道命令：为配合苏联红军进入中国境内作战，并接受日“满”敌伪军投降，我命令：一、原东北军吕正操所部由山西、绥远现地向察哈尔、热河进发；二、原东北军张学思所部由河北、察哈尔现地向热河、辽宁进发；三、原东北军万毅所部由山东、河北现地向辽宁进发；四、现驻河北、热河、辽宁边境之李运昌部，即日向辽宁、吉林进发。[③]

离东北最近的中共冀热辽军区第十六军分区遵照中共总部的命令，由曾克林、唐凯在占领山海关后，率2 000余人乘火车向沈阳进发，于9月6日到达沈阳。由于事先并没有联络，苏军并不清楚这支部队的来历，列车一进车站，苏军便将车站包围起来，不准八路军官兵下车。曾克林声明这支部队是毛泽东领导的八路军，来此是配合苏军作战，接收东北的。苏军沈阳警备司令卡夫通说：“根据雅尔塔协定和中苏条约，最高统帅部是不会同意你们进沈阳的。”[④]经

---

① 中共中央党史研究室：《中共党史大事年表说明》，中共中央党校出版社1983年版。

② 逄先知：《毛泽东年谱（1893—1949）》下册，中央文献出版社2002年版，第22—23页。

③ 余建亭：《陈云与东北解放》，中央文献出版社1998年版，第5—6页。

④ 余建亭：《陈云与东北解放》，中央文献出版社1998年版，第5—6页。

过谈判苏军同意八路军下车，驻扎苏家屯。部队下车后，曾克林、唐凯率领2 000多人的队伍排列成4列纵队，高唱着《八路军进行曲》，向苏家屯进发。沦陷14年的沈阳人民首次见到中国人自己军队，成群结队跟随八路军前行，高喊口号：不愿当亡国奴！欢迎八路军。苏军见到八路军拥有如此的群众基础，认识到这支部队对稳定沈阳的社会治安有极大好处。随后，苏军驻奉天警备司令卡夫通派人追上曾克林的部队，让其驻扎在小河沿。[①]同日，第十六军分区司令部进驻伪奉天市政府大楼，军分区政治部进驻原日本宪兵司令部。

不久曾克林和唐凯与苏军驻沈阳的最高长官举行了会谈。出席会谈的苏军将领有：坦克第六集团军司令克拉夫钦柯上将、军委会委员杜曼宁中将，及各坦克军长、炮兵军长等。会谈开始后他们对曾克林、唐凯以同志相称。在会谈中，苏军告知曾克林，他们已经接到莫斯科的电报，知道你们确实是毛泽东、朱德的部队，是中国的八路军。不过，由于苏联和国民政府订有条约，规定国民政府接管东北的主权。这个问题在国际上有监督，如果同意中共接管东北的主权，将会引起国际干涉。曾克林和唐凯针对苏军的谈话，再一次陈述了八路军在冀热辽地区的战斗历史和中共的要求。苏军认为，在中苏条约中，规定苏军进入中国东北三省后，需要与“中国军队包括正规军及非正规军”合作的条文。于是建议曾克林把部队的称呼改为“东北人民自治军”，以东北地区的地方性部队的名义开展活动，主要任务是与苏军合作，肃清日伪残余势力，消灭土匪，维持社会秩序。这样就可以不受条约的约束。八路军遂以“东北人民自治军”的名义进入沈阳。[②]进驻沈阳后，八路军成立了以曾克林为司令，唐凯为政委、汤从烈为政治部主任兼军法处处长的沈阳卫戍司令部，并向全市发布了安民布告。[③]卫戍部队在抗联干部冯仲云等人配合下，接收了沈阳兵工厂、仓库、军用被服厂、水电公司、邮电局、银行和广播电台等部门。9月9日上午，由汤从烈主持，在原伪省政府召开了一个由地方社会名流参加的会议。曾克林在会上提出四点要求：第一，要求市民服从军事管制，协助八路军维持治安；第二，要求工厂恢复生产，商店开门营业，活跃市场，严禁囤积居奇；第三，要检举汉奸特务，制止一切非法的政治活动；第四，所有市民都要安分守己，不得藏匿武器和敌伪分子。为了控制和稳定局势，安定人心，由军法处长汤从烈

①② 李运昌：《忆冀热辽部队挺进东北》，《中共党史资料》，北京：中央党校出版社，第156辑。

③中共中央文献研究室：《刘少奇年谱（1898—1969）》（上卷），中央文献出版社1996年版，第490页。

主持对一些民愤大罪恶严重的汉奸特务分子实行了三次镇压，坚决打击了日伪分子的破坏活动。同时，八路军还深入群众宣传中共的城市政策和八路军的纪律、宗旨，打破日伪反动势力的造谣诬蔑，初步稳定了社会秩序。由于八路军在东北是当时唯一合法的武装力量，不搔扰市民，为群众除害，政治影响日益扩大。所以，市民群众踊跃报名参军。

9月16日，冀热辽军区李运昌率领5 000余人部队到达沈阳。苏军在车站广场举行了盛大的欢迎仪式。中共在沈阳的日益巩固。

由于八路军的电台功率小，与延安联系不上，决定请苏军派飞机送曾克林到延安，向中共党中央汇报东北的情况。苏军驻长春的马利诺夫斯基向莫斯科请示后，派一名叫鲁罗索夫的中校与曾克林一同前往延安。

1945年9月14日下午，刘少奇主持召开中共中央政治局会议。刘少奇、朱德、任弼时、陈云、彭真、张闻天、彭德怀、李富春、叶剑英等向曾克林详细询问了东北的情况。曾克林汇报说："东北各地秩序很乱，到处堆集武器物资，无人看管，随便可拿到各种轻重武器，任何人只要不打着八路军及中央军旗号，均可自由进入满洲，乘火车不要买票，扩兵极容易，四个连进入沈阳一星期即扩大四千人，并收编了万余人之保安队。"[①]中共中央连夜开会，经过整夜的讨论，次日凌晨，中共中央决定，成立以彭真为书记，以陈云、程子华、林枫、伍修权为委员的中共东北局，办事处暂时设在沈阳，对外不公开，立即赶赴东北开展工作，力争在东北建立根据地。[②]

9月15日，中共中央决定，原来准备南下的10万部队2万干部，转而挺进东北。[③]同日，中共中央向各中央局发布指示说："目前我党对东北的任务，就是要迅速、坚决的争取东北，在东北发展我党强大的力量。"[④]这说明，中共中央关于"向北发展，向南防御"的重大决策开始形成。

9月19日，经过讨论，中共中央正式确定了"向北发展，向南防御"的战略方针，指出："目前，全党全年的主要任务，是继续打击敌伪，完全控制热、察两省，发展东北我之力量并争取控制东北，以便依靠东北和热、察两省，加

---

① 中共中央文献研究室：《刘少奇年谱（1898—1969）》（上卷），中央文献出版社1996年版，第490页。

② 朱佳木：《陈云年谱（1905—1955）》（上卷），中央文献出版社2000年版，第425页。

③ 朱佳木：《陈云年谱（1905—1955）》（上卷），中央文献出版社2000年版，第425页。

④ 中共中央文献研究室：《刘少奇年谱（1898—1969）》（上卷），中央文献出版社1996年版，第492页。

强全国解放区及国民党区的斗争，争取和平民主及国共谈判的有利地位。”[①]

根据中共中央的部署，中共各根据地部队源源不断的向东北开进。

三、中共武装政权在沈阳的建立

1945年9月18日，彭真、陈云、叶季壮、伍修权等到达沈阳，东北局开始工作。

1945年9月19日至10月7日东北局在沈阳大帅府召开第一次工作会。会议确定了东北局的工作方针：1. 配合苏军继续消灭敌伪武装，收缴敌伪武器，加紧肃清土匪，发动群众，孤立敌人，坚决镇压汉奸、敌特分子；2. 严厉镇压国民党地下武装，安定社会秩序，发展生产，把东北变成巩固的根据地；3. 猛烈发展武装，积极收集资财；4. 在接管的城市中，建立各阶层参加的政权；5. 发动群众，团结一切反顽斗争力量，进行反奸反霸，清算复仇的斗争，大力宣传党的方针政策，肃清国民党的影响等。

在中共东北局的领导下，1945年9月下旬，中共沈阳临时市委率先成立，孔原任书记、焦若愚任副书记。10月11日，中共沈阳市委正式成立。

经过紧张的筹备，10月10日，沈阳市民主联合政府成立，民主人士白希清任市长，共产党员焦若愚任副市长。市民主联合政府机构体制，剔除了未满时期沿用的日本体制，采用处、科、股三级建制。其机构模式，基本采用1928年后南京国民政府设市组织机构体制模式。[②]设民政处、财政处、工程处、公安局，市政府工作人员1 250余人，大部分是旧政府留用人员。民主联合政府将原来的17个区调整为11个区，建立起区级政府，并任命了各个区的区长。10月13日，民主联合政府正式开始办公。

针对沈阳工业发达，产业工人多的特点，陈云要求尽快成立沈阳市总工会，并指示焦若愚负责筹备建立工作。10月初，沈阳市总工会成立，聘请中共东北局成员陈郁担任顾问，主任赵翔宇，秘书长焦若愚，组织部长冯振禄，宣传部长杨大光，生活改善部部长王化民，劳动保险部部长刘国安，武装部部长于太成。（工会掌握在顾问陈郁手中）在总工会的领导下，各级区工会办事处相继成立。各级工会组织的主要任务是宣传中共的政策，组织工人武装。沈阳市

---

① 中共中央文献研究室：《刘少奇年谱（1898—1969）》（上卷），中央文献出版社1996年版，第495页。

② 沈阳市编制委员会办公室：《沈阳市组织机构历史沿革1945—1987》，沈文出登字第543号，第14页。

总工会顾问陈郁还主办工人训练班，讲授中国职工运动史、阶级斗争和个人阶级的使命课程，培养了工人运动骨干。工会组织的成立，为共产党组织、领导工人运动建立组织体系。

中共政权建立后，首要问题是安定社会秩序。当时原来的伪政权全部瓦解，沈阳的日常秩序陷入无政府状态。特别是一些地痞、无赖、土匪、趁政权的真空，抢劫、强奸等犯罪经常发生。早年在沈阳潜伏下来的国民党地下人员，这时也公开亮相建立了一些基层政权组织。一些伪军摇身一变，又成了国民党政府的工作人员。针对这些情况，新成立的中共政权都需要加以整顿。对抢劫、盗窃、暴动的坚决镇压，对国名党的组织如三青团、铁血除奸团、沈阳市党部等予以取缔。针对当时沈阳缺少粮食的情况，从农村购进800万斤粮食救济工人、难民和一般职员。还从抚顺购进一万吨煤，低价售给市民。通过这些措施，尽量扩大中共在沈阳市老百姓心中的影响。

11月3日，中共首次组织召开了沈阳市各界代表会议，出席会议的有工、商、学、军、绅各界代表82人，列席的有500余人。中共任命的辽宁省省长张学思出席会议。白希清市长向会议作工作报告。白希清在工作报告中说：新的政权是民主政府，是东北人民自己的政府，新的政府是为人民服务的，而不是统治人民的，是人民的公仆，而不是人民的主人。政府是代表人民意志来推行政务的，而人民是决定国家大事的主人。会议提出了今后的工作方针，并发表了《拥护民主政府的宣言》和《实现国内和平和制止内战的通电》。

在建立政权的同时，中共着手建立、扩大武装力量。中共中央东北局在成立之初就指出，应利用苏军进驻东北各地的有利时机，大力建军、扩军。冀热辽军区等早先到达沈阳的部队，就将队伍分散开来，有利于扩编。从8月到11月，我冀热辽出关部队迅速发展为12个旅、2个支队、1个独立团，约十万余人。在沈阳郊区、抚顺等地，李运昌、曾克林部打开了一些军用仓库.取出大批枪支弹药，军装鞋帽。这些部队穿着新军装，扛着新枪，真是威风得很。其实，这些部队究竟有多少战斗力，很值得怀疑。李运昌说："我们4个分区部队8个团、2个支队、1个营，接收了锦州全省（伪满洲设立）、热河全省、辽宁全省、黑龙江和吉林西部地区。地域大了，部队多了，团长当了旅长，连营长当了团长，班长当了连长，战士当了班排长，全是新兵了。"原来的老部队都打散了。他也承认："在扩军过程中，由于我们扩充部队的心情过急，对改编的伪军审查不严，对国民党先八路后中央的阴谋缺乏警惕，致使后来出现了部分新部队叛变事件，牺牲了一些干部。"实际上，这样匆忙组建的新部队，只求数量而不求质量。

东北沦陷十四年，日本人建立了一支庞大的伪军部队。中共进入沈阳后，收编、改编了部分伪军。如沈阳警备部队的一个旅就被中共收缴、改编。这些伪军经过日本人多年的训练，军事技能娴熟，把他们吸收进中共军队，对提高中共军队的战斗力具有切实的意义。而且收编伪军，以免他们流落社会，对稳定沈阳的社会秩序，壮大中共武装力量的建设具有重要作用。

除八路军、新四军原来军队的扩编以外，地方武装力量在这时候也发展起来。沈阳市总共工会成立以后，把东北工联、东北工友会等工人组织统一组织起来，组建了在共产党领导下的“沈阳市总工会工人武装训练总队”。队长于太成，政委陈郁。下设大东、北关、皇姑、铁西支队和市中心独立大队。为掌握对这支武装的领导权，共产党又从先期到达沈阳的冀中、华东部队中抽调4 000多名干部充实到训练总队中。这样，训练总队成为一支事实上的共产党领导下的准军事工人武装。

中共政权的建立为武装力量的扩大提供了组织上的保证，而武装力量的扩大又为将来与国民党军队在东北的作战打下了坚实的基础。

四、中共组织及东北民主联军退出沈阳

1945年8月30日，国民政府在重庆成立以熊式辉为主任的“国民政府军事委员会东北行营”，主持整个东北的军事、政治、经济事务，并任命了东北各省省长和各城市市长。10月18日，国民政府又将昆明防守司令部改组为东北保安司令部，任命杜聿明为东北保安司令长官。10月下旬，国民党军队在秦皇岛登陆，开始向东北进发。

针对国民政府的派军队接收东北的行为，中共中央发出指示，要求到达东北的八路军、新四军主力部队全力“坚决拒止蒋军登陆及歼灭其一切可能的进攻，首先保卫辽宁、安东。”“守住东北的大门”，然后掌握全东北”。当时中共中央领导人还是希望能够独占东北。

早在10月中旬林彪已经到达沈阳，着手统一领导进入东北的八路军、新四军及新收编的部队。统一后的中共东北武装力量取名叫“东北人民自治军”。10月30号，东北人民自治军总部正式成立，林彪任总司令，彭真、罗荣桓任第1、第2政治委员。

1945年11月11日，国民党军开始全面进攻山海关。守卫山海关的八路军与国民党军在山海关激战。6天以后，八路军伤亡惨重，抵挡不住国民党军美械装备部队的进攻，连丢山海关、锦州。

国民党军队在战斗中表现出的强大战斗力，令中共中央领导人认识到，八

路军、新四军在现有技术装备和训练水平的情况下，与国民党军存在较大差距，是不大可能打败国民党军的。再加上早在1945年8月14日，国民政府同苏联政府签订了《中苏友好同盟条约》。条约规定占领东北的苏军要将东北行政权和中长铁路沿线的大城市交给国民党政府接收。11月5日，苏军元帅马利诺夫斯基与蒋经国等在长春商定，苏军除保证国民党军队的安全外，还将协助国民党军队沿北宁线开进沈阳。为此，苏军正式向中共中央东北局提出：出于《中苏友好同盟条约》的规定，中共机关和军队必须全部撤出沈阳。而当时东北的民心也不利于中共发展。东北收复后，遭受14年苦难的东北老百姓还具有正统观念，热切盼望国民政府早日到来，对中共并不认同。分析了这些条件后，1945年11月28日，中共中央给东北局发出指示："东北问题引起中、美、苏严重的外交纠纷，苏联由于条约限制，长春铁路沿线各大城市将交给蒋介石接收，去哦企图独占，无此可能，但应力争我在东北之一定地位。"①同日，东北局发布如下指示："现在由于情况的变化，必须把工作重心放在南满、北满、东满、西满，即放在沈阳至哈尔滨等大城市一线之长春路西侧的广大地区中，以中小城市及次要铁路线为中心，背靠苏联、朝鲜、外蒙、热河，创造强大的根据地。"②

2月24日、31日刘少奇再次指示东北局：

第一、"必须放弃争取东北大城市的任何企图，""今天的中心任务是建立可靠的根据地站稳脚跟。然后依据情况的允许去逐渐争取在东北的优势"。

第二、"东北的主力部队和干部必须分散部署，应以大半分到东满、北满、西满各战略要地去建立根据地，只留一小半在三大城市附近发展，并准备随时能撤走"。

第三、"发动广大深刻的群众运动""必须帮助群众剿匪，帮助群众反对汉奸、特务及进行减租增资"。

指示强调，中共只有给老百姓切实的物质利益，老百姓才会拥护我们，反对国民党的进攻。③这一政策的实质在于重新回到毛泽东一贯所强调的农村包围城市，以建立农村根据地的方式压缩国民党军队、政权在东北的活动空间，使中共在最后的斗争中取得胜利。

---

① 中共中央文献研究室：《刘少奇年谱（1989—1969）》（上卷），中央文献出版社1996年版，第534页。

② 人民出版社：《彭真文选（1841—1990），人民出版社1991年版，第107页。

③ 朱建华：《东北解放战争史》，黑龙江人民出版社1987年版，第27页。

根据中共中央的指示，东北局机关、辽宁省及沈阳市党政机关和军队，于11月下旬撤出沈阳。中共沈阳市委分成两路分别撤至沈阳的南郊和北郊。一部分由孔原、张化东带领，撤至沈阳北郊，为中共沈阳市委（北部），隶属中共辽宁省委领导。另一部由焦若愚、张士英带领撤至南郊陈相屯一带，成立中共沈阳市东南郊分委，王一伦任书记，焦若愚任副书记。为加强中共对沈阳城区的领导，留在沈阳市内的地下人员组成中共沈阳秘密市委，坚持地下斗争，归中共沈阳市东南郊分委领导。秘密市委在1947年撤销。

沈阳市民主联合政府也撤退到南郊的陈相屯，但在后来国民党军的进攻下，自动解散。

中共早期在沈阳建立的政权组织象征意义大于实际，由于成立时间短暂，组织机构不完善，在短短的两个月的时间里，所能开展的工作十分有限。但是中共在国民党正式进入沈阳之前，抢先成立政府组织，对扩大中共在东北的影响，为下一步建立根据地，剿匪工作打下了基础。

第二节　国民党统治下的沈阳

受国民党政府与苏联之间的《中苏友好同盟条约》和中共自身武装力量发展的限制，国民党政府顺利接管沈阳。但沈阳与关内其他城市一样，在国民党政府统治下经济状况、民众生活水平逐渐恶化，最后走向崩溃。

一、国民党政府接收沈阳

1945年，8月初，国民政府代表团在莫斯科与苏联签订了“中苏条约”。作为内定的东北行营主任，接收东北大员的熊式辉拜会了许多苏方人员，为接收东北做准备。1948年8月31日，国民党政府军事委员会委员长东北行营正式成立。作为接收东北的最高行政机构，熊式辉就任主任。同时任命莫德惠、邹作华、万福麟、马占山、冯庸等东北籍官员为东北行营政治委员会委员。国民党政府希望借助东北籍官员的人脉、威望，达到顺利接收东北的目地。同日，国民党政府又发布命令，将东三省分为九省。其目的是防止原张学良的东北系军阀再度崛起，并解决国民党内人多官少的局面。9月5日，国民政府发布了九省的主要官员的任命通知，水利专家董文琦被任命为沈阳市市长。

由于国民党军队远在大西南，来不及运兵东北，又考虑到苏军占领东北的实际情况，国民党试图以外交接收的方式，顺利接受东北。根据中苏条约的规定：中国行政人员将空运到东北，主要执行三项任务：在敌人业已肃清之区域，依照中国法律设立行政机构并指挥之。乙、协助在已收复领土内树立中国军队包括正规军及非正规军与苏联军队之间的合作。丙，保证中国行政机构与苏联总司令部之积极合作，并依据苏军总司令之需要与愿望，予以地方当局指示，俾得有此效效果。[①]

9月30日，熊式辉带领东北行营接受大员三十余人前往长春，与驻长春的苏军进行谈判。然而自10月到11月中旬，双方你来我往，历时一个多月，谈判毫无结果。国民党政府外交接收东北受挫。

在积极进行外交接收的同时，国民政府也在进行军事接收的部署。先是10月初，美军占据秦皇岛，为国民党军从大西南运兵东北作准备，再是国民政府将原昆明防守司令部直接改为东北保安司令长官部，任命杜聿明为司令长官。11月17日，东北行营从长春撤退，国民党外交接收东北的政策宣告彻底破产。而在此之前，国民政府早拉开了军事接收东北的序幕。11月16日，国民党军队占领山海关，11月26日占领锦州。此后国民党军队继续节节进攻相继占领了黑山、北镇、义县、阜新等地，逼近沈阳外围。

在军事进攻同时，国民政府与苏联的外交交涉从未停止。经过美国的调停，和双十协定的达成，苏联终于开始撤兵。1946年3月上旬，苏军开始从沈阳及其附近撤军。中共早在去年的11月就撤出了沈阳，沈阳的防务及行政一直由苏军负责。在苏军撤出后，国民党军52军于13日乘机占领沈阳。苏军警备司令卡夫通通知国民党长官部前进指挥所主任彭壁生及沈阳市市长董文琦接管沈阳防务和行政。52军军长兼沈阳警备司令赵公武也于13日将军部迁入市内。东北行辕、东北长官司令部等国民党在东北的军政机构也从锦州迁入。沈阳成为国民党在东北的政治中心。

二、国民党政权在沈阳的建立及演变

接管沈阳后，国民政府即开始沈阳市政府的组织机构建设。根据1946年制成的《沈阳市政府组织系统表》规定，沈阳市设市长1人，对全市各项事务总负责，指挥市政府所属机关及职员。市长以下设秘书长、参议。政府机构设局、科、股三级建制。市政府下设参事室、秘书处、外事处、社会局、教育局、公

① 王贵德：《八一五前后的中国政局》，东北师范大学出版社1985年第1版，第484页。

用局、财政局、地政局、卫生局、工务局、警察局。市政府设市政会议，主要任务是决议市政府所属机构间不能解决的事项。

市级机构组建完成后，沈阳市政府即将沈阳按商业、住宅、工业、农业区域划为17个自治区。商业区有：沈河区、大西区、小西区、北关区、东关区、北市区、和平区、住宅区：南市区。工业区：大东区、铁西区。农业区：皇姑区、东陵区、北陵区、沈海区、于洪区、永信区、浑河区。各区成立区公所，为社会局（后改为民政局）的附属机关。区公所机构为科、股两级建制，各区公所机构设置为统一模式。

1947年6月7日，国民党中央政府令沈阳市改为院辖市，直接隶属于行政院直辖。沈阳市政府依据市组织法第十六条规定，重新制定了《沈阳市政府组织规程》。这个规程对市政府所辖各个局的工作事项做出了详细的规定，对各部门领导干部职级限额、人员编制限额也作出了规定。

同年12月19日，沈阳市政府发布训令，转发国民党政府主席东北行辕政务委员会“查该市政府原有员额编制过于庞大，非该市财力所能负担”，指示沈阳市政府除应保留秘书处、民政局、教育局、地政局、工务局、警察局、会计处等八个单位，规定员额五百五十人外，其余机构一律撤销。国民党沈阳市政府根据训令，年底撤销了卫生局、公用局，将人事室并入秘书处；将公用局业务并入工务局，对人员也进行裁减。同时将市区所辖17个区扩大为24个区，将和平区南一马路以南划出增设胜利区；将铁西区劝工、兴华街以西划出，增设建设区；将小西区内西北工业区划出，增设惠工区；将皇姑区西部划出，增设塔湾区；将沈阳小南关划出增设南关区；改沈阳区为城内区；将浑河南部地域从沈阳县划出增设杨官区和榆树区。

在基层政权方面，1946年4月沈阳市开始推行保甲制度。保甲编制以户为单位，保甲户口以原有村街区域为编查区。在城市以10—20户为1甲，10—20甲为1保，10—20保为1联保。在编组保甲的基础上，进行户口调查和户籍登记。当时沈阳市共有13 002个甲、1 652个保、125个联保。[①]居民必须“连坐切结”，即民间5户连保出具切结，甲长取得各户保结后向保长具结，保长取得各甲保结后向乡（镇）长具结，乡（镇）长取得各保长保结后向县长具结。连保事项规定不当“匪”，不窝“匪”，不通“匪”，不济“匪”；知“匪”即报，知“匪”即捕。1户有1人违犯连保事项，其余4户不举报，5户具结者皆当连坐；1

① 沈阳市编制委员会办公室：《沈阳市组织机构历史沿革1945—1987》，沈文出登字第543号，第26页。

甲之内有1户有违法事项，而甲长事先未能查明具报者，甲长连坐；1保之内1个月中有两甲以上之户受连坐处分，而保长未能事先查明具报者，保长连坐；1乡（镇）之内1个月中有4保以上的保长受连坐处分，而乡（镇）长未能事先查明具报者，乡（镇）长连坐。

在编组保甲同时，清查人口，登记保甲户口清册并发放“国民临时身份证”。户口清册由当地驻军最高机关、政府会同警察自卫队及“民意机构”联合对户口侦审、抽查、核对。侦审抽查合格后，办理连保连坐切结手续。为防止“匪谍匪干”乘机混入保甲，国民党党、政、军、团、学、工商等人员和眷属都实行保甲制，违反者交有关司法机关处理。

1947年7月金镇接替董文琦出任沈阳市市长。由于不能解决沈阳混乱的状况和贪污腐败，1948年3月1日，董文琦接替金镇再次接任沈阳市市长职务。

国民党政府通过在沈阳建立完善的政权组织，确立国民党政权在沈阳的统治。但由于国民党政府贪污横行、机构膨胀、人浮于事，其行政效率十分低下。

三、国民党统治下市政管理的紊乱

沈阳市的市政管理主要是公共交通和与市民日常生活息息相关的公用设施管理。1946年1月，国民党政府派官员接收日伪的奉天交通株式会社，组建沈阳市公共汽车管理处，成为官办客运企业，拨款10万元，为恢复筹备资金。同年7月，又拨给250万元，用以购买汽油、轮胎、零件等。7月末恢复汽车6辆，开始营业。8月初，再拨550万元做修理费用，至9月底又相继修复10余辆汽车。1946年，总运营行驶里程23.8万公里，收入2 164万元。1947年，市政府与美商合作成立中美有限汽车公司。预计预购新车50辆，修复旧车50辆，实际只修复20辆，新车购进20辆，其中仅组装5辆投入运营线路。由于国民党统治区经济崩溃，机件、油料价格飞涨，1948年5月，经沈阳市政府批准，补贴2亿元仍不能维持。从1946—1948年，官办汽车公司严重亏损，在1948年7月倒闭，员工失业。

沈阳原来有比较完善的有轨电车交通。1945年8月15日奉天交通株式会社瓦解后，沈阳有轨电车经营业务，处于无人主持的状态。8月19日，苏联红军接管沈阳，并成立了卫戍司令部。电车厂几个课的主要负责人陈志（陈竹铭）、张成德、何育林、王景林四人商议，组织了电车维持会，组织员工就职看守车辆等设备，安排生活。8月21日，恢复电源，在苏联红军卫戍司令部的支持下，恢复了本线（由大东门经小西边门至沈阳站）运营。9月初，共产党地下工作人员焦若愚找电车维持会人员商议安排六条有轨电车线路恢复通车的问题。

随之中央线（由大西门经大西边门至沈阳站）恢复通车。9月16日，八路军接管沈阳，10月10日，成立了沈阳市民主联合政府。11月1日，市民主联合政府委任周连魁为电车厂厂长，并随之批准了电车厂的行政组织机构，委任了各科的科长、股长。建立了正常的经营管理秩序，维持电车本线和中央线路的运营。同年12月25日，中共沈阳市委和民主联合政府根据省委的决定，撤离了沈阳。从12月27日起，国民党接收人员陆续到达沈阳。

1946年1月16日，国民党接收人员派赵燮天任电车厂厂长，接管了电车厂。3月13日，国民党成立了沈阳市政府。当时，电源中断，电车停运，员工收入无着落。6月12日，电车员工除继续留职的143名以外，其余302名给予停薪待命，自寻生路。6月17日，市政府派郭勉之接任电车厂厂长，从沈阳兵工厂求得500千瓦电力，于8月1日恢复本线（由大东门经小西边门至沈阳站）通车。10月初，电力供应有所缓和，电车厂组织停薪留职人员复工。10月10日，恢复中央线（由大西门经大西边门至沈阳站）通车。10月31日，恢复南京线（由遂川街经中山广场至林森广场（今新华广场通车）。11月18日，恢复大东线（由大东门至兵工厂）通车。1948年5月，为了提高沈阳站一带供电的电压，将南变电所迁移到瓦斯厂院内改称胜利变电所。6月，为了方便一、二线乘客倒乘，将太清宫至大西门段的单程线改为复程线。7月1日，二线东端终点站由大西门延长700米到太清宫。7月15日，市内公共汽车停运后，将留职的职工调到电车厂，其中有8名女售票员。从此，电车厂有了女售票员。同年8月，由于电力供应紧张，物价暴涨，电车厂入不抵支，无力修理停运的车辆，造成出车数不足，于8月16日，四线和五线停运。9月14日，胜利变电所机械故障，电力供应不足，三线和六线亦随之停运。在国民党统治下的电车厂，经历了三十三个半月，营业萧条，电车时常停运。恢复全部6条线路通车的时间两次共8个半月，部份线路通车时间14个月，6条线路全部停运两次，时间共11个月。由于政局不稳，物价飞涨，人心慌乱，设备长时间失修失保，只是勉强维持使用。车辆状况狼狈不堪。1946年在用电车只剩下10辆。到1948年10月，包括能修复的车辆，共剩下46辆。在用车只有21辆。变电设备大部分损坏。因多次停运，一些职工随时停薪留职，生活困难。

1946年国民党政府接管沈阳后，沈阳市政府下属沈阳市公用局派人接收日伪时期的“奉天瓦斯支社”，改名为沈阳瓦斯厂，并派勒德沛为瓦斯工厂专员，准备复工。1946年7月沈阳瓦斯厂改名为沈阳煤气厂。在从东北善后救济总署借得470万元后，到8月共建成水平式煤气发生炉32座，煤气精制室2座，湿式煤气贮罐3座，市煤气管网（干线）291公里，煤气用户31742户。[①]1946年10月25日，复产后煤气公司开始向市民供气。最高月份平均日产煤气11 165立方米（注），全部登记用户4 728户，进入国民党统治时期的全盛时期。可是好景不长，由于管理不善，贪污腐败严重，原料缺乏等，1948年8月煤气厂彻底关闭。

四、国民经济的衰退

1. 工业生产的凋敝

1946年5月资源委员会东北办事处在沈阳成立，主要职责是接收东北的大型重工业。其中位于沈阳的主要有东北电力局、沈阳机器厂、中央机器公司沈阳制车厂、沈阳机车车辆公司、沈阳化工厂、中央电工器材沈阳制造厂、沈阳橡胶厂等重型企业。[②]1946年，国民政府财政部曾拨款12亿元东北九省流通卷以复兴东北重工业。

1946年复工的沈阳橡胶厂，原材料大部分需要从关内和国外进口。由于连年战争，复产之初就受到很大限制。到1947年，随着关外往来扩大，生产情形才有一定改观，这年上半年营业有所盈余，5月份员工1 095人。[③]

通过接收敌伪资产而成立的中央机器公司沈阳制车厂，于1946年10月由资源委员会接办。他们将几个工厂剩下的的机件集中在沈阳昌和工厂，装配工作机械，招录工人，11月份开始开工，主要生产车链、车圈等零件，日产零件70件，生产能力为日本投降前的三分之一，工人有200余人。1947年曾生产出一辆完整的自行车，但主要产品还是零件。[④]

拥有4个分厂的沈阳化工厂，其第4分厂到1946年11月才复工，其余3个分厂均在这年七月开始生产：月产酒精1 000加仑，洗衣皂2吨，镍条600公斤。上述3个分厂原来的破损程度为20%，而复工达14%，产量只是日本投降前的十分之一。[⑤]几乎全部被拆迁的皇姑屯总机厂（即沈阳机车车辆厂），几经修建，于1946年6月局部开工，工人有1 618人；这年平均每月制造机车1.5辆，货车30辆，修理货车30辆。1947年3月正式复工的中央电工器材厂沈阳制造厂，在6月以前生产量持续上升，月营业额最多的达1亿元东北流通券，4月盈余1 500

---

① 沈阳市煤气总公司编纂委员会：《沈阳市煤气总公司志》（内部发行），1988年，第2页。

② 中国第二历史档案馆：国民党政府资源委员会档案，52全宗，2—983。

③ 中国第二历史档案馆：国民党政府资源委员会档案，52全宗，2—988及2—989。

④ 中国第二历史档案馆：国民党政府资源委员会档案，480全宗，卷八七。

⑤ 中国第二历史档案馆：国民党政府资源委员会档案，52全宗，2—1003。

万元，5月猛增到5 400多万元，以后时局紧张，电、煤供应不足，生产很快陷于一撅不振状态。

除了资源委员会东北办事处控制的重要工业企业以外，尚有东北生产管理局控制的其他工业。东北生产管理局在1945年成立名为东北兴业公司，职能是接管中央机关所未接管和尚未标卖的产业。后碍于特种公司条例中规定，“凡公司应分别官股、商股若干成，且两股必须并举”的条款，为防止商股渗入，遂决定不设公司，改为东北生产管理局。[①]它便成为垄断东北大型轻工业的官僚机构，隶属于东北行辕经济委员会。

东北生产管理局接收的工厂，有的设备破损，有的只剩下两三台机器且有零件缺损，还有的连机器都没剩，仅有空厂房。如沈阳纺织厂的前身为较大规模的奉天纺纱厂，但在国民党政府接收时已经残破不堪。于是又到苏家屯纺纱厂拆迁机械和零件，以修复机器。1946年11月正式复产。开工的时候纺织部门只有300锭。11月份棉纱产量只有20 000磅、棉布400匹，12月份棉纱产量增加到25 000磅，棉布500匹。沈阳油漆厂于1946年10月开工，到1947年上半年，平均月产量为120吨。苏家屯制油厂在1946年恢复生产，生产铁路用油为主，月产量20吨，不久增加到40吨；1947年6月以前复工的沈阳仪器厂，月产玻璃仪器2万件。到1947年6月大部分东北生产管理局所属企业开始复工。

沈阳所属工厂在国民党统治时的一段时间内大致恢复了生产，但这些工厂的生产能力恢复有限。后期经济崩溃，这些工厂大多倒闭关停。

2. 商业贸易的衰败

日本投降后，在日本在沈阳的所有商号全部倒闭。中国的民族商业获得了较大发展。到1947年4月，沈阳的各类商户由1945年8月的6 000多户增加到15 960户，但所经营的商品大部分是日伪时期的库存物资。1946年3月以后，国民党政府统治沈阳，一大批军政要员介入沈阳商业，这些由官僚买办资产阶级开办的各类商号，或囤积居奇，或买空卖空，市场秩序混乱。一时间美国商品代替日本商品充斥沈阳市场，中小民族商业继续遭到打击、排挤。到1947年下半年，随着国民党发动内战节节失败，沈阳成了一座孤城，货源渠道断绝，商品匮乏，物价暴涨。在国民党政府统治后期，沈阳的商业市场完全崩溃，到1948年10月沈阳解放前夕，全市商业行业由1947年上半年的66个减少到41个；商业企业总户数减少到6 861户，减少了57%。

① 中国第二历史档案馆：国民党政府资源委员会档案，480全宗，卷八。

1947年，全市百货行业商户由当年7月的1 491户，锐减至275户，1948年7月再减至47户，至10月仅剩有32户，而且大部分陷入了半歇业状态。①

3. 金融和财政的崩溃

在国民党政府统治沈阳时期，沈阳的币制十分混乱，总计有伪满币、苏联红军票、盖印法币、东北九省流通卷、法币、关金、金圆券。1946年国民党政府接管沈阳时，沈阳流通的纸币有伪满币、苏联红军票、盖印法币。其中：伪满币是伪满时期沈阳流通的纸币，也是老百姓普遍使用的纸币。苏联红军票是苏联红军进入东北后，在东北发行的军用票。有1元、5元、10元、100元4个券种。在东北地区发行总计发行97.25亿元。②1945年12月国民党政府中央银行长春分行正式成立，又开始发行东北九省流通券。盖印法币是1945年11月国民党军队开入东北后发行的一种法币，就是将关内的法币加盖东北保安司令部印记。1946年52军接管沈阳后，盖印法币也流入沈阳。1947年10月11日和12月10日中央银行沈阳分行先后开始发行不同版次和版面的关金1 000元券、2 000元券、5 000元券、1万元券、5万元券共6种。关金的全称为“海关单位兑换券”，专供缴纳关税使用。1942年以关金1元折合法币20元的比率投入市场。

国民党政府接管沈阳后，为稳定金融，统一币制，国民党政府财政部决定，统一使用东北流通券兑换伪满币、盖印法币和苏联红军票。东北流通券兑换苏联红军票、伪满币和盖印法币的比值都是一比一。据1946年年末统计，收兑苏联红军票13.6亿元，伪满币30亿元。1947年5月29日统计共兑换盖印法币7亿元。至此沈阳流通纸币主要是东北流通券。

随着经济状况的恶化，国民党政府于1948年8月19日以“币制改革”为名发行的金本位货币金圆券，规定每元含金量为0.22 217克，不能兑换，为虚本位货币。1948年8月22日，中央银行沈阳分行公告收兑东北流通券和法币，并限期收兑黄金、白银、银币和外国币券，过期不得持有。黄金每两兑金圆券200元，白银每两兑3元，银元每元兑2元，美钞每元兑金圆券4元。金圆券在沈阳发行不久，辽沈战役即开始。金圆券兑换东北九省流通券的期限未到，沈阳即宣告解放。

沈阳是东北的经济中心，设有大量的金融机构。国民党政府在沈阳设立中央银行、中国银行、交通银行、农民银行、邮政储金银行局、中央信托局、中央合作金库的分支机构，地方有辽宁省分行、沈阳市银行和沈阳县银行。后来

① 沈阳市人民政府地方志办公室：《沈阳市志》第九卷，商业，沈阳出版社1999年版，第44页。
②《东北经建月刊》，1947年8月沈阳东北经建编辑委员会印行。

国民政府公布《收复区商业银行复原办法》，规定凡“九一八”事变前财政部核准注册的银行银号，均可依法申请复业。到1946年9月，沈阳有私营银行12家，银号16家。[①]这些银行在沈阳解放前就大部分已经关闭。

在财政方面1946—1948年国民党统治时期，“以军事第一为目的”，财政支出的72.4%为保安、警察和行政费。市财政支出1946年为4.6亿元（东北九省流通券），1947年为68.7亿元，1948年1—8月多达5 160.3亿元。在1948年2月16日的《市政报告》中承认：“因战局影响，工商百业，日就疲敝，市面繁荣，虚有其表，财源枯竭，紧缩支出，然收支相较，终难平衡，捉襟见肘，艰窘已极。”沈阳市的财政收入（不包括补助收入）1946年为2.4亿元，1947年为27.4亿元，1948年1—8月为645.5亿元。两年八个月合计收入675.3亿元，支出5 233.6亿元，收入只及支出的12.9%。事实上，随着国民党经济、金融的崩溃，沈阳市财政收入早就入不敷出，全靠国民党政府中央的财政补助。而国民党中央政府所能想到的唯一办法就是滥发钞票，两年八个月合计拨款达4 853.2亿元。[②]

五、文化教育管理混乱

1946年4月29日，国民党辽宁省政府通令各县市成立民众教育馆，每县市设馆一处，按照占领县市先后成立，并按经济状况、事业繁简，分为甲、乙、丙三等。甲等馆分总务、教导、生计、艺术4组；乙等馆分教导、生计、艺术3组；丙等馆分教导、生计2组。同年5月4日，设在沈阳的省立民众教育馆正式对外开放。该馆对社会开展通俗讲演，刊发壁报；设立阅报室、问事处和补习学校、民众学校、民众诊疗所；举行艺术品展览会，放映普及科学文化知识和国际知识等影片。1946年5月，省立图书馆在原张作霖的大帅府内重新设立，面向社会开放，供公众阅览。当时国民党政府囿于恶劣的经济状况和忙于“剿共”，对文化建设投入十分匮乏。1946年度，省立图书馆经常费预算仅有329.6万元（东北九省流通券），临时费预算338.4万元；省立民众教育馆经常费预算为453.6万元，临时费预算为109.9万元。省立图书馆和民众教育馆全年合计经费为1 231.5万元，文化经费极其紧张。在国民党统治时期，沈阳的报业一时十分繁荣，据不完全统计，当时沈阳共有20多家报刊。除国民党党、政、军等机

① 沈阳市人民政府地方志办公室：《沈阳市志》第十卷，财政税务审计金融，沈阳出版社1992年版，第228页。

② 沈阳市人民政府地方志办公室：《沈阳市志》第十卷，财政税务审计金融，沈阳出版社1992年版，第4页。

关先后在沈阳创办《中苏日报》《和平日报》《沈阳日报》等报刊外，一些国民党权贵和社会上层人物，也以私人名义利用各种关系纷纷办起报纸。但这些报纸的发行量大多很小。据1948年4月国民党辽宁省政府向东北行辕政委会填报的省内报刊调查表统计，《民报》日发行400份，《辽南日报》日发行4 000份，《新声日报》日发行400份。这些报纸不仅发行量少，出版时间也短，甚至有的报纸只存在了几个月。

在这一时期，国民党政府对文化发展的限制也十分明显。对一些不符合国民党政府规定的新闻实行限制和审查制度。1946年4月创刊的沈阳《新报》，因敢于发表“犯上”的消息，招致国民党政府不满。1947年7月29日，新报社忽然接到国民党辽宁省政府通知，限令该报即日停刊，原因是“报道虚构，影响治安”和“未向内政部申请登记”。1946年5月23日，国民党辽宁省政府又公布《影片戏剧演出审检办法》，加强对民众文化艺术生活控制。

在教育方面，国民党辽宁省政府施政之初，便于1945年12月制定了《接收教育暂行办法》，并据此组建各级教育行政机构。1946年6月3日，省政府发布《辽宁省学校复员暂行办法》，规定当年上学期为教育“复员”时期。同年，省政府又制定了《各县市教育复员工作暂行准则》，通令各县市执行。1946年5月13日，省政府通令取缔全省各县市私塾学校。至此在沈阳延续多年的私塾教育完全废止。同年8月，经省政府委员会议讨论通过，全省设置6个学区，即沈阳学区、沈南学区、沈北学区、辽南学区、沈西学区、辽西学区。1947年1月7日，辽宁省教育复员管理委员会成立，开始了辽宁省教育“发展时期”。到1948年7月，沈阳市中心国民学校17所，教职员668人，学生23 360人；国民学校24所，教职员825人，学生28 718人。同年，国民党辽宁省政府在沈阳开办了辽宁省立沈阳师范专科学校；批准开办2所私立学校，即私立中正中学和私立沈阳辽东学院。

在国统区，教育管理十分混乱，一些学校长期不上课，有的学校一学期放3个月假，不少学校因缺乏教师，常常是一个教师兼职教两所甚至3所学校的课。许多学生在混乱中连续跨跳年级，各年级学生中跳级的占29.1%，高中学生跳级的竟达42.1%，教学管理混乱导致的混学历行为在国统区竟成为一种社会风气。教学质量急剧下降，在校学生文化素质普遍不高，基础知识残缺。1948年11月，在沈阳4 800个中学生摸底考试中，勉强及格者仅630名，占13%。校风败坏，1947年，一些学校曾出现国民党官僚子弟携带武器出入学校的现象，校长不敢制止，教师不敢管教，严重扰乱课堂正常秩序，致使国民党军政部门不得不出面制止官僚子弟的胡作非为。在国民党政府统治期间，许多普通家庭的学生因生活没有保障而辍学，1946年沈阳市失学儿童总数为58 881人，1947年失学儿童总数逾6万余。到1948年初，更多学生为生活所迫失学，每日申请生活救济的学生有增无减。

六、对日伪产业的接收及腐败

东北沦陷时期，日伪为把辽宁建成日本“以华制华，以战养战”的重要基地，逐步在沈阳、鞍山、抚顺、本溪、阜新等地建成了一批钢铁、煤炭、军工、机械、有色金属等重要企业，以源源不断地为其侵略扩张提供战略物资，其中沈阳是其中最为重要的工业基地，建有大量的工矿企业。

国民党政府进驻沈阳后即有计划的接收沈阳原属于日伪的资产。为顺利开展收复地区的经济工作，东北行营下设“东北敌伪事业资产统一接收委员会”，作为东北接收敌伪资产的统一领导机构。以行营主任熊式辉为主任，张嘉璈为副主任。下设秘书处、监察处、财政、金融等19个小组，其主要成员由东北行营政治委员会委员、经济委员会委员、国民党中央政府各部（会、署）驻东北特派员、东北各省政府主席、各市市长组成，。沈阳市设立了“东北敌伪事业资产接收委员会沈阳分会”。

在沈阳地区，国民党共接收1 324个重要工厂[①]，其中重要工厂78处，合并为11处，分别是：满洲车辆工厂、三菱机器厂、日立钢件厂、住友工厂、满洲工厂、协和工厂、奉天制作所、满洲化学工厂、沈阳胶皮厂、满洲自动车厂。[②]

在接收过程中，国民党军政人员产生大量的腐败事件。凡被国民党接收的工厂，都被破坏得破烂不堪。如沈阳第四机械厂，国民党接收官员不仅卖掉机器、器材，换成金条，连厂房的木料也被拆毁卖光。国民党政府辽宁省政府主席徐箴，公开盗走沈阳南关庙内全身大金佛；文官屯兵工厂少将厂长袁家佩、大肆贪污。一些国民党高级官员，以接收为名，到处抢夺房产。据《新生报》报道：一个敌伪工厂或房屋，至少有七八个官衙调查贴封条，而每个官衙的调查还不止一次。至于“××局员工宿舍”“××长官住宅”之类的封条不胜枚举。[③]原伪满“国立中央博物馆奉天分馆”在伪满时期有藏品27 832件，在东北教育辅导委员会接收时只有9 857件，少了一万多件。这些少了的文物全被国民党高官勒索去了。国民党沈阳警备司令部更是明目张胆的抢走图书馆复制的《西域

① 佟冬：《中国东北通》，吉林文史出版社2006年1月第2版，第802页。
② 佟冬：《中国东北通》，吉林文史出版社2006年1月第2版，第803页。
③《东北日报》，1946年8月29日1版。

回文志》24卷。图书馆人员去索回时，居然被司令部恫吓说："留着给蒋委员长祝寿，你们图书馆还敢要么?"沈阳收复后图书馆房屋即被国民党沈阳市党部占据。当东北教育辅导委员会去接收时，不但遭到拒绝，还声称必要时可以武力解决。对于接收中的腐败行为，东北保安司令部长官部亦承认"有擅行接管者，有隐匿不报甚至拒不移交或占据房屋不肯迁让甚至拒绝清点诸种情事"。为此，长官部下令"不论党团军政机关驻军部队个人应迅速遵照规定移交有关机关接管""违令者将依法究办"[①]但事实上，被惩处的几乎都是一些低级官员，高级官员被追究的人员几乎没有。东北保安司令部的命令几乎毫无用处。

伴随着接收腐败的是生活的腐化。东北日报1946年10月5日，以《荒淫无耻吞没了沈阳》为题，描写了当时沈阳城的一些情况：从天津到沈阳，下车伊始，第一个印象是吉普车载着女人满街飞……每当礼拜天，在沈阳街上奔驰的花车，又要多于吉普车，结婚成了潮……结婚有用集体的，证婚人不是长官就是大员，煞是气派堂皇。为什么要这样，据曾参与此次盛典的人告诉记者：用个人的胜利纪念国家的胜利！这倒是一种前所未闻的解释……此类结婚，男方第一次作新浪的当然有，而多数是第二次，第三次……记者想来，这更是用个人双倍（以致数倍）胜利，纪念国家胜利！"至于其他的花天酒地更是不在平常。

国民党政府在经济接收中的种种弊端，令国统区的老百姓大为失望。他们甚至将国统区称为"二满洲"，把国民党军称为二鬼子。从而丢掉了对国民党政府正统的观念。负责经济接收的国民党人邵毓麟。曾向蒋介石当面进言："像这样下去，我们虽已收复了国土，但我们将丧失人心！"他预言："在一片胜利声中，早已埋下了一颗失败的定时炸弹。"[②]蒋介石后来也承认："可以说，我们的失败，就是失败于接收。"[③]

七、国民政府统治在沈阳的崩溃

由于连年的战争，抗战后期，全国经济一片凋敝。抗战胜利后，国民党不顾全国人民反对，执意发动连年的内战，导致经济萧条、财政崩溃、通货膨胀不可遏止。

国民党政府无力应对严重的经济危机，只有大量发行钞票。国民党中央银

① 南京中国历史第二档案馆，全宗798，卷十一。

② 邵毓麟：《胜利前后》，台湾传记文学出版社1967年版，第76页、87页。

③ 宋希濂：《鹰犬将军：宋希濂自述》，中国文史出版社1986年版，第269页。

行东北分行于1945年12月开始发行流通于东北的法定货币“东北九省流通券”。其发行量，1946年1月为21亿元，当年底即增为275亿元，增加12倍；1947年底又增为2 773亿元，比1946年增加9倍；1948年7月又增加到31 918亿元，是1947年底的11.5倍，比1946年1月增加了1 519倍。滥发纸币又导致严重的通货膨胀。1947年1月18日沈阳市政府为解决通货膨胀问题，决定粮价限制办法，规定以1月18日之粮价为标准，每市斤的零售价格：高粱10元、高粱米15元、苞米10元、苞米面13元、小米17元、粳米38元、大米50元、白面62元、大豆12元。到1948年4月29日、5月1日两日之内：1袋面粉由120万元增到135万元，1斤高粱米由18万元涨到22万元，1斤豆油由3.4万元涨到3.5万元，1斤煤由350元涨到370元。[①]但是到了1948年8月19日，沈阳物价继续上涨：高粱33万元，高粱米37.5万元，大米60万元，粳米53万元，苞米45万元，苞米面49万元，小米50万元，大豆23万元，豆饼13.5万元。[②]短短一年多时间粮食上涨几万倍。老百姓的生活困苦不堪。

国民党政府接收后的沈阳，由于身处剿共第一线，再加上政府无力对众多的重工业追加巨额投资，经济危机情形更加严重。据统计，国民党军队入城7个月，接收大量工厂，可开工的只有小部分，很多工厂成了马粪场，野草丛生，烟囱口上絮了鹊雀窝。1946年10月，据沈阳商会调查，全市工商业商户11 195家，其中资本在30万以上者有263家，其中只有极少数开工。另据“沈阳市总工会”调查，全市事业工人达20万以上，其中十分之七是有多年工作经验的技术工人，多流散街头当小贩谋生。

后又为使经济适应“建国戡乱”需要，东北行辕经济委员会发布《物资统制办法》，加强控制社会经济及一切战略物资，以获取高额利润，致使工矿企业生产和销售遭受致命打击和摧残。实行生产管制后，煤炭产销遇到难以克服的困难。沈阳市距抚顺煤炭产区仅50余公里，1946年9月煤炭实施管制配给后，沈阳市配给价每吨3 000元（东北九省流通券），但却有价无煤，而黑市价格涨至每吨3万余元，市民怨声载道。沈阳市内工厂约4 000余家，因原料统制，煤炭紧缺，1947年开工仅40余家，大量工厂关闭，造成大批工人失业，生活陷入困境。

实行物资统制办法后，政府可随意加价，其时煤炭、食盐加价最高。统制前，0.5公斤高粱米能换粗盐1—1.5公斤；统制后，1947年高粱米每公斤价格

---

① 宋希濂：《鹰犬将军：宋希濂自述》，中国文史出版社1986年版，第269页。

② 沈阳市人民政府地方志编纂办公室：《沈阳市志》综合卷，沈阳出版社1989年版，第89页。

7.5元，而食盐零售价涨至每公斤25元。大豆也是统制物资，国民党政府只允许"中信局"一家垄断外销，商民采购必须持有特许证，才允许运输大豆。按"中信局"在各地收购大豆的价格，以营口价为基准每公斤约40元，运沪外销至少获利1倍。为了控制物资流向解放区，国民党政府在安东、锦州、营口、山海关、沈阳等地设立检查站，派遣常驻检查员，严密封锁通往解放区的关口。整个沈阳的经济处于崩溃的边缘。

国民党统治下的沈阳官场腐败，社会动荡；苛捐杂税，勒索摊派；企业倒闭，工人失业；物价飞涨，物资奇缺。在这种情况之下，沈阳名目繁多的苛捐杂志一点也没减少。1946年至1948年10月国民党政府在沈阳的国税除了关税和盐税以外，还有12种之多，地方税有13种。沈阳市各商号店铺除交纳正税外，还有慰劳捐、联防捐、警防捐等10多种。一般中等饭馆每月缴纳各种捐税达12万至15万。此外，为欢迎国民党军进城，强迫市民捐献欢迎费，小户最少50至100元，大户3 000至5 000元，甚至连棉被、毛毯、袜子、肥皂也向群众摊派。

在这种情况之下，各种形式的罢工、游行此起彼伏。1947年2月6日，沈阳市电车厂全体工人因不满通货膨胀、物价飞涨，加之国民党军警乘车不买票、政府官员乘车免费等，致使电车厂运营每况愈下，难以为继，拖欠工人3个月工资达66 000余万元，工人生活陷于困境，遂发起向当局的抗议活动，并推举高良群等6名工人代表赴东北行辕递交请愿书，与国民党当局进行交涉，强烈要求改变不合理现状，对工人采取救助措施。

1948年3月18日，沈阳皇姑屯机车厂因停发工资、停止配售粮食，工人不得不以糟糠、豆饼充饥，而厂方却贪污5.8亿元、侵吞大批粮食，引起工人不满。当日，工厂东大门墙上贴出几幅漫画，一幅画的是头戴礼帽、身穿西装的厂长用大扫帚搂流通券；一幅画的是工厂"六大委"官员正围着圆桌分赃；还有一幅画的是一个工人抱着饿死的孩子仰天悲叹。工人们看到漫画更加激起强烈愤慨，由此引发了全厂罢工。工人们冲破哨兵的阻拦，包围了厂长办公大楼，高呼："我们要工资！我们要吃饭！"工人斗争声势浩大，势不可挡。厂方只得请工人派代表谈判，经据理力争，厂方被迫答应了工人的要求，工人们领到了工资和粮食。1948年7月27日，沈阳、锦州铁路局爆发铁路工人大罢工。以沈阳为中心，东至抚顺、西到新民、北至铁岭、南至本溪等地区，各线列车停运，铁路运转中断，各站段、线路一片混乱，在社会引起强烈震动和反响。国民党当局害怕事态进一步扩大，急令沈阳警备司令胡家骥立即召见中长、沈阳、锦州铁路局工人代表，与东北"剿总"、东北政委会交通处、物资局等军政机构官员，在沈阳防守司令部和工人代表谈判，答复了工人的3项要求。

在国民党辽宁省政府统治的3年间，辽宁各大中学校的学生运动从未停息过，广大师生以罢课、罢教，张贴、散发标语、传单和示威游行等方式参加到群众性的反抗国民党统治的斗争行列。

1946年6月，东北大学临时补习班中央自治会主席团15名代表面见蒋介石，要求惩处肆意贪污、腐化的国民党东北“接收”大员和国民党军队军纪败坏、残害百姓的行为。受全国民主爱国运动和关内院校学生运动影响，东北大学首先掀起学生运动。同年12月25日，东北大学举行开学典礼，学生运动发起人郅正南、李葆家、朱廷芳等十几名学生先后站出来讲演，抨击当局教育发展迟缓，校舍维修不能如期竣工，耽误学生上课等问题，使开学典礼几度中断。该事件发生后，东北大学将“叫嚣谩骂，搅乱会场”的主要“肇事”学生李葆家等9人开除学籍；给另外5名学生记大过2次、小过1次的处分。

1947年3月，辽宁省立师专学校校长孙祖绳贪污学费，使学生生活费更加短缺，不足维持膳食，学校设施也难以维持教学，学生怨声载道。该校教职员工和学生为提高生活待遇进行了罢教、罢课，走上街头游行抗议。学生代表先后到省教育厅请愿10余次，未获结果。4月29日上午9时，该校29名女学生代表去辽宁省政府请愿，要求省教育厅必须答应11条要求，才能复课。该校校长畏罪躲了起来，辽宁省政府只得仓促任命省教育厅厅长暂代师专校长。4月30日下午，教育厅长兼代校长在学校大礼堂向学生讲话，企图敷衍、应付学生，令学生极为不满。5月2日上午11时，学生代表会见记者，详细阐述了学生的要求，决定全校再次罢课，到东北行辕继续请愿。此次省立师专学生运动前后历时一月有余，该校校长孙祖绳被迫辞职，由东大教育系主任赵石萍出任校长。当时，沈阳各报都对师专学运作了报道。

1947年5月，北平、天津、南京、上海等地学生运动汹涌澎湃，声势浩大。北平各院校向沈阳、锦州等地学校邮寄传单和告同学书，号召各学校学生行动起来，掀起“反饥饿、反内战”的学生运动。同月，东北大学掀起学生运动，起因是东北大学经费困难，校政管理混乱，不能维持学生最低生活标准，招致广大学生不满。东大学生自治会经数次开会决定全体学生举行罢课，并派学生代表向东北行辕主任熊式辉请愿，但两次请愿都无结果。5月22日，学生第三次请愿，熊式辉拒不出见，仅派代表出面接待，不做任何答复。5月23日上午9点，东大全校学生在校图书馆召开会议，决定罢课游行并派代表进南京请愿。与此同时，东大教授声援学生斗争，并响应南京中央大学教授罢课号召，联名罢教3天。东大教授罢教复课后，学生遂即罢课，除向东北行辕请愿外并在校园游行。国民党军政当局对此次学生运动给予严密注视，派秘密情报员随时上报学运动态。

1947年6月，沈阳国立东北中山中学响应平、津、京、沪各地进步学生号召，成立“学生自治会反内战委员会”，发表了“反内战罢课宣言”，号召于20日进行“四罢”（罢工、罢课、罢教、罢市）。沈阳市第三中学学生陆颖伦等11人散发、张贴传单和标语，号召学生罢考。事后，辽宁省政府发布通令，将陆颖伦等11名学生开除学籍，并通饬各校不得招收。

1948年3月，东北大学校园汉卿南楼北边民主墙上贴出“扒倒伪宪，打倒国特，拥护毛泽东”等标语。这次学生运动事件以该校工学院学生为主，学运领袖是东大政治系三年级学生、学生会代表李世安。该生被国民党军政当局定为有“亲共通匪”嫌疑，当局欲想处置，但唯恐引发更多学生反抗，而没敢贸然行动。

1948年初，国民党军在东北战场的局势急转直下，沈阳市部分大中学校遂被强制迁往北平，并欺骗、胁迫4 000名学生随迁。学生来到北平后，既无教室又无固定宿舍，不但课不能上、书无法读，且生活毫无保障，每天只能吃两顿饭，以窝头和白菜汤充饥。而国民党北平市参议会还作出决议，要把学生送去打内战。学生在无奈和愤怒之下，集合约3 000余人于同年7月5日到北平参议会请愿。参议会置之不理，一些学生将参议会横额取下来，写上“土豪劣绅会”几个大字，并砸毁了一些物品。随后，学生又到北平参议会议长许惠东家门前抗议，派出几批代表均被扣压。黄昏时分，国民党军208师竟对手无寸铁的学生开枪镇压，造成18人死亡，重伤30余人，轻伤100余人，这就是当时震惊全国的“七五惨案”。惨案发生之后，当局开来两辆卡车，把死伤学生横拖倒拽地抛上车，并用水龙头冲洗街面血迹，企图掩盖罪行。“七五惨案”噩耗传到沈阳后，7月9日，沈阳各校学生集会，成立了“东北在沈学生抗议‘七五惨案’联合会”，并做出向反动政府通电抗议、罢课、募捐救济流亡北平的学生、召开追悼大会4项决议。7月12日，各大中学校4万余名学生在沈阳体育场召开追悼大会。7月27日，“学生抗联”在市政府广场举行控诉“七五惨案”暴行大会，30多所大中学校师生5万多人到会，还有40多名外省市大中学校师生代表参加。会后，学生示威游行到国民党沈阳警备司令部、东北“剿总”驻地，向“剿总”司令卫立煌递交请愿书。8月1日，为防止人民群众“五罢”（学生罢课、教师罢教、工人罢工、商人罢市、机关职员罢职），国民党政府宣布全市戒严，调动大批军警包围了各大专院校和中山中学，用机枪封锁，不许学生出入。

在学潮风起云涌的同时，辽宁广大教师也纷纷参加到争取民主、反对国民党独裁统治的斗争行列中。辽宁教育界广大教职员工生活十分困苦，待遇普遍低于内地教师，加之通货膨胀、生活物资奇缺，引起了大、中、小学教师的强烈不满。1946年沈阳市一连数月不发中学教师薪金，沈阳市中学教师奋起罢教3天，迫使国民党沈阳市政府补发薪金。同年6月，沈阳全市46所小学教师罢教，要求改善待遇。针对全省教师的罢教浪潮，1946年12月9日，国民党辽宁省政府教育厅发给各校行政当局“严加防范”等密令：“对各教育机关、学校职员、教师、工友、学生等，全部秘查。勿使反动分子潜伏，对于新进人员，须严格考查，勿使潜入不良行为者随时密报本部及就近军事当局，严加究办。”并对教育界的民主运动开始了残酷镇压。但是，广大教师冒着被抓捕坐牢的风险，继续与国民党反动当局斗争。1947年东北大学教授会曾数次致电国民党政府行政院和教育部，要求改善教师待遇，要求民主，但一直没有结果。同年10月12日，东北大学教授会全体会员一致决定，自13日起罢教3日，同时发表《国立东北大学教授会罢教三日宣言》，就教育问题向国民党政府行政院、教育部提出了自己的主张和要求。

八、中共地下组织在沈阳的活动

1946年4月，中共沈阳市委根据中共中央东北局指示从沈阳北郊撤退，市委城工部撤销，成立中共沈铁抚联合县委城工科，靳治国任科长，负责领导沈阳地下党的日常工作。8月，中共沈铁抚联合县委城工科改组为中共沈铁抚联合县工委，由苏华任主任、靳治国任副主任、委员有郭春雷、刘诚、李伯岚等。

沈阳地下党斗争的组织形式，根据形势的发展和需要有过几次大的变化。1946年上半年是按区成立党支部，下半年是由区党支部领导改变为按区指定负责人负责本地区的工作。随着地下斗争的全面开展和党组织的发展壮大，逐渐打破了原来的地区界限，分别形成了以王金生、李格政、王江、付望兴、杨品三、刘诚、朱元隆、田泽长、李铁铮等为领导的9条线。他们各自单独形成一个整体。同时，还建立了9个单线联系的关系人，直接归城工科领导。这样就形成了沈阳地下斗争网。从事地下斗争的人共有党员90名，非党员14名。

这一时期，沈阳地下党开展的主要活动有：发展组织，不断积蓄和壮大革命力量，向广大群众宣传党的方针政策，揭露国民党的黑暗统治和发动内战的阴谋，组织领导罢工、罢教、罢课等群众运动，积极开展统一战线工作，发展革命势力，瓦解敌人，做情报工作等。

（1）审慎发展党员，建立和发展党的组织。大量吸收知识分子参加革命，不断发展党的力量，以适应地下斗争的需要，是党组织的首要任务。发展党员的主要对象是工人和革命知识分子。地下党组织坚决贯彻执行党中央提出的

“荫蔽精干”方针，在敌战区建党。在建党工作中，他们以“读书会”“学习社”“工人夜校”等方式同工人、学生和知识分子加强联系，广交朋友，并对他们进行全面考察，进行启蒙教育，以提高他们的革命觉悟，并在艰苦斗争中锻炼他们，成熟一个发展一个。从1945年东北民主联军撤出沈阳到1948年沈阳解放，在沈阳共发展100余名党员，有力地领导了群众运动，成为反对国民党反动派的核心力量。新入党的同志在火热的斗争中充分证明他们具有较高的阶级觉悟，忠于党和革命事业，富有自我牺牲精神。例如，沙敏同志1947年在沈阳狱中入党，出狱后担任地下交通员，在护送过往的干部和传送情报中，多次遇险，他都表现出异常沉着机智，保护了干部和党的机密，出色地完成了任务。张耀伦同志入党后，坚决听从组织安排，打入敌人内部后，获得了重要机密，并搞到大批经费，而自己却舍不得花一分钱。这些新入党的同志在各条战线和不同岗位上，发扬“一不怕苦，二不怕死”的精神，同敌人展开了殊死的斗争，为党和人民做出了巨大的贡献。由于从事地下活动同志的宣传教育和组织，加之解放战争不断取得胜利，沈阳青年纷纷投奔解放区。为大量吸收知识分子参加革命，中共沈阳市工委在开原设立了接待站。接待从国民党统治区来的工人和知识分子。有的分配到解放区工作，有的送到辽宁公学学习。据统计，1948年春至沈阳解放，仅通过地下党介绍到解放区的工人和知识分子就达300余人。

（2）宣传中共的主张和方针政策，揭露和抨击国民党的反动宣传和欺骗。东北人民经受日本帝国主义14年的统治，抗战胜利后，又受到国民党的反动宣传，群众对国民党存在着程度不同的“正统”观念和幻想，对中共和民主联军缺乏认识。因此，为扩大革命影响，提高群众觉悟，地下党组织利用一切宣传工具，采用各种宣传方法，宣传党的主张和解放区的光明，揭露国民党的黑暗统治和积极反共反人民的本质。早在苏军撤离沈阳前，地下党员李格政在市委城工部领导下，创办了《东北公报》，宣传中共政策。苏军撤离沈阳后，《东北日报》迁往本溪出版。为在沈阳继续宣传党的方针政策，党派鲁企凤、田泽长、张超、王蔚绪、孙光裕等分别创办《文化导报》《群众半月刊》《青群》等报纸和杂志，李铁铮创办了《中苏日报》营业处。此外，还利用《旬报》《北光杂志》等报刊，宣传党的主张。除了利用报纸杂志去宣传外，沈阳工委翻印毛泽东、朱德等中央领导的一些著作与党内文件，秘密带进市内。同时市内地下党组织也秘密印刷了一部分党内文件，供地下工作者学习。并大量印刷了传单，用邮寄、张贴等办法散发出去，极大地鼓舞了沈阳人民的革命斗争，提高和扩大了党在广大人民群众中的威望和影响。

1947年，经市委城工部同意，由张超负责，王蔚绪、田贵媛、马绍良、郁其文、杨树春等集资开设了上海联合书店。地下工作者李刚经营了三义书店，李馥春也利用当国民党军官的哥哥关系在太原街经营了华夏书店。通过书店大量销售马克思、恩格斯、列宁、斯大林著作和进步书刊，开展宣传工作，扩大革命影响，吸引和团结了一大批爱国青年、学生和公教人员。

（3）采用各种方式获取情报，积极配合民主联军消灭敌人。当时，地下工作者利用各种社会关系打人敌人内部的有：靳治国、李铁铮、安庆余、李格政、曹明达、李中天等同志。还有在地下工作同志的争取下，在敌人营垒中活动的有刘明显、铁汉、张伯义等人。他们冒着生命危险在国民党高级军政要害部门及特务机关活动，获取许多重要情报，做出了重要贡献。此外，还有在铁路、军工系统负责人刘光亚领导下的铁西区党小组，成员有李德荣、支永溥、线惊尘、胡敢当等。他们根据上级指示，发动进步群众，调查了国民党军在铁西区的指挥机关、军事设施、兵力部署和铁西区各大工矿企业分布情况等。这些情报对我军在东北战场上所取得的胜利，为沈阳的解放，以及解放后的镇反、肃反等工作，都提供了可靠的依据。

（4）积极开展统一战线工作。我党地下工作者在东北局城工部和沈阳市委领导下积极贯彻执行团结一切可以团结的力量的方针，争取社会各方面人士的支持，团结、教育了一批中、上层进步人士，通过他们又团结教育了一大批中间群众，并且得到了他们对工运、学运等群众运动的同情和支持，保护了群众运动，掩护了地下工作同志。在这些人士中有国民党军官、国民党政府官吏、开明地主、宗教界人士、社会名流，还有敌人监狱中的法官和看守等人。他们都运用自己的职权和活动领域，不同程度地支持了地下斗争，为解放战争的胜利做出了贡献。例如，民主人士、国民党沈阳市教育局长陈硕彦（陈彦之），多年从事教育工作，同情和支持学生运动和教师罢教斗争，支持了斗争的开展。原国民党沈阳市商会会长卢广绩及国民党东北籍政界人士王化一，均在不同程度上支持学生运动。中正大学教授桑毓英、师专教授王盛烈、伊光中学校长李学盈，在反对国民党反动派斗争中，均积极支持学生斗争。辽北城工部领导下的安天佑（沈阳医学院X光科主任），争取团结了朱蓬春、卢治圣、娄焕明、李云青、刘奇等教授，夺取了学校附属医院的领导权，发动群众与国民党反动当局进行斗争，终于取得了反迁校斗争的胜利。蒲河镇开明士绅吴子余，在党的地下工作者的团结教育下，卖掉200亩土地，筹集了10万元（国民党东北九省流通券），作为地下党组织活动经费。辽宁省伊斯兰教协会理事长铁汉将自己的名章长期交给郭春雷使用。根据党的指示，团结回族知名人士，破坏了国民党东北行辕在沈阳招兵买马成立宗教军的活动。还争取东北知名人士马占山、张作相等反对美国总统特使魏德迈到沈阳干涉中国内政。通过这种方式获取了敌军在东北的部署及反攻四平作战计划，这份重要情报对我军保卫四平和以后解放沈阳，都起了很大作用。沈阳兵工厂所属炮厂厂长兼机器兵工所所长、国民党军官王俊贤，也被争取过来，从而掌握了该厂军火生产的品种、产量及产品分配去向等重要情况。在兵工厂担任总负责人的陈修和，在沈阳解放前夕，拒绝了蒋介石让他毁掉兵工厂的命令，把兵工厂完整地交到了人民手里，做出了重大贡献。

辽北城工部张学林，争取了国民党东北“剿总”作战参谋吴家芳，得到了蒋军在辽南、辽西的兵力布置地图。在国民党第九兵团即廖耀湘兵团内部也有党的地下工作者。他们对廖耀湘兵团的行动了如指掌，及时把情报送给解放军，最终消灭了廖耀湘兵团，廖耀湘本人也成了解放军的俘虏，等等。

（5）地下工作者在狱中的英勇斗争。国民党反动派在企图挽回全国各战场败局的同时，加紧对国统区各阶层人民民主运动和共产党人的血腥镇压。1946年9月，李伯岚被捕。1947年8月郭春雷、李铁铮、刘明显、赵树沂、李中天、陈书林等同志被捕，敌人实行严刑拷打，采用利诱、饥饿种种手段，他们都宁死不屈，保守了党的机密和党组织的安全。在狱中，他们把监狱当做“战场”，建立了党支部，发展了党员，同敌人进行了针锋相对的斗争，分化瓦解敌人，严重打击了敌人的嚣张气焰。李铁铮、刘明显被捕后，受尽酷刑，忠贞不屈，1948年3月，被押送到南京，杀害于雨花台畔，献出了宝贵的生命。

（6）沈阳爱国民主运动的开展。1947年上半年，中共中央多次发出关于在蒋管区的工作方针和斗争策略的指示。指出蒋管区党的工作“要时时注视情势的发展，坚持我党放手动员群众进行反美反蒋的方针”“应扩大宣传，避免硬碰，争取中间分子，利用合法形式，力求从为生存而斗争的基础上，建立反卖国、反内战、反独裁与反特务恐怖的广大战线”。沈阳地下党组织坚决贯彻执行了这些指示，掀起了反饥饿、反内战、反迫害的革命斗争。

在教师运动方面，由于国民党反动派的黑暗统治，教育事业空前危机，中小学校舍普遍破旧坍塌，学生无处读书，家长怨声载道，教师工资微薄，每月900元（流通券，能买15斤粗粮），并经常拖欠不发，生活极端困苦。因此，社会舆论和教师都愤愤不平，对国民党统治极为不满。1946年6月2日，在地下党负责人李伯岚、郭春雷领导下，以李成海任教的大北小学为中心，联系全市47所小学，1 500名小学教员，进行了全市小学教师集体请假（即罢教）的斗争。这是沈阳市一次声势较大、影响较广的斗争。

第三节　沈阳的解放

一、中共武装力量的壮大

中共最早进入东北的是冀热辽与抗联部队。在1945年9月，东北局成立后，八路军、新四军主力均未到达关外，彭真等决定依靠冀热辽与抗日联军部队为基础，求得仅先分散，扩大发展新的兵团，同时迅速组织接引关内开赴东北的主力部队，加强东北的自卫力量。根据这一方针，各地区迅猛地发展武装，至11月底，曾克林部发展到七万人；东满周保中部也发展到七万余人；热河李运昌部发展到三万余人；西满王明贵、刘锡五部发展到三万六千余人；哈尔滨附近聂鹤亭、钟子云部发展到一万三千余人。在中央部署到东北工作后，各根据地抽调的部队陆续前往东北，到1945年10月份，总计有十多万人：山东军区政治部主任萧华率山东军区司、党、政、供、卫机关人员千余人到达安东；冀中军区参谋长沙克率晋察冀三十一团一千五百余人到达锦州；东北挺进军司令员万毅率原东北军一一一师三千五百人到达辽东磐石、海龙；晋绥军区司令员吕正操率晋察冀三十二团一千余人到达沈阳。10月下旬，胶东军区吴克华、彭嘉庆率解六师和解五师两个团八千余人，到达营口地区；杨国夫率解七师六千人到达山海关；刘其人率渤海新编师六千余人到达古北口；刘转连率一二〇师三五九旅延安留守部队三千余人到达本溪、抚顺；邓克明率晋冀鲁豫二十四团千余人到达沈阳以西地区；文年生率陕甘宁警一旅三千余人到达锦州地区。11月中旬，山东军区司令员罗荣桓率军区机关和警卫团及几个独立营，约四千余人，分别到达安东及沈阳地区；胶东田松支队（威海起义部队）约千人到达牡丹江地区。11月中下旬，黄克诚率新四军第三师四个旅又三个特务团，约二万二千人，到达锦州以西地区；山东军区参谋长罗舜初率解三师和警三旅，约九千余人到达辽阳、鞍山地区；黄永胜率延安教二旅三千余人到达辽西。

为加强对进入东北的部队领导，1945年10月31日，中共中央决定，进入东北的部队与抗联统一组成东北人民自治军。林彪为总司令，彭真为第一政治委员，罗荣桓为第二政治委员，吕正操为第一副总司令，李运昌为第二副总司令。为适应发展东北的需要，依据中共中央和中共中央军委的指示，11月至12月，东北人民自治军总部对进入东北的部队进行了整编和扩编。在部队整编的基础上，为进一步加强地方武装和政权建设，东北人民自治军于12月底组建10个军区。

在1945年10月，国民党军队进入东北，并开始逐步接收东北各地政权。原被共产党收编的部队经国民党特工人员勾引，纷纷打起先遣军、光复军旗号，当时蒋介石的东北行辕为鼓励这些匪徒扰乱自治军的后方，均委以显赫的官职，根据东北民主联军总部1946年底统计，计有总指挥32名；军长33名；师长158名，旅、团长不计其数，总数约计二十余万人。这些土匪收集了大量日伪军散在地方的武器，不仅有步马枪、轻重机枪，还有各种类型的大炮。他们不是打家劫舍的土匪，而是以汉奸、警察、特务为骨干组成的政治匪帮。还有一部分是抗日联军的叛徒，如谢文东、李华堂等，充满了对共产党和人民军队的仇恨。故1945年底这些部队叛变后极其疯狂残暴，抗联在敦化地区组建九个大队，除一朝鲜族大队外，叛变了八个，还杀害了派来的共产党员。

严峻的国内和国际形势，使中共东北各分局负责人陈云、高岗、李富春和前方将领罗荣桓、黄克诚等认识到，认为独占三个大城市及长春铁路干线，甚至独占东北是不可能的。他们向中央反映意见，主张在锦州、沈阳前线给敌人以打击后，将主力撤往东满、西满、北满中小城市，扫荡反动武装，发动群众，扩大部队，改造政权，建立巩固的根据地，然后再与国民党军队决战，收复沈阳和南满重要城市。中共中央完全同意以上意见。12月24日，刘少奇代中央起草了批评东北局某些领导留恋大城市的电报。12月28日，毛泽东更代中央起草了关于“建立巩固的东北根据地”的指示，明确提出“我党现时在东北的任务，是建立根据地，是在东满、北满、西满建立巩固的军事政治的根据地”，还指出“要在距离国民党占领中心较远的城市和广大乡村”建立。

为此，中共中央将部队从长春等大城市退出，并对扩充的部队进行整顿，主要措施是从老部队中选调部分干部和骨干充实与加强领导；对混进部队的伪军、土匪进行清除；同时制止盲目扩军，必须在发动群众基础上扩军，特别是吸收土改后的翻身农民入伍。在此基础上加大部队的正规化建设，组建了炮兵、工兵、骑兵等特种兵，有效地提高了部队的战斗力，特别是部队的攻坚能力，为日后攻占国民党军有坚固设防的大城市打下基础。

为了提高东北部队在广大人民群众中的号召力，组织和动员更广大的群众与人民军队共同战斗，同时也为了在国际国内斗争中处于有利地位，1946年1月4日，经中共中央批准，东北人民自治军改称东北民主联军。林彪任总司令，彭真任第一政治委员，罗荣桓任第二政治委员，吕正操、周保中、肖劲光任副总司令，程子华任副政治委员，肖劲光兼任第一参谋长，任修权任第二参谋长，陈正人任政治部主任。为贯彻中共中央关于《建立巩固的东北根据地》的指示，东北民主联军把工作重心转向距离国民党占据的大中城市较远的城市和乡村，以师（旅）为单位开始有重点地分散到东北各地，发动群众，清剿残余伪军和土匪，建立根据地。到1946年3月，全区歼灭土匪7万余人。在这期间，对部队初步进行了整编，将原来划分的军区先后合并为东满、西满、南满、北满4个二级军区，实行新老部队合编，以主力的大部划归各军区指挥，重新调整了各省军区和军分区，抽调少数主力部队充实地方武装。在作战方针上“采取坚持南满，巩固北满，南打北拉，北打南拉，南北满密切配合，集中优势兵力，主动打击敌人”[①]的战略方针。

为打破国民党军“南攻北守，先南后北”的进攻计划，1946年10月下旬至11月初，东北民主联军举行新开岭战役，在辽宁宽甸西北地区全歼国民党军1个师。接着，又集中南北满主力进行“三下江南，四保临江”作战，歼灭国民党军大批有生力量，迫使其由进攻转为防御，东北解放区也得到了巩固和扩大。1947年4月20日，中共中央决定将晋察冀军区之冀热辽军区及所属部队共8万余人划归东北民主联军建制，东北民主联军的总兵力达46万人。

1947年5月中旬，东北民主联军转入战略性反攻，在长春至沈阳段和沈阳至吉林段铁路两侧地区发动了夏季攻势，歼国民党军8万余人。8–9月间，以12个独立师（旅）编成第7、第8、第9、第10纵队，并成立了南满、冀察热辽两个军区前方指挥所（后改称第1、第2前方指挥所）。9月中旬，东北民主联军又集中9个纵队的兵力发动秋季攻势，歼灭国民党军6.9万余人，攻克城市15座，进一步掌握了东北战场的主动权。

1948年1月1日，东北民主联军改称东北人民解放军，区分为东北军区和东北野战军，以原民主联军总部机关为军区兼野战军领导机关，林彪任司令员兼政治委员，高岗任第一副司令员兼副政治委员，吕正操、周保中、萧劲光任副司令员，罗荣桓任第一副政治委员，陈云、李富春任副政治委员，刘亚楼、伍修权任参谋长，谭政任政治部主任。2月，以9个独立师（旅）编成第5、第11、第12纵队。1947年12月15日至1948年3月15日，东北野战军冒着零下30℃的严寒，发动了为期90天的冬季攻势作战，歼灭国民党军15.6万余人，收复城市18座，将国民党军压缩于长春、沈阳、锦州等几处互相不能联系的孤立地内，东北解放区的面积扩大到全东北的97%，解放区人口占东北的86%，为

---

① 军事科学院军事历史研究部：《中国人民解放军战史》第三卷，军事科学出版社1987年版，第93页。

全歼东北地区的国民党军奠定了基础。冬季攻势结束以后，东北地区97%以上的土地和86%以上的人口获得解放。

冬季攻势后，东北人民解放军在前段时间部队作战出现的问题的基础上，开展了长达4—5个月的军事大练兵。以正规化、攻坚战、大兵团作战为练兵方针，以夺取大城市，彻底歼灭坚固设防的大城市之敌，解放全东北为目的。大练兵的基本内容是严格训练”一点两面”、三三制、四快一慢、四组一队、三猛战术及三种情况、三种打法等战术。通过大练兵运动，解放军在战术与技术上得到了极大的提高，特别是在大兵团作战和攻坚作战方面提高极快。

在兵力方面，东北人民解放军已发展到12个步兵纵队36个师，15个独立师，3个骑兵师，及1个炮兵纵队，1个铁道纵队，1个坦克团，共约70余万人，另有地方武装及二线补充兵团33万人，总兵力达103万人。全军拥有战防炮、步兵炮、迫击炮1 600余门，山炮、野炮、榴弹炮、加农炮660余门，高射炮116门。①

1948年7月，东北战场上的国民党军队有4个兵团14个军，共有44个师（旅）48万人，加上地方保安部队，共约55万人。分别收缩在沈阳、锦州、长春三个地区。不仅人数上相比解放军已处于劣势，就是装备也没有绝对优势。由于北宁线一些区段和沈大路一些地段和营口已经被解放军占领，长春、沈阳通往关内的陆路交通完全被切断，补给全靠空运，远远不能满足需求，处境十分困难。

二、辽沈战役经过

到1948年7月，国共内战已经历两年时间，国民党军队在两年中被歼灭的军队总数达到264万，尽管经过了补充，兵力仍然由战争前的430万，减少到365万，其中在前线的兵力仅有174万。而且，这些兵力被分割在东北、华北、华东、中原、西北五个战场。在国统区国民党统治区生产萎缩，通货恶性膨胀，广大人民“反饥饿、反迫害、反独裁、反卖国”的爱国民主运动空前高涨。国民党统治集团内部矛盾日益加深，军队指挥难以统一。部队士气愈加低落，作战能力下降。

反观解放军，经过两年的艰苦奋战，总兵力已由战争开始时的127万人发展到280万人，其中正规军由61万人增加为149万人，全部可以机动作战，并可得

① 中国人民解放军第四野战军战史编委会：《中国人民解放军第四野战军战史》，解放军出版社1998年10月第一版，第294页。

到强大的地方武装随时支援和补充。武器装备得到改善，并建立了拥有大口径火炮1 100余门的野战军所属炮兵部队。经过战争锻炼和新式整军运动，广大指战员士气更加旺盛，部队进行大规模运动战特别是城市攻坚战的能力得到很大提高，在战略上集中兵力实施大规模会战的条件已经具备。

在其他方面，全国解放区的面积扩展到235万平方公里，并拥有县以上城市579座，分别占全国总面积和城市总数的24.5%和29%。解放区人口已达1.68亿，占全国总人口的35.3%。解放区经过土地改革，生产得到恢复和发展，支援战争的物质力量大大增强，人民解放军的后方日趋巩固。

在东北战场上，人民解放军更是处于压倒优势的地位。1948年3月冬季攻势结束后，东北地区97%以上的土地和86%以上的人口已获得解放。解放区工业生产大力发展，农业播种面积达1亿亩以上，城镇工商业得到大力扶植和迅速发展，尤其是军工生产发展更快。解放区拥有铁路1万余公里，占东北铁路的95%。东北人民解放军经过扩充与休整，至8月止，野战军已发展到12个步兵纵队36个师，15个独立师，3个骑兵师，及1个炮兵纵队，1个铁道纵队，1个坦一克团，共约7余万人，另有地方武装及二线补充兵团33万人。总兵力达103万人。全军拥有战防炮、步兵炮、迫击炮1 600余门，山炮、野炮、榴弹炮、加农炮660门，高射炮116门。冬季攻势后，东北野战军大部分位于沈阳、长春间，两个纵队位于沈阳、锦州间。1个纵队位于唐山、昌黎附近。部队进行了较长时间的休整和军政训练。广大指战员的政治觉悟和战术技术水平有了很大提高。

东北国民党军连遭打击，处境困难。卫立煌接任东北“剿总”总司令后，经过重建和新建，总兵力4个兵团14个军44个师（旅），另有一些地方保安团队，共55万人，不仅在数量上同东北人民解放军相比已处于绝对劣势，而且已分别被分割压缩于长春、沈阳、锦州3个孤立的地区。由于北宁线一些区段和沈大路（沈阳—大连）一些地段和营口已为解放军控制。长春、沈阳通向关内的陆上交通已被切断，补给全靠空运，远远不能满足需求，处境十分困难。

在东北进行国共双方战略决战条件成熟的情况下，中共中央军委和毛泽东制定了关于辽沈战役的基本方针：东北野战军主力南下，首先截断北宁线，封闭国民党军在东北，然后运用攻锦打援的方法，争取将卫立煌集团就地各个歼灭。根据这一方针，东北野战军于1948年9月10日，拟定作战方针“一、以奔袭动作歼灭义县及北宁线上高桥、兴城、绥中、沙后所等据点国民党军，切断关内外国民党军的联系；二、集中兵力攻取锦州和打增援之国民党军。其部署是：以第3、第4、第7、第8、第9、第11纵队等6个纵队及炮兵纵队主力，第2

纵队第5师，冀察热辽军区3个独立师，歼灭义县至昌黎一线之国民党军，尔后相机夺取锦州、锦西、山海关；以第1，第2（欠第5师）、第5、第6、第10等5个纵队，位于沈阳西北及长春、沈阳之间，阻止沈阳国民党军向锦州或向长春增援，并随时准备参加攻锦作战和歼灭长春突围之国民党军；以第12纵队和6个独立师、1个炮兵团及内蒙古军区骑兵第2师等部，继续围困长春。”

针对东北战场上国共双方的军事态势，国民党部队的战略方针是“集中兵力，重点守备，确保沈阳、锦州、长春，相机打通北宁线”，目的是保住在东北的占领地区，以支撑其全国战局，一旦形势发展不利，再经北宁线从路上或经营口、葫芦岛从海上撤退。其兵力部署是：东北“剿总”副总司令兼第一兵团司令官郑洞国指挥新编第七军、第六十军计六个师及其他部队共十万人固守长春，以牵制东北军主力不能向南机动作战；东北“剿总”副总司令兼锦州指挥所主任范汉杰指挥第六兵团、新编第五、八军和第五十四军计十四个师及其他部队共十五万人，防守义县至山海关一线，主要兵力防守锦州、锦西，确保关内外陆海联系；东北“剿总”总司令卫立煌直接指挥第八兵团、第九兵团、新编第一军、整编第二零七师和第四十九、五十二、七十一军等计二十四个师及“剿总”的直属部队和其他部队共三十万人，防守沈阳及本溪、抚顺、铁岭、新民地区。

1948年9月12日，在华北解放军的配合下，东北野战军在北宁线锦州至昌黎段发起攻击。北宁线纵贯辽西走廊，是连结关内外的重要陆路通道。国民党军在该线重点城市锦州部署第6兵团10万人。为拱卫锦州并控制关内外通道，第93军1个师位于义县，新8军1个师位于高桥，第54军3个师位于锦西、葫芦岛和兴城，新5军3个师位于绥中、山海关、秦北戴河一线；华北“剿总”以所属第62军等部4个师据守唐山至昌黎一线，以确保对北宁线的控制。东北野战军第11纵队和冀热辽军区三个独立师及炮兵旅由建昌营出发，至17日先后占领昌黎、北戴河、包围了兴城、沙后所、绥中等地，不仅吸引了锦西国民党第54军向南增援，同时也迟滞了华北国民党军的东援。16日，第4、第9纵队包围义县。25日，第9纵队配合第8纵队攻占锦州以北要地。27日，第7纵队攻占高桥和西海口，第4纵队第12师进站塔山。28日，炮兵纵队用炮火封锁了锦州机场。29日，4纵攻占兴城。10月1日，3纵和2纵攻克义县。至此，东北野战军完全切断北宁线，完成对锦州的保卫。

锦州是联结东北、华北两战区的战略枢纽，也是东北国民党军坚固设防的重要城市。范汉杰原以为东北野战军不可能全力南下，当北宁线战斗打响后，始感锦州危急。他一面请求增援，一面收缩兵力，准备集中3个军于锦州固守待援。由于东北野战军迅速将锦州南、北两侧北宁线诸段切断，其收缩计划未能实现，只能依靠原有的第93军和新8军等部6个师及由沈阳空运来的第49军两个团的兵力防守。

国民党军高层得知锦州被围后，意识到如锦州失守，东北的部队将完全陷于孤立。为此，国民党军方面的部署如下：范汉杰集团固守锦州，以吸引与消耗东北野战军主力；华北的“剿总”的5个师会同山东海运到葫芦岛的部队组成东进兵团，自锦西经塔山、高桥向锦州进攻；沈阳地区的部分部队共11个师组成西进兵团，由廖耀湘指挥，向彰武、新立屯攻击，切断东北野战军的后方补给线，然后经阜新、义县，协同东进兵团，夹击东北野战军于锦州城下；长春的国民党守军则伺机南下突围。

国民党军的东进兵团在葫芦岛集结完毕之后，于10月10日向塔山发动猛烈进攻。塔山是北宁路上锦州比较大的村子，距锦州30公里，距锦西10、锦西之间一个公里，是国民党军从锦西增援锦州的必经通道。能否在此阻滞国民党军队，成为东北野战军攻打锦州的关键。东北野战军方面担任塔山地区阻击战任务的是四纵、十一纵和热河独立四师、六师和炮兵旅，由第二兵团司令员程子华统一指挥。攻击塔山的是国民党军第九十二军二十一师、六十二军、三十九军两个师、五十四军和暂编六十二师、独立九十五师，共11个师。自10日拂晓，国民党军以整营、整团的实力，在营团长的带头督战下，梯次向塔山阵地冲击。经过几天的厮杀，东北野战军仍旧守着塔山阵地牢牢不动。到15日，锦州被东北野战军攻占，国民党东进兵团转为防守。

与此同时，国民党军之西进兵团于10月3日在新民集结完毕，一部向新立屯方向攻击前进，主力向彰武方向攻击前进。彰武是东北野战军向锦州运送兵员、弹药和物资的重要站点。廖耀湘意图占领彰武，切断东北野战军的补给线，以解锦州之围。东北野战军采取运动防御战的方式，以破坏其援助锦州计划，为东野主力攻打锦州赢得时间。

10月13日，东北野战军攻击锦州部队在肃清外围国民党军队之后进入攻城准备。经过周密准备之后，10月14日10时，900门大炮一齐射向锦州方面国民党军事目标。45分钟打开了突破口，压制了敌军炮火。担任主攻任务的南北两个突击集团在炮火和坦克的支援下，分别从八个突破口冲入市区，向纵深猛插，分割歼敌。各路纵队相继突破后进入巷战，战斗异常激烈，国民党军构筑坚固工事顽抗。经31个小时激战，至10月15日18时，东北解放军攻克锦州，东北“剿匪”司令部副总司令范汉杰被俘虏。在长春的守军得知锦州被占，救援无望，曾泽生的六十军于10月17日率先起义，18日保安旅、骑兵旅等地方部队也纷纷放下武器投降，19日郑洞国的新七军也缴枪投降，至此长春和平解放。

在得知锦州被占的情况下，蒋介石仍命令廖耀湘率领西进兵团向锦州进发，意图重新占领锦州，打通关内外的交通线。自10月21日起，廖耀湘先是向锦州猛攻，当意识到西进兵团有可能被东北解放军包围时，即下令部队向营口撤退。但南撤营口的路线也被东北解放军堵死。

卫立煌又命令廖耀湘回师沈阳。10月26日，廖耀湘下达向沈阳撤退的部署。然而此时东北野战军主力部队已相继进入辽西战场。10月26日凌晨，东北野战军根据廖耀湘兵团进退失据的情况变化，命令各纵队和独立师，对黑山以东，打虎山东北、绕阳河以西120平方公里地区内被合围之西进兵团，展开向心突击。到10月28日，国民党西进兵团1个兵团部、5个军部、12个师旅10多万人，全部被歼灭。

长春解放后，围困长春的解放军即南下进攻沈阳，东北解放军主力在歼灭国军西进兵团后，也向沈阳进发。在大军压境的情况下，守卫沈阳的53军宣布起义，207师在象征性抵抗后投降。11月2日沈阳解放。同日营口解放。11月9日葫芦岛国民党军乘船南逃。至此辽沈战役结束，东北全境解放。

三、沈阳的解放

廖耀湘兵团被歼灭后，沈阳的国民党部队有53军两个师，第207师两个旅，新一军一个师，4个守备总队（相当于师），3个骑兵旅的残部，以及地方保安部队共约14万人。

东北解放军解放沈阳的作战计划是：首先断绝沈阳敌人的退路，分别包围其据点，各个歼灭，然后攻取沈阳。

10月27日，中央军委和毛泽东致电东北野战军司令部："希望你们立即抽调出几个纵队于明（28日）兼程东进，如能于29日渡过辽河，则沈阳逃敌跑不掉，否则，沈阳之敌有于三十日退到营口的可能。"[①]据此，东北野战军领导命令第一、第二纵队向沈阳进发；七、八纵队向营口进发。第一兵团所属各独立师也先后进抵沈阳周边。至此解放军完成对沈阳敌人的包围。

在沈阳城内，国民党的党政军大员们已经乱成一锅粥。10月27日，杜聿明飞抵沈阳，传达蒋介石的最新指示：留在沈阳的部队都归周福成指挥，要死守沈阳。"[②] 卫立煌、杜聿明等人深知大势已去，东北国民党部队的完全覆灭不可

---

① 《毛泽东军事文选》，（内部本）中国人民解放军战士出版社1981年版，第494页。
② 杜聿明：《辽沈战役概述》《辽沈洋战役亲历记》，文史资料出版社1985年版，第38页。

逆转。10月30日下午，卫立煌正在召集军政大员开会。当得知53军暂编53师师长许庚扬要扣留东北的国民党军政大员时，即以“奉总统蒋面谕，着卫总司令立煌即刻飞葫芦岛指挥”[①]为由匆忙乘飞机离开沈阳。防务交由第8兵团司令官周福成指挥。此时的沈阳城内已乱成一团，城内人心浮动，社会秩序打乱，达官贵人争相逃命。

10月31日，周福成召集部属商议坚守沈阳事宜。周表示要“与城共存亡，有两个月的粮食，足够的弹药，一定和共产党拼个你死我活。迫不得已时……，我和沈阳市同归于尽。”暂编53师师长王理寰表示“大势已去，不能再打，……决定放下武器。”53军副军长赵镇藩说：“没法再打下去。”[②]这时周福成才明白部队已完全不受控制，沈阳解放乃是大势所趋。当晚，周福成离开指挥部，脱离了指挥岗位，来到盛合公银行，坐等沈阳的解放。

沈阳是国民党军在东北的指挥中心。国民党军在沈阳以重兵把守，并修筑了坚固的工事。随着东北解放军逼近沈阳，国民党军逐渐向沈阳城收缩。国民党军的防守策略是：第207师第一旅防守西郊，该旅第1团控制东郊东大营，为师预备队，第2旅守备浑河；东北守备第1总队退守沈阳东郊，第2总队控制南市区，为兵团总预备队；第53军所属各部负责北部城防。此时沈阳城内除207师稍强外，其余战斗力均差，军心极度混乱。东北解放军担任解放沈阳作战的各部队，在对沈阳合围的过程中，首先对沈阳周围卫星据点之国民党军实施各个歼灭。由长春长驱南下的第12纵队，在司令员钟伟指挥下，于27日解放铁岭，歼灭第53军第116师1个团。第53军军部率116师主力在向沈阳退缩途中，又被第12纵队于新城子以西歼灭29日，独立第3师在东陵、水泉、英达堡子歼暂30师一部，击毁坦克4辆。新成立的独立第14师解放本溪。30日，第12纵队于沈阳以西吴家荒、大幸屯歼灭了由新民撤退的第53军第130师1个团和辽北保安团等部。由辽西战场向东急进的第1、第2纵队在解放新民后，沿途追歼国民党骑兵部队一部，另接收4 000余名骑兵投降。31日，第2、第12纵队会合后，又扫清沈阳南部苏家屯车站、三间房、方士屯等处国民党残部。同日，独立第10师解放抚顺。担任东陵东山嘴子防御的新一军暂53师，经解放军敌工人员争取，在师长许庚扬率领下起义。至此，沈阳外围据点皆被拔除，各攻城部队逼近沈阳。

---

① 姜明文：《卫立煌逃离沈阳前后二三事》《辽沈战役亲历记》，文史资料出版社，1985年版，第468页。

② 胡圣一：《 回顾沈阳解放》，《辽沈眼战役亲历记》，文史资料出版社1985年版，第500页。

11月1日，东北野战军向攻城部队发出保护沈阳的指示，指出："沈阳为我东北最大工业城市，我们占领后即可完全巩固，对整个人民战争将有极大贡献。故各部必须加以保护，且该市外侨甚多，我之一切行动极易引起国际注目，各部均须严格遵守我党政策，切实维护纪律。"

同日，攻城部队向沈阳市区发起总攻。第1、第2纵队由沈阳以西、西北地区向市区突入；第一兵团向城东、城北向市区内内突击；第12纵队由城南向北攻击。陷入绝境的沈阳守军，除207师和第53军的部分在城市边缘若干地段组织一些抵抗外，其余大部分官兵已无心恋战。攻城部队进展顺利。1日拂晓，第1、第2纵队仅20分钟就突破沈阳守军的主要防御地域铁西区，歼灭第207师两个旅大部，暂50师全部。第12纵队主力攻占东塔机场。由东面方向进攻的各独立师进占中央大街、小北边门及大、小东边门。

在此期间，东北局派遣的敌工人员大力开展整治争取工作，沈阳的一些民主人士也积极进行配合。在东北解放军的进攻下，国民党官兵深感大势已去纷纷投降。许多国民党军政人员与解放军联系，交涉起义、投诚。11月1日，原属东北军系统的53军赵国屏率下属约4万人放下武器投诚；11月1日晚8时，暂53师师长许庚扬召集全师军官开会，讲了与解放军辽北军区谈判起义的经过以及达成的协议。并大声问有无反对意见？军官们都表示赞同。许庚扬当场宣布第53师起义。晚10点，第53师的防区为解放军攻城部队让开了道路。

但蒋介石的嫡系部队青年军207师仍在负隅顽抗。207师曾参加过缅甸的远征军作战，完全美械装备，从士兵到军官大多有文化，是一支战斗力很强的部队，主要驻守在沈阳铁西区。铁西区是沈阳的工业区，沈阳一些较大的工厂集中在这里。铁西区钢筋水泥的高楼林立，铁丝网、沙袋组成的街垒层层设置，明碉暗堡纵横密布，并配有大批坦克、大炮。但由于师长戴朴早就只身化装逃跑，部队无人指挥，各营连都困守在碉堡里，本能的开枪射击，以示抵抗。但当得知沈阳的情况后，很快都缴械投降。

11月1日，东北野战军下令部队停止火力攻击，准备接受守军投降。当天，整个沈阳到处都可以看到国民党官兵在逃跑、投降，大街小巷到处都是打着白旗的国民党官兵。"敌军……把人员武器排列得整整齐齐，等候我军接收。我们的战士坐上敌人的卡车、轿车、吉普车来往奔驰，一个排、一个班、几个人也能有秩序地接收整营整团的敌军和各种物资仓库"。

1948年11月2日，沈阳解放。东北解放军共接灭与接收起义、投诚国民党军总计有东北"剿总"及其所属1个兵团部、2个军部、7个师（旅）、3个骑兵旅残部及地方部队共13.4万人。

在攻打沈阳之时，东北野战军既开始奔袭营口。到11月2日，营口之战顺利结束，共歼灭第52军2师全部、25师1个团及军属输送营共14 800余人；缴获各种大炮88门，轻重机枪301挺，长短枪2 574支，汽车66辆。营口解放标志着辽沈战役的全部结束。

四、接收沈阳

早在1947年，东北解放战争不断取得胜利，大中小城市不断获得解放，中央工委就下发了《关于收复石家庄的城市工作经验》文件。文件指出，要注意保护机器、物资及一切建筑物，不准破坏，不准自由抓取物资。我们工作应作长期打算，方针是建设而不是破坏。同年6月10日，中共中央东北局发布了《关于保护新收复城市的指示》的文件，指出："现在的战争，没有城市的支援，没有铁路的运输，是不能取得最后的胜利的。"告诫党政军民"都应把城市看作是人民革命战争取得最后胜利不可少的力量，应该严格遵守党和政府的工商业政策，城市政策和法令，反对乱抓物资的本位主义，反对片面的所谓群众观点，防止破坏城市、破坏工商业。"[①]根据中共东北军的指示，东北野战军每解放一座城市，立即成立军事管理委员会，接收敌伪企业、机关、学校、严格保护民族工商业、组织广大职工积极恢复生产；镇压反革命活动，肃清反革命残余势力，建立革命秩序，保护国家资财，防止破坏；救济灾民，组织灾民安家生产。

辽沈战役结束后，如何接管沈阳这个大城市摆在了东北局的面前。

沈阳是国民党统治东北的军事、政治、经济中心，也是东北最后解放的一座特大城市，大批敌伪残余份子汇集于此。因此，沈阳解放后，如何肃清奸特，安定社会秩序，保护人民生命财产安全，恢复和发展各项建设事业是当时共产党人的头等任务。

在10月26日，辽沈战役还在进行中，沈阳还未解放前，东北局领导人陈云、林枫、王首道、叶季壮、李立三、吕正操等在哈尔滨的高岗住所召开紧急会议，研究接管沈阳的具体方针和办法。会议决定由陈云同志任沈阳军管会主任，伍修权为副主任兼沈阳卫戍司令员；陶铸为副主任兼沈阳市委书记、卫戍区政委；朱其文为沈阳市长。东北局决定抽调4 000名新老干部前去搞接管工作。哈尔滨除了少数干部留守，几乎是全面出动。

---

① 朱建华：《东北解放区财政经济史资料选编》（第1辑），黑龙江人民出版社1988年版，第83页。

11月2日沈阳解放的当天，陈云等军管会成员就率领大批党政军干部进入沈阳。进城之后，军管会马上发出第一号公告，宣布七项规定：保护人民和市内一切工商业财产；戒严三天，严防破坏分子活动；保护一切公共建筑、机关、设施不遭破坏；蒋军官兵须自动向人民政府投诚报到；任何机关部队不得非法捕人，有坏人可以检举报告；除卫戍部队外，任何部队不得随便入城，在城里的部队必须严格遵守群众纪律，不许自由外出进入影院、剧场等公共场所。进入沈阳的一、二纵和担任卫戍部队的独立1师、独立4师分头行动，看管各重要机关和仓库、工厂。散落在市区的国民党军散兵游勇经各部队收容，三天内集中3万多人，对安定沈阳市面的秩序起了积极作用。从11月1日起，国民党飞机连续从葫芦岛起飞轰炸沈阳，重点是兵工厂、军火库和火车站。军管会发动部队和铁路工人奋力抢救，紧急疏散了48节车皮弹药。敌机扔下几百枚炸弹，没有造成多大损失。东总调来高射炮兵部队，担任沈阳防空。沈阳有全国最大的兵工厂，解放前国民党打算将兵工厂内迁。厂长陈修和是陈毅的哥哥，他倾向进步，坚决抵制蒋介石的阴谋，保护了工厂，将其完整地移交给军管会。厂里储存着大量弹药和机械设备，对支援全国解放战争有重要作用。

11月3日，市军管会又发布了有关接管工作的六项规定，明确了接管任务：清理资财，保管档案；职员复工，登记留用；保护工厂，恢复生产。随即，市军管会的9个接管部门按照“各按系统，自上而下，原封不动，先接后分”的办法，迅速接管了国民党在沈阳的军、警、政、财、经、后勤、铁路等系统。

对国民党公务员、警察等大批旧人员采取稳定政策，让他们仍按正常规定上班，保护好机关档案，银行、邮局、电信、电灯、电车、自来水等重点部门正常运转。到11月5日，全市基本完成清点移交和接管工作，并恢复到了水电供应和邮政、交通，工厂复工，商店开业、物价平稳、社会安定。当时军管会除对沈阳的原军、政、警等系统予以全部接管外，还接管国营工厂97家，医疗机构18个，大中小学校59所以及4大银行（中央、中国、交通、农民）和中央合作社的金库。全市公教人员、公企职工到本单位报道的达85 000多人，占原有人数的95%。接管后三天，沈阳商店开门，水电交通市政通讯设施也都恢复正常。为了解决沈阳的粮食、取暖和财政，军管会从南满调来大批粮食，从阜新调来煤炭，从哈尔滨调拨足够的资金，一扫以前沈阳市面萧条、混乱的景象，给沈阳注入了新生的活力。

为了加强对区街工作的领导，市工委和市政府调整各区建制，将原有的22个区合并为8个区，即沈河、大东、北关、北市、南市、铁西、皇姑、和平等区。同时选派了各区委、区政府的领导人员。到11月末，沈阳市、区的工作基本步入正轨，确保了秩序的正常运行。

在军管会的努力工作下，沈阳的工作很快打开了局面。到11月10日左右，接收工作基本完成。

后 记

在《沈阳通史·现代卷》付梓之际，我们课题组成员感慨颇多。面对厚厚的书稿，所有参加本卷撰写的同志既倍感欣慰，又十分忐忑。在接到沈阳市哲学社会科学学术办、规划办这一重点立项课题时，我们感到分量很重，因为这是沈阳历史研究的标志性工作，研究成果带有原创性和补白性，是这方面接续性研究的重要文献源。肩负重担，集体攻关，辛勤耕耘，历时一年多的时间，现在终于完成了。

本书的撰写工作是分阶段进行的。开笔之前，课题组的同志针对各级各类的图书馆、档案馆及有关部门的文献库、资料室保存的相关资料，进行了最大限度地搜集，然后，分类整理备用。撰写过程中，多次召开研讨会、座谈会，逐个问题地进行研究讨论，梳理细纲，论证史实，评价人物。我们遵循的编写原则有两条，一是以史实为据，通编全书，避免不清、不详、不准之说入稿；二是客观公正地评价人物，避免以偏概全。力求之功，虽然尽心尽力，评说之言，也不敢说唯我独是。

本卷的写成是课题组同志们辛勤劳动的成果。全体编辑人员呕心沥血，付出了大量的心智和辛勤的汗水。郭俊胜、范丽红参加了前期撰写的组织工作；后期的组织实施和终审定稿工作，由郭春修、曲香昆完成。参加撰写的同志有：范丽红（第一章）、陈海燕（第二章）、康艳华（第三、四章）、张晓丹（第五章）、程亚娟（第六章）、高灵灵（第七章）、张志建（第八章）。

辽宁社会科学院研究员张志强作为《沈阳通史》的主编，在本卷的体例确定、史实使用、研究修改等方面，给予了认真细致的指导。辽宁社会科学院、辽宁省图书馆的领导和专家也给予了很多的支持和帮助。在此，一并致谢。

尽管我们全力以赴地撰写本卷，但因各种因素所限，可能存在一些不妥之处，望广大读者指正。

作 者

2014年11月

总后记

编著《沈阳通史》是多年的夙愿，既是一种情结，也是一种责任。在中共沈阳市委宣传部的领导下，在沈阳市社会科学规划办的支持下，立为重大专项，予以资助，终于玉成此事。

经过张涛、金吉媛、张志强等热心策划，以张涛、张志强、张龙海为主编，设计了全书五卷本的结构，约定了由远古至现当代“十一五”末的断限篇目布局和总数逾200万字的容量规划。其中：

古代卷由主编张树范组织沈阳市文物考古研究所、辽宁大学、辽宁社会科学院的教授、研究员及部分年轻的同志共同撰稿。

近代卷由主编张志强组织辽宁社会科学院历史所的部分研究人员、沈阳大学的年轻教师共同撰稿。

现代卷由主编郭春修、郭俊胜组织张氏帅府博物馆的部分研究人员共同撰稿。

当代卷（上）由主编丁海斌组织辽宁大学的部分教师和研究生共同撰稿。

当代卷（下）由主编梁启东组织辽宁社会科学院省情所等部门的部分研究人员共同撰稿。

在各卷主编卷统稿的基础上，张涛、张志强又对全书加以统编。在认真吸取审读意见、基本执行“行文规定”的同时，经过市委有关部门、市社科联领导，特别是在市社科联办公室主任刘碧颖的多年坚持、统筹和全体撰稿人的共同努力下，书稿终成。

数年间，领导关注，社会关爱，图书档案等部门多有支持，在此深表谢忱。

限于水平和时间，书稿仓促，舛误之处，恳请方家不吝赐教。

作　者

2014年11月